四川省志

Sichuan Shengzhi

国有资产管理志

1986—2005

【第三十卷】

四川省地方志编纂委员会 编

方志出版社
Publishing House of Local Records

图书在版编目（CIP）数据

四川省志.国有资产管理志 ：1986－2005 / 四川省地方志编纂委员会编. — 北京 ：方志出版社，2018.3
ISBN 978-7-5144-3020-2

Ⅰ.①四… Ⅱ.①四… Ⅲ.①四川－地方志②国有资产管理－概况－四川－1986－2005 Ⅳ.①K297.1

中国版本图书馆CIP数据核字(2018)第048100号

四川省志·国有资产管理志（1986－2005）

编　　者：四川省地方志编纂委员会
责任编辑：陈　菁

出 版 人：冀祥德
出 版 者：方志出版社
地址　北京市朝阳区潘家园东里9号（国家方志馆4层）
邮编　100021
网址　http://www.fzph.org
发　　行：方志出版社图书经销中心
（010）67110500
经　　销：各地新华书店
印　　刷：深圳中华商务安全印务股份有限公司
设计制作：成都龙腾天下文化传播有限公司

开　　本：889×1194　1/16
彩插印张：1.25
正文印张：30.5
字　　数：835千字
版　　次：2018年3月第1版　2018年3月第1次印刷
印　　数：0001～2000册

ISBN 978-7-5144-3020-2　定价：405.00元

国资监督管理 GUOZI JIANDU GUANLI

1995年11月24日，中共四川省委副书记、副省长蒲海清(左二)与省国资局局长邓学安(左一)在宜宾县调研县属国有企业改革情况

2007年4月26日，省国资委副主任徐进（左四）在泸州考察国有企业

1996年5月，全国地方国有资产管理局局长座谈会在成都召开

2000年12月28日，中共四川省委企业工委在成都召开省国有重要骨干企业工作座谈会议

2004年4月2日，全国国资系统办公室主任会议在成都召开

2004年8月18日，四川省政府国有资产监督管理委员会正式挂牌成立，中共四川省委书记张学忠（右一）揭牌

2006年9月19日，全省国有大中型企业主辅分离辅业改制工作现场会在成都召开

四川省国有资产管理机构编印的国有资产监督管理政策法规及有关资料

2006年3月14日，四川省投资集团有限公司外派财务管理人员竞聘专业知识考场

2006年11月22日，四川华蓥山广能（集团）有限公司企业安全文化建设现场会在李子垭南煤矿召开

国企改革改制 GUOQI GAIGE GAIZHI

1988年6月，四川长虹电器股份有限公司开始股份制改造，1992年4月正式登记注册

1993年1月16日，省建筑设计院与主管部门签订技术经济承包责任制合同

1989年4月，四川金路股份有限公司发行的股票

2004年9月6日，广安爱众股份公司A股在上海证券交易所上市

泸天化集团公司主辅分离、辅业改制工作会。公司从2001年开始改革改制，后逐步完成“主辅分离，辅业改制”

2005年5月25日，省国有资产投资管理有限责任公司、省地方铁路局、省投资集团公司、四川路桥集团、五粮液股份有限公司5家股东签署出资人协议，正式成立四川富润企业重组投资有限责任公司

2005年9月20日，泸州老窖股份有限公司召开股权分置改革投资者暨媒体见面会

2006年3月，川化股份公司召开股权分置改革相关股东会议

2007年5月30日，四川新华文轩连锁股份有限公司在香港联交所主板挂牌上市

2007年9月，华西证券509.67万元股权通过四川省国投产权交易中心转让

国企成就贡献 GUOQI CHENGJIU GONGXIAN

1984年，长虹彩电大楼建设奠基

1997年11月，中国最大的家电生产基地——长虹家电城竣工投产

九洲国际软件园数字生产线（2005年3月13日摄）

20世纪50年代，四川化工厂艰苦创业时期的工作场景

四川省农垦铜材厂部分产品（2005年3月24日摄）

泸天化大甲醇项目建设现场（2005年6月21日摄）

2005年12月，九洲LED半导体照明产业基地一期工程投产

2006年川化集团分析检测中心进行技术比武

四川省机场集团有限公司于2004年9月建成投入使用的成都双流机场T1航站楼

川高公司建设的西攀高速公路安宁河大桥，其桥梁和谐地融入环境

建设中的广巴高速特大桥梁

2000年建成的川投集团占股48%，装机总容量330万千瓦的亚洲最大水电站——二滩水电站

2003年3月，紫坪铺水利枢纽工程大坝开始填筑

2004年开工建设的川投集团田湾河梯级流域水电站仁宗海大坝

华西集团前身企业于1954年建成的重庆人民大会堂，占地面积6.6万平方米，礼堂占地1.85万平方米，礼堂建筑高65米，大厅净空高55米，内径64.33米，大厅四周环绕5层挑楼，可容纳4200余人

华西集团于1989年建成的四川省体育馆，占地43200平方米，建筑面积24900平方米，可容纳9600多名观众

省设计院规划设计建设的“芙蓉古城”项目，获市、省和全国优秀设计奖及全国设计行业国庆60周年建筑设计大奖

五粮液集团公司连排酿酒厂房

2006年，沃尔玛、家乐福、麦德龙、乐购等国际零售企业在宜宾与五粮液集团公司签订全球战略合作协议

泸州老窖的“国窖1573”国宝窖地

2005年开始建设的泸州酒业集中发展区

四川省粮油集团公司彭山粮库铁路专用线

1960年建成的四川锦江宾馆是中国西南地区首家五星级酒店，也是四川省接待国内外高层政要和国际商界领袖的首选下榻地

旅游企业发现开辟的新景点燕子沟，位于海螺沟西北10余公里。其红石沟内的石头千奇百怪，更有大面积的彩叶林带

成都文旅集团开发建设的富有传统特色的成都宽窄巷子景区

省国有企业参加“彝区健康文明新生活运动”捐款交接仪式

2005年9月，省建筑设计院职工在金堂县土桥第一小学开展金秋助学活动

四川省地方志编纂委员会成员

《四川省志（1986—2005）》
审核委员会成员

主　　任	王　宁			
副主任	蔡　竞			
委　　员	马小彬	冯宝运	何晓平	胡品生
	王孝平	谭继和	陈世松	陈廷湘

《四川省志（1986—2005）》
总编、副总编

总　　编　陈建春

副 总 编　赵　行　邓　瑜　陶利辉　熊　倩

张兆法　高伟明　朱艳林　牛　淼

《四川省志·国有资产管理志（1986—2005）》
责任总编、责任编辑

责任总编　张兆法

责任编辑　黄文记

《四川省志·国有资产管理志（1986—2005）》
编纂委员会成员

顾　　问	冯崇泰	甘道明	杨志文	陈光志
	王少雄	彭　渝	赵爱明	
主　　任	徐　进	刘国强		
副 主 任	（以姓氏笔画为序）			
	王亚光	王　彬	牛晓峰	朱家德
	任　丁	任兴文	李继郁	吴晓曦
	宣　迅	秦　明	梁志仓	雷　建
	蔡　刚	薛东兵		
委　　员	（以姓氏笔画为序）			
	邓学安	王永昭	任　卿	刘　红
	关　军	李文东	李文法	杨会思
	杨　明	肖代勇	肖世同	张进熙
	张永海	陈志龙	陈明权	林　声
	罗正刚	钟德盛	侯　键	徐广胜
	郭　勇	唐录军	蒋　君	韩宝顺
	舒仕能	舒　勇	游代丽	魏红霞

《四川省志·国有资产管理志（1986—2005）》
编纂机构成员

主　　编　宣　迅　吴晓曦　王亚光

副主编　张　敏　李文东

编　　辑　王　毅　马国栋

撰　　稿　马国栋

总　　纂　马国栋

《四川省志（1986—2005）》
凡　例

一、本书编纂工作以马克思列宁主义、毛泽东思想、邓小平理论、“三个代表”重要思想、科学发展观、习近平新时代中国特色社会主义思想为指导，坚持辩证唯物主义和历史唯物主义的立场、观点和方法，全面客观地记述四川省行政区域内自然、政治、经济、文化和社会的历史与现状。

二、本书系中华人民共和国成立后首部《四川省志》续编，总名《四川省志（1986—2005）》，由总类、大事纪述、专志、人物、市（州）概况、附录共93卷构成。各分卷名称为《四川省志·××志（1986—2005）》或《四川省志·××志》（后者为特色志志名），设中英文目录。

三、本书上限一般起自1986年，下限一般截至2005年。对前志未设之分卷或篇章从事物发端写起；对前志漏载、误载的某些事项进行补载、更正；对前志记载后变化不大的某些事项进行简要复载；升格详载具有地方特色的某些事项。

四、本书记述的地域范围以1986—2005年四川省行政区划为准。

五、本书采用述、记、志、传、图、表、录等体裁，以志为主。

六、本书总类卷设序言、凡例、总述、卷目等，为各卷之首，全书之纲。关于自然环境、建置沿革、经济与社会历史发展状况等基本省情在总述中作简要复载或反映。各专志（分卷）根据社会分工和学科分类的实际，按“以类相从”或“突出地方特色”的原则设立，以篇、章、节横分类别，节、目以下纵述史实，立足反映四川省行政区域某一事物（事业、行业）断限期内历史与现状的全貌。人物志卷采用传、录、表诸种表述形式，坚持“生不立传”原则，在世人物的突出事迹以事系人载入相关分卷。人物传统一收入人物志。本书大事记以编年体为主，辅以纪事本末体。为完整记述一些重要事物，保存有价值史料，有些分卷设置了专记。

七、本书使用规范的现代语体文记述，行文严谨、朴实、简洁、流畅。使用规范汉字，用词概念准确，符合现代汉语语法规范。使用的标点符号、数字、计量单位等均按国家规定的统一标准书写。

八、本书使用公元纪年，各卷正文（除引文外）采用第三人称表述；行文涉及机构、会议、文件、职衔、地名等，均按当时称谓；除涉及人名、地名、纪年和简称等项采用括注外，其余采用页下脚注。

九、本书资料来源于文献、档案、报刊、书摘、口碑及实地调查等，所用资料均经各修志部门考证、核实。各分卷数据一般采用省统计局公布的数据，省统计局缺乏的，采用有关部门正式提供的数据。

十、各分卷图片分为前置图片和随文插图，随文插图和表格均以篇为单位依次排序编号；所用地图均以省测绘局审定的为准。

十一、各分卷需要特别说明的事项，均在各分卷的《编辑说明》中注明。

《四川省志·国有资产管理志》
编 辑 说 明

一、《四川省志·国有资产管理志（1986—2005）》（简称“本志”）是第二轮《四川省志》编纂中新设的分志，主要反映全省经营性国有企业及其国有资产的监督管理情况，以四川省省级国有资产监督管理部门监管范围为主，但不局限于省级国有资产监督管理部门监管范围，即致力于反映经营性“大国资”的监督管理情况。行政事业单位及国有金融企业国有资产，从某些角度略有涉及。中央企业驻川单位情况基本不涉及。

二、本志记述的地域范围，以记述断限内四川省行政区域为准。1997 年前部分内容涉及重庆直辖之前的原重庆市及万县市与涪陵地区、黔江地区。

三、本志记述的时间断限，上限为四川省国有资产管理局正式开展工作的 1990 年，为保持所记内容的完整性，个别事项适当追溯至其发端，下限为 2005 年，第四篇、第五篇记述的下限，企业管理一般记述至 2005 年，经营管理一般记述至 2007 年。

四、本志对各市、州及省属各企业记述内容及篇幅多寡，根据实际情况处理，不求平衡。

五、本志首设概述，正文设企业国有资产管理、企业国有资产监督、国企改革改制、国有重要骨干企业、市州国有资产管理等 5 篇，其后为附录和编后记。有些方面内容单薄，不足以独立设置章、节，则与相近、相关者合设章、节。“附录”中的“文献辑存”，依发文时间先后排列。

六、为加强资料性，本志记述力求详实，宏微兼顾，可读可查。国有资产管理机构与职能及政策法规的变化，对企业国有资产监督管理的影响至关重要，本志亦充分重视对有关情况的记述。

七、本志主要反映全省企业国有资产监督管理的基本情况与企业国有资产变动等情况。坚持实事求是，客观记述，既反映成绩与进步，也反映问题与不足，以全面、系统、真实反映企业国有资产监督管理的实际情况，说明加强企业国有资产监督管理的必要性与重要性。所记内容与《四川省志·财政志（1986—2005）》等分志有少量交叉。

八、关于机构名称，新设机构名称首次出现时用全称，并括注简称，此后即用简称。常设机构用约定俗成之习惯性简称，如“省财政厅”“省工商局”，一般不用“四川省财政厅”、“四川省工商行政管理局”之类全称。“省委”，指中国共产党四川省委员会，必要时用简称“中共四川省委”。民族自治地区阿坝藏族羌族自治州等“三州”，分别简称阿坝州、甘孜州、凉山州。

九、本志资料主要来源于省财政厅档案室、省国资委档案室，省国有重要骨干企业、市州国资委，省及各市（州）图书馆，省方志馆等。部分系列统计数据来自不同工作部门，其侧重方面及统计范围、统计指标、具体数据不完全一致。部分重要数据在行文中即说明来源，其他一般不说明资料来源。

十、本志卷首照片主要由有关单位提供，部分选自有关单位编印的内部资料及出版物。由于上述资料中绝大多数照片未说明拍摄者及拍摄时间，故本志选用时均未注明照片作者，少数照片未注明时间。

目　　录

概　述 …………………………………………………………………………………… (1)

第一篇　企业国有资产管理

第一章　管理体制与政策法规 ………………………………………………………… (16)
第一节　管理体制 …………………………………………………………………… (16)
第二节　政策法规 …………………………………………………………………… (22)

第二章　企业国有资产规模 …………………………………………………………… (33)
第一节　企业国有资产总量 ………………………………………………………… (33)
第二节　企业国有资产分布 ………………………………………………………… (42)

第三章　企业国有产权管理 …………………………………………………………… (61)
第一节　产权登记管理 ……………………………………………………………… (61)
第二节　资产评估管理 ……………………………………………………………… (71)
第三节　国有产权转让与划转 ……………………………………………………… (96)
第四节　国有股权管理与股权分置改革 …………………………………………… (109)

第二篇　企业国有资产监督

第一章　资产统计与保值增值考核 …………………………………………………… (133)
第一节　清产核资 …………………………………………………………………… (133)
第二节　资产统计 …………………………………………………………………… (140)
第三节　保值增值考核 ……………………………………………………………… (152)

第二章　监事会监督 ……………………………………………………………… (157)
第一节　体制与机构 ……………………………………………………………… (157)
第二节　监督工作 ………………………………………………………………… (159)

第三章　企业领导人员管理 ………………………………………………………… (165)
第一节　体制与监管 ……………………………………………………………… (165)
第二节　业绩考核与薪酬管理 ……………………………………………………… (178)

第三篇　国企改革改制

第一章　国有企业改革 ……………………………………………………………… (190)
第一节　国有企业改制 …………………………………………………………… (190)
第二节　股份制与企业上市 ………………………………………………………… (202)

第二章　国有企业改组改造 ………………………………………………………… (214)
第一节　企业兼并破产 …………………………………………………………… (214)
第二节　分离企业办社会与主辅分离 ……………………………………………… (222)

第四篇　国有重要骨干企业

第一章　能源企业 ………………………………………………………………… (229)
第一节　四川省煤炭产业集团有限责任公司 ………………………………………… (229)
第二节　四川省水电投资经营集团有限公司 ………………………………………… (231)
第三节　四川省紫坪铺开发有限责任公司 …………………………………………… (232)

第二章　交通运输企业 ……………………………………………………………… (234)
第一节　四川高速公路建设开发总公司 ……………………………………………… (234)
第二节　四川公路桥梁建设集团有限公司 …………………………………………… (235)
第三节　四川省铁路集团有限责任公司 ……………………………………………… (238)
第四节　四川航空集团有限责任公司 ………………………………………………… (240)
第五节　四川省机场集团有限公司 …………………………………………………… (242)

第三章　冶金电子企业 ……………………………………………………………… (246)
第一节　四川长虹电子集团有限公司 ………………………………………………… (246)
第二节　四川九洲电器集团有限责任公司 …………………………………………… (249)

第三节 四川省有色冶金研究院 …… (251)

第四章 化工医药纺织企业 …… (253)
第一节 四川化工控股（集团）有限责任公司 …… (253)
第二节 四川省医药集团有限责任公司 …… (260)
第三节 四川省纺织集团有限责任公司 …… (262)

第五章 食品饮料企业 …… (265)
第一节 四川省宜宾五粮液集团有限公司 …… (265)
第二节 泸州老窖集团有限责任公司 …… (271)

第六章 建筑企业 …… (274)
第一节 四川华西集团有限公司 …… (274)
第二节 四川省建筑设计院 …… (282)

第七章 商业贸易企业 …… (285)
第一节 四川省商业集团有限公司 …… (285)
第二节 四川省长江集团有限公司 …… (287)
第三节 四川省外贸集团有限责任公司 …… (288)
第四节 四川省粮油（集团）有限责任公司 …… (290)
第五节 四川物资产业集团总公司 …… (291)

第八章 宾馆旅游文化服务企业 …… (293)
第一节 四川锦江宾馆有限责任公司 …… (293)
第二节 四川省中国国际旅行社有限责任公司 …… (295)
第三节 四川新华发行集团有限公司 …… (296)

第九章 投资经营企业 …… (298)
第一节 四川省投资集团有限责任公司 …… (298)
第二节 四川省国有资产投资管理有限责任公司 …… (300)
第三节 四川省国有资产经营投资管理有限责任公司 …… (302)
第四节 四川富润企业重组投资有限责任公司 …… (304)

第五篇 市州国有资产管理

第一章 成都市国有资产管理 …… (309)

第二章　自贡市国有资产管理 …………………………………………………………（313）
第三章　攀枝花市国有资产管理 ……………………………………………………（317）
第四章　泸州市国有资产管理 ………………………………………………………（320）
第五章　德阳市国有资产管理 ………………………………………………………（324）
第六章　绵阳市国有资产管理 ………………………………………………………（328）
第七章　广元市国有资产管理 ………………………………………………………（331）
第八章　遂宁市国有资产管理 ………………………………………………………（334）
第九章　内江市国有资产管理 ………………………………………………………（338）
第十章　乐山市国有资产管理 ………………………………………………………（340）
第十一章　南充市国有资产管理 ……………………………………………………（345）
第十二章　宜宾市国有资产管理 ……………………………………………………（349）
第十三章　广安市国有资产管理 ……………………………………………………（351）
第十四章　达州市国有资产管理 ……………………………………………………（359）
第十五章　巴中市国有资产管理 ……………………………………………………（361）
第十六章　雅安市国有资产管理 ……………………………………………………（363）
第十七章　眉山市国有资产管理 ……………………………………………………（366）
第十八章　资阳市国有资产管理 ……………………………………………………（368）
第十九章　阿坝州国有资产管理 ……………………………………………………（369）
第二十章　甘孜州国有资产管理 ……………………………………………………（373）
第二十一章　凉山州国有资产管理 …………………………………………………（375）

附　录

一、人名录 ……………………………………………………………………………（378）
二、大事记 ……………………………………………………………………………（384）
三、文献辑存 …………………………………………………………………………（409）

编后记 …………………………………………………………………………………（464）

Contents

Outline .... (1)

Part 1 The Administration of Enterprises' State-owned Assets .... (15)

Chapter 1 Administrative System, Polices and Regulations .... (16)
Section 1 Administrative System .... (16)
Section 2 Polices and Regulations .... (22)

Chapter 2 The Size of Enterprises' State-owned Assets .... (33)
Section 1 The Total State-owned Assets of Enterprises .... (33)
Section 2 The Distribution of Enterprises' State-owned Assets .... (42)

Chapter 3 The Administration of Enterprises' State-owned Property Right .... (61)
Section 1 The Administration of Registration of Property Right .... (61)
Section 2 The Administration of Assets Valuation .... (71)
Section 3 The Transfer of State-owned Property Right .... (96)
Section 4 The Administration of State-owned Equity and the Reform of Equity Splitting .... (109)

Part 2 The Supervision of Enterprises' State-owned Assets .... (131)

Chapter 1 Assets Statistics and Evaluation over the Maintaining and Increasing the State-owned Assets .... (133)
Section 1 Asset and Capital Verification .... (133)
Section 2 Assets Statistics .... (140)
Section 3 Evaluation over the Maintaining and Increasing the State-owned Assets .... (152)

Chapter 2 The Supervision of Supervisory Panels .... (157)
Section 1 Systemand Agency .... (157)
Section 2 Supervision .... (159)

Chapter 3 The Administration of Enterprise Leaders ………… (165)
Section 1 System and Supervision ………… (165)
Section 2 Performance Evaluation and Remuneration Management ………… (178)

Part 3 The Reform and Restructure of State-owned Enterprise ………… (189)

Chapter 1 The Reform of State-owned Enterprise ………… (190)
Section 1 The Restructure of State-owned Enterprise ………… (190)
Section 2 Shareholding System and the Listing of Enterprise ………… (202)

Chapter 2 The Restructure of State-owned Enterprise ………… (214)
Section 1 The Merger and Bankruptcy of Enterprise ………… (214)
Section 2 Depriving Social Function from Enterprise and Separate the Main Business from the Sideline ………… (222)

Part 4 The Core State-owned Enterprise ………… (227)

Chapter 1 Energy Company ………… (229)
Section 1 Sichuan Coal Industry Group Limited Liability Company ………… (229)
Section 2 Sichuan Hydropower Investment and Management Group Limited ………… (231)
Section 3 Sichuan Province Zipingpu Development Company Limited ………… (232)

Chapter 2 Transportation Company ………… (234)
Section 1 Sichuan Expressway Construction Development Corporation ………… (234)
Section 2 Sichuan Road and Bridge (Group) Company Limited ………… (235)
Section 3 Sichuan Railway Group Company Limited ………… (238)
Section 4 Sichuan Airline Group Company Limited ………… (240)
Section 5 Sichuan Airport Group Company Limited ………… (242)

Chapter 3 Metallurgy and Electronics Company ………… (246)
Section 1 Sichuan Changhong Electric Company Limited ………… (246)
Section 2 Sichuan Jiuzhou Electric Company Limited ………… (249)
Section 3 Sichuan Non-ferrous Metallurgy Research Company Limited ………… (251)

Chapter 4 Chemical, Medical and Textile Company ………… (253)

Section 1 Sichuan Chemical Holding (Group) Company Limited ······ (253)
Section 2 Sichuan Medical Group Company Limited ······ (260)
Section 3 Sichuan Textile Group Company Limited ······ (262)

Chapter 5 Food and Beverage Company ······ (265)
Section 1 Sichuan Wuliangye Group Company Limited ······ (265)
Section 2 Luzhou Laojiao Group Company Limited ······ (271)

Chapter 6 Architecture Company ······ (274)
Section 1 Sichuan Huashi Group Company Limited ······ (274)
Section 2 Sichuan Provincial Architecture Design and Research Institute ······ (282)

Chapter 7 Commercial Trade Company ······ (285)
Section 1 Sichuan Business Group Company Limited ······ (285)
Section 2 Sichuan Changjiang Group Corporation Limited ······ (287)
Section 3 Sichuan Foreign Trade Group Company Limited ······ (288)
Section 4 Sichuan Provincial Grain and Oil (Group) Company Limited ······ (290)
Section 5 Sichuan Material Industry Group Company Limited ······ (291)

Chapter 8 Hotel, Tourism and Culture Service Company ······ (293)
Section 1 Sichuan Jinjiang Hotel Company Limited ······ (293)
Section 2 Sichuan International Travel Service Company Limited ······ (295)
Section 3 Sichuan Winshare Publishing and Media Company Limited ······ (296)

Chapter 9 Investment and Operation Company ······ (298)
Section 1 Sichuan Investment Group Company Limited ······ (298)
Section 2 Sichuan State-owned Assets Investment and Management Company Limited ······ (300)
Section 3 Sichuan State-owned Assets Operation and Investment Administrator Company Limited ······ (302)
Section 4 Sichuan Furun Restructure Investment Company Limited ······ (304)

Part 5 The Administration of State-owned Assets in Cities ······ (307)

Chapter 1 The Administration of State-owned Assets in Chengdu ······ (309)

Chapter 2 The Administration of State-owned Assets in Zigong ………… (313)

Chapter 3 The Administration of State-owned Assets in Panzhihua ………… (317)

Chapter 4 The Administration of State-owned Assets in Luzhou ………… (320)

Chapter 5 The Administration of State-owned Assets in Deyang ………… (324)

Chapter 6 The Administration of State-owned Assets in Mianyang ………… (328)

Chapter 7 The Administration of State-owned Assets in Guangyuan ………… (331)

Chapter 8 The Administration of State-owned Assets in Suining ………… (334)

Chapter 9 The Administration of State-owned Assets in Neijiang ………… (338)

Chapter 10 The Administration of State-owned Assets in Leshan ………… (340)

Chapter 11 The Administration of State-owned Assets in Nanchong ………… (345)

Chapter 12 The Administration of State-owned Assets in Yibin ………… (349)

Chapter 13 The Administration of State-owned Assets in Guang'an ………… (351)

Chapter 14 The Administration of State-owned Assets in Dazhou ………… (359)

Chapter 15 The Administration of State-owned Assets in Bazhong ………… (361)

Chapter 16 The Administration of State-owned Assets in Ya'an ………… (363)

Chapter 17 The Administration of State-owned Assets in Meishan ………… (366)

Chapter 18 The Administration of State-owned Assets in Ziyang ………… (368)

Chapter 19 The Administration of State-owned Assets in Aba ………… (369)

Chapter 20 The Administration of State-owned Assets in Ganzi ………… (373)

Chapter 21 The Administration of State-owned Assets in Liangshan ………… (375)

Appendices ………… (377)

Ⅰ. Name List ………… (378)

Ⅱ. Memorabilia ………… (384)

Ⅲ. Compilation of Document ………… (409)

Editorial Notes ………… (464)

概　　述

一

中华人民共和国成立后，通过没收旧政权和官僚资本的企业，四川省形成首批地方国营企业。

1950 年，重庆市没收官僚资本工业企业 48 户，固定资产达 12728 万元，占全市工业企业的 79%；通过没收官僚资本的股份建立起来的半社会主义性质的公私合营企业 79 户，共有公股资本金 5726 万元；两者合并没收官僚资本 18454 万元。成都没收的官僚资本企业，仅 18 户。

20 世纪 50 年代初期，政府又兴办一批国营工商企业，特别是对一些重要物资进行垄断性经营的商业企业遍布各县。20 世纪 50 年代中期，对民族资本实行赎买政策，对私营企业进行社会主义改造，实行公私合营，对持有私股的资本家发给 5% 的定息。至 1966 年，发息 10 年期满，大批公私合营企业转为全民所有制企业。“大跃进”时期及“三线建设”时期，兴办大量地方国营企业。“文化大革命”时期，各地也办有不少全民所有制企业。

20 世纪 50 年代以来，随着成渝、宝成、川黔、成昆、襄渝等铁路干线和一批公路干线建成通车，一批大中型骨干工业企业在交通沿线 70 多个县（市）相继建立。全省 200 多个县（区）、市还办起了不同规模的中小型工业企业。至 1985 年年末，全省拥有各类工业企业 47523 个，其中大型企业 202 个，中型企业 322 个，遍布全川的小型企业 46999 个。过去一些工业极不发达的地区，工业生产也得到迅速发展。全国 38 个主要工业部门，四川全部都有；全国 160 个主要工业行业，四川有其 95%，而且不少部门和行业在全国占有重要地位。四川工业实力大大增强，全民所有制独立核算工业企业固定资产大幅度增加。1957 年，全民所有制工业企业年末固定资产原值为 9.74 亿元，年末固定资产净值为 9.17 亿元；1965 年，分别达到 41.48 亿元、32.15 亿元；1978 年，分别达到 260.38 亿元、190.24 亿元；1980 年，分别达到 290.40 亿元、207.42 亿元；1985 年，分别达到 418.40 亿元、278.35 亿元。

1993 年开始，将全民所有制的国营企业称为国有企业。20 世纪 90 年代以来，国有企业改革改组，实施公司化改造，一些国有企业改制上市成为国有控股企业，企业国有资产也不断增长。

20 世纪 50 年代起，国有企业主要注重生产经营，重产量、产值，物资实行调拨供应，缺乏完整的国有资产经营概念，提及资产也仅是固定资产等实物。直到 20 世纪 80 年代末期，才开始重视企业的国有资产经营及对于国有资产经营的监督管理。

1990 年年末，四川省地方预算内国营企业国有资产存量为 413.64 亿元，占全民所有制单位国有资产存量总额的 69%，比 1989 年增加 29.28 亿元，增长 7.6%。从资金形态看，固定基金为 286.88 亿元，占 69.3%，比 1989 年增长 9.8%；流动基金为 60.25 亿元，占 14.6%，增长 11.1%；专项资金为 66.51 亿元，占 16.1%，比 1989 年减少 3.5%。从部门构成看，工业部门 273.03 亿元，占66%，比1989年增长9.3%；在工业部门中生产企业国有资产存量达246.37亿元，占工业部门国有资产存量的90.2%，比1989年下降一个百分点。

1994年，全省国有资产总量1073.63亿元（含行政事业单位等国有资产），首次突破千亿元大关，比1993年939.88亿元，增长14.23%。其中，国有企业占用国有资产511.19亿元，占总量的47.61%；股份制企业占用国有资产121.69亿元，占总量的11.33%；外商投资企业占用国有资产11.57亿元，占总量的1.08%。全省国有企业占用的511.19亿元国有资产中，工业部门占用国有资产325.65亿元，占国有企业国有资产总额的63.7%；比1993年增加54.22亿元，增长19.98%。除成都、重庆两市外，1994年全省国有资产总量为699.45亿元，比1993年的629.32亿元，增长11.14%。其中，国有企业占用国有资产307.29亿元，占总量的43.93%；股份制企业占用国有资产89.98亿元，占总量的12.87%；外商投资企业占用国有资产4.76亿元，占总量的0.68%。企业国有资产大部分集中在工业和商粮贸部门，1994年国有资产的增长部分主要是这两个部门的增长。

1995年3月31日截止的全国第五次清产核资统计，四川省（不含重庆）国有企业总户数11777户，资产总额为2404.5亿元，均居全国第十位；国有资产总量为615.8亿元，居全国第十二位。但净资产利润率1.09%，销售利润率0.63%，均低于全国平均水平；利润7.9亿元，居全国第十七位。全省国有大型企业（含特大型）户均资本为2.17亿元，比全国平均水平低5.02亿元。

1996年年末，全省国有资产年度报表汇总国有企业12544户，国有资产总额814.01亿元，国家所有者权益782.80亿元。

除重庆市外，四川省1996年国有企业共10659户，占用资产总额为2749.85亿元，负债总额为2062.23亿元，所有者权益为687.62亿元；国有资产总额为635.6亿元，国家所有者权益为607.85亿元，国家应得未分配利润为-155.41亿元。

特大型、大中型国有企业是全省重点和支柱企业，其户数和资产总额占全部国有企业总户数和资产总额的比例分别为16.97%、65.83%。

全省10659户国有企业，第一产业510户，占总户数的4.78%；资产总额38.84亿元，占国有企业全部资产总额的1.41%。第二产业企业4081户，占总户数的38.29%；资产总额1617.33亿元，占全部资产总额的58.82%。第三产业企业6068户，占总户数的56.93%；资产总额1093.68亿元，占全部资产总额的39.77%。在第三产业中，交通、运输、邮电业和社会服务业的资产占全部第三产业资产的11.11%，贸易及餐饮业占66.42%。

全省企业国有资产主要集中在成都经济圈和攀西地区。从资产总额看，成都1208户企业资产总额613.36亿元，为全省第一；省属350户企业（主要集中在成都经济圈）资产总额465.21亿元，为全省第二；乐山市606户企业、德阳市298户企业、绵阳市431户企业的资产总额分别为142.05亿元、136.52亿元、132.27亿元，分别居第三、四、五位。资产总额不超过100亿元的市、地、州达13个。

省属国有企业350户资产总额465.21亿元，国有资产总额133.44亿元；地、市属国有企业2198户，资产总额1283.74亿元，国有资产总额325.5亿元；县属国有企业8111户，资产总额1000.9亿元，国有资产总额176.67亿元。省属企业户均资产总额、户均所有者权益分别为1.33亿元、0.39亿元，远高于地属的0.58亿元、0.16亿元及县属的0.12亿元、0.02亿元。地、县属国有企业，资本集约化程度与行业集中度低，企业规模小，市场竞争力弱。

随着国有企业的改制、改组，特别是一大批县属小型企业采取出售、兼并、破产等形式进行产权制度改革，全省国有企业数量逐年减少。至20世纪末期，全省多数县（市、区）基本没有国有企业。1990年，全省占用国有资产的经营性企业为12633户，1996年为12544户，1997年重庆直辖后四川为8301户，2000年减至6164户，2005年减至2780户。另一方面，随着企业改革的深化，企业国有资产分布的产业结构及国有资本经营状况逐渐改善，企业国有资产总量也不断增长。

1997年，全省8301户国有独资和控股企业，资产总额2822.87亿元，国有资产总额672.13亿元。省级企业561户，占总数的6.76%；地市级企业1788户，占21.54%；其他企业占71.7%。561户省级企业资产总额541.14亿元，国有资产总额176.96亿元，所有者权益189.37亿元（其中未分配利润-8.40亿元），利润总额2.33亿元，负债总额351.77亿元，资产负债率65.01%。按同口径比较，四川省企业资产总额、净资产总额和利润总额在全国居第11位，国有资产总额居第13位。从总体看，国有控股企业国有资产的营运状况好于国有独资企业，省级企业国有资产的营运状况好于地市级企业。

1999—2001年，国有企业从7060户减少至4463户，但各年资产总额均达到3000多亿元，国有资产总额从1999年的860.99亿元，增加到2001年的892.58亿元。2002年至2005年，企业资产总额与国有资产总额大幅度增长，资产总额与国有资产总额最少的2002年分别为3770.86亿元、1043.66亿元；最高的2005年则分别达到4299亿元、1248亿元，国有资本保值增值率为102.63%。2005年，省国资委监管22户省属企业集团，纳入决算范围独立核算企业431户，资产总额1147亿元，利润总额21亿元，国有资产总额311亿元。省国资委监管范围的省属企业利润为2004年的191%，国有资本保值增值率102.89%，高于全省企业平均水平及省属企业平均水平。

长期以来，四川省国有企业规模小、行业分布面过宽、重点不突出，产业结构表现出较高趋同性，“小、散、乱”的特征十分明显；国有资产主要集中于第二产业工业部门，集中于一般竞争性行业，集中于成都经济圈。2001—2005年，这种情况开始逐步改变。2003年，中小型企业比2000年减少40.55%，大型企业国有资产占有全省总额的69.29%。国有及国有控股工业企业户数仅占全省规模以上企业的24%，但资产总额占67%，产值占60%，工业增加值占50%，利税占59%。竞争性行业国有资产占全省总额的比例降至56.89%，垄断性和公益性行业国有资产占全省总额的43.11%。随着企业改制、重组，企业国有资产逐渐向公司制企业与大型企业集中。

二

自20世纪50年代起，较长时期实行计划经济，国有企业的产供销、技术改造、扩大投资等全部由国家指令性计划安排，企业按计划完成任务。企业及其国有资产营运，由政府各职能部门依靠行政手段从不同方面进行集中的直接管理，实行“国家所有、分级管理和计划管理”的高度集中、统收统支的国有资产管理体制，是多头管理、政企不分、政资不分、所有权与经营权不分的管理体制。注重实物管理和产供销全过程的管理，重视产值，少讲效益，计划经济、产品经济的特点突出。

20世纪70年代末期开始，逐步调整政府与企业的关系，扩大企业自主权。80年代中期，在国营企业中推行多种形式的承包经营责任制，以公有制为基础，所有权与经营权分离，用合同形式规范国家与企业的责、权、利关系。

1988 年，国家成立副部级的国有资产管理局（简称国家国资局）。1989 年 9 月，四川省参照国家国资局成立副厅级的四川省国有资产管理局（简称省国资局），归四川省财政厅管理。其职能主要是贯彻执行和制订有关方针政策、法规、制度；产权登记；参与投资分配和再分配；对国有资产运行情况进行监督、检查，维护国有资产保值、增值；会同有关部门对省级国营企业进行发包、租赁；国有资产产权变动和资产评估管理；组织闲置资产处理；管理境外国有资产；指导市、地、州国有资产管理工作等。

1994 年 7 月，国务院发布《国有企业财产监督管理条例》，强调建立明晰的产权关系，“明确政府有关部门和其他监督机构的职责、企业的权利和责任，理顺企业财产的国家所有、分级管理、分工监督和企业经营的相互关系。”

2000 年 7 月，省国资局撤销，其基本职能划归省财政厅。

2000 年 9 月，中共四川省委企业工作委员会（简称省委企业工委）成立，负责全省国有重要骨干企业领导班子建设和领导人员管理，负责省政府派出的监事会主席和监事的管理工作。2001 年 3 月，成立四川省国有资产管理委员会（简称省国资管委会），负责对全省国有资产管理、监督、营运中的重大问题进行决策与协调，其办事机构省国资管委会办公室设于财政厅。省政府国有企业监事会工作办公室，同时作为省国资管委会管理监事会事宜的机构，设于省委企业工委。

2001 年 4 月，四川省人民政府（简称省政府）发布《四川省国有企业监事会暂行办法》，规定国有重要骨干企业监事会代表国有资产所有者，对国有企业的资产保值、增值状况实施监督。

2004 年 2 月，中共四川省委决定成立中共四川省国有资产监督管理委员会委员会，撤销省委企业工委；成立中共四川省国有资产监督管理委员会纪律检查工作委员会，撤销省委企业工委纪律检查委员会。2004 年 7 月，撤销作为省政府议事协调机构的省国资管委会及其设于省财政厅的办公室，组建四川省政府国有资产监督管理委员会（简称省国资委）。2004 年 8 月 18 日，四川省政府国有资产监督管理委员会正式挂牌成立。省国资委由省政府授权代表国家履行出资人职责，实行管资产、管人、管事相结合的企业国有资产管理体制。

20 世纪 90 年代以来，四川省企业国有资产的监督管理可分为省国资局管理时期、省国资管委会及省委企业工委管理时期、省国资委管理时期三个阶段。

（一）省国资局对企业国有资产的管理

1. 建立统计报表制度，开展国有资产清理清查，摸清国有资产家底，为国有资产管理及发展经济决策提供依据。

1991 年 1 月，建立企业国有资产报告制度。1993—1995 年，各级国有资产管理机构组织参与全国第五次清产核资工作，对全省国有资产进行全面清理，基本掌握全省国有资产存量、分布、变动和效益情况。1991—1995 年，国资管理部门在资产统计和产权登记的基础上形成了各年的国有资产统计分析报告、经营分析报告和产权变动分析报告，国有资产报告制度基本形成框架。1996 年 10 月，开展企业国有资产季度监测试点。1998 年，对占有国有资本金的重点企业运营情况，进行动态跟踪，建立专项财务报告制度。1999 年，进一步推进年报工作制度化、科学化。

2. 开展产权登记，强化产权管理。

1991 年 5 月开始，部分市、地、县开展企业国有产权登记试点。1992 年，对全省全民所有制企业进行国有资产产权登记。1993 年，开始实行产权登记年检制度。1995 年，省国资局设产权处，开始实行企业国有产权变动统计分析报告制度及股份公司国有股权定期报告制度。

重视产权登记的同时，进一步推动企业产权转让，加强产权转让管理。1991 年，省国资局与省财政厅联合下发《关于加强企业产权转让中国有资产产权管理的通知》，规范产权转让行为，要求企业产权转让，必须对资产清查核实，必须对转让资产进行评估。

1995 年，省政府发布由省国资局起草的《四川省企业国有资产有偿转让管理暂行办法》（简称《暂行办法》），这是全国第一个由省级政府发布的关于国有资产有偿转让的地方性行政规章。《暂行办法》明确规定各级人民政府国有资产管理部门、财政部门负责企业国有资产有偿转让的管理，规定"国有资产产权交易，应进入产权交易市场，进行规范化运作。"由于产权交易市场缺乏统一规划和监管，交易中介机构的设立及产权交易中介业务等都带有随意性，产权交易市场管理混乱。1995 年开始，省国资局会同有关部门对全省产权交易市场及非证券股权交易市场进行清理整顿。帮助有产权纠纷的企业从省产权交易所摘牌，妥善处理历史遗留问题；指导成都产权拆细交易企业处理历史遗留问题；协助关闭乐山产权交易中心产权、股权交易系统。

3. 参与完善企业承包制，探索建立企业国有资产保值、增值考核与监督体系。

全省各级国有资产管理部门成立伊始即介入企业承包工作，作为发包方之一。1990 年，即开始将国有资产保值增值指标纳入承包经营企业的考核内容。此后，不断探索由利润承包制向国有资产保值增值承包制过渡的改革，把保值增值情况同企业经营者的利益直接挂钩。

1994 年 12 月，国家国资局、财政部、劳动部发布《国有资产保值增值考核试行办法》。规定：企业法定代表人对企业国有资产保值增值承担经营责任，并与其个人收入挂钩。省国资局即将保值增值考核指标纳入厂长（经理）年薪制试行内容中，加强考核指标对国有企业经营者的约束。1995 年，全省参加国有资产保值增值考核的企业为 9311 户（占全省应考核企业的 82%），其中盈利企业 4097 户，亏损企业 5214 户。盈利企业国有资产保值增值率为 111.12%，保值增值额 278860 万元；亏损企业年末实际亏损 452046 万元，超亏 431652 万元。企业亏损面和亏损额均大幅增加。

1996 年，全省（含万县市、涪陵地区、黔江地区，不含重庆市）纳入国有资产保值增值考核范围的企业共 8821 户，占全省（不含重庆市）所属企业总户数 10659 户的 83%。考核户数较 1995 年同期减少 490 户，考核比例比 1995 年增加 1%。1996 年，盈利企业 4158 户，占考核企业户数的 47%；亏损企业 4663 户，占考核企业户数的 53%。

1997 年，省国资局制定《企业国有资产保值增值考核奖惩暂行规定》，把资本保值增值指标列为全省 37 户扩张型企业年度考核的重要指标，把国有资产保值增值考核与企业领导班子考核结合起来，扩大考核面，省、市两级企业国有资产保值增值考核面达到 100%，县级企业考核面超过 80%。

1998 年，纳入国有资本金保值增值考核范围的 5707 户企业，占全省企业总户数 7232 户的 78.91%。

4. 探索建立国有资产经营、管理新体制。

1991 年，省国资局确定为省股份制试点领导小组和省股份制联审小组成员单位，负责对股份制试点企业的发起、资产评估、产权界定、股权划分、国家股权代表的委派、国家股权收益的收缴以及对股份制试点企业的监督管理等项工作。1992 年，审批 40 余家股份制试点企业。按照管理与经营分开的要求，省国资局组建四川省国有资产经营公司，根据省局的授权行使部分中介管理职能。一些市、县也建立起不同形式的资产经营公司。1996 年 8 月，又成立四川省投资集团有限责任公司。

企图逐步通过这类中介组织对企业实施有效的产权管理，形成“政府——国有资产管理部门——资产经营公司——国有企业”这样一种国有资产管理模式。

1994年，开始尝试企业集团国有资产授权经营试点。至1995年，审核批准华西集团、川化集团等10多户企业集团国有资产授权经营方案。1997年，省国资管理部门通过国有资产授权经营，组建了川化、长钢、剑南春、省商业、长江工程、万通燃气、大西洋等26户企业集团并进行授权经营试点。试点企业大多数都按《中华人民共和国公司法》（简称《公司法》）的规定完善法人治理结构，建立规范的母子公司体制。通过向被授权方颁发《国有资产授权经营证书》，与被授权方签订责任书，初步理顺政府或国有资产管理部门与企业之间的责、权、利关系，明确了国有资产投资主体。

这一时期，主要实施和完善企业国有资产基础管理，建立起一支国资管理队伍，通过清产核资基本摸清国有资产存量，建设相关法规制度，推进国有企业改革，强化资产评估与产权转让及产权交易市场的规范管理，防止国有资产在经营和产权转让中流失。省国资局为归口省财政厅管理的副厅级国资管理部门，与政府相关职能部门工作关系不顺，机构、编制不适应国有资产管理工作的需要。省政府赋予省国资局的各项管理职能未能全面落实到位。国有资产管理权责不明，政企不分。国有资产所有者和经营者的关系没有理顺，国有资产管理政出多门，无人负责。政府部门行政职能和所有者职能不分，对企业领导人的管理中，管人与管事没有很好结合，缺乏有效管理和监督。一些部门直接任命企业的经理和中层干部，干预企业的日常生产经营活动，导致企业领导人的短期行为，不对企业资产负责，企业虚增资产，虚增利税，虚盈实亏，保值增值考核流于形式。

（二）省国资管委会与省委企业工委对企业国有资产的管理

2000年5月，省委、省政府印发《关于建立四川省省级国有资产管理监督营运体系的试行意见》，要求：坚持政府的社会经济管理职能与国有资产所有者职能分开；坚持国有资产所有者资产管理职能与国有资产经营者经营职能分开；坚持政企分开。将国有资产所有者职能从省政府各有关部门剥离出来，统一集中于省政府国资管委会行使。组建省级国有资产经营公司或授权国有大型企业、企业集团和控股公司经营所持有的国有资产，行使出资者职能，进行资本经营，并承担保值增值责任。政府主要通过行政、法律等手段对国有资产营运进行管理、监督和考核，维护国家所有者权益。坚持政企分开，党管干部的原则。省属国有资产经营公司、国有大型企业、企业集团、控股公司的董事会和整套班子由省委企业工委管理，与国资管委会管理的单位统一起来。

2001年3月26日，省政府召开的四川省国有资产管理委员会第一次全委会议提出，省国资管委会要以建立规范的、完善的法人治理结构为核心，大力推进国有重要骨干企业建立现代企业制度的进程，依法治企，加强监管，防止国有资产流失，确保国有资产保值增值。对国有企业的管理，要区别情况，分别处理，对省属国有重要骨干企业，要进一步注入新活力，改善管理体制，使之成为全省国民经济的中坚力量；对非重要骨干企业，原则上该下放的下放，该退出的退出，该破产的破产。涉外企业的国有资产，原则上应该退出。

2001年4月，省政府发布《四川省国有企业监事会暂行办法》，规定四川省国有重要骨干企业监事会由省政府派出，对省政府负责，代表国有资产所有者，对企业的资产保值增值状况实施监督。2002年，省政府向省属国有重要骨干企业派出6个监事会，对省属企业财务活动与企业负责人的经营管理行为履行监督检查职责。企业国有资产管理的监事会监督工作得到落实与加强。

省委企业工委主要负责全省重要骨干企业党的建设、领导班子建设、党风廉政建设及国有资产保值增值的监管工作。在2001年对全省32户国有重要骨干企业和420户国有大中型企业分别开展“三讲”“三个代表”重要思想学教活动的基础上，坚持抓领导班子思想作风建设。围绕企业改革发展，调整配备企业领导班子时，着力抓好完善法人治理结构中的班子调整；抓好企业战略性调整和改组中的班子组建；优化班子年龄、文化和知识结构。加强后备领导人员的选拔培养教育工作，建立了后备领导的人才库。在调整班子工作中，扩大干部民主推荐、谈话、测评范围，落实群众对企业领导人员选拔任用的知情权、参与权、选择权和监督权。制定《国有重要骨干企业领导人员任前公示制》，实行任前公示制、考察预告制。制发《四川省国有重要骨干企业经营者激励与约束试行办法》，初步建立起激励约束机制。围绕企业生产经营，开展党风廉政建设和反腐败工作。制定企业领导人员廉洁自律规定及实施办法，建立省国有重要骨干企业领导人员的廉政档案，实行新提拔企业领导干部廉洁谈话制度，推行企业党风廉政建设责任制，在涉及重大投资决策、用人和分配三方面关键敏感的事项，做到监督、教育责任到人。针对企业生产、经营和管理中的薄弱环节、热点问题开展效能监察，查处违纪违法案件。向22户省属国有企业派出的6个监事会，对省属企业集团公司本部进行资产清查和专项检查。还建立国有重要骨干企业经济指标快报体系，对20余户省级国有重要骨干企业建立了资产监控、运营动态监测、资产经营责任制。

同时，以战略性调整和改组为着力点，推进企业产权多元化，加快建立现代企业制度步伐，促进企业发展。对长虹集团、五粮液集团、川投集团等实力较强、发展前景较好的企业，扶持引导他们努力做大做强。对外贸、医药等一批实力较弱，规模较小，有一定发展前景的企业，按照有关要求，通过合并或组建企业集团，实施整合提高。对机械行业、流通行业等竞争力相对较弱，发展前景一般的省属企业，采取下放或整体产权转让，稳步退出。

企业领导班子建设与企业生产经营均有了新的变化与发展。但是，多数省属企业资产状况较差，核心竞争力较弱，经营效率不高，人员多、债务重，难以支付改革成本，致使省属国有企业改革明显滞后。国有产权转让没有完全进入市场，国有产权向管理层转让问题突出。内外勾结，压低产权转让价格，低估贱卖国有资产的现象屡有发生。企业法人治理结构不够完善，内部管理混乱，跑、冒、滴、漏现象比较普遍，尤其在投资、担保、改制、基建等方面出现的问题较多，对二、三级以下企业疏于监管，一定程度上导致了国有资产流失。以国有资产保值增值为核心的国有资本经营业绩考核监督评价体系尚不健全。国有资本运营中国有产权转让收益还不能完全集中用于国有资本的再投入，国有资本的滚动再发展尚未进入良性循环。企业发展战略不清晰，一些国有企业经营管理者思想僵化，知识结构不合理，经营管理水平、开拓创新能力等无法适应市场经济的要求。企业家队伍的职业化、市场化进程缓慢。由于国有资产管理的法律法规不健全、不完善，在国有资产的管理中，还存在着无法可依、有法不依、以人治代替法治等问题。这一时期，由于专门的国有资产管理机构被撤销，实际上弱化了对企业国有资产的监督管理。

（三）省国资委对企业国有资产的管理

2004年，省国资委成立，依法履行出资人职责，以企业改革发展和国有资产保值增值为主线，积极探索管资产与管人、管事相结合，责任与权利、义务相统一的国有资产监督管理新路子。初步形成依法监管、规范监管、提高能力监管来确保国有资产保值增值和促进全省国有经济的发展，增强国有经济的控制力、影响力和带动力的企业国有资产监督管理工作思路。

1. 构建国资监管体系。

初步构建起国有资产监管法规体系、国有资产监督组织体系、企业财务监督体系和国有资产经营考核分配体系，积极探索建立国有资本经营预算制度。制定《四川省企业国有产权转让暂行办法》《四川省国有企业负责人经营业绩考核暂行办法》等规范性文件31件，涉及企业负责人管理、业绩考核、薪酬管理、企业改革、产权管理、清产核资、企业财务、企业法制建设、企业党建和内部管理等多方面。对省属企业进行了清产核资，建立起全省国有企业财务状况动态监测工作体系。加强了国有资产产权界定、登记、划转、处置及产权纠纷调处等工作。

监事会实现以财务监督为主向国有资产监督为主的转变，以事后监督为主向事前、事中监督为主的转变，建立起外派监事会和内部专职监事相结合的监事会工作运行机制。监事会围绕财务监督主线，以日常监督为“面”，重点事项监督为“点”，做到点面结合，监督到位，按时提交监督检查报告。探索并坚持效能监察工作融入管理的“一体化”工作思路和方法，使效能监察工作与国资监管和企业管理中心工作融为一体，发挥综合性监督作用。

建立了产权交易日常监督检查制度、定期检查和不定期抽查相结合的制度、监督检查总结报告制度、监督检查工作联席会议制度等产权交易监督检查“四项制度”及产权交易统计信息定期报告制度。确定四川省国投产权交易中心、成都联交所作为全省从事企业国有产权转让的交易机构，规定企业国有产权转让必须进场交易。2005年，全省企业国有产权转让234宗，成交额13.6亿元。企业国有产权协议转让、管理层收购、打折出售等行为得到规范，初步遏制了企业国有产权在交易环节的严重流失。

2. 推进国有经济布局和结构战略性调整。

省国资委先后印发《全省国有经济布局和结构调整指导意见》和《省属国有企业重组调整指导意见》，着力推进国有经济布局和结构的战略性调整，以做强做大企业为重点，加大指导推进国有企业改革调整力度。根据省委、省政府提出的实施“工业强省”“工业兴省”发展战略的决定，研究提出了发展具有国际竞争力的大公司大企业集团的具体措施，重点培育攀钢、川投集团、五粮液、长虹、省煤炭集团等10户具有核心竞争力的大公司大集团。继续把长虹、五粮液等大企业作为支柱产业的龙头企业做强做大。组建省煤炭产业集团，提高煤炭资源集中度。协调促进攀钢兼并长钢、五粮液兼并川橡集团、成都卷烟厂兼并绵阳和西昌卷烟厂等工作。

编制《2004年—2007年四川省企业关闭破产项目规划》，推进实施军工、煤炭等行业政策性破产项目，加快落实中央在川企业办社会职能分离工作和省属企业主辅分离、辅业改制工作。截止2005年，攀钢等中央在川23户企业社会职能机构已经与省政府签署移交协议。通过帮助国有企业解决历史负担，提高了国有经济的整体素质。

3. 企业改革发展继续深化。

省国资委代省政府起草《关于规范国有企业改制工作的试行意见》，以建立现代企业制度为目标，以产权制度改革为核心，以优化布局结构为重点，以规范有序为准则，以取得实效为目的，进一步深化国有企业改革。加快国有企业股份制改革的步伐，积极引进境内外技术、管理和资金实力强，有市场、信誉高的战略投资者，大力发展国有资本、集体资本、非公有资本等参股的混合所有制经济。大力推进省属企业改制，以做强做大企业为重点，加大指导推进国有企业改革调整力度，规范实施企业重组关闭破产和主辅分离工作。企业改制严格按制订和审批方案、清产核资、财务审计、资产评估、公开交易等程序进行操作。鼓励企业引入战略伙伴进行重组，改制方式日益多样化。坚持增量式改制，用改革的办法解决企业发展中的问题，通过引入非国有资本，谋求企业的跨越式发展，克服了过去那种“国退民进”“一卖了之”的单一改革模式。机场集团通过引入外来投资者组建机场股份有限公司，既实现主营业务的股份多元化，又引入资金5.2亿元，还保持了机场集团51%控制权，为机场集团做强做大奠定了基础。2004—2005年，全省有103户国有企业实施了改制。

上市公司的股权分置改革，实行“五个结合”。即将股权分置改革与国企改革总体战略结合，与解决历史遗留问题结合，与优势资源向上市公司集中结合，与调整壳资源配置结合，与完善公司法人治理结构结合，取得较好效果。

继续推进国有企业现代企业制度建设，完善公司治理结构。通过修改省属企业《公司章程》，明确国有出资人、董事会、监事会和经理层的关系，细化议事规则，初步建立各负其责、协调运转、有效制衡的机制，企业“内部人”控制问题得以遏制。

4. 企业领导班子建设取得新突破。

努力建立完善国有企业领导人员管理的基本制度。坚持党管干部原则与市场化配置人才相结合，探索国有企业领导人员选任用管方式，面向全省公开招聘四川省投资集团有限公司总经理。对长虹集团、五粮液集团、化工控股集团等33户企业领导班子进行了调整、充实。完成省煤炭产业集团班子的组建工作。通过调整，进一步改善领导班子的年龄、文化结构，企业领导班子整体素质得以提升。

省国资委作为依法履行出资人职责的国资监管特设机构，与政府行政部门相比，由过去的政府公共管理者转变为国有资产出资人代表；由过去政府的行政管理转变为出资人的产权管理；由过去管理各种所有制企业的国有资产转变为管理授权范围内的国有资产；由过去的实现国家宏观调控目标转变为实现国有资产保值增值和发展壮大国有经济的目标。任务艰巨，责任重大。但是，国有资产管理体制尚未完全理顺，市州国有资产监督管理机构还没有完全到位，事业类经营性国有资产和部分企业国有资产还未纳入国资委监管范围。一些政府部门对国资监管的紧迫性和必要性认识不足，国资委的工作还不能完全得到监管对象的支持和配合。国有资产管理体制需要进一步深化改革。

三

四川省敢为人先，国有企业改革在全国率先起步，走过了不平凡的历程。

（一）国有企业改革探索阶段（1978—1992年）

国有企业改革探索阶段，基本上是在计划经济条件下进行改革，是在企业经营层面上的改革。通过扩权让利、两权分离等，致力于调整规范国家与企业之间的委托经营关系。

1978年，四川省宁江机床厂等6户企业进行扩大生产经营权试点，在全国率先开展国有企业改革。1979年年初，中共四川省委批准对四川化工厂等100户企业进行扩大自主权试点。1980年2月，省委、省政府决定在四川第一棉纺织印染厂等5户企业，进行“独立核算、市场调节、国家征税、自负盈亏”的试点，在全国率先实现企业所有权与经营权分离。1982年11月15日，省政府发出《关于完善工业经济责任制和企业自主权办法的通知》，要求企业坚持责、权、利紧密结合，以责定权、以责定利原则，重点搞好企业内部经济责任制，并赋予企业一系列经营自主权。

1983 年，国营小企业普遍推行集体经营或职工个人承包、租赁等多种经营方式，实行国家征税、资金付费、自负盈亏的制度。在重庆、成都、自贡三市的大中型企业和全省蚕丝绸、烟草、医药等企业全面推行以税代利、自负盈亏试点，100 多个省属工业企业逐步下放给城市管理。1984 年，成都无缝钢管厂等 20 户企业试行厂长负责制。1985 年，经济体制改革全面展开。

1986 年，四川开始进行有组织的国营大中型企业股份制试点。1987 年 11 月，国家批准成立中国嘉陵工业股份有限公司（重庆），是中国第一个股份制企业集团。针对其改革特点，称为“嘉陵模式”。1987 年年底，国营企业大面积实行承包经营。

1988 年 6 月，省委、省政府决定在全民所有制大中型企业中进行“超前改革”试点。税后利润可实行国家资产和企业资产按股分红或企业对国家资金付费的办法，试行企业工资总额同劳动生产率和适当的经济效益指标挂钩的办法，可以“上不封顶，下不保底”，扩大企业融资权和外贸权，凡有条件的试点企业，一律取消指令性计划，产品实行国家指导价和市场调节价。1990 年 1 月，省委、省政府决定对国有大中型企业进行重点扶持，鼓励企业通过参股、兼并、法人承包和法人租赁，加快组建资产、经营一体化企业集团。至年底，全省组建各类企业集团 83 户，成员企业达 1500 多个。1991 年 6 月，省委、省政府《关于进一步搞活国营大中型企业的决定》，要求进一步落实企业自主权，努力为国营大中型企业创造宽松的外部环境。全省有 100 余户国营大中型企业开展以转换企业经营机制，增强企业活力为目标的改革试点。

1992 年，省委、省政府确定在 105 户国营大中型企业中进行以劳动、人事、分配“三项制度”为主要内容的转换经营机制改革试点。至年底，进行“三项制度”改革试点的企业达到 300 户。此后，以“三项制度”改革为突破口，转换企业经营机制的改革向纵深发展。

（二）国有企业改革突破阶段（1992—2002 年）

国有企业改革突破阶段，是在经济体制转轨过程中进行改革，以建立现代企业制度和产权改革为突破口，通过制度创新、战略调整等，致力于调整规范国家与企业之间的出资关系。

1992 年，宜宾县在全国率先打破“禁区”，实施从企业产权制度着手，转换企业机制，以建立现代企业制度为目标的县级综合改革。通过对国有企业实行“改、转、租、包、卖、并、破、停”等多种方式改革，探索出“国家转让产权，政府转变职能，企业转换机制，职工持股经营”（即宜宾经验）的县属国有企业改革路子，以搞活国有企业，加速企业由计划经济向市场经济体制的转变。1992—1993 年，省委、省政府在宜宾县进行封闭式企业改革试点的同时，选择 22 户企业开展以理顺产权关系，进行加快企业经营机制转换为核心的建立现代企业新体制改革试点，国有大中型企业的改革开始起步。

1995 年，省委、省政府对国有企业的改革发展采取“抓大、放小、扶优、解困”的方针，抓好关系全局的一批国有大中型企业的改革、改组和技改，带动全省经济的发展。重点推进以建立现代企业制度为目标的国有企业改革。开展国家确定的四川沱牌实业股份有限公司等 5 户企业建立现代企业制度试点的同时，决定将建立现代企业制度试点扩大到 23 个市地州的 80 户企业。试点企业按照产权明晰，责权明确，政企分开，管理科学的要求，在多方面进行改革。80 户试点企业 1995 年完成工业产值、销售收入、利税总额比 1994 年分别增长 24.3%、19.6%、15.7%；比全省独立核算工业企业的增长幅度分别高 17.03、2.86 和 65.15 个百分点，年末净资产比年初增加 8.0%，实现保值增值。

1992—1995 年，基本完成企业经营机制的转换。

1996 年 7 月，省委、省政府《关于进一步放开放活国有小型企业的意见》提出，要以建立现代企业制度为目标，“放开放活”小型国有企业。要求区别不同情况，分别采取改组、联合、兼并、股份合作制、租赁、承包、托管经营、出售和破产等形式，坚持从实际出发，因地制宜，一厂一策，保证国有资产在国有企业改革中保值增值。1996 年，国家确定的 3 户和省上确定的 68 户以及市地州确定的一批现代企业制度试点企业全面进入试点方案的实施阶段，确立了国有资产的投资主体，建立了公司法人治理结构，在制度创新和解决重点、难点问题上取得实质性进展。

1997 年，全省 68 户现代企业制度试点企业经过 3 年探索实践，取得阶段性成果，全部按照《公司法》完成企业改制工作。其中股份公司 31 户，有限责任公司 12 户，国有独资公司 25 户。试点企业普遍进行“三项制度”改革，实行主辅分离。通过改革、改组、改制和加强企业管理，经济效益明显好于面上企业。68 户企业实现利润相当于全省 800 余户大中型企业利润（盈亏相抵后）的总和。国家统计局资料表明，四川试点企业经济技术综合指标，全国评比名列第一。

1998 年 6 月，省委、省政府《关于进一步深化国有企业改革的意见》提出实施资产大重组、结构大调整、机制大转换的总体思路和 30 条政策措施。省国资局提出实施意见，要求国有资本向优势企业集中，实现优势企业低成本扩张。省级国有大中型企业，要按照《公司法》的规定，逐步改组为公司制企业，完善法人治理结构，转换经营机制，强化内部管理。省级国有小型企业，可采取股份合作制、兼并、破产、出售、承包、租赁、合资合作等多种改制形式，放开搞活省级国有小型企业。截止 1998 年年底，全省已改制企业 3678 户，改制面为 58%。全省 677 户国有及国有控股大中型工业企业中，有 283 户企业完成改制，改制面为 41.8%，283 户企业共有职工 76.96 万人，资产总额 1526.86 亿元。283 户企业，按改制方式分：集团公司 60 户，占 21.2%；有限责任公司 76 户，占 26.86%；股份有限公司 80 户，占 28.27%；被兼并重组企业 53 户，占 18.73%。按投资方式分：国有独资 64 户，占 22.61%；国有控股 130 户，占 45.94%；国有参股 22 户，占 7.78%；其他方式 67 户，占 23.67%。未改制的企业 394 户，共有职工 61.36 万人，资产总额 648.65 亿元。

1999—2000 年，四川省在国有工业有进有退、产业结构调整、深化企业改革、国有资产管理等方面出台《关于加快建立和完善现代企业制度的实施意见》《四川省国有大中型企业改革与脱困规划》等 20 多个文件。2001 年 5 月 28 日至 6 月 2 日，省委、省政府召开了规模空前的国有企业改革和发展流动现场会，省委书记、省长带队参观成都、德阳、乐山、自贡、宜宾等 5 个市的 13 户企业，会议要求坚定不移地大力推进四川国有企业的改革发展，大力推进四川工业经济跨越式发展。2001 年 9 月 6 日，省政府印发《四川省国有企业退出规划》，决定将国有资本从一般竞争性领域有序退出。加大兼并破产、资产重组力度，以劣势企业破产为主要方式，将严重资不抵债、扭亏无望、资源枯竭、产品质量低劣的 571 户国有独资和国有控股企业列入 2001—2005 年国有资本退出规划。决定关闭破产项目 342 个，改制项目 133 个，转让重组项目 96 个。

全省小企业改革，自 1992 年以来，以产权制度改革为核心，先后推广宜宾、射洪、金堂、营山等县改革经验。至 2002 年，市县属中小企业改制面达到 98%。

2002 年，全省有 54 户重点优势企业初步建立现代企业制度。

（三）国有企业改革深化阶段（2003—2005 年）

国有企业改革深化阶段，是在市场经济条件下进行改革，是现代企业制度继续完善，以国有资产管理体制改革推动国有企业改革发展的调整优化升级阶段。通过体制改革，建立出资人制度等，致力于调整落实政府层面国有资产出资人代表职责。

2003 年，着力建立现代企业制度，推进产权多元化，转变经营机制，加快职工身份转变，加强经营者队伍建设，搞好主辅分离，逐步实现“三个百分之百”，即百分之百进行企业产权制度改革，实现投资主体多元化，使股份制成为公有经济的主要实现形式；百分之百转换企业经营机制，完善法人治理结构，建立现代企业制度；百分之百转变国有不绝对控股企业职工的国有企业职工身份。2003 年 7 月 19—20 日，省委、省政府在泸州市召开加快国有企业改革和发展现场会，着力解决国有大中型企业改革滞后的问题，省长张中伟要求攻坚破难、突出重点、整体推进。2003 年，全省国有大中型企业改制面达 85.2%。38 户国有及国有控股大中型企业实现产权多元化，19 户大中型国有企业完成公司制改造，68 户上市公司的法人治理结构逐步完善。32 户国有劣势企业通过兼并破产、改制重组后退出。

2004 年 5 月 18—20 日，中共四川省委在成都召开工业工作会议，会议制定了《中共四川省委、四川省人民政府关于走新型工业化道路加快工业发展的意见》，明确走新型工业化道路，加快工业改革和发展的具体意见和政策措施。省委书记张学忠强调要着力抓好六方面工作：突出比较优势，优化产业结构和区域布局，构建四川工业发展大格局；加大产业整合力度，着力培育大企业、大集团和产业集群，大力支持中小企业发展；抓住体制机制这个根本，进一步深化改革，增强工业发展活力；主动承接产业转移，积极拓展国内外市场，以大开放促进工业大发展；推进技术进步与创新，建设高素质企业人才队伍，强化工业发展的科技和人才支撑；坚持以人为本，实施可持续发展战略，正确处理工业发展与人口资源环境的关系。

2004 年，省国资委成立后，政企分开，政资分开，国有资产保值增值责任得到落实。省国资委积极推进国有企业建立现代企业制度，探索公有制的多种有效实现形式，进一步规范国有企业改制和产权转让。制定下发《关于规范所出资企业改制工作的试行意见》，规范出资企业改制为省级国有股不绝对控股的企业改制工作。要求国有企业公司制改造，按照“三个百分之百”的要求，继续推进国有企业股份制改革，促进产权多元化的股权结构合理化，大力发展混合所有制经济，加快建立现代企业制度。国有企业改制逐步改变过去“以卖为主”的单一模式，通过引入战略合作伙伴进行重组、合资等，实现增量化改制，改制方式呈现多样化趋势。

2004 年 1—11 月，全省有 26 户大中型企业完成改制。其中省属企业 2 户，市属企业 21 户，县属企业 3 户；管理层收购 1 户。改制企业资产总额 80 亿元，负债总额 50 亿元。改制后仍为国有控股的企业 12 户，国有参股企业 4 户，国有资产完全退出的 10 户。

2005 年，继续加快推进国有企业改革步伐。先后推出《关于进一步推进省属企业改革的指导意见》《关于开展所出资企业减少管理层次理顺母子公司体制试点的意见》《关于进一步规范省属国有大中型企业主辅分离改制分流工作的通知》等具体指导国企改革的规范性文件，以建立现代企业制度为方向，以产权制度改革为核心，以布局结构调整为重点，加快省属企业改革步伐。2004 年 1 月 1 日至 2005 年 12 月底，全省有 103 户国有企业实施了改制，涉及工业、能源、交通、城市基础设施、旅游服务、公用事业等行业，涉及资产总额 68.4 亿元，负债总额 58.6 亿元，涉及职工 33604 人，其中已转换国企身份的职工 30784 人。

2006 年，出台《四川省国有企业改制工作暂行办法》，进一步规范国企改革的程序与步骤，明确国有企业改革的审批权限和重点环节，全省国有企业改革进入规范化的进程，国有资产管理体制及国有企业改革取得重大进展。

四

20 多年来，四川省国有企业，通过一系列改革，打破了经营管理的僵化体制，转换了企业经营机制，逐步建立了现代企业制度，增强了企业活力；推进了全省工业布局与产业结构的优化升级，形成了一定的优势产业；国有企业不断壮大发展，企业效益得到提升，企业国有资产总量也有了大幅度的增长。但是，由于前期国有企业改革缺乏规范的操作程序，有的企业领导人员贪污腐败，也造成了部分企业的国有资产流失。前期改革中，有的企业改制方案未提交职代会审议或未得到大多数职工代表的拥护就强行实施；有的改制企业职工经济补偿金不落实；有的企业中小学退休教师、离退休人员待遇得不到保障等等。这些问题严重影响了党和政府与群众之间的血肉关系，也危及到国有企业自身的改革和发展。群众来信、职工上访，群体性事件时有发生。2005 年，全省存在不稳定因素的国有企业有 90 余户，涉及职工近 10 万人。有关问题，需要采取切实有效的措施，认真加以研究和解决。

第一篇　企业国有资产管理

四川省企业国有资产管理，在1989年9月省国资局成立后的较长时期，仍处于国有资产出资者缺位，多头管理，权责不明，监管不力的状况。这一时期的国有资产管理，主要是对企业占有、使用的国有资产进行宏观管理，重点是推进国有资产保值增值，防止国有资产流失。2000年，开始建立省级国有资产管理、监督和营运体系，实行政资分开、政企分开、国有资产管理与经营分开的原则。将国有资产所有者职能集中于省政府国有资产管理委员会，组建省级国有资产经营公司，并授权国有大型企业、企业集团对国有资产进行资本经营。在注重保值增值的同时，也注意推动国有企业改革与资产重组，推动产业结构与资本结构的战略调整。省委企业工委着重抓企业领导班子建设，加强企业国有资产保值增值的监管工作。2004年7月，组建省政府国有资产监督管理委员会，改革国有资产管理体制，实行管资产、管人、管事相结合，企业国有资产监管得到进一步加强。

第一章　管理体制与政策法规

第一节　管理体制

20世纪50年代起，与全国其他省市一样，四川对企业国有资产的管理主要通过政府各职能部门依靠行政手段从不同方面对国有企业及其拥有的国有资产营运，进行集中的直接管理。是多头管理、政企不分、政资不分、所有权与经营权不分的管理体制。

20世纪70年代末期，开始调整政府与企业的关系，通过扩大企业自主权，增强企业活力，促进企业自主经营。80年代中期，在国营企业中推行多种形式的承包经营责任制，以公有制为基础，所有权与经营权分离，用合同形式规范国家与企业的责、权、利关系。但承包制未从根本上解决政企不分的问题，而且造成企业行为短期化、企业负盈不负亏、资产难以有效地保值增值等问题。

1988年4月，在尚未完全突破计划经济体制的情况下，成立了从属财政部的国家国有资产管理局。1988年8月开始实施《中华人民共和国工业企业法》，规定了企业自主经营的若干权利。

1989年5月，省政府决定成立四川省国有资产管理局。1989年9月10日，四川省国有资产管理局正式成立，为副厅级，由省财政厅归口管理，省财政厅一名副厅长兼任省国资局局长。省国资局设办公室，政策法规处，工业、交通、建筑国有资产管理处，商业、经贸、金融国有资产管理处，农业、文教、行政国有资产管理处，四川省资产评估管理中心（事业编制）。省国资局主要职责是：

1. 贯彻执行国家有关国有资产管理的方针、政策和法律、法规，拟定全省性的国有资产管理条例和管理制度，并组织实施。

2. 组织对全省各级国有资产现状和变动情况的调查研究和登记管理工作，监督国有资产的保值和增值。

3. 参与国家投资的分配和回收投资的再分配，对各类国家投资公司、投资银行的经营活动进行稽核和监督，促进提高投资收益。

4. 对国有资产的运用情况实施检查，促进国有资产经营单位大力提高经营效益，保证国有资产保值、增值。

5. 会同有关部门对省级国营企业进行发包、租赁、合资、参股经营等项工作，并参与国营企业税后利润分配或合资企业国有资产股权收益的分配。

6. 会同有关部门参与审批省级国营企业承包、租赁、合资、参股经营和兼并、拍卖、破产清理等经济活动中涉及国有资产的评估、产权变动和财务处理问题。会同有关部门参与审批省级行政事业单位国有资产产权转移、评估和财务处理问题。

7. 组织推动省内各级企业闲置国有资产的处理，提高国有资产的利润率。

8. 管理设在省外的归四川省所属的国有资产，维护其合法权益。

9. 指导市地州管理国有资产的工作。

1992 年，国有资产管理部门积极培育资产经营机构，实行国有资产管理与经营的适当分离，探索国有资产管理的新体制和新方法。省国资局建立了资产经营公司，成都、乐山、德阳、绵阳和奉节、米易等一些市、县建立了不同形式的投资经营公司、产权交易市场，探索国有资产的中介管理，完善国有资产经营体系有了良好的开端。

1992 年年底，核定省国资局编制 50 人，其中事业编制 15 人。

省国资局为行政性管理机构，其管辖范围，既包括经营性国有资产，又包括非经营性国有资产。产权管理职责不明确，仍然是多头管理，又无有效经济手段，职责难以落实。省财政厅与省国资局为主从关系，不便独立发挥作用；内部业务处室不是按资本运行规律，而是按资产行业分类设置，职能相互交叉，工作重复；其规格又比一级厅局处室低半级，工作有所不便。

1994 年 7 月 24 日，国务院发布《国有企业财产监督管理条例》(国务院令第 157 号)，规定：国有企业财产属于全民所有，即国家所有。国务院代表国家统一行使对企业财产的所有权。在国务院统一领导下，国有资产实行分级行政管理。根据国务院的授权，省、自治区、直辖市人民政府可以确定有关部门或者有关机构，对指定的或者其所属的企业财产的经营管理实施监督。要求政企职责分开；政府的社会经济管理职能和国有资产所有者职能分开；企业财产的所有权与经营权分离；企业对国家授予其经营管理的财产依法自主经营，享有占有、使用和依法处分的权利。建立明晰的的产权关系，以明确政府有关部门和其他监督机构的职责、企业的权利和责任，理顺企业财产的国家所有、分级管理、分工监督和企业经营的相互关系。

1996 年 3 月，机构改革，省政府批准保留省国资局（副厅级），为省财政厅管理的机构，内设 7 个职能处室：办公室、政策法规处、产权处、企业处、行政事业资源处、地方综合处、资产评估管理处。省财政厅清产核资办公室设于省国资局，挂国资局统计评价处牌子。共有行政编制 73 名，事业编制 7 名，处室干部按厅级单位处级干部配置。

省政府要求省国资局转变职能，按照建立社会主义市场经济体制的要求，按照政府的社会经济管理职能与国有资产所有者职能分开的原则，密切配合现代企业制度的建立和其他相关改革，加强对全省各类国有资产的综合管理，推进国有资产保值增值，防止国有资产流失。重点是对各类企业占有、使用的国有资产进行宏观管理，会同有关部门进行国有资源性资产的管理工作，加强对市、地、州国有资产管理工作的指导、监督。主要职责是：

1. 会同有关部门制订地方国有资产管理的政策、法律和法规草案及规章制度，经批准后组织实施；检查、监督执行情况，对违法事件依法进行行政处罚。

2. 负责国有资产的基础性管理工作；培育和发展国有资产产权交易市场并进行监督管理。

3. 会同有关部门按照分级监管的体制决定或批准企业国有资产的经营形式和国有企业的设立、合并、分立、终止、拍卖；审批产权变动和财务处理的重大问题，组织清算和监缴被撤销、被解散企业的国有资产；会同有关部门管理在境外的国有资产。

4. 对国家投资的分配和国有资产重大投资项目提出意见和建议，并对投资效益进行重点跟踪监测。

5. 参与研究国有企业税后利润和国家股权收益的分配方案并监缴国有资产产权收益。

6. 会同有关部门制订考核国有资产保值增值的指标体系；监督、考核和评价企业国有资产的资产负债、经营损益等财务状况及经营效益状况；选派本局代表参加有关监事会、董事会等产权管理组织。

7. 会同有关部门研究制订国有资源性资产管理和行政事业单位国有资产管理的制度和办法，参与处理重大产权纠纷。

8. 制订国有资产评估的法规草案和管理制度并监督检查执行情况；对资产评估机构进行资格审查、颁发评估资格证书并对其进行管理和监督；决定重要评估项目的立项并负责确认评估结果。

9. 指导和监督各专业经济管理部门和市、地、州国有资产管理机构的工作，推动国有资产管理体制改革试点。

在管理体制方面，通过管企业管理资产，国有资产出资者缺位，权责不明、多头管理、监督不力的情况依然存在。

2000 年 5 月 18 日，中共四川省委、省政府印发《关于建立四川省省级国有资产管理监督营运体系的试行意见》，决定按照国有资产“国家所有、分级管理、授权经营、分工监督”的原则，建立省级国有资产管理、监督和营运体系，成立四川省国有资产管理委员会（简称省国资管委会），受省政府委托，统一行使国有资产所有者职能。实行政资分开、政企分开、国有资产管理与经营分开的原则，将国有资产所有者职能从省政府各有关部门剥离出来，统一集中于省政府国有资产管理委员会行使。政府的其他部门行使社会经济管理职能，进行宏观调控和行业管理，不再直接行使国有资产所有者职能。组建省级国有资产经营公司或授权国有大型企业、企业集团和控股公司经营所持有的国有资产，行使出资者职能，进行资本经营，并承担保值增值责任。国有全资公司、控股公司和参股的生产经营企业，是独立的企业法人，拥有法人财产权，并以全部法人财产依法自主经营、自负盈亏，享有民事权利，承担民事责任，与国有资产经营公司和授权经营国有资产的大型企业、企业集团、控股公司没有行政隶属关系，依产权关系接受其监管。

政府主要通过行政、法律等手段对国有资产营运进行管理、监督和考核，维护国家所有者权益。国有资产经营公司和国有大型企业、企业集团、控股公司及生产经营企业作为独立企业法人，享有法人财产权，自主经营，自负盈亏，承担所持有或受委托经营管理的国有资产保值增值责任。

2000 年 7 月，四川省国有资产管理局撤销，其关于国有资产的产权及产权市场管理、资产评估管理，省级企业国有资产基础管理、国有资产收益监缴，参与归口管理的国有企业的租赁、拍卖、兼并、破产和组建企业集团、实施股份制改革等基本工作职责，划归省财政厅企业处负责。

2000 年 9 月 19 日，中共四川省委决定成立中共四川省委企业工作委员会，列入省委机构序列。省委企业工委由省委常委冯崇泰任书记。省委企业工委是省委的派出机构，负责全省国有重要骨干企业领导班子建设和领导人员管理工作，负责省政府派出的监事会主席及监事（省政府稽察特派员及特派员助理）的管理等项工作。省属 19 户国有重要骨干企业（含省属国有资产经营公司、国有大型企业、企业集团、控股公司，共有下属企业 89 户）的领导班子由省委企业工委管理，与省国资管委会管理的单位相统一。由市管理的对全省产业结构调整发挥重要支撑作用、涉及六个支柱产业和重要的上市公司共 16 户重要骨干企业领导班子由省委企业工委会同市委管理，其党的关系、资产管理关系、财税解缴关系和其他管理关系不变。

同时，成立省委企业纪律检查工作委员会（简称省委企业纪工委）。省委企业纪工委是省纪委的派出机关（与监察厅派驻机构合署办公），接受省纪委、省监察厅和省委企业工委的双重领导。检查、处理企业党组织和党员、干部违反党纪政纪的重要案件，其中对涉及列入省委管理范围的18户企业领导人员违法违纪案件，由省纪委、省监察厅负责查处，省委企业纪工委协助做好有关工作。

2001年1月30日，省政府再次明确决定成立省国资管委会。3月，正式成立省国资管委会，主任由省长张中伟担任，副主任由省委、省政府的领导杨崇汇、冯崇泰、甘道明、邹广严、王金祥等担任，成员由省委组织部、省委企业工委、省财政厅、省发展计划委、省经贸委、省监察厅、省人事厅等部门主要负责人组成。省国资管委会负责对全省国有资产管理、监督、营运中的重大问题进行决策。决定国有资产经营公司、国有大型企业、企业集团和控股公司的设立、授权、变更。对国有资产经营公司、国有大型企业、企业集团和控股公司中的国有资产营运情况进行管理、监督。并指导、监督地方国有资产管理工作。成立四川省国有资产管理委员会办公室（简称省国资办），作为省国资管委会的办事机构，设在省财政厅。

四川省人民政府国有企业监事会工作办公室（简称监事会工作办）同时作为省国资管委会管理监事会事宜的机构，省监事会工作办设在省委企业工委。

省国资办的具体职责是：

1. 贯彻执行国有资产管理的法律、法规和政策，执行省国资管委会的决议、决定；拟定国有资产管理的各项规章制度，报省国资管委会批准后实施；检查监督国有资产管理的法律、法规和制度的执行情况，提出意见和建议。

2. 负责向省国资管委会提出国有资产管理重大事项的议案和报告；拟定国有资产总体发展规划和布局，协调处理国有资产管理的重大事项；组织国有资产结构调整，审核跨行业、跨地区国有资产的变动和划转事宜。

3. 负责国有资产收益的解缴，制定国有资产收益分配方案，对投资收益进行跟踪监管。

4. 负责提出国有资产经营公司、国有大型企业、企业集团控股公司的授权、设立、变更、终止意见；审核国有资产经营公司、国有大型企业、企业集团和控股公司的长远规划、财政预决算、增减资本、产权转让等重大事项的报告。

5. 参与省委企业工委管理的国有资产经营公司、国有大型企业、企业集团和控股公司外派监事的有关考核工作；按干部管理权限和规定程序参与其他省属国有（国有控股）企业领导班子及监事会成员的考核、委派工作。

6. 协调国有资产经营公司、国有大型企业、企业集团和控股公司之间的相关事宜等。

2004年2月9日，中共四川省委下发《中共四川省委关于成立中共四川省国有资产监督管理委员会委员会和中共四川省国有资产监督管理委员会纪律检查委员会的通知》，决定成立中共四川省国有资产监督管理委员会委员会，撤销中共四川省委企业工作委员会；成立中共四川省国有资产监督管理委员会纪律检查委员会，撤销中共四川省委企业纪律检查工作委员会。7月，撤销原作为省政府议事协调机构的省国资管委会及其设在省财政厅的办公室，组建四川省政府国有资产监督管理委员会，为省政府直属正厅级特设机构。省政府授权省国资委代表国家履行出资人职责。8月18日，省国资委正式挂牌成立。中共四川省国有资产监督管理委员会委员会（简称省国资委党委），履行省委规定的职责。省国资委党委书记由省委常委甘道明兼任，副书记3名，1名副书记由副省长杨志义兼任，陈光志任省国资委主任、省国资委党委常务副书记。

省国资委纪律检查委员会（简称省国资委纪委），与省监察厅派驻监察局合署办公。

省国资委设15个职能处室和机关党委。设有办公室、政策法规处、考核分配处、统计分析处、产权监管处、投资规划处、企业改革处、企业改组处、监事会工作处、企业领导人员管理处、中央在川企业联络处、党建工作处（党委组织部）、宣传工作处（党委宣传部、党委统战部）、群众工作处（党委群众工作部）、人事处。

省国资委机关行政编制117名，监事会主席和派出监事编制30名。

省国资委的监管范围是省属经营性国有资产。

原省经济贸易委员会指导国有企业改革和管理的职责，原省委企业工作委员会的职责，省财政厅管理经营性国有资产的职责，省劳动和社会保障厅拟定国有企业经营者收入分配政策、审核省属国有企业的工资总额和主要负责人收入的职责等，均划归省国资委负责。

省国资委主要职责是：

1. 根据省政府授权，依照《中华人民共和国公司法》及《企业国有资产监督管理暂行条例》等法律、法规履行出资人职责；研究提出国有企业改革的方针、政策和国有企业体制改革方案，推进现代企业制度的建立；负责指导省属国有企业改革和管理，加强全省国有企业改革和管理的宏观指导；对所监管企业国有资产的保值增值进行监督，加强国有资产的管理工作；推动国有经济布局和结构的战略性调整。

2. 代表省政府向所监管企业派出监事会；负责监事会的日常管理工作。

3. 按照法定程序对所出资企业负责人进行考核、任免并根据其经营业绩进行奖惩；建立符合社会主义市场经济体制和现代企业制度要求的选人、用人机制，完善经营者激励和约束制度。

4. 建立和完善国有资产保值增值指标体系，制订考核标准；通过统计、稽核等方式对所监管企业国有资产的运行情况进行监管，确保国有资产保值增值；维护国有资产出资人的权益。

5. 监缴所监管企业国有资本金收益，编制国有资本金预算和执行方案。

6. 根据省委授权，负责部分国有资产在市、州的重点国有企业负责人的考核、任免和管理。

7. 起草国有资产管理的地方性法规、行政规章，制定有关制度；依法对市、州国有资产管理进行指导和监督。

8. 协调中央、外地在川国有企业改革发展中与地方相关的事宜。

9. 承办国务院国资委和省政府交办的其他事项。

按照政企分开以及所有权与经营权分离的原则，省国资委依法对企业的国有资产进行监管，依法履行出资人职责。省国资委不直接干预企业的生产经营活动，使企业真正成为自主经营、自负盈亏的市场主体和法人实体，实现国有资产保值增值。

省国资委负责研究发展国有及国有控股大型企业和企业集团的政策和措施，指导国有企业实施战略性改组，指导企业法律顾问工作，组织国有企业实施兼并破产、减员增效、扭亏脱困和下岗职工的再就业等工作，省经委配合；省经委负责企业的行业管理、联系协会，省国资委配合。省国资委负责国有重点企业运行状况的分析研究，并向省经委通报。省国资委负责省属国有企业和党的关系在省国资委的中央、外地在川国有企业的维护稳定工作。

省国资委国有资产管理工作在财务会计方面执行国家统一的财务会计制度，接受省财政厅监督；省国资委管理的国有资产统计结果报省财政厅备案，国有资产管理地方性法规草案的拟订征求省财政厅意见。政府支持国有企业改革和发展的财政措施，包括困难企业下岗职工基本生活保障费用、分流人员费用、破产企业安置职工等费用，由省财政厅按原渠道解决，继续由省财政厅管理和监督。省国资委对所监管的国有资产进行预算管理，条件成熟时按国家有关预算编制规定，负责所监管企业国有资产经营预算的编制工作，作为省总预算的组成部分由省财政厅统一汇总和报告，预算收入的征管和使用接受省财政厅监督。

省国资委依照法律法规履行出资人职责，积极探索创新国有资产监管的有效方式，提出试行直接监管、授权监管、分级监管的运行机制。制定系列规定和意见，规范国有企业改制和国有产权转让行为，实行管资产、管人、管事相结合的管理体制。

2005 年 9 月 29 日印发的《中共四川省委关于中共四川省政府国有资产监督管理委员会委员会、中共四川省政府国有资产监督管理委员会纪律检查委员会有关问题的通知》规定：省国资委党委在省委领导下进行工作。其主要职责是：保证党的路线方针政策及党中央、国务院和省委、省政府的有关指示、决定在省国资委监管的国有重要骨干企业（简称省国资委监管企业）贯彻执行；保证、监督国务院《企业国有资产监督管理暂行条例》及有关法规在省国资委监管企业的执行、落实，确保国有资产保值增值；讨论和决定省国资委的重大问题；负责省国资委监管企业和党组织关系在省国资委党委的中央在川国有企业和外地在川国有企业党的建设、思想政治工作和社会主义精神文明建设；负责指导下一级国资委党委的工作；负责省国资委监管的省属国有独资企业、控股企业和省委授权管理的国有资产在市（州）的部分重点国有企业的领导班子建设；负责党组织关系在省国资委党委的中央在川国有企业、外地在川国有企业和省国资委监管企业人才队伍建设和管理人员培训工作；依照公司章程，推荐国有参股企业董事、监事人选；配合省委组织部做好在川中央管理企业和中央管理企业在川机构领导班子的协助管理工作，协助管理国务院国资委监管的在川企业和国务院国资委监管企业在川机构以及外地在川国有企业领导班子；负责机关内部人事管理工作和机关党的建设；负责省政府派出的省国资委监管的省国有及国有控股企业监事会监事的管理工作；监督检查省国资委监管企业、省委授权管理的国有资产在市（州）的部分重点国有企业的领导人员、董事、监事和党的关系在省国资委党委的中央在川国有企业和外地在川国有企业党组织、领导人员遵纪守法、廉洁自律的情况，加强党风廉政建设；指导党的关系在省国资委党委的国有及国有控股企业宣传工作、企业文化工作、群团工作、知识分子工作、统一战线工作及人事制度改革工作；完成省委交办的其他工作。

省国资委纪委与省监察厅派驻省国资委监察局合署办公。省国资委纪委接受省纪委和省国资委党委的双重领导，其主要职责是：监督检查党的路线方针政策、国家法律法规及党中央、国务院、中央纪委和省委、省政府、省纪委的有关指示、决定在省国资委监管企业、省委授权管理的国有企业的贯彻执行情况；检查、处理省国资委监管企业党组织、党员和领导人员及董事、监事违反党纪政纪的案件，其中涉及省委管理的企业领导人员的违纪违法案件，由省纪委（省监察厅）负责查处，省国资委纪委做好协助工作；协助查处党组织关系在省国资委党委的中央在川国有企业和外地在川国有企业领导人员的违纪违法案件；受理对省国资委监管企业、党组织关系在省国资委党委的中央在川国有企业和外地在川国有企业党组织、党员和领导人员及国有参股企业董事、监事的检举、控告，受理省国资委监管企业党组织、党员和领导人员的申诉；负责指导省国资委监管企业的效能监察工作；完成省纪委（省监察厅）和省国资委党委交办的其他工作。

省国资委党政领导职务列入省委管理，由省委决定任免。

原由省委管理的国有独资企业（公司）的董事长、总经理、党委（党组）书记仍由省委管理。

省政府派出的省属国有重要骨干企业监事会主席仍由省委管理，任免建议人选经省委审批后，由省政府任免。

2005年，各市（州）国有资产监管机构全部建立并开始工作。17个市（州）单独设立国有资产监管机构，4个市（州）与经委或财政局实行“两块牌子，一套人马”。随着国有资产监管组织体系和法规体系的初步建立，全省国有资产监督管理新体制基本建立。

第二节　政策法规

1990年7月2日，国务院下发《关于加强国有资产管理工作的通知》（国发〔1990〕38号文）。这是自20世纪50年代以来，国内最高行政机关专门就国有资产管理颁发的第一部法规性文件。通知要求，“坚决防止和纠正损害国有资产产权的行为”。决定在全国范围内有计划地开展清产核资，“将一切应归国家所有的资产，都纳入国有资产管理轨道”，“防止国有资产流失”。要改进、完善企业经济效益考核内容，完善企业的国有资产产权管理机制，继续深化企业改革。按照统一领导、分级管理的原则，逐步建立和健全国有资产管理机构。按照经济发展和改革的要求，建立国有资产管理体系，加强国有资产管理。

1990年5月11日，省国资局印发《关于建立省级国有资产管理工作关系的通知》，要求“省级各部门制定、修订本单位本系统国有资产管理方面的制度，需经省国有资产管理局会签或核批。”各部门、集团公司和重点企业的年度汇总财务会计决算报表，境外国有资产和收益分配情况的汇总财务会计决算报表，需抄送省国资局。“其中有关国家资金增减及产权变动，要经省国有资产管理局审核会签。”各部门及直属全民所有制企业、事业和行政单位在兼并、出售、改制、清理等活动中，国有资产产权或管辖权转移，以及用国有资产参加中外合资经营、股份制经营，须报经省国有资产管理局审批，并组织资产评估，方能办理转移或经营手续。“股份制企业中的国家股由省国有资产管理局实施产权管理”。“省级境外国有资产的收益分配、产权变动的审批及产权转让收入，由省国有资产管理局管理。”

1990年6月1日，省国资局发布《四川省国有资产评估暂行规定》，规定：“国有资产管理部门根据管理需要，对某些占用单位的资产，在无资产评估申报的情况下，有权决定评估立项。”1990年11月24日，省国资局在《转发〈关于加强承包经营责任制企业国有资产管理的试行办法〉的通知》中，要求承包企业，无论是新承包还是延期滚动承包（延期一年以上）都必须在合同中增加国有资产保值、增值指标。国有资产保值增值指标的考核工作由国有资产管理部门会同有关部门进行，采取分年度考核和承包期末考核相结合的办法。

1991年1月16日，省国资局、省财政厅《关于加强企业产权转让中国有资产产权管理的通知》要求，“国有企业产权转让必须由转让方提出书面申请报告，经主管部门审核后，报国有资产管理部门会同财政等有关部门审查批准”。“国有资产管理部门在审批企业产权转让之前，应会同有关部门对发生产权转让的企业进行可行性论证，必须对转让资产进行评估。”同月，省国资局在《关于对省级单位国有资产的产权变动及使用情况进行审核的通知》中，明确提出："建立国有资产报告制度。所有省级预算内外的国营企业和行政、事业单位在向省财政厅、省国有资产管理局报送财务决算报表的同时，并应报送国有资产使用情况、保值增值情况以及产权变动情况的分析报告。"

1991 年 2 月 9 日，省国资局转发国家国资局、财政部、国家工商行政管理局发布的《国有资产产权登记管理办法》。规定：凡是占有、使用国有资产的企业和实行企业管理的单位（以下统称企业单位），都必须按照本办法的规定，向国有资产管理部门申报、办理产权登记手续。并将登记情况定期报告上级国有资产管理部门，同时抄送同级财政部门。国有资产产权登记表，应结合企业单位财务决算中国家基金增减变动的情况，每年填报一次。"企业单位不按本规定执行的，财政部门、企业主管部门或财政部门认定的财务管理部门不予开具资金信用证明；工商行政管理机关不予办理企业登记；国有资产管理部门有权建议主管部门对企业单位的法定代表人给予行政处分。"

1991 年 3 月 26 日，国家国资局、财政部、国家工商行政管理局发布《企业国有资产所有权界定暂行规定》，明确规定："企业国有资产是指国家以各种形式对企业的投资和投资收益形成的资产。没有法律依据归集体、个人或外国政府、法人、公民所有的资产均属国有资产。""中华人民共和国是国有资产所有权的唯一主体；国家对国有资产实行统一领导、分级管理。"

1991 年 4 月，国家国资局、财政部等 5 单位发出《关于在股份制试点中加强保护国有资产权益的通知》，要求"国营企业转变为股份经营时，要清查企业财产、清理债权、债务，按照有关规定进行国有资产所有权界定和资产评估，并由国有资产管理部门核定企业占用的经营性国有资产价值总量，作为国家对股份制企业的出资，据此核定国家在该股份制企业全部股东出资中的份额。不得低估国有资产价值，不得以任何方式将国有资产产权转为其他股东所有。"国家对股份制企业的国有股权实行统一领导，分级管理。"国家股管辖权转移的决定权在上级国有资产管理部门。"国有资产管理部门可以授权投资公司、控股公司、集团公司、经济实体性行业总公司，以及少数特定的部门，行使国家股的股权。"股份制企业中的国家股都必须有股权代表，对国有资产的保值和增值承担明确的责任。"

1991 年 7 月 10 日，省国资局下发《关于建立四川省资产评估工作报告制度的通知》，要求市、地、州国有资产管理局在每季度末必须将资产评估工作情况上报省国资局。

1991 年 11 月 16 日，国务院发布《国有资产评估管理办法》（国务院令第 91 号），规定：国有资产占有单位凡有资产拍卖、转让；企业兼并、出售、联营、股份经营；与外国公司、企业和其他经济组织或者个人开办中外合资经营企业或者中外合作经营企业；企业清算；依照国家有关规定需要进行资产评估等情形，都应当进行资产评估。"国有资产评估工作，按照国有资产管理权限，由国有资产管理行政主管部门负责管理和监督。国有资产评估组织工作，按照占有单位的隶属关系，由行业主管部门负责。国有资产管理行政主管部门和行业主管部门不直接从事国有资产评估业务。"进行资产评估的占有单位提供虚假情况和资料，评估机构作弊或者玩忽职守，致使资产评估结果失实的，国有资产管理行政主管部门可以宣布资产评估结果无效，并可以根据情节轻重，给予处罚。

1992 年 4 月，国家国资局等 6 部、委、局、办印发《关于加强国营关停企业国有资产管理的若干规定》，规定"国有资产管理部门会同有关部门，对关停企业的资产清理、维护和处置工作要进行全过程的监督、指导和管理。对本规定制定前已关停的企业的资产处置情况，要进行全面检查，促使关停企业国有资产尽早合理流动、优化配置，发挥使用效益。"关停企业的资产处置原则上实行有偿转让，对有偿转让给非国营企业的国有资产，必须进行资产评估。

1992 年 8 月，国家国资局、财政部、国家外汇管理局印发《境外国有资产产权登记管理暂行办法》，规定“各级国有资产管理部门负责本级境外机构的国有资产产权登记。”还规定“以下境外国有资产必须进行产权登记：

1. 国内企业、公司及其他经济组织到境外投资（合资、合作、独资等）设厂形成的国有资产；

2. 在境外注册的各类贸易公司中的国有资产；

3. 对外承包工程的企业在境外的国有资产；

4. 境外行政、事业单位及其分支机构中的国有资产；

5. 其他应属国有的境外资产。”

1993 年 7 月 2 日，省国资局、省计委、省体改委、省经委转发国家国资局、国家计委、国家体改委、国务院经贸办公室于 1992 年 9 月 11 日印发的《国家试点企业集团国有资产授权经营的实施办法（试行）》。《实施办法》指出：“国有资产授权经营是指由国有资产管理部门将企业集团中紧密层企业的国有资产统一授权给核心企业（集团公司）经营和管理”。并规定了授权方与被授权方双方的责任。省国资局在转发《实施办法》的《通知》中规定，经批准实行授权经营试点企业集团，其核心企业对集团紧密层企业占用的国有资产享有相应的经营管理权。集团核心企业必须定期向国有资产管理部门报送企业集团国有资产营运及管理情况。企业集团特别是核心企业，必须严格实行税利分流的分配办法。集团核心企业统一向国有资产管理部门负责集团紧密层企业占用国有资产的保值增值。

1993 年，国家国资局制定发布《国有资产产权界定和产权纠纷处理暂行办法》，规定省级以上国有资产管理部门应当成立产权界定和产权纠纷调处委员会，具体负责产权界定及纠纷处理事宜。“产权界定应遵循‘谁投资、谁拥有产权’的原则进行。在界定过程中，既要维护国有资产所有者及经营使用者的合法权益，又不得侵犯其他财产所有者的合法权益”。“产权纠纷的处理应本着实事求是、公正、公平的原则依法进行。”

1994 年 3 月 23 日，省政府下发《关于加强国有资产评估管理的通知》，强调政府国有资产管理部门对国有资产评估工作的管理、监督职责，对国有资产评估市场提出规范要求。

1994 年 6 月 15 日，省国资局、省税务局、省国土局专门制定印发了四川省《九四年投资洽谈会国有资产转让有关政策》，其“国有资产管理政策”部分规定，“企业按照规定转让整体或部分国有资产的净收入，留企业支配使用”，“其收入只能用于技术改造和设备更新”。“转让企业全部或部分产权的收入，首先要偿还银行债务和安置好企业职工，其余部分由同级国有资产管理部门负责收取。用于支持结构调整或补充需要扶持的国有企业资本金，不得用于经营性支出和弥补财政赤字、发放工资奖金。”

1994 年 7 月 24 日，国务院发布《国有企业财产监督管理条例》（国务院令第 159 号），规定企业财产的监督管理应当遵循以下原则：（一）政企职责分开；（二）政府的社会经济管理职能和国有资产所有者职能分开；（三）企业财产的所有权与经营权分离；（四）投资收益和产权转让收入用于资本的再投入；（五）资本保全和维护所有者权益；（六）企业独立支配其法人财产和独立承担民事责任。”“国有资产管理部门和监督机构在履行职责时，不得干预企业的经营权。”

1994 年 8 月 22 日，省经济委员会、经济体制改革委员会、省财政厅、省劳动厅、省国资局联合发出《关于进一步贯彻执行省委、省政府〈探索建立企业新体制试验的实施意见〉，促进试验工作深入开展的意见的通知》，决定进一步改革企业组织形式，实行国有资产授权经营制度，“实行授权经营管理国有资产的试验企业，应建立资产经营责任制，对企业全部法人财产及其净资产承担保值增值的责任。”试验企业经营者实行年薪制，其年薪收入，由董事会讨论决定。

1994 年 11 月 3 日，国家国资局、国家经济体制改革委员会制定印发《股份有限公司国有股权管理暂行办法》，规定国有企业改建为股份公司，要进行产权界定。国家股权应由国家授权投资的机构持有，在国家授权投资的机构明确前，也可由国有资产管理部门持有或由国有资产管理部门代政府委托其他机构或部门持有。国有法人股应由作为投资主体的国有法人单位持有并行使股权。受国有股持股单位委派出席股东大会的代表人或代理人，应按持股单位的利益和意志行使股东权利。“国有股持股单位不得委托任何自然人作为国有股股东，并以个人名义行使国有股股权。”国有资产管理部门应考核、监督国家股持股单位正确行使权利和履行义务，维护国有股的权益。

1994 年 12 月 31 日，国家国资局、财政部、劳动部颁发《国有资产保值增值考核试行办法》，规定：“企业国有资产保值增值率等于 100%，为国有资产保值；国有资产保值增值率大于 100% 为国有资产增值。亏损企业暂用减亏额作为保值增值指标。”考核企业国有资产保值增值状况，同时参考净资产收益率、总资产收益率、成本费用利润率等国有资产的经营效益指标。国有资产保值增值指标考核由国有资产管理部门核定，会同财政部门下达。企业国有资产保值增值考核一般以年度作为考核期。“厂长（经理）作为企业的法定代表人，对企业国有资产保值增值承担经营责任，并与其个人收入挂钩。”

1995 年 3 月 15 日，国家国资局发布《关于资产评估立项、确认工作的若干规范意见》，规定：“归属地方各级管辖的国有资产占有单位的资产评估立项和评估结果确认，一般由同级国有资产管理行政主管部门办理；其中，重大的、亿元以上的资产评估项目和经国家计委批准立项的中外合资、合作项目的评估，须报国家国有资产管理局备案，必要时，由国家国有资产管理局审批立项和确认评估结果。向社会公开发行股票并上市交易、以及境外发行股票、境外上市交易和其他重要的资产评估项目，由地方国有资产管理行政主管部门初审，国家国有资产管理局办理审批立项和评估结果确认。”

1995 年 4 月 18 日，国家经济贸易委员会、国家国资局印发《关于监督机构对国有企业派出的监事会工作规范意见》，对监事会工作的原则、监事会的组成和职责、监事具备的条件和职责、监事会议事规则、考核与奖惩作出规定。

1995 年 5 月 12 日，国家国资局下发《关于加强企业国有产权转让监督管理工作的通知》，“严禁各种以明晰产权为名，把国有资产无偿或低价卖给集体或个人，搞‘负债持股’或以行政干预方式有意低估国有资产价值量来损害国家权益，造成国有资产流失的行为。对于国有产权转让过程出现的各种不规范行为，一经发现，要及时报告政府和上级国有资产管理部门，并按照国家有关规定对有关责任人严肃查处”。转让企业国有产权，必须“对包括土地使用权在内的企业资产统一进行评估”，“评估价值要经国有资产管理部门确认，并据此作为转让底价。允许成交价在底价的基础上有一定幅度的浮动，如果浮动价低于评估价的 90%，要经同级国有资产管理部门批准。凡未按规定进行评估的，一律不予办理产权变动登记。”

1995 年 6 月 11 日，国家国资局印发《关于组建国有控股公司中加强国有资产管理的指导意见》，指出“国有控股公司执行着国有资产出资者的职能，担负着国有资产保值增值的重任，它必须直接对同级政府负责，并接受同级国有资产管理部门的监管。”“国有控股公司的注册资本额应当是其当时全资子公司、控股公司、参股子公司以及自身实际占有国有资产净额的总和，凡是国有控股公司持有的股份，一律界定为国家股，在国有资产经营预算建立以前，控股公司收益上缴由国有资产管理部门会同财政部门直接管理，专项用于国有资本的再投入。”

1995 年 7 月 13 日，省政府发布《四川省企业国有资产有偿转让管理暂行办法》（省政府令第 42 号），这是全国第一个由省级政府发布的关于国有资产有偿转让的地方性行政规章。《暂行办法》明确规定各级人民政府国有资产管理部门、财政部门负责企业国有资产有偿转让的管理，明确了资产出售和产权出让的行为主体和批准主体，并对国有资产有偿转让的程序及收入管理等作了详细规定。提出“有偿转让企业国有资产，应当遵循等价有偿，公平竞争，提高国有资产运营效益，保证实现国家宏观经济调控的原则”。要求有偿转让国有资产，必须进行资产价值评估，“应当重视对需要有偿转让的工业产权、名牌产品信誉和企业商誉等无形资产的评估”。“国有资产产权交易，应进入产权交易市场，进行规范化运作。”

1995 年 10 月 11 日，省国资局、省经济体制改革委员会、省财政厅联合发出《关于县属企业改革中国有资产产权转让若干问题的通知》，明确：“除国家明文禁止转让的国有产权外，其余企业的国有资产均可进行有偿转让。”“县属企业国有产权的出让主体是直接管理县属企业的县（市、区）人民政府。”“县属企业凡涉及国有产权转让，原则上应进入产权交易市场，进行规范化运作；没有产权交易市场的，也可以在国资、财政部门的监督下进行。”

1996 年 1 月 25 日，国务院发布《企业国有资产产权登记管理办法》，将“产权登记分为占有产权登记、变动产权登记和注销产权登记”，重点反映国有资产增减、变动情况。规定“产权登记实行年度检查制度”，并要求国有资产管理部门定期分析和报告国有资产产权状况。

1996 年 5 月 24 日，国家国资局印发《关于建立现代企业制度试点中国有资产管理工作的指导意见》，要求做好试点企业产权管理的各项基础工作，将“国有资产管理部门确认的试点企业国有资产占有量作为国有资产保值增值的考核依据”。

1996 年 9 月 1 日，国家国资局印发《关于企业集团国有资产授权经营的指导意见》，要求“政府授权时，集团公司必须是国有独资企业”。“企业集团的集团公司（核心企业）不能承担政府行政、行业管理职能。”要签订责任书，明确集团公司承担的国有资产保值增值责任，并进行考核。

1997 年 3 月 24 日，国家国资局、国家体改委联合下发《股份有限公司国有股股东行使股权行为规范意见》，明确国有股股东的权利、义务和责任，要求“按照国有资产管理职能与经营职能分开的原则，对政府部门直接持有公司国家股股权的，应积极创造条件，改由国家授权投资的机构或部门持有。”

1997 年 5 月 21 日，国家国资局印发《关于加强上市公司资产评估管理工作若干问题的通知》，要求：国有资产占有单位在发生组建或改为上市公司、发行或增发上市股票、境外上市（包括间接上市）、以非现金资产配股以及涉及上市企业的兼并、收购、转让股权、对外投资等经济行为时，必须进行资产评估。委托的资产评估机构必须具有国家国资局和中国证券监督管理委员会共同授予的证券业务资产评估资格。规定“股票发行上市（含境内、外上市）等具有重大影响的资产评估项目，由国家国有资产管理局审批资产评估立项并确认资产评估结果。其中，地方企业须先经省级国有资产管理局初审确认。”并提出逐步试行评估项目负责人制度及资产评估项目审核确认人员持证上岗制度。

1997 年 10 月 8 日，国家国资局印发《国有资产年度统计报告制度》，规定：凡用国有资产投资占资本比例 10%（含 10%）以上的参股企业均纳入统计范围。

1998 年 1 月 12 日，国家国资局下发《关于国有资产流失查处工作若干问题的通知》，明确界定国有资产流失查处的对象，“作为应予查处的国有资产流失必须是法律明确禁止的、人为造成的、并应当承担责任的国有资产权益损失。”提出认定为国有资产流失的条件、造成国有资产损失的行为表现，以及受理核实、立案调查、追索处理的查处程序。强调“查处国有资产流失案件要坚持重在制止和挽回损失的原则。”省国资局转发这一《通知》时，提出各地、市、州国资局要确定一名局领导，指定相应科（室），配备工作人员负责国有资产流失查处工作，要建立局内国有资产流失查处工作制度，加强与财政、纪委、监察、检察院等有关部门的协作。同日，国家国资局发出《关于国有资产产权纠纷调处工作有关政策问题的通知》，指出“国有资产产权纠纷调处适用国有资产所有权内部不同主体之间的产权争议。”“确认产权要坚持‘谁投资，谁拥有产权’的原则”，“明确权属要遵循‘依法划转’的原则”，“调处工作要坚持‘调解为主，慎用裁决’的原则”。

1998 年 10 月 15 日，省国资局印发《关于重申实行〈重大资产评估项目专家会审制度（试行）的通知〉》。为进一步加强资产评估确认工作的透明度和民主决策，省国资局决定对重大资产评估项目实行专家会审制度。规定拟组建或改为上市公司，发行或增发上市股票、境外上市的项目；中外合资、合作评估项目；出售国有企业、国有股权；国有企业破产清算；省国资局认为需要会审的其他重大、疑难评估项目等，“其评估报告须经专家会审后，再由省国有资产管理局予以确认。”

1998 年 11 月 16 日，省国资局印发《关于贯彻〈中共四川省委、四川省人民政府关于进一步深化国有企业改革的意见〉的实施意见》，提出：积极引导省级企业的国有资本逐步从竞争性领域转移出来，加强重点行业、支柱产业的建设。通过参股、控股、购并、划转和授权经营等方式，促进国有资本向优势企业集中，实现优势企业低成本扩张。涉及城市公用事业、能源、交通、通讯等基础产业领域国有企业和国家需要采取垄断经营的国有企业改制，可采取国有独资公司或国有控股公司等形式。省级国有大中型企业，逐步改组为公司制企业。省级国有小型企业，可采取股份合作制、兼并、破产、出售、承包、租赁、合资合作等多种改制形式，放开搞活省级国有小型企业。“省级国有大中型企业改组成为股份有限公司和国有独资公司的，须报经省政府批准。”省级国有大中型企业改组成公司制企业后，企业经营者年薪跟国有资本金保值增值情况挂钩，企业国有资本金以省国资局核定数据为准。“省级企业改制过程中，国有产权转让收入、国家股权转让收入、国家股股利，由省国有资产管理局负责收缴到省级金库。”

1999 年 3 月 2 日，财政部下发《关于资产评估机构脱钩改制的通知》，要求：“凡从事资产评估业务的专营机构必须按本文件规定在人员、财务、职能、名称四个方面与挂靠单位实行彻底脱钩，使其成为按照《合伙企业法》或《公司法》的要求，由注册资产评估师并出资设立的合伙或有限责任公司形式的评估机构。”原挂靠单位不得持有或变相持有评估机构的股份，不得以任何方式对改制后的资产评估机构进行干预。省国资局在转发这一《通知》时强调，已完成脱钩改制的评估机构，凡其设立标准、条件达不到财政部规定的，均应重新进行规范化改制。兼营性评估机构，应按财政部规定的兼营资产评估机构的设立条件进行重新调整和验收。对达不到改制条件的评估机构，鼓励其按照自愿、平等、协商的原则走机构合并、重组的道路。

1999 年 3 月 25 日，财政部印发《资产评估机构管理暂行办法》，规定“实行资产评估机构等级管理制度”。

1999 年 6 月 2 日，省国资局印发《关于进一步做好改制企业国有资产基础管理工作的通知》，强调：“企业改制前，要认真做好产权界定、财产清查、债权债务清理及财务审计等工作”。涉及企业国有净资产处置工作，要本着客观、公平、公正、规范的原则，既维护企业、职工的合法权益，又要防止国有资产流失。企业在财产清查过程中，涉及固定资产报废、报损、流动资产盘盈盘亏的，必须作出技术鉴定，经企业主管部门审查同意后，分别报省国资局、财政厅审批。

1999 年 8 月 3 日，省国资局制定印发《股份有限公司国有股权转让管理操作规程》，规定：上市公司国有股权转让，报省国资局审核后，报财政部审批。非上市公司国有股权转让，报省国资局审批。并提出，国有股权转让，在协议转让方式之外逐步探索其他转让途径，包括拍卖、招标等，以利于提高国有资产收益。

1999 年 8 月 13 日，财政部、国家经贸委、人事部联合发出《关于认真组织开展国有企业效绩评价工作的通知》，强调：“国有企业效绩评价工作是一项政府行为”，是服务于国有企业监管，国有资本金管理及财务监督、经营者业绩考核等方面的一项基础性工作，各有关部门实施评价的机构必须坚持客观、公正、独立的原则。

1999 年 9 月 27 日，财政部、外交部、国家外汇管理局、海关总署联合发布《境外国有资产管理暂行办法》，规定：“财政部统一制定境外国有资产管理规章制度，各级财政（国有资产管理）部门负责对本级政府管辖的境外国有资产进行管理”，“境外机构的中方负责人是国有资产经营责任人，对境外机构占有的国有资产负有安全有效使用和保值增值的责任”。

1999 年 10 月 19 日，省国资局制定印发《改制企业国有资产处置管理操作规程》，要求“改制企业的国有资产处置应符合建立现代企业制度的方向和国家调整产业结构的需要，坚持‘公平合理、实事求是’的原则，有利于资源的优化配置，有利于搞活企业”。

2000 年 2 月 1 日，财政部、国家经贸委、劳动和社会保障部联合发布《国有资本保值增值结果计算与确认办法》，规定：“凡实行经营者年薪制、风险抵押、持股试点和工效挂钩等将考核结果与收入分配制度挂钩的企业，均应纳入国有资本保值增值的重点考核范围。”

2000 年 3 月 15 日，国务院发布《国有企业监事会暂行条例》，同时废止 1994 年 7 月 24 日由国务院发布的《国有企业财产监督管理条例》。《国有企业监事会暂行条例》规定了监事会的职责权限与工作制度，以及对监事会成员的管理、奖惩办法。

2000 年 5 月 18 日，中共四川省委、省政府印发《关于建立四川省省级国有资产管理监督营运体系的试行意见》，提出建立省级国有企业资产管理、监督、营运体系的原则及省级国有资产管理、监督、营运体系方案。并同时印发《四川省国有独资和国有控股公司经营者年薪制试行办法》《四川省国有企业经营管理者期股激励试行办法》。对经营者年薪制的适用企业、对象、原则，年薪的构成、确定与考核、管理等事项作了规定。要求坚持按劳分配和按生产要素分配相结合，经营者年薪收入与其经营责任、经营风险和经营业绩紧密挂钩。“经营者年薪由基本年薪和业绩收入构成”，“年薪收入的发放应先审计、考核，后兑现”。期股激励要与企业效绩挂钩，即期利益与预期利益相结合，激励与约束相结合。

2000 年 5 月 19 日，财政部印发《关于股份有限公司国有股权管理工作有关问题的通知》，规定：地方股东单位的国有股权管理事宜一般由省级财政（国有资产管理）部门审核批准，但发行外资股（B、H 股等）、国有股变现筹资，以及地方股东单位的国家股权、发起人国有法人股权发生转让、划转、质押担保等变动的有关国有股权管理事宜，须报财政部审核批准。省级财政（国资）部门在出具股权管理批复文件时须同时报财政部备案。并要求建立国有股权变动情况报告制度。省财政厅于 9 月6 日转发这一《通知》时，要求股份公司国有股权变动，应经同级财政（国资）部门审核同意后报省财政厅，省属股份公司由国有股持股单位直接报省财政厅。

2001 年 4 月 19 日，省政府发布《四川省国有企业监事会暂行办法》，对监事会任务、职责、构成、工作方式、成员管理等事项作出规定。明确规定“四川省国有重要骨干企业监事会由省政府派出，对省政府负责，代表国有资产所有者，对国有重要骨干企业的资产保值增值状况实施监督。”

2001 年 4 月 28 日，财政部印发《企业国有资本与财务管理暂行办法》，规定“各级主管财政机关根据本级人民政府赋予的职权，负责企业国有资本与财务管理；企业按照国家有关国有企业资本与财务管理的规章制度，承担国有资本保值增值的责任。”并要求“企业拥有子公司的，要建立母子公司资本与财务管理体制，母公司以其出资额为限对子公司承担责任。”

2001 年 6 月 29 日，省国资管委会印发《四川省省级国有资产授权经营暂行办法》，规定：国资管委会授权的国有资产经营公司、大型企业、企业集团和控股公司，对授权范围内的国有资产（国有股权）行使出资者权利，并承担国有资产保值增值责任。

2001 年 9 月 4 日，省委、省政府印发《关于进一步深化国有企业收入分配制度改革的意见》，要求坚持效率优先、兼顾公平，合理拉开收入分配差距；坚持按劳分配为主，多种分配方式并存，允许和鼓励资本、技术等生产要素参与收益分配。

2002 年 1 月 9 日，省委、省政府《关于加快国有重要骨干企业建立现代企业制度的意见》要求，国有重要骨干企业在改制中，要认真做好清产核资工作，做到资产清晰，产权明确，要着力推进产权主体多元化，不断完善法人治理结构，建立健全母子公司体制，继续深化“三项制度”改革，加快分离企业办社会职能，加强对国有重要骨干企业改革发展工作的领导。

2002 年 1 月，国务院转发财政部《关于改革国有资产评估行政管理方式，加强资产评估监督管理工作意见》，提出：“取消政府部门对国有资产评估项目的立项确认审批制度，实行核准制和备案制。”同时，财政部门要加强对资产评估活动的监督管理，指导国有资产占有单位合理运用评估结果。

2002 年 2 月 6 日，财政部印发《企业国有产权纠纷调处工作规则》，规定：“企业国有产权纠纷调处实行以调解为主、调解和裁决相结合的制度，未经调解不得径行裁决”。“省（自治区、直辖市）、市、县级财政机关负责本级企业国有产权纠纷调处工作。”

2002 年 7 月 27 日，财政部印发《企业公司制改建有关国有资本管理与财务处理的暂行规定》，要求“企业实行公司制改建，不得将国有资本低价折股或者低价转让给经营者及其他职工个人。”省财政厅转发时强调：“企业实行公司制改建，要坚持‘公平、公开、公正’的原则，严格执行政策”，“杜绝暗箱操作，防止国有资产在企业公司制改建中被小部分人或者个别人化公为私”。“企业实行公司制改建，母体企业或者存续企业必须与公司制企业实行人、财、物和经营业务分开，防止国有资产流失。”

2002年8月1日，省财政厅制定印发《关于国有资产评估项目实行核准、备案管理的实施意见》，对国有资产评估项目核准管理、备案管理的范围，分级管理的原则及工作程序作了规定，并要求加强监督管理。

2002年12月20日，省政府印发《关于进一步加强国有企业改革中国有资产管理防止国有资产流失的通知》，具体明确并强调国有企业改制中国有资本变动的审批权限和资产处置程序，要求改制企业认真执行国家有关的法律、法规和政策，增加企业改制的透明度，采取竞价、拍卖等多种形式进行。制止明卖暗送、半卖半送、逃废银行债务、拖欠税款的错误做法，并妥善安置好职工。

2003年1月27日，省委企业工委、省政府国有企业监事会工作办公室、省国有资产管理委员会办公室提出《关于进一步规范四川省国有企业监事会监督检查工作的意见》，要求以财务监督为核心，切实加强对企业的财务活动及企业负责人经营管理行为的监督检查。实行定期检查与专项检查相结合制度和重点事项监督制度。

2003年5月27日，国务院发布《企业国有资产监督管理暂行条例》，对国有资产监督管理机构、企业负责人管理、企业重大事项管理、企业国有资产管理、企业国有资产监督等有关重要事项做出规定。将国有资产监督管理机构定位于国有资产出资人代表，管资产与管人、管事相结合，责任、权力、义务相统一，使国有资产监管的多头管理、责任不落实的格局基本结束，国有资产管理体制进入新的历史阶段。

2003年9月9日，国务院国有资产监督管理委员会（简称国务院国资委）第1号令发布《国有企业清产核资办法》，对清产核资的范围、内容、程序、组织、要求及法律责任等作出规定。9月13日，国务院国资委又发布《国有企业清产核资工作规程》，对清产核资的工作程序、方法、要求和步骤等作出具体规定。

2003年11月30日，国务院办公厅转发国务院国资委《关于规范国有企业改制工作的意见》，要求对企业改制要健全制度，规范运作，严格监督。要依法保护债权人利益，维护职工合法权益，及时发现和严肃查处国有企业改制中的违纪违法案件。

2003年12月31日，国务院国资委、财政部发布《企业国有产权转让管理暂行办法》，规定“国有资产监督管理机构负责企业国有产权转让的监督管理工作”。“国有资产监督管理机构决定所出资企业的国有产权转让。其中，转让企业国有产权致使国家不再拥有控股地位的，应当报本级人民政府批准。”

2004年2月12日，国务院国资委发布《企业国有资产统计报告办法》，对统计报告内容、编制范围、组织管理、编报规范等作出规定，要求统计报告准确反映企业年度会计期间资产质量、财务状况、经营成果等企业国有资产营运基本情况。

2004年2月19日，省委、省政府印发《关于严肃国有产权转让工作纪律的规定》，规定国有产权转让方案及职工安置方案，国有产权清产核资、财务审计、资产评估结果及转让底价必须报同级国有资产监督管理机构依法核准确定。国有产权转让必须在产权交易机构公开进行。

2004年6月9日，省委、省政府《关于走新型工业化道路加快工业发展的意见》要求，按照建立现代产权制度的要求，加快国有企业产权制度改革，健全机制，增强国有经济的影响力和带动力。

2004年8月25日，国务院国资委发布《企业国有资产保值增值结果确认暂行办法》，规定各地国有资产监督管理机构负责监管职责范围内的企业国有资产保值增值结果核实确认工作。“企业保值增值结果按照会计年度、企业负责人任期分别确认”，分为“优秀、良好、中等、较低、较差”5个档次。

2004年11月17日，省国资委印发《四川省省属国有及国有控股企业财务决算审计工作规则》，规定：“省国资委统一委托会计师事务所对企业年度财务决算进行审计”，暂未实行统一委托会计师事务所进行决算审计的企业，应按照“统一组织、统一核准、统一管理”的原则，经省国资委同意，由企业总部采用公开招标方式委托会计师事务所审计。

2004年12月20日，省国资委下发《关于规范所出资企业改制工作的试行意见》，规定：出资企业改制为省级国有控股的企业改制方案，以及重要的国有独资企业、国有独资公司改制等重大事项，均由省国资委审核后报省政府批准。

2004年12月28日，省国资委印发《关于完善省属国有独资公司法人治理结构试点的暂行办法》，针对省国资委单独出资设立的有限责任公司，规定了出资人对独立公司拥有的审核批准决定重大事项及决策失误问责追究的职权，还规定董事会、监事会、总经理的职权与经营管理体制。同日，还印发《四川省国有企业清产核资实施办法》，对清产核资的范围、内容、要求及组织实施具体做法等作出规定。

2005年4月21日，国务院国资委、财政部印发《企业国有产权向管理层转让暂行规定》，明确规定：“可以探索中小型国有及国有控股企业国有产权向管理层转让”，“管理层应当与其他拟受让方平等竞买”，管理层受让企业国有产权时，“不得以这些企业的国有产权或资产为管理层融资提供保证、抵押、质押、贴现等”。

2005年6月7日，省政府印发《四川省国有企业负责人经营业绩考核暂行办法》，规定企业负责人的经营业绩考核实行年度考核与任期考核相结合、结果考核与过程评价相统一、考核结果与奖惩相挂钩的考核制度。

2005年6月17日，国务院国资委印发《国务院国资委关于国有控股上市公司股权分置改革的指导意见》，要求“在关系国家安全、国民经济命脉的重要行业和关键领域，以及国民经济基础性和支柱性行业中，要保证国有资本的控制力，确保国有经济在国民经济中的主导地位”，国有控股上市公司的控股股东要确定股权分置改革后在上市公司中的最低持股比例。

2005年7月1日，《四川省企业国有产权转让管理暂行办法》由省政府颁布实施，进一步规范全省企业国有产权转让行为。强调保障企业国有资产转让的公开、公平、公正，建立和完善国有产权的市场化定价机制，防止国有资产流失。

2005年7月20日，省国资委印发《四川省省属企业负责人薪酬管理暂行办法》，规定：与省国资委签订《企业负责人经营业绩责任书》的企业负责人薪酬由基薪、绩效年薪、中长期激励三部分构成。

2005年8月25日，国务院国资委印发《企业国有资产评估管理暂行办法》，规定：企业国有资产评估项目继续实行核准制和备案制，“国有资产监督管理机构下达的资产评估项目核准文件和经国有资产监督管理机构或所出资企业备案的资产评估项目备案表是企业办理产权登记、股权设置和产权转让等相关手续的必备文件”。“企业进行与资产评估相应的经济行为时，应当以经核准或备案的资产评估结果为作价参考依据。”

2005年12月27日，省国资委印发《关于进一步推进省属企业改革的指导意见》，要求抓住体制创新和结构调整这两个关键，以建立现代企业制度为方向、以产权制度改革为核心、以布局结构调整为重点、以规范有序为准则、以取得实效为目的，以股份制为重要途径，着力推进投资主体多元化，完善法人治理结构，建立现代企业制度，优化国有企业经济布局，不断提升省属企业的实力和竞争力。

2005 年 12 月 29 日，国务院办公厅转发国务院国资委《关于进一步规范国有企业改制工作的实施意见》，要求严格制订和审批企业改制方案，必须明确保全金融债权，产权转让严格按照有关法律法规的规定执行。还要求认真做好清产核资工作，加强对改制企业的财务审计和资产评估，要切实维护职工的合法权益，严格控制企业管理层通过增资扩股持股。

至 2005 年年底，省国资委共起草国有资产监管方面的规范性文件 33 件，涉及企业负责人管理、业绩考核、薪酬管理、企业改革、产权管理、清产核资、企业财务、企业法制建设、企业党建和内部管理等多个方面，其中，对外发布 17 件。

第二章　企业国有资产规模

第一节　企业国有资产总量

20世纪90年代以来，随着国有企业的改制、改组，特别是一大批县属小型企业采取出售、兼并、破产等形式进行产权制度改革，全省国有企业数量逐年减少。1990年，全省占用国有资产的经营性企业为12633户，1996年为12544户，设重庆直辖市后的1997年为8301户，2000年减至6164户，2005年纳入统计年报的企业更减至2780户。另一方面，全省经营性企业国有资产总量却在不断增长，1990年，全省地方预算内国营企业国有资产存量为413.64亿元；1995年经营性企业国有资产存量为603.78亿元；2000年，为822.94亿元；到2005年，企业国有资产总量达1248亿元，其中省国资委监管的22户省属企业集团国有资产总量即达311亿元。

1990年年末，全省地方预算内全民所有制单位国有资产存量总额为599.73亿元。其中，地方预算内国营企业国有资产存量为413.64亿元，占国有资产存量总额的69.0%，比1989年增加29.28亿元，增长7.6%。地方预算内国营企业固定资产原值年末数为510.85亿元，固定资产净值年末数343.81亿元，固定资产净值率为67.3%，比1989年的67.8%略有下降。在固定资产原值年末数中，生产用固定资产原值年末数392.50亿元，占76.8%，与1989年相比，上升了6.8个百分点；未使用和不需用的固定资产原值年末数为13.47亿元，比1989年增加3.14亿元，增长30.4%。

1991年年末，全省地方预算内全民所有制单位国有资产存量总额为672.88亿元，比1990年年末的599.73亿元增长了12.2%。其中，地方预算内国营企业国有资产存量为457.06亿元，占国有资产存量总额的67.9%，比1990年增加43.43亿元，增长10.5%。地方预算内国营企业固定资产原值年末数为580.18亿元，比1990年增长13.6%，固定资产净值年末数为387.46亿元，增长12.7%。固定资产净值率为66.8%，比1990年下降1个百分点。在固定资产原值年末数中，生产用固定资产原值年末数448.55亿元，占77.3%，比1990年的76.8%略有上升，增长14.2%；非生产用109.58亿元，占18.9%，增长17.2%；未使用不需用固定资产为12.1亿元，占2.1%，比1990年减少1.37亿元，降低10.2%。说明在各级国资部门和其他部门的共同努力下，通过对闲置资产的调剂利用，全省闲置资产较1990年有较大比例减少。

1991年，投资回升，固定资产和专项资产的增长比例很高，分别达到19.5%、32%。主要部门占用的资产增长较多，增长最多的是铁路、交通、邮电部门，增长速度28.6%；其次是商、粮、外贸、旅游部门，增长23.8%；工业部门增长速度15.5%。此外，企业销售收入大幅度上升，而利润却继续下滑。

1990 年四川省国营企业国有资产年度汇总报表国家资金明细表

表 1－1　　金额单位：万元

部　门	合　计	固定基金			流动基金			专项资金				
		小计	含待转已完工程的固定基金	待转已完工程	小计	国家流动基金	企业流动基金	小计	专用基金	专用拨款	企业主管部门专项资金	特准储备资金
总　计	4136373.2	2868828.7	3291200.4	422371.7	602497.4	475527.9	126969.5	665047.1	512001.3	122572.9	4057.5	26415.4
一、工业部门	2730318.3	1896121.1	2266514.9	370393.8	370835.1	287108.4	83726.7	463362.1	352603.0	98840.5	2206.2	9712.4
1. 生产企业	2463722.5	1761834.4	2131206.2	369371.8	297678.9	233762.3	63916.6	404209.2	302486.7	90213.9	2204.1	9304.5
冶　金	485709.1	350844.2	374900.9	24056.7	54056.6	45674.0	8382.6	80808.3	42521.9	38124.4	162.0	—
机　械	590891.2	410633.7	444698.0	34064.3	105558.0	89716.9	15841.1	74699.5	54835.3	18176.4	—	1687.8
煤　炭	122896.1	110736.7	110834.1	97.4	5311.0	4475.7	835.3	6848.4	5565.6	1013.0	269.8	—
化　工	318475.9	221897.6	253597.6	37100.0	42476.0	35957.8	6518.2	54102.3	49551.3	4551.0	—	—
医　药	59964.9	40289.6	43403.7	3114.1	8754.2	5249.6	3504.6	10921.1	9924.0	793.1	—	204.0
电　力	135194.2	85634.5	104334.5	18700.0	2863.4	1987.5	875.9	46696.3	46696.3	—	—	—
建　材	166745.5	139365.7	139705.0	339.3	8953.8	7686.0	1267.8	18426.0	18426.0	—	—	—
纺　织	248708.6	192174.8	236054.3	43879.5	32388.8	27428.8	4960.0	24145.0	24145.0	—	—	—
轻　工	285406.2	174149.8	373729.8	199580.0	36387.1	15043.7	21343.4	74869.3	45057.5	20872.5	1526.6	7412.7
其　他	49730.8	36107.8	49948.3	13840.5	930.0	542.3	387.7	12693.0	5763.8	6683.5	245.7	—
2. 供销企业	104381.1	48410.1	48966.7	556.6	29122.9	21886.2	7236.7	26848.1	21597.9	4959.7	1.6	288.9
3. 物资企业	83171.8	38018.5	38296.3	277.8	30387.8	23216.4	7171.4	14765.5	14430.3	334.7	0.5	—
4. 医药商业	52997.0	29098.0	29098.0	—	10644.0	5858.0	4786.0	13255.0	11087.0	2049.0	—	119.0
5. 石油商业	26045.9	18760.1	18947.7	187.6	3001.5	2385.5	616.0	4284.3	3001.1	1283.2	—	—
二、建筑工程	84236.8	61004.2	61004.2	—	9434.9	7017.2	2417.7	13797.7	12710.3	1087.4	—	—
三、交、邮、民航	146906.4	121107.6	137948.1	16840.5	11030.3	9179.3	1851.0	14768.5	11736.3	2951.6	80.6	—

续表1－1

部　门	合　计	固定基金			流动基金			专项资金				
		小计	含待转已完工程的固定基金	待转已完工程	小计	国家流动基金	企业流动基金	小计	专用基金	专用拨款	企业主管部门专项资金	特准储备资金
交　通	119104.0	98651.7	115292.2	16640.5	10458.6	8607.6	1851.0	9993.7	8400.0	1513.1	80.6	—
邮　电	22362.4	18655.6	18655.6	—	281.7	281.7	—	3425.1	3425.1	—	—	—
民　航	5440.0	3800.3	4000.3	200.0	290.0	290.0	—	1349.7	-88.8	1438.5	—	—
四、商、粮、贸、旅游	788776.7	526095.1	558345.8	32250.7	162528.0	137208.0	25320.0	100153.6	67264.8	16185.8	—	16103.0
商　业	398279.0	270198.0	287087.0	16889.0	79975.0	62759.0	17216.0	48106.0	44567.0	2490.0	—	1049.0
粮　食	326625.0	221838.0	224587.0	2749.0	70232.0	70232.0	—	34555.0	11263.0	7638.0	—	15654.0
外　贸	60658.7	33025.6	33658.3	632.7	12001.1	4082.6	7918.5	15632.0	9574.2	6057.8	—	—
旅　游	3214.0	1033.5	13013.5	11980.0	319.9	134.4	185.5	1860.6	1860.6	—	—	—
五、农、林、水	215280.8	136976.0	139178.7	2202.7	36475.6	25696.0	10779.6	41829.2	41116.2	621.8	91.2	—
农　垦	28001.8	18135.2	18728.5	593.3	6198.4	6198.4	—	3668.2	3471.0	197.2	—	—
水　产	424.4	292.5	307.2	14.7	99.2	76.3	22.9	32.7	32.7	—	—	—
森　工	138623.8	82838.3	83208.7	370.4	23739.8	13343.7	10396.1	32045.7	31369.0	676.7	—	—
劳改劳教	48230.8	35710.0	36934.3	1224.3	6438.2	6077.6	360.6	6082.6	6243.5	-252.1	91.2	—
六、文教卫生	74886.2	47664.2	48073.6	409.4	9753.2	6878.7	2874.5	17468.8	14096.1	1693.2	1679.5	—
文　化	27613.5	19479.0	19724.7	245.7	1118.2	966.4	151.8	7016.3	4150.9	1185.9	1679.5	—
出　版	32554.4	18517.3	18681.0	163.7	6712.8	4604.0	2108.8	7324.3	6883.0	441.3	—	—
其　他	14718.3	9667.9	9667.9	—	1922.2	1308.3	613.9	3128.2	3062.2	66.0	—	—
七、城市公用	95968.0	79860.5	80135.1	274.6	2440.3	2440.3	—	13667.2	12474.6	1192.6	—	—

1992年年末，全省全民所有制单位国有资产存量总额为768.20亿元，比1991年年末的672.88亿元增长14.17%。其中，全民所有制企业国有资产存量（本年起不再分预算内、外，而统一汇总）为520.14亿元，占国有资产存量总额的67.7%，比1991年增加63.08亿元，增长13.8%。全民所有制企业固定资产原值年末数为725.99亿元，比1991年增长25.1%，固定资产净值年末数为442.56亿元，增长14.2%。1992年固定资产净值率为60.9%，比1991年下降5.9个百分点。在固定资产原值年末数中，生产用固定资产原值年末数为508.37亿元，占70%，比1991年下降7.3个百分点；非生产用115.78亿元，占15.9%，增长5.9%，未使用和不需用固定资产为12.3亿元，占1.7%，比1991年增加0.2亿元，增长1.7%。对比经济周期高峰阶段的1989年，闲置资产数额增长近2亿元，出现了与已往经济高速增长年份不相适应的情况。资产闲置的主要原因是盲目建设和产业结构老化。

1993年，国有资产总额以国家所有者权益加其他国家资本金计算。新旧财会制度对接，直接暴露了国有企业运营中长期存在的潜亏问题。1993年年末，全省地方全民所有制单位国有资产存量总额为939.88亿元，占全国地方级国有资产存量总额的5.41%。其中，国有企业12696户，资产总额2095.23亿元，国有资产存量为446.98亿元，占全省国有资产总额的47.55%，国家所有者权益为417.17亿元；行政事业单位71080户，国有资产存量为355.34亿元，占总额的37.81%；国营建设单位国有资产存量为39.26亿元，占总额的4.18%；中外合资合作企业占用的国有资产存量为2.84亿元，占总额的0.3%；股份制企业占用的国有资产存量为72.08亿元，占总额的7.67%；房产部门占用的国有资产存量为23.38亿元，占总额的2.49%。经营性国有资产共计584.54亿元，占国有资产总额的62.19%。

除成都、重庆两市外，1993年四川省国有企业汇编户数为9560户，共占用国有资产273.12亿元，比上年度的333.87亿元减少60.75亿元，下降18.20%。国有企业占用的273.12亿元国有资产中，国家所有者权益253.92亿元，占92.97%，其他国家资金19.20亿元，占7.03%。所有者权益中，国家所有者权益253.92亿元，占所有者权益的96.57%，其中，国家资本255.89亿元。国家所有者权益小于国家资本总额，两者之差为1.97亿元，国家处于亏本经营状态。

1994年年末，全省国有资产总量1073.63亿元，首次突破千亿元大关，比1993年的939.88亿元，增长14.23%。其中，国有企业占用国有资产511.19亿元，占总量的47.61%；股份制企业占用国有资产121.69亿元，占总量的11.33%；事业行政单位占用国有资产356.16亿元，占总量的33.17%；建设单位占用国有资产42.07亿元，占总量的3.92%；房产部门占用国有资产30.95亿元，占总量的2.88%；外商投资企业占用国有资产11.57亿元，占总量的1.08%。

1994年，全省国有企业汇编户数为12583户，比1993年的12696户减少113户，下降0.89%；资产总额2355.61亿元，比1993年的2095.22亿元增加260.39亿元，增长12.43%；共占用国有资产511.19亿元，比1993年的446.98亿元增加64.21亿元，增长14.37%。国家所有者权益为466.93亿元，占国有资产总额的91.34%。实收资本为460.57亿元，比1993年的440.25亿元增加20.32亿元，增长4.62%。资本公积金为71.33亿元，比1993年的23.65亿元增加47.68亿元，增长201.61%。1994年企业国有资产的增加，主要是由于实收资本和资本公积金的增加所致。

除成都、重庆两市外，1994年全省国有资产总量为699.45亿元，比1993年的629.32亿元，增长11.14%。其中，国有企业占用国有资产307.29亿元，占总量的43.93%；股份制企业占用国有资产89.98亿元，占总量的12.87%；事业行政单位占用国有资产261.52亿元，占总量的37.39%；建设单位占用国有资产19.56亿元，占总量的2.79%；房产部门占用国有资产16.34亿元，占总量的

2.34%；外商投资企业占用国有资产4.76亿元，占总量的0.68%。国有企业汇编户数为9922户，比1993年的9560户，增加362户，增长3.79%；共占用国有资产307.29亿元，比1993年的273.12亿元增加34.17亿元，增长12.51%。国家所有者权益为289.39亿元，占国有资产总额的94.17%。实收资本为275.38亿元，比1993年的255.9亿元增加19.48亿元，增长7.6%。资本公积金为45.28亿元，比1993年18.45亿元增加26.83亿元，增长145.4%。

截止于1995年3月31日的全省第五次清产核资统计，四川省（不含重庆）国有企业总户数11777户，居全国第十位；资产总额为2404.5亿元，居全国第十位；所有者权益为720.2亿元，居全国第十二位；国有资产总量为615.8亿元，居全国第十二位。但净资产利润率1.09%，销售利润率0.63%，均低于全国平均水平；利润7.9亿元，居全国第十七位。

1995年年末，据《1995年国家投资企业资产年度报表（企业类）》统计，除重庆市外，全省占有经营性国有资产的11040户企业，年末国有资产存量为603.78亿元，国家所有者权益573.92亿元。除重庆市及万县、涪陵、黔江地区外，全省国家投资企业资产总额2365.70亿元，国有资产总量为567.95亿元，国有权益为540.46亿元。

1996年年末，全省国有资产年度报表汇总国有企业12544户，占用资产总额3587.09亿元，负债总额2682.70亿元，所有者权益904.39亿元，国有资产总额814.01亿元，国家所有者权益782.80亿元。除重庆市外，国有企业共10659户，占用资产总额为2749.85亿元，负债总额为2062.23亿元，所有者权益为687.62亿元，国有资产总额为635.6亿元，国家所有者权益为607.85亿元，国家应得未分配利润为-155.41亿元。

省属国有企业350户，其资产总额465.21亿元，负债总额329.17亿元，所有者权益136.03亿元，其中未分配利润-7.14亿元，国有资产总额133.44亿元。地、市属国有企业2198户，其资产总额1283.74亿元，负债总额924.42亿元，所有者权益359.32亿元，其中未分配利润-60.29亿元，国有资产总额325.5亿元。县属国有企业8111户，其资产总额1000.9亿元，负债总额808.63亿元，所有者权益192.27亿元，其中未分配利润-87.57亿元，国有资产总额176.67亿元。

省属企业户均资产总额、户均所有者权益分别为1.33亿元、0.39亿元，远高于地属的0.58亿元、0.16亿元及县属的0.12亿元、0.02亿元。

1997年，国有资产年报汇总企业8301户，共占用资产总额2822.87亿元，比1996年增长14.43%；负债总额2018.03亿元，增长12.55%；国有资产总量672.13亿元，增长10.81%，国有权益649.08亿元；实际上缴利税64亿元，增长1.91%。省级企业561户，资产总额541.14亿元，国有资产总额176.96亿元，所有者权益189.37亿元（其中未分配利润-8.40亿元），利润总额2.33亿元，负债总额351.77亿元，资产负债率65.01%。按同口径比较，四川省企业资产总额、净资产总额和利润总额在全国居第11位，国有资产总额居第13位。

汇总的114户股份有限公司企业股本104.90亿元，其中国家股本为44.93亿元，占总股本的43%，较年初的国家总股本64.58亿元，减少19.65亿元，国家股占总股比例从年初的69%降低了26个百分点。汇总企业净资产年末为217.09亿元，其中国有股权益为128.57亿元，较年初的国有股权益91.50亿元增加37.07万元。

1997年，全省新设国有企业78户，其中非公司制企业55户，占用国有资产4亿多元，公司制企业23户，占用国有资产1.2亿元。

1998年年末，全省经营性国有企业总户数为7232户，其资产总额3052.4亿元，负债总额2132.38亿元，所有者权益920.02亿元，分别比1997年减少1069户、增加229.53亿元、114.35亿元、115.18亿元；其国有资产总额717.73亿元，利润总额-8.4亿元，资产负债率69.86%，销售利润率-0.74%，比1997年分别增加45.60亿元，减少11.56亿元、1.63个百分点、0.97个百分点。国有企业实现销售收入1140.49亿元，年末职工人数199.61万人，比1997年减少250亿元、16.03万人。

全省企业国有资产总额（不含国有法人资本）为717.73亿元，比年初增加20.70亿元，增长率为2.97%。国有权益为694.38亿元。国有资产总额增加的主要因素为：国有实收资本增加47.45亿元，其中国家直接或追加投资14.40亿元，"拨改贷"资金本息转入5.48亿元，资本公积金转入5.05亿元等。国家资本公积金增加66.31亿元，其中股票溢价14.47亿元，国家拨补的流动资本14.74亿元。国有盈余公积金增加19.67亿元，国有未分配利润增加34.03亿元。

1999年，全省办理产权登记年检企业7077户，其中：非金融企业7060户，资产总额3108.11亿元，负债总额2114.55亿元，净资产993.56亿元，国有资产总额860.99亿元，企业平均资产负债率68.03%；金融类企业17户，资产总额171.39亿元，负债总额155.96亿元，净资产15.43亿元，国有资产总额13.18亿元，平均资产负债率91%。

1999年，全省发生产权变动企业868户。其中新注册企业登记129户，占用国有资产24.71亿元；变动登记453户，增减变动相抵，减少国有资本及权益10.91亿元；注销登记286户，减少国有资本及权益5.39亿元。

在129户新注册企业中，国有企业97户，占用国有资产1.68亿元，国有独资公司3户，占用国有资产20.5亿元；有限责任公司29户，占用国有资产2.56亿元。国有独资企业占新设企业总数的77.51%。

2000年，对企业国有资产产权重新登记，参加重新占有登记的企业共计6186户，其中非金融类企业6164户，资产总额3176.51亿元，负债总额2178.38亿元，净资产998.13亿元，国有资产总额822.94亿元，平均资产负债率68.58%；金融类企业22户，资产总额232.39亿元，负债总额211.11亿元，净资产21.28亿元，国有资产总额17.87亿元，平均资产负债率90.84%。6186户企业的长期投资总额为353.96亿元，占资产总额的10.38%。发生或有产权变动数额为210.69亿元，占资产总额的6.18%，其中：担保资产数额198.01亿元，司法冻结资产数额为12.68亿元。

2001年，全省办理产权登记年检的企业共计4463户，资产总额为3210.8亿元，负债总额2132.1亿元，净资产1078.7亿元，国有资产总额892.58亿元，平均资产负债率66.4%。4463户企业的长期投资总额为413.92亿元，占资产总额的12.89%。发生或有产权变动数额为471.30亿元，占资产总额的14.68%，其中：担保资产数额436.53亿元，司法冻结资产数额为34.77亿元。

2002年，参加产权登记年检的3364户企业，资产总额3470.86亿元，比2001年增加260.06亿元，增长8.1%；负债总额2221亿元，比2001年增加89亿元，增长4.17%；所有者权益总额为1249.86亿元，比2001年增加171.15亿元，增长15.87%。3364户企业，占用国有资产总额1043.66亿元，比2001年增加151.08亿元，增长16.92%，其中国有实收资本总量687.30亿元，比2001年增加175.79亿元，增加34.37%；国有资本应享有权益为345.46亿元，比2001年减少23亿元，减少6.24%；尽管企业户数比2001年减少，但国有资产总额与国有实收资本总量相比2001年都有大幅度的增加，国有资本应享有的权益虽然有所下降，但降低的幅度却远低于户数降低的幅度。主要是随着国有企业的改制，现代企业制度逐步建立，企业竞争力得到显著提高，盈利能力增加，国有资本得到保值、增值。

1996 年四川省企业国有资产总量统计表

表 1－2　　金额单位：万元

项　目	年初数	年末数	项　目	金　额	项　目	金　额
国有资产总额	5948747	6356037	国家所有者权益变动情况		2. 其他	63299
一、国有所有者权益	5715294	6078445	一、年初数	5715294	（二）国家资本公积	123401
1. 国家资本	4116292	4550805	二、本年增加数（贷方）	1316786	1. 转增资本	44829
(1) 初始资本	3814335	3945166	（一）国家资本	518901	2. 界定资产减少	11811
(2) 资本公积转入	138360	183189	1. 资本公积转入	44829	3. 其他	66761
(3) 盈余公积转入	22383	26525	2. 盈余公积转入	4142	（三）国家盈余公积	30812
(4) 其他	141214	395925	3. 无偿划入	135413	其中：转增资本	4142
2. 国有资本公积	1930453	2353546	4. 其他	334517	弥补亏损	3920
其中：土地估价	1135509	1232304	（二）国家资本公积	496494	（四）国家应分未分配利润减少数	715024
专用拨款形成	32432	181726	1. 资本（股票）溢价	8728	四、年末数	6078455
贷改投转入	1844	1895	2. 接受捐赠资产价值	9402	五、增减额	363161
3. 国家盈余公积	628839	728240	3. 法定资产评（重）估增值	184464	其中：本年度国有资产保值增值额	－80229
4. 国家应分未分配利润	－1010290	－1554136	4. 专用拨款及各项建设基金形成	174566	—	—
二、其他国有资金	233453	277582	5. 国家拨补的流动资本	2487	其他国家资金变动情况	—
1. 股份制改造剥离权益	50192	54253	6. 界定资产增加	5241	（一）年初数	233453
2. 国家特种储备资金	38643	41129	7. 国家对企业先征后返还增值税	6461	（二）本年增加数	79300
3. 专用拨款	32994	42089	8. 其他	105145	（三）本年减少数	35171
4. 住房周转金	111624	140111	（三）国家盈余公积本年提取数	130213	（四）年末数	277582
			（四）国家应分未分配利润增加数	171178	—	—
			三、本年减少数（借方）	953625	补充资料：	—
			（一）国家资本	84388	（一）期初核定的国有资产保值增值额	361717
			1. 无偿划出	21089	（二）国有法人资本	145184

说明：不包含重庆市企业国有资产总量

1997 年四川省企业类国资年报主要指标统计表

表 1－3　　金额单位：亿元

项　目	全　省　合　计			
	总　数	省　级	市地州级	县　级
企业户数（户）	8301.00	561.00	1788.00	5952.00
资产总额	2822.87	541.14	1432.27	849.46
负债总额	2018.03	351.77	970.81	695.45
所有者权益	804.84	189.37	461.46	154.01
未分配利润	－162.37	－8.40	－60.13	－93.84
国有资产总量	672.13	176.96	369.43	125.80
国有权益	649.08	173.47	357.22	118.39
销售收入	1390.50	283.47	726.66	380.37
利润总额	3.16	2.33	27.01	－26.18
资产负债率（%）	71.49	65.01	67.78	81.87
销售利润率（%）	0.23	0.82	3.72	－6.88

2003 年年末，年度会计决算报表汇编全省国有及国有控股企业 3586 户，资产总额 3521.38 亿元，负债 2188.76 亿元，所有者权益 1299.37 亿元，实现主营业务收入 1097.68 亿元，利润总额 21.29 亿元，上缴税金 63.86 亿元，国有资产总量为 1133.60 亿元。

2004 年年末，全省地方国有及国有控股企业 3053 户，资产总额 3734.5 亿元，国有资产总量 1185.1 亿元。2004 年，四川省国有经济完成的增加值占全省 GDP 的比重为 61.8%，占居主导地位。2004 年年末，29 户省、市属重点国有及国有控股企业资产总额为 1544 亿元，比 2003 年同期增长 3.54%。其中，省属企业资产总额为 876 亿元，比 2003 年同期增长 9.37%，增幅高出 29 户企业增幅 5.83 个百分点。省属企业全年实现利润 10.59 亿元，同比增长 88.74%。

2005 年年末，全省地方国有企业 3050 户，比 2004 年减少 536 户，减少了 14.95%。明确由省国资监管和联系的企业 111 户，其中直接监管的国有重点企业 30 户，共有独立法人企业 177 户；会同有关市和厅局管理领导班子的企业 10 户；联系中央在川企业 71 户。3050 户地方国有企业的资产总量为 3800 亿元，省国资委直接监管的 30 户国有重点企业资产总量为 1762 亿元，占全省地方国有企业总量 46.37%。

2005 年年末，全省国有资产统计报表汇编企业 2780 户，比 2004 年的 3053 户减少 274 户，减少 9.01%。2780 户企业资产总额 4299 亿元，负债 2725 亿元，所有者权益 1422 亿元，实现主营业务收入 1257 亿元，利润总额 65 亿元，上缴税金 96 亿元，国有资产总量 1248 亿元。企业资产总额比上年增长 15.13%，所有者权益增长 14.49%，主营业务收入增长 18.58%，利润总额增加 64 亿元，国有资本保值增值率 102.62%。其中，省国资委监管 22 户省属企业集团，纳入决算范围独立核算企业 431 户，资产总额 1147 亿元，负债 757 亿元，所有者权益 312 亿元，实现主营业务收入 364 亿元，利润总额21亿元，上缴税金27亿元，国有资产总量311亿元。省国资委监管范围的省属企业资产总额、所有者权益进一步增长，实现利润为2004年的191%，国有资本保值增值率102.89%，比2004年提高了两个多百分点，高于全省企业平均水平及省级企业平均水平。

1998年四川省国资年报资产总量统计表

表1－4　　金额单位：亿元

项　目	全省合计	经营性单位			非经营性单位		
		小计	企业类	金融类	小计	行政事业	建设类
汇总户数（户）	35257.00	7245.00	7232.00	13.00	28012.00	27032.00	980.00
省级	1225.00	570.00	569.00	1.00	655.00	644.00	11.00
市地州级	5035.00	1574.00	1568.00	6.00	3461.00	3126.00	335.00
县级	28997.00	5101.00	5095.00	6.00	23896.00	23262.00	634.00
资产总额	4057.07	3143.52	3052.40	91.12	913.55	779.45	134.10
省级	936.75	818.25	753.80	64.45	118.50	89.56	28.94
市地州级	1822.28	1558.17	1532.08	26.09	264.11	201.59	62.52
县级	1298.04	767.10	766.52	0.58	530.94	488.30	42.64
负债总额	2494.10	2214.75	2132.38	82.37	279.35	210.14	69.21
省级	607.32	566.63	506.92	59.71	40.69	16.91	23.78
市地州级	1083.90	1006.36	984.16	22.20	77.54	54.06	23.48
县级	802.88	641.76	641.30	0.46	161.12	139.17	21.95
净资产总量	1497.16	928.77	920.02	8.75	568.39	568.39	—
省级	323.35	251.62	246.88	4.74	71.73	71.73	—
市地州级	699.50	551.81	547.92	3.89	147.69	147.69	—
县级	474.31	125.34	125.22	0.12	348.97	348.97	—
国有资产总量	1318.07	723.83	717.73	6.10	594.24	573.22	21.02
省级	263.81	190.89	187.32	3.57	72.92	72.60	0.32
市地州级	595.57	430.20	427.79	2.41	165.37	149.05	16.32
县级	458.69	102.74	102.62	0.12	355.95	351.57	4.38

1990—2005年四川省企业国有资产总量变化统计表

表1－5　　金额单位：亿元

年　份	企业户数（户）	资产总额	国有资产总量	国家所有者权益	负债总额	利润总额	盈利企业（户）	备　注
1990	12633	1252.63	413.64	—	810.41	3.85	8434	—
1991	11339	1476.50	457.06	—	993.12	1.35	6382	—

续表 1－5

年 份	企业户数（户）	资产总额	国有资产总量	国家所有者权益	负债总额	利润总额	盈利企业（户）	备 注
1992	12649	1666.50	520.14	—	1111.07	2.98	8082	—
1993	12696	2095.23	446.98	417.17	1662.97	19.01	7062	—
1994	12583	2355.61	511.19	466.93	1875.88	－17.22	5854	—
1995	11040	2553.14	603.78	573.92	1897.52	－16.81	—	不含重庆
1995	—	2365.70	567.95	540.46	1747.37	－11.88	—	不含重庆、万县、涪陵、黔江
1996	12544	3587.09	814.01	782.80	2682.70	－39.66	—	含重庆、万县、涪陵、黔江
1996	10659	2749.85	635.60	607.85	2062.23	－29.52	—	不含重庆
1997	8301	2822.87	672.13	649.08	2018.03	3.16	—	—
1998	7232	3052.40	717.73	694.38	2132.38	－8.40	2825	—
1999	7060	3108.11	860.99	—	2114.55	—	—	—
2000	6164	3176.51	822.94	—	2178.38	—	—	—
2001	4463	3210.80	892.58	—	2132.10	－10.88	—	—
2002	3364	3470.86	1043.66	—	2221.00	10.50	—	—
2003	3586	3521.38	1133.60	—	2188.76	21.29	—	—
2004	3053	3734.49	1185.14	—	—	—	1607	—
2005	2780	4298.57	1247.78	—	2725.33	64.49	1557	—

说明：1. 1990 年、1991 年数据为预算内国营企业统计数据，1992 年起，不再分预算内、预算外，为统一汇总数据
2. 数据主要来自年度汇总报表，无年报表的年份，则采用其他资料如企业年检数据，反映的主要是经营性非金融企业的国有资产变化情况
3. 纳入年度汇总报表和纳入年检的企业不完全相同，不是所有国企都纳入年报，也不是所有企业都参加年检

第二节 企业国有资产分布

在 1993 年以前，企业国有资产由固定基金、流动基金与专项资金构成；1993 年起，由国家所有者权益与其他的国家资本金构成。企业国有资产分布，从产业行业看，国有资产主要集中于第二产业工业部门。1990 年，工业部门占全省企业国有资产总额的 66%，2000 年达到 71%。随着第三产业的发展，工业部门国有资产占全省企业国有资产总额的比例有所下降。2002 年，第三产业国有资产为 368.5 亿元，占全省总额的 35%，第二产业为 652 亿元，占全省总额的 62%，比 2001 年下降 6 个百分点。从产业特征看，企业国有资产长期集中分布于竞争性行业，直到 2000 年，竞争性行业的国有资产仍占全省总额的 65.9%；2003 年，竞争性行业国有资产占全省总额的比例降至 56.89%，垄断性和公益性行业国有资产占全省总额的 43.11%。随着企业改制、重组，企业国有资产逐渐向公司制企业与大型企业集中，2000 年，全省 707 户公司制企业的国有资产占到全省企业国有资产总额的

61.99%，2002年达到全省总额的66.76%。2003年，大型企业国有资产占有全省总额的69.29%。从分布地域看，全省企业国有资产，主要集中于经济发达地区，特别是成都经济圈。

1990年，地方预算内国营企业国有资产存量为413.64亿元，从资金形态看，固定基金为286.88亿元，占69.3%，比1989年增长9.8%；流动基金为60.25亿元，占14.6%，增长11.1%；专项资金为66.51亿元，占16.1%，比1989年减少3.5%。从部门构成看，工业部门273.03亿元，占66.0%，比1989年增长9.3%；建筑工程部门8.42亿元，占2.0%，增长2.7%；交通、邮电、民航等部门14.69亿元，占3.6%，增长1.3%；商业、粮食、外贸、旅游部门78.88亿元，占19.1%，增长2.8%；农、林、水部门21.53亿元，占5.2%，增长6.4%；文教卫生部门7.49亿元，占1.8%，增长18.5%；城市公用部门9.60亿元，占2.3%，增长12.7%。在工业部门中，生产企业国有资产存量达246.37亿元，占工业部门国有资产存量的90.2%，比1989年下降一个百分点。

1991年，地方预算内国营企业国有资产存量457.06亿元，从资金形态看，固定基金318.04亿元，占预算内国营企业国有资产存量的69.6%，比1990年增长10.8%；流动基金为66.86亿元，占14.6%，增长11%；专项资金72.13亿元，占15.8%，增长8.3%。从部门构成看，工业部门国有资金为289.83亿元，占63.4%，比上一年增长6.2%；建筑工程部门9.78亿元，占2.1%，增长16.2%；铁、交、邮电等部门17.17亿元，占3.8%，增长16.9%；商业、粮食、外贸、旅游等部门97.10亿元，占21.3%，增长23.1%；农林水部门23.44亿元，占5.1%，增长8.9%；城市公用部门13.14亿元，占2.9%，增长36.9%。全省大部分行业的国有资产均有较高比例的增长，说明全省经济开始加速发展，尤其是建工部门、铁、交、邮部门、商粮贸部门、城市公用部门、旅游部门等，其增长均在16%以上。

1992年，全民所有制企业国有资产存量520.14亿元，从资金形态看，固定基金360.70亿元，占全民所有制企业国有资产存量的69.4%，比1991年增长13.41%；流动基金为72.42亿元，占13.9%，增长8.3%；专项资金87.02亿元；占16.7%，增长20.6%。从部门构成看，工业部门国有资金为318.07亿元，占61.2%，比1991年增长9.7%；建筑工程部门11.50亿元，占2.2%，增长17.6%；铁、交、邮等部门21.82亿元，占4.2%，增长27.1%；商业、粮食、外贸、旅游等部门114.52亿元，占22%，增长17.9%；农、林、水部门26.63亿元，占5.1%，增长13.6%；城市公用部门16.32亿元，占3.1%，增长24.2%。全省大部分行业部门的国有资产均有较高比例增长，铁、交、邮部门、商粮贸部门、城市公用部门、旅游部门等，其增长均在17%以上。

1994年，全省国有企业占用国有资产511.19亿元，工业部门占用国有资产325.65亿元，占国有企业国有资产总额的63.70%，比1993年增加54.22亿元，增长19.98%；商、粮、贸、金融部门占用国有资产86.93亿元，占国有企业国有资产总额的17.01%，比1993年增加4.45亿元，增长5.39%；农、林、水部门占用国有资产22.27亿元，占国有企业国有资产总额的4.36%，比1993年减少3.24亿元，下降12.70%；城市公用部门占用国有资产25.91亿元，占国有企业国有资产总额的5.07%，比1993年增加6.25亿元，增长31.79%，建筑工业等其他部门占用国有资产50.4亿元，占国有企业国有资产总额的9.86%。国有资产大部分集中在工业和商粮贸部门，1994年国有资产的增长部分主要是这两个部门的增长。从地域分布看，国有资产营运最好的，一般是经济发达地区，例如省级企业、成都、德阳、绵阳、遂宁等市，这些地区工业企业比重较大，国有资产存量较多，国有企业实力雄厚，老、少、边、穷的边远地区，经济基础薄弱，工业企业较少，国有资产存量较少。

除成都、重庆两市外，1994年四川全省企业国有资产307.29亿元，其中工业部门占用国有资产

184.43 亿元，占国有企业国有资产总额的 60.01%，比 1993 年增加 25.51 亿元，增长 16.05%；商、粮、贸、金融部门占用国有资产 60.62 亿元，占国有企业国有资产总额的 19.73%，比 1993 年增加 9.75 亿元，增长 19.17%；农、林、水部门占用国有资产 18.12 亿元，占国有企业国有资产总额的 5.89%，比 1993 年减少 4.46 亿元，下降 19.75%；城市公用部门占用国有资产 13.05 亿元，占国有企业国有资产总额的 4.2%，比 1993 年增加 3.35 亿元，增长 34.53%；建筑工业部门占用国有资产 11.06 亿元，占国有企业国有资产总额的 3.6%；铁、交、邮等部门占用国有资产 7.9 亿元，占国有企业国有资产总额的 2.5%；文教卫生部门占用国有资产 6.6 亿元，占国有企业国有资产总额的 2.1%；房地产开发企业占用国家资产 2.89 亿元，占国有企业国有资产总额的 0.9%。

1995 年年末，据《四川省 1995 年度企业国有产权经营状况年检的报告》统计，全省（不含重庆市）企业国有资产存量为 648 亿元，占有经营性国有资产的 11962 户企业中，国有企业、国家独资公司以及非银行金融机构有 11447 户，占有国有资产 540 亿元，占经营性国有资产总额的 83.33%；采取集体、联营、中外合资、合作、股份制等组织形式经营国有资产的企业有 515 户，占有国有资产 108 亿元，占经营性国有资产总额的 16.67%。另外占有国有资产的 340 户股份制企业中，由国家直接控股经营的企业 202 户，国家控股比例平均为 52.18%。从国有资产经营的行政区域管辖权看，全省 648 亿元经营性国有资产，有 339 亿元由市、地、州管辖经营，占 52.31%；有 188 亿元由县（区、市）管辖经营，占 29.01%；由省直接经营管理的有 112 亿元，占 17.28%。从产业结构看，经营国有资产的企业主要分布在第二产业。第二产业经营的国有资产存量为 397 亿元，占整个经营性国有资产存量的 61.27%。国家对第三产业的投入也有较大的发展，第三产业经营的国有资产为 223 亿元，超过了第一产业，占国有资产存量的 34.41%。

1996 年，除重庆市外，全省（含万县、涪陵、黔江）10659 户国有企业的国有资产总额 635.6 亿元，其中国家资本及其应享有的所有者权益 607.85 亿元；其他国有资金 27.76 亿元。国家所有者权益由国家实收资本 455.08 亿元，国家资本公积 235.35 亿元，国家盈余公积 72.82 亿元，以及国家应得未分配利润 -155.41 亿元构成。国有资产总额中的其他国有资金由国有企业的股份制改造剥离权益 5.43 亿元，粮食等部门的特种储备资金 4.11 亿元，专用拨款 4.21 亿元，以及周转金 14.01 亿元组成。

全省国有企业资产总额 2749.85 亿元，分别由流动资产 1445.25 亿元，长期投资 125.77 亿元，固定资产 1101.11 亿元，无形资产 33.79 亿元，递延资产 26.26 亿元和其他资产 17.38 亿元组成。

全省国有资产分布具有明显的中间密外围疏的特征，国有资产优势主要集中在成都经济圈和攀西地区。成都市企业户数、资产总额、所有者权益和国有资产总额都具有特大优势，高于其他市地州几倍至几十倍。从资产总额看，成都 1208 户企业的资产总额 613.36 亿元，为全省第一；省级（主要集中在成都经济圈）350 户企业的资产总额 465.21 亿元，为全省第二；德阳市 298 户企业的资产总额 136.52 亿元，为第四；绵阳 431 户企业、乐山 606 户企业的资产总额分别为 132.27 亿元、142.05 亿元，分别为第五位、第三位。资产总额不超过 100 亿元的市地州达 13 个。居于第二十三位的甘孜州，其资产总额 25.46 亿元，仅比 1995 年 22.04 亿元增加 3 个多亿。

全省 10659 户国有企业，第一产业 510 户，占总户数的 4.78%；资产总额 38.84 亿元，占国有企业全部资产总额的 1.41%；权益总额 13.23 亿元，占全部权益的 1.92%。第二产业企业 4081 户，占总户数的 38.29%；资产总额 1617.33 亿元，占全部资产总额 58.82%；权益总额 459.73 亿元，占全部权益的 66.86%。第三产业企业 6068 户，占总户数的 56.93%；资产总额 1093.68 亿元，占全部资产的39.77%；权益总额214.66亿元，占全部权益的31.22%。在第三产业中，交通、运输、邮电业和社会服务业的资产占全部第三产业资产的11.11%，贸易及餐饮业占66.42%。

国有企业中，特大型、大中型企业是全省的重点和支柱企业，其户数和资产总额占全部国有企业总户数和资产总额的16.97%和65.83%；国有企业中小型企业户数和资产总额占全部国有企业总户数和资产总额的78.36%和30.13%。据1995年清产核资统计，全省国有大型企业（含特大型）户均资本为2.17亿元，比全国平均水平低5.02亿元。1996年年底，全省国有企业大、中、小型企业的资产负债率分别为69.80%、78.53%、80.43%。

全省10659户国有企业中有8111户县级企业，其中大型21户、中型682户、小型7106户、不划型302户；大型县级企业仅占全部县级企业的0.26%，小型企业占87.61%。全省国有企业户均资产总额0.26亿元，县级为0.12亿元；全省企业户均所有者权益0.06亿元，县级为0.02亿元。与资本集约化程度低相对应的是县级国有企业行业集中度低，县级贸易及餐饮企业户数占全部县级企业户数近50%，但企业规模都比较小，基本上没有连锁店，没有集团化经营，必然造成专业协作程度低，市场竞争力弱等弊端。

1997年，全省共8301户国有独资和控股企业，国有资产总额672.13亿元。从企业组织形式看，国有独资企业（公司）占总数的85.45%，其中盈利企业37.16%，亏损企业62.84%；资本收益率－15.97%。国有控股企业占总数的14.55%，其中盈利企业53.97%，亏损企业46.03%；资本收益率29.85%。

从企业的所属级次看，省级企业561户，占总数的6.76%，地市级企业1788户，占21.54%，其他企业占71.7%；省级企业户均资产总额高于地市级企业20%，负债率低于地市级企业，户均净资产高于地市级企业30%；省级企业占全省资产总额的19.16%，地市级企业占50.73%；省级企业占全省负债总额的17.44%，地市级企业占48.12%；省级企业占全省国有资产总额的26.34%，地市级企业占54.91%；省级企业占全省利税总额的13.08%，地市级企业占57.5%。从总体上看，国有控股企业国有资产的营运状况好于国有独资企业，省级企业国有资产的营运状况好于地市级企业。

1998年，全省国有企业共7232户，比1997年的8301户减少1069户；其资产总额3052.4亿元，户均资产总额4220.69万元，户均所有者权益1272.15万元，比1997年分别增加820.05万元和302.59万元。从企业规模看，大型企业195户，比1997年的203户减少8户，其户均资产总额7.31亿元，户均所有者权益2.92亿元，分别增加2.21亿元、0.93亿元；中型企业921户，比1997年的1024户减少103户，其户均资产总额8062.73万元，户均所有者权益1872.06万元，分别增加539.08万元、295.44万元。资本集中度有较大规模的增加。

各工业部门的企业都有不同程度的减少，个别部门的户均资产总额呈同向减少。食品工业458户、纺织工业113户，比1997年分别减少100户、45户；其户均资产总额分别为1245.58万元、6241.02万元，比1997年分别减少7.93万元、199.94万元。行业内部结构趋向合理。这反映国家产业结构调整，发展规模经济的效应正在逐渐显现，适当收缩国有经济战线的政策取得成效。

从工业部门看，同年初相比，国有资产增长率最高的前三位是电力工业、建材工业、电子工业，分别为21.25%、10.95%、10.40%。出现国有资产负增长率的前三位是食品工业、石油工业、纺织工业，分别为－60.47%、－54.78%、－47.15%。这反映社会资源的重新配置正在逐步开展，宏观调控政策效应正在逐渐显现。

1996 年四川省企业类国有资产地域分布情况表

表 1－6　　　　金额单位：亿元

地区	企业户数	资产总额	负债总额	所有者权益		国有资产总量		销售收入	利润总额	资产负债率（%）	销售利润率（%）	流动比率（%）	速动比率（%）	获利倍数
					未分配利润		国有权益							
合　计	12544	3587.09	2682.70	904.39	－208.87	814.01	782.80	1959.34	－39.66	74.79	2.02	89.95	58.19	0.75
省　级	350	465.21	329.18	136.03	－7.14	133.43	129.27	288.96	2.33	70.76	0.81	109.20	90.02	1.19
成　都	1208	613.36	441.80	171.56	－25.74	159.24	152.30	323.65	－2.55	72.03	－0.79	91.45	52.90	0.90
重　庆	1885	837.25	620.48	216.77	－53.87	178.41	174.95	478.58	－10.14	74.11	－2.12	90.15	60.35	0.72
自　贡	348	111.92	78.88	33.04	－9.40	27.22	26.14	54.52	－3.01	70.48	－5.52	83.95	53.99	0.28
攀枝花	238	56.06	38.99	17.07	－2.23	17.12	16.10	35.49	－1.05	69.55	－2.96	93.55	67.88	0.46
泸　州	414	95.80	71.24	24.56	－4.52	23.18	21.65	49.91	1.06	74.36	2.12	90.93	50.18	1.24
德　阳	298	136.52	102.58	33.94	－3.90	28.07	26.87	73.11	0.48	75.14	0.66	83.29	48.03	1.08
绵　阳	431	132.27	93.44	38.83	2.21	35.84	34.15	70.28	3.20	70.64	4.55	94.70	60.97	1.55
广　元	400	53.24	47.65	5.59	－9.33	5.82	5.30	25.65	－3.60	89.50	－14.04	73.51	44.39	－0.02
遂　宁	187	66.64	50.76	15.88	－3.03	12.78	11.70	38.52	－0.06	76.17	－0.16	82.21	42.48	0.98
内　江	756	110.45	92.77	17.68	－17.24	16.32	15.10	63.91	－4.93	83.99	－7.71	74.85	40.55	0.20
乐　山	606	142.05	112.02	30.03	－12.79	21.57	20.13	67.77	－4.45	78.86	－6.57	79.69	53.34	0.32
南　充	617	98.12	82.02	16.10	－13.22	13.47	12.25	43.11	－5.54	83.59	－12.85	81.06	47.68	0.06
万　县	729	114.06	94.55	19.51	－9.88	17.67	16.94	58.47	－4.53	82.89	－7.75	80.79	48.48	0.27
涪　陵	475	73.01	56.24	16.77	－5.01	16.35	14.87	40.74	－1.38	77.03	－3.39	89.11	55.81	0.59
黔　江	283	31.49	29.50	1.99	－5.00	1.95	1.94	11.72	－1.38	93.68	－11.77	79.85	54.45	0.31
宜　宾	526	101.24	74.01	27.23	1.34	25.75	25.07	66.52	3.22	73.10	4.84	92.95	52.29	1.70
广　安	318	47.12	37.78	9.34	－3.00	9.43	9.19	22.58	－1.52	80.20	－6.73	85.55	50.21	0.49
达　川	579	101.44	86.89	14.55	－11.00	14.45	13.85	56.22	－3.48	85.66	－6.19	74.18	40.55	0.42
巴　中	293	32.59	30.45	2.14	－5.56	2.11	1.91	13.81	－1.78	93.43	－12.89	82.02	41.07	0.23
雅　安	260	38.09	29.21	8.88	－1.76	8.86	8.46	16.84	－0.05	76.69	－0.30	84.16	58.12	0.97
阿　坝	300	37.65	23.29	14.36	－3.20	13.93	13.92	18.26	－0.33	61.86	－1.81	89.35	67.06	0.72
甘　孜	270	25.46	14.89	10.57	－2.06	10.54	10.54	8.40	－0.12	58.48	－1.43	100.34	71.84	0.84
凉　山	773	66.05	44.08	21.97	－3.54	20.50	20.20	32.32	－0.05	66.74	－0.15	93.17	62.76	0.98

1998 年四川省企业类国有资产年报综合分类指标表

表 1－7　　　　金额单位：亿元

项目		企业户数（户）	资产总额	负债总额	所有者权益	国有资产总量（不含国有法人）		销售收入	利润总额	实际上缴利税	国有资产增长率（%）	资产负债率（%）	销售利润率（%）	流动比率（%）	速动比率（%）	获利倍数
							国有权益									
分析合计（叠加）		7232	3052.40	2132.38	920.02	717.73	694.38	1140.49	－8.40	73.72	2.97	69.86	－0.74	95.42	61.96	0.93
产业结构分类	（一）第一产业	359	56.79	26.89	29.91	29.51	29.05	13.16	－1.13	1.21	4.04	47.34	－8.55	84.62	71.17	0.02
	（二）第二产业	2393	1865.67	1209.05	656.62	522.40	507.28	759.06	19.70	61.85	3.08	64.81	2.59	96.94	63.74	1.33
	工业	2247	1728.09	1102.40	625.70	491.09	477.11	664.66	19.88	59.64	3.07	63.79	2.99	96.49	61.92	1.35
	（三）第三产业	4480	1129.94	896.44	233.49	165.82	158.04	368.27	26.97	10.66	2.43	79.34	－7.32	93.80	59.50	0.49
企业规模分类	（一）特大型	10	449.64	242.85	206.79	152.98	150.56	194.86	27.57	14.93	－1.55	54.01	14.15	136.48	74.35	3.62
	（二）大型	185	976.67	613.86	362.81	297.27	289.93	379.23	14.40	31.26	14.98	62.85	3.80	104.91	76.97	1.60
	（三）中型	921	742.58	570.16	172.41	148.80	141.41	303.30	－17.58	13.47	－4.73	76.78	－5.80	79.65	52.99	0.43
	（四）小型	5987	714.76	625.50	89.26	85.27	79.02	244.97	－36.15	12.84	－21.66	87.51	－14.76	75.65	42.05	0.13
	（五）不划型	129	168.76	80.01	88.75	33.41	33.45	18.13	3.36	1.22	84.89	47.42	18.55	336.42	302.09	1.49
组织形式分类	（一）国有独资企业公司	5921	2142.86	1622.87	519.99	473.68	457.39	722.43	－42.97	42.57	－1.40	75.73	－5.95	86.28	56.57	0.52
	（二）国有控股企业	639	771.70	428.47	343.22	186.80	180.94	361.23	34.16	28.24	12.52	55.52	9.46	128.11	81.14	2.66
	（三）企业管理事业单位	672	137.84	81.04	56.81	57.25	56.04	56.83	0.41	2.91	13.19	58.79	0.72	103.74	67.52	1.12
盈利或亏损分类	（一）盈利	2825	1988.62	1177.20	811.41	618.18	605.29	828.11	77.43	63.65	16.90	59.20	9.35	118.19	81.66	2.46
	（二）亏损	4407	1063.78	955.18	108.61	99.55	89.08	312.38	－85.83	10.07	－40.82	89.79	－27.48	69.72	39.73	－0.41

1998 年四川省企业类国有资产年报主要行业主要指标表

表 1－8　　　　　　　　　　　　　　　　　　　　　　　　金额单位：亿元

项　目	企业户数（户）	资产总额	负债总额	所有者权益	国有资产总量（不含国有法人）		销售收入	利润总额	实际上缴利税	国有资产增长率（%）	资产负债率（%）	销售利润率（%）	流动比率（%）	速动比率（%）	获利倍数
						国有权益									
一、农林牧渔业	467	43.01	29.22	13.79	13.83	13.36	15.26	－0.34	1.23	5.63	67.94	－2.22	84.37	66.77	0.75
农业	107	10.22	8.11	2.11	2.04	1.98	4.30	－0.15	0.16	9.09	79.39	－3.58	70.72	49.86	0.62
林业	106	19.77	12.71	7.06	7.12	6.84	5.49	－0.07	0.97	6.71	64.31	－1.33	85.54	76.58	0.84
二、工业	2247	1728.09	1102.40	625.70	491.09	477.11	664.66	19.88	59.64	3.07	63.79	2.99	96.49	61.92	1.35
三、建筑业	146	137.58	106.65	30.92	31.32	30.17	94.39	－0.18	2.21	3.34	77.52	－0.19	100.57	78.62	0.91
四、地质勘查及水利业	78	24.66	4.88	19.78	18.37	18.35	3.04	－0.77	0.25	2.06	19.79	－25.22	110.03	101.62	－2.33
五、交通运输仓储业	376	120.85	105.90	14.95	15.32	13.91	28.31	－3.64	1.08	－14.33	87.63	－12.87	94.98	45.25	0.55
铁路运输业	4	1.32	0.83	0.49	0.52	0.49	0.03	—	—	0.33	63.05	－4.91	86.55	83.71	0.92
公路运输业	145	20.53	14.08	6.44	5.70	5.50	5.64	－0.18	0.30	－3.01	68.62	－3.27	60.96	52.14	0.65
六、批发和零售、贸易及餐饮业	3238	691.66	602.20	89.46	83.06	77.84	285.26	－26.08	6.69	－10.41	87.07	－9.14	84.83	54.28	0.25
（一）贸易业	3148	535.58	493.74	41.84	34.46	30.39	281.54	－26.90	6.33	－39.73	92.19	－9.55	79.49	43.10	0.20
商业贸易	1443	223.52	183.97	39.55	30.89	29.21	178.16	－5.80	5.08	－11.88	82.31	－3.26	72.84	51.51	0.41
物资贸易	529	84.15	72.60	11.56	11.07	10.52	51.10	－3.22	0.90	－20.14	86.27	－6.29	75.25	62.38	0.08
（二）餐饮业	68	5.76	4.12	1.63	1.51	1.45	2.27	－0.15	0.11	－13.08	71.62	－6.72	52.66	43.51	0.04
七、房地产业	134	75.55	67.14	8.41	6.89	6.63	13.68	0.09	0.70	1.57	88.87	0.67	106.29	49.15	1.05
八、教育文化广播业	176	27.01	11.67	15.35	15.15	15.12	13.54	1.90	1.12	2.77	43.19	14.07	128.87	72.76	9.09
九、科学研究和综合技术	54	4.19	1.88	2.30	1.77	1.71	1.07	0.01	0.10	－1.21	45.02	0.78	137.78	124.85	1.10
十、社会服务业	281	56.12	31.54	24.58	20.59	19.89	16.87	－0.59	0.63	3.65	56.20	－3.47	76.53	61.36	0.60

1998 年四川省企业类国有资产年报各产业特性行业主要指标表

表 1－9　　　　金额单位：亿元

项　目	企业户数（户）	资产总额	负债总额	所有者权益	国有资产总量（不含国有法人）		销售收入	利润总额	实际上缴利税	国有资产增长率（%）	资产负债率（%）	销售利润率（%）	流动比率（%）	速动比率（%）	获利倍数
						国有权益									
一、垄断性产业	205	136.56	61.14	109.34	50.50	49.18	46.90	3.55	5.87	19.23	64.14	7.56	107.83	100.40	1.47
石油工业	9	2.86	0.27	2.72	0.15	0.14	0.79	－0.21	0.05	－54.78	90.85	－26.98	43.17	38.14	－0.67
电力工业	179	115.52	55.05	78.25	44.15	43.23	36.00	3.85	5.33	21.25	58.70	10.68	104.61	99.91	1.74
铁路运输业	4	1.31	0.49	0.83	0.52	0.49	0.03	—	—	0.33	63.05	－4.91	86.55	83.71	0.92
航空运输业	2	10.62	3.03	22.90	3.35	3.03	9.87	0.08	0.47	19.80	88.31	0.81	162.03	139.40	1.04
二、竞争性产业	5798	2402.37	691.11	1861.85	559.60	539.33	1033.51	－13.12	63.83	－1.08	72.93	－1.27	92.75	57.83	0.86
煤炭工业	144	100.77	41.52	67.16	41.70	41.16	36.44	－1.34	2.72	0.33	61.79	－3.67	100.71	83.17	0.59
冶金工业	77	166.17	43.12	120.68	40.82	38.69	59.22	－0.59	3.63	－26.32	73.68	－0.99	71.46	47.71	0.91
建材工业	153	90.49	38.53	60.08	28.70	27.91	32.09	－0.01	3.15	10.95	60.93	－0.04	84.54	61.40	1.00
化学工业	167	187.57	65.34	129.41	51.19	48.61	83.60	－1.36	4.60	－2.06	66.45	－1.63	84.35	60.99	0.82
森林工业	76	21.61	5.29	17.33	5.25	5.04	6.82	－1.51	0.98	－7.37	76.62	－22.06	69.40	55.98	－1.75
食品工业	458	58.64	1.99	55.05	2.34	1.33	29.70	－4.96	1.17	－60.47	96.51	－16.69	53.15	36.05	－0.32
烟草工业	3	5.47	0.59	4.97	0.65	0.59	1.77	－0.27	0.34	－30.46	89.32	－15.31	88.76	76.48	0.03
纺织工业	113	70.11	5.14	65.39	4.25	3.97	24.77	－5.10	1.09	－47.15	92.72	－20.58	56.24	36.78	－0.21
石化工业	6	2.43	0.96	1.49	0.46	0.46	1.17	－0.09	0.08	－28.92	60.79	－7.63	74.84	46.92	－0.17
医药工业	35	20.04	8.21	13.33	5.73	5.65	10.43	0.66	0.74	10.84	61.91	6.38	104.59	72.18	1.72
机械工业	333	234.37	60.08	175.98	47.88	45.83	77.38	－7.69	4.20	－15.79	74.55	－9.94	88.14	52.96	0.17
电子工业	39	313.11	184.11	171.46	119.74	118.09	141.95	23.93	9.91	10.40	48.22	16.86	151.71	76.15	4.69
建筑工业	146	137.58	30.29	106.65	31.32	30.17	94.39	－0.18	2.21	3.34	77.52	－0.19	100.57	78.62	0.91
公路运输业	145	20.53	6.44	14.08	5.70	5.50	5.64	－0.18	0.30	－3.01	68.62	－3.27	60.69	52.14	0.65
房地产业	134	75.55	8.41	67.14	6.89	6.63	13.68	0.09	0.70	1.57	88.87	0.67	106.29	49.15	1.05
三、公益性产业	1229	328.96	167.77	161.19	107.63	105.87	60.09	1.18	4.02	21.00	49.00	1.96	144.38	124.89	1.11
市政公用工业	147	35.65	19.24	16.40	19.63	19.22	5.93	－0.38	0.62	9.33	46.01	－6.43	72.03	67.11	0.56
社会服务业	281	56.12	24.58	31.54	20.59	19.87	16.87	－0.58	0.63	3.65	56.20	－3.47	76.53	61.36	0.60
卫生体育福利业	9	0.55	0.22	0.33	0.20	0.19	0.10	—	—	19.60	60.46	－7.91	268.98	241.63	0.58
科学研究和综合技术服务业	54	4.19	2.30	1.88	1.79	1.71	1.07	—	0.14	－1.21	45.02	0.78	137.78	124.85	1.10

1998年四川省企业类国有资产年报主要指标排序表

表1－10

项目	企业户数		资产总额		负债总额		所有者权益				国有资产总量				销售收入		利润总额		上缴利税		资产负债率		销售利润率		流动比率		速动比率		净资产利润率	
									未分配利润				国有权益																	
	排序	（户）	排序	（亿元）	排序	（亿元）	排序	（亿元）	排序	（亿元）	排序	（亿元）	排序	（亿元）	排序	（亿元）	排序	（亿元）	排序	（亿元）	排序	（%）	排序	（%）	排序	（%）	排序	（%）	排序	（%）
合　计		7232		3052.40		2132.38		920.02		-150.97		717.73		694.38		1140.49		-8.40		73.72		69.86		-0.74		95.42		60.87		-0.91
省　级		569		753.80		506.92		246.88		-7.61		187.32		183.29		256.74		2.98		10.64		67.26		1.16		111.03		91.86		1.21
成　都	1	962	1	595.59	1	408.02	2	187.57	21	-40.70	1	162.99	1	155.96	1	230.90	21	-7.57	2	11.09	5	73.36	6	-3.28	3	96.64	7	56.35	8	-1.04
自　贡	9	315	5	105.02	6	80.51	8	24.51	20	-16.76	7	19.04	7	18.61	6	37.75	19	-4.01	9	2.13	14	87.13	14	-10.63	15	72.44	13	47.48	16	-16.38
攀枝花	17	192	12	57.60	14	42.28	12	15.32	8	-5.83	9	14.73	10	13.53	10	26.85	11	-1.64	14	1.14	11	79.26	9	-6.12	13	76.30	4	60.72	13	-10.73
德　阳	18	189	4	128.88	3	98.56	4	30.32	7	-5.79	5	22.15	5	20.99	4	55.42	4	0.10	5	4.46	12	83.78	4	0.18	7	85.23	11	49.26	6	0.33
绵　阳	10	299	2	390.95	2	193.15	1	197.80	1	46.15	2	136.68	2	135.55	2	165.83	1	26.90	1	11.51	1	49.87	1	16.22	1	140.39	1	70.43	3	13.60
广　元	8	343	15	47.89	11	50.99	21	-3.10	19	-15.73	21	-3.00	21	-3.73	16	12.42	20	-4.77	20	0.45	21	112.27	21	-38.43	21	61.30	17	34.60	1	153.92
泸　州	7	344	6	102.96	7	73.69	5	29.27	13	-9.05	4	25.81	4	24.14	8	33.04	17	-3.25	4	5.08	7	74.49	11	-9.83	4	92.63	10	50.17	14	-11.10
遂　宁	20	169	10	77.95	12	50.95	6	27.00	3	-2.06	8	15.08	8	14.39	9	32.85	3	0.47	6	2.87	4	73.09	3	1.42	6	85.85	9	50.61	5	1.73
内　江	3	389	7	99.51	8	72.63	7	26.88	16	-10.46	6	21.46	6	20.36	5	38.76	13	-2.38	11	1.62	10	77.34	10	-6.13	12	79.26	15	44.05	11	-8.85
乐　山	13	259	9	84.28	9	61.18	9	23.10	11	-8.80	12	11.49	12	11.24	11	23.19	8	-1.36	10	1.78	9	76.96	8	-5.88	8	85.13	6	58.90	10	-5.90
南　充	5	355	11	60.68	10	52.48	14	8.20	14	-9.12	14	7.43	14	7.29	13	20.28	16	-3.22	18	0.97	16	95.16	17	-15.87	11	79.59	14	46.16	17	-39.23
宜　宾	6	347	3	130.54	4	85.13	3	45.41	2	4.19	3	40.44	3	39.13	3	67.94	2	5.45	3	8.35	3	65.21	2	8.02	2	99.08	5	60.72	4	12.01
达　川	4	387	8	89.14	5	83.56	17	5.58	18	-14.55	17	5.34	17	4.54	7	36.00	18	-3.69	7	2.77	18	98.76	12	-10.24	19	66.83	20	29.66	19	-66.14
广　安	11	278	14	50.58	13	44.63	16	5.95	10	-6.83	16	5.96	15	5.73	15	15.41	15	-2.66	15	1.04	15	93.24	19	-17.26	14	74.33	16	35.91	18	-44.71
巴　中	15	238	19	36.19	16	37.54	20	-1.35	12	-8.90	20	-0.57	20	-0.69	20	8.91	9	-1.53	19	0.53	19	109.90	18	-17.22	16	71.51	19	31.33	2	113.76
雅　安	19	181	18	37.83	20	30.80	15	7.03	5	-3.68	15	6.13	16	5.67	19	10.19	7	-1.05	17	0.97	13	84.50	13	-10.28	17	70.53	12	47.50	15	-14.90
阿　坝	12	262	16	47.88	19	32.35	11	15.53	9	-6.15	10	13.87	9	13.86	17	12.59	10	-1.60	12	1.39	6	73.81	16	-12.72	10	80.25	3	64.94	12	-10.31
甘　孜	14	256	21	27.49	21	17.78	13	9.71	4	-3.64	13	9.35	13	9.26	21	6.62	5	-0.16	13	1.21	2	64.68	5	-2.40	5	90.11	2	65.57	7	-1.64
凉　山	2	572	13	54.97	15	38.98	10	15.99	6	-5.69	11	13.53	11	13.41	12	21.21	6	-1.81	8	2.29	8	75.91	7	-3.82	9	81.21	8	54.51	9	-5.07
眉　山	21	100	17	38.27	17	36.00	18	2.27	15	-9.30	18	2.22	18	1.95	18	10.65	14	-2.54	21	0.44	17	97.47	20	-23.81	18	68.69	18	32.68	20	-111.67
资　阳	16	226	20	34.40	18	34.25	19	0.15	17	-10.66	19	0.28	19	-0.12	14	16.94	12	-2.06	16	0.99	20	110.75	15	-12.71	20	65.49	21	27.93	21	-1348.24

2000年，参加国有资产产权重新占有登记的6186户企业，占有使用的国有资产总额达840.80亿元，国有资本534.11亿元，国有资本权益180.88亿元。其中非金融企业6164户，国有资产总额822.94亿元。全省国有资产总量已达到一定规模，但国有企业规模小、行业分布面过宽、重点不突出，产业结构表现出较高趋同性，“小、散、乱”的特征十分明显；全省竞争性行业的国有资产、国有资本的比重分别占到全省总量的65.9%和69.92%，而企业的户均国有资产、国有资本却低于全省行业平均水平；全省707户公司制企业的国有资产、国有资本的比重分别占到全省总量的61.99%和43.41%，且户均国有资产、国有资本远远高于全省平均水平，对资产和资本的集中度较高。

2000年四川省企业国有资产分布表

表1－11 金额单位：万元

项目	全省	按组织形式划分				按隶属关系划分	
		非公司制企业	国有企业	公司制企业	股份有限公司	省本级企业	市区县级企业
国有资产	8408048	3017118	2876004	5212274	2363632	2582710	5825338
占全省国有资产总额的%	100	35.88	34.21	61.99	28.11	30.72	69.28
户均国有资产	1359	553	540	7372	19697	4654	1035
国有资本	5341123	2885154	2680336	2318783	980356	1335018	4006105
占全省国有资本总量的%	100	54.02	50.18	43.41	18.35	25	75
户均国有资本	863	529	503	3280	8170	2405	711
项目	按产业结构划分			按产业特征划分			按企业级次划分	
	第一产业	第二产业	第三产业	垄断性	竞争性	公益性及其他行业	一级企业	二级企业
国有资产	273463	5987062	2147523	758271	5540985	2108792	6269168	1912164
占全省国有资产总额的%	3.25	71.21	25.54	9.02	65.9	25.1	74.56	22.74
户均国有资产	987	3050	544	3611	1134	1936	1085	4928
国有资本	261875	3259465	1819783	557640	3734275	1049207	4312738	878770
占全省国有资本总量的%	4.9	61.02	34.07	10.44	69.92	19.64	80.75	16.45
户均国有资本	945	1660	461	2655	764	963	747	2265

2001年，参加年检的4463户企业，占有使用的国有资产总额达892.58亿元，国有资本511.51亿元，国有资本权益368.46亿元。国有企业规模小、行业分布面过宽、重点不突出，产业结构表现出较高趋同性。全省国有资产大量分布于一般竞争性领域，垄断性、公益性等行业进入不足。全省竞争性行业的国有资产、国有资本的比重分别占到全省总量的63.03%和68.43%，而户均国有资产、国有资本却低于全省行业平均水平。全省607户公司制企业的国有资产、国有资本的比重分别占到

全省总量的67.08%和47.81%，且户均国有资产、国有资本远远高于全省平均水平。

2001年四川省企业国有资产分布表

表1－12　　　　金额单位：万元

项　目	全　省	按组织形式划分				按隶属关系划分	
		非公司制企业	国有企业	公司制企业	股份有限公司	省本级企业	市区县级企业
国有资产	8925848	2868015	2725919	5987287	2041472	—	—
占全省国有资产总额的%	100	32.13	30.54	67.08	22.87	—	—
户均国有资产	2000	746	725	9864	21951	—	—
国有资本	5115069	2622427	2426765	2445857	706319	—	—
占全省国有资本总量的%	100	51.27	47.44	47.81	13.81	—	—
户均国有资本	1146	682	645	4029	7595	—	—

项　目	按产业结构划分			按产业特征划分			按企业级次划分	
	第一产业	第二产业	第三产业	垄断性	竞争性	公益性及其他行业	一级企业	二级企业
国有资产	257938	6120266	2547645	555095	5625634	2745119	6689770	1928614
占全省国有资产总额的%	2.89	68.57	28.54	6.22	63.03	30.75	74.95	21.61
户均国有资产	1296	4365	890	3136	1643	3185	1661	4773
国有资本	244286	3086849	1783935	373028	3500443	1241598	4085037	872548
占全省国有资本总量的%	4.78	60.35	34.88	7.29	68.43	24.27	79.86	17.06
户均国有资本	1228	2202	623	2108	1022	1440	1014	2160

2002年，参加年检的3364户企业，占有使用的国有资产总额为1043.66亿元，比2001年增加16.92%；户均国有资产为3102.45万元，比2001年增加55.12%；国有实收资本687.30亿元，比2001年增加34.37%；户均国有实收资本为2043.11万元，比2001年增加78.28%；国有资本应享有权益为345.46亿元，比2001年降低了6.24%。

从组织形式看，非公司制企业国有资产346.44亿元，占全省总额的33.19%，比2001年降低1.06个百分点，户均国有资产总额为1221.15万元，比2001年增加63.69%，国有实收资本为310.03亿元，占全省总量的45.11%，户均国有实收资本为1092.81万元，比2001年增加60.24%。其中国有企业的国有资产总额为336.82亿元，占全省总额的32.27%，比2001年增加1.73个百分点，户均国有资产为1214.21万元，比2001年增加67.48%，户均国有实收资本为1083.83万元，比2001年增加68.03%。

公司制企业国有资产总额696.79亿元，占全省总额的66.76%，比2001年下降0.32个百分点，户均国有资产为 13323.01 万元，比 2001 年增加 35.07%，国有实收资本为 376.42 亿元，比 2001 年增加 53.9%，户均国有实收资本为 7197.36 万元，比 2001 年增加 78.64%。其中股份有限公司国有资产 287.20 亿元，占全省国有资产总额的 27.52%，户均国有资产 2.96 亿元，比 2001 年增加 34.88%，国有实收资本 144.88 亿元，占全省国有实收资本总量的 27.52%，户均国有实收资本 14936.56 万元，比 2001 年增加 96.66%。

从产业结构看，第一产业国有资产总额 23.06 亿元，占全省总额的 2.21%，比 2001 年下降 0.68 个百分点，国有实收资本总量 23.83 亿元，占全省总量的 3.47%，比 2001 年下降 1.31 个百分点。第二产业占有国有资产总额 652.09 亿元，占全省总额的 62.48%，比 2001 年下降 6.09 个百分点；国有实收资本 347.91 亿元，占全省总量的 50.62%，比 2001 年下降 9.73 个百分点。第三产业占有国有资产 368.51 亿元，占全省总额的 35.31%，比 2001 年增长 6.77 个百分点，国有实收资本 315.56 亿元，占全省总量的 45.91%，比 2001 年增长 11.03 个百分点。

从产业特征看，竞争性行业国有资产总额为 593.72 亿元，占全省总额的 56.89%，比 2001 年降低 6.14 个百分点，国有实收资本总量为 365.21 亿元，占全省总量的 53.14%，比 2001 年下降 15.29 个百分点。垄断性和公益性行业国有资产总额为 449.94 亿元，占全省总额的 43.11%，比 2001 年增加 6.14 个百分点；国有实收资本总量为 322.09 亿元，占全省总量的 46.86%，比 2001 年增加 15.3 个百分点。

2002 年年末，省属国有重要骨干企业拥有资产总额 1292.6 亿元，同比增加 73.5 亿元，增幅为 6.03%；全部企业负债总额为 740.6 亿元，同比增加 57.21 亿元，增长幅度为 8.34%；所有者权益 491.9 亿元，同比增加 15.71 亿元，增长幅度为 3.3%。累计实现营销收入 514.4 亿元，同比增加 76.87 亿元，增长幅度为 17.57%；实现利润总额 27.4 亿元，同比增长 3.6 亿元，增长幅度为 15.11%；累计上缴税利 42 亿元，同比增加 2 亿元，增长幅度为 4.5%。

2003 年，企业总户数从 2000 年的 5965 户减少到 3586 户，减少 2379 户，减少比率 39.88%。从企业规模看，2003 年大型企业 163 户，占总户数的 4.55%；中型企业 583 户，占总户数的 16.26%；小型企业 2840 户，占总户数的 79.19%；中小型企业比 2000 年减少 40.55%。全省企业资产总额 3521.38 亿元，所有者权益 1299.37 亿元，国有资产总量 1133.60 亿元。按企业规模标准划分，大型企业占有总资产、净资产和国有资产总量最大，比例分别达到 56.50%、70.86% 和 69.29%。但其效益表现却不尽如人意，反而是中型企业的表现更为出色，以占有资产总额 27.97%、国有资产总量 25.46% 的水平，当年完成主营业务收入、实现利润和上缴税金比例分别达 37.13%、76.32% 和 52.40%。小型企业占有的资产份额小，国有资产总量小，效益更差，当年实现利润占全省企业实现利润的比率为 -12.50%。按隶属关系标准划分，市级企业占有总资产、净资产和国有资产总量最大，比例分别为 49.72%、53.19% 和 47.37%，效益也更明显，当年完成主营业务收入、实现利润和上缴税金的比例分别为 59.45%、121.13% 和 64.47%；省本级和县级企业占有总资产、净资产和国有资产总量基本与市级企业持平，但效益较差，特别是当年实现利润比例分别为 -4.70% 和 -16.43%。

2003年四川省企业国有资产效益情况比例分布表

表1－13　　单位:%

项目标准	户数	资产总额	负债总额	所有者权益	销售收入	利润	上缴税金	国有资产总量
按企业规模划分	100	100	100	100	100	100	100	100
大型	4.54	56.50	47.11	70.86	44.03	36.18	35.14	69.29
中型	16.26	27.97	30.10	24.64	37.13	76.32	52.40	25.46
小型	79.20	15.53	22.79	4.50	18.84	－12.50	12.46	5.25
按隶属关系划分	100	100	100	100	100	100	100	100
省本级	12.49	33.72	29.51	39.98	24.45	－4.70	23.32	45.85
市级	25.52	49.72	47.98	53.19	59.45	121.13	67.47	47.37
县级	61.99	16.56	22.51	6.83	16.10	－16.43	12.21	6.78

2003年，全省资产总额亿元以上企业440户，除省级101户外，成都、宜宾、绵阳3市达152户，占市州企业户数比例44.84%，资产比例66.57%，利润比例96.01%，国有资产总量66.44%。

2003年四川省资产总额亿元以上国有企业分布表

表1－14　　单位：亿元

企业名称	企业户数	资产总额	负债总额	少数股东权益	所有者权益	主营业务收入	利润总额	国有资产总量
合　计	440	2945.1	1652.2	33.2	1259.7	880.4	29.8	1092.6
省本级	101	1135.9	615.6	21.9	498.4	228.4	－1.7	498.6
成都市	87	497.0	359.7	—	137.3	120.1	1.5	128.2
德阳市	11	18.2	14.0	—	4.2	5.2	－0.3	3.4
宜宾市	35	229.0	85.4	1.8	141.6	154.0	21.9	140.7
自贡市	21	79.4	45.0	—	34.4	31.0	0.8	28.3
攀枝花	16	79.0	52.5	—	26.6	18.2	－0.7	26.2
遂宁市	8	17.3	8.6	—	8.7	2.3	0.4	8.7
乐山市	11	43.0	28.3	—	14.7	10.4	0.5	13.7
泸州市	13	80.5	40.6	—	39.9	14.6	1.0	35.3
达州市	17	52.4	39.3	—	13.0	31.9	0.6	12.4
绵阳市	30	478.4	211.2	8.8	258.4	204.9	3.6	126.2
凉山州	13	44.4	23.3	C0.5	20.6	10.9	0.8	15.1
阿坝州	11	30.5	20.6	—	9.9	6.2	1.7	9.9
内江市	11	29.4	25.3	—	4.1	4.3	－0.6	5.2

续表 1－14

企业名称	企业户数	资产总额	负债总额	少数股东权益	所有者权益	主营业务收入	利润总额	国有资产总量
雅安市	6	16.7	12.8	—	3.9	3.7	0.1	3.2
眉山市	7	17.7	7.5	—	10.2	3.0	-0.4	4.2
广安市	5	17.0	9.1	0.2	7.7	4.9	0.3	6.8
南充市	6	21.5	12.9	—	8.6	3.0	-0.2	8.6
资阳市	7	13.6	9.8	—	3.8	5.3	0.1	5.6
广元市	12	26.7	17.9	—	8.7	9.5	0.4	7.8
巴中市	8	11.6	9.8	—	1.8	7.3	—	1.4
甘孜州	4	6.2	3.1	—	3.1	1.1	0.2	3.1

比较资产、净资产、主营业务收入、利润和国有资产总量指标，2003 年，成都、绵阳、宜宾、自贡、攀枝花和泸州交替居于全省前五位，相应指标前五名合计数占全省市州总量的比例分别为 65.85%、78.69%、73.11%、126.21% 和 75.08%。盆地周边山区大中型企业户数少，规模相对较小，效益较差。

2003 年四川省部分市（州）企业国有资产效益统计表

表 1－15　　　　单位：亿元

指标 市（州）	企业		总资产		净资产		销售收入		利润		国有资产总量	
	户数	排序	总额	排序	总额	排序	总额	排序	总额	排序	总额	排序
全省合计	3586	—	3521.38	—	1299.37	—	1097.68	—	21.29	—	1133.60	—
省本级	448	—	1187.35	—	519.41	—	268.38	—	-0.95	—	519.72	—
市州合计	—	—	1536.98	—	613.76	—	606.27	—	28.07	—	460.90	—
成都市	439	1	571.06	1	132.13	3	141.16	3	—	—	122.89	3
凉山州	274	2	—	—	—	—	—	—	0.78	5	—	—
达州市	233	3	—	—	—	—	46.49	4	—	—	—	—
巴中市	229	4	—	—	—	—	—	—	—	—	—	—
自贡市	184	5	114.89	4	32.61	5	42.76	5	—	—	—	—
绵阳市	—	—	499.96	2	260.00	1	213.58	1	3.53	2	127.80	2
宜宾市	—	—	254.75	3	145.43	2	162.28	2	21.73	1	144.18	1
攀枝花	—	—	96.32	5	—	—	—	—	—	—	27.05	5
泸州市	—	—	—	—	43.59	4	—	—	1.08	3	38.98	4
阿坝州	—	—	—	—	—	—	—	—	0.95	4	—	—

2003 年，四川省企业国有资产行业分布，从资产角度分析，国有资产在烟草、石油天然气、供水、化纤、电力占比高；从所有者权益角度分析，国有资产在烟草、石油天然气、供水、化纤、燃气占比高；从销售收入角度分析，国有资产在烟草、石油天然气、供水、化纤、燃气、电力占比高；从利润总额角度分析，国有资产在烟草、化纤、饮料、电力、黑色金属冶炼占比高。在资产规模较大的 10 种行业中，电力、黑色金属冶炼、饮料行业上述四项国资比例都高；计算机通信电子设备、交通运输设备行业国资资产、权益、销售收入比例高、利润比例较低；化工行业中资产、权益、利润比例高，销售收入比例较低；非金属矿物制品行业上述四项国资比例都低；通用设备制造行业国资资产比例高，权益、销售收入、利润比例低。

建筑业国有比例较低。

在净资产收益率超过 10% 的行业中，资产规模在 40 亿元以上的行业有烟草、石油、饮料、医药制造、农副产品加工、通用设备制造、印刷、食品加工，其中国资在医药制造、食品加工和农副产品加工中的资产比例都低于 20% 。

2003 年四川省工业企业及国有资产比例统计表

表 1 － 16　　单位：亿元　%

行业	资产总计	国资比例	负债总额	国资比例	所有者权益	国资比例	销售收入	国资比例	利润总额	国资比例
总计	6023.49	63.89	3696.53	66.28	2326.96	60.00	3482.36	50.60	153.08	44.15
煤炭开采和洗选业	96.54	70.92	54.90	75.28	41.64	65.15	55.01	48.43	1.12	-1.79
石油和天然气开采业	242.83	97.92	111.12	98.66	131.71	97.30	139.18	98.24	-4.98	123.69
黑色金属矿采选业	9.92	62.60	6.27	54.23	3.64	77.20	6.62	48.64	0.31	67.74
有色金属矿采选业	18.65	52.49	10.21	52.20	8.44	52.84	12.10	41.98	0.96	48.96
非金属矿采选业	37.30	36.78	23.03	48.15	14.27	18.43	21.49	22.52	1.88	7.45
农副食品加工业	99.39	13.74	59.31	17.91	40.08	7.58	220.82	8.76	4.40	2.27
食品制造业	45.11	9.29	22.54	14.73	22.57	3.90	53.04	6.77	3.10	-0.32
饮料制造业	405.06	56.16	171.52	40.50	233.54	67.66	256.02	61.81	27.84	78.41
烟草制品业	90.31	98.01	56.15	98.06	34.17	97.89	70.66	99.36	6.22	99.52
纺织业	103.14	26.63	66.03	28.76	37.11	22.85	90.10	21.54	0.99	-73.74
纺织服装鞋帽制造业	8.66	26.33	5.89	45.16	2.77	-13.70	7.55	16.29	0.19	-26.32
皮革、毛皮羽毛（绒）及其制品业	20.40	0.69	14.81	0.47	5.59	1.25	23.73	0.00	0.30	0.00
木材加工及木、竹、藤、棕、草制品业	21.27	53.41	11.21	46.83	10.06	60.74	14.76	36.79	0.86	66.28
家具制造业	9.81	0.20	5.40	0.00	4.41	0.23	7.66	0.13	0.25	0.00
造纸及纸制品业	74.22	17.92	53.66	28.94	20.56	-10.85	54.50	12.04	1.66	10.84
印刷业和记录媒体的复制	42.97	53.83	22.05	46.62	20.92	61.42	33.09	58.54	3.51	60.68

续表 1－16

行　业	资产总计	国资比例	负债总额	国资比例	所有者权益	国资比例	销售收入	国资比例	利润总额	国资比例
文教体育用品制造业	0.53	1.89	0.38	0.00	0.15	6.67	0.62	0.00	0.02	0.00
石油加工、炼焦及核燃料加工业	51.53	52.55	33.48	55.59	18.05	46.98	28.17	32.48	2.31	29.00
化学原料及化学制品制造业	369.61	58.23	188.34	57.88	181.27	58.60	255.76	44.75	13.83	56.91
医药制造业	181.72	19.18	90.7	11.97	91.02	26.37	105.49	12.58	10.68	21.35
化学纤维制造业	40.42	88.03	26.39	87.84	14.03	88.38	22.83	66.71	1.01	91.09
橡胶制品业	15.14	31.04	8.7	40.23	6.44	18.63	15.03	19.10	0.84	0.00
塑料制品业	51.6	12.27	30.39	10.53	21.21	14.76	38.98	5.87	1.53	11.76
非金属矿物制品业	301.29	26.89	162.34	31.69	138.95	21.28	192.22	20.96	6.06	12.05
黑色金属冶炼及压延加工业	613.76	80.91	355.88	82.12	257.88	79.24	399.2	71.26	13.35	71.99
有色金属冶炼及压延加工业	150.56	37.15	89.87	40.24	60.69	32.58	94.33	22.36	3.01	－15.28
金属制品业	56.91	58.18	35.37	60.96	21.54	53.62	38.7	37.60	1.34	32.84
通用设备制造业	245.63	55.44	178.48	63.77	67.16	33.31	126.12	42.67	6.75	31.11
专用设备制造业	187.82	49.11	144.94	49.12	42.89	49.06	116.36	30.83	3.04	－46.71
交通运输设备制造业	321.63	68.82	207.01	71.78	114.62	63.47	203.66	52.23	6.47	26.28
电气机械及器材制造业	166.13	51.98	97.33	53.51	68.8	49.83	106.63	28.55	2.38	－37.82
通信设备、计算机及其他电子设备制造业	428.55	70.55	238.68	71.89	189.88	68.85	248.71	71.52	11.25	40.62
仪器仪表及文化、办公用机械制造业	35.94	32.22	19.58	37.28	16.36	26.10	16.59	22.60	1.25	11.20
工艺品及其他制造业	3.34	0.00	2.58	0.00	0.75	0.00	3.94	0.00	0.05	0.00
废弃资源和废旧材料回收加工业	0.11	0.00	0.07	0.00	0.03	0.00	0.08	0.00	0.01	0.00
电力、热力的生产和供应业	1348.84	85.02	1023.03	87.28	325.81	77.93	366.86	89.42	18.58	76.75
燃气生产和供应业	54.91	80.06	31.69	80.28	23.23	79.72	24.37	72.47	1.78	66.85
水的生产和供应业	71.94	94.01	37.24	95.14	34.7	92.80	11.38	92.62	－1.08	105.56

2003 年，省政府派驻国有企业监事会的 17 家企业（集团）分布于 8 个行业中。从资产角度和主营收入角度分析，17 家企业（集团）的省属国资主要分布于综合（能源）、建筑和化工。省属国资在综合、外贸、建筑、航空运输 4 个行业盈利，在内贸、宾馆旅游、化工、纺织 4 个行业亏损。外贸、内贸、建筑、宾馆 4 个行业资产周转率较快，化工、综合、纺织、航空运输资产周转较慢。省

属资产在各个行业经营状况较差，没有一个行业净资产收益率超过6%；外贸、综合（能源）、航空运输经营状况相对较好，净资产收益率高于1年期定期存款利率。

2003年四川省政府派驻监事会的17家企业（集团）统计表

表1－17　　　　单位：亿元　%

行　业	总资产	总负债	净资产	资产负债率	主营收入	净利润	资产周转率	总资产报酬率	净资产收益率
外　贸	5.723	2.151	3.572	37.579	4.1895	0.135	0.732	2.362	3.785
内　贸	13.47	12.36	1.117	91.709	9.8034	－0.079	0.728	－0.589	－7.108
建　筑	113.1	87.28	25.85	77.150	104.73	0.195	0.926	0.173	0.755
宾馆旅游	3.805	2.737	1.068	71.932	2.116	－0.026	0.556	－0.689	－2.453
化　工	73.84	46.81	27.04	63.386	34.642	－0.038	0.469	－0.052	－0.142
综　合	416.7	266.2	150.4	63.900	59.18	3.281	0.142	0.788	2.182
纺　织	11.98	9.717	2.258	81.144	4.765	－0.168	0.398	－1.404	－7.445
航空运输	5.66	0.784	4.877	13.842	0.765	0.131	0.135	2.307	2.678
合　计	644.3	428.1	216.2	66.444	220.19	3.430	0.342	0.532	1.587

2005年年末，全省2780户汇编企业，资产总额4299亿元，户均资产总额1.55亿元。省本级企业共579户，市（州）及其以下企业2201户，省本级企业户均资产总额3.21亿元，市（州）及其以下企业户均资产总额1.11亿元。省级企业户均资产占有量明显高于全省及市（州）平均水平。市（州）之间，企业资产总量以成都908亿元、绵阳333亿元、宜宾307亿元最高；广安15亿元、资阳16亿元、雅安17亿元，企业资产总量最低，地区间国有经济发展极不平衡。

2005年，骨干企业发展优势更加明显，五粮液集团、化工控股集团，其净资产收益率分别达到12.16%和11.56%，发挥了国有经济的引导和带头作用。全省5户企业主营业务收入在50亿元以上，其中有省国资委监管的省级企业3户；有3户企业主营业务收入达到100亿元以上，其中省国资委监管的省级企业1户；全省实现利润上亿元企业15户，其中省国资委监管的省级企业5户，省级部门监管的企业1户。

2005年四川省企业国有资产行业分布表

表1－18

项　　目	户数（户）	年末国有资产总量（万元）	资产总额（万元）	人均利润（元/人）	人均税收（元/人）
合　计	2777	12293080.4	42985672.9	10319.5	15317.4
一、农林牧渔业	227	196329.8	685448.8	1893.3	1288.1
农　业	39	24902.1	195859.4	23368.0	2820.6
林　业	102	113278.4	379965.7	－1438.0	406.6

续表 1－18

项　　目	户数（户）	年末国有资产总量（万元）	资产总额（万元）	人均利润（元/人）	人均税收（元/人）
畜牧业	24	23746.6	33889.6	952.6	420.5
渔　业	6	12215.4	12952.5	－2560.5	630.6
二、工业	751	4053923.3	17358208.0	12780.1	16622.0
煤炭工业	72	239885.7	1034774.3	4022.9	10050.7
石油和石化工业	1	－823.2	13202.5	－135.4	0.0
冶金工业	34	220898.3	715189.9	26304.9	24561.9
建材工业	22	66697.5	277672.4	2026.5	5049.5
化学工业	59	599223.3	2177120.5	28568.1	21630.6
森林工业	11	8390.8	22739.3	－6566.6	1071.2
食品工业	59	8613.1	81177.9	－3869.5	2932.4
纺织工业	27	74470.5	447224.3	－2048.0	4805.4
医药工业	8	7285.3	48338.2	3982.7	27126.4
机械工业	77	138734.1	675121.2	2337.9	5806.9
电子工业	48	481081.8	2975996.6	7961.9	7593.3
电力工业	139	656823.7	5866939.3	26612.2	26914.1
市政公用工业	133	401862.9	1117840.1	1214.4	7114.6
其他工业	61	1150779.4	1904871.6	21601.8	46396.4
三、建筑业	162	482297.6	3571139.4	－2852.9	9762.5
四、地质勘查及水利业	11	134402.7	735791.2	－188854.7	6985.3
五、交通运输业	125	2307685.8	7674213.2	－12770.2	4060.0
铁路运输业	6	78324.9	532377.9	－4983.8	1564.7
道路运输业	64	1727918.5	5947668.4	－37370.1	5352.2
水上运输业	7	67.4	28655.6	－13241.5	233.7
航空运输业	10	298174.2	622170.1	6389.4	8102.8
六、仓储业	578	238602.5	1272639.6	－3355.6	803.8
七、邮电通行业	1	250.5	4566.4	8179.5	28843.0
八、批发和零售、餐饮业	414	621551.7	1631947.9	45593.6	43440.1
（一）贸易业	402	618471.2	1618933.4	47254.4	44804.7
商业贸易	189	475153.3	832508.0	44712.8	47187.0
粮油贸易	80	25624.7	175287.5	－6403.3	1408.9

续表 1－18

项　　目	户数（户）	年末国有资产总量（万元）	资产总额（万元）	人均利润（元/人）	人均税收（元/人）
物资贸易	122	62822.2	410742.3	4914.2	9300.7
商业经纪与代理业	11	54871.0	200395.7	1848928.8	1106510.1
（二）餐饮业	12	3080.5	13014.5	－705.6	5399.0
九、房地产业	98	402733.9	2191021.7	83255.9	34848.0
十、信息技术服务业	19	19827.3	118224.5	－8157.0	5758.1
十一、社会服务业	211	3269352.5	6706882.9	9389.5	16214.4
十二、卫生体育福利业	7	274.3	6248.5	－179.6	211.8
十三、教育文化广播业	111	299567.2	400020.7	22463.2	25524.8
十四、科学研究和技术服务	22	4414.9	22953.0	3153.6	10114.4
十五、机关社团及其他	40	261866.5	606367.1	3516.0	13229.5

第三章　企业国有产权管理

第一节　产权登记管理

1990 年 5 月，省国资局在《关于建立省级国有资产管理工作关系的通知》中要求："今后竣工投产的建设项目所形成的国有资产，要及时报告省国有资产管理局，以便办理产权登记管理事宜。"

1991 年 2 月，省国资局与省财政厅、省工商行政管理局转发国家国资局、财政部、国家工商行政管理局《关于发布〈国有资产产权登记管理办法（试行）〉的通知》，要求各市、地、州积极组织试行产权登记管理，并要求"财政部门在出具企业办理工商登记的资信证明时，应以国有资产产权登记表副本作为依据"。从 5 月开始，黔江地区对其行政区范围的全部国有企业单位（包括中央和省属企业）和占用国有资产的集体企业，实施产权登记。重庆市、攀枝花市、涪陵地区对市县（区）两级企业单位进行产权登记。成都市选择市县（区）两级清理整顿公司后保留的公司和工业供销企业开展产权登记。富顺等县也进行了产权登记工作。省国资局在 4 户省级大中型企业进行产权登记试点。同时，接受国家国资局委托，对中央在川的邮电、烟草等企业进行产权登记。

1992 年，国家国资局、财政部、国家工商行政管理局结合产权登记试点情况，对《国有资产产权登记管理办法（试行）》作了修订，增加了核发《国有资产授权占用证书》的规定，开办企业应进行开办产权登记的规定，以及将《国有资产产权登记表》作为企业单位占用国有资产的资金信用证明的规定。1992 年 7 月起，根据国家部署，正式对全省地方全民所有制企业单位进行国有资产产权登记，并在部分市（地）对占用国有资产的集体企业进行国有资产产权登记；同时，接受国家国资局委托，对中央在川的纺织、机电、化工、建材、物资、金融等行业的企业单位进行产权登记。11 月底，全省国有资产产权登记工作基本结束，并对产权登记情况进行了汇总分析。

此次产权登记，省国资局根据国家国资局有关文件精神，结合本省实际，制定了《四川省国有资产产权登记实施意见》，细化了产权登记的对象、范围及具体政策界限，要求将产权界定与产权登记结合进行。产权登记的对象，是全省地方具有法人资格、独立核算并且占用国有资产的企业和实行企业化管理的事业单位及四川省驻外省、市的同类机构。产权登记的资产范围，是国家授予上述企业单位经营管理的国有资产，包括固定资产、流动资产、专项资产和其他应属于国家所有的资产。截止 1992 年 11 月底，全省（不含重庆市）产权登记企业单位户数为 13074 户，占应登记企业单位 13766 户的 95%。其中，初始登记户数为 12546 户，占应进行初始登记户数的 96%；开办登记户数为 512 户，占应进行开办登记户数的 76%；变动登记户数 16 户，占应进行变动登记户数的 94%。1992 年产权登记没有注销登记。除变动登记中没有中央企业单位外，初始登记中地方企业单位 12527 户，中央企业单位 19 户；开办登记中地方企业单位 507 户，中央企业单位 5 户。

全省已登记企业单位的资产总额为1313.63亿元。其中，地方企业单位资产总额1193.43亿元，占已登记企业单位资产总额的90.8%；中央企业单位120.19亿元，占9.2%。国有资产总额为392.59亿元。其中，初始登记国有资产额383.59亿元，地方企业单位初始登记国有资产为376.99亿元，占初始登记国有资产总额的98.3%；中央企业单位为6.59亿元，占1.7%；开办登记国有资产总额8.22亿元，地方企业单位开办登记国有资产为7.93亿元，占开办登记国有资产总额的96.5%，中央企业单位为2915万元，占3.5%；变动登记国有资产总额为7769万元，地方企业单位占100%。

国有资本金总额342.56亿元。其中，初始登记国有资本金总额为334.66亿元，地方企业单位初始登记国有资本金329.72亿元，占初始登记国有资本金总额的98.5%，中央企业单位国有资本金4.94亿元，占1.5%；开办登记国有资本金总额为7.90亿元，地方企业单位开办登记国有资本金7.60亿元，占开办登记国有资本金总额的96.3%，中央企业单位2915万元，占3.7%。

实有资金总额361.16亿元，其中，地方企业单位实有资金额356.33亿元，占已登记实有资金总额的98.7%；中央企业单位4.82亿元，占1.3%。

从全省国有资产营运情况行业分布看，已登记企业单位中，工业部门和商业、饮食部门的亏损面分别达28.6%和36.2%，为各行业中亏损面最大的两个行业。其中，全省地方商业、饮食部门已登记企业单位1991年全行业亏损，亏损额为3.80亿元。

1993年起，为促进国有资产产权登记的制度化、规范化，在全省范围内进行对上一年度国有资产产权登记年度检查，即国有资产管理部门每年结合审查企业单位财务会计决算中国有资产的变动情况，对《国有资产授权占用证书》和《产权登记表》所列内容进行检查，对资产变动情况予以审定。凡在上一年12月31日前办理完毕国有资产产权登记初始登记、开办登记或变动登记的国有企业（包括企业化管理的事业单位），均须按其财务关系向同级国有资产管理部门办理国有资产产权登记年度检查事宜。不属本级次的企业单位的产权登记年度检查，国有资产管理部门按有关部门的委托办理。年检登记审核的主要内容是：企业单位占用的国家资本及其权益、国有法人资本及其权益、国有资产总额。并要求各地根据年度检查情况写出企业占用国有资产保值增值的年度考核评价报告。1994年2月，省国资局又与省工商局联合下发通知，要求“各地工商行政管理部门进行企业法人年检时原则上要求企业先到当地国有资产管理部门办理国有资产产权登记，企业向工商行政管理部门提交国有资产产权登记表后，再进行年检。”

1994年度的产权登记年检工作，省国资局要求各地着重审核企业的国有资本金及其权益。凡有不按规定擅自冲减国有资本金的，要责成其纠正后，方予办理年检手续。对省级企业产权登记，也由过去的企业直接登记方式，改为由主管部门负责落实专人办理所属企业产权登记，集中统一上报国资部门。

1994年，全省国有资产产权登记的户数为11269户，比上年的10966户增加303户，增长2.76%；占用国有资产总额为486.77亿元，比1993年的353.86亿元增加132.91亿元，增长37.56%，其中已登记国家资本309.37亿元，国家资本权益132.58亿元，占国有资产总额的90.79%；国有法人资本25.12亿元，国有法人资本权益19.70亿元，占国有资产总额的9.21%。已登记企业实收资本275.38亿元；资本公积金45.28亿元；国家关联企业资本及其权益总额为486.77亿元；资产总额为1433.84亿元，国家资本及其权益为441.95亿元，占总资产的30.82%；已登记企业长期投资46.75亿元，占净资产的15.37%；资金到位率为65.72%。已登记企业资产负债率为78.78%，比以往年度略有上升，纺织、轻工、医药、外贸企业、粮食、房地产开发部门资产负债率已达80%以上，特别是外贸企业资产负债率更是高达115.15%。

1994年，全省非金融性企业国家资本金及其权益因企业新开办和变动235户，共增加6.75亿元。其中：

1. 新开办企业101户，增加4.59亿元（国有独资企业新开办79户，增加1.84亿元；有限责任公司新开办11户，增加2.65亿元）。

2. 企业变动134户，增加2.05亿元（国有独资企业变动122户，增加1.78亿元，有限责任公司变动8户，增加935万元）。全省国家资本金及其权益因企业注销和变动42户减少1.80亿元。其中注销企业35户，减少1.61亿元（国有独资企业注销33户，减少1.59亿元，集体企业注销2户，减少218万元）；变动企业7户，减少1945万元（国有独资企业变动5户，减少135万元，有限责任公司变动2户，减少1810万元）。

1995年年初，省国资局设立产权处，将原分散于各业务处室的产权登记管理职能，集中于产权处。并要求各级国资部门将产权登记管理工作集中于一个职能科室专司管理，工作中主动寻求财政、工商、企业主管部门的支持与合作。年度检查登记，着重对国有资产存量、资本金到位及国有资产增减变化原因、效益的分配等方面进行审核。

经年检登记，1995年年末，全省（不含重庆市）占有经营性国有资产的企业共计11962户，职工3604051人，净资产总额685亿元，企业工商登记注册资本552亿元，年终实收资本506亿元。全省非金融性企业国家资本金及其权益发生变动的有1076户，其中新开办企业38户，增加1.24亿元；企业变动1038户，增加1.59亿元。因注销、变动578户，共减少3.09亿元。非金融企业国有法人资本金及其权益因新开办和变动35户，增加0.38亿元，因注销、变动6户，减少0.04亿元；采取无偿划转并购的有13户，变动0.6亿元；进行股份制改造的企业33户，变动0.48亿元。在国有资产产权管理方面，存在着企业擅自处理国有资产和变动产权后不办理登记手续的现象。

1995年，省国资局还根据国家国资局的布置和要求，通过对四川省境外企业逐户调查了解，基本掌握境外企业情况，并整理填报了《境外企业及机构基本情况表》。四川省（不含重庆市）截止1994年年底，先后在美国、加拿大、奥地利及香港等20多个国家和地区投资设立50户企业，中方投资总额已达1264万美元。其中，生产型企业13家，非生产型企业37家；独资企业16家，合资企业34家。

全省境外企业项目投资总额为1817万美元，中方投资总额为1264万美元，占实际投资总额的70%；境外企业权益为1338万美元，中方权益为833万美元，占权益总额的62%；境外企业利润总额为-279万美元，其中盈利企业6户，盈利额12万美元，亏损企业14户，亏损额291万美元；尚未开业或已开业但未向国内报表、利润额不清的企业有18户；另外12户企业，国内未直接投资。

从地区分布看，本省境外企业分布在20多个国家或地区，亚洲占30%，北美洲占28%，其他洲占42%；境外企业涉及行业较广，主要从事丝绸、纺织、服务、电子、机械、轻工、农业、建筑、贸易等。

境外投资企业大部分发生亏损，一些企业已停业清盘。主要原因是盲目投资，缺乏有效监督，经营管理混乱。宜宾五粮液酒厂在德国开办一家五粮液酒家有限公司，1992年7月23日批准成立，中方投资62.14万美元。直到1995年，国内投资单位未派一人管理，该公司也未向国内报过一次报表，资产、资金、效益情况一概不清。

1996年，根据国务院第192号令发布的《企业国有资产产权登记管理办法》和国家国有资产管理局制定的《企业国有资产产权登记管理办法实施细则》，开展企业国有资产产权登记。全省各级国资管理部门主动会同企业主管部门和财政、工商管理等部门进行检查审核，共同把好质量关、漏户关。省国资局要求各级国资管理部门在办理企业占有产权登记和年检时，对产权不清、实收资本为零，国家资本不到位的企业，必须进行产权界定，并限期办理产权变动登记和注销登记，确保产权登记表、证的真实性和准确性。国资管理部门在办理资产评估、授权经营、股份制改造等有关事宜时，均要求企业必须出示产权登记依据，否则不予办理。省国资局还召开了全省企业产权登记会审、汇总、评比会议，交流经验，总结表彰。

1996年度，对11096户（不含重庆市）占有国有资产的企业实施登记、年检，并向11066户企业颁发国有资产产权登记证书（30户实收资本为零的企业除外）。年检登记的企业资产总额2698.69亿元，负债总额2013.45亿元。国有资产总额646.64亿元，其中国家资本及权益580.43亿元，国有法人资本及权益46.20亿元，其他国有资产20亿元。在企业国有资产总额646.64亿元中，非金融企业占有国有资产642.90亿元，金融企业占有国有资产3.74亿元。1996年，全省登记的11076户非金融企业中，实现利润总额－23.32亿元，其中盈利企业5338户，盈利面为48.19%，实现利润53.76亿元，亏损企业5738户，亏损面为51.81%，发生亏损77.08亿元。

据不完全统计，1996年全省企业国有资产发生产权变动的企业有453户，其中新开办登记31户，变动登记122户，注销登记300户。在登记的453户企业中，国有资产增加的有75户，增加国家资本及权益19.51亿元；国有资产减少的有378户，减少国家资本及权益7.43亿元。

从发生产权变动企业的组织形式看：（1）属国家独资企业的405户，其中开办登记29户，增加国家资本及权益3.8亿元；变动登记86户，增加国家资本及权益2.3亿元；注销登记290户，减少国家资本及权益3.8亿元，减少国有法人资本及权益0.08亿元。（2）属联营性质的2户企业办理了变动登记，增加国家资本及权益0.08亿元。（3）属集体性质的4户企业办理了注销登记，减少国家资本及权益52万元。（4）属国有独资公司的企业12户。其中开办登记3户，增加国家资本及权益3.77亿元；变动登记8户，增加国家资本及权益9.27亿元；注销登记1户，减少国家资本及权益0.45亿元。（5）属有限责任公司75户，其中开办登记13户，增加国家资本及权益1亿元，增加国有法人资本及权益0.3亿元；变动登记45户，增加国家资本及权益0.73亿元，增加国有法人资本及权益1.3亿元。（6）属上市股份有限公司1户办理了开办登记，增加国有法人资本及权益0.25亿元。

1996年，参与产权制度改革的国有企业近2000户，占企业总数的20%，有半数以上的改制企业未办理产权变动登记手续。

1997年6月16日，国家国资局下发《关于认真做好企业国有资产产权登记及产权变动状况分析报告编报工作的通知》。要求分析报告分为产权登记情况、产权变动情况、总体评价与政策建议及产权登记与产权变动情况汇总表四部分，并提出具体要求，编报工作得到进一步规范。

全省各级国资管理部门对以往年度已办理登记的行政、事业、企业单位的资产占用、国家资本金变化、所有者权益分配、对外投资等事项进行全面审查核实，纠正了少数企业随意调减国家所有者权益的行为，对国有资产占用单位产权登记办理情况进行了全面清理。以往年度漏登或久拖不办理登记的单位，绵阳、自贡、达川、巴中、宜宾、南充等地市采取了公告清理、经济处罚等措施，让企业补办产权登记，维护了产权登记制度的严肃性。全省共对8388户企业和30532个行政事业单位进行产权年检登记会审、汇总，并编制了全省企业国有资产产权经营状况及产权变动状况分析报告。同时，在企业改革过程中，除对国有企业的改制作出必要的权属认定外，雅安、自贡、德阳、泸州、宜宾、南充等地市还对一些权属不清的改制企业进行了产权界定。

1997年，全省办理国有产权登记年检企业8388户（其中省级企业574户），较1996年9548户（不含重庆、万县、涪陵、黔江）减少1160户。全省年检企业中，非公司制企业7627户，占企业总数的91.46%，利润总额－45亿元；公司制企业730户，占企业总数的8.45%，利润总额43亿元。1997年全省新设企业78户，其中非公司制企业55户，占用国有资产4亿多元；公司制企业23户，占用国有资产1.2亿元。

1997年，全省国有资产总额578亿元，较1996年605亿元减少27亿元，减幅4.5%；其中国家资本及权益513亿元，较1996年减少32亿元，减幅5.8%；国有法人资本及权益46亿元，较1996年41亿元增加5亿元，增幅12%；其他国有资产19亿元，较1996年18亿元增加1亿元，增幅5.6%。国有资产总额减少，主要是由于国家支付的企业改制成本所致。

1997年，全省已年检的8372户非金融企业，实现利润－34亿元，较1996年－23亿元增亏11亿元。盈利企业3568户，盈利48亿元，较1996年54亿元，减少6亿元；亏损企业4804户，亏损额82亿元，较1996年77亿元增亏5亿元，亏损企业平均亏损额170万元，较1996年134万元增亏36万元。国有资产经营效益较差，主要是由于产业结构不合理，传统行业的大部分企业经营困难；企业资产结构不合理，大部分企业主要是固定资产，缺乏流动资金，同时高额负债，企业平均负债率达74.63%，而且企业规模小，经营成本高，缺乏竞争力。

1998年，全省参加产权登记年检的企业7407户，较1997年减少900余户。年检登记企业户数减少，主要是企业改制后注销606户，上划石油企业76户，还有少部分产权不清或亏损严重而停业、歇业的企业，未办理产权登记年检。

产权登记应登未登的现象仍较普遍，主要是产权登记的法律凭证作用不明显。企业不办理国有产权登记，并不影响企业占有、使用国有资产，也不影响企业参与社会的经营活动，企业参与登记的积极性不高。且对其制约手段滞后，登记难度大。

1998年参加年检的7407户企业，利润总额－13.87亿元，较1997年增亏11.84亿元。亏损企业4211户，亏损总额87.58亿元，每户平均亏损额208万元，较1997年170万元增亏38万元。资不抵债企业2135户，占年检企业户数的28.82%。年检企业中，非公司制国有企业6683户，占企业总数的90.38%，利润总额－51.16亿元；公司制企业647户，占企业总数的8.64%，利润总额37.13亿元。

全省企业国有资产经营效益不高，亏损额逐年增大的主要原因是：资本金严重不足，负债率偏高。1998年，全省年检登记的国有企业资本金总额占全部资产的18%，资产负债率77.7%。企业依靠贷款维持生产，并负担高额利息。仅年检登记的7407户企业，1998年度利息支出即高达63亿元。市场疲软、成本上升、管理混乱等，也是亏损重要原因。企业长期投资也缺乏有效监管，长期投资收益率偏低。据年检登记数据，全省企业长期投资总额273.51亿元，投资收益9.23亿元，投资收益率仅为3.32%。有长期投资行为的企业2138户，而投资收益大于零的企业仅为588户，大部分企业无投资收益或投资收益为负数。

1999 年 2 月 25 日，省国资局印发《关于做好 1999 年企业国有产权界定、登记、变动监管等工作的意见》，提出：随着政府机构改革和军队、武警、政法机关及各级党政机关与所办、所管企业脱钩等一系列重大改革，产权登记管理原来的一些做法可能已不适应形势要求，需要改进和完善产权登记的方法和手续，“建立以国有资本金为登记和管理对象，以确立出资人，理顺产权关系为目标，以变动监管为重点的产权登记管理制度”。并对改进和强化企业产权登记管理，加强产权变动监管，规范企业改制、改组、改革中的产权管理，提出具体要求。6 月 15 日，省国资局与省煤炭工业局联合发出通知，明确广旺矿务局、芙蓉矿务局、攀枝花矿务局、华蓥山矿务局、达竹矿务局、隆昌矿务局、四川煤矿机械厂、四川煤矿基本建设公司、嘉阳煤矿、威远煤矿、成都矿灯厂等 11 户企业的产权界定、国有资产产权登记、国有资产划转、国有产权变动审批、资产统计、国有资产保值增值考核、资产评估管理等国有资产管理工作，按属地管理原则，从 1999 年 1 月 1 日起，由企业所在市、地国有资产管理部门负责管理。中央下放到四川省的煤炭事业单位和四川省煤炭工业供销总公司的国有资产管理工作由省国资局直管。实行重点煤矿管理体制改革的企业、事业单位国有资产数额，一律以 1998 年度经国有资产管理部门审定的国有资产产权年检登记数额为准，中央和省不再另行办理资产划转手续。10 月 19 日，省国资局与省工商局联合发出通知，要求“与主办主管机构脱钩后的企业应按照资产划转、产权登记、工商变更登记的先后顺序分别到各级国有资产管理部门、工商行政管理机关申请办理相关手续。”

1999 年，全省年检企业 7077 户，其中非金融企业 7060 户，资产总额 3108.11 亿元，国有资产总额 860.99 亿元。7077 户年检企业工商登记注册资本金 578.79 亿元，实收资本 593.34 亿元。4536 户企业实收资本达到和超过注册资本金，占企业总数的 64.09%；2549 户企业的实收资本未达到注册资本金，占企业总数的 35.91%，其中 8 户企业实收资本为零。全省年检企业中有 2549 户企业注册资本金不到位，占年检企业总数的 35.91%。个别企业注册资金与实收资本严重不符。

7077 户年检企业，实现利润总额 -9.87 亿元，资本金收益率为 -1.66%。盈利企业 3036 户，实现利润 63.08 亿元，盈利面 42.9%；亏损企业 4041 户，亏损额 72.95 亿元，亏损面 57.1%。全省年检企业中非公司制国有企业 6337 户，占年检企业总数的 89.75%，实现利润 -44.08 亿元；公司制企业 723 户，占 10.24%，实现利润 33.14 亿元，其中股份有限公司 120 户，占 1.69%，实现利润 25.76 亿元。企业明亏暗损严重，历年累计未弥补亏损已达 163.39 亿元，有 2117 户企业已资不抵债。全省 21 个市、地、州，有 17 个地区利润总额为负数。仅宜宾、绵阳、遂宁、德阳 4 市经济效益好一些，其中宜宾、绵阳两市 1999 年实现利润分别为 10 亿元和 6.7 亿元。从行业分类看，交通、化工、文教以及个别名优企业（五粮液、长虹等）经营效益较好，而机械、冶金、轻工、外贸、纺织、商粮贸等行业亏损严重，部分企业已濒临破产。

年检企业长期投资总额 344.08 亿元，投资收益 10.1 亿元，投资收益率为 3.03%。有长期投资行为的企业 2098 户，其中有投资收益的企业为 526 户，占 25.07%；无投资收益或投资收益为负数的企业 1572 户，占 74.93%。

1999 年度，全省发生产权变动企业 868 户。其中新注册企业登记 129 户，变动登记 453 户，注销登记 286 户。129 户新注册企业中，国有企业 97 户，国有独资公司 3 户，有限责任公司 29 户。产权登记不全面，漏登未登现象依然存在。产权变动监管难度较大，尤其是改制企业的注销登记工作难度更大。1999 年全省年检企业 7077 户，较 1998 年 7407 户减少 330 户，扣除中央下放的煤炭、地矿企业 98 户，实际减少 428 户，办理注销登记的企业仅 286 户。除部分企业因正在进行改制或破产清算中未进行年检外，尚有相当一部分已转制企业未办理注销登记。

2000 年 7 月，省国资局撤销后，全省企业国有资产产权登记工作由省财政厅主管，各市、地、州、县企业国有资产产权登记工作由政府国有资产管理部门主管。

2000 年 9 月 7 日，省财政厅转发财政部《关于开展企业重新占有登记和换发新的产权登记表证工作的通知》，要求："为促进理顺企业集团内部产权关系，防止出现产权纠纷，已脱钩的或由各级政府直接管理的企业应当以各企业集团（或总公司）为单位进行占有产权登记；暂未脱钩的或各级、各类行政事业单位管理的企业以所管辖的部门、机构为单位向各级财政（国有资产管理）部门申办重新占有登记；母子公司应当同时办理登记，对从未办理过产权登记或产权归属关系已发生变动的子公司，由母公司提交上述子公司产权归属的证明文件。"

2000 年，全省重新登记的企业共 6186 户，占用国有资产总额 840.80 亿元，国家资本 534.11 亿元。6186 户企业中，注册资本到位率 > 100% 的占 37.60%，到位率在 80%—100% 之间的占 35.27%，到位率 < 80% 的占 27.13%。6186 户企业的资产总额为 3408.89 亿元，负债为 2389.49 亿元，所有者权益为 1019.40 亿元，全省企业平均资产负债率为 70.1%。产权比率为 2.34。国有企业的资产负债率高达 82.1%，比全省企业平均水平高出 12 个百分点；其产权比率高达 4.59，远远超出正常值。股份制企业的资产负债率仅为 45.35%，低于全省平均水平 24.75 个百分点。

重新登记的 6186 户企业中，新设企业 373 户，发生产权变动登记的企业 11 户。办理注销登记企业 51 户。

2000 年重新登记的企业 6186 户，比 1999 年产权登记年检企业 7077 户，实际减少 891 户，但办理了注销登记的企业仅 51 户。

2000 年四川省企业国有资产产权重新登记企业户数构成情况统计表

表 1－19　　单位：户　%

项目	全省	按组织形成划分				按资产规模划分			按隶属关系划分	
		非公司制		公司制		亿元以上	1000 万元至 1 亿元	1000 万元以下	省本级	市区县级
			国有企业		股份有限公司					
企业户数	6186	5457	5329	707	573	467	2301	3418	555	5631
占总户数的%	100	88.22	86.15	11.43	9.26	7.55	37.20	55.25	8.97	91.03

项目	按产业结构划分			按产业特征划分			按企业级次划分		
	第一产业	第二产业	第三产业	垄断性行业	竞争性企业	公益性及其他行业	一级企业	二级企业	三级企业
企业户数	277	1963	3946	210	4887	1089	5776	388	17
占总户数的%	4.48	31.73	63.79	3.39	79.00	17.60	93.37	6.27	0.27

2000 年四川省企业国有资产产权重新登记企业资本结构表

表 1－20 金额单位：万元

项目	全省	按组织形式划分				按隶属关系划分	
		非公司制企业		公司制企业		省本级企业	市区县级企业
			国有企业		股份有限公司		
资产	34088985	16356618	15348584	15408446	7232074	8591411	25497574
负债	23894978	13451382	12601677	8332458	3279996	5671050	18223928
所有者权益	10194007	2905236	2746907	7075989	3952077	2920361	7273646
资产负债率	70.1	82..24	82.1	54.08	45.35	66.00	71.47
产权比率	2.34	4.63	4.59	1.18	0.83	1.94	2.51

项目	按产业结构划分			按产业特征划分			按企业级次划分	
	第一产业	第二产业	第三产业	垄断性行业	竞争性行业	公益性及其他行业	一级企业	二级企业
资产	437215	20014478	13637293	4658749	24583214	4847023	26962854	6545799
负债	166495	12599564	11128919	3653279	17727721	2513978	20030157	3570258
所有者权益	270720	7414914	2508374	1005470	6855492	2333045	6932697	2975540
资产负债率	38.08	62.95	81.61	78.42	72.11	51.87	74.29	54.54
产权比率	0.62	1.70	4.44	3.63	2.59	1.08	2.89	1.20

2001 年度办理产权占有登记的企业 5326 户，参加年检的企业 4463 户。新设企业 541 户，发生产权变动登记的企业 216 户，办理注销登记企业 318 户。此次年检企业为 4463 户，比 2000 年度产权重新登记的 6186 户，实际减少 1723 户，但办理了注销登记的企业仅 318 户。相当一部分已转制的企业未办理注销登记，年检的数据难以反映国有资本变动及改组、改制的真实情况。

全省参加年检的 4463 户企业的资产总额为 3210.80 亿元，负债为 2132.09 亿元，所有者权益为 1078.70 亿元，全省企业平均资产负债率为 66.4%。产权比率为 1.98。国有企业的资产负债率高达 81.7%，比全省平均水平高出 15.3 个百分点；其产权比率高达 4.46。股份制企业的资产负债率仅为 44.9%，低于全省平均水平 21.5 个百分点。

年检的 4463 户企业利润总额为 －10.87 亿元，净利润为 －23.40 亿元。国有企业的利润总额为 －34.20亿元，净利润为 －36.67 亿元。

年检企业中，资产规模在 1 亿元以下的企业有 4062 户，占年检企业总数的 91.01%，其中资产在 1000 万元以下的企业达 2221 户，占年检企业总户数的 49.76%。4463 户年检企业中，非公司制国有企业 3761 户，占年检企业总户数的 84.27%；公司制企业 607 户，仅占年检企业总户数的 13.6%；属于竞争性行业的企业有 3424 户，占年检企业总户数的 76.72%；属于垄断性行业和公益性行业的企业仅有 1039 户，占年检企业总户数的 23.28%。

2002 年度，全省办理产权占有登记企业 4758 户，参加年检企业 3364 户，比 2001 年减少

1099 户，减少 24. 62%。其中，资产规模在 1 亿元以上的企业 384 户，占年检企业总户数的 11. 41%，比 2001 年增加 2. 43 个百分点。从企业组织形式看，非公司制企业 2837 户，占总户数的 84. 33%，比 2001 年降低 1. 82 个百分点，其中国有企业 2774 户，占总户数的 82. 46%，比 2001 年降低 1. 81 个百分点。公司制企业 523 户，占总户数 15. 55%，比 2001 年增加 1. 95 个百分点，其中股份有限公司97 户，占总户数的 2. 88%，比 2001 年增加 0. 8 个百分点。金融类企业 4 户，占总户数的 0. 12%，比 2001 年降低 0. 13 个百分点。从产业结构看，第一产业 139 户，占总户数的 4. 13%，比 2001 年降低 0. 33 个百分点；第二产业 1049 户，占总户数 31. 18%，比 2001 年降低 0. 23 个百分点；第三产业 2176 户，占总户数的 64. 69%，比 2001 年增加 0. 56 个百分点。从产业特征看，垄断性行业 123 户，占总户数的 3. 66%，比 2001 年降低 0. 31 个百分点；竞争性行业 2567 户，占总户数的 76. 31，比 2001 年降低 0. 41 个百分点；公益性及其他行业 674 户，占总户数的 20. 03%，比 2001 年增加0. 72 个百分点。

3364 户年检企业，涉及国有资产总额 1043. 66 亿元，其中国有实收资本总量 687. 30 亿元。3364 户年检企业利润总额为 10. 5 亿元，净利润 8. 63 亿元，分别比 2001 年增加 21. 83 亿元、32. 04 亿元，2001 年该两项指标皆为负数；平均资产负债率为 63. 99%，比 2001 年下降 2. 41 个百分点。产权比率 1. 78。发生或有产权变动数额为 32. 38 亿元，占资产总额的 0. 93%，比 2001 年减少 14. 77 亿元，减少 31. 32%。

2004 年 10 月 30 日，国务院国资委印发《企业国有资产产权登记业务办理规则》，再次明确各级国有资产监督管理机构负责本级政府所出资企业及其各级子企业的产权登记工作。未设立国有资产监督管理机构的，由本级政府指定的部门或机构负责产权登记工作。要求所出资企业应于每年 2 月 1 日至 4 月 30 日完成对本企业及其各级子企业产权登记情况的年度检查工作，并向产权登记机关报送企业产权登记年度汇总表和年度汇总分析报告；各级产权登记机关应于每年 5 月 31 日前对企业产权登记的情况进行抽查，并将本级政府所出资企业产权登记年度汇总表和年度汇总分析报告逐级上报。企业产权登记年度汇总分析报告主要内容是：企业国有资本金实际到位和增减变动情况；企业国有资本的分布及结构变化，包括企业对外投资情况；本企业及其各级子企业发生国有资产产权变动情况及办理相应产权登记手续情况；其他需要说明的问题。

2005 年 10 月 8 日起，开始全省企业产权登记表证换发工作，至 2005 年 12 月 31 日结束。原有产权登记证于 2005 年 12 月 31 日起作废。

2005 年，全省企业国有资产产权占有登记在册户数为 1534 户（未包含成都市和资阳市统计数据，绵阳市仅统计市级数据，下同），涉及国家资本 497. 03 亿元，法人资本 28. 75 亿元，外商资本 17. 80 亿元，个人资本 39. 30 亿元。其中一级企业 1011 户，占所有企业的 65. 91%，涉及国家资本 479. 18 亿元，占所有企业的 96. 41%，国有法人资本 19. 57 亿元，非国有法人资本 6. 41 亿元，外商资本 880 万元，个人资本 9. 78 亿元；二级企业 392 户，占所有企业的 25. 56%，涉及国家资本 17. 57 亿元，占所有企业的 3. 53%，国有法人资本 189. 41 亿元，非国有法人资本 9. 05 亿元，外商资本 12. 90 亿元，个人资本 24. 98 亿元；三级企业 116 户，占所有企业的 7. 56%，涉及国家资本 1948 万元，占所有企业的 0. 04%，国有法人资本 39. 88 亿元，非国有法人资本 6. 60 亿元，外商资本 4. 74 亿元，个人资本 3. 63 亿元；四级企业 15 户，占所有企业的 0. 98%，涉及国家资本 830. 6 万元，占所有企业的 0. 02%，国有法人资本 2. 21 亿元，非国有法人资本 6. 69 亿元，外商资本 672 万元，个人资本 9011.1 万元。

2005 年，办理产权注销的企业 11 户，其中一级企业 10 户，二级企业 1 户。

2005 年，新设企业 1524 户，涉及国家资本总额 497.03 亿元，非国有法人资本 28.75 亿元，外商资本 17.80 亿元，个人资本 39.30 亿元。

2005 年，办理产权变动的企业 12 户，其中追加资本 4 户，涉及国家资本 1200 万元，国有法人资本 906.5 万元；资本公积或盈余公积转增资本 2 户，涉及国家资本 20.4 万元，国有法人资本 969.7 万元；产权界定 1 户，增加国家资本 59.4 万元，减少国有法人资本 59.4 万元；无偿划入2 户，涉及国家资本 1263.2 万元；出资人增加 1 户，新增国家资本 263.9 万元；减少投资 1 户，涉及国家资本 100 万元。

2005 年在册企业构成，从企业组织形式看，国有独资企业 1060 户，占总户数 69.01%；国有控股企业 384 户，占总户数 25.03%；国有参股企业 59 户，占总户数 3.85%。非公司制企业 871 户，占总户数 56.78%；其中国有企业 846 户，占总户数的 55.15%。公司制企业 631 户，占总户数 41.13%；其中有限责任公司 560 户，占总户数的 36.51%；股份有限公司 48 户，占总户数的 3.13%；金融类企业 2 户，占总户数的 0.13%。

从产业结构看，第一产业 90 户，占总户数的 5.87%；第二产业 515 户，占总户数 33.57%；第三产业 929 户，占总户数的 60.56%。

从产业特征看，垄断性行业 96 户，占总户数的 6.27%；竞争性行业 1022 户，占总户数的 66.75%；公益性及其他行业 413 户，占总户数的 26.97%。

国有独资企业所占比重最大，占 69.01%，仍然是全省经济增长的基础，对国民经济的发展起着举足轻重的作用。公司制企业比重较上年有很大增加，表明全省国有企业改建步伐加速，规范的公司治理结构初见成效。

登记在册的 1534 户企业，国有实收资本总额为 748.11 亿元，户均 0.49 亿元。

国有资产总量分布，从组织形式看，非公司制企业 871 户，国有实收资本为 315.51 亿元，占全省国有实收资本总量的 42.18%，户均 0.36 亿元。其中国有企业 846 户，国有实收资本 310.53 亿元，占全省国有实收资本总量的 41.51%，户均 0.37 亿元。公司制企业 631 户，国有实收资本为 426.26 亿元，占全省国有实收资本总量的 56.98%，户均 0.68 亿元；有限责任公司 560 户，国有实收资本 323.99 亿元，占全省国有实收资本总量的 43.31%，户均 0.58 亿元；股份有限公司 48 户，国有实收资本 74.09 亿元，占全省国有实收资本总量的 9.9%，户均 1.54 亿元。

从产业结构看，第一产业 90 户，国有实收资本 37.84 亿元，占全省总量的 5.06%，户均 0.42 亿元；第二产业 515 户，国有实收资本 278.29 亿元，占全省总量的 37.20%，户均 0.54 亿元；第三产业 929 户，国有实收资本 431.98 亿元，占全省总量 57.74%，户均 0.46 亿元。

从产业特征看，垄断性行业 96 户，国有实收资本为 79.78 亿元，占全省总量的 10.67%，户均 0.83 亿元；竞争性行业 1022 户，国有实收资本为 507.85 亿元，占全省总量的 67.90%，户均 0.14 亿元；公益性及其他行业 413 户，国有实收资本总量为 160.34 亿元，占全省总量的 21.44%，户均 0.46 亿元。

全省国有资本大量分布在一般竞争性领域，但是该行业的户均国有资本却低于全省平均水平。公司制企业特别是股份有限公司尽管户数不多，但对资本的集中度却比较高。在总量上占有全省国有资本的大部分，户均国有实收资本也远远高于全省平均水平。第二产业在全省经济中的比重大幅增长，国有资本在第二产业的比重也大幅增加，户均国有资本有了明显增加。

第二节　资产评估管理

一、资产评估机构管理

1990 年 6 月 1 日，省国资局发布《四川省国有资产评估暂行规定》，规定："资产评估工作由具有资格的资产评估机构或经国有资产管理部门认可的临时评估小组承担。"

1990 年 6 月 28 日，省国资局转发国家国资局《资产评估机构管理暂行办法》，规定："地方各级国有资产管理部门、或由其授权的部门负责组织领导和监督本级政府管辖的国有资产评估工作，并指导下级国有资产评估工作。"省国资局进一步明确："资产评估机构的资格审批，评估许可证书的发放，统一由省国有资产管理局办理。成都、重庆两市资产评估机构的资格审批，许可证书的发放，由市国有资产管理局办理，批文抄送省国有资产管理局备案。""资产评估机构应是独立核算、自负盈亏的具有法人资格的实体"。

1990 年 9 月 20 日，国家国资局下发《关于从严审批评估机构评估资格的通知》，要求各省、自治区、直辖市及计划单列市国有资产管理部门成立由专家参加的资产评估资格审查组织，并要求申请评估资格的机构，其评估人员应经过专业培训。

1990 年，全省共审批资产评估机构 6 个。省国资局会同省财政厅和省审计局举办 3 期资产评估培训班，约 220 人参加培训。宜宾、涪陵、绵阳、南充等地、市也分别举办了培训班。

1991 年 7 月 10 日，省国资局下发《关于建立国有资产评估工作报告制度的通知》，决定从 1991 年第三季度起，实行国有资产评估工作报告制度，要求市、地、州国有资产管理局在每季度末，必须按规定向省国资局报告评估项目、评估机构、评估培训情况，评估机构"凡连续 3 次或累计 6 次不报送评估工作报表的，即自行取消资产评估资格，并于 1 年之后重新办理资格申报手续"。

1991 年 9 月 1 日，省国土局、省国资局联合发出《关于地价评估管理若干问题的通知》，规定："申请资产评估资格的单位，其业务涉及地价评估的，应先向四川省地价评估委员会提出地价评估资格申请，经审批后，由省国有资产管理局对其资产评估资格进行认证。"

1991 年，成都市、攀枝花市成立资产评估管理中心。全省审批 17 家资产评估机构，累计达 30 家合法的评估操作机构。省国资局还组织 10 期资产评估培训班，培训 542 人，成都、涪陵、南充、万县等市、地相应组织了延伸培训。

1992 年，省国资局组建四川省资产评估管理中心，为具有行政职能的事业机构，主要负责组织、指导、监督全省国有资产评估工作，制定地方性资产评估法规制度，审查资产评估机构资格、颁发资格证书，审批资产评估立项、验证，确认评估结果及培训人员等。

国务院《国有资产评估管理办法》（1991 年第 91 号令）及实施细则下发后，省国资局结合本省实际对实施细则作了补充规定，并和省建委、省国土局密切合作，进一步加强房屋、土地评估的规范化管理。截止 1992 年年底，全省已批准评估机构 48 家。

1993 年 2 月 20 日，国家国资局下发《关于对评估机构进行年检的通知》，要求"对取得资产评估资格的评估机构每年应进行一次年检”。年检内容包括评估机构内部的机构设置、人员配备、工作制度、业务开展、工作质量、信誉情况、法纪法规的执行情况及收费情况等。省国资局转发时规定，按照统一领导、分级管理的原则，全省资产评估机构年检工作，由省国资局统一组织进行。成都市、重庆市所属资产评估机构的年检工作，委托成都市、重庆市国资局办理。

省国资局组织了对全省1992年年底前批准的资产评估机构进行年度检查。经审查，全省39家评估机构，有34家符合或基本符合条件，准予办理年检手续。另外5家机构，根据不同情况，分别予以注销资格、补办有关手续或缓期半年年检的处理。接受年检的39家资产评估机构，共有执业人员961人，其中房屋建筑类110人，高级职称46人；机械设备类79人，高级职称30人；经济会计类772人，高级职称183人。但离退休人员占57.86%，经济会计类占到80.33%，年龄结构与专业结构均不合理。全省专职评估人员213人，仅占评估人员的22.16%。全省评估机构共有750人次接受过省和国家专业培训，培训率达50%以上。

全省资产评估机构先后建立健全管理制度，包括评估工作规程、人员管理制度、岗位责任制度、财务管理制度、人员回避制度和质量管理制度等。

1993年12月22日，国家国资局印发《关于加强资产评估管理工作的紧急通知》，针对一些地方和行业擅自审批资产评估资格，以行业或系统层层设置评估机构，自行确认评估结果的混乱情况，强调“社会中介机构的资产评估资格，由省级以上国有资产管理部门组织审批并颁发资格证书。证券业务资格，由省级国有资产管理部门初审并推荐，由国家国有资产管理局会同中国证券监督管理委员会联合审批，并颁发资格证书。”“凡未经国有资产管理部门确认的资产评估结果一律无效。”

截止1993年年底，全省具有正式资产评估资格的机构共54家，其中专营资产评估机构18家，兼营资产评估机构36家。1993年批准专营资产评估机构13家，占全年新批资产评估机构的72%。54家资产评估机构，有评估人员1339人，其中经济管理人员885人，占66%，工程技术人员429人，占32%；高级职称317人，占24%，中级职称748人，占56%。全省评估人员数量有所增加，专业结构和技术职务结构趋于合理。

1993年，四川资产评估机构的年检工作得到国家国资局的好评。

1994年3月，由四川省77家资产评估机构（含重庆市）自愿发起成立了西南地区首家资产评估行业自律性组织四川省资产评估协会，首任会长由省国资局局长邓学安担任。

1994年3月23日，省政府下发《关于加强国有资产评估管理的通知》，针对擅自建立资产评估机构、国有资产评估结果的确认不规范等现象，明确“四川省国有资产管理局负责指导、管理和监督全省国有资产评估工作”。未取得国有资产评估资格证书的任何机构，均不得从事国有资产评估业务。从事国有资产评估的机构不得挂靠企业、公司等营利性组织，也不得挂靠学会、协会等自身需要挂靠的单位。从事国有资产评估的机构依法、独立、公正执业，任何部门和单位不得非法干预。除国家特别规定的外，资产评估机构执业不受地区和行业的限制。7月28日，省国资局印发《关于资产评估机构依法进行资产评估业务的通知》，规定：“资产评估机构的执业人员特别是法定代表人必须与政府行政机关和经济实体脱钩，凡是至今尚未脱钩的，必须在1994年12月31日以前解决；并且只准在一个机构执业，否则不再保留资产评估机构资格”。

1994年12月27日，国家国资局下发《关于对资产评估机构1994年情况进行年检并将年检工作作为例行制度的通知》，要求“凡取得资产评估正式资格的机构，注册资金应不少于30万元”，“凡开展资产评估业务并获得相应业务收入的机构，必须按规定提足风险准备金”。

截止 1994 年年底，全省（不包括成都、重庆两市）经省国资局批准，具有正式资产评估资格的机构 62 家，临时资产评估机构 39 家。执业人员共 1552 人，其中经济管理人员 871 人，高级职称 164 人；工程技术人员 529 人，高级职称 150 人；其他人员 152 人。资产评估人员，特别是资产评估机构的法定代表人，基本与政府机关和经济实体脱钩。全省参加 1994 年年检的 51 家评估机构，有 35 家符合或基本符合条件，准予办理年检手续。另有 18 家评估机构，系注册资金不足 30 万元者，要求必须在 1995 年 6 月底以前按规定补足其注册资金，方可办理有关年检手续。

1995 年 5 月 24 日，省国资局转发国家国资局《关于整顿和严格审批资产评估机构的通知》，要求停止办理资产评估机构的审批，并对现有资产评估机构进行整顿。5 月 30 日，省政府下发《关于对全省资产评估机构进行清理整顿的通知》，“省政府重申省国有资产管理局是全省国有资产评估的唯一职能部门，非职能部门对国有资产自行进行评估的做法必须纠正”。并授权省国资局、省工商局和省法制局联合组成全省资产评估清理整顿领导小组，具体负责全省资产评估机构的清理整顿工作。各市、州也成立相应机构负责此项工作。

1995 年 7 月，根据人事部和国家国资局要求，省国资局决定对资产评估人员实行职业资格培训、发证登记注册的职业资格证书制度，自 10 月 1 日起，在全省范围内实行资产评估人员持证上岗制度。省人事厅和省国资局共同负责在全省推行注册资产评估师执业资格制度，省人事厅侧重负责组织实施注册资产评估师执业资格考试的各项考务工作，省国资局侧重负责组织考前培训和注册、管理工作。

资产评估机构清理整顿前，全省对从事资产评估业务的中介机构进行审批和管理的部门有11 个：省国资局、省建委、省国土局、省集经办、省乡企局、省国税局、省地税局、省物价局、省财政厅、省审计厅、四川商检局。此外，各级各类银行也纷纷自设资产评估管理、操作机构，从事抵押、担保贷款的资产评估业务。全省从事资产评估（含物业估价）的社会中介机构约 1000 家，是全省会计师事务所的 6 倍多，大大超过全省社会经济发展对资产评估中介服务的需求。中介机构之间出现用高额信息费拉评估项目，利用挂靠的政府部门行政权力争评估业务的恶性竞争。企业资产被人为地分解为土地、房地产、无形资产等，一个项目几个资产评估机构重复评估、重复收费，导致个别县属企业改制成本高达企业净资产的 40% 左右。一些行政部门利用行政权力垄断资产评估业务，有的还收取评估机构管理费、培训费、立项费、确认费、年检费等。大量事业单位从事资产评估这一具有公证性的社会中介服务，但未办理工商注册登记，未领取营业执照，逃避国家税收。

根据省政府与省资产评估行业清理整顿领导小组的要求与安排，1995 年 7 月至年年底，各市、地、州及省级有关部门基本完成清理工作。经清理统计，全省由政府有关部门批准资格或管理，从事资产评估业务的各类中介机构主要分布于国资系统、集体经济系统、国土系统、物价系统、审计系统、财政系统、税务系统、乡镇企业系统、商检系统，共计 960 家，其中国资系统 182 家。扣除重复统计的 192 家，实为 768 家。此外，还有建设系统已批未报的 100 多家房地产评估事务所。全省拥有各类资产评估人员约 6000 余人，其中省国资局所批机构拥有经省国资局、省人事厅联合培训、考试合格的资产评估人员 3011 人；省物价局、省人事厅联合培训考试合格的 600 余人。

1996 年 1 月开始整顿，11 月 30 日清理整顿工作结束。各地按照省政府要求和省资产评估行业清理整顿领导小组制定的资产评估机构标准，一个县、区原则上只保留一家经过批准、具备执业条件和能力、经工商部门登记注册的评估机构。对符合条件的，由各市、州人民政府，地区行政公署初审后报省资产评估行业清理整顿领导小组重新确认其执业资格。省级机构由省清理整顿小组审查并重新确认执业资格。对不符合条件的机构以不确认执业资格、撤销、兼并等形式处理，并对人员进行妥善安置。省清理整顿领导小组对23个市、州政府，地区行署和省级有关部门报送的初审合格机构，本着适应市场经济需要，各地各类机构合理分布与合法、规范、精简、从紧、从严的原则进行复审，按照法定条件逐一重新确认执业资格，分两批公告了220家评估机构名单。扣除涪陵、万县、黔江3市、地的24家后，全省有资产评估机构196家，约占原机构数量的19%。全省原有乡企评估机构19家，经省清理整顿领导小组和省乡企局协商，属重庆市管辖的4家交由重庆市办理，对剩下的15家重新确认其中10家机构的资格，其余机构待符合条件后再行审批。通过清理整顿，初步遏制了全省资产评估行业多头管理、各自为政、行业垄断的局面。

1996年3月，省国资局在机构改革时，撤销四川省资产评估管理中心，在局内增设资产评估管理处（正县级处），编制11名。

1996年7月，国家国资局发布《注册资产评估师执业资格注册管理暂行办法》，规定："国家国有资产管理局和省、自治区、直辖市、计划单列市国有资产管理部门或其授权的同级资产评估协会为注册资产评估师执业资格注册管理部门"，"各地注册人员要报国家局备案，经注册的人员其执业资格在全国有效"。注册资产评估师执业期间，应主动接受培训及注册管理部门的年度检查。

1996年10月18日，国家国资局、中国专利局联合发出《关于加强专利资产评估管理工作若干问题的通知》，要求"省、自治区、直辖市申请设立专利资产专职评估机构的，首先应经所在地的省、自治区、直辖市的专利管理机关审核同意，再由同级国有资产管理部门组织审批。地市级不设专利资产专职评估机构。成立专利资产专职评估机构应当报中国专利局备案。"

1996年，省国资局与省人事厅配合，组织全省首届注册评估师考试，277人通过全国注册评估师考试，上报265人，批准注册255人，10人暂缓注册。

省国资局对1996年全省147家资产评估机构实施年度检查，143家评估机构年检合格。

1997年，全省共有412人通过全国注册资产评估师考试。经严格审查，实际拟注册381人（含1996年9人和浙江转来1人），其中1997年考试通过拟注册371人。未批准注册14人，未申报注册资料17人。

应参加1997年年度检查的资产评估机构199家，年检合格193家，对6家不合格资产评估机构限期整顿。全省年检注册资产评估师266人，260人合格，6人未通过年检，不能继续执业。截止1997年年底，全省评估机构从业人员达4069人，通过考核考试，有703人可取得注册资产评估师资格。

1997年，全省近10家评估机构进行改革试点，将其改组为有限责任制的资产评估机构。改组后，评估业务量及评估收入均稳步提高。

1998年10月，省国资局根据财政部《关于开展全国资产评估行业清理整顿工作的通知》精神，成立由省财政厅副厅长、省国资局局长邓学安为组长的四川省资产评估行业清理整顿领导小组及清理整顿办公室，全省21个市、地、州也成立清理整顿领导小组及办公室，组织开展资产评估行业自查。省清理整顿办公室将自查、检查、抽查相结合，到四川蜀西资产评估事务所、郫县乡镇企业资产评估事务所、四川省房地产评估事务所等15家各类评估机构进行抽样调查。对自查工作进度、机构的设立条件、人员状态、挂靠单位、档案管理、资产评估报告书和送审专用材料、内部质量控制制度、后续教育及职业培训的开展等方面，当场提出整改意见，并给 6 家机构发出限期整改通知书。

全省评估行业自查材料反映出的问题，主要是：注册评估师分布不均，执业质量参差不齐，一些评估机构仅有一名甚至没有注册评估师，雅安地区总共两名注册资产评估师。具有挂靠单位的资产评估事务所，公务员兼职仍普遍存在。四川地产咨询评估中心、巴中乡镇企业评估事务所全是兼职人员执业。一些地方难以执行评估收费标准，雅安地区资产评估收费仅为收费标准的 10% 至 20% 。一些大城市，竞相压价竞争评估业务，为了得到评估结果的认可，有的机构须支付 40% 的评估收入给国土、房产等相关部门。国土、建委、房产、乡镇企业等主管部门仍在人为分割资产评估市场。

全省参加此次清理整顿的评估机构共 221 家，其中省直属机构 41 家，各地、市、州机构 180 家，具有证券业评估资格的 6 家，有 28 家机构已脱钩分设。评估从业人员 4245 人，其中专职人员 3144 人，土建类 482 人、设备类 435 人、经济类 509 人、会计类 1352 人，有中级以上技术职称的 2352 人。中国注册资产评估师 696 人，其中专职职龄人员 660 人。经原国家局评估中心领导同意，作为签字权制度试点，进行行业公开审定具有签字权资格的四川资产评估师（全部是所长、副所长）109 名。经过职业培训，获得《四川省资产评估职业资格证书》的人员为 3271 名。从业人员的文化程度结构为：大专占 60% ，本科占 30% ，其他 10% 。在注册资产评估师和专职人员中，兼职、跨所、出具虚假报告、泄露客户商业秘密、与客户有经济利益及 1998 年年末在本机构专职执业的行为和人员有 105 起。注册资产评估师有 14 人超龄执业和停止执业满 2 年。

1998 年年末，全省共有资产评估机构 215 家，比 1997 年增加 17 家。其中为适应四川省县级国有企业改制评估工作的需要，根据省委、省政府的指示，审批了 13 家评估机构；另外，新审批 4 家涉及森林资源、矿产资源、专利评估的专业性评估机构。

1999 年 3 月 2 日，财政部《关于资产评估机构脱钩改制的通知》要求，凡从事资产评估业务的专营机构，必须在人员、财务、职能、名称四个方面与挂靠单位彻底脱钩，使其成为由注册评估师出资设立的合伙或有限责任公司形式的评估机构。

1999 年 3 月 25 日，财政部印发《资产评估机构管理暂行办法》，要求：从事资产评估业务的机构在脱钩的基础上向省级或计划单列市的财政部门（国有资产行政主管部门）申请资产评估资格，并实行资产评估机构等级管理制度。实行一年过渡期，过渡期内达到相应等级标准的，批准相应等级。

1999 年 5 月至 6 月，对全省资产评估行业清理整顿工作进行检查验收。8 月 20 日，召开资产评估机构脱钩改制动员会。10 月，开始对全省经省国资局认定资格，从事资产评估业务的专营机构，与其挂靠单位在人员、财务、职能、名称等方面实行彻底脱钩，使其成为按《合伙企业法》或《公司法》要求，由注册资产评估师并出资设立的合伙或有限责任公司的资产评估机构。资产评估机构在设立条件上实行一年过渡期。过渡期内，设立合伙制的资产评估机构，中国注册资产评估师人数可放宽到 2 名；设立有限责任制的资产评估机构，中国注册资产评估师人数可放宽到 5 名。对达不到改制条件的评估机构，鼓励其按照自愿、平等、协商的原则合并、重组。原巴中地区的 5 户评估机构，规模小，均达不到脱钩改制规定设立条件，经协商合并为 1 户有限责任公司形式的机构。原来一些“两块牌子、一套人马”的机构，通过脱钩改制合并，成为专营或兼营机构。一些原来没有评估资格，但有一定实力的兼营机构也通过吸收合并一些实力很弱的专营机构取得了资格。1999 年 12 月 31 日，脱钩改制基本完成后，全省资产评估机构数量减少 30% 。

脱钩改制前，全省共有资产评估机构 217 家（含中央在川机构 2 家），其中专营评估机构144 家，兼营评估机构 73 家。144 家专营评估机构中，房地产评估、地价评估、无形资产评估、森林资源、矿产资源评估和乡镇企业资产评估等专业评估机构 26 家。脱钩改制后，全省共有 150 家评估机构，比改制前减少 67 家。150 家评估机构中，有限责任公司 113 家，合伙制 37 家；专营机构 77 家，兼营机构 73 家。专营机构中，有限公司 43 家，合伙制 34 家；兼营机构中，有限公司 70 家，合伙制 3 家。77 家专营评估机构中，有 50 家机构（其中有限公司 25 家，合伙制 25 家）因其注册评估师数量仅达到过渡期的要求，被公告可在 2000 年内继续执业。

脱钩改制后，具有证券业务评估资格的机构由原来的 6 家减少到 4 家，其中 1 家被处以停业整顿处罚。

1998 年年末四川省资产评估机构统计表

表 1－21　　单位：家　人

项　目	机构数	经济管理人员				工程技术人数				其他人员	评估人员总数
		高级职称	中级职称	其他	合计	高级职称	中级职称	其他	合计		
年初数	198	487	1405	582	2474	466	746	149	1361	234	4069
会计师事务所	41	213	403	171	787	143	169	37	349	55	1191
审计师事务所	44	58	278	128	464	79	156	54	289	50	803
专职评估机构	113	216	724	283	1223	244	421	58	723	129	2075
本年增加数	31	36	84	50	170	27	57	29	113	20	303
会计师事务所	6	10	12	7	29	6	8	6	20	3	52
专职评估机构	25	26	72	43	141	21	49	23	93	17	251
本年减少数	14	11	20	12	43	10	21	13	44	7	94
审计师事务所	14	11	20	12	43	10	21	13	44	7	94
年末数	215	512	1469	620	2601	483	782	165	1430	247	4278
会计师事务所	47	223	415	178	816	149	177	43	369	58	1243
审计师事务所	30	47	258	116	421	69	135	41	245	43	709
专职评估机构	138	242	796	326	1364	265	470	81	816	146	2326

1999 年四川省资产评估机构脱钩改制情况表

表 1－22　　单位：家

项　目			合计	专营	兼营	备　注
机构变化情况	脱钩改制前机构总数		217	144	73	四川省原有 215 家，中央在川机构 2 家
	脱钩改制后机构总数		150	77	73	—
		合伙	37	34	3	—
		有限	113	43	70	—
	取消评估资格机构数		67	67	0	取消的机构中有兼营机构，但与兼营机构吸收合并专营机构数量同
	因合并减少的机构数		5	4	1	—

续表 1－22

<table>
<tr><th colspan="3">项　　目</th><th>合计</th><th>专营</th><th>兼营</th><th>备　注</th></tr>
<tr><td rowspan="4">有证券评估资格机构情况</td><td colspan="2">脱钩改制前有证券评估资格的机构总数</td><td>6</td><td>6</td><td>0</td><td>改制中1家被取消资格，1家与北京中联合并</td></tr>
<tr><td rowspan="2">脱钩改制后有证券评估资格的机构总数</td><td></td><td>4</td><td>4</td><td>0</td><td>4家机构中，原成都资产评估事务所被停业整顿</td></tr>
<tr><td>有限</td><td>4</td><td>4</td><td>0</td><td>—</td></tr>
<tr><td colspan="2">取消证券评估资格的机构数</td><td>1</td><td>1</td><td>0</td><td>—</td></tr>
</table>

二、资产评估业务管理

1990年5月31日，国家国资局发布《资产评估机构管理暂行办法》，规定：资产评估机构在开展评估业务时，应严格遵守国家法律、法规、条例和制度，坚持公正、客观、实事求是的原则，对资产评估报告书的真实性、合法性负责。接受评估任务的经办人，如与委托人或其他当事人有利害关系的，应实行回避。资产评估报告的报送范围，应明确保密限制，原则上控制在委托单位、同级国有资产管理部门和财政部门。资产评估机构进行资产评估实行有偿服务。省国资局转发该文件时，要求“评估业务必须由评估机构统一受理，评估人员个人不得受托办理”。

1991年7月，省国资局下发《关于建立国有资产评估工作报告制度的通知》，要求市、地、州国资局将评估季报上报省国资局，如本季度无评估业务，也应上报，注明“本季度没有发生资产评估业务”。9月1日，省国资局、省国土局联合下发《关于地价评估管理若干问题的通知》，要求县以上政府土地管理部门会同有关部门建立地价评估委员会，凡土地使用权发生变更，都必须申请地价评估。涉及地价评估的，其评估立项申请及验证确认评估结果，均须经同级地价评估委员会审查后，由国有资产管理部门审批及确认。

1991年11月16日，国务院发布《国有资产评估管理办法》，规定评估程序为：申请立项、资产清查、评定估算、验证确认；规定评估方法为：收益现值法、重置成本法、现行市价法、清算价格法，以及国务院国有资产主管部门规定的其他评估方法。

1992年，全省资产评估机构先后建立健全管理制度，包括评估工作规程、人员管理制度、岗位责任制度、财务管理制度、人员回避制度和质量管理制度等，以保证资产评估质量。为了保证资产评估的客观、公正，多数资产评估机构，将资产评估与财务审计和验资分开。即对于同一项目，承担资产评估的机构，不能对其进行财务审计和验资；承担财务审计和验资的机构，不能对其进行资产评估。

1992年12月31日，国家国资局、财政部等6部委局办联合下发《关于举办中外合资、合作经营企业和向外商出售国有资产必须严格执行对中方资产进行评估的有关规定的紧急通知》，要求“评估工作要坚持公正、合理、认真的原则，评估机构要对评估结果负法律责任”，“中方国有资产未经评估或压低评估价值，使国有资产造成损失的，要依法追究有关部门和人员的责任”。

1993年开始对资产评估机构上一年情况实行年检，对机构、人员、评估业务开展、评估工作质量、评估机构信誉及法纪法规执行情况等进行检查。经对1992年评估业务检查，至1992年年底，全省共完成资产评估并经国有资产管理部门确认的项目221项，评估前账面净值109.42亿元，重估净值125.98亿元，增值率为15.13%。其中：中外合资、合作企业18项，评估前账面净值0.58亿元，重估净值1.02亿元，增值率75.85%；股份制企业50项，评估前账面净值103.15亿元，重估净值116.87亿元，增值率为13.30%；其他企业153项，评估前账面净值5.69亿元，重估净值8.09亿元，增值率为42.18%。

1993年6月18日，针对有的部门“强行限制评估范围，指定独家机构进行评估，实行行业垄断”的情况，省国资局强调：“资产评估由国有资产管理部门负责管理和监督”，“中外合资、合作企业及向外商出售、出租的中方资产，必须委托经省（计划单列市）以上国有资产管理部门批准、具有资产评估资格的机构对全部资产进行价值评估。不能将资产评估范围仅限于国有大中型企业，也不能将评估行为由一家评估机构包揽，严禁行业垄断”。10月4日，省国资局转发《关于公开发行上市股票股份制试点企业资产评估立项、确认问题的通知》的《通知》要求：“凡经批准进行股份制试点公开发行上市股票的地方企业，自1993年8月24日起的资产评估立项工作和资产评估报告的审核、确认工作，由同级国有资产管理部门初审并签署意见后，以一式六份逐级上报省国有资产管理局审查后报国家国有资产管理局办理”。

12月22日，国家国资局发出《关于加强资产评估管理工作的紧急通知》，要求：“生产经营单位的国有土地使用权和国有房产的评估必须纳入国有资产评估的管理范围”。对土地使用权和房产进行评估时，“应连同占有的其他准备作价或折股的资产统一报国有资产管理部门立项，统一组织评估；并将土地使用权和房产的价值评估结果纳入企业整体资产评估结果之中，一并由国有资产管理部门对评估结果进行审核确认。不得将企业整体资产人为地分解开来，分别在几个部门立项，单独组织评估，并由几个部门分别审核确认”。

1993年，资产评估业务有较大的增长。全省共完成并已确认的资产评估项目1152项，账面原值386.72亿元，账面净值335.24亿元，评估值427.10亿元。累计完成并已确认的资产评估项目1579项，账面原值505.20亿元，账面净值445.36亿元，评估值561.03亿元。

1994年3月23日，省政府下发《关于加强国有资产评估管理的通知》，强调“开展评估工作，必须恪守公平竞争原则，不得利用行政管理职权垄断行业评估业务，也不得采取竞相压低评估收费标准等不正当手段承揽评估业务”。4月15日，省国资局发出《关于切实做好对外招商出售国有企业资产评估工作的紧急通知》，要求“各地、各部门特别要重视对工业产权、名牌产品及企业商誉等无形资产的评估”。

7月28日，省国资局发出《关于资产评估机构依法进行资产评估业务的通知》，要求“资产评估与财务审计和验资必须分开”，即对同一企业，同一中介机构不能同时包揽这几项工作。

1994年，全省共完成资产评估并经国有资产管理部门确认的项目1116项，评估前账面净值177.80亿元，重估净值242.34亿元，增值率为36%。其中中外合资、合作企业114项，评估前账面净值25.34亿元，重估净值42.53亿元，增值率为68%；股份制企业272项，评估前账面净值98.38亿元，重估净值121.30亿元，增值率为23%；其他企业730项，评估前账面净值54.08亿元，重估净值78.51亿元，增值率45%。

1995年4月20日，国家国资局发布《关于资产评估立项、确认工作的若干规范意见》，对各级国有资产管理部门关于资产评估立项、确认工作的权限、资产评估立项申报、资产评估结果审核验证与确认等方面具体问题的处理提出规范意见。规定“归属地方各级管辖的国有资产占有单位的资产评估立项和评估结果确认，一般由同级国有资产管理行政主管部门办理；其中，重大的、亿元以上的资产评估项目和经国家计委批准立项的中外合资、合作项目的评估，须报国家国有资产管理局备案，必要时，由国家国有资产管理局审批立项和确认评估结果。向社会公开发行股票并上市交易、以及境外发行股票、境外上市交易和其他重要的资产评估项目，由地方国有资产管理行政主管部门初审，国家国有资产管理局办理审批立项和评估结果确认。”

1995 年 7 月，国家国资局下发《关于加强国有资源性资产评估管理有关问题的通知》，要求在国务院没有做出规定之前，凡获得国务院有关资源主管部门或省、自治区、直辖市人民政府批准，拟以国有资源开采、使用权进行联营、股份经营、中外合资合作的单位，应按照《国有资产评估管理办法》的规定，由省以上国有资产管理部门授予资产评估资格的社会公正性中介机构“对资源性资产进行评估，并报省以上国有资产管理部门确认”。

1995 年 8 月，省国资局、省工商局、省法制局发文明确全省资产评估机构清理整顿的主要范围与内容，要求将政企、政事不分，将行政服务职能转变为社会中介服务职能从事资产评估收费，加重企业负担的行为；政府部门、行业管理部门干予资产评估的行为；政府有关部门公务人员同时兼任行政职务和评估操作的行为；资产评估机构及其人员执业过程中，不遵守国家法令规定和资产评估职业道德，违法违纪的行为等，列为清理整顿的主要内容。

1995 年，省国资局与财政、税务、银行等十多个部门联合发文，重申非经国有资产管理部门批准，其本系统咨询服务机构不得从事资产评估业务。

1995 年四川省资产评估情况统计表

表 1－23　　　　单位：万元

评估项目类别	批准立项数	确认项目数	账面原值	账面净值	重置价值	评估值	增值率(%)
拍卖、出售国有资产	407	390	185181.43	144735.93	200073.75	164937.34	13.92
拍卖、出售国有企业	22	21	16559.90	14405.67	39118.16	50423.91	250.01
企业兼并	30	18	34305.30	19649.76	41110.46	34716.05	76.67
联　营	103	95	51008.97	47436.78	101953.29	90483.68	90.75
股份经营	397	369	628720.79	559328.13	749236.35	682356.34	21.99
中外合资合作	86	85	267082.23	258629.75	386542.64	349975.29	35.32
破产清算	26	25	1104792.06	1119517.86	2777855.23	2406881.01	114.99
结业清算	10	9	11404.30	7254.97	13532.12	11646.03	60.52
租赁经营	26	25	18178.24	15633.65	30992.19	22121.19	41.50
抵押担保	484	476	30852.51	30824.88	59088.10	57558.52	86.73
境外投资	2	2	96.70	90.70	119.33	115.33	27.16
保　险	1	1	159.08	159.08	618.46	619.19	289.23
法律原因	30	26	2073.01	2012.37	417771.80	408467.69	20197.84
其　他	504	497	13932.87	13927.15	47047.51	47043.28	237.78
合　计	2128	2039	2418347.39	2233606.68	4865059.39	43217344.85	133.54

1995 年四川省企业整体评估情况统计表

表 1－24　　单位：万元

评估项目类别	批准立项数	确认项目数	账面价值				评估后价值				升值率（%）		
			资产总额		负债总额	所有者权益	资产重置价值	评估后资产	评估后负债	评估后权益	资产	负债	所有者权益
			账面原值	账面净值									
拍卖、出售国有企业	29	29	201891.52	161652.28	111460.93	50191.35	113422.06	197223.75	112160.26	49286.49	22.00	76.94	－1.80
企业兼并	23	22	23078.13	19091.57	17987.72	2079.85	25849.70	22385.86	18261.78	4860.08	17.25	1.52	133.72
联　营	45	35	68014.13	61374.54	52135.95	10337.59	89555.83	81933.15	54405.76	27527.39	33.50	43.54	166.29
股份经营	377	343	900143.50	376022.20	280079.57	78183.42	493378.12	450193.79	279620.96	160804.16	19.73	－0.16	105.67
中外合资合作	33	32	212625.80	198781.32	158085.07	40696.25	288755	753589.87	156313.70	597276.17	279.11	－1.12	1367.65
破产清算	25	23	20640.60	17071.86	29229.79	－12156.93	27584.22	16304.20	30741.9	14437.79	－4.49	51.76	－218.76
结业清算	4	3	1944.50	1564.27	890.78	673.49	4326.40	15219.72	2016.78	13202.94	872.96	126.52	1860.38
租赁经营	12	12	5467.48	5088.57	5055.58	－29.01	6906.31	6586.65	5164.58	1418.08	29.44	2.16	－4988.25
抵押担保	22	22	7532.93	1.83	691.36	2170.92	12939.28	2.7	801.97	－799.27	47.54	16.00	－136.81
法律原因	2	2	2283.00	1966.00	1629.00	345.00	3852.00	3095.00	1543.00	1552.00	57.43	5.27	349.85
其　他	121	118	13911.09	39.34	5597.27	10239.73	47026.97	30.94	5595.14	50828.18	－21.35	－0.04	396.38
合　计	693	641	1457532.44	842653.77	662843.03	182731.66	1113575.89	1546565.63	666625.83	920394.01	83.54	0.57	403.69

1996年4月1日，国家国资局发布《中国资产评估行业评估纠纷调处规则》，要求“省级资产评估协会下设资产评估纠纷调处委员会，负责资产评估纠纷调处工作”。对评估纠纷案件应先行调解，“如调解无效，应及时进行裁决；必要时可对现场进行重新考察或聘请专家进行论证，或指定水平较高的资产评估机构重新评估后再作出裁决”。

1996年5月7日，国家国资局转发中国资产评估协会《资产评估操作规范意见（试行）》，对资产评估基本原则和基本方法，以及资产评估操作程序等作出规定，要求“资产评估要遵循独立性、客观性、科学性的工作原则”。

1996年12月4日，省国资局、省专利局转发国家国资局、中国专利局《关于加强专利资产评估管理工作若干问题的通知》，要求：“被评估专利资产涉及国有的，评估结果应凭同级国有资产管理局确认的报告书报省专利局、省国有资产管理局审核备案后，再转报中国专利局备案”。

1996年，全省共进行资产评估业务4076项，评估值618.1亿元。

1997年4月，省国资局先后与省煤炭工业局、省林业厅、省冶金厅及省有色金属公司联合转发国家国资局与煤炭工业部、林业部、冶金工业部、中国有色金属工业总公司等分别联合发出的关于煤炭资源、森林资源、冶金矿产资源、有色金属矿产资源资产评估的《通知》时，要求企业资源资产必须评估的，经同级行政主管部门（有色金属矿产报同级有色金属公司）审核后，报同级国资局办理立项与评估结果确认。为了防止国有资源资产通过低评、漏评而流失，各地办理有关“资源资产评估、立项和评估结果确认，应将全套资料报省国资局”及相关省级主管部门与公司备案。

1997年5月14日，国家国资局与煤炭工业部联合发出通知，规定：“地方国有煤炭企业的国有资产评估结果在地方煤炭管理部门审核的基础上，报地方国有资产管理部门确认”。

1997年5月21日，国家国资局下发《关于加强上市公司资产评估管理工作若干问题的通知》，规定：“对于股票发行上市（含境内、外上市）等具有重大影响的资产评估项目，由国家国有资产管理局审批资产评估立项并确认资产评估结果”，各级国有资产管理部门要“加强对上市公司资产评估工作的前期指导、过程控制和后期把关”，“要对评估方案实行备案和检查”，并“深入现场进行跟踪指导”。省国资局转发时，要求“各级资产评估行政主管部门应当参与资产评估操作方案制定”，“企业提供给资产评估机构作为资产评估依据的会计报表，必须先经注册会计师根据《中国注册会计师独立审计准则》进行审计”。

1997年7月7日，国家国资局下发通知，要求从1997年7月1日起，占有、使用国有资产的企业在办理资产评估立项、股份制改组、产权（股权）转让审批等事项时，“必须提交本企业（被改组、被转让企业）的产权登记证”，“在有关工作中充分发挥产权登记证的法律凭证作用”。省国资局转发时，强调“对于没有办理产权登记手续的企业、国有资产管理部门擅自办理资产评估立项、国有股权管理（国有企业股份制改组）审批和国有产权（股权）转让等审批手续的，要依法追究有关领导和当事人的行政责任”。

1997年，省国资局进一步加强对资产评估项目的管理，实行资产评估报告的质量打分制度，强化评估机构质量意识，开展资产评估项目纠纷的调处工作，维护国有资产合法权益。1997年，评估机构积极配合当地政府和国资部门参与企业改制、资产重组、资产转让、拍卖、合资等一系列经济活动，全省共完成评估项目7961项，其中确认7465项，比1996年增加4776项，增加了150%。从评估项目看，除租赁经营、联营较1996年有所下降以外，其他评估项目的数量都有大量的增加，特别是其他和不占有国有资产企业评估项目数量增加最多；另外抵押担保、法律原因、股份经营等项目也有所增加；还有 1996 年所没有的保险评估项目 5 项。评估值 1589.89 亿元，比 1996 年增加 1155 亿元。增值率 -7.8%，较 1996 年有所下降，主要是拍卖、出售国有资产评估项目增值率为 -26.82%。另外，1997 年破产清算、结业清算评估数较 1996 年有所增加，但增值率为 53.30%、20.21%，主要是土地部分以前未入账或账面值很低，而评估值又较大的缘故。1997 年还有些评估项目的重置价值小于评估值，主要是各评估机构未将重置价值报全所导致。

1997 年四川省资产评估统计表

表 1－25　　单位：万元

评估项目类别	批准立项数	确认项目数	账面原值	账面净值	重置价值	评估值	增值率(%)
拍卖、出售国有资产	906	879	12341351.32	10536105.13	45369581.32	7710175.86	-26.82
拍卖、出售国有企业	92	92	107743.59	97021.97	139160.51	121154.49	24.87
企业兼并	64	64	302680.74	264259.87	333656.70	283783.15	7.39
联　营	117	88	121141.26	166409.53	152931.78	198928.12	19.54
股份经营	1149	1149	3518916.72	3031106.73	3707295.25	3368594.89	11.13
中外合资合作	35	35	175893.72	160141.64	318779.07	322758.30	101.55
破产清算	160	160	366313.67	299294.63	273862.24	458990.25	53.36
结业清算	22	21	11149.86	10121.73	9869.69	12167.11	20.21
租赁经营	27	27	12422.33	10929.20	14339.38	12998.60	18.93
抵押担保	1479	1403	1088858.41	947377.67	1320563.90	1190119.62	25.62
境外投资	1	1	176.85	168.65	171.92	163.55	-3.02
保　险	5	5	46450.70	39735.00	73430.70	47604.50	19.80
法律原因	176	187	15878.00	15003.54	30283.17	29860.23	99.02
其　他	3030	3006	1660334.68	1390707.56	1436511.88	1823721.80	31.14
不占国有资产企业	613	348	289383.95	275511.81	343356.09	317936.23	15.40
合　计	7876	7465	20058695.80	17243894.66	53524243.60	15898956.70	-7.80

1997 年四川省企业整体评估统计表

表 1－26　　　　单位：万元

评估项目类别	批准立项数	确认项目数	账面价值				评估后价值				升值率（%）		
			资产总额		负债总额	所有者权益	资产重置价值	评估后资产	评估后负债	评估后权益	资产	负债	所有者权益
			账面原值	账面净值									
拍卖、出售国有企业	117	96	53397.52	46551.95	40708.65	5843.30	53891.65	53718.65	41584.71	12133.94	15.40	2.15	107.66
企业兼并	68	61	532867.78	487257.00	430162.04	57094.96	568354.81	506950.53	430360.71	76589.82	4.04	0.05	34.14
联　营	50	52	85504.97	79084.09	47934.58	31149.51	105975.21	96314.98	70596.79	25718.19	21.79	47.28	－17.44
股份经营	1141	1118	4073756.77	3471146.11	2433694.04	1037452.07	4604122.46	3934752.50	2501460.97	1433291.53	13.36	2.78	38.15
中外合资合作	12	12	116002.32	88590.66	47243.40	41347.26	135919.58	120180.05	47372.30	72815.66	35.67	0.28	76.11
破产清算	142	125	328640.57	279180.76	355786.43	－76605.67	258006.43	435060.80	349652.09	86308.80	56.16	－1.72	212.67
结业清算	21	20	11287.01	9731.20	9236.30	494.90	9782.40	11916.66	9281.11	2635.55	22.46	0.49	432.54
租赁经营	13	13	10776.54	9798.54	8860.00	938.54	11976.22	10949.37	9321.00	1628.37	11.74	5.20	73.50
抵押担保	185	180	153991.60	149712.64	76303.20	73409.44	162677.11	156122.07	76297.19	79824.88	4.28	－0.01	8.74
法律原因	13	13	604.88	1439.49	669.00	770.49	2107.88	2020.49	669.00	1351.49	40.36	0.00	75.41
其　他	324	296	1517929.30	1583615.35	1254737.33	328878.02	1548346.98	1710560.33	1237898.82	472661.51	8.02	－1.34	43.72
不占国有资产企业	56	56	129350.83	121697.76	47283.71	74414.05	144078.61	136844.50	47675.22	89169.28	12.45	0.83	19.83
合　计	2142	2042	7014170.09	6327805.55	4752618.68	1575186.87	7605239.34	7176300.02	4822171.00	2354129.02	13.41	1.46	49.45

1998 年 9 月 21 日，财政部下发《关于改进资产评估确认工作的通知》，进一步明确资产评估委托方、评估机构和注册资产评估师的责任，要求改进资产评估确认及其监督管理工作，逐步建立资产评估项目抽查复核和听证制度。

1998 年 10 月 15 日，省国资局重申实行重大资产评估项目专家会审制度，要求：拟组建或改为上市公司，发行或增发上市股票、境外上市的项目；中外合资、合作评估项目；出售国有企业、国有股权；国有企业破产清算；省国资局认为需要会审的其他重大、疑难评估项目；“其评估报告须经专家会审后，再由省国资局予以确认”。

1998 年，省国资局选择 8 个有争议的项目试行重大资产评估项目专家会审和资产评估报告质量打分制；加强对上市公司、无形资产和破产企业财产等重大项目评估的组织协调与跟踪监管工作，跟踪监管了 10 个项目；同时调解巴中佛香阁宾馆等评估纠纷案 6 起，查处资产评估违纪案 3 起。配合国家国资局、中国证监会对成都资产评估事务所在从事成都红光股份公司股票上市发行业务中，对红光公司将 1996 年度实际亏损 10300 万元，虚报为盈利 5400 万元，严重评估不实的行为进行查处，取缔该机构的资产评估资格。

1998 年四川省资产评估统计表

表 1－27　　单位：万元

评估项目类别	批准立项数	确认项目数	账面原值	账面净值	重置价值	评估值	增值率(%)
拍卖、出售国有资产	2600	2579	89648.63	92765.07	121190.01	163112.29	75.83
拍卖、出售国有企业	308	306	414891.71	357932.86	456163.58	367695.08	2.73
企业兼并	64	62	1637473.80	1163565.80	691201.27	1103294.54	-5.18
联　营	72	67	201050.55	183989.81	258235.08	260037.03	41.33
股份经营	830	768	15384410.67	15050026.26	3255718.19	14392935.24	-4.37
中外合资合作	13	9	120341.60	117515.55	300181.14	284834.47	142.38
破产清算	201	186	382032.94	264336.54	286064.30	214817.69	-18.74
结业清算	17	17	21782.00	18981.61	19441.00	16325.95	-13.99
租赁经营	76	74	57601.86	51082.17	78637.48	65989.76	29.18
抵押担保	2057	1925	502253.74	436097.66	862054.29	836189.38	91.74
境外投资	9	9	230713.14	231414.08	397729.87	367640.36	58.87
保　险	1	1	65.00	50.00	71.00	54.00	8.00
法律原因	438	415	6237970.47	6012106.46	10385917.19	12929945.71	115.07
其　他	1279	1207	1748070.33	1735123.34	2083866.28	2504050.61	44.32
不占国有资产企业	964	568	1419427.12	1312919.63	1685154.29	1620621.65	23.44
合　计	8929	8193	28447736.56	27027936.84	20881624.97	35127543.76	29.97

1998 年四川省企业整体评估统计表

表 1－28　　　　单位：万元

评估项目类别	批准立项数	确认项目数	账面价值				评估后价值				升值率（%）		
			资产总额		负债总额	所有者权益	资产重置价值	评估后资产	评估后负债	评估后权益	资产	负债	所有者权益
			账面原值	账面净值									
拍卖、出售国有企业	653	649	390183.02	355971.39	272499.25	83472.14	279722.79	413246.81	292298.87	120947.94	16.09	7.27	44.90
企业兼并	55	53	1324014.20	1154562.67	819343.21	335219.46	1318720.20	1082239.20	832722.10	249517.10	－6.26	1.63	－25.57
联　营	32	31	166554.33	149705.99	113490.43	36215.56	180789.89	174971.78	104071.54	70900.24	16.88	－8.30	95.77
股份经营	724	669	2672753.78	2307257.62	1526206.17	781051.45	2924521.35	2578154.69	1508894.25	1069260.44	11.74	－1.13	36.90
中外合资合作	9	8	100554.42	95330.20	38535.84	56794.36	196230.39	202941.62	38995.08	163946.54	112.88	1.19	188.67
破产清算	169	157	370783.67	255441.35	425379.85	－169938.50	270986.89	201400.80	417097.49	－215696.69	－21.16	－1.95	－26.93
结业清算	7	7	4618.91	3559.85	4452.13	－892.28	4701.38	2988.23	4688.39	－1700.16	－16.06	5.31	－90.54
租赁经营	19	19	50194.18	44437.28	41053.43	3383.85	49429.98	39928.75	41183.60	－1254.85	－10.15	0.32	－137.1
抵押担保	132	21	10567.87	9225.92	2416.77	6839.15	16322.85	28827.66	10477.30	18350.36	211.45	333.52	168.31
境外投资	2	2	226076.00	226076.00	70575.00	155501.00	378975.00	348998.00	70401.00	278597.00	54.37	－0.25	79.16
保　险	1	1	66.00	50.00	13.00	37.00	71.00	54.00	13.00	41.00	8.00	0.00	10.81
法律原因	7	7	3394.00	3990.14	3673.53	316.61	3480.00	4270.73	3676.34	594.39	7.03	0.08	87.74
其　他	385	335	940841.40	957119.69	724350.26	232769.43	1054108.53	1161155.05	737089.66	424065.39	21.32	1.76	82.18
不占国有资产企业	351	289	884395.28	836091.31	571867.28	264224.03	983890.60	927617.44	577828.95	349788.49	10.95	1.04	32.38
合　计	2546	2248	7114997.06	6398849.41	4613856.15	1784993.26	7661950.85	7166794.76	4639437.57	2527357.19	12.00	0.55	41.59

1998 年全省共完成评估项目 8929 项，其中确认 8193 项，比 1997 年增加 1053 项，增加 13%，评估项目总的增加幅度不大。从评估项目看，联营、股份经营、中外合资合作和结业清算较 1997 年有所下降外，其他评估项目都有所增加。特别是拍卖、出售国有资产和拍卖、出售国有企业较 1997 年有大幅度增加，分别增加 1694 项和 216 项，增长了 187% 和 235%。这主要是 1997 年全省加强了企业改制、结构调整和资产重组，同时增加较多的还有法律原因、抵押担保、境外投资及不占有国有资产企业等评估项目。1998 年评估值为 3512.75 亿元，较 1997 年增加 1922.86 亿元，增值率为 29.97%。原因在于国有企业尚有大量账外资产，同时评估机构未将有些重置价值报全，账面原值和重置价值低于账面净值与评估值。

1999 年 3 月 2 日，财政部印发《关于资产评估立项工作的暂行规定》，对资产评估立项、确认工作权限划分、立项申报及审核、评估确认的申报与核准，以及资产评估立项、确认工作的监督检查等方面具体问题作了规定。

1999 年 3 月 11 日，财政部又发出通知，“决定从 1999 年起对关键设备评估项目实行抽查复核制度”，“抽查复核的范围包括企业改制上市资产评估项目、重大资产评估项目以及需要抽查复核的资产评估项目”。抽查复核工作采取“由省级以上资产评估主管部门组织人员对已完成或正在进行的项目直接进行抽查复核”与“委托抽查复核”两种方式。

1999 年四川省资产评估统计表

表 1－29　　单位：万元

评估项目类别	批准立项数	确认项目数	账面原值	账面净值	重置价值	评估值	增值率(%)
拍卖、出售国有资产	307	304	245077.00	205536.00	250497.00	214212.00	4.22
拍卖、出售国有企业	29	28	102746.00	81172.00	117213.00	83664.00	3.04
企业兼并	23	23	213905.00	143640.00	122542.00	114642.00	－20.19
联　营	13	12	12976.00	11060.00	14256.00	12617.00	14.03
股份经营	54	49	1834877.00	1427682.00	3986058.00	2590477.00	81.45
中外合资合作	4	4	9143.00	6393.00	16905.00	13161.00	105.87
破产清算	56	55	65145.00	59138.00	42907.00	48592.00	－17.83
结业清算	15	15	688.00	645.00	738.00	562.00	－12.87
租赁经营	8	6	1992.00	1512.00	3877.00	2306.00	52.51
抵押担保	534	429	342846.00	264070.00	345849.00	317751.00	20.33
境外投资	14	14	29513.00	28551.00	103951.00	101490.00	255.47
保　险	2	0	54.00	54.00	54.00	54.00	0.00
法律原因	195	137	12889.00	11536.00	44777.00	40886.00	250.09
其　他	347	215	529519.00	314026.00	514536.00	505458.00	60.96
不占国有资产企业	200	157	661178.00	626390.00	795254.00	800485.00	27.79
合　计	1801	1448	4062548.00	3181405.00	6359414.00	4845857.00	52.32

1999年四川省企业整体评估统计表

表1－30　　单位：万元

评估项目类别	批准立项数	确认项目数	账面价值				评估后价值				升值率（%）		
			资产总额		负债总额	所有者权益	资产重置价值	评估后资产	评估后负债	评估后权益	资产	负债	所有者权益
			账面原值	账面净值									
拍卖、出售国有企业	35	35	126719.00	103141.00	89075.00	14036.00	140731.00	107362.00	78403.00	28959.00	4.09	－11.98	105.88
企业兼并	23	23	240443.00	169727.00	260265.00	－90538.00	129348.00	228851.00	259341.00	－30490.00	34.83	－0.36	66.32
联　营	3	3	1889.00	1819.00	826.00	993.00	2430.00	1942.00	1257.00	685.00	6.76	52.18	－31.02
股份经营	54	53	355497.00	319376.00	237594.00	81782.00	332449.00	341617.00	253531.00	88086.00	6.96	6.71	7.71
破产清算	25	24	57651.00	53082.00	88553.00	－35471.00	35022.00	28468.00	14415.00	14053.00	－46.37	－83.72	139.62
结业清算	3	3	602.00	490.00	1754.00	－1264.00	509.00	234.00	1617.00	－1383.00	－52.24	－7.81	－9.41
租赁经营	0	0	0.00	0.00	0.00	0.00	0.00	0.00	0.00	0.00	0.00	0.00	0.00
抵押担保	2	2	8108.00	6656.00	3642.00	3014.00	7724.00	6232.00	308.00	5924.00	－6.37	－91.54	96.55
境外投资	6	6	37591.00	36527.00	28561.00	7966.00	39208.00	38042.00	29960.00	8082.00	4.15	4.90	1.46
其　他	82	73	223953.00	500920.00	401653.00	99267.00	442999.00	513266.00	392880.00	120386.00	2.46	－2.18	21.27
不占国有资产企业	54	43	424052.00	386876.00	249424.00	137452.00	444264.00	426733.00	243356.00	183169.00	10.30	－2.35	33.26
合　十	287	265	1476505.00	1578614.00	1361347.00	217267.00	1574684.00	1692747.00	1275276.00	417471.00	7.23	－6.32	92.15

1999年12月31日前，全省尚有100余家资产评估机构脱钩改制方案在审批之中，完成改制的仅68家。68家评估机构1999年度评估项目最多的为抵押担保，有534项，增值率为20.33%；拍卖、出售国有资产为307项，增值率为4.22%，增值率较1998年有所下降，主要是经核准报废的资产较多；不占有国有资产企业和法律原因的评估项目及其他评估项目也有所增加，分别为200项、195项和347项，增值率分别为27.79%、250%和60.96%，说明资产评估不仅仅局限于国有资产，资产评估在社会经济活动中所起的作用越来越大。另外，有些评估项目，如境外投资、法律原因等项目的增值率较大，主要是因为有些资产无账面原值。有3家评估机构对7家信托投资公司进行了评估，评估后资产为683226.34万元，增值率为-9.37%。债转股企业资产评估，尚未在全省开展。

2000年省国资局撤销后，资产评估业务由省财政部门主管，省资产评估协会则进行行业自律性管理。

2001年12月31日，国务院转发财政部《关于改革国有资产评估行政管理方式加强资产评估监督管理工作意见的通知》，决定取消政府部门对国有资产评估项目的立项确认审批制度，实行核准制和备案制。

各级财政（或国有资产管理）部门对国有资产评估项目不再进行立项批复和对评估报告的确认批复（合规性审核）。有关经济行为的资产评估活动由国有资产占有单位按照现行法律、法规的规定，聘请具有相应资质的中介机构独立进行，评估报告的法律责任由签字的注册资产评估师及所在评估机构共同承担。

经各级政府批准的涉及国有资产产权变动、对外投资等经济行为的重大经济项目，其国有资产评估实行核准制。凡由省级人民政府批准实施的重大经济项目，其评估报告由省级财政部门进行核准。对其他国有资产评估项目实行备案制。除核准项目以外，中央管理的国有资产，其资产评估项目报财政部门或中央管理的企业集团公司、国务院有关部门备案。地方管理的国有资产评估项目的备案工作，比照上述原则执行。

国有资产占有单位在发生公司制改建、对外投资、合并、分立、清算、股权比例变动、产权转让、资产拍卖、租赁、资产涉讼及其他影响国有权益等行为时，必须遵照国家现行法律法规的要求，独立聘请中介机构进行资产评估，不得有意或借故规避评估程序，不得借评估行为弄虚作假、侵吞国有资产。对利用评估活动弄虚作假、侵害国有资产的行为要严肃查处，认真纠正，对违法违规执业的评估机构和从业人员要严厉处罚。

同日，财政部公布《国有资产评估管理若干问题的规定》，要求：国有资产占有单位发生依法应进行的经济行为时，应当以资产评估结果作为作价参考依据；实际交易价格与评估结果相差10%以上的，占有单位应就其差异原因向同级财政部门（集团公司或有关部门）做出书面说明。

2003年，全省国有资产评估项目共397项，较2002年国有资产评估项目总数476项减少17%。评估前账面净资产210477万元，评估后净资产441233万元，评估增值率为109.6%。其中备案项目340项，净资产评估增值率26%；核准项目57项，净资产评估增值率107%。国有资产评估项目总数减少的主要原因是县属企业改制工作已经基本完成，但是国有企业评估项目仍然占评估项目总数的74%。国有企业核准评估净资产减值83.6%，备案项目增值29%。评估增值的主要原因是多数国有企业土地使用权以前没有入账，评估后增值。企业拍卖评估净资产均为增值，其中备案评估净资产增值46.8%，核准评估净资产增值63%。

2003年核准项目57项，比2002年增加18项，发生核准评估行为较多的地区有雅安、资阳、达州、成都等地。评估前账面资产总额1000593万元，负债总额11452310万元，净资产-144833万元，评估价值分别为1166878万元、1152551万元、10296万元。增值率分别为17%、0.4%、107%。其中企业改制评估27项，占评估项目总数的47%。评估前账面资产232912万元、负债172533万元、净资产60378万元，评估价值分别为246174万元、174625万元、70735万元，评估增值率分别为5.6%、1.2%、17%。

2003年，国有资产备案评估项目共340项，比2002年减少22%。其中涉及国有企业256项，占备案评估项目总数的75%。评估前，账面资产1366623万元、负债995185万元、净资产346310万元，评估价值分别为1456416万元、990648万元、430936万元，评估增值率分别为6.5%、0.4%、24%。其中涉及企业改制83项，占备案评估项目总数的24%。评估前账面资产537172万元、负债405119万元、净资产130957万元，评估价值分别为576483万元、388476万元、187339万元，评估增值率分别为7.3%、-4.1%、43%。

财政部门将资产评估机构、人员管理职能移交行业协会后，主要从备案或核准程序上进行监管，难以深入现场检查。部分资产评估机构和从业人员违背独立、客观、公允执业原则，应企业要求，不选择合理的评估方法，专有技术等无形资产不纳入评估范围或漏评，即使评估，也与市场价值相差甚远，造成国有资产在合法程序中“合理流失”。省级部门、企业集团均无专门人员对备案的资产评估项目评估过程进行监督，而且由于是企业委托资产评估机构，评估结果是否有违公正原则，上级部门与企业集团无从知晓。

国有资产评估管理方式改革后，取消了评估立项和验证确认程序。国有企业是否发生需要评估的经济行为以及评估过程中是否按照规定的程序评估，国有资产监管部门事先并不知道，难以监管，也无法督促企业前来办理各种手续，资产评估监督管理弱化。

2004年，四川省国有资产评估项目共计245项，评估前审计调整账面资产总额为193.5704亿元、负债总额为114.5936亿元、净资产总额为44.6008万元；评估价值分别为162.5262亿元、114.8313亿元、46.1671亿元，评估增值率分别为-16.04%、0.21%、3.51%。评估备案项目197项，其中涉及省属企业9项；评估核准项目48项，其中涉及省属企业2项。涉及国有资产评估项目有182项，所占比重仍然很大，占评估项目总数的74.29%。国有企业评估净资产增值率为3.34%。其中国有企业评估备案项目净资产增值率15.84%，国有企业评估核准项目净资产增值率为-6.60%。

评估价值增值主要体现在部分产权转让、拍卖和其他经济行为；评估增值的主要原因是多数国有企业土地使用权没有入账，评估后增值。企业拍卖评估净资产增值较大，其中备案项目涉及的净资产增值率为16.35%，核准项目涉及的净资产增值率达到130.75%。评估价值减值主要体现在公司合并、破产清算等经济行为；评估减值的主要原因是多数国有企业呆坏账没有及时申报核销，评估后调整账目导致减值。企业破产清算评估净资产减值较大，其中备案涉及的净资产减值率为38.87%，核准涉及的净资产减值率达到15.67%。

2004年，全省国有资产评估备案项目共计197项。其中涉及国有企业140项，占备案评估项目总数的71.07%。评估前审计调整账面资产总额为135.6779亿元、负债总额为58.4138亿元、净资产总额为43.8904亿元；评估价值分别为105.0152亿元、58.6876亿元、45.8553亿元，评估增值率分别为-22.60%、0.47%、4.48%。其中涉及企业改制53项，占评估备案项目总数的26.90%。评估前审计调整账面资产总额为21.7172亿元、负债总额为19.0367亿元、净资产总额为2.6805亿元；评估价值分别为21.5975亿元、18.7039亿元、2.8936亿元，评估增值率分别为-0.55%、-1.75%、7.95%。

2004年评估核准项目48项，发生核准评估行为较多的地区有成都、宜宾、资阳等地。涉及企业改制8项，评估前审计调整账面资金总额为9.5082亿元、负债总额为5.6783亿元、净资产总额为3.8300亿元；评估价值分别为9.8061亿元、5.6665亿元、4.1118亿元，评估增值率分别为3.13%、-0.21%、7.36%。

2005年1月，国务院国资委要求各省、自治区、直辖市国有资产监督管理机构报送的资产评估项目分别统计并进行汇总。要认真做好有关分析工作并形成书面报告，分析报告应包括企业改革情况、资产评估工作管理情况、项目和数据汇总情况、评估增减值情况、评估管理工作存在问题及建议等内容。

2005年8月25日，国务院国资委发布《企业国有资产评估管理暂行办法》，对国有资产评估的范围、工作程序、核准与备案及监督检查等问题做出规定。明确各级国有资产监督管理机构负责其所出资企业的国有资产评估监督工作。经各级人民政府批准经济行为的事项涉及的资产评估项目，分别由其国有资产监督管理机构负责核准。要求各级国有资产监督管理机构应当加强对企业国有资产评估工作的监督检查，重点检查企业内部国有资产评估管理制度的建立、执行情况和评估管理人员配备情况，定期或者不定期地对资产评估项目进行抽查。国有资产监督管理机构工作人员违反规定，造成国有资产流失，依法给予处分；涉嫌犯罪的，依法移送司法机构处理。

2005年，资产评估管理工作主要由各级地方财政部门组织。据不完全统计，2005年四川省企业国有资产评估项目共94项。评估前审计调整账面资产总额为59.96亿元，评估价值为64.53亿元，评估增值率为7.63%。评估备案项目75项，省属企业37项；评估核准项目19项，省属企业3项。

2005年，对于省属企业的评估委托，省国资委采取由批准机构委托评估机构的方式，避免资产占有单位对评估机构执业的影响。但市县级的资产评估过程仍存在受资产占有单位影响的现象。同时由于部分资产占有单位及其主管部门对评估管理工作认识度不够，尚未形成主动评估、主动申请备案（核准）的意识，国资监管机构无法完全主动地了解有关情况，无法事前督促企业履行备案或核准程序。

2004 年四川省企业国有资产评估项目基本情况统计表

表 1－31

单位：万元

评估项目类型	项目数	账面价值			调整后账面价值			评估价值			增值率（%）		
		资产总额	负债总额	净资产	资产总额	负债总额	净资产	资产总额	负债总额	净资产	资产总额	负债总额	净资产
按企业分类	245	1628451	1134458	483691	1935704	1145936	446008	1625262	1148313	461671	－16.04	0.21	3.51
国有企业	182	729099	716414	2382	1040848	729223	－32135	710866	731328	－31063	－31.70	0.29	3.34
股份有限公司	7	366939	202742	164197	366686	203179	163507	365735	203267	162468	－0.26	0.04	－0.64
有限责任公司	31	374842	154882	219960	370995	153508	217487	388248	153696	229876	4.65	0.12	5.70
其　他	25	157571	60420	97151	157176	60026	97150	160413	60023	100390	2.06	－0.01	3.34
按经济行为分类	245	1628451	1134458	483691	1935704	1145936	446008	1625262	1148313	461671	－16.04	0.21	3.51
企业改制	61	324115	245674	78162	312255	247150	65105	314036	243704	70054	0.57	－1.39	7.60
对外投资	11	78687	44984	33702	78687	44984	33702	82902	44984	33240	5.36	0.00	－1.37
公司分立、合并	1	2901	824	2067	2902	826	2076	2606	829	1777	－10.20	0.46	－14.40
企业清算	22	70812	191586	－120774	63195	201791	－138596	43637	208491	－164855	－30.95	3.32	－19.00
企业破产	19	69518	190851	－121332	61901	201055	－139154	40718	207755	－167037	－34.22	3.33	－20.00
口央下放地方管理的企业破产	2	13471	55574	－42103	13471	55574	－42103	6901	55574	－48673	－48.77	0.00	－15.60
产权（股权）转让	25	240191	110666	129526	233662	110673	122989	242066	110131	131936	3.60	－0.49	7.27
资产租赁	1	254	0	254	266	0	266	1196	0	1196	349.11	0.00	349.10
涉　讼	1	69	0	69	69	0	69	69	0	69	0	0.00	0.00
拍　卖	38	26297	17329	8967	26307	17110	9197	29688	16623	13065	12.85	－2.85	42.06
其　他	85	885125	523393	351708	1218361	523402	351198	909061	523549	375189	－25.39	0.03	6.83

2004年四川省企业国有资产评估备案项目基本情况统计表

表1－32　　　　金额单位：万元

评估项目类型	备案项目数	账面价值			调整后账面价值			评估价值			增值率（%）		
		资产总额	负债总额	净资产	资产总额	负债总额	净资产	资产总额	负债总额	净资产	资产总额	负债总额	净资产
按企业类型分	197	1042292	578508	463784	1356779	584138	438904	1050152	586876	458553	－22.6	0.47	4.48
国有企业	140	331179	274821	56358	650052	281769	34546	324385	284322	40018	－50.10	0.91	15.84
股份有限公司	3	179226	88487	90739	179264	88945	90319	178154	88946	89209	－0.62	0.00	－1.23
有限责任公司	30	374369	154784	219585	370342	153410	216931	387252	153597	228977	4.57	0.12	5.55
其　他	24	157518	60416	97102	157122	60014	97108	160361	60011	100350	2.06	－0.01	3.34
按经济行为分	197	1042292	578508	463784	1356779	584138	438904	1050152	586876	458553	－22.60	0.47	4.48
企业改制	53	228078	188903	39175	217172	190367	26805	215975	187039	28936	－0.55	－1.75	7.95
对外投资	8	54434	32178	22256	54434	32178	22256	58904	32178	22049	8.21	0.00	－0.93
企业清算	13	16817	30462	－13644	16460	36015	－19554	15785	42941	－27156	－4.1	19.23	－38.87
企业破产	10	15524	29726	－14202	15166	35279	－20112	12867	42205	－29338	－15.16	19.63	－45.87
产权（股权）转让	23	232227	106992	125235	225698	106999	118699	232379	106457	125923	2.96	－0.51	6.09
资产租赁	1	254	0	254	266	0	266	1196	0	1196	349.11	0.00	349.11
涉　讼	1	69	0	69	69	0	69	69	0	69	0.00	0.00	0.00
拍　卖	27	14877	4246	10631	15017	4213	10804	16351	3780	12571	8.88	－10.28	16.35
其　他	71	495536	215727	279808	827662	214367	279559	509491	214481	294965	－38.44	0.05	5.51

2004 年四川省企业国有资产评估核准项目基本情况统计表

表 1－33　　金额单位：万元

评估项目类型		核准项目数	账面价值			调整后账面价值			评估价值			增值率（%）		
			资产总额	负债总额	净资产	资产总额	负债总额	净资产	资产总额	负债总额	净资产	资产总额	负债总额	净资产
		48	586159	555950	19907	578925	561798	7104	575110	561437	3117	－0.66	－0.06	－56.12
按企业类型分	国有企业	42	397919	441593	－53976	390796	447454	－66682	386481	447006	－71081	－1.10	－0.10	－6.60
	股份有限公司	4	187713	114255	73458	187422	114235	73188	187580	114321	73259	0.08	0.08	0.10
	有限责任公司	1	473	98	375	653	98	556	997	98	898	52.57	0.64	61.71
	其　他	1	54	4	49	54	11	42	52	11	40	－3.28	0.00	－4.17
按经济行为分	企业改制	8	96037	56771	38987	95082	56783	38300	98061	56665	41118	3.13	－0.21	7.36
	对外投资	3	24253	12806	11446	24253	12806	11446	23997	12806	11191	－1.05	0.00	－2.23
	公司分立、合并	1	2901	824	2076	2902	826	2076	2606	829	1777	－10.20	0.46	－14.44
	企业清算破产	9	53995	161125	－107130	46735	165776	－119041	27852	165550	－137699	－40.41	－0.14	－15.67
	中央下放地方管理的企业破产	2	13471	55574	－42103	13471	55574	－42103	6901	55574	－48673	－48.77	0.00	－15.61
	产权（股权）转让	2	7964	3674	4291	7964	3674	4291	9687	3674	6013	2163.00	0.00	40.15
	拍　卖	11	11420	13084	－1664	11290	12898	－1608	13338	12843	494	18.14	－0.42	130.75
	其　他	14	389589	307666	71900	390699	309035	71640	399570	309068	80224	2.27	0.01	11.98

2005 年四川省企业国有资产评估备案项目基本情况统计表

表 1－34　　　　金额单位：万元

评估项目类型		备案项目数	账面价值			调整后账面价值			评估价值			增值率（%）		
			资产总额	负债总额	净资产	资产总额	负债总额	净资产	资产总额	负债总额	净资产	资产总额	负债总额	净资产
		75	173521. 59	128674. 37	34997. 38	171858. 78	129043. 48	33446. 38	184679. 06	128888. 17	44361. 75	7. 46	－0. 12	32. 64
按企业类型分	国有企业	26	44531. 13	26. 506. 16	13365. 80	39462. 90	24858. 71	10189. 58	47212. 80	24802. 07	16591. 97	19. 64	－0. 23	62. 83
	股份有限公司	1	480. 14	—	—	480. 14	—	—	563. 38	—	—	17. 34	—	—
	有限责任公司	44	128139. 17	101881. 81	21655. 38	131544. 59	103898. 37	23280. 60	136352. 46	103799. 70	27621. 08	3. 65	－0. 09	18. 64
	其　他	4	371. 15	286. 40	－23. 80	371. 15	286. 40	－23. 80	550. 42	286. 40	148. 70	48. 30	—	724. 79
按经济行为分	企业改制	17	41469. 65	51737. 79	－10595. 32	39968. 98	51349. 90	－11708. 09	45907. 96	51194. 59	－5797. 84	14. 86	－0. 30	50. 48
	对外投资	2	43292. 12	22580. 78	20711. 34	45333. 30	24453. 22	20880. 08	46924. 04	24453. 22	22470. 82	3. 51	—	7. 62
	企业清算	7	6940. 63	5874. 29	725. 75	5201. 18	4784. 66	75. 93	3247. 80	4784. 66	－1769. 39	－37. 56	—	－2430. 29
	企业破产	6	6845. 64	5866. 71	638. 34	5106. 19	4777. 08	－11. 48	3150. 70	4777. 08	－1858. 91	－38. 30	—	－16092. 60
	产权（股权）转让	13	66250. 44	42373. 40	22090. 03	66267. 48	42347. 59	22132. 88	66671. 57	42347. 59	21558. 51	0. 61	—	－2. 60
	资产租赁	1	244. 56	—	—	—	—	—	292. 31	—	—	—	—	—
	拍　卖	12	1600. 13	—	—	1600. 13	—	—	3876. 55	—	2089. 59	142. 26	—	—
	其　他	23	13724. 06	6108. 11	2065. 58	13487. 71	6108. 11	2065. 58	17758. 83	6108. 11	5810. 06	31. 67	—	181. 28

2005年四川省企业国有资产评估核准项目基本情况统计表

表1－35　　金额单位：万元

评估项目类型		核准项目数	账面价值			调整后账面价值			评估价值			增值率（%）		
			资产总额	负债总额	净资产	资产总额	负债总额	净资产	资产总额	负债总额	净资产	资产总额	负债总额	净资产
		19	437053.23	255505.45	179962.79	427696.66	246556.48	179555.19	460625.51	248442.28	197397.36	7.70	0.76	9.94
按企业类型分	国有企业	7	257151.14	148899.02	108252.12	247930.79	139868.04	108062.75	277139.34	139872.32	137267.02	11.78	—	27.03
	股份有限公司	1	4693.04	3576.45	1116.59	4710.13	3619.55	1090.58	4401.48	3619.55	781.93	-6.55	—	-28.30
	有限责任公司	7	174428.18	103029.98	70594.08	174274.87	103068.89	70401.86	166692.78	104950.41	59348.41	-4.35	1.83	-15.70
	其　他	4	780.87	—	—	780.87	—	—	12391.91	—	—	1486.94	—	—
按经济行为分	企业改制	2	239001.53	132953.30	106048.23	239001.53	132953.30	106048.23	269551.47	132953.30	136598.17	12.78	—	28.81
	对外投资	1	156.36	—	156.36	156.36	—	156.36	125.09	—	125.09	-20.00	—	-20.00
	债转股	1	15425.00	11529.00	3896.00	6279.00	2471.00	3808.00	5872.00	2476.00	3396.00	-6.48	0.20	-10.82
	企业清算破产	2	14413.78	21314.22	-6900.55	14413.78	21314.33	-6900.55	10584.79	21314.33	-10729.54	-26.56	—	-55.49
	产权（股权）转让	8	165184.02	89708.82	75375.20	164973.45	89817.85	75055.60	159602.85	91698.65	67756.72	-3.26	2.09	-9.72
	拍　卖	2	680.87	—	—	680.87	—	—	217.30	—	—	-68.08	—	—
	其　他	3	2191.67	—	1387.55	2191.67	—	1387.55	14672.01	—	250.92	569.44	—	-81.92

第三节　国有产权转让与划转

一、产权转让与划转管理

1990年4月6日，国家国资局下发《关于国有资产办理无偿划转手续的通知》，对全民所有制单位之间无偿划转资产的审批、交接、备案等作出规定。省国资局转发时规定：市、地、州级属于同一部门管理的国有资产，在部门内部单位之间划转，由主管部门审批，报同级国有资产管理部门备案；不同部门之间国有资产划转，由同级国有资产管理部门审批。省级同一部门管理的国有资产，在部门内的单位之间划转，由省级主管部门审批；省级不同部门所辖企事业间和省内不同地区间国有资产无偿划转，由省国资局审批。

1990年5月11日，省国资局《关于建立省级国有资产管理工作关系的通知》要求，各部门及直属全民所有制企业，发生在不同所有制、不同管辖部门、不同经营使用性质、不同管辖级次与预算管理体制之间的国有资产产权转移行为，须报经省国资局审批，其资产评估价值或转让价格报省国资局审核确认。省级境外国有资产产权转让收入，由省国资局管理。

1990年6月18日，国家国资局、财政部、国家工商局联合印发《关于立即组织力量做好清理整顿公司中国有资产清理、划转和收缴工作的紧急通知》，要求"所有并转的公司都必须报国有资产管理部门和财政部门办理资产划转手续"，未办理国有资产划转、登记手续的，工商部门一律不予办理相关手续。

1991年1月16日，省国资局与财政厅联合下发《关于加强企业产权转让中国有资产产权管理的通知》，要求：国有资产管理部门在审批企业产权转让之前，应会同有关部门进行可行性论证，跨省或与中央在川企业发生产权转让的，由省国资局审批。"跨所有制、跨地区、跨主管部门的应实行有偿转让"，企业产权转让，必须对资产清查核实，在清产核资的基础上，必须对转让资产进行评估。有偿转让企业产权，以国有资产管理部门确认的资产评估价值为转让底价，原则上成交价不得低于确认的评估价。国有资产产权转让的净收入，暂由国有资产管理部门组织解缴同级国库，列收列支建立资产转让基金。"资产转让基金由财政部门和国有资产管理部门共同管理，按有偿使用原则专项用于被转让企业的技改和补充流动资金。"至1991年年末，全省历年累计已有2288户企业发生了产权转让行为，其中1991年发生产权转让行业的企业为439户。通过产权转让，消化了200户亏损企业，使6亿元的资金得到合理调整和利用，同时盘活转化呆滞资金和债务2亿元。

1992年4月20日，省国资局、省财政厅、省计委、省经委、省劳动厅、省工商局联合转发国家国资局等六部委局办《关于加强国营关停企业国有资产管理的若干规定》，明确规定："关停企业的资产处置原则上实行有偿转让，特殊情况经有关部门批准后方可实行无偿调拨，具体处置方案由企业主管部门提出报同级国有资产管理部门商财政部门审查批准。"

1993年，四川省民族贸易联合公司在未经产权所有者与理事会同意的情况下，未经评估，将四川民贸大厦低价出售给一集体企业，签订了出让合同书，办理了产权过户手续，移交了产权证，违反了国有资产管理的有关规定。省国资局于7月8日发出《关于立即停止非法出售四川民贸大厦的通知》，确认四川民族贸易联合公司出售民贸大厦是严重的侵权非法交易行为，要求立即停止非法出售大厦的一切活动，制止了对国有资产的损害。

1993 年 11 月 26 日，省国资局、省财政厅联合发出《关于核定探索建立新体制试验企业新增资本金的通知》，规定“试验企业出售车间、分厂产权以及国家股权必须报同级国有资产管理部门和财政部门批准，所得国有资产产权转让收入，留给试验企业用于技术改造和补充流动资金，作为负债核算，但必须向同级国有资产管理部门、财政部门申请并签定限期限额按银行同期贷款利率计算资金占用费的借款合同。”

1994 年 6 月 15 日，省国资局、省税务局、省国土局联合发布《九四年投资洽谈会国有资产转让有关政策》，规定：“所有特大型、大型国有企业产权转让，报国务院审批”。出售企业整体资产、企业全部产权及部分产权，“须经国有资产管理部门和财政部门审核后，报地级市以上人民政府批准”。企业转让整体或部分国有资产的净收入，留企业支配使用，不核减国家资本金，其收入只能用于技术改造和设备更新。转让企业全部或部分产权的收入，首先偿还银行债务和安置好企业职工；其余部分由同级国有资产管理部门负责收取，用于支持结构调整或补充需要扶持的国有企业资本金。

1994 年 11 月 3 日，国家国资局、国家经济体制改革委员会发布《股份有限公司国有股权管理暂行办法》，规定转让国家股权应以调整投资结构为主要目的。须遵从国家有关转让国家股的规定，由国家股持股单位提出申请，说明转让目的、转让收入的投向、转让数额、转让对象、转让方式和条件、转让定价、转让时间以及其他具体安排。省国资局转发时，进一步具体规定，转让国家股的省级管辖公司报省国资局审批，各地管辖公司由当地国有资产管理部门逐级转报省国资局审批。其中涉及上市公司，或向境外转让国有股权（包括配股权）的，由省国资局转报国家国资局审批。地方管辖公司国家股转让数额较大，涉及绝对控股或相对控股权变动的，须经同级国有资产管理部门会同体改部门逐级转报国家国资局会同国家体改委及有关部门审批。

1994 年，无偿整体划转国家资本及其权益 772 万元；部分划转国家资本及权益 16946 万元；部分划转国有法人资本及权益 230 万元。国有企业进行股份制改造 104 户，国家资本及其权益改造前为 163225 万元，改造后为 191151 万元；国有法人资本及其权益改造前为 78906 万元，改造后为 107408 万元。国有企业收购国有企业部分产权金额为 32374 万元；收购非国有企业部分产权金额为 16342 万元。国有企业出售给国有企业部分产权金额为 56561 万元；出售给非国有企业部分产权金额为 8325 万元。国有企业整体出售给国有企业 18 户，出售前国有资本、国家法人资本及其权益为 1262 万元，出售后为 5893 万元；国有企业整体出售给非国有企业 7 户，国家资本及权益为 580 万元。1994 年，尝试上市公司国家股权溢价转让，仅省属及乐山、自贡、德阳等市上市公司即为政府收回资金近 10 亿元。

1995 年 5 月 12 日，国家国资局下发《关于加强企业国有产权转让监督管理工作的通知》，要求企业国有产权转让必须符合国家产业结构调整的需要，要严格规范企业国有产权转让活动，保证国有资产通过产权转让实现优化配置和保值增值。“严禁各种以明晰产权为名，把国有资产无偿或低价卖给集体或个人，搞‘负债持股’或以行政干预方式有意低估国有资产价值量来损害国家权益，造成国有资产流失的行为。”并强调“不得随意建立企业国有产权转让中介机构，对已有产权转让中介机构，要进行认真清理，予以规范。”

1995 年 7 月 13 日，省政府发布《四川省企业国有资产有偿转让管理暂行办法》，鼓励有偿转让下列企业国有资产：

1. 本企业不适用、不需用的各类资产；

2. 产品结构不合理的车间、分厂；

3. 经营不善、亏损严重的国有企业产权。

有偿转让省属企业产权或整体资产，由省国有资产、财政行政主管部门审核，报省人民政府批准。有偿转让特大型、大型企业或者中央管理企业上述国有资产，按国家有关规定报国务院批准。有偿转让关键、成套设备，重要建筑物及企业的部分车间、分厂，由同级国有资产、财政行政主管部门批准。“有偿转让方不得转让资源性国有资产的所有权。”企业国有资产可以采取协议、招标、拍卖或法律、法规允许的其他方式有偿转让。市、地、州有偿转让国有产权净收入的2%上缴省集中安排使用，保障省级经济宏观调控。

1995年10月11日，省国资局、省体改委、省财政厅联合下发《关于县属企业改革中国有产权转让若干问题的通知》，强调要“保证产权转让行为在公开、公平、公正的基础上进行，防止国有资产的流失”。受让方可以采取以下方式获得国有产权：

1. 招标转让；

2. 拍卖；

3. 协议转让；

4. 承担资不抵债的企业的对等债务和职工安置；

5. 经县（市、区）级国有资产管理部门审查，同级人民政府批准，企业国有产权可无偿划拨给其他国有企业或事业单位，但应慎重从严掌握；

6. 国家法律、法规允许的其他方式。出售县级企业国有资产由同级国有资产行政主管部门、财政部门在评估确认价值的基础上，结合市场情况、企业的债权、债务、土地使用方式、地理环境、富余人员安置和企业经营状况、预期效益等综合因素，确定转让底价。成交价低于底价的须报同级政府批准。

全省各级国有资产管理部门按照产权转让的有关规定，在企业国有资产有偿转让的审批工作中，坚持依法办事，严格进行财产清查、产权界定、资产评估等工作，帮助企业妥善处理转让中涉及的人员安置、税收变化及收入处理等问题，防止国有资产流失，盘活了存量资产。仅重庆、宜宾、射洪三市、地（县）统计，通过改革、改制、改组就盘活和重组存量资产达15亿元左右。

1996年4月12日，国家国资局转发《最高人民法院关于因政府调整划转企业国有资产引起的纠纷是否受理的批复》，明确规定：“因政府及其所属主管部门在对企业国有资产调整划转过程中引起相关国有企业之间的纠纷，应由政府或所属国有资产管理部门处理。”国有企业作为当事人提起民事诉讼的，法院不予受理，“当事人不服政府及其所属主管部门依据有关行政法规作出的调整、划转企业国有资产决定，向人民法院提起行政诉讼，凡符合法定起诉条件的，人民法院应予受理。”

1996年6月3日，为规范产权交易市场和交易行为，省国资局发出《关于暂停企业产权拆细转让的通知》，要求在《四川省产权交易管理办法》出台前，“省、市各产权转让审查部门，各产权交易机构一律暂停产权转让的审批和发行工作”。

1997年3月24日，国家国资局、国家经济体制改革委员会印发《股份有限公司国有股股东行使股权行为规范意见》，规定“国有股权转让收入必须用于国有资本再投入。”“转让股份的价格必须依据公司的每股净资产值、净资产收益率、实际投资价值（投资回报率）、近期市场价格以及合理的市盈率等因素来确定，但不得低于每股净资产值。”

1997 年，全省规划改制县属企业总户数 6528 户，已改制企业 3119 户，其中兼并 188 户，出售 338 户。已改制企业产权转让净收入 10.78 亿元，其中政府收回 4.05 亿元。

1998 年 1 月 12 日，国家国资局下发《关于国有资产产权纠纷调处工作有关政策问题的通知》，提出，关于产权划转，“明确权属要遵循‘依法划转’的原则。国有单位因行政划转行为取得的产权，不适用‘谁投资，谁拥有产权’的原则，而应根据划转后的实际情况确认产权归属，依法划转必须具备两个条件，一是要有政府发出的合法有效的划转文件；二是要有健全的财产转移手续。”

1998 年 11 月 16 日，省国资局贯彻《中共四川省委、省人民政府关于进一步深化国有企业改革的意见》要求：“省级国有大中型企业改组为股份有限公司和国有独资公司的，须报经省政府批准。涉及国有净资产、国有资本金核定以及国有产（股）权转让、国有产权登记等事项的，报省国有资产管理局批准。”“鼓励省级国有企业职工购买企业产权，经企业主管部门和省国有资产管理局同意，盈利企业经营者可购买达到相对控股地位以上的企业产权。企业内部职工集体购买全部产权可改制改组为有限责任公司或股份合作制企业。”省级企业改制过程中，国有产权转让收入、国家股权转让收入、国家股股利，由省国有资产管理局负责收缴到省级金库。

1999 年 8 月 3 日，省国资局印发《股份有限公司国有股权转让管理操作规程》，规定：股份有限公司国有股转让管理的专职机构为各级国有资产管理（财政）部门，上市公司国有股权转让须报财政部审批，非上市公司国有股权转让应报省国资局审批。国有股权转让价格“不得低于转让期间审计（评估）的公司每股净资产”。

2000 年 5 月 19 日，财政部印发《关于股份有限公司国有股权管理工作有关问题的通知》，规定地方股东单位持有上市公司非发起人国有法人股及非上市公司国有股权发生的直接或间接转让、划转，由省级财政（国资）部门管理；上市公司国家股权、发起人国有法人股权发生直接或间接转让、划转，由省级财政（国资）部门审核后报财政部批准。省财政厅转发这一《通知》时补充规定：股份公司股东转让或划转国有股权，“应经同级财政（国资）部门审核同意后，同时转报省财政厅；省属股份公司由国有股持股单位直接报省财政厅。”

2001 年 10 月 22 日，省委企业工委、省财政厅、省经贸委、省体改办《关于推进省级国有企业产权多元化的若干意见》提出，凡涉及国家和省级经济安全、国计民生、社会稳定必须由国有企业垄断经营和一些自然垄断的行业；著名商标品牌等难以量化的无形资产；事关省级经济命脉以及多元化可能导致省级资金、资源严重流失的行业或企业，暂不或有条件地实施产权转让以外，其余行业和企业均属实施多元化范围。暂行实施或有条件实施产权转让的行业或企业由省国资委确认。并提出国有资产证券化、基金化是国有企业产权多元化的创新途径。即可将国有产权转换成各种证券凭证，通过国有产权交易市场进行凭证式、份额式、凭证式背书等方式转让，也可通过债券市场进行转让；通过投资基金或投资公司，广泛吸纳机构资金、社会闲散资金以及境外资金，改善产权多元化过程中的资金供给，让中小投资者间接投资于产权流通市场。

2001 年度，全省经财政部批准实施无偿划转股权的企业共 6 户，总股本为 153559.33 万股，其中国家股为 85633.8094 万股；经财政部门批准实施配股的企业共 4 户，总股本为 442788.729 万股，其中国家股为 57545.17582 万股，国有股均放弃配股。

2001 年四川省国有股权变动表

表 1－36　　单位：万股

股权变动方式	股份公司名称	股本结构		
		总股本	国家股	占总股本比例（%）
划　转	宜宾纸业	10530	5176	49.15
	五粮液	86904	62424	71.83
	博瑞股份	13018	1826.04	14.03
	华联商厦	8650.33	738.9494	8.54
	第一纺织	11457	7507	65.52
	红　光	23000	7961.82	34.62
合　计		153559.33	85633.8094	—
配　股	英豪科教	44097.96	1849.7376	—
	双马水泥	17745	11800	—
	乐山电力	24933.649	7315.38822	—
	泸州老窖	48893.46	36580.05	—
合　计		442788.729	57545.17582	—

2002 年 1 月 7 日，中国证监会发布《上市公司治理准则》，规定：上市公司与关联人之间的关联交易“应当遵循平等、自愿、等价、有偿的原则”，有关事项应按规定予以披露。

2003 年 12 月 31 日，国务院国有资产监督管理委员会与财政部发布《企业国有产权转让管理暂行办法》，对企业国有产权进入产权交易市场作出规定，明确了企业国有产权转让的批准和操作程序与有关部门的监管职责。规定由国有资产监督管理机构负责企业国有产权转让的监督管理工作。企业国有产权转让应当在依法设立的产权交易机构中公开进行。转让企业国有产权致使国家不再拥有控股地位，应当报本级人民政府批准。转让国有产权，造成国有资产流失的，国有资产监督管理机构或者企业国有产权转让相关批准机构应当要求转让方终止产权转让活动，必要时应当依法向人民法院提起诉讼，确认转让行为无效。

2003 年，全省产权交易业务增长迅速。2002 年交易总额为 3.8 亿元，2003 年为 60.4 亿元，同比增长 14.9 倍。2002 年成交企业产权交易 5 宗，交易额 2.2 亿元，2003 年成交企业产权交易 25 宗，交易额 44 亿元，同比增长 19 倍。成都市技术产权交易所 2003 年产权交易总额为 16.5 亿元，同比增长 6.8 倍；四川省国资公司 2003 年产权交易总额为 40 亿元。这两家机构产权交易总额 56.5 亿元，占全省交易总额的 93%。

2004 年 2 月 19 日，省委、省政府颁布《关于严肃国有产权转让工作纪律的规定》，督促企业实现国有资产保值增值，明确各部门的监管作用，从源头上预防和防治腐败行为。2004 年 9 月，省国资委纪委向各省属企业发布《关于加强国有企业改制和国有产权转让监督检查工作的意见》，明确规范国有企业改制，促进企业国有产权有序流转，严肃国有产权转让工作纪律的各项具体要求。

2004年2月至11月，通过省内从事国有产权交易的8家综合性产权交易机构和行业性产权交易机构，以及拍卖机构公开竞价转让等方式，全省共完成国有产权转让261宗，涉及20个市（州）和1个省属企业，涉及资产评估值17.68亿元，成交金额23亿元，增长率30.09%。其中进场交易228宗，成交金额19.84亿元，其他方式转让33宗，成交金额3.17亿元。2004年，省产权交易机构共完成国有产权转让69宗。乐山市、广元市、阿坝州等地所有国有产权转让都在产权交易机构进行公开挂牌转让。

2004年，经国务院国资委批复同意，将四川省投资集团有限责任公司持有的四川省长城特殊钢（集团）有限公司股权原出资额60202万元重组缩水后的15050万元，无偿划转给攀枝花钢铁（集团）公司持有；将成都兴光机械厂的资产总额5670.81万元、负债总额16978.16万元，所有者权益-11307.35万元，由中国兵器装备集团公司划归四川省人民政府管理；将四川长庆机器厂资产总额10705.60万元、负债总额26723.47万元、所有者权益-16017.87万元，由中国兵器装备集团公司划归四川省人民政府管理；将成都旭光电子股份有限公司持股主体由原成都市国有资产管理局变更为成都欣天颐投资有限责任公司，公司股本仍为9499.0568万股，成都欣天颐公司持有2051.9825万股，占总股本的21.6%，股份性质为国家股。同意将零八一电子集团公司对信达公司负债2362万元、对华融公司负债30400万元，共计32762万元债务转为对零八一电子集团的投资股份。

2005年4月11日，国务院国资委、财政部印发《企业国有产权向管理层转让暂行规定》，规定：管理层应当与其他拟受让方平等竞买。企业国有产权向管理层转让必须进入经国有资产监督管理机构选定的产权交易机构公开进行。产权转让公告中的受让条件不得含有为管理层设定的排他性条款，以及其他有利于管理层的安排。不得以各种名义压低国有产权转让价格。管理层受让企业国有产权时，应当提供其受让资金来源的相关证明，不得向包括标的企业在内的国有及国有控股企业融资，不得以这些企业的国有产权或资产为管理层融资提供保证、抵押、质押、贴现等。

2005年7月1日，省政府发布的《四川省企业国有产权转让暂行办法》正式实施。该办法规定：企业国有产权转让应当在依法设立并经省级国有资产监督管理机构确定的产权交易机构公开进行，不受地区、行业、出资或隶属关系的限制。坚持公开、公平、公正的原则，采取拍卖、招投标等公开竞买方式或协议转让方式以及国家法律、行政法规规定的其他方式进行。实现充分的市场化定价，防止国有资产流失并不得侵害国家和其他各方的合法利益。在产权交易过程中，当产权交易价格低于评估价值90%时，应当暂停交易，在获得批准机构书面同意后方可继续进行。

2005年8月29日，国务院国资委印发《企业国有产权无偿划转管理暂行办法》，规定了企业国有产权无偿划转遵循的原则、划转程序与审批要求。明确界定“企业国有产权无偿划转，是指企业国有产权在政府机构、事业单位、国有独资企业、国有独资公司之间的无偿转移。”并规定，有下列情况之一的，不得实施无偿划转：被划转企业主业不符合划入方主业及发展规划的；中介机构对被划转企业划转基准日的财务报告出具否定意见、无法表示意见或保留意见的审计报告的；无偿划转涉及的职工分流安置事项未经被划转企业的职工代表大会审议通过的；被划转企业或有负债未有妥善解决方案的；划出方债务未有妥善处置方案的。

2005年，全省共完成国有产权转让234宗，市（州）和5个省属企业，涉及资产评估值约11.4亿元，成交金额13.6亿元，增长率约为19.71%。其中进场交易99宗，成交金额8.09亿元，其他方式转让135宗，成交金额5.51亿元。其中广元市77宗，成交金额16500万元；达州市27宗，成交金额1200万元；攀枝花市33宗，成交金额9921.93万元；德阳市22宗，成交金额8797万元；遂宁市18宗，成交金额35146.10万元；广安市15宗，成交金额6120万元；泸州市1宗，成交金额76.20万元；自贡市11宗，成交金额12100万元；甘孜州7宗，成交金额2200万元；绵阳市3宗，成交金额38600万元；眉山市2宗，成交金额1142万元；内江市1宗，成交金额32.59万元；省属企业17宗，成交金额4179.65万元。四川蓬莱盐化有限公司1460万股国有股权转让在产权交易机构公开挂牌后，征集到多个拟受让方，决定采取拍卖方式。经过多轮竞价，最终以6680万元成交，比起拍价3980万元高出2700万元。

2005年，省国资委指定的两家产权交易机构共完成产权交易额102宗，成交金额为115430.4278万元。其中国有产权交易为96宗，成交金额为98273.527万元；非国有产权交易为6宗，成交金额为17156.9008万元。

四川省国投产权交易中心共完成产权交易72宗，成交金额为83373.1078万元，其中国有产权交易为68宗，成交金额为80222.207万元；非国有产权交易为4宗，成交金额为3150.9008万元。其中，交易中心本部共完成产权交易13宗，成交金额为16158.99万元，全部为国有产权交易；其乐山工作处共完成产权交易28宗，成交金额为19635.9278万元，其中国有产权交易为24宗，成交金额为16485.027万元，非国有产权交易为4宗，成交金额为3150.9008万元；绵阳工作处共完成产权交易4宗，成交金额为40810万元，全部为国有产权交易；德阳工作处共完成产权交易2宗，成交金额为41.19万元，全部为国有产权交易；自贡工作处共完成产权交易25宗，成交金额为6727万元，全部为国有产权交易。

成都联合产权交易所共完成产权交易30宗，成交金额为32057.32万元，其中国有产权交易为28宗，成交金额为18051.32万元；非国有产权交易为2宗，成交金额为14006万元。

二、产权交易市场管理

1988年，成都首家产权交易中介机构成立，产权市场开始形成。

1991年1月，省国资局下发《关于加强企业产权转让中国有资产产权管理的通知》，提出："各地、市、州国有资产管理部门可逐步组织建立产权交易市场，加强管理，规范产权转让行为。"

1992年，省内第一家县办产权交易中介机构米易县产权交易所成立。

1994年，各级国有资产管理部门把培育中介经营机构作为工作重点来抓，成都、乐山、德阳、绵阳、涪陵、奉节等市、地、县建立资产经营机构。同时开始组建产权交易市场，省国资局建立四川省产权交易所，乐山市建立乐山产权交易中心。

1995年7月，省政府发布《四川省企业国有资产有偿转让管理暂行办法》，明确规定："国有资产产权交易应进入产权交易市场，进行规范化运作。没有建立产权交易市场的县，由政府指定的部门组织转让。产权交易市场进行国有资产产权交易的资格，须经省国有资产行政主管部门按照有关规定审核认可后，依法办理工商登记。"

1992年至1995年年底，全省有成都、重庆、乐山、涪陵、绵阳、攀枝花、内江、宜宾、万县、泸州、自贡11个市、地组建了31家产权交易中介机构，从业人员261人。此外，成都地区还发展了一批产权交易经纪公司，专门从事企业产权转让的咨询、中介等服务。产权交易机构的80%由国资部门组建设立，20%由体改部门组建设立。产权交易中介机构分交易市场和产权经纪公司两个层次。省产权交易所、成都市产权交易中心采取会员制、办事处形式，不同程度地各自形成了一定规模的产权交易市场网络体系。两个交易所均采取现代化的电脑撮合交易手段。不仅从事企业国有产权交易，而且还从事企业非国有产权交易，以及闲置资产的调剂性交易。产权交易机构的设立与运作逐步把产权转让交易中的政府行为转化为市场行为。

由于产权市场缺乏统一的规划和监管，各地、各部门在产权交易中介机构的设立，以及产权交易机构在从事产权交易中介业务上都带有随意性。四川省产权交易所、成都产权交易中心、西南国际产权交易中心等3家较具规模的产权交易中介机构分别由省国资局、省市体改委、省经委组建和管理。各部门又往往站在自身的利益角度，有意或无意抵制和反对国资部门行使职能。同时，少数企业未经有关部门批准擅自转让国有产权。企业国有产权转让的监管部门及监管责任不明确，不具体。企业产权“拆细交易”全省没有统一严格的规范和管理，企业以盲目的高回报率（一般在25%左右）和定期回购（3年不交易不分红按200%的价格回购）来吸引社会投资者等，造成交易市场管理混乱。

1995年，省国资局根据省政府办公厅《关于对全省产权交易和交易市场进行清理整顿的通知》要求，在全省对产权交易和交易市场开展清理整顿，经清理统计，除成都、重庆两市外，全省在1990年至1995年8月期间，共发生企业国有产权转让项目638个，转让资产的账面价值130743万元，转让成交额168991万元，较账面价值净增38248万元，增值29.3%。上述638个产权转让交易项目中，非公司制企业产权转让交易584项，占91.4%，交易金额94681万元；公司制企业股权转让交易39项，占6.11%，交易金额73132万元；企业法人财产权转让15项，占2.35%，转让资产价值1178万元。在企业产权交易中，股份制企业转让国家股权项目36个，账面金额24255万元，转让作价71996万元，较账面价值增值47741万元，增值1.97倍。其中长钢、盐化、金路、泸州老窖4家上市公司转让部分国家股权，账面价值17026万元，作价59667万元，溢价42641万元，增值2.71倍。1995年，全省在产权交易中介机构进行场内产权交易项目26个，产权交易金额为32723万元，交易机构收取中介服务费306.36万元，收费率为0.95%。

全省的产权转让基本以企业国有产权为主，企业国有股权转让很少。638个转让项目，通过拍卖、出售、兼并、合并等形式转让企业国有产权的项目达599个，占93.9%；通过协议出售转让的企业国有股权项目39个，仅占产权转让项目总和的6.1%。

产权转让直接经济效益以企业国有股权为最好，企业国有产权转让效益低。从企业产权转让经济效益看，转让企业国有股权项目39个，账面股权价值25340万元，转让成交额73132万元，较账面净增47792万元，增值近1.9倍。其余599个企业国有产权转让项目的账面价值为105403万元，转让成交额95859万元，低于账面价值9544万元，减值率为9.1%。

企业国有产权以转让给国有企业法人为主，转让给非国有企业法人、自然人的很少。从企业产权转让的购买主体看，转让给国有企业法人的资产总额达136224万元，占交易总额的80.6%；转让给非国有法人的资产额8685万元，占转让成交额的5.6%；转让给自然人的资产额21982万元，占转让成交额的13.0%；转让给外商的资产额2100万元，占成交额的1.2%。

全省企业国有产权转让收入主要是留给或借给企业发展生产，政府集中使用部分很少。这次清理统计的606个有偿转让产权项目，转让收入145898万元。其中政府集中使用22389万元，仅占转让收入总额的15.7%；用于安置职工3693万元，占转让收入总额的2.5%；留给、借给企业发展生产使用的109712万元，占转让收入总额的75.2%。

1995 年四川省产权交易市场统计表

表 1－37　　　　单位：万元　人

项目 / 交易机构名称	批准成立部门	主管部门	登记注册时间	注册资本（万元）	人员（人）			业务开展情况				机构性质
					合计	经纪人员	管理人员	交易项目数（次）	交易金额（万元）	收费标准（%）	营业收入（万元）	
重庆产权交易中心	政府	体改委	95.90	500	19	15	4	—	—	—	—	股份制
西南国际产权交易中心	省经委	省经委	94.50	1000	12	8	4	—	—	—	—	股份制
攀枝花市产权交易所	编委	市国资局	93.80	50	3	2	1	—	—	—	—	事业
米易县产权交易所	县政府	县国资局	92.90	18	1	—	1	1	2.5	—	0.10	事业
涪陵产权交易所	行署	地国资局	94.40	400	8	4	4	—	—	—	—	国有企业
宜宾产权交易所	政府	市国资局	94.12	10	5	3	2	—	—	—	—	国有企业
自贡产权交易所	政府	体改　国资	93.00	—	4	2	2	—	—	—	—	国有企业
泸州产权交易所	市政府	财政局	95.10	50	10	7	3	—	—	—	—	国有企业
乐山产权交易中心	市体改委	—	94.20	545	12	6	6	2	2075.4	—	18.76	股份制
四川省产权交易所	省经委	省国资局	93.60	800	6	4	2	4	8749.0	—	127.20	股份制
万县市产权交易所	市政府	财政　国资	95.60	100	10	5	5	—	—	—	—	国有企业
内江产权交易中心	市政府	体改委	95.40	60	7	4	3	2	30.3	—	0.30	国有企业
绵阳市产权交易所	市编委	国资	94.70	10	5	3	2	7	8000.0	—	30.00	事业
成都市产权交易中心	市政府	体改　国资	94.20	460	28	10	18	10	13866.0	—	133.00	会员制
成都凯奇产权经纪公司	市体改委	成都产权交易中心	94.20	100	10	8	2	—	—	—	—	股份制
成都华通产权经纪公司	市体改委	成都产权交易中心	95.50	100	10	4	6	—	—	—	—	股份制
大业产权经纪公司	市体改委	成都产权交易中心	94.30	500	10	6	4	—	—	—	—	股份制
天兴产权经纪公司	市体改委	成都产权交易中心	94.10	120	8	6	2	—	—	—	—	股份制

续表1－37

项目 交易机构名称	批准成立部门	主管部门	登记注册时间	注册资本（万元）	人员（人）			业务开展情况				机构性质
					合计	经纪人员	管理人员	交易项目数（次）	交易金额（万元）	收费标准（%）	营业收入（万元）	
精诚产权经纪公司	市体改委	成都产权交易中心	94. 40	100	6	2	4	—	—	—	—	股份制
华达产权经纪公司	市体改委	成都产权交易中心	95. 10	100	8	6	2	—	—	—	—	股份制
倍特产权经纪公司	市体改委	成都产权交易中心	94. 12	100	8	5	3	—	—	—	—	股份制
丰达产权经纪公司	市体改委	成都产权交易中心	94. 10	300	7	5	2	—	—	—	—	股份制
新天地产权经纪公司	市体改委	成都产权交易中心	94. 60	500	8	7	1	—	—	—	—	股份制
亚国证券投资咨询公司成华分公司	市体改委	成都产权交易中心	93. 70	200	7	5	2	—	—	—	—	股份制
卓诚产权投资公司	市体改委	成都产权交易中心	95. 11	500	3	2	1	—	—	—	—	股份制
开元产权投资公司	市体改委	成都产权交易中心	95. 30	100	11	3	8	—	—	—	—	股份制
亚国产权经纪公司	市体改委	成都产权交易中心	95. 11	100	9	6	3	—	—	—	—	股份制
中西企业兼并与收购公司	市体改委	成都产权交易中心	94. 30	1000	11	8	3	—	—	—	—	股份制
倍达产权经纪公司	市体改委	成都产权交易中心	94. 10	100	7	3	4	—	—	—	—	股份制
成都政革设计事务所	市体改委	成都产权交易中心	93. 80	100	4	2	2	—	—	—	—	国有企业
成都亚国证券投资咨询公司	市体改委	成都产权交易中心	93. 80	20	4	3	1	—	—	—	—	股份制
合十	—	—	—	6750	261	154	107	26	32723. 2	0. 95	309. 36	—

1990—1995 年 8 月四川省企业国有产权转让交易统计表

表 1－38　　单位：万元

转让内容及方式	转让项目数	转让资产		成交额					产权转让收入处理						批准部门			未评估资产		无偿转让资产	
		账面价值	评估价值	国内				外国及港澳台法人	合计	政府集中	安置职工	企业留用	企业借用	其他	政府	国资	其他	项目（个）	净值	项目（个）	价值
				合计	国有法人	非国有法人	自然人														
一、转让整体国有产权	190	72479	67130	71580	60656	2767	7158	999	48304	5588	2490	30654	7445	2127	139	23	28	20	21613	27	15736
拍卖、出售	108	19636	28586	21529	10849	2543	7138	999	20549	2423	2427	6607	7124	1968	71	18	18	—	—	5	68
合　并	42	35341	35743	31262	31481	－219	—	—	14627	191	9	14427	—	—	29	3	10	12	8050	15	9946
兼　并	41	17501	2802	18789	18326	443	20	—	13128	2974	54	9260	321	159	39	2	—	8	13563	7	5722
二、转让部分国有产权	394	32857	33085	23101	6182	3454	12354	1101	22602	2678	1098	10093	4390	4343	111	153	130	196	3139	5	103
拍卖、出售	389	33667	33980	23918	6999	3454	12354	1101	22572	2678	1098	10063	4390	4343	106	152	129	191	2294	1	54
合　并	5	－610	－895	－817	－817	—	—	—	30	—	—	30	—	—	3	1	1	5	－645	4	49
三、转让国家股权	36	24255	37580	71996	68167	1389	2440	—	71996	13895	45	975	54356	2625	26	10	—	2	46	—	—
转让全部国家股权	10	1282	3210	3210	3157	—	53	—	3210	23	—	—	3187	—	3	7	—	—	—	—	—
转让部分国家股权	26	22973	34370	68786	65010	1389	2387	—	68786	13972	45	975	51169	2625	23	3	—	2	45	—	—
四、转让部分国有法人股权	3	1115	136	1136	1122	—	14	—	1135	122	—	1000	14	—	3	—	—	—	—	—	—
五、转让所办企业全部产权	13	12	97	1157	97	1060	—	—	1830	—	60	770	—	1000	6	—	7	8	－223	—	—
合　并	7	－223	－223	307	－223	530	—	—	980	—	30	450	—	500	1	—	6	7	－223	—	—
兼　并	6	235	320	850	320	530	—	—	850	—	30	320	—	500	6	—	1	1	—	—	—
六、转让所办企业部分产权	1	22	20	15	—	15	—	—	15	—	—	15	—	—	—	—	1	1	22	—	—
七、转让非国有企业中国有产权	1	3	6	6	—	—	6	—	6	6	—	—	—	—	—	—	1	—	—	—	—
合　计	638	130743	138054	168991	136224	8685	21982	2100	145889	22389	3693	43507	66205	10095	285	186	167	227	24597	32	15839

1996年，省政府办公厅发出《关于加强全省产权交易工作管理的紧急通知》，要求加强对产权市场的管理。规定：“省国资局为全省产权交易工作的行政主管机构，负责培育和发展产权交易市场，制定全省产权交易市场的总体规划和布点，依法审批产权交易和产权经纪机构的设立和执业资格；制定产权交易和经纪机构设立和运作所必备的基本条件和规章；负责对产权交易和经纪机构及其活动进行日常管理。”为了加强对全省产权交易工作的领导，省政府成立由省委常委、副省长张中伟任组长，省长助理李朝浦任副组长，成员由省体改委、省国资局等部门派员组成的全省企业产权交易工作领导小组。

1996年6月20日，省国资局下发《关于加强全省产权交易管理工作的通知》，决定：“建立产权交易中介机构的设立审批和执业资格认定制度。凡在四川省行政区域内拟设立并从事产权交易和产权经纪业务的机构，都必须经同级国有资产管理部门初审，逐级上报四川省国有资产管理局批准后，方能依法在当地办理工商注册登记。否则一律不得从事产权交易中介业务。”并要求各地已经政府或有关部门批准设立的产权交易中介机构，到同级国有资产管理部门办理重新申请执业资格初审手续，逐级上报四川省国有资产管理局进行执业资格重新审定，审定合格后，再到当地重新办理工商注册登记。各地产权交易机构和经纪机构必须立即停止推出新的企业产权“拆细交易”（即部分产权转让的一种特殊形式）。

1997年8月28日，省国资局发出《关于加强全省产权交易中介机构设立管理的通知》，对产权交易中介机构设立的原则，设立中介机构应具备的条件、审批程序等作出规定。

1997年10月8日，省国资局下发《关于加强产权市场开展职工个人股转让管理的紧急通知》，要求：在产权交易管理办法出台之前，已经进行非上市公司职工个人股集中转让的乐山市产权交易中心，不得再扩大上网企业规模、交易区域、范围和品种；其余地区不得开展此类交易活动。各级国资部门不得对涉及非上市公司职工个人股进入产权市场转让的企业进行资产评估立项，不得从事该类企业的国有股的股权确认和规范工作，国有股股东不得同意持股企业职工个人股进入产权市场转让。对违反上述规定的评估机构和产权交易中介机构，省国资局将作吊销执业资格处理。

1998年，省国资局会同有关部门对产权市场及非证券市场进行了清理整顿。对在省产权交易所交易的12户产权拆细交易企业逐户进行调查分析，帮助10户企业从省产权交易所摘牌，并通过回购、股份制改革等措施，妥善地处理了历史遗留问题；协调“孙源产权”及“大都会”顺利进入司法解决债权债务纠纷程序；指导成都产权拆细企业历史遗留问题的处理；协助关闭乐山交易中心产权、股权交易系统。

1999年6月，省国资局对全省产权交易中介机构的设立和执业情况进行检查。

2004年，开展全省企业国有产权监督检查工作。

2005年4月5日，省国资委印发《中介机构聘用管理办法》《聘用中介机构比选工作规则》《中介机构评审专家组工作规则》。6月26日，省政府颁布《四川省企业国有产权转让管理暂行办法》，进一步明确企业国有产权转让行为规范。

2005年9月，省国资委正式指定四川省国投产权交易中心、成都联合产权交易所作为全省从事企业国有产权转让的交易机构，规定企业国有产权转让必须进场交易。并要求及时报送产权转让统计报表，建立产权交易转让信息报送制度。9—12月，省指定的产权交易机构共完成国有产权转让99宗。

2005年10月，省国资委中介机构备选库建立，要求凡省国资委、各监事会和由省国资委履行出资人职责的企业及子企业需要委托中介机构从事审计、评估和提供法律服务等事项，均须按有关规定，从省国资委中介机构备选库选聘中介机构。此后，结合四川省实际，建立了产权日常监督检查工作制度、定期检查和不定期抽查相结合的工作制度、企业国有产权转让监督检查总结报告制度、四川省企业国有产权转让监督检查工作联席会议制度等四项制度，完善了产权交易监督检查机制，促进了产权监督检查工作的制度化、规范化。

2005年，全省共完成企业国有产权转让234宗，涉及12个市（州）和5个省属企业，涉及资产评估值约11.4亿元，成交金额13.6亿元，增长率约为19.71%。其中：进场交易99宗，成交金额8.09亿元；其他方式转让135宗，成交金额5.51亿元。

2006年年初，在全省开展对2005年国有产权转让管理的检查工作。由省国资委与省纪委组成联合检查组对6个市和两家产权交易机构及部分省属企业进行了抽查，从检查情况看，企业国有产权转让基本能按照规定操作，做到公开、公平、公正转让，社会公众的知情权和职工权益得到较好维护。

2001—2003年四川省产权交易机构产权交易统计表

表1－39

分类 \ 数额 \ 年份		2001年		2002年		2003年	
		宗数	万元	宗数	万元	宗数	万元
总体交易情况	交易总额	46	4169	56	38580	544	603822
	交易资产总额		5956	4	22292	16	65307
	跨区域交易		2400	1	10195	5	544
按交易主体划分	国有及国有控股企业转让		3600	2	9481	12	405256
	其他企业转让			2	2589	19	28053
	国有及国有控股企业受让					1	4087
	其他企业受让			1	10195	1	3000
交易类型	企业产权交易（含股权交易）			5	21966	25	440437
	实物资产交易					8	1316
	知识产权交易（含技术产权交易）			1	9249	466	127320
交易方式	协议转让		2969	1	2120	28	432086
	公开拍卖		1200	1	10195	5	32225
	招标投标			1	6591	1	0.8
	其　他			2	3060	5	4995

2001—2003 年四川省产权交易机构收入统计表

表 1－40

项目＼年份	2001 年	2002 年	2003 年
产权交易机构收入合计（万元）	279	1004	1029
企业产权交易收入（万元）	169	377	380
其他业务收入（万元）	110	207	471
财政补贴收入（万元）		420	168
其他收入（万元）			10

2005 年四川省产权交易机构统计表

表 1－41

名　称	组建时间	性　质	主管部门	业务范围
四川省国有资产转让信息服务中心	2004 年经省政府办公厅批准成立	事业法人	省政府政务服务中心	省属国有资产产权交易信息发布
四川国资产权交易服务中心	2003 年	非独立法人实体	省国资委	产权交易
成都联合产权交易所	2003 年经成都市政府批准成立	股份有限公司	成都市科委牵头、市体改等部门组成的产权交易指导协调委员会	技术交易、产权交易、股权托管
乐山产权交易所	1994 年经乐山市政府批准成立	有限责任公司	乐山市国资办、乐山市监察局	产权交易、股权托管
泸州产权交易所	1996 年经省国资局批准成立	事业法人	泸州市财政局	产权交易
自贡市产权交易有限责任公司	2003 年经自贡市国资委批准成立	有限责任公司	自贡市国资委	产权交易、股权托管
绵阳产权交易所有限公司	2002 年经绵阳市政府批准成立	有限责任公司	绵阳市国资委	产权交易、股权托管、技术交易
德阳金桥产权交易有限公司	1996 年经德阳市政府、原省国资局批准成立	有限责任公司	德阳市财政局	产权交易、股权托管
广元产权交易有限公司	2003 年经广元市政府批准成立	有限责任公司	广元市国资委、广元市体改办	产权交易、股权托管

第四节　国有股权管理与股权分置改革

1986 年，四川省开始进行企业股份制试点。1991 年 4 月 12 日，省国资局等 5 部门转发的国家国资局、国家体改委、财政部、人民银行、国家税务局《关于在股份制试点中加强维护国有资产权益的通知》规定：国营企业转变为股份经营时，“不得将企业股票无偿送给或低于公开发行价格售给本企业职工或其他人”。“国家对股份制企业的国有股权实行统一领导，分级管理”。企业财政关系属于哪一级财政，国家股即由哪一级国有资产管理部门行使所有权，并承担相应的管理责任。国家股管辖权转移的决定权在上级国有资产管理部门。国有资产管理部门可以授权投资公司、控股公司、集团公司、经济实体性行业总公司，以及少数特定的部门，行使国家股的股权。受委托的公司和部门应向有国家股的企业委派股权代表，并报送国有资产管理部门备案。“国有资产管理部门也可以直接向有国家股的企业委派股权代表或董事”。要求：“股份制企业的国家股都必须有股权代表，对国有资产的保值和增值承担明确的责任”。还规定，国家股权的分红收入、转让收入由国有资产管理部门收取，并解缴国库。

1992 年 12 月 25 日，国家国资局、财政部、人民银行印发《股份制试点企业国家股利的收缴管理办法》，规定“国有资产管理部门是组织国家股股利收缴工作的主管机关”，各级国有资产管理部门按隶属关系和现行财政体制分别负责组织股份制试点企业的国家股股利的收缴工作。省国资局转发这一《办法》时，进一步明确“国家股股利由同级国有资产管理部门负责收缴”。

1993 年 10 月 13 日，省财政厅、省国资局、省经委、省税务局印发《关于贯彻执行省委省政府探索建立企业新体制试验决定的试行意见》规定，“实行股份制的试验企业，经同级财政、国资部门批准出售部分国家股权的收入，作为国家资金，留给企业使用，企业作为负债核算，并按银行同期流动资金贷款利率计算资金占用费”，这部分国家资金也可作为增扩国家股的资金来源。

1993 年是全省股份制快速发展的一年。全省（不含成都市、重庆市）国有资产汇总报表汇编股份制企业 95 户，共占用国有资产 49. 69 亿元。95 户股份制企业中，国家股本为 25. 69 亿元，占总股本 48. 33 亿元的 53. 15%。

1994 年 3 月 11 日，国家国资局印发《股份制试点企业国有股权管理的实施意见》，对国有股权管理的范围、原则、主管机关，股份制试点企业设立时及设立后的国有股权管理作出规定。明确规定“国有股权管理的专属机构是各级国有资产管理部门”。要求国有资产管理部门须正确行使股份制企业的国家股权。国家股权由其他部门行使和持有的，应由国有资产管理部门办理委托手续，明确双方在行使股权、股利收缴、股权转让等方面的权力和责任；国有资产管理部门应从整体出发，考核、监督国家股持股单位正确行使国家股权，维护国家股东的正当权益。国有资产管理部门收取的国家股利可设专户管理，国家股利不得单方面留归企业。增购国家股股权须报国有资产管理部门备案。转让国家股股权须遵从国家有关转让国家股的规定和有关股票交易的规定，由国家股持股单位提出申请，说明具体情况，经国有资产管理部门及有关部门审批同意，或报同级人民政府（必要时报上级人民政府）批复。转让上市公司国家股须由省级人民政府或中央主管部门审核并报财政部、国家国资局、国务院证券委批准或转报国务院批准。转让收入可用于购买股权，也可用于国有资产经营性投资。国家股东无力阻止配股或国家股比降低无害于国家利益的，国家股配股权应有偿转让。

1994 年 4 月 14 日，国家国资局发出《关于在上市公司送配股时维护国家股权益的紧急通知》，要求国家股持股单位不得盲目赞成配股，无力阻止配股时，应设法购买配股或有偿转让配股权，“不得以任何理由、任何方式同意单方面缩小国家股比”，地方国有资产管理部门和行业主管部门“不得擅自批准国家持股单位放弃配股权，接受不平等送配股和分红方案，或单方面缩股”。省国资局根据《紧急通知》要求，对全省 12 家上市公司的国家股权管理状况进行了检查。检查发现，省内部分上市公司送配股时违反国家有关规定，采用高比例配股，导致国家无力认购，其配股权被迫放弃给个人股东或法人股东无偿享有，通过这种配股，使国家股权在上市公司中的比例急剧下降，稀释了国家股权，降低了国家股在二级市场上的市值，减少了国家通过上市公司的高速发展获得高额回报的份额。仅1993年6户上市公司中，国家股因被迫放弃配股即流失2.79亿元的配股权。国家股权在这些公司的下降幅度分别达到7%—20%，有的甚至因此丧失了国家股在上市公司中的控股地位。川盐化、金路公司在不到一年的时间内先后2次配股，国家股配股权被迫放弃给个人股东和法人股东。乐电、金顶、峨铁、广华等公司通过“个人股东10股配10股（其中广华10股配6股），国家股东的法人股东放弃配股”这一明显不同股同利的高比例配股方案，使国家股在这些公司中所占比重大为下降。其中，乐电国家股占公司总股本的比例从37.88%降低到30.26%，金顶从76.61%降低到56.11%，峨铁从67.85%降低到54.25%，广华从53.62%降低到41.95%。上市公司还采用对国家股分派现金股利而其他股分派等值红股，相当于以面值向部分股东送发新股。鉴于股票面值低于市价、配股价格、股票投资价值和每股净资产值，造成国家股比单方面缩小和国家资产流失。乐电、天歌、东碳等公司都存在类似的问题。东碳公司于1994年4月22日通过了个人股10送2股，其他股10送2元的分红方案，如按6月19日该股二级市场收盘价5.92元/股计算，其个人股除权价为4.93元/股，而国家股除息价仍高达5.72元/股，即国家每股要遭受0.79元的损失，以国家股1840万股计，损失达1453.6万元。与此同时，国家股在该公司总股本的比例由33.63%下降到31.56%，削弱了国家股在该公司的相对控股地位。1994年6月5日省国资局派员专程赴乐山向乐山市政府及川盐化公司负责人通报上市公司送配股工作存在的问题及危害，重申国家关于送配股有关规定，该公司仍于次日通过了国家股分派现金而个人股分派等值红股的分配方案。

一些公司不按国家规定程序，擅自转让国家股权，有的甚至低于配股价转让。个别公司国家股转让年余，转让收入仍被企业拖欠。一些地方尝试利用国家股分红收入和转让收入建立的配股专项基金，被当地使用殆尽，至企业配股时，只得放弃配股。

1994年5月12日，省国资局在转发国家国资局《股份制试点企业国有股权管理的实施意见》的通知中强调，上市公司国家股权转让按国家规定办理，非上市公司国家股权转让由省国有资产管理局负责审批。国家股利由同级国有资产管理部门组织收缴，并设立专户管理。国家股权（包括配股权）的转让收入由同级国有资产管理部门收取，建立国有资产保值增值基金，专户储存，专款专用，由同级国有资产管理部门管理，同级人民政府安排使用于重点建设和重点技改项目。

1994年8月22日，省国资局与省经委等5部门印发《关于进一步贯彻执行省委、省政府〈探索建立企业新体制试验的实施意见〉，促进试验工作深入开展的意见的通知》，提出“对整体改组为股份制的试验企业，经批准可将国家股权授予国有资产经营公司持有，并行使国有股权管理”。

1994年11月3日，国家国资局、国家经济体制改革委员会发布《股份公司国有股权管理暂行办法》，要求“保障国有股权益，做到与其他股权同股、同权、同利”。并对股份公司设立的国有股权的界定，国有股持有单位和股权行使方式、国有股股权的收入、增购、转让及转让收入的管理等作出规定。并规定“国家和各省级国有资产管理部门关于国有股权管理事宜的审批文件是国家证券监管部门发行审核的必备文件。”

截止1994年年底，全省共有股份有限公司600户。其中有国家股的股份有限公司180余户，股本总额合计1324298.54万股，国家股本合计604962.13万股，占股本总额合计数的45.68%。

1994 年年底，全省 19 户在深沪上市公司股本总额为 268716 万股，比年初增加 50413 万股，增长 18.76%；其中国家股本为 125294.44 万股，比年初增加 5813 万股，增长 4.87%，低于股本总额增长率 13.89 个百分点；国家股本总额占股本总额的 46.63%，比年初比例下降 8.1 个百分点。19 户上市公司中，国家股占绝对控股地位的有 12 户，比年初减少 2 户；占相对控股地位的有 4 户，比年初增加 1 户；国家股权为相对多数但不占控股地位的有 3 户，比年初增加 1 户。有国家股的 20 户社会募集公司，股本总额为 172210.91 万股，比年初减少 388 万股，下降 0.22%；其中国家股本合计 80017.49 万股，比年初减少 825 万股，降低 1.02%，占股本总额的 46.46%，比年初下降 0.38 个百分点。20 户社会募集公司中国家股权占绝对控股地位的有 6 户，比年初减少 1 户；占相对控股地位的有 13 户，比年初增加 1 户；国家股权为相对多数但不占控股地位的有 1 户。140 户定向募集公司，股本总额为 883371.63 万股，比年初增加 43139.10 万股，增长 5.13%；其中国家股 399650.2 万股，比年初增加 12388.7 万股，增长 3.20%，国家股占总股本比例为 45.24%，比年初比例下降 0.85 个百分点。

1995 年 4 月 4 日，省国资局决定从 1995 年起，建立股份制试点企业国有股股权定期报表制度，以掌握全省股份制试点企业国家股股权管理动态情况。

1995 年 6 月 11 日，国家国资局印发《关于组建国有控股公司中加强国有资产管理的指导意见》，要求组建的省级控股公司国有资产净额不少于 5 亿元，凡是国有控股公司持有的股份，一律界定为国家股。控股公司对全资子公司行使出资者权利，对控股子公司和参股子公司行使股东权利，直接对同级政府负责，并接受国有资产管理部门监管。

1996 年 1 月 23 日，省国资局强调：股份有限公司中国有股权变动，必须经国有资产管理部门审核批准。各地、各部门要立即停止越权审批股份有限公司国有股权变动的行为。

1996 年 5 月 15 日，国家国资局发出《关于规范股份有限公司股权管理有关问题的通知》，对国有股权管理审批程序，国有股权管理审核批复内容、报送资料，以及国有股东同意配股及转让配股权的条件等作出规定。并规定："国家和各省级国有资产管理部门关于国有股权管理事宜的审批文件是国家证券监管部门发行审核的必备文件。"

1996 年 7 月，由省体改委牵头，省国资局、省工商局、省经贸委等部门参加，开展对全省 1990 年年底以前向社会公开发行股票的股份制试点企业重新规范国有股权管理的工作。对股份公司的股权托管、股权转让、股权事议、股权变更作出明确规定。股份公司增资扩股必须经原审批机关批准；将股权证规范为股票，股份公司在规范过程中，所有的法律文件均统称股票，并实现无纸化管理；凡涉及国有股权的增减变动、持股单位变更，均须由省级国有资产管理部门审批；涉及公司章程重大事项的变更，须经原审批机关审批。股份公司在完成以上规范工作后，到工商管理部门按照《公司法》及国家有关工商注册登记规范进行重新注册登记。还对国家股转让给职工等事宜重新办理了审批手续，对改组时虚入公司的资产进行了调整，对部分不良资产进行了剥离，使全省股份公司更为规范。

截止 1997 年 1 月，全省按《公司法》进行规范的股份公司共计 180 户，其中有国有股的为 101 户。101 户股份公司，在规范前，股本总额为 691040.5 万元，其中国家股 295388.7 万元，占 42.75%；法人股 319069.2 万元（其中国有法人股 230620.2 万元），占 46.17%；个人股 76582.6 万元，占 11.08%。规范后，股本总额为 682841.2 万元，其中国家股 295446.7 万元，占 43.27%；法人股 307087.6 万元（其中国有法人股 227102 万元），占 44.97%；个人股 80306.9 万元，占 11.76%。规范后，国家股增加 58 万元。

1994年四川省（不含成渝两市）上市公司股权结构变化统计表

表－42　　　　单位：万股　%

公司名称	初始股本	国家股		法人股		个人股		第一次送配股后							第二次送配股后						
								总股本	国家股		法人股		个人股		总股本	国家股		法人股		个人股	
		股本	比例	股本	比例	股本	比例		股本	比例	股本	比例	股权	比例		股本	比例	股本	比例	股本	比例
合　计	172496.80	87592	50.78	42229.80	24.48	42675	24.74	—	—	—	—	—	—	—	215237.0	93788	43.57	50911.0	23.69	70458.0	32.74
四川盐化	13800.00	5002	36.25	4298.00	31.14	4500	32.61	17689.0	6203	35.07	3641.00	20.58	7845.00	44.35	24959.0	8312	33.30	4879.0	19.55	11768.0	47.15
乐山电力	5154.00	1953	37.88	1901.00	36.89	1300	25.23	6454.0	1953	30.26	1901.00	29.45	2600.00	40.29	6974.0	1953	28.00	1901.0	27.30	3120.0	44.70
四川金顶	15480.00	10930	76.61	550.00	3.55	4000	25.84	19480.0	10930	56.11	550.00	2.82	8000.00	41.07	23376.0	13116	56.11	660.0	2.82	9600.0	41.07
四川峨铁	15488.00	10508	67.85	1100.00	7.10	3880	25.05	19368.0	10508	54.25	1100.00	5.68	7760.00	40.07	—	—	—	—	—	—	—
四川金路	5284.80	1700	32.17	1624.80	30.74	1960	37.09	7927.2	1500	18.92	2999.76	37.84	3427.44	43.24	12683.5	2400	18.92	4799.6	37.84	5483.9	43.24
四川广华	10781.00	5781	53.62	—	—	5000	46.38	13781.0	5781	41.95	—	—	8000.00	58.05	—	—	—	—	—	—	—
四川天歌	8154.00	—	—	6104.00	74.86	2050	25.14	11418.0	—	—	8035.50	70.38	3382.50	29.62	—	—	—	—	—	—	—
自贡东碳	5471.00	1840	33.63	1831.00	33.47	1800	32.90	5831.0	1840	31.56	1831.00	31.40	2160.00	37.04	—	—	—	—	—	—	—
四川长虹	19818.00	—	—	14821.00	74.78	4997	25.22	23781.6	—	—	17785.20	74.78	5996.40	25.22	—	—	—	—	—	—	—
泸州老窖	8688.00	6500	74.28	—	—	2188	25.18	—	—	—	—	—	—	—	—	—	—	—	—	—	—
长城特钢	56378.00	37378	66.30	10.00	17.74	9000	15.96	—	—	—	—	—	—	—	—	—	—	—	—	—	—
中川国际	8.00	6000	75.00	—	—	2000	25.00	—	—	—	—	—	—	—	—	—	—	—	—	—	—

说明：1．“初始股本”中的“合计”栏以公司上市时的股权结构为准

2．“第二次送配股后”中的“合计”栏为1994年6月6日12户上市公司股权结构之合计

3．部分公司尚未除权（除息）或尚未到位

1994 年股份有限公司（上市公司）国家股股权变动统计表

表 1－43　　　　单位：万股　%

股份公司名称	年初股权结构情况								本年国家股权增加		本年国家股权减少				年末股权结构情况								备注
	股本总额	国家股		法人股		个人股		外资股	小计	送股	转让存量股权	放弃配股	转让配股	放弃送股	股本总额	国家股		法人股		个人股		外资股	
		数量	比例	合计	国有	合计	内部职工									数量	比例	合计	国有	合计	内部职工		
成都量具	7193	3893.00	54.12	1500.00	780	1800	—	—	390	390	—	—	—	—	10073	4283.00	42.52	1650.00	780	4140	—	—	—
蓉动力	5087	2811.00	55.25	800.00	450	1476	—	—	—	—	—	—	—	—	5382	2811.00	52.22	800.00	450	1771	—	—	—
成都商场	8550	5590.44	65.39	809.56	119	2150	215	—	—	—	—	—	—	—	8550	5590.44	65.39	809.56	119	2150	215	—	—
川盐化	10799	8052.00	78.72	797.00	150	1500	—	—	1448	1448	3500	250	250	—	19734	6450.00	32.69	3245.00	—	10039	—	—	—
四川峨铁	15488	10508.00	67.85	1100.00	1100	3880	—	—	—	—	—	—	—	—	19368	10500.00	54.25	1100.00	1100	7760	—	—	—
四川金顶	15480	10930.00	70.61	550.00	550	4000	—	—	2186	2186	—	—	—	—	23266	13116.00	56.37	550.00	550	9600	—	—	—
乐山电力	5154	1952.00	37.89	1901.00	—	1301	—	—	—	—	—	—	—	390	6974	1952.00	28.01	1901.00	—	3120	—	—	—
川金路	7927	1500.00	18.90	1823.00	—	4604	—	—	450	450	350	—	—	—	10305	1600.00	15.5	2720.00	—	5985	—	—	—
四川广华	10781	5781.00	53.62	—	—	5000	—	—	—	—	—	—	3469	—	13781	5781.00	42.00	—	—	8000	—	—	—
自贡东碳	5472	1840.00	34.00	1831.00	1831	1800	312	—	—	—	—	—	—	—	5832	1840.00	32.00	1831.00	1831	2160	—	—	—
泸州老窖	8688	6500.00	74.82	—	—	2188	219	—	—	—	—	—	—	—	8688	6500.00	74.82	—	—	2188	—	—	—
四川长虹	19818	—	—	14821.00	14063	4997	—	—	—	—	—	—	—	—	23782	—	—	17785.00	16876	5997	—	—	—
重庆药业	6561	4741.00	72.00	100.00	—	1720	—	—	—	—	—	2844	—	—	7593	4741.00	62.00	100.00	—	2752	—	—	—
三峡油漆	4345	3285.00	75.00	—	—	1060	—	—	493	493	—	—	—	—	7041	3778.00	53.00	—	—	3263	—	—	—
渝钛铂	13000	3728.00	28.00	—	—	5544	504	3728	—	—	—	—	—	—	13000	3728.00	28.00	—	—	5544	504	3728	—
渝开发	5382	3582.00	66.00	—	—	1800	—	—	716	716	—	1074	—	—	9041	4298.00	47.00	1416.00	1416	3327	302	—	—
重庆万里	6200	3410.00	60.00	—	—	279	—	—	—	—	—	—	—	—	6200	3410.00	60.00	—	—	2761	—	—	—
川长钢	56378	35378.00	62.75	12000.00	—	9000	—	—	5638	5638	—	—	—	—	62106	38916.00	62.75	13200.00	—	9900	—	—	10：2 送股
中川国际	6000	6000.00	100.00	—	—	—	—	—	—	—	—	—	—	—	8000	6000.00	75.00	—	—	2000	—	—	94.2 募集个人股 2000 万上市
合　计	218303	119481.44	—	3822.56	19043	54099	1250	3278	11321	11321	3850	4168	3719	390	268716	12594.44	—	47107.56	23122	92457	1021	3728	—

1994 年四川省股份有限公司（社会募集公司）国家股股权变动统计表

表 1－44　　　　单位：万股

股份公司名称	年初股权结构情况						本年国家股权增加				本年国家股权减少					年末股权结构情况						备注
	股本总额	国家股	法人股		个人股		小计	送股	认购配股	认购新股	转让存量股权	放弃配股	转让配股	放弃送股	其他	股本总额	国家股	法人股		个人股		
			合计	国有	合计	内部职工												合计	国有	合计	内部职工	
四川纺织股份	11457	5959	2000	920	3500	350	—	—	—	—	—	—	—	—	—	11457	5957	2000	920	3500	350	—
成都泰康股份	10833	3597	4506	4326	2730	270	—	—	—	—	—	—	—	—	—	10823	3579	4506	4326	2730	270	—
成都红光股份	40000	19904	3663	600	16433	4000	—	—	—	—	—	—	—	—	—	40000	19904	3663	600	16433	4000	—
成都前锋股份	6889	3781	1508	644	1600	220	—	—	—	—	—	—	—	—	—	6889	3781	1508	644	1600	220	—
四川电器股份	5000	2250	1450	740	1300	130	—	—	—	—	—	—	—	—	—	5000	2250	1450	740	1300	130	—
成都三电股份	8234	3707	2000	1100	2527	250	—	—	—	—	—	—	—	—	—	8243	3707	2000	1100	2527	250	—
成都百货集团	7098	3348	1000	373	2750	264	—	—	—	—	—	—	—	—	—	7098	3348	1000	373	2750	264	—
华联股份	5000	1230	2470	730	1300	117	—	—	—	—	—	—	—	—	—	5000	1230	2740	730	1300	117	—
海发股份	7000	2500	1775	—	2725	—	—	—	—	—	—	—	—	—	—	7000	2500	1775	—	2725	—	—
东方电工机械	6603	4503	—	—	2100	—	—	—	—	—	—	—	—	—	—	6603	4503	—	—	2100	—	—
西南化机股份	5150	2033	1767	—	1350	—	—	—	—	—	—	—	—	—	—	5150	2033	1767	—	1350	—	—
长征机床	6294.6	3044.6	750	750	2500	—	—	—	—	—	—	—	—	—	—	6294.6	3044.6	750	750	2500	—	—
四川美亚	2030	1330	—	—	700	—	—	—	—	—	—	—	—	—	—	5198	2248	450	—	2500	—	—
银川集团	2069	2069	—	—	—	—	—	—	—	907	—	—	—	—	—	5161	2976	685	685	1500	136	—
涪陵建陶	5153	2010	1650	—	1493	63	—	—	—	—	—	—	—	—	—	5153	2010	1650	—	1493	63	—
宜宾纸业	10100	5520	2000	373	2580	1666	—	—	—	—	—	—	—	—	—	10100	5520	2000	2000	2580	1666	—
长江纸业	5059	2889	720	730	1450	1200	—	—	—	—	—	—	—	—	—	5059	2889	720	720	1450	1200	—
明星电力	9640.31	3858.89	2881.42	—	2900	—	—	—	—	—	—	—	—	—	—	9640.31	3858.89	2881.42	—	2900	—	—
锦华股份	5189	2049	1140	—	2000	—	—	—	—	—	—	—	—	—	—	5189	2049	1140	1015	2000	—	—
长江集团	13800	5260	4940	—	3600	312	—	—	—	—	—	—	—	—	2630	6900	2630	2470	2470	1800	156	94 年 2 月经批准 2：1 缩股
合　计	172598.91	80842.49	362204.42	11286	5553	8843	907	—	907	—	—	—	—	—	2630	172210.91	80017.49	35155.42	—	57038	8823	—

1997 年 3 月 24 日，国家国资局、国家体改委印发《股份有限公司国有股股东行使股权行为规范意见》，对国有股股东的权利、义务和责任等作出规定，并要求“政府部门直接持有公司国家股股权的，应积极创造条件，改由国家授权投资的机构或部门持有”，“国有股权转让收入必须用于国有资本再投入”。

1997 年，企业年报汇总的 114 户股份有限公司，年末股本总计 104.90 亿元，其中国家股股本为 44.93 亿元，占总股本的 43%；较年初的国家股总股本 64.58 亿元，减少 19.65 亿元；国家股占总股本的比例也较年初的 69% 降低了 26 个百分点，这主要是国家股股权转让变卖所致。汇总企业净资产年度末为 217.09 亿元，其中国家股权益为 128.57 亿元，较年初的国有股权益 91.51 亿元增加 37.06 亿元。

1998 年 3 月 20 日，国家国资局发出《关于国有股股东认购上市公司配股有关问题的通知》，要求：各级国有资产管理部门每年年初即应确定国有股股东认购上市公司配股的规划，要“逐步打破部门、地区封锁，鼓励和帮助国有股股东通过多种形式认购上市公司配股，包括利用实体资产（生产线、厂房、土地使用权等）或整体国有企业的净资产及其拥有的某一企业的股权认购配股”。省国资局转发这一《通知》时，要求国有股持股单位“若用资产配股，应提供同级政府或国资部门对拟配股资产的处置意见”，配股草案经董事会通过后，应逐级向国资局报送有关材料，转报国家国资局复审。

1998 年 11 月 16 日，省国资局印发《关于贯彻〈中共四川省委、四川省人民政府关于进一步深化国有企业改革的意见〉的实施意见》，规定：“省级企业改制过程中，国有产权转让收入、国家股权转让收入、国家股股利，由省国有资产管理局负责收缴到省级金库。”

1999 年 8 月 3 日，省国资局印发《股份有限公司国有股权转让管理操作规程》，规定：“上市公司国有股权转让，经同级人民政府同意，由同级国有资产管理部门按规定逐级转报省国有资产管理局审核后，报财政部审批。非上市的股份有限公司国有股权转让，经同级人民政府同意，由同级国有资产管理部门按照规定，逐级转报省国有资产管理局审批。”要求转让国有股权，要逐步探索其他转让途径，包括拍卖、招标等，以有利于提高国有资产收益。

2000 年 5 月 19 日，财政部发出《关于股份有限公司国有股权管理工作有关问题的通知》，重新规范国有股权管理的有关事项，对国有股权管理工作的职能划分、管理程序及监督检查等作出规定。省财政厅转发时，结合四川实际提出：国有资产占用单位设立股份公司，发行或增发股票，股东单位未全额认购或以非现金全额认购应配股份，股东转让或划转国有股权，司法冻结、担保、质押等引起股权变动，国有股持股单位与公司进行资产置换等，均应经同级财政（国资）部门审核同意后转报省财政厅。

2000 年 7 月 11 日，财政部发出《关于在地方政府机构改革中做好国有股权管理工作的紧急通知》，要求：“撤并机构所持有的国有股权原则上应划转给政府投资设立的国有资产经营公司、投资管理公司或国家授权投资的机构持有。”撤并机构或行业主管部门在股权划转中，不得改变国有股权性质。

2002 年 9 月 21 日，财政部《关于国有股持股单位产权变动涉及上市公司国有股性质变化有关问题的通知》，要求：上市公司国有股持股单位产权变动时，应合理确定国有股价值，上市公司国有股持股单位因产权变动引起所持国有股性质发生变化的，国有股地方持股单位应将产权变动方案报地市级以上人民政府批准，并经省级财政（国资）部门审核后报财政部核准。

2003 年 12 月，国务院国资委、财政部发布《企业国有产权转让管理暂行办法》，规定，“转让企业国有产权致使国家不再拥有控股地位的，应当报本级人民政府批准。”

2004 年 8 月 25 日，国务院国资委《关于企业国有产权转让有关问题的通知》要求，转让企业国有产权涉及上市公司国有股性质变化的，应到国资监管机构选择确定的产权交易机构中公开披露产权转让信息，广泛征集受让方，转让方还应按照证券监管部门有关规定履行信息披露义务。

2005 年 4 月，国务院国资委发布的《企业国有产权向管理层转让暂行规定》明确规定：“企业国有产权向管理层转让后仍保留有国有产权的，参与受让企业国有产权的管理层不得作为改制后企业的国有股股东代表。相关国有产权持有单位应当按照国家有关规定，选派合格人员担任国有股股东代表，依法履行股东权利。”

2005 年 4 月 29 日，中国证券监督管理委员会发出《关于上市公司股权分置改革试点有关问题的通知》，正式启动股权分置改革试点工作。对同一上市公司股份分为流通股和非流通股的股权分置状况的制度性缺陷，以对价并轨的改革思路解决尚不能上市流通股份的流通问题，即非流通股东对流通股东支付一定对价获得流通权。5 月 30 日，中国证监会与国务院国资委联合印发《关于做好股权分置改革试点工作的意见》，要求通过股权分置改革，优化公司治理结构，提高资本运作效率，优化资产结构，增加投资回报。大中型上市公司要积极利用股权分置改革进一步健全现代企业制度，使资产的保值增值具有更加公开、公平、公正的价值评判基础。

2005 年 6 月 17 日，国务院国资委印发《关于国有控股上市公司股权分置改革的指导意见》，要求：国有控股上市公司的股权分置改革工作要着眼于上市公司长远发展，切实保护投资者特别是公众投资者的合法权益。国有控股上市公司的控股股东要根据调整国有经济布局和结构、促进资本市场稳定发展的原则，结合企业实际情况，确定股权分置改革后在上市公司中的最低持股比例。在关系国家安全、国民经济命脉的重要行业和关键领域，以及国民经济基础性和支柱性行业中，要保证国有资本的控制力，确保国有经济在国民经济中的主导地位。

2005 年 9 月 8 日，国务院国资委印发《关于上市公司股权分置改革中国有股股权管理有关问题的通知》，要求：根据上市公司和国有股股东的实际情况，积极探索股权分置改革的多种实现形式，鼓励将资产重组、解决控股股东或实际控制人占用上市公司资金问题等与股权分置改革组合运作，提高上市公司质量。国有控股上市公司的股权分置改革方案提交证券交易所前，上市公司国有控股股东须征得省级或省级以上国有资产监督管理机构原则同意；国有控股及参股上市公司的股权分置改革方案委托上市公司董事会召集 A 股市场相关股东会议前，上市公司所有国有股股东须取得省级或省级以上国有资产监督管理机构的书面意见；国有控股及参股上市公司董事会公告召集相关股东会议后，由持股数量最多的国有股股东统一将方案报省级或省级以上国有资产监督管理机构审核批准。国有资产监督管理机构应当在相关股东分类表决前，对上市公司股权分置改革中涉及的国有股权管理事项进行审核批复。上市公司股权分置改革中涉及地方国有企业及其他地方单位所持上市公司国有股权管理事项的审核职责，由省级（或计划单列市）国有资产监督管理机构行使，其中地方国有控股上市公司的股权分置改革方案由省级国有资产监督管理机构报省级人民政府或计划单列市人民政府批准。

2005 年 9 月 15 日，省政府召开全省上市公司股权分置改革会议，动员部署股权分置改革工作。

全省63户上市公司，博瑞传播、泸天化、四川长虹、峨眉山、川投能源、五粮液、川化股份、沱牌曲酒等8户国有控股上市公司被列入国家股权分置改革重点企业名单。会议要求股权分置改革工作要坚持积极、规范、有序的原则。上市公司要结合自身实际，制定方案积极推进；地方政府、相关部门和上市公司都必须按法律、法规和政策的相关规定，规范程序，维护投资者权益，预防犯罪；对不同行业和企业，从实际出发，不搞一刀切，条件成熟的先改革，分批推进。在深入推进股权分置改革中，要鼓励创新，坚持分类指导，坚持市场化原则，促进市场化的股票定价机制的形成，注重保护投资者特别是公众投资者的合法权益，促进各类股东共同利益机制的形成，促进国有股的有序转让和国有资产的保值增值，为国有经济布局的战略性调整提供新的、更高的改革平台，做强做大国有控股上市公司。

2005年11月15日，省国资委印发《四川省国有控股上市公司股权分置改革操作指引》。12月8日，省国资委又印发《四川省国有上市公司股权分置改革方案审批程序》。

截止2005年11月，四川共有A股上市公司63户，上市公司总市值为1005亿元，已实施股改的有海特、新钢钒、汇源通信、铁二局、泸州老窖、宏达等7户企业。

全省含国有股份的上市公司共34户，其中国有控股上市公司21户，国有参股上市公司13户，平均持股比例为35.72%，按净资产计算的国有股权价值总额近180亿元。

省国资委针对全省上市公司遗留问题多、包袱重、情况复杂等情况，本着“积极、稳妥、有序”的基本原则，制定了国有控股上市公司股权分置改革的总体规划，依据“统一组织、整体规划、分类指导、先易后难”的指导思想，贯彻“进度与质量相统一、进度服从质量”的工作要求，将股权分置改革与国企改革总体战略结合，与解决历史遗留问题结合，与优势资源向上市公司集中结合，与调整壳资源配置结合，与完善公司法人治理结构结合。坚持制度先行的原则，在股权分置改革全面启动前为规范操作、规范审批程序，制定了一系列配套文件；坚持创新的原则，引入独立财务顾问制度和专家评审制度，形成主体突出、权责明确、利益制衡、公平高效的股权分置改革工作机制；坚持地方政府确定最低持股比例的原则，要求地方政府和国资监管机构在股权分置改革中要切实履行职责，根据本地的实际情况和发展战略规划，确定上市公司国有股控股股东的最低持股比例；坚持协调沟通的原则，股权分置改革过程中省国资委、国有控股股东、上市公司始终保持密切沟通。推行“五个结合”“四个原则”的同时，建立了四川省国有控股上市公司股权分置改革工作组织机构，即四川省上市公司股权分置改革联席会议制度、四川省上市公司股权分置改革专家审议组、四川省国资委联合审查组。此外，还引入第三方评价机制，在全国首创大股东聘请独立财务顾问评议股权分置改革方案，形成股权分置改革工作的利益制衡机制，为其他省仿效。在联席会议审定前，还设立专家组审议，要求专家独立发表审议意见并签字。保证股权分置改革工作严格按规定程序进行，实现了多赢的预期效果。

截止2006年2月27日，全省上市公司共65户，其中中央在川上市公司12户，地方国有控股上市公司20户，地方国有参股上市公司14户，65户上市公司总市值1120.67亿元。已有21户上市公司（含7户重点公司）完成股改或进入股改程序，占四川上市公司总市值的66%；其中完成股改12户，进入股改程序的9户。

国有控股上市公司有8户完成股改或进入股改程序，总市值达到456亿元，占全省20户国有控股上市公司总市值比例的83.17%，占四川省全部65户上市公司总市值比例的40.69%。

10户地方国有控股上市公司中，有5户实际支付对价水平比公司上报并经省国有上市公司股权分置改革专家审议和联席会议审定的对价水平上线有所降低。通过艰辛努力，在获得流通股股东认可的同时，国有股东实际少支付对价合计约1390.89万股。

已完成股权分置改革的泸州老窖、博瑞传播、泸天化、川化股份、四川长虹、五粮液、沱牌曲酒、峨眉山、倍特高新、川投能源等10户国有控股上市公司，国有股本总额从股权分置改革前的503285.06万股减少到405608.19万股，共计支付对价71076.87万股；按2005年度每股净资产价值测算，全部国有股权益为159.64亿元，股权分置改革支付对价后，共计减少国有股权益25.81亿元；按2006年6月30日的收盘价计算，国有股的市值为428.09亿元，国有股权价值比股权分置改革前增值268.45亿元。

2006年4月3日上午，省长张中伟主持召开省政府第86次常务会议，听取省国资委关于四川长虹等7户国有控股上市公司股权分置改革工作有关情况的汇报。会议认为，四川省国有控股上市公司股权分置改革工作抓得紧，取得了阶段性成效，走在了全国的前列。会议原则同意省国资委关于四川长虹等7户国有控股上市公司股权分置改革方案。要求国有上市公司股权分置改革工作必须依法、规范、有序，严格审批程序，建立审批责任制。切实加强对此项工作的领导，防止国有资产流失，确保国有资产保值增值，确保社会稳定。

截止2006年12月31日，15户国有控股上市公司完成股权分置改革工作。股改前，15户国有控股上市公司总市值561.34亿元，国有股权价值（按净资产定价）为167.64亿元。股改完成后（截止2006年年底），国有股权市值1034.06亿元，在支付一定对价水平的条件下，国有股取得二级市场上的流通权，国有股权总市值603.39亿元，是股改前的3.60倍，实现了国有资产的大幅增值。在股权分置改革过程中，四川省国资委积极推进方案创新工作，综合考虑上市公司的盈利能力及发展后劲，兼顾即期利益和长远利益，借助股权分置改革的契机解决上市公司遗留问题。如四川长虹和沱牌曲酒通过股权分置改革解决了国有大股东长期占用上市公司巨额资金的历史遗留问题，增强了发展后劲；倍特高新通过股权分置改革实现了股权增持，增强了国有股东对上市公司的控制力，为全国首例。五粮液的“非对称性蝶式权证”方案也为全国首创，得到国务院国资委和证监会的肯定。

附：

20世纪90年代初成都红庙子街自发的非上市股权交易市场

1980年7月，成都市政府批准成立成都第一家股份制企业——成都市工业展销信托股份有限公司，按面值向全民和集体企业发行蜀都股票，这是改革开放以来第一只企业股票。随着经济体制改革的深入及开展企业股份制改造，至1991年下半年，第一批国有企业股份制改造进入高潮，四川的五通桥盐厂及金路、天歌、乐电、红光、长虹、长钢、广华化纤厂等企业先后股改，向社会公开发行股票。另外还有很多非国有企业也进行股改，发行股权证，称内部定向募集。四川全省向社会定向募集法人股和企业内部职工个人股的股份制试点企业也逐步增多，募股后均向股东出具证明所持股份资格的股权证书。

四川省股份改制企业基本上以每股 1 元的价格，向内部职工和社会发行股票、股权证。至 1991 年年底，成都市公开募股金额达 5600 万元，定向募集达 79361 万元，加上四川省批准设立在成都地区的股份制企业，股票和股权证的发行金额超过 10 亿元。这些刚发行的大量股票、股权证和企业债券为个人拥有，既不能在上海、深圳证券交易所挂牌上市，也没有其他正规合法的交易场所进行交易，只有通过私下交易变现。这种私下交易处于一级、二级市场之间的灰色地带，通常称之为“一级半市场”，俗称“黑市”。

红庙子街位于成都市中心区域，是一条长约 200 米、宽 10 米左右的中小街道。1991 年 12 月 26 日，四川省、成都市体制改革部门和人民银行省、市分行联合建立的四川金融市场证券交易中心在这条街上正式开业，进行国债、企业债券的交易。自 1989 年 1 月 27 日即艰难发行的四川盐业化工股份有限公司（简称川盐化）股票，也在此摆摊发售。

受此影响，在四川金融市场证券交易中心门前开始出现零星的股票、股权证自发交易活动。开始，仅有寥寥几个做转手交易的“倒爷”收购股票、股权证。他们最初收购的“股票”，准确地说，应该是一种股票的原始凭证，大多是手写的白条票据，加盖单位公章，是认购交款凭单。后来才有按省体改委要求由印钞厂设计印刷有水印和防伪图案的股票、股权证。一般以千股为单位，称为“手”。1992 年春节前后，来此交易的人开始增多，股权证价格也开始上涨。

红庙子街的股权交易方式有以下几种：少量的企业债券由四川金融市场证券交易中心挂牌委托交易过户；有的交易双方谈好价格，前往股份有限公司委托的证券托管机构办理柜台转让过户；而绝大多数的交易，是双方议定价格后，卖方以股票、股权证实物及身份证原件（习称硬件）或复印件（习称软件）与买方以人民币现金直接现货交易。自发证券交易市场的交易价格的升降，在一定程度上受到上海、深圳正规证券交易市场行情的影响。

1992 年春到 1993 年上半年，是红庙子股市最为兴盛的时期。小街两旁摆满桌子，桌上放着成堆的人民币，上方拉了电线，挂着电灯，服务夜间交易。每天从上午十点左右到晚上九点过，都有手持各种股票、股权证的人们前来交易，一手给股票，一手数钞票，没有市场管理，也没有任何中介，纯粹是原始的自发交易。

为方便炒作了解行情，还有人编印了《红庙子快报》，反映主要股票一周行情变化。重庆、乐山、德阳、绵阳、南充、涪陵、自贡等地的股票都现身红庙子市场，出现了罕见的炒原始股盛况。最多时大概有 250 多只股票在红庙子流通，日交易量达数千万元之多，一度超过当时行情低迷的沪、深交易所交易金额（其最低日交易额仅 200 万—300 万元）。

在红庙子市场，先期入市者基本都是赢家。行情最牛时，从街道的一端买入股票，再挤到另一端卖出，即可获得丰厚利差。很多人在锣锅巷收一“手”股票，走到鼓楼街口就能赚几百上千元。

短时间致富效应吸引越来越多的人进入市场，每天参与自发交易的人数达到数万，尤以星期日和每天中午及下班后的人最多。参与和观望的人，最多时不少于 5 万人。参与自发交易的有企业职工、学生、教师、研究人员、金融系统从业人员、记者、编辑、机关事业单位工作人员、其他行业各种人员，还有“职业黄牛”。

由于红庙子市场的示范作用，德阳、南充、绵阳等地也出现了“小红庙”，加上乐山市早已存在的自发交易市场，“红庙子系”已俨然成为一个区域性的股票大市场。

1993 年 4 月 26 日，乐山电力股票正式在上交所 A 股市场上市。此时，每股面额 1 元的乐山电力在红庙子已经炒到13元，而上市当天，乐山电力开盘即创下37.01元的高价，盘中最高飙到50元，收盘价停在36.18元。这一支“强心剂”使红庙子市场的人气剧增。川内发行原始股票的企业也增多，在邻近的太升南路，即有企业设点发行股票认购证，认购者排队长一二百米。有条件的企业纷纷改造为股份有限公司发行股票，没有条件的也要发股票，甚至成都市第三人民医院也发行了股权证。后来，有关部门指出事业单位不能发行股票。1993年3月19日，成都倍特发展集团股份有限公司根据成都市政府有关部门指示，合并市三医院发行的“恩来公司”的股权和资产，将原“恩来公司”420万股内部职工股权证按1∶1比例转为倍特公司股权证。

随着红庙子自发证券交易的升温，众多的交易者源源不断入市，自发交易场地以红庙子街为中心，向四周延伸，以致与其相连的市中心两条干道交通堵塞。加之部分新闻媒体进行报道，使本已很热的市场更加火爆。个别大户趁机散布不实信息，拉抬或打压价格。个别不良分子涂改票据，进行欺诈活动。自发交易的弊端，逐渐暴露出来。

红庙子街自发证券交易市场出现的问题，引起了四川省、成都市领导和相关部门关注，国家有关部门负责人也曾到现场考察。

鉴于当时股票、股权证的自发交易价格已被炒高，参与者众多，如果采取行政手段硬行关闭市场，可能引起社会震荡。因此，四川省和成都市政府采取了六项措施；一是从1993年3月19日起，暂停审批定向募集股份有限公司；已经批准设立、尚未发行股权证的企业，停止发行。对未经批准擅自发行股权证的个别企业的直接责任者，追究其责任。二是纪检、监察、体制改革等部门联合发文，禁止党政机关干部参与自发证券交易。三是对已发行的股票、股权证陆续进行托管，截住自发交易源头。四是责成各单位进行清理，严禁用公款、小金库资金参与自发证券交易。五是加强新闻宣传引导，统一宣传口径，防止舆论误导。六是迁址。

1993年3月22日，在政府相关部门协调下，将红庙子自发证券交易市场迁址至比较僻静封闭、便于管理的城北体育馆内。城北体育馆位于成都市北面，是一个封闭型的体育场地，便于对证券自发交易集中管理。城北体育馆股票自发交易市场，一楼作为企业咨询点，搭建统一的简易摊位，并设临时管理办公室，负责场内秩序和治安。几条街道的露天场所内，由工商行政管理部门、派出所对其直接监管，设有几部传呼电话专门为市场服务。城北体育馆因有“北”字，股民用其谐音，称为“白庙子”，以示与红庙子的联系。

搬迁后，股票交易人气仍然旺盛。除编号摊位外，成华街等几条街道还有不少自设摊位。邻近的花圃路都停满了交易者的自行车、电瓶车。这段时间，股票品种日渐增多，股价也在搬迁后达到高峰。

“白庙子”股市每日有行情报表出售，罗列有四川省内相对较热门的大约50多家已发行但未上市的公司名称，以及当日交易的开市、收市、最高、最低价位。其中的水份相当之大，完全是由大户们操纵的结果。而股票的排列顺序，则是由各品种的热络程度和市场传言其上市时间的远近而定。

这种原始交易方式，现场流通的人民币现金数额甚为庞大。然而，不论红庙子，还是“白庙子”，当时都没有现金被偷、被抢的情况发生。以1993年2月9日至3月9日为例，整个红庙子市场只发生两次治安纠纷，不过很快就被在场的群众自觉劝阻制止，在一定程度上反映了市场参与者维护市场秩序的愿望。

为了从根本上制止场外自发证券交易，四川省和成都市开始对股票、股权证集中托管“锁定”。

集中托管分两批进行，第一批从1993年3月29日开始，到1993年年底完成；第二批从1993年4月中旬开始，到1993年8月中旬完成。随着托管的公司越来越多，政府有关部门原则上不再批准组建定向募集的公司，流入城北体育馆自发证券交易市场的股票、股权证数量逐渐减少，参与的人数下降，自发交易进一步萎缩。至1993年年底，只有少数人进入买卖股票、股权证持有卡、企业债券，人数已不过百人，交易场地被限制在城北体育馆较小的区域。

1994年1月3日，根据四川省政府、成都市政府的决定，由成都市体改委、工商局、公安局、城管委联合发出通告，关闭取缔城北体育馆自发证券交易市场。至此，曾经引起中外媒体关注、报道的成都红庙子街自发证券交易市场，经历迁址、截源、引导后，平稳关闭。

股票进入集中托管时代，一些人又聚集到冻青树综合市场进行交易，股民们称之为“青庙子”。这里邮票、股票混炒，人气不如从前，成交极少，股价也低了很多，成都地区证券自发交易基本停止。

在红庙子市场流通过的公司股票，只有50多家企业在沪、深证券交易所上市。大量的股权证虽然托管，但只能沉淀在持有者手中，托管的大多数公司多年未分红，有的离奇破产，有的莫名其妙地消失，给投资者带来沉重的损失。而曾经参与炒作者，也有不少人进入规范的沪、深证券交易市场进行证券投资。

从红庙子到“青庙子”，成都的股权自发交易市场，尽管交易方式不规范，但是对成都市及四川省的企业股份制改造和企业发展都具有里程碑的意义。对普及人们的股份制知识，增强投资意识和风险意识，推动企业的股份制改革，建立现代企业制度，发挥了重要作用。

成都红庙子这个当年中国最大的“一级半市场”，是中国最早的“三板市场”，对于推动柜台交易纳入立法，以及此后的多层资本市场建设都有着深远的影响。同时，还向世人展示了川人敢为天下先的可贵的首创精神。

（据有关公开报道及采访资料整理）

改革开放以来中国最早的非上市股权交易市场

乐山市是四川省开展企业股份制改造较早的地区之一，股份制企业也较多。四川首家上市公司川盐化，即在该市。

1991年，乐山一些股份制企业职工开始转让所在企业发行的股票、股权证，千元面额的股票、股权证就以原价或低价卖出。既然有人接手，随后一些人开始尝试提高价格转让。几经转手，原本无人问津的股票悄然涨价，而一个股票交易的民间市场也逐渐形成。

1991年年底，乐山市中区牛咡桥一带自发的股票交易市场已经形成雏形，但是并没有经常性的交易。不少持有股票、股权证的人都是公司的职工和政府的公务员，他们委托他人把股票拆分成多份专门到街头负责交易。到1992年年初，一些社会闲散人员专门收购一些股票转手倒卖，交易市场慢慢扩大。一些人赚到利润后，便吸引着更多的人不断加入到股票收购、倒卖的链条中。到1993年春节之后，股票自发交易达到顶峰，几乎每天都有数万人。当时交易不分白天黑夜，人人见面都在谈股票，没有任何担心，只有疯狂和兴奋。成都红庙子股市开市后，有人干脆凌晨即乘车到成都购买新股票，再回到乐山卖出。

面对沸腾的自发交易股市，当时在乐山市委和政府领导中出现了两种观点：一是“堵掉、关掉”，一是“等一等、再看一看”。最终“等一等、再看一看”的主张占了上风，乐山市委、市政府决策层随后作出三项决定：一不取缔，二不关闭，三要引导。为了提醒股民股市有风险，乐山市政府每天在《乐山日报》打广告，要求股民投资要谨慎。市政府还花十多万元人民币在彭山路搭建了铁棚，专门提供给股民交易使用。

1994 年年初，在政府的引导下，云集于街头的股票交易逐渐发展为柜台交易。股票开始被要求在证券交易营业部进行托管后，股民们才逐渐将过去的狂热演变为理性，而自发交易中的一些价值泡沫也开始被吹得烟消云散。1994 年年底，中央出台有关政策，柜台交易同街头交易一起被取缔。

（据有关报道整理）

1994 年至 1996 年四川省产权拆细转让情况

为推进企业产权制度改革、筹集企业急需的生产发展资金，在企业股份制改组审批和向内部职工转让产权难、企业特别是集体和私营企业贷款不易的情况下，1994 年 2 月，乐山市政府首先决定对市无线电厂进行部分产权拆细，公开向社会公众和企业法人转让。并模仿股票交易方式，实行电脑撮合、公开、公平交易。企业产权拆细交易是企业经过资产评估、财务审计、律师公证之后，将部分产权划成若干等值产权单元（一般以净资产含量 1 元为 1 单元），通过柜台转让给自然人和社会法人的一种特殊产权转让行为。产权拆细转让结束后，即可上市交易。

乐山市产权交易中心、成都市产权交易中心、四川省产权交易所，先后对 28 户企业实施了部分产权拆细转让。这 28 户企业资产总额为 287957 万元，净资产总额为 159687 万元。共转让产权 37695 万元，占转让时企业净资产总额的 23.61%。其中 26 户企业拆细转让的产权通过交易机构的大屏幕电脑系统上网交易。28 户企业中，25 户企业作出 3 年分红承诺，一般在 20%—26% 之间。20 户企业作出回购承诺，产权购买者 2 年或 3 年不分红，到期由原产权转让主体分别以 160%、200% 的价格回购。因此，企业产权拆细交易曾一度吸引了众多购买者。

1996 年 7 月，全省共有成都、乐山、绵阳、眉山、达川 5 个市地的 31 户企业以承诺分红和回购的方式进行产权拆细转让，并分别在乐山产权交易中心、成都产权交易中心和四川省产权交易所3 家中介机构模仿股票交易方式，实行电脑撮合，进行集中挂牌交易。31 户企业中，按企业经济性质划分，国有企业 3 户，有限责任公司 6 户，集体企业 15 户，民营企业 5 户，中外合资企业 2 户。31 户产权拆细企业实施产权拆细转让时资产总额为 28 亿元，净资产 17.9 亿元，拆细转让产权 3.9 亿元。企业产权拆细交易对于企业融资和产权结构重组起了一些积极作用。但是，由于全省没有明确的产权交易行政主管机构对企业产权拆细交易统一规划、管理，没有配套政策加以约束，致使整个企业产权拆细交易混乱，问题不少。

1. 缺乏有效的法律保障。产权拆细转让名义上是产权，交易方式上又似股权，实质上又是债券。企业出售拆细产权后，组织形式也未按《公司法》相应变更。其时，全省乃至全国都没有产权交易及产权市场管理的专门法律、法规。四川省的产权市场本身即是在改革中自发形成的，对产权进行拆细转让的尝试探索，由于没有相关的法律、法规保障，整个产权市场无法可依，部门、中介机构和企业都各行其是，在一定程度上，影响了金融秩序的稳定。

2. 缺乏有效的管理和监督。四川的产权市场转让从一开始，就处于一种市场分割，各自为政，无序竞争的混乱局面。由于法律、法规不健全，政府对整个产权市场也没有实施统一的行政管理，整个产权市场缺乏有效的管理和监督。对产权拆细挂牌转让企业的审批和监管无法真正得到落实。乐山产权交易中心5户上网企业由体改办审批，乐山产权交易中心进行监管；成都产权交易中心14户上网企业由体改委等部门组成产监会审批和监管；四川省产权交易所12户上网企业则由交易所直接审批。而实际上，31户企业产权拆细转让后，绝大多数企业都未向交易所、社会公众投资人和监管部门定期报告产权转让收入使用情况、企业生产经营情况和财务状况，产权拆细转让实际上处于一种放任自流的混乱状况。成都孙源集团1308万元产权拆细转让收入就未按公告用于生产经营，而被严重挪用，致使投资人诉诸法律，状告孙源集团及用款单位和中介机构。

3. 高回报和高回购转让的承诺方式潜伏巨大的危机。由于整个产权市场缺乏有效的法律保障和政府的管理监督，市场处于严重的分割状态，中介机构和企业为了吸引更多的产权投资人，争夺市场，不切实际的承诺18%—30%的年回报率，承诺2—3年不分红即按160%、200%予以回购，增大了企业生产经营的风险。实际运作中，除双马水泥厂、都江堰电力等极少数生产经营状况良好，拆细产权转让较少的企业能切实兑现外，绝大多数企业都不可能兑现如此之高的回报。更有部分企业本身即是举债设立，如彭山元明粉厂、达县天然气公司等，不可能兑现分红和回购承诺，易成为社会不安定因素。

1996年5月29日，省政府召集省体改委、省人行、省财政、省国资的有关人员专题研究企业产权转让的有关问题，认为企业产权拆细转让是盘活企业存量资产，优化资源配置的一种可尝试模式。并指示有关部门抓紧制定《四川省产权交易管理办法》，确定主管部门、监督机构，使产权交易有章可循，有法可依。6月3日，省国资局发出《通知》，要求在《办法》出台以前，省、市各产权转让审查部门，各产权交易机构一律暂停产权转让的的审批和发行工作，公共媒介必须停止产权转让“公告书”和“要约书”的刊载及其有关产权转让的宣传活动。如有继续进行产权转让者，将追究相关部门和个人的责任。

1996年6月30日，《四川省人民政府办公厅关于加强全省产权交易工作管理的紧急通知》下发，明确省国资局和省体改委分别为全省产权交易工作的行政主管机构和社会监督管理机构；要求各地“停止产权拆细交易”，并着手对已进行的产权拆细交易进行清理，处理遗留善后问题。省国资局按省政府的要求和部署，配合省级有关部门和企业所在地政府，对产权拆细交易及其遗留问题进行清理整顿，逐步关闭了成都、乐山和省产权交易所的网上交易系统。

按照谁批准谁负责清理，谁举债谁负责清偿的原则，分清政府、部门和企业在清理整顿工作中的责任，确定具体工作方案，落实到当地政府、部门和企业各负其责，不留尾巴。对已进行产权拆细转让的31户企业，分别不同情况，一户一策，采取提前回购、产权转股权、回购与转股并行，继续履行原承诺以及通过司法程序追偿债权等方式积极有效地进行善后处理工作，努力维护社会经济秩序的稳定。

1994—1998 年四川省产权交易所产权拆细转让善后处理情况一览表

表 1－45

企业名称	企业类型	转让日期	总资产（万元）	净资产（万元）	转让产权（万份）	企业承诺	承诺兑现及善后处理
双马水泥	国有	94. 12. 28—95. 1. 28	26894. 2	14326. 8	1057. 2	年分红率 20%，不回购	95、96 年度按期兑现分红，97. 12. 17 摘牌 97. 12. 18—12. 24 完成回购（1995 等均省“19”）
都江堰电力	国有	95. 3. 8—4. 8	16050. 7	4998. 3	35. 7	年分红率 20%，不回购	96、97 年按期兑现分红承诺，1998 年全部回购
南辉实业	民营	95. 12. 12—96. 1. 12	18920. 2	10029. 1	2228. 7	年分红率 25%，98. 1. 27 回购	96 年度按期兑现分红，97. 11. 5 摘牌 97 年 12 月开始办理转股托管手续，对未转股产权继续履行原有承诺
安都集团	民营	95. 10. 28—11. 28	10325. 7	7031. 0	1514. 6	年分红率 25%，98. 11. 28 回购	96、97 年度兑现分红，98. 1. 13 摘牌 97. 12. 18—12. 24 完成转投工作、转股 30% 对未转股产权，继续履行原有承诺
新时代	中外合资	96. 2. 28—3. 28	48251. 0	27279. 0	4524. 9	年分红率 26%，98. 2. 28 回购	97 年度按期兑现分红承诺，经川体改（98）21 号批复同意，98. 3. 1—15 进行产权转股权工作，对未转股产权回购或履行原有承诺
天鹅实业	集体	96. 3. 28—4. 30	5831. 8	5236. 3	1200. 1	年分红率 25%，99. 4. 30 回购	97 年度按期兑现分红承诺，通过转股改制解决产权拆细转让遗留问题
敦煌集团	民营	96. 6. 20—7. 8	21683. 9	15662. 3	955. 3	年分红率 25%，97. 7. 18 回购	96 年度按期兑现分红，97. 12 摘牌，98. 3. 10—25 进行产权转股权工作
泰港集团	民营	96. 4. 18—5. 18	15830. 3	12757. 9	1200. 1	年分红率 25%，99. 5. 18 回购	97 年按期兑现分红承诺，拟进行股份制改造，产权转股权或回购拆细产权
四达制药	集体	96. 5. 7—6. 7	5867. 9	4545. 3	1699. 6	年分红率 25%，99. 5. 18 回购	97 年度按期兑现分红承诺，98 年分红、回购资金困难，与省体改委研究，进行股份制改造改组工作
国际大都会	中外合资	94. 6. 20—7. 8	6340. 2	—	2901	年分红率 24%，97. 7. 5 回购	已被成都沪兴实业公司兼并接受，部分投资人接受“沪兴”1998 年 12 月 1 日 200% 还本付息条件，并签协议，部分投资人向中院起诉，听候法院裁决
达县天然气	集体	95. 12. 12—96. 1. 12	4814. 9	2409. 7	1000. 2	年分红率 25%，98. 12. 12 回购	97 年度按期兑现分红承诺，因企业亏损，分红回购困难，已由飞龙公司兼并收购并负责承担债权债务
孙源集团	民营	96. 1. 3—1. 26	3808. 4	3403. 6	1308. 7	年分红率 25%，99. 1. 28 回购	97 年部分兑现分红，98 年无力兑现分红、回购承诺，投资者聘请律师，通过司法程序追偿债权

孙源集团产权拆细转让及善后处理情况

成都孙源集团有限公司是1995年12月由邛崃市孙源酒厂出资1500万元，成都汤氏酒业出资1080万元，武侯一鸣工贸公司以420万股权证出资共同组建，并在成都市工商局登记注册，注册资金3000万元人民币。经四川工业集体资产评估事务所进行资产评估、四川宏信会计师事务所出具《审计报告》、四川省中正法律顾问有限责任公司出具“孙源集团”对投资者回报《保证书》的《法律见证书》及《法律意见书》后，经四川省公证处公证，该企业产权由成都武侯丰达产权经纪有限公司推荐和承销，并于1996年1月3日至1月26日在成都市区内24个点向社会公开发行，共转让产权13086720份，实收金额13086720元，持有者人数1211人，主要涉及成都市区及邛崃市两地人员。四川省产权交易所依据丰达产权经纪公司推荐材料及相关法律依据，于1996年3月15日对成都孙源集团有限公司发行的拆细产权进行挂牌交易。

孙源集团拆细产权发行之初，该集团公司向产权投资者承诺年分红率25%，如产权持有者不参与分红，则孙源集团1998年1月26日按160%回购拆细产权。但产权转让后不久，成都汤氏酒业公司和武侯一鸣工贸公司违反《公司法》规定，相继撤资退出了孙源集团。汤氏酒业公司带走产权转让款48万元，武侯一鸣工贸公司以420万法人股权证套走420万产权转让款。同时，以归还科创基金借款为由，划走产权转让款300多万元。孙源集团一直没能将1308万产权款用于企业生产经营，加上该公司经营管理不善，导致无法按期兑现分红、回购承诺。仅于1997年6月，孙源集团向部分产权持有人兑付了25%的年分红利44万元。在未能全面兑现1996年度承诺的情况下，投资者反应强烈。孙源集团法定代表人孙泽君承诺在1997年年底全面回购，后又推迟到1998年1月16日回购，但实际上孙源集团无力兑现承诺。

孙源集团“产权拆细交易”投资人多次上访省、市两级人民政府和有关部门，反映孙源集团和少数机构、人员相互勾结，将产权转让资金转移和挪为他用，企图侵吞的问题，要求省、市两级人民政府严肃查处有关部门、机构和人员，追回产权转让资金，按承诺兑付投资人。

1998年1月16日，部分孙源集团“产权拆细交易”投资者聚集在总府路5号省外文书店三楼省产权交易所，要求孙源集团兑现分红、回购承诺。由于孙源集团无力兑现，投资者情绪激动，上访省政府信访办。下午3时，根据省政府信访办要求，省国资局局长邓学安在省产权交易所面见投资者，进行解释说服工作，但被投资者围攻达10多个小时。

17日由省政府副秘书长李洪仁、司沛文，成都市市长助理晏永和主持，省政府信访办、省证管办、省体改委、省公安厅、省国资局、成都市政府、成都市公安局、武侯区政府、邛崃市政府及武侯区财政局、四川省产权交易所、武侯区科创基金、孙源集团、武侯一鸣工贸公司等部门和单位负责人在省政府119会议室召开协调会，研究因孙源集团产权拆细交易不能按期兑现分红回购承诺，导致部分投资者情绪激动，如何进行处理的问题。会议议定：孙源集团发售产权纯属企业行为，主要责任应由企业承担；按属地管理原则，由成都市政府牵头，省国资局、武侯区、邛崃市政府参加，省、市、区应高度重视，积极协调，督促有关单位，妥善解决这一问题；省产权交易所在成都市政府的支持协调下，抓紧组织投资者尽快进入司法程序；产权转让款收取各方必须积极筹措资金，如数退回，尽快兑现投资者部分产权转让款；并要求成都市、武侯区、邛崃市政府、省国资局及相关单位21日到省产权交易所对投资者作解释疏导工作。

21日上午，部分投资者在强烈要求面见成都市、武侯区、邛崃市政府代表及有关企业当事人未果的情况下，情绪激动，挟持省产权交易所负责人周兵、孙源集团法定代表人孙泽君到成都市政府信访办，要求市政府出面解决。

从1月21日起，省国资局每天都派出工作人员到省产权交易所现场，按协调会上议定的统一口径，向投资者作解释、疏导工作。23日，部分投资者要求省产权交易所代垫律师费用，省产权交易所倾其所有，24日开具24万元的支票，代垫了律师费，力求尽快转入司法程序，促进事态好转。但投资者立即进一步提出承付100多万元诉讼费用的要求，并要求政府有关人员和产权交易所代表签字。

省国资局工作人员按照省、市政府议定的精神，坚决不介入企业经济纠纷；省产权交易所也根本无力承受诉讼费，但投资者不理解、不让步，使事态陷入僵局。从1月到4月，孙源集团投资者4次冲击省国资局机关，希望借此迫使政府部门介入，通过行政手段促使投资款收回。

3月13日上午，几百名孙源集团投资者涌向省国资局机关各楼层，不听工作人员劝阻，不分缘由砸打部分办公室房门，造成5间办公室（会议室）房门被砸坏，玻璃被打碎。还进入局人事处内，砸坏办公用品，造成室内一片狼藉。情绪激动的投资者还辱骂工作人员，张贴、发放传单，并在局内和局大门墙上张贴传单，刷写标语，使局机关工作陷入瘫痪。各级公安干警及时赶到，在他们的大力劝阻和疏导下，情况略有缓和。中午，成都市政府办公厅副处长唐安弟来到省国资局，承诺积极努力联系司法部门，尽快立案，要求投资者保持冷静，理智对待，要相信政府会全力以赴妥善解决此事。下午2时许，投资者陆续散去。

法院受理此案后，投资者强烈要求有关方面为孙源集团产权回购案原告垫付公告费2万元。省产权交易所根据成都市政府的意见，已先后借款垫付了律师费24万元，诉讼保全费10.4万元，而且由于无法开展正常业务，早已断绝了经济来源，法院还冻结了该所账户，已无费用维护日常工作。省产权交易所已为公告费一事专题报告成都市政府，但市政府未作答复。市中院表示，不交纳2万元公告费，司法程序无法进行。投资者情绪波动，对进入司法程序解决此事感到失望，于4月14日上午10时30分左右，近百名孙源集团投资者再次冲击省国资局机关，情绪激动，将大门推翻在地，不听工作人员劝阻，在局内张贴大字报，辱骂工作人员，甚至意欲殴打。部分社会闲杂人员也混迹其间，进行煽动肇事，省国资局工作秩序陷入瘫痪。

孙源集团问题出现后，引起了省、市人民政府的高度重视。省政府副秘书长李洪仁、司沛文和成都市市长助理晏永和多次召集有关部门、机构和区、县负责人，听取汇报，统筹协调，确定成都市政府具体牵头协调，各有关部门紧密配合，必须保护投资者的合法权益，尽快通过法律手段追讨债权，依法妥善处理各项遗留问题。在省市两级人民政府的统筹协调下，成都市中级人民法院受理了孙源产权纠纷案件，经过充分地调查取证，于1999年2月9日开庭审理。审理表明：

孙源集团通过其代理商丰达公司实际转让产权13086720元，产权持有人1211人，至1998年11月12日止，共有1036名产权持有人起诉并登记了债权，总额为11755720元。

孙源集团的发起成员单位孙源酒厂、一鸣公司和汤氏酒业均未按约定注入投资资金，并利用中介机构的虚假报告完成了集团公司的注册登记，其运作严重违背公司法和工商管理法规，其产权转让行为无论在形式和内容上都具有明显的欺诈性，应承担主要过错责任，依法偿还全部转让金和赔偿相应损失。

丰达公司、经纬评估所、大信会计所、中正公司等社会中介机构，在孙源集团产权折细转让中，为其出具违背客观事实的虚假报告和文件，为孙源集团从事和完成虚假产权转让提供了直接的错误的帮助，负有不可推卸的过错责任。特别是丰达公司不仅亲自介入和策划虚假中介，而且还推荐与其有利害关系的一鸣公司参与孙源集团和产权转让，后又策划从产权转让金中挪用大部分资金，是导致产权回购不能实现的重要原因。因而，上述中介机构均应各自对孙源集团不能清偿部分的债务负责赔偿责任。

科创基金本身不具备金融业务经营资格，加之与丰达公司负责人的利害关系，将孙源集团产权转让金用以代偿其他法人单位对其欠款的行为不属善意取得，视为无效。故应承担返还取得的全部款项并赔偿损失的责任。

据此，由于孙源集团产权转让具有欺诈性而归于无效。成都市中级人民法院依据《中华人民共和国民事诉讼法》和《中华人民共和国民法通则》的有关法律条款判决：

（1）由被告孙源集团返还原告产权转让金11755720元。

（2）由被告孙源集团从原告购买产权之日起至本金付清之日止按人民银行同期个人定期存款利率标准赔偿利息损失，另本案原告中已参加过一次分红收回的资金在其应收回债权总额中扣减。

（3）由被告孙源酒厂、汤氏公司、一鸣公司对被告孙源集团的上述全部对外债务负担连带清偿责任。在承担连带责任后可由被告孙源集团追偿，并可按原联营协议出资份额向其他集团成员追索其按份应负担的债务。

（4）由被告丰达公司、经纬评估所、大信会计所、中正公司、省产交所共同对被告孙源集团到期不能清偿部分的债务负担赔偿责任。

（5）被告一鸣公司、汤氏公司、第三人科创基金应将各自从产权转让金中收取的资金返还被告孙源集团、用以清偿本判决第一、第二项所确定的债务，此款应通过直接支付本院（开户行中国银行青羊支行抚琴分理处，账号010517181420）的方式履行，其具体金额如下：

①被告一鸣公司返还420万元，并按人民银行同期流动资金贷款利率标准支付占用资金期间的利息损失，利息从一九九六年二月十四日起算至付清日止。

②被告汤氏公司返还48万元，并按人民银行同期流动资金贷款利率标准支付占用资金期间的利息损失，利息从一九九六年二月一日起计算至付清日止。

③第三人科创基金返还3203065.99元，并按人民银行同期流动资金贷款利率标准支付占用资金期间的利息损失，利息从一九九六年一月三十日起计算至付清日止。

上列有给付义务的条款限自本判决生效之日起三十日内履行完毕。

孙源集团产权折细转让纠纷案经成都市中级人民法院审判后，本案的原告、被告均表示服从判决。

（据省国资局和省政府的报告等）

国有控股上市公司博瑞传播股改情况

2005 年 12 月 31 日，8 户股改重点国有控股上市公司之一的博瑞传播完成股改。

1. 股改审批程序完成情况

博瑞传播公司股改方案，于 2005 年 10 月 26 日经省国资委联合审查组初审、2005 年 11 月 2 日省上市公司股改专家审议组审核及 2005 年 11 月 16 日省股改联席会议审定同意通过。省国资委于 2005 年 11 月 28 日向博瑞传播出具《上市公司股权分置改革国有股股权管理备案表》。正式公告及流通股东投票通过的股改方案的对价水平均未超过省上市公司联席会议批准的上限要求，2005 年 12 月 22 日省国资委对公司股改中所涉及的国有股权管理有关事项进行正式批复。

2. 审议通过的方案对价水平

（1）省国资委联合审查组、省股改专家审议组审核同意此次股改中国有控股股东与流通股股东协商对价的上限为流通股股东每 10 股获送不超过 3.1 股，加分红承诺。大股东博瑞投资承诺，将在股改完成后的连续三年，提出公司分红比例不低于当期实现可分配利润 40% 的利润分配议案，并保证在股东大会表决时对该议案投赞成票。

（2）省股改联席会议审核同意此次股改中国有控股股东与流通股股东协商对价的上限为流通股股东每 10 股获送不超过 3.3 股，无承诺。

3. 股改方案表决过程及结果

2005 年 11 月 30 日，博瑞传播公布“每持有 10 股流通股股东将获得非流通股股东支付的 3.1 股股份”的股改方案。方案披露后，从 2005 年 11 月 31 日至 2005 年 12 月 27 日，国有控股股东博瑞投资、博瑞传播通过走访机构投资者、热线电话、传真、电子邮件、网上路演等多种形式与流通股股东进行了充分沟通和交流。2005 年 12 月 28—30 日进行网络投票，2005 年 12 月30 日召开现场股权分置改革相关股东会议。共有代表 14453.54 万股的 600 名股东及股东授权代表参加相关股东会议表决，占公司总股本的 79.31%。以 98.6% 的赞成票通过股改方案。

4. 股本变化情况

（1）博瑞传播股改前股本结构为：总股本 18225.21 万股，其中国有股 7989.58 万股，占总股本的 43.84%；社会法人股 4372.79 万股，占总股本的 23.99%；流通股 5862.84 万股，占总股本的 32.17%。

（2）股改方案实施后，公司股本结构为：总股本 18225.21 万股，其中国有股 6814.97 万股，占总股本的 37.39%；社会法人股 3729.91 万股，占总股本的 20.47%；流通股 7680.33 万股，占总股本的 42.14%。

5. 股改方案实施情况

博瑞传播的股改方案均获得相关股东大会表决通过并经省股改联席会议（制度）川股改〔2006〕002 号文件批准同意。省国资委对股改中涉及国有股权管理有关事项进行了批复，博瑞传播的股改方案正式实施。（据省国资委 2006 年 1 月 16 日上报国务院国资委《关于四川省国有控股上市公司股权分置改革情况的报告》）

第二篇　企业国有资产监督

20 世纪 90 年代以来，对企业国有资产的监督，从对企业国有资产变化情况的统计、监测，发展到对企业国有资产经营管理与绩效的监督考核，以及对企业领导人员的监督管理。同时，由多方监督转变为主要由政府国有资产管理机构负责监督。

1990 年，国有资产保值增值指标开始纳入承包经营企业的考核内容。1991 年 1 月，建立企业国有资产报告制度。1995 年，实行企业国有产权变动统计分析报告制度。1993—1995 年，各级国有资产管理机构对全省国有资产进行了全面清理。1996 年 10 月，开展企业国有资产季度监测试点。1997 年，省、市两级企业国有资产保值增值考核面达到 100%。1998 年，对占有国有资本金的重点企业运营情况，进行动态跟踪，建立专项财务报告制度。1999 年，进一步推进年报工作制度化、科学化。同年 12 月，对部分国有及国有控股企业试行效绩评价。2002 年，省内重要骨干企业基本实现效绩评价工作的制度化与规范化。2005 年，省属企业及全省国有企业普遍开展清产核资。企业清产核资工作实现经常化、制度化。

1993 年 9 月，四川省提出股份制企业可以设立监事会。此后，省国资局曾向少数企业派出或推举监事。2002 年，省政府向省属国有重要骨干企业派出 6 个监事会，对省属企业财务活动与企业负责人的经营管理行为履行监督检查职责。

20 世纪 80 年代至 90 年代，实行企业承包经营责任制、厂长经营负责制时期，主要通过经营情况对企业领导人员进行考核与监督管理。1993 年提出，对有条件的股份制企业，董事长和党委书记可同一人兼任；分设的，党政主要领导应逐步推行“双向兼职”。1995 年，要求董事会、监事会和经营班子中的党员领导人员要自觉接受党组织的监督，定期报告工作。1997 年，要求大型企业集团建立法人治理结构，形成权力机构、经营机构和监督机构相互分离和制衡的机制。对国有大中型企业领导班子普遍进行了评议考核。1999 年，开始对国有企业及国有控股企业领导人实行任期责任审计。2000 年，实行财务总监委派制和企业领导人员责任追究制度。2001 年，在部分企业开展企业领导人员考察预告制、任前公示制试点，推行党风廉政建设责任制。2002 年，实行新提拔国有重要骨干企业领导干部廉洁谈话制度。2004 年，开展企业领导人员廉洁承诺活动，将践行承诺情况作为提拔、任用、考核的重要依据。2005 年，省国资委制发监管企业领导人员考察任免程序、企业负责人经营业绩考核办法和企业管理人员培训管理办法，企业纪委书记开始由国资委党委派驻企业，不再从本企业产生，初步形成较为规范的企业领导人员选拔任用工作机制。同时，加大违纪违法案件查处力度，党纪政纪处分 295 人。

第一章　资产统计与保值增值考核

第一节　清产核资

1990年3月，省国资局与省财政厅、人民银行四川省分行根据财政部、中国人民银行、国家国资局《关于做好撤销、合并全民所有制公司资产和债权、债务清理工作的通知》，结合四川实际，制定《关于撤销、合并公司资产清算工作的实施细则》，对撤并公司的实物形态财产、货币形态财产、无形财产、债权、债务、资本金的清理，撤销公司的亏损处理、资产清偿，合并公司资产的转移等一系列具体问题作出规定，并在全省开展清理工作。

通过清理整顿，截止1990年4月底，全省撤并公司3254户，占全省公司总数的18.16%，其中省级公司撤并203户，占省级公司总数的30.61%。撤销的公司大多数是资不抵债亏损严重的公司，如四川省新光公司即损失800万港元，60多万元人民币。经估算，全省已撤销公司资不抵债的净损失在1.5亿元以上。截止1991年年底，对全省1840个撤并公司完成资产清算，清查资产5亿多元，省国资局对170家省级公司的资产进行了清算处置。

1992年3月，省政府根据国务院生产办和财政部要求，对预算内国营工交企业库存产成品进行全面清查作出部署和安排，由省财政厅、省经委、人民银行四川省分行和省国资局组成省清仓查库办公室，省级企业主管部门和各市、地、州、县及企业均成立清查机构。省清查办公室对省级直属企业进行逐户审查、认定；对省级42户工交生产企业所报各项资料，逐条逐项进行核实和认定。

截止1992年3月底，审查、汇总统计全省（不含成都、重庆两市）清查的1659户工交（其中交通15户）生产企业（亏损企业669户）中账面库存产成品数额总计为51.18亿元，库存产成品损失净额（已扣盘盈）11.89亿元，占库存账面数的23.23%，其中属于1991年以前的损失10.68亿元，占库存损失净额的89.85%。各类损失中，盘亏损失1.21亿元，占损失净额的10.21%；报废损失2.02亿元，占损失净额的16.99%；毁损损失0.86亿元，占损失净额的7.2%；成本高于售价的损失8.08亿元，占库存产品净损失总额的67.95%；盘盈0.28亿元，占损失额的2.36%。清查后实际库存额47.37亿元，其中畅销产品库存额16.42亿元，占清查后实际库存额的34.67%；平销产品库存额18.12亿元，占实际库存的38.25%；滞销产品12.83亿元，占清查后实际库存的27.09%。清查后的实际库存额全部实行销售后，亏损产品将发生亏损8.08亿元，与盈利产品实现盈利3.16亿元盈亏品迭后，仍将发生亏损4.92亿元。

此次清查的产成品资金损失，集中体现在轻工、纺织和机械3个行业，共损失金额达10.11亿元，占全省总计净损失11.89亿元的85.03%，仅轻、纺两个行业就约占全省库存净损失的三分之二。滞销产品比例高的库存产品损失都较大，纺织行业损失100万元以上的74户企业，滞销产品总额占库存产品总额的57.93%，损失净额占库存产品总额的比例高达93.38%。成本高于售价的损失最大，在全省库存商品净损失11.89亿元中，成本高于售价的部分为8.08亿元，占总损失额的67.95%，高于全省库存产品净损失的三分之二。

1992年12月16日，根据国务院统一部署，决定在全省开展第五次清产核资工作，省政府批复成立四川省人民政府清产核资办公室，由省财政厅厅长任主任，省国资局局长任常务副主任，办公室设于省国资局。清产核资，主要包括资产清查、所有权界定、资产价值重估、资金核实、产权登记、建章建制等工作。

1993年9月，经省政府及国家国资局批复，全省选择四川空气分离设备厂、四川省五交化公司、四川亚西机器厂等3户省级企业，绵阳市、宜宾地区、江油市、峨眉山市等地128户县级企业，作为1993年全国清产核资扩大试点单位。

1994年，将全省所有国有大中型企业，绵阳市、德阳市、成都市、乐山市、自贡市、江油市、泸州市所有国有企业纳入清产核资范围；其余市、地、州自行选定企业和企业户数进行清产核资。1994年清产核资工作清查盘点时间定为1994年3月31日24时。1994年，全省7088户清产核资企业资产总额1418.7亿元，负债总额1082.5亿元，所有者权益326.1亿元。

1995年，省政府把清产核资工作纳入各市、地、州政府目标责任考核，全面完成全省国有企业清产核资任务。1995年，全省（不含重庆）清产核资企业共4300户，截止1995年3月31日，全部资产总额清查值为537.29亿元；负债总额421.54亿元，资产负债率78.46%；所有者权益115.74亿元，占资产总额21.54%。

资产总额中，流动资产349.23亿元，占总资产64.99%，固定资产144.34亿元，占总资产26.86%；长期投资30.05亿元，占总资产5.59%；无形资产4.93亿元，占总资产0.91%；递延及其他资产8.73亿元，占总资产1.62%。负债总额中，流动负债330.54亿元，长期负债90.99亿元。所有者权益中，实收资本97.98亿元，资本公积18.53亿元，盈余公积16.74亿元，未分配利润为-17.53亿元。

4300户企业资产损失为21.40亿元，占总资产的3.98%，其中流动资产损失净额18.71亿元，占总损失的87.44%。4300户企业的资金挂账31.72亿元，其中经营性亏损挂账17.63亿元。

4300户企业全部固定资产中属于重估的固定资产原值重估前68.32亿元，占全部固定资产原值42.25%；重估后为111.38亿元，原值增加43.05亿元，增幅63.01%，净值增值28.54亿元；全部固定资产重估增幅为26.62%，增提折旧4128万元。采用国家统一制定的物价指数法重估的固定资产原值占全部固定资产原值90.01%。

全部土地面积清查值283363万平方米，其中属于估价的土地6743万平方米，估价前价值3.88亿元，估价后价值80.43亿元，升值净额76.55亿元，升值幅度1974.13%。

四川省第五次清产核资工作，从1993年小范围试点开始，1995年全面完成。通过资产清查、界定产权、重估主要固定资产价值、核定企业资本金和国有资产总量等工作，基本完成国有企业清产核资主体工作，进一步摸清全省企业国有资产的家底。截止1995年3月31日，全省（不含重庆、万县、涪陵、黔江）清产核资企业10097户，资产总额2213.85亿元，负债总额1542.40亿元，资产负债率69.67%，所有者权益671.45亿元，资金损失净额74.71亿元，资金挂账86.83亿元，利润总额11.45亿元，销售利润率0.29%。

1995 年 10 月 18 日，省财政厅、省国土局、省国资局联合下发《关于制定我省清产核资土地估价及入账修正方案的通知》，要求各地区、各部门在清产核资中以不同方法进行的土地估价结果应与本《通知》方案所列基准地价最低限额及土地入账修正价值进行比较，超出 ±10% 的，均应进行修正。土地入账修正价值按基准地价最低限额的 50% 计算，边远县镇土地最低入账价不得低于每平方米 10 元。

四川省清产核资城镇土地分等情况如下：

一等：龙泉驿区、青白江区、双流县、温江县、德阳市中区；

二等：都江堰市、郫县、新都县、自流井区、贡井区、大安区、沿滩区、广汉市、涪城区、游仙区、宜宾市、泸州市中区、内江市中区、乐山市中区、峨眉山市；

三等：彭州市、崇州市、东区、西区（东区、西区属攀枝花市）、荣县、绵竹县、什邡县、江油市、遂宁市中区、东兴区、五通桥区、沙湾区、眉山县、夹江县、彭山县、顺庆区、阆中市、达川市、龙宝区；

四等：邛崃市、金堂县、大邑县、蒲江县、新津县、富顺县、三台县、射洪县、泸县、合江县、纳溪县、达县、大竹县、渠县、资阳市、资中县、隆昌县、涪陵市、宜宾县、金口河区、仁寿县、犍为县、井研县、洪雅县、青神县、丹棱县、天城区、五桥区、梁平县、高坪区、嘉陵区、南部县、西昌市、雅安市、广元市中区；

五等：威远县、乐至县、忠县、云阳县、奉节县、名山县、汉源县、石棉县、天全县、南溪县、江安县、长宁县、高县、珙县、华蓥市、广安县、中江县、安县、梓潼县、盐亭县、旺苍县、宣汉县、开江县、丰都县、仁和区、营山县、蓬溪县；

六等：米易县、盐边县、叙永县、古蔺县、平武县、北川县、元坝区、剑阁县、苍溪县、朝天区、青川县、安岳县、沐川县、开县、巫山县、蓬安县、西充县、南川市、垫江县、黔江县、筠连县、兴文县、屏山县、岳池县、巴中市、峨边县、马边县、巫溪县、仪陇县、武隆县、秀山县、武胜县、邻水县、万源市、平昌县、通江县、南江县、城口县、石柱县、彭水县、酉阳县、汶川县、康定县、泸定县、丹巴县、会理县、荥经县、芦山县、宝兴县、理县、茂县、马尔康县、松潘县、南坪县、金川县、小金县、黑水县、壤塘县、阿坝县、若尔盖县、红原县、九龙县、雅江县、道孚县、甘孜县、炉霍县、新龙县、德格县、白玉县、石渠县、色达县、理塘县、巴塘县、乡城县、稻城县、得荣县、木里县、盐源县、德昌县、会东县、宁南县、冕宁县、甘洛县、普格县、布拖县、金阳县、昭觉县、喜德县、越西县、美姑县、雷波县。

此分等不包括成都市五城区及重庆市 21 县（市、区）。

四川省清产核资城镇土地基准地价最低限额表

表 2－1　　　　单位：元/平方米

用途 / 等级	最高级别			最低级别		
	商业	住宅	工业	商业	住宅	工业
一等	4000	2800	700	300	200	100
二等	3200	2100	500	260	170	80
三等	2500	1700	300	180	140	60

续表 2－1

用途 等级	最高级别			最低级别		
	商业	住宅	工业	商业	住宅	工业
四等	1800	1200	200	100	90	50
五等	900	400	100	70	60	40
六等	550	200	60	40	30	20

说明：1. 此地价标准为各类城市最高级别和最低级别的最低限额
2. 边远县镇基准地价最低限额不得低于每平方米20元
3. 土地入账修正价值按基准价格最低限额的50%计算，边远县镇土地最低入账价不得低于每平方米10元

1995年，全省各级国有资产管理部门对11304户国有企业进行了资产清理，清理的资产总额达2000亿元（不含重庆市），其中，净资产400多亿元。

1996年，全省国资管理部门顺利完成全省11777户国有企业和67895户行政事业单位的清产核资工作。落实清产核资政策，调整企业资产负债结构，部分解除了企业历史包袱，为建立现代企业制度创造了条件。还根据国务院部署，对全省城镇集体企业单位进行了户数清理和小范围清产核资试点。

四川省第五次国有企业清产核资主要指标统计表

表2－2　　单位：亿元

项目	全省	省级	市地州级	县级
企业户数（户）	10097	393	2097	7607
资产总额	2213.85	380.52	1125.23	708.10
土地估价	183.06	15.85	101.56	65.65
负债总额	1542.40	274.74	760.83	506.83
所有者权益	671.45	105.78	364.40	201.27
国有权益	569.85	99.92	298.36	171.57
资产损失净额	74.71	10.73	39.35	24.63
流动资产损失	63.54	9.83	32.13	21.58
固定资产损失	11.17	0.90	7.22	3.05
资金挂账	86.83	5.61	34.72	46.50
亏损挂账	68.77	4.30	25.15	39.32
潜亏挂账	18.06	1.31	9.57	7.18
固定资产投资挂账	24.32	5.25	11.58	7.49
销售收入	1193.22	239.92	585.30	368.00
利润总额	11.45	3.41	14.22	－6.18
资产负债率（%）	69.67	72.20	67.62	71.58
销售利润率（%）	0.29	1.42	2.43	－3.86

说明：1. 不含重庆、万县、涪陵、黔江
2. 表中所列销售收入、利润总额系1994年末的数据，其余指标系1995年3月31日的数据

四川省第五次国有企业清产核资主要指标统计表

表2－3　　单位：亿元

项　目	全　省	省　级	市地州级	县　级
企业户数（户）	13698	393	3243	10062
资产总额	3082.05	380.52	1735.19	966.34
土地估价	284.16	15.85	170.03	98.28
负债总额	2153.76	274.74	1190.06	688.96
所有者权益	928.29	105.78	545.13	277.38
国有权益	778.72	99.92	438.35	240.45
资产损失净额	110.33	10.73	65.02	34.58
流动资产损失	96.91	9.83	56.93	30.15
固定资产损失	13.42	0.90	8.09	4.43
资金挂账	141.94	5.61	69.19	67.14
亏损挂账	113.02	4.30	51.55	57.17
潜亏挂账	28.92	1.31	17.64	9.97
固定资产投资挂账	31.71	5.25	15.33	11.13
销售收入	1650.52	239.92	894.15	516.45
利润总额	3.41	3.41	10.20	－10.20
资产负债率（%）	69.88	72.20	68.58	71.30
销售利润率（%）	0.21	1.42	1.14	－1.98

说明：1. 含重庆、万县、涪陵、黔江市

2. 表中所列销售收入、利润总额系1994年年末的数据，其余指标系1995年3月31日的数据

四川省第五次国有企业清产核资市（州）主要指标统计表

表2－4　　单位：亿元

地区	企业户数	资产总额	负债总额	所有权益	国有权益	资产损失净额	销售收入	利润总额	资产负债率（%）	流动比率	速动比率	销售利润率（%）	获利倍数
合计	13698	3082.05	2153.76	928.29	778.78	110.33	1650.52	3.41	69.88	0.95	0.62	0.21	1.03
省级	393	380.52	274.74	105.78	99.92	10.73	239.92	3.41	72.20	1.69	0.84	1.42	1.32
成都	1398	568.43	404.16	164.27	137.70	16.78	298.19	3.60	71.10	0.97	0.59	1.21	1.16
重庆	1921	677.86	469.78	208.07	162.93	22.21	359.22	－4.50	69.30	0.90	0.59	－1.25	0.84
自贡	355	111.48	65.29	46.19	40.78	2.96	53.97	0.24	58.57	0.94	0.64	0.44	1.07
攀枝花	270	53.72	33.87	19.85	18.85	1.20	30.96	0.42	63.05	1.01	0.75	1.36	1.26
泸州	390	83.24	53.91	29.33	27.89	2.88	36.47	0.56	64.76	1.05	0.63	1.54	1.17

续表 2－4

地区	企业户数	资产总额	负债总额	所有权益	国有权益	资产损失净额	销售收入	利润总额	资产负债率（%）	流动比率	速动比率	销售利润率（%）	获利倍数
德阳	443	130.41	91.85	38.56	29.17	3.77	61.94	0.95	70.43	0.94	0.58	1.53	1.19
绵阳	554	121.42	86.32	35.10	28.29	5.23	68.99	1.87	71.09	0.97	0.45	2.71	1.33
广元	440	49.73	38.71	11.03	10.48	3.40	23.01	-1.44	77.84	0.86	0.55	-6.26	0.51
遂宁	234	48.70	34.65	14.05	10.72	0.79	27.59	0.83	71.15	0.90	0.51	3.01	1.35
内江	818	104.52	75.79	28.73	20.72	1.26	63.92	-2.09	72.51	0.84	0.46	-3.27	0.60
乐山	427	102.37	66.60	35.77	11.18	0.97	45.45	3.33	65.06	1.07	0.71	7.33	1.79
万县	820	99.87	76.22	23.65	22.89	10.24	54.31	-1.64	76.32	0.87	0.55	-3.02	0.69
南充	676	90.89	63.75	27.14	23.08	4.01	44.82	-1.22	70.14	0.95	0.56	-2.72	0.74
涪陵	552	60.64	42.84	17.80	16.42	2.27	33.27	-0.83	70.65	0.91	0.61	-2.49	0.71
黔江	308	29.83	22.53	7.30	6.71	0.90	10.48	-1.08	75.53	0.88	0.63	-10.30	0.25
宜宾	626	68.32	46.09	22.23	21.92	3.09	48.21	2.21	67.46	0.89	0.53	4.58	1.75
广安	325	34.27	23.86	10.41	9.66	0.56	16.69	-0.26	69.62	0.98	0.60	-1.56	0.85
达川	642	88.43	69.30	19.13	16.90	6.64	52.27	-0.89	78.37	0.86	0.56	-1.70	0.82
巴中	317	27.13	23.35	3.78	3.26	2.28	12.37	-0.93	86.07	0.93	0.50	-7.52	0.46
雅安	293	31.59	23.18	8.41	8.35	2.04	14.78	0.23	73.38	0.85	0.59	1.56	1.15
阿坝	321	33.48	19.18	14.30	13.92	1.34	14.51	0.04	57.29	0.94	0.69	0.28	1.04
甘孜	279	22.04	11.90	10.14	10.09	1.67	8.02	0.15	53.99	1.14	0.82	1.87	1.24
凉山	896	63.16	35.89	27.27	26.95	3.11	31.16	0.45	56.82	1.01	0.67	1.44	1.21

四川省第五次国有企业清产核资资不抵债和空壳企业统计表

表 2－5

项　目	企业户数	资不抵债企业		空壳企业	
		户数	占本行业比例（%）	户数	占本行业比例（%）
农林牧渔业	796	37	4.65	83	10.43
工　业	3903	452	11.58	867	22.21
石油天然气开采业	28			1	3.57
粮食加工业	409	39	9.54	84	20.54
烟草加工业	10	2	20.00	3	30.00
纺织业	219	44	20.09	73	33.33
石油加工业	6				
化学工业	205	18	8.78	38	18.54

续表2-5

项　目	企业户数	资不抵债企业		空壳企业	
		户数	占本行业比例（%）	户数	占本行业比例（%）
金属冶炼业	157	16	10.19	26	16.56
机械工业	517	39	7.54	86	16.63
电子及通讯业	56	7	12.50	19	33.93
仪器仪表业	30	4	13.33	10	33.33
电力生产业	322	33	10.25	74	22.98
建筑业	259	22	8.49	43	16.60
地质勘查业	8				
交通运输邮电业	410	23	5.61	49	11.95
贸易及餐饮	5073	775	15.28	1555	30.65
商　业	1361	138	10.14	458	33.65
房地产业	204	17	8.33	26	12.75
社会服务业	518	41	7.92	85	16.41
其　他	369	16	4.34	27	7.32

1997年，扩大清产核资试点企业9800户。

1998年9月21日，财政部下发《关于做好日常清产核资工作有关问题的通知》，要求：“企业（单位）的日常清产核资工作，由各地区清产核资机构和各部门按照‘统一领导、分级管理、各负其责’的组织原则进行”，清产核资机构要在每年年初认真制订本地区、本部门日常清产核资工作计划，努力将企业（单位）清产核资“制度化、规范化、经常化”。

1998年，全面开展并完成全省集体企业清产核资工作。1998年参加清产核资的城镇集体企业7856户，其中工业企业6509户，金融企业1078户，商业银行补课24户，事业单位245户，组织清理甄别“挂靠”集体企业约1.8万户。各级清产核资机构、企业主管部门和集体企业近10万人直接参与资产清查工作。清查后审核、汇总统计，全省集体企业6760户、资产总额305.09亿元，负债总额240.10亿元，所有者权益64.99亿元。

2003年7月，根据财政部要求，完成省内12个市共49户棉花企业的清产核资工作。

2003年9月9日，国务院国资委公布施行《国有企业清产核资办法》，对国有企业清产核资的范围、内容、程序、组织、要求及法律责任等作出规定。9月13日，又根据《国有企业清产核资办法》制定印发《国有企业清产核资工作规范》，进一步明确企业清产核资的工作程序与工作规范。

2004年11月28日，省政府批复同意省国资委报告，决定四川省人民政府清产核资办公室设于省国资委，作为全省清产核资的工作机构，日常工作由省国资委相关职能处室承担。具体负责拟定全省国有企业清产核资政策和制度，组织省属企业清产核资工作，会同省财政厅负责省属企业清产核资结果的审核认定，在报经省政府批准后，批复核销资产损失，监督省属企业不良资产管理和处置工作，指导市（州）和县（市、区）开展国有企业清产核资工作。省属企业清产核资清理出的各项资产损失和资金挂账等账项，一律由省国资委依据国家清产核资政策和相关财务会计制度的规定，会同省财政厅、审计厅、纪委组织审核并提出资产损失核销处理建议意见报经省政府批准后，由省国资委批复企业准予账务处理，重新核定企业实际占用的国有资本金数额。省国资委决定四川省人民政府清产核资办公室设于国资委统计分析处，按一套人马、两块牌子的方式开展工作。

2005 年 1 月 18 日，省国资委印发《四川省省属企业清产核资工作方案》和《四川省国有企业清产核资实施办法》，决定：省属企业清产核资工作从 2005 年 1 月开始，省国资委监管的省属企业清产核资主体工作，于 2005 年 10 月完成。省属企业清产核资的清查时间点（基准日）为 2004 年 12 月31 日。3 月 1 日，召开省属企业清产核资动员大会，明确要求除涉及国家安全的特殊企业外，企业清产核资工作必须由省国资委按照“三公开”原则，采用公开招标形式，统一委托符合资质条件的社会中介机构进行专项财务审计和经济鉴证。2005 年年末，基本完成账务清理、资产清查、损溢认定和资金核实等清产核资主体工作。本次清产核资对省国资委直接监管以及省交通厅、省林业厅、省监狱局、省新闻出版局等省级部门监管的共计约 500 户独立核算企业进行了清理，共清查和处理原制度损失 7. 5 亿元，预计损失 14. 19 亿元。根据省政府常务会议有关要求，省国资委会同省财政厅、省审计厅和省监察厅，对省属企业清产核资清理出的各项资产损失和资金挂账进行会审，依据国家清产核资有关政策和财务会议制度提出处理建议，上报省政府常务会议审定。截止 2008 年年底，省政府常务会议分两次批准省国资委上报的省属企业清产核资损失处理建议。

省属企业清产核资结束后，省国资委委托专门机构对批准核销的省国委直接监管企业有关原制度损失进行清收。各企业根据清产核资暴露出的问题建章建制，并按省国资委和省财政厅的统一要求执行《企业会计制度》，规范会计核算。

第二节　资产统计

1990 年 5 月，省国资局印发《关于建立省级国有资产管理工作关系的通知》，要求：各部门、集团公司和重点企业的年度汇总财务会计决算报表，需抄送省国资局。

1991 年 1 月 11 日，省国资局印发《关于对省级单位国有资产的产权变动及使用情况进行审核的通知》，明确提出“建立国有资产报告制度”，要求所有省级预算内外的国营企业在向省财政厅、省国资局报送财务决算报表的同时，还应报送国有资产使用情况、保值增值情况及产权变动情况的分析报告。

1992 年开始，年度国有资产汇总报表不再分预算内和预算外国营企业报表，而将预算内、预算外全民所有制企业报表合并为全民所有制企业汇总报表。

1992 年及以前年份的国有资产汇总报表中国有资产总额以固定基金、流动基金和专项基金之和计算，1993 年的国有资产总额则以国家所有者权益加其他国家资金计算。1993 年企业执行新的财务会计制度，暴露了企业多年积累的问题，相应地企业国有资产汇总报表的有关数据同上年相比出现了较大的调整，汇总数据比较全面真实地反映了企业国有资产运营状况。由于新旧财会制度对接，直接暴露了国有企业运营中长期存在的潜亏问题。1993 年全省（不含成都、重庆两市）国有企业的国家所有者权益与国家资本之差为 1. 97 亿元，国家处于亏本经营状态。

1994年4月12日，省国资局向全省22户新体制试验企业发出通知，要求建立试验企业国有资产统计报告制度，试验企业于每季度初将上季度末有关国有资产管理的统计报表报省国资局。

1994年6月，省国资局发出通知，要求各地根据1993年度产权登记检查情况写出企业占用国有资产保值增值的年度考核评价报告，对各企业国有资产运营状况分类排队，分析原因，提出有关处置意见。

1994年，清产核资企业产权登记工作同国有资产产权登记年检工作结合进行，要求各市、地、州国资局与清产核资办公室填报两套表：一套是清产核资企业产权登记表，一套是国有资产产权登记年度检查表。

1995年4月，省国资局决定从1995年起建立股份制试点企业国家股股权定期报告制度。将企业国家股股权报表分为国家股权变动情况表和股利分配及收缴情况表，按中期报表和年度报表分别报送。

1995年，清产核资统计与国有资产统计归口统一纳入国有资产年报，并正式纳入国家统计体系。

1996年1月，省国资局决定：自1995年起全省正式编制企业国有产权变动统计分析报告，并形成制度。产权变动统计分析报告由国有产权变动状况统计表与企业国有产权变动情况分析报告组成，前者分类统计每一年度内企业开办、变更、注销，以及企业划转、破产、股份制改组、产权转让交易等引起的产权变动基本情况；后者主要对企业国有产权变动基本情况、产权变动对国有资产配置、营运效果及发展趋势的影响、产权变动的管理情况、产权变动及管理中存在的问题和对策进行分析。

1996年9月，省国资局决定建立部分县属国有企业产权制度改革情况跟踪报告制度。要求各市、地、州选择至少两个县的国有企业作为县属产权制度改革跟踪调查对象。县属企业产权制度改革情况报告由县属企业产权制度改革状况统计表与情况报告两部分组成，前者分类统计反映县属企业产权制度改革综合实施情况；后者对国有企业产权改革进展情况、改革的主要形式和措施、产权转让收入的收缴与管理情况和存在的问题，进行分析，并提出建议。

1996年10月，省国资局根据国家国资局要求，开展企业国有资产季度监测试点，对部分代表性企业的资产存量、资产结构、负债水平、运营效益及发展能力变化等进行动态监测。市、地、州国资局和省级部门于每季度末直接将企业分户报表送省国资局，由省国资局汇总并选择100户上报国家国资局。

1996年12月26日，省国资局印发《关于试行四川省国有资产年报编制考核办法的通知》，决定对年报编制工作成绩显著的集体进行表彰，考核办法对先进单位必备条件、考核方法、考核指标等提出具体要求。

1997年5月，省国资局决定对1997年4月30日前的全省县属企业产权制度改革情况进行调查统计，并组成调查组到部分地、市、县（区）进行调查指导。6月，要求市、地、州国资局和省级部门对1996年企业年报组织逐户核查。在此基础上组织抽查，抽查面不得低于地区、行业年报总户数的40%。核查的重要工作内容是汇总数据的真实性和分析数据的准确性，特别是检查有无资产总额、货币资金、应收账款、存货出现负数的情况，其原因是否合理。

1997年，国有资产年度报表是按照“统一报表、一次下达、一表多用、数据共享”的原则，将原国有资产统计汇总、国有资产产权登记数据汇总、国有资产保值增值考核汇总等基础管理“三表合一”的第一年。省国资局要求各地区、各部门按照国家统一工作要求，统一报表内容、指标口径、编制方法，抓好基层企业报表质量，把好审查、录入和汇总关。并结合各自实际情况，做好对资产存量规模、结构配置、管理状况以及经营效益专题分析工作，写出有情况、有问题、有建议、有评价的综合分析报告。

1997 年 10 月，国家国资局修订印发《国有资产年度统计报告制度》，国有资产年度统计报告制度主要内容包括国有资产年度报表和国有资产经营（使用）情况年度报告。国有资产年度报表由国家国有资产行政管理部门制定，统一纳入国民经济核算体系。规定“国有投资份额占其资本 10% 以上（含 10%）”的各类股份有限公司和有限责任公司均纳入统计范围。

鉴于 1995、1996 两年各地汇总的国家统计年报，不少企业的土地估价没有调整入账，给数据分析工作带来不便。1997 年 12 月，省国资局要求各地按照《四川省国有企业土地估价情况表》进行核实，将入账结果纳入 1997 年国资年报统计范围。

四川省国有企业土地估价入账统计表

表 2－6　　　　单位：万元

地区	清产核资			国资年报	
	合计	95 年企业	衔接企业	95 年企业	96 年企业
总计	1830493	287200	1543293	1254412	1192808
省级	158483	83686	74797	67753	109030
成都	512259	6895	505364	468558	425420
自贡	221227	—	221227	141591	129531
攀枝花	70629	707	69922	43710	33160
德阳	103450	—	103450	68885	58882
绵阳	32570	97	32473	38269	17418
内江	94146	—	94146	65005	61555
广元	36162	491	35671	22668	25378
遂宁	26492	5787	20705	15158	19408
泸州	103101	—	103101	19951	36565
南充	56993	17218	39775	48903	43853
宜宾	98276	36136	62140	68529	49542
达川	45313	—	45313	35286	38131
广安	20093	14340	5753	15366	16260
巴中	21237	—	21237	14651	17986
雅安	16609	13225	3384	16426	15280
乐山	60836	2795	58041	17371	8503
凉山	95391	54068	41323	34185	37500
阿坝	32851	29173	3678	36279	31216
甘孜	24375	22582	1793	15868	18190

说明：1. 清产核资“95 年企业”栏数据系 95 年企业清产核资报表财清企汇表 05 第 20 行（“1995”等均省“19”）
2. 清产核资“衔接企业”栏数据系 92－94 年企业清产核资衔接表财清企衔表 01 第 20 行
3. 国资年报“95 年企业”栏数据系 1995 年国资年报报表国资企 01 表年末数
4. 国资年报“96 年企业”栏数据系 1996 年国资年报报表国资企 01 表年末数

1998年7月，根据财政部清产核资办公室关于对地方国有上市公司上报的1997年国有资产年度报表数据与上市公司公布的财务报表数据进行核查的要求，省国资局要求加强对国有上市公司、重点国有企业和扩张性试点企业的国有资产年报表的核查工作，并对上市公司报表数据进行了逐户核查。

1997年四川省已上报年报国有上市公司主要指标差额核查表

表2－7　　　　单位：万元

上市公司名称	资产总额			所有者权益总额			国家股		
	年报数	公布数	差额	年报数	公布数	差额	年报数	公布数	差额
泸州老窖股份有限公司	135286	135287	－1	81825	81825	—	24337	24336	1
长征机床股份有限公司	41192	41163	29	18540	18516	24	4262	4262	—
四川省长江企业（集团）股份有限公司	68796	68796	—	40917	40917	—	5260	5260	—
乐山电力股份有限公司	61071	61071	—	27432	27432	—	3875	3875	—
四川广华化纤股份有限公司	39394	39394	—	23764	23763	1	5781	5781	—
峨眉铁合金（集团）股份有限公司	103352	103352	—	39083	39083	—	10823	10823	—
四川金顶（集团）股份有限公司	85122	85122	—	64984	64984	—	13116	13116	—
四川沱牌实业股份有限公司	121531	121531	—	65695	65695	—	14184	14184	—
成都前峰电子股份有限公司	40339	40339	—	23393	23393	—	4515	4515	—
四川长虹电器股份有限公司	1687489	1678490	－1	897361	897362	－1	—	—	—
中国四川国际合作股份有限公司	105159	105159	—	34510	34510	—	7200	7200	—
四川银山化工（集团）股份有限公司	37114	37114	—	16418	16418	—	3886	3886	—
成都泰康化纤股份有限公司	26176	26177	－1	15577	15578	－1	3957	3957	—
宜宾纸业股份有限公司	75479	75479	—	20178	20178	—	7176	7176	—
四川美丰化工股份有限公司	46612	46612	—	35744	36233	－489	4003	4004	－1
四川峨眉柴油机股份有限公司	44421	44421	—	34113	34113	—	5149	5149	—
四川明星电力股份有限公司	27606	27606	—	22467	22466	－1	2899	2899	—
峨眉山旅游股份有限公司	45277	45277	—	42399	42399	—	—	7866	－7866

1997 年四川省未报年报上市公司基本情况核查表

表 2－8　　单位：万元

公司名称	股票代码	行业代码	所有者权益构成		
			合计	国家股	法人股
四川天歌集团股份有限公司	0509	C17	27692	—	6607
成都银河动力股份有限公司	0519	C3515	15270	3374	960
成都蜀都大厦股份有限公司	0584	ZH	68508	4517	9271
成都倍特发展集团股份有限公司	0628	—	52618	2530	6400
攀钢集团板材股份有限公司	0629	C32	83390	26190	4050
成都工益冶金股份有限公司	600804	C32	30376	—	4465
涪陵建筑陶瓷股份有限公司	0688	C3151	21507	—	5491
成都联益实业股份有限公司	0696	C32	18412	—	5330
成都市天兴仪表股份有限公司	0710	C4222	18199	4250	—
四川禾嘉股份有限公司	600093	ZH	29013	—	4500
重庆太极实业股份有限公司	600129	C2730	64945	12016	2484

1998 年 11 月，财政部选取省内企业资产总量、销售收入、上缴利税额排列前 300 名中的 65 户企业，纳入 1999 年财政部确定的 3000 户季度信息监测网络。同时，省国资局强调对国有上市公司、列入国家 512 户重点企业及扩张性试点国有企业共 54 户企业的国有资产年报，要认真组织汇总，不得漏报。54 户企业中，省属企业 10 户，成都市 15 户，自贡市、德阳市、乐山市、遂宁市各 4 户，内江市、宜宾市各 3 户，绵阳市 2 户，泸州市、南充市、广安地区、雅安地区、阿坝州各 1 户。

1998 年，财政部制定印发《国有企业季度监测报表制度》，要求有选择地对占有国有资本金的重点企业基本运营状况进行动态跟踪了解，建立专项财务报告工作制度。季度监测内容包括企业资产、负债、权益、收入、支出及损益等基本财务指标的季度实现情况及下季预计数额，以重点反映国有企业资本运营、财务效绩和发展趋势的动态经营状况。本着“动态性、时效性、简便性”原则，采取“统一方法、重点运作、分级负责”的方式进行。

1999 年 1 月，财政部要求努力建立统一、科学和规范的年报统计体系，推进年报统计工作制度化、方法科学化和操作规范化，加强国有资本金管理情况的调研分析，建立科学、规范的国有资本金效绩评价体系，完善国有资本金动态监测和保值增值考核工作。

1999 年 3 月，财政部确定四川省 1999 年度季报监测企业 60 户。其中成都市 16 户，绵阳市 6 户，泸州市 4 户，自贡市、德阳市、宜宾市、乐山市各 3 户，内江市、资阳地区、攀枝花市各 2 户，南充市、眉山地区、凉山州各 1 户，省属企业 13 户。

1999 年 5 月，省国资局要求市、地国资局，省级有关部门及相关企业，总结授权经营企业经营情况，形成年度分析书面报告，报送授权年度与近 3 年的资产负债表、利润分配表、损益表及现金流量表，提供 1998 年度资产负债率、流动比率、销售利润率、总资产报酬率、资本收益率、资本保值增值率、应收账款周转率、存货周转率、社会贡献率和社会积累率等指标。7 月，又发出《通知》，要求各地和省级各部门报送县级和县级以上地方企业国有资产收益，并对国有资产收益收缴情况，存在问题及原因，加强收益收缴的意见建议，形成书面材料。

1999年12月3日，省国资局决定选择绵阳市、德阳市、自贡市及省属部分国有或国有控股企业试行效绩评价工作。要求把效绩评价同本地区国有企业监管、财务监管、经营者业绩考核等工作紧密结合起来，充分发挥效绩评价的功能和作用。试行工作主要任务是“积累经验、完善方法、培训队伍、理顺关系”；评价范围是1998年度本级政府的重点企业、试点企业集团或本地区有影响的企业的效绩状况；具体户数安排是：绵阳市6户、德阳市2户、自贡市1户，省属企业1户。

效绩评价工作经过两年实践，得到了有关管理层和企业的肯定认同。2002年3月，省财政厅决定扩大企业效绩评价在全省国有及国有控股企业中的使用范围，为政府考核国有企业经营效益和经营者业绩提供科学依据；发挥效绩评价对企业的监管功能，企业诊断与咨询功能；为政府加强国有资本运行质量的监控，有效实施宏观经济决策，以及企业提升市场竞争力服务。要求在产权关系归本级管理的国有及国有控股企业中，有重点地选择实（试）行年薪制等分配制度改革的企业，或者政府重点关注的、对本地经济和社会发展影响大的企业开展企业效绩评价工作。对组织关系归口省委企业工委但产权关系归属市、州管理的国有重要骨干企业应一并纳入本地区效绩评价的工作范围。要求评价工作重点是配合有关部门做好国有企业收入分配制度改革、年薪制、经营者持股、股份期权等项试点，为科学考评企业及其领导人经营业绩提供依据，为企业经营管理，以及政府有效实施企业监管，进行国有经济结构调整的决策服务。

截止2002年7月底，全省范围内已经完成或正在实施2001年度经营状况效绩评价的国有及国有控股企业共106户，其中17户省属企业效绩评价工作全部完成，市、州或县属企业已经或正在实施评价的企业89户。这些企业都是省、市（州）或县的重点国有及国有控股企业，其中大型国有及国有控股企业近50%，基本涵盖了四川省确定的六大支柱产业。企业效绩评价已作为省内重要骨干企业监管的一项重要工作内容与手段被确定下来。省内重要骨干企业的评价户数由2001年的26户，扩大到33户，占全部骨干企业的87%，基本覆盖省内重要骨干企业中的工业和贸易类企业。初步普及了企业效绩评价体系在省、市（州）和县属国有及国有控股企业监管中的应用，基本实现省内国有重要骨干企业效绩评价工作的制度化和规范化。

2002年四川省企业效绩评价户数调查情况表

表2－9　　　　单位：户

项　目	合　计	省级企业	市（州）级企业	县（市、区）级企业
一、全部企业户数	4768	486	1177	3123
二、开展评价企业户数	106	17	77	12
重点评价企业户数	10	2	4	4
一般评价企业户数	96	15	73	8

说明：1. 表中“全部企业户数”栏相关数据来源于四川省2001年度会计决算汇总报表
2. 评价的17户省属企业全部为大型企业
3. 重点评价企业中有8户企业为白酒制造企业，其中2户为民营，原因是年初制订评价工作计划时上述2户企业尚未改制。为分析和研究方便起见，仍对其进行评价
4. 表中统计数据截止2002年7月31日

2002年，全省国有重要骨干企业累计实现营销收入514.4亿元，同比增加76.87亿元，增长幅度为17.57%。其中电子、机械、水泥、投资管理行业营销收入增长速度均超过20%，有25户企业营销收入呈增长势头，增长面达到67.57%。全省国有重要骨干企业实现利润总额27.4亿元，同比增长3.6亿元，增长幅度为15.11%。其中盈利企业盈利31亿元，同比增加0.9亿元，增长幅度为2.9%；亏损企业亏损4.45亿元，同比减少2.72亿元，减亏幅度为37.9%；实现净利润14.35亿元，同比增加2.51亿元，增长幅度为21.25%。全部工业企业实现利润总额27.1亿元，同比增加2.1亿元，增加幅度8.4%，实现净利润14.2亿元，同比增加0.8亿元，增幅5.2%。工业企业实现利润总额占全部企业实现利润总额的比重为98.9%。电子、酿造、冶金、化工等支柱产业是工业行业中的盈利主体。

2002年年末，省属国有重要骨干企业拥有资产总额1292.6亿元，同比增加73.5亿元，增幅为6.03%。所有者权益491.9亿元，同比增加15.71亿元，增长幅度为3.3%。负债总额为740.6亿元，同比增加57.21亿元，增长幅度为8.34%。资产负债率为57.3%，同比下降1.22个百分点。全部企业流动负债为588.95亿元，同比增加48.66亿元，增幅为9%。流动比率为144.45%，同比增加7.1个百分点。速动比率为101.76%，同比增加10.72个百分点。流动比率及速动比率基本保持在企业生产经营良性循环的标准值范围内。长期及短期偿债能力均有明显提高，债务风险降低，市场应变能力增强。已获利息倍数4.82，同比增加2.76，大于国际公认标准1.82个百分点，企业处于良性负债经营。

2003年，全省国有重要骨干企业累计实现营销收入561.04亿元，同比增加76.77亿元，增长幅度为15.85%。除机械行业营销收入同比有所下降外，其他行业呈现不同程度的增长，其中流通、旅游业营销收入增长速度均超过20%。有32户企业营销收入呈增长势头，增长面达到94.12%。全省国有重要骨干企业实现利润总额31亿元，同比增加7.6亿元，增长幅度为32.5%；实现净利润19.2亿元，同比增长5.25亿元，增长幅度为37.6%。盈利企业盈利为35.9亿元，同比增加7.94亿元，增长幅度为28.4%；亏损企业亏损4.9亿元，同比增加0.34亿元，增幅为7.3%。始终位居重要骨干企业实现利润之首的五粮液集团实现利润总额19.57亿元，同比增长4.47亿元，增幅为29.56%，其利润总额占全部企业利润增长的58.74%。国有重要骨干企业中的15户工业企业完成总产值为392.1亿元，同比增加36.06亿元，增幅为10.13%；完成工业增加值123.21亿元，同比增加18.17亿元，增幅为17.3%，高出全省国有及国有控股企业0.2个百分点。国有重要骨干工业企业完成工业增加值占全省工业企业的比重为10.66%。

工业企业实现销售收入388.66亿元，同比增加51.84亿元，增幅为15.4%。工业企业销售额占全部国有重要骨干企业销售总额的比重为69.3%，实现产品销售收入占全省工业企业的比重为11.57%，产销率99.12%，高于全省规模以上工业企业平均水平0.38个百分点。

重要骨干企业中全部工业企业实现利润总额25.79亿元，同比增加4.76亿元，增加幅度22.57%。实现净利润14.7亿元，同比增加2.2亿元，增幅17.64%。若剔出国有已不控股的全兴集团与旅行车制造厂，工业企业实现利润总额26.38亿元，同比增加5.52亿元，增加幅度26.45%，实现净利润15.29亿元，同比增加2.2亿元，增幅16.84%。工业企业实现利润总额占全部企业实现利润总额的比重为83.17%。全部工业企业净资产收益率5.04%，同比增长0.55个百分点；总资产报酬率4.56%，同比增长0.42个百分点。电子和通讯设备制造业、酒类、化工等支柱产业是工业行业中的盈利主体，对全省工业经济增长发挥着支撑作用。

2003 年年末，四川省国有重要骨干企业拥有资产总额 1358.5 亿元，同比增加 90.95 亿元，增幅为 7.18%，其中：流动资产 707.69 亿元，同比增加 57.89 亿元，增幅为 8.91%，占全部资产的比重为 52.1%。全部企业负债总额为 758.16 亿元，同比增加 56.46 亿元，增长幅度为 8.05%。资产负债率为 55.84%，同比下降 0.56 个百分点。其中流动负债为 630.03 亿元，同比增加 56.11 亿元，增幅为 9.78%。所有者权益 539.19 亿元，同比增加 33.32 亿元，增长幅度 6.59%。

2004 年 2 月 12 日，国务院国资委发布《企业国有资产统计报告办法》，要求凡占用国有资产的企业，都应根据国家统一的要求，认真编制国有资产统计报告，如实反映企业占用的国有资产及其营运情况。

国有资产年度统计报告由企业会计报表和国有资产营运分析报告两部分构成。企业会计报表按照国家财务会计统一规定由资产负债表、利润及利润分配表、现金流量表、所有者权益变动表、资产减值准备计提情况表及相关附表构成。国有资产营运分析报告是对本地区、本部门或者本企业占用的国有资产及营运情况进行分析说明的文件，具体包括：

（一）国有资产总量与分布结构；

（二）企业资产质量、财务状况及经营成果分析；

（三）国有资产增减变动情况及其原因分析；

（四）国有资产保值增值结果及其影响因素分析；

（五）其他需说明的事项。

2004 年、2005 年，国务院国资委连续发出关于做好地方企业国有资产统计工作的《通知》，强调对企业国有资产统计工作，要提高认识，加强领导，理顺关系，落实责任，加强工作协调，严格工作规范，尽快建立和完善国有资产统计工作体系。

2004 年省国资委成立后，制定四川省企业国有资产统计工作制度，初步建立市、州属企业国有资产统计工作体系。在建立年度企业国有资产统计报告体系基础上，建立了省重点国有企业财务快报、市州属企业财务快报和中央在川企业经济信息联系工作制度 3 个企业财务动态监测体系。

2004 年年末，29 户省、市属重点国有及国有控股企业资产总额为 1544 亿元，比 2003 年同期增长 3.54%。资产上百亿的企业有四川省投资集团公司（506 亿元）、成都市商业银行（236 亿元）、宜宾五粮液集团公司（175 亿元）、长虹电子集团公司（159 亿元）。4 户企业资产合计为 1077 亿元，占 29 户企业资产总额的 69.75%。29 户企业流动资产为 655 亿元，占总资产的 42.42%，全年固定资产投资额为 123 亿元，同比增长 63.05%。企业负债总额为 953 亿元，比上年同期增长 6.32%，年末资产负债率为 61.74%，比 2003 年年末上升 1.62 个百分点。所有者权益为 472 亿元，比上年下降 0.46%，所有者权益下降主要是长虹集团公司计提大额资产减值准备，巨幅亏损导致所有者权益急剧下降，扣除长虹集团公司所有者权益后增长 5.6%。所有者权益下降的企业共有 15 户，超过 50%，下降幅度超过 10% 的企业有 8 户，下降超过 30% 的企业有 5 户，其中长虹集团下降 46.34%，粮油集团下降 45.67%，纺织集团下降 44.73%，医药集团下降 35.4%，地方铁路局下降 35.14%。

2004 年年末，省属企业资产总额为 876 亿元，比 2003 年增长 9.37%，增幅高出 29 户企业增幅的 5.83 个百分点；资产负债率为 62.96%，比 2003 年年末上升 0.73 个百分点；所有者权益为 257 亿元，比上年增长2.55%。

2004年，29户省、市属重点国有及国有控股企业全年实现销售收入581亿元，同比增长4.80%。有17户企业增幅高于平均增幅，增幅超过30%的企业有5户，分别是川国旅（75.08%）、机场集团公司（58.8%）、大西洋集团（45.3%）、九州电器（32.65%）、自贡硬质合金（31.59%）。全年累计销售收入超过50亿元的企业有4户，分别是宜宾五粮液集团（138亿元）、长虹电子集团（117亿元）、华西集团（90亿元）、省投资集团（67亿元），4户企业总计实现销售收入412亿元，占29户企业总额的70.91%。省属企业实现销售收入259亿元，比上年增长9.95%，增幅比29户企业平均增幅高5.15个百分点。非工业企业实现销售收入229亿元，同比增长13.37%，比工业企业增幅（2.57%）高出10.8个百分点。29户省、市属重点国有及国有控股企业全年亏损5.55亿元，扣除长虹集团公司计提坏账损失25.5亿元和存货跌价准备10亿元后，全年实现利润37.43亿元，比上年增长29.43%。省属企业全年实现利润10.59亿元，同比增长88.74%。全年利润超1亿元的企业有4户，分别是：宜宾五粮液集团（24.03亿元）、省投资集团（6.76亿元）、化工控股集团（2.29亿元）、九州电器（1.52亿元），4户企业总计实现利润34.61亿元，占所有盈利企业盈利额的87.95%。29户企业有19户盈利，共盈利39.35亿元；10户亏损，共亏损44.90亿元，不含长虹其余9户企业亏损1.92亿元。

从行业看，10户工业企业累计实现工业总产值381亿元，同比增长5.49%。累计实现销售收入361亿元，同比增长2.57%，增幅比29户企业平均增幅低2.23个百分点；不计长虹电子集团下降17.13%的影响，同比增长15.64%。全年工业企业实现利润-14.24亿元，其中长虹集团亏损42.98亿元；扣除长虹集团亏损，实现利润28.74亿元，同比增长18.67%。两家白酒制造业企业实现销售收入153亿元，同比增长13.33%，实现利润25亿元，同比增长20.79%；化工控股集团实现销售收入40.18亿元，同比增长15.98%，全年实现利润2.29亿元，同比增长54.13%；九州电器全年实现利润1.52亿元，比上年增长11.28%；自贡大西洋集团和硬质合金，产销均有较大幅度增长，但利润均有所下降；双马集团、纺织集团分别亏损5035万元、2921万元。

两家航空运输服务企业由于旅客流量增加，全年累计利润大幅增长，四川航空集团公司全年实现利润7782万元，同比增长387.90%。机场集团公司扭亏为盈，全年实现利润5544万元，同比增利18833万元。

两户投资控股企业销售收入增幅回落。川投集团全年实现销售收入66.52亿元，同比增长14.21%；全年实现利润6.76亿元，同比增长49.51%。省国资公司全年实现销售收入6.78亿元，同比增长19.52%；实现利润2345万元，同比增长1.91%。

7户商贸企业销售收入下降，同比增亏，但外贸企业好于内贸企业。7户商贸企业全年实现销售收入16.38亿元，比2003年下降9.98%，累计亏损2813万元，同比增亏381.68%。其中3户外贸企业全部盈利，共实现利润2424万元，同比增长33.19%。4户内贸企业有3户亏损，共计亏损5235万元，同比增亏45%。

金融行业扭亏为盈。全年3户金融企业实现收入9.74亿元，同比增长5.68%。其中华西证券增长较大，同比增长29.79%，12月当月实现利润10253万元。3户金融企业实现利润6912万元，与2003年基本持平，12月当月3户企业实现利润10698万元，与1至11月累计亏损形成鲜明对比。成都市商行全年实现利润981万元，同比下降78.6%，12月份实现利润4767万元，本月成都市商行实现利润较大主要是银行实行季度收息，三季度利息集中在 12 月收讫。省信托全年亏损 2219 万元，比 2003 年减亏 8.57%，12 月份实现利润 202 万元。

2005 年年末，全省 29 户重点国有企业资产总额为 1680 亿元，增幅为 9.8%。全年资产增加 149 亿元。其中，省属企业资产总额为 940.63 亿元，占 29 户企业的 55.98%，同比增长 9.04%；市属企业资产总额为 739.80 亿元，同比增长 10.07%。29 户企业各月销售收入增长幅度基本上保持在 20% 以上，最低月份也达到 19.6%。全年累计实现销售收入 682 亿元，同比增长 20.2%，增幅比 2004 年上升 15.4 个百分点，有 5 户企业销售收入超过 50 亿元，3 户企业超过 100 亿元。其中，华西集团销售收入首次突破百亿大关，达到 109 亿元，同比增长 26.8%；五粮液集团实现销售收入 156.59 亿元，同比增长 13.3%；长虹电子集团实现销售收入 150.85 亿元，同比增长 28.9%；省投资集团实现销售收入 66.80 亿元，同比增长 10.7%，化工控股集团实现销售收入 51.37 亿元，同比增长 28.3%。

2005 年销售收入上百亿元的在川国有企业除有省属企业 1 户，市属企业 2 户之外，还有中央在川企业 10 户，分别是：攀钢（集团）公司 321 亿元、省电力公司 310 亿元、成都铁路局 220 亿元、东方电器集团 180 亿元、中石油四川销售公司 149 亿元、中铁二局集团 126 亿元、川渝中烟工业公司 120 亿元、中石油西南油气田公司 109 亿元、四川省电信公司 119 亿元、四川移动通信公司 105 亿元（按香港会计口径）。共计 13 户，其中中铁二局集团、中石油西南油气田公司、四川移动通信公司和华西集团等 4 户企业为首次进入销售收入上百亿企业行列。

2005 年，29 户企业实现利润 47.75 亿元，比 2004 年增加 52.1 亿元（2004 年利润因长虹大额亏损影响为负），利税总额超过 100 亿元，为 102.55 亿元，职工收入增长 7%。全年实现利润上亿元的企业有 7 户，比 2004 年增加 1 户，这 7 户企业分别是：五粮液集团 24.47 亿元、省投资集团 9.24 亿元、化工控股集团 7.18 亿元、长虹集团 2.7 亿元、九洲电器集团 2.04 亿元、机场集团 1.32 亿元、老窖集团 1.2 亿元，全年利润增幅超过 30% 的有 11 户，增幅超过 100% 的有 6 户，特别是化工控股集团、在基数较大的情况下翻了 3 倍多。

2005 年，20 户省属企业有 7 户企业销售下降，有一半企业亏损，有 11 户企业所有者权益减少。从资产盈利能力看，29 户企业全年总资产报酬率为 3.52%，低于银行贷款利率。

29 户重点国有企业国有资产保值增值率为 106.3%，有 10 户企业超过 110%，九洲电器最高，达到 138.11%。其中市属企业增长较大，为 109.53%，省属企业增长 103.57%。

2005 年，企业资产负债率一直在高位运行，年末高达 63%。

2004年四川省国有重要骨干企业主要指标统计表

表2－10　　单位：万元

企业名称		资产总额 本年累计	资产总额 上年同期	资产总额 增减率（%）	资产负债率% 本年累计	资产负债率% 上年同期	资产负债率% 增减百分点	所有者权益 本年累计	所有者权益 上年同期	所有者权益 增减率（%）	销售（营业）收入 本年累计	销售（营业）收入 上年同期	销售（营业）收入 增减率（%）	销售（营业）成本 本年累计	销售（营业）成本 上年同期	销售（营业）成本 增减率（%）	利润总额 本年累计	利润总额 上年同期	利润总额 增减率（%）
市属企业	长虹电子集团	1594378	2197872	-27.46	54.01	47.01	7.00	296692	552883	-46.34	1170131	1412073	-17.13	1004358	1227139	-18.15	-429767	19869	-2263.00
	华丰企业集团	43000	42634	0.86	59.30	67.71	-8.41	17500	13767	27.12	21600	20517	5.28	15700	14368	9.27	800	62	1190.32
	成都市商业银行	2359709	2180468	8.22	95.28	94.87	0.40	111485	111792	-0.27	60429	61289	-1.40	67687	61895	9.36	981	4588	-78.62
	五粮液集团	1750322	1580323	10.76	19.96	21.48	-1.53	1395684	1236969	12.83	1382093	1211882	14.05	963712	814140	18.37	240346	196622	22.24
	九洲电器集团	221170	213972	3.36	73.26	74.18	-0.93	46557	44659	4.25	181476	136811	32.65	124249	83252	49.24	15170	13632	11.28
	大西洋集团	153699	140435	9.44	48.62	45.33	3.29	44124	42542	3.72	97659	67210	45.30	79996	52100	53.54	4391	4994	-12.07
	自贡硬质合金	124717	118645	5.12	73.56	73.70	-0.15	32974	31200	5.69	110069	83645	31.59	93027	67642	37.53	2112	2664	-20.72
	泸州老窖集团	282056	289795	-2.67	43.47	47.37	-3.91	157179	149950	4.82	143602	134384	6.86	74161	70819	4.72	9571	10274	-6.84
	双马投资集团	152947	141064	8.42	54.16	45.84	8.31	45126	49036	-7.97	50442	57951	-12.96	43567	44975	-3.13	-5035	201	-2604.98
	小　计	6681998	6905208	-3.23	60.13	57.67	2.46	2147321	2232798	-3.83	3217501	3185762	1.00	2466457	2436330	1.24	-161431	252906	-163.83
省属企业	新光工业	9978	10079	-1.00	63.84	64.61	-0.77	3608	3567	1.15	20730	20590	0.68	19008	18793	1.14	43	43	—
	四川航空集团	53734	56611	-5.08	15.62	11.61	4.01	43543	48774	-10.72	3711	7646	-51.46	1255	5240	-76.05	7782	1595	387.90
	四川锦江宾馆	28711	29749	-3.49	77.10	77.26	-0.15	6574	6331	3.84	17223	13964	23.34	3005	2813	6.83	350	217	61.29
	省纺织集团	106309	118208	-10.07	89.52	81.55	7.98	11282	20411	-44.73	48095	45629	5.40	45064	41681	8.12	-2921	-1196	144.23
	川中国旅	9176	9486	-3.27	65.78	63.63	2.15	3140	3450	-8.99	12597	7195	75.08	11700	6437	81.76	-60	-403	-85.11
	省地方铁路局	110941	107674	3.03	72.71	56.65	16.06	30276	46680	-35.14	7206	12835	-43.86	5686	9412	-39.59	-1527	-1352	12.94
	省医药集团	32451	27019	20.10	82.93	81.65	1.28	3203	4958	-35.40	56576	50703	11.58	53173	47052	13.01	221	48	360.42
	四川化工控股	827659	724592	14.22	49.46	45.01	4.46	261962	257436	1.76	401764	346417	15.98	293261	254133	15.40	22899	14857	54.13
	机场集团	382717	278267	37.54	29.60	35.40	-5.80	214527	179750	19.35	53903	33945	58.80	30575	29679	3.02	5544	-13289	-141.72
	外贸集团	38200	37721	1.27	25.35	24.37	0.98	25120	25019	0.40	22979	27068	-15.11	19637	24382	-19.46	1537	2459	-37.49
	省信托投资	296247	313958	-5.64	91.30	91.08	0.22	25769	28005	-7.98	5832	6858	-14.96	3468	6874	-49.55	-2219	-2427	-8.57
	长江集团	21457	26377	-18.65	41.94	37.53	4.41	12458	16478	-24.40	7061	5739	23.04	5201	4030	29.06	621	476	30.46
	华西证券	260066	338018	-23.06	68.64	75.71	-7.06	81547	82121	-0.70	30978	23868	29.79	5061	718	604.87	8150	4831	68.70
	华西集团	727822	667386	9.06	82.50	81.33	1.17	115120	112443	2.38	898225	788408	13.93	813652	718086	13.31	3019	3043	-0.79
	省投资集团	5064583	4516870	12.13	62.01	60.68	1.32	1543267	1477174	4.47	665234	582445	14.21	445345	388508	14.63	67641	45242	49.51
	省粮油（集团）	89609	107376	-16.55	96.00	94.02	1.99	3197	5884	-45.67	30588	41903	-27.00	29849	41287	-27.70	-2061	-954	116.04
	省商业集团	87394	88421	-1.16	62.61	61.57	1.04	32406	33857	-4.29	16739	20077	-16.63	15155	19049	-20.44	-1945	-1140	70.61
	物资产业集团	70801	75087	-5.71	88.66	87.54	1.11	8031	9353	-14.13	9103	15860	-42.60	8327	14682	-43.28	-1229	-1516	-18.93
	公路桥梁集团	432833	373853	15.78	60.10	54.14	5.96	113546	114197	-0.57	211937	246077	-13.87	192890	216515	-10.91	-2250	3295	-168.29
	国资公司	108487	101833	6.53	68.26	68.02	0.24	29233	28094	4.05	67806	56732	19.52	53020	43890	20.80	2345	2301	1.91
	小　计	8759175	8008585	9.37	62.96	62.23	0.73	2567809	2503982	2.55	2588287	2353959	9.95	2054332	1893261	8.51	105940	56130	88.74
合　计		15441173	14913793	3.54	61.74	60.12	1.62	4715130	4736780	-0.46	5805788	5539721	4.80	4520789	4329591	4.42	-55491	309036	-117.96

2005年四川省国有重要骨干企业主要指标统计表(年末快报)

表2－11　　　　单位:万元

类别	企业名称	资产总额 本年数	资产总额 上年同期	资产总额 增减率(%)	资产负债率% 本年数	资产负债率% 上年同期	资产负债率% 增减百公点	所有者权益 本年数	所有者权益 上年同期	所有者权益 增减率(%)	销售(营业)收入 本年累计	销售(营业)收入 上年同期	销售(营业)收入 增减率(%)	销售(营业)成本 本年累计	销售(营业)成本 上年同期	销售(营业)成本 增减率(%)	利润总额 本年累计	利润总额 上年同期	利润总额 增减率(%)
市属企业	长虹电子集团	1454875	1594378	-8.75	47.06	54.01	-6.95	302689	296692	2.02	1508463	1170131	28.91	1269846	1004358	26.43	26953	-429767	—
	九洲电器集团	329219	246023	33.82	75.90	77.31	-1.41	63085	45677	38.11	235059	175626	33.84	165966	109724	51.26	20368	15371	32.51
	华丰企业集团	45000	40915	9.98	57.78	58.68	-0.90	19000	16905	12.39	25200	21633	16.49	18600	16478	12.88	800	97	724.74
	成都商业银行	2915183	2359707	23.54	96.03	95.27	0.75	115807	111518	3.85	85885	60429	42.13	85186	67687	25.85	7477	1015	636.65
	五粮液集团	1927201	1750322	10.11	17.66	19.96	-2.30	1568618	1395684	12.39	1565932	1382093	13.30	1095213	963712	13.65	244696	240346	1.81
	泸州老窖集团	297990	277897	7.23	45.86	42.39	3.48	159291	157870	0.90	173613	143150	21.28	93954	73014	28.68	11965	11990	-0.21
	自贡硬质合金	125450	125675	-0.18	69.47	72.22	-2.75	35170	33550	4.83	140629	116380	20.84	116943	98419	18.82	3480	2364	47.21
	大西洋集团	147560	142145	3.81	48.48	46.29	2.19	42150	44121	-3.65	137027	100603	26.27	109371	83147	31.54	1819	5728	-68.24
	双马投资集团	155480	146101	6.42	56.59	55.63	0.96	42347	42187	0.38	42041	52836	-20.43	35383	47332	-25.25	-129	-11034	-98.83
	小　计	7397958	6683163	10.70	60.60	60.28	0.33	2348517	2144204	9.53	3903849	3222881	21.13	2990462	2463871	21.37	317429	-163890	—
省属企业	省投资集团	5563502	4913516	13.23	65.56	64.56	0.99	1554475	1482633	4.85	667996	603474	10.69	452329	374454	20.80	92418	77283	19.58
	省国资公司	109420	108338	1.00	73.15	65.97	7.18	22945	29201	-21.42	46611	63559	-26.66	39680	49688	-20.14	-2754	3742	—
	省机场集团	357021	368216	-3.04	14.59	27.27	-12.68	242331	212880	13.83	70516	55241	27.65	38199	31124	22.73	13227	4921	168.79
	四川航空集团	55253	53590	3.10	17.48	14.76	2.72	44096	43532	1.30	6090	5000	21.80	3106	1284	141.90	786	12167	-93.54
	四川华西集团	822542	779025	5.59	83.62	82.91	0.71	122333	120925	1.16	1090498	860064	26.79	1001706	763207	31.25	3990	3899	2.33
	四川路桥集团	444907	432833	2.79	61.96	60.10	1.86	110041	113546	-3.09	237442	211937	12.03	222543	192890	15.37	-10140	-2250	-350.67
	省地方铁路局	110520	111170	-0.58	74.20	73.25	0.94	28519	29737	-4.10	8716	7212	20.85	6422	5685	12.96	-822	-1712	-51.99
	华西证券	218785	260065	-15.87	74.98	68.64	6.34	54734	81547	-32.88	27691	30977	-10.61	4027	5062	-20.45	166	-1030	—
	省信托投资	284705	296266	-3.90	91.97	91.30	0.67	22846	25770	-11.35	4788	5851	-18.17	3559	3467	2.65	-2864	-2243	-27.69
	四川化工控股	954952	823441	15.97	50.69	50.20	0.49	299252	259305	15.41	513658	400467	28.26	349428	285205	22.52	71844	21813	229.36
	省纺织集团	98596	87611	12.54	85.01	81.02	3.99	14290	16140	-11.46	31478	27576	14.15	29768	25611	16.23	-3890	-2942	32.22
	省粮油集团	84174	90028	-6.50	99.16	97.87	1.29	705	1151	-38.75	18650	20433	-8.73	17817	19764	-9.85	-1776	-2222	-20.07
	省商业集团	78786	89752	-12.22	73.46	62.63	10.83	20662	33268	-37.89	15546	16739	-7.13	16751	15155	10.53	-2403	-2023	-18.78
	省物资产业集团	71461	72988	-2.09	90.41	88.95	1.46	6855	8064	-14.99	2893	9105	-68.23	2300	8327	-72.38	-1180	-1657	28.79
	省外贸集团	42471	37137	14.36	30.96	24.51	6.45	25902	24770	4.57	38584	23722	62.65	34522	20363	69.53	2203	1618	36.16
	省医药集团	37720	33777	11.67	84.66	78.30	6.36	3494	3460	0.98	74704	56578	32.04	71070	53172	33.66	553	320	72.81
	省长江集团	31424	20344	54.46	48.90	34.97	13.93	15092	12462	21.10	12399	8615	43.92	9155	6684	36.97	986	579	70.29
	省新光工业	4862	5852	-16.92	34.80	38.53	-3.73	3170	3597	-11.87	5028	20549	-75.53	4625	18832	-75.44	-428	88	—
	四川锦江宾馆	25903	28710	-9.78	73.69	77.16	-3.47	6816	6557	3.95	17688	17223	2.70	3040	3005	1.16	350	350	0.00
	四川国旅	9253	14129	-34.51	66.53	74.85	-8.32	3097	3553	-12.83	25331	6705	277.79	24522	5881	316.97	-202	-86	-134.88
	小　计	9406257	8626788	9.04	65.08	64.45	0.63	2601655	2512098	3.57	2916307	2451027	18.98	2334569	1888860	23.597	160064	110615	44.70
合　计		16804215	15309951	9.76	63.11	62.63	0.48	4950172	4656302	6.31	6820156	5673908	20.20	5325031	4352731	22.338	477493	-53275	—

第三节 保值增值考核

1990 年 10 月，国家国资局、财政部等 4 部门《关于加强承包经营责任制企业国有资产管理的试行办法》规定：国有资产保值增值指标，由国有资产管理部门商财政部门核定和考核，并纳入企业承包合同，与企业、职工和经营者的利益挂钩。省国资局转发这一《办法》时，要求承包合同必须增加国有资产保值增值指标。国有资产保值增值指标考核，采取分年度考核和承包期末考核相结合的办法，对没有完成保值增值指标的企业，要适当扣减企业的效益工资和承包经营者的承包奖。

1990 年年末，全省统计汇编的 12633 户企业中，盈利企业 8434 户，亏损企业 4038 户，亏损面为 32%，比 1989 年亏损面 14.1% 增加 17.9 个百分点。

1991 年，全省各级国有资产管理部门积极参与企业第二轮发包工作，开始通过具体确定测算基数、测算口径和挂钩方式，将国有资产保值增值指标分解细化，纳入承包合同。但国有企业营运效益差，资产收益下降，亏损企业逐年扩大，国有资产保值增值难度极大。至 1994 年，全省汇编企业户数 12583 户。其中盈利企业 5854 户，比 1993 年的 7062 户减少 1208 户，下降 17.11%；亏损企业 6655 户，比 1993 年的 5614 户增加 1041 户，增长 18.54%，亏损额 47.74 亿元，比 1993 年的 37.98 亿元，增加 9.76 亿元，增长 25.7%。1994 年全省国有企业实现利润为 -17.22 亿元，比 1993 年的 19.01 亿元，减少 36.23 亿元，下降 190.58%。60% 的行业实现利润为负数。资产利润率为 -0.73%，比 1993 年的 0.91% 下降 1.64%。亏损额主要集中在工业部门，亏损 27.18 亿元，占亏损总额的 56.93%。其中纺织、轻工、物资、煤炭亏损最为严重，亏损额分别达 6.07 亿元、5.84 亿元、2.41 亿元、1.29 亿元。商粮贸金融部门亏损 15.18 亿元，占亏损总额 31.8%，其中粮食、商业亏损最为严重，亏损额分别达 7.83 亿元、6.14 亿元。农、林、水部门亏损 1.81 亿元，占 3.79%，其中林业亏损最为严重，亏损 1.40 亿元。

1994 年 12 月，国家国资局、财政部、劳动部发布《国有资产保值增值考核试行办法》，规定：企业国有资产保值增值考核，一般以年度为考核期，保值增值指标考核值由国有资产管理部门核定，会同财政部门下达。企业法定代表人对企业国有资产保值增值承担经营责任，并与其个人收入挂钩。

1995 年，全省各级国有资产管理部门开始对政府独资设立的国有企业，吸收其他单位投资但尚未改建为有限公司的联营企业以及按《公司法》改建的国有独资公司，实行国有资产保值增值考核。省国资局要求各地区、各部门将国有资产保值增值指标实际完成结果纳入确定经营者年薪制或年度工资收入的相关指标。

全省参加 1995 年度国有资产保值增值考核的企业为 9311 户，占全省应考核企业的 82%，其中盈利企业 4097 户，亏损企业 5214 户。参加考核企业 1995 年年底资产总额为 18884917 万元，负债总额为 13609155 万元，资产负债率为 72%；所有者权益额为 5275816 万元，其中实收资本 3871995 万元，资本公积 1802555 万元，盈余公积 544861 万元，未分配利润 -943595 万元。1995 年期初核定的企业国家所有者权益为 3459952 万元。国有资产保值增值额为 128601 万元，增值率为 105.1%，国有企业减亏额为 20394 万元。经年终考核，盈利企业国有资产保值增值率为 111.12%，保值增值额 278860 万元；亏损企业年末实际亏损 452046 万元，超亏 431652 万元。

1995 年，保值增值指标未能完成，企业亏损面和亏损额均大幅增加。企业间差异较大，宜宾五粮液酒厂国有资产保值增值率达 151%，而个别企业亏损达 1000 万元。完成保值增值指标的企业，80% 仅达到保值，实际增值只集中在少数企业。保值增值指标完成较好的企业集中在机械、电力、石油商业等部门，保值增值率超过期初核定的保增率 5 个百分点以上。保值增值率指标完成难度较大的企业集中在纺织、商业、粮食等部门，如商业行业亏损 104878 万元，占亏损总额的 23%。

1996 年，全省（含万县市、涪陵地区、黔江地区，不含重庆市）纳入国有资产保值增值考核范围的企业共 8821 户，占全省（不含重庆市）所属企业总户数 10659 户的 83%。考核户数较 1995 年同期减少 490 户，考核比例比上年增加 1%。1996 年，盈利企业 4158 户，占考核企业户数的 47%；亏损企业 4663 户，占考核企业户数的 53%。考核企业中，工业企业 3511 户，占考核企业户数的 40%；建筑安装企业 3357 户，占 38%；农林水企业 647 户，占 7%；其他企业 871 户，占 10%。

纳入全省 1996 年度考核范围的企业，年末国有资产总额为 5237786 万元。从其构成看：国家资本为 3868837 万元，国家应享资本公积为 2137344 万元，盈余公积 627871 万元，未分配利润 -1289625 万元；从行业分布看，工交建企业占用国有资产总额为 3643517 万元，占全省企业国有资产总额的 70%；商粮贸企业占用国有资产总额为 890798 万元，占 17%；其他行业企业占用国有资产总额为 703，471 万元，占 13%。全省企业国有资产总额主要分布于工业等基础产业行业之中。1996 年年初，被考核企业国有资产总额为 4907780 万元，保值增值指标核定额为增值 513111 万元。1996 年年末企业国有资产总值与年初的企业国有资产总额 4907780 万元相比，增加 330006 万元，国有资产保值增值率为 107%；扣除国家各种投资及政策优惠、资产评估、产权界定等客观因素使企业国有资产总额增加的 692780 万元，国家所有者权益为 4545006 万元，则年末实际减少国有资产总额 362774 万元，全省 1996 年度企业国有资产保值增值率为 93%。

1996 年，全省国有资产保值增值指标未能完成，主要是缺乏高科技含量、高附加值、高出口创汇、高市场占有率的行业或企业，企业资产运行质量太低，获利能力较差。纳入考核范围的 4158 户盈利企业的净资产利润水平仅为 8%，4663 户亏损企业累计亏损 586283 万元。

1997 年，省、市两级国有资产保值增值考核面达到 100%，县级考核面超过 80%。为把国有资产保值增值考核与企业领导班子考核相结合，省国资局制定了《企业国有资产保值增值考核奖惩暂行规定》，把资本保值增值指标列为全省 37 户扩张型企业年度考核的重要指标。

1997 年，全省国有企业 8301 户，比 1996 年 9169 户减少 868 户，主要是出售、合并、改制等减少了企业户数。全省 8301 户国有企业资产总额 2822.87 亿元，负债总额 2018.03 亿元，所有者权益 804.84 亿元（其中未分配利润 -162.37 亿元），国有资产总额 672.13 亿元，利润总额 3.16 亿元，资产负债率 71.49%。

省级企业 561 户，资产总额 541.14 亿元，其中国有资产总额 176.96 亿元，负债总额 351.77 亿元，所有者权益 189.37 亿元（其中未分配利润 -8.40 亿元），利润总额 2.33 亿元，资产负债率 65.01%。

1997 年度四川省企业国有资产保值增值考核情况表

表 2－12

全省企业				地区企业		省级企业	
企业名称	保值增值率（%）	企业名称	保值增值额（万元）	地区名称	平均保值增值率（%）	企业名称	保值增值率（%）
安岳印刷厂	25700	四川高速公路建设开发总公司	339118	宜宾市	119	省粮食物资公司	9760
邻水县城建综合开发公司	10000	省投资集团有限责任公司	95717	绵阳市	118	省乐山客车厂	568
省粮食物资公司	9760	国营长虹机械厂	43277	德阳市	98	省友谊华侨公司	442
都江堰市酒厂	9000	宜宾五粮液酒厂	42838	成都市	94	天地出版社	316
仪陇县永东粮油公司	8900	四川双马水泥（集团）有限公司	14062	阿坝州	94	省医药保健品总公司	286
攀枝花水产公司	7457	四川剑南春集团有限责任公司	12668			省拉克铁矿	274
内江玻璃厂	7282	泸州老窖股份有限公司	11370			省高速公司建设开发总公司	268
峨眉山双福粮油食品站	6900	成都市全兴酒厂	10756			四川华厦工程总公司	250
内江市中区医药公司	6300	川化集团公司	9452			省工艺美术总公司	186
屏山县龙洞坪茶场	4900	四川华西集团总公司（本部）	9160			长城机械厂	180
凉山州外贸粮油食品公司	－9300	四川久大盐业集团公司	－36264	眉山地区	－243	省粮油食品供应公司	－442
渠县临巴区粮站	－6500	四川华西集团总公司	－28938	广元市	11	四川辽原机械厂	－343
阿坝州制革厂	－6122	省石油集团有限公司	－18828	巴中市	27	省华侨开发总公司	－192
南充市物资经营总公司	－4800	四川物资集团有限公司	－12254	自贡市	66	省自行车轻机工业联合公司	－125
广安地区五交化公司	－3789	四川物资产业集团	－10573	南充市	78	省重点建设物资承包公司	－85
南充市冷冻厂	－3300	省金属总公司	－9130			省丝绸公司	－81
大邑县轻工业轻纺公司	－3100	省昭化造纸厂	－6020			省饲料公司	－28
自贡贡井区工矿服务公司	－2800	省石油公司成都采购供应站	－5874			四川机械物资公司	0
广汉粮食局连山粮油食品站	－2725	南充市茧丝绸公司	－5771			省林业科技开发总公司	0
大安区物资总公司	－2717	甘孜州里任铜矿	－5090			四川大渡河集团股份有限公司	0

1998 年，纳入国有资本金保值增值考核范围的 5707 户企业，占全省企业总户数 7232 户的 78.91%；资产总额为 2233.86 亿元，占全省企业资产总额 3052.4 亿元的 73.18%；负债总额为 1639.25 亿元，占全省企业负债总额 2132.38 亿元的 76.87%；国有资产总额 553.58 亿元，占全省企业国有资产总额 759.01 亿元的 72.93%。

考核企业资产总额 2233.86 亿元中，流动资产 1127.64 亿元，长期投资 198.72 亿元，固定资产 832.40 亿元，无形资产 39.98 亿元，递延资产 16.03 亿元。考核企业负债总额 1639.25 亿元，其中流动负债 1310.01 亿元，长期负债 326.46 亿元。考核企业所有者权益总额为 594.61 亿元，其中实收资本 412.69 亿元，资本公积 233.03 亿元，盈余公积 83.94 亿元，未分配利润 -135.04 亿元。考核企业国有资产总额为 553.58 亿元，其中国有实收资本 375.79 亿元，国有实收资本应享有权益 156.53 亿元，其他国有资金 21.26 亿元。

1998 年全省考核企业国有资本金保值增值考核指标核定：年初的国家资本金及其权益为 553.82 亿元，年末国家资本金及其权益为 551.07 亿元，保值增值率为 99.5%；客观因素增加值 40.08 亿元，客观因素减少值 29.38 亿元，扣除客观因素增减值影响额后国家资本金及其权益为 540.37 亿元，比年初减少 13.46 亿元；实际保值增值率为 98%，没有完成保值增值任务。

考核企业户数为 5707 户，较 1997 年同期有所减少，是企业撤销、破产、出售、合并、报表关系改变等所致。考核企业按规模分为：特大型 8 户、大型 153 户、中型 788 户、小型 4675 户、不划型 83 户。其中盈利企业为 2188 户，占考核总户数的 38.33%，年末国有资产总量 460.09 亿元，占考核企业的 85.08%，资产负债率 64.72%，利润总额 41.73 亿元；亏损企业为 3519 户，占考核企业的 61.67%，年末国有资产总量 80.69 亿元，占考核企业的 14.92%，资产负债率 97.47%，利润总额 -73.06 亿元。盈利企业户数少，占国有资产总量比重大，但盈利少；亏损企业户数多，占国有资产总量比重小，但亏损大。

2000 年 2 月，财政部等 3 部委发布《国有资产保值增值结果计算与确认办法》，将保值增值标准值分为优秀值、较好值、平均值、较低值和较差值 5 个档次。考核确认意见“作为进行经济决策、制定年薪制、工资分配等收入分配制度和对经营者进行奖惩、任免的重大依据。”

2001 年 4 月，省财政厅、省经贸委与省劳动和社会保障厅在转发财政部等 3 部委《关于做好国有资本保值增值结果计算与确认工作的通知》时要求，各地区凡是占有、使用国有资本的各类企业，原则上都应按规定纳入国有资本保值增值确认的工作范围。省本级在做好省属企业国有资本保值增值确认工作的基础上，重点对省委企业工委选定的 37 户企业（金融企业除外）逐户进行国有资本保值增值确认。确认工作由同级财政（国资）部门牵头，会同经贸等部门组织实施，确认结果报送本级政府及劳动保障部门备案。

2002 年年末，省属国有重要骨干企业拥有资产总额 1292.6 亿元，同比增加 73.5 亿元，增幅为 6.03%。全部企业负债总额为 740.6 亿元，同比增加 57.21 亿元，增长幅度为 8.34%。资产负债率为 57.3%，同比下降 1.22 个百分点。所有者权益 491.9 亿元，同比增加 15.71 亿元，增长幅度为 3.3%。实现利润总额 27.4 亿元，同比增长 3.6 亿元，增长幅度为 15.11%。2002 年，省属国有重要骨干企业累计上缴税利 42 亿元，同比增加 2 亿元，增长幅度为 4.5%。综合毛利率为 20.2%，同比每百元营销收入增加毛利 1.6 元，增幅为 8.6%。同口径计算资产保值增值率为 103.3%。净资产收益率为 2.9%，每百元净资产收益同比增加 1 元。

2003年年末，四川省国有重要骨干企业拥有资产总额1358.5亿元，同比增加90.95亿元，增幅为7.18%。全部企业负债总额为758.16亿元，同比增加56.46亿元，增长幅度为8.05%。资产负债率为55.84%，同比下降0.56个百分点。所有者权益539.19亿元，同比增加33.32亿元，增长幅度6.59%。2003年，四川省国有重要骨干企业实现利润总额31亿元，同比增长7.6亿元，增长幅度为37.6%。

2003年，21户省属重要骨干企业实现销售收入226.63亿元，同比增加32.7亿元，增幅16.86%，高出全部企业增幅1.01个百分点；实现利润总额4.94亿元，同比增加2.68亿元，增幅高达118.39%，高出全部企业增幅85.89个百分点。省属企业资产总额为616.97亿元，同比增加7.64亿元，增幅1%；负债总额424.59亿元，同比减少1.54亿元，减幅0.5%；所有者权益292.38亿元，同比增加6.1亿元，增幅2.68%。资产负债率为52.61%，同比下降约0.8个百分点，较全部企业资产负债率低3.23个百分点。资产保值增值率102.68%；净资产收益率0.91%，同比增长0.75个百分点；总资产报酬率1.60%，同比增长0.54个百分点。

2004年8月，国务院国资委发布《企业国有资本保值增值结果确认暂行办法》，对有关具体问题作出规定：将国有资本保值增值率分为年度国有资本保值增值率和任期国有资本保值增值率；规定实行工效挂钩的企业，经营期内没有实现国有资本保值增值的，不得提取新增效益工资。

2005年，全省统计汇编企业2780户，比2004年减少274户。2780户企业资产总额4299亿元，负债2725亿元，所有者权益1422亿元，实现主营业务收入1257亿元，利润总额65亿元，上缴税金96亿元，国有资产总量1248亿元，国有资本保值增值率102.63%。在企业总户数继续减少的情况下，企业资产总额比2004年增长15.13%，所有者权益增长14.49%，主营业务收入增长18.58%，利润总额增加64亿元，国有资本得到有效保值增值。其中，省国资委监管范围的省属企业资产总额、所有者权益进一步增长，实现利润为2004年的191%，国有资本保值增值率102.89%，比2004年提高了两个多百分点，高于全省企业平均水平及省级企业平均水平。全省盈利企业1555户，占汇编户数的55.98%，比2004年增加近4个百分点；亏损企业1220户，占43.92%，亏损总额达30亿元，相当于全省利润的一半。全省15户利润上亿元企业实现利润64.8亿元，与全省企业实现利润基本相当。4户亏损上亿元企业累计亏损9.82亿元，占全部亏损企业户数的比重为0.33%，亏损额的32.73%，亏损最高企业亏损额为4.62亿元。亏损企业完成国有资本保值增值形势依然严峻。

第二章　监事会监督

第一节　体制与机构

1993 年 9 月 4 日，省委办公厅、省政府办公厅转发由省委组织部、省委工交财贸政治部、省人事厅、省体改委联合制定的《四川省国有控股的股份制试点企业人事管理暂行办法》，提出股份制企业可设立监事会。规定股份有限公司监事会成员的三分之一以上，但不超过二分之一，由职工代表担任，由公司职工民主选举和罢免；监事会其他成员由股东会选举和罢免。有限责任公司监事会中二分之一的监事由职工代表出任，由公司职工民主选举和罢免；监事会其他成员由股东会选举和罢免；公司不设立股东会的，由股东委派和罢免。企业纪委书记、工会主席经选举可参加监事会。监事会成员不得兼任董事、经理及其他高级管理职务。监事会主席由代表国家投资的部门或政府授权机构从监事中提名，征求企业党组织意见，由全部监事三分之二以上选举和罢免，报代表国家投资的部门，人事管理部门和政府授权机构备案。

1994 年 7 月，国务院发布《国有企业财产监督管理条例》，规定：企业监事会成员，由监督机构委派的代表，财政、经贸委和国资局等政府部门以及有关银行派出的代表，监督机构聘请的经济、金融、法律、技术和企业经营管理方面的专家，监督机构聘请的被监督企业的领导人和企业职工代表等组成。监事均为兼职。监事会由不少于 5 人、不超过 15 人的奇数成员组成。监事会主席由政府或者监督机构在监事会成员中指定。监事会每届任期 3 年。监事连任不得超过两届。

1995 年 4 月 18 日，国家经贸委、国家国有资产管理局发布《关于监督机构对国有企业派出的监事会工作规范意见》，对监事会组成、职责、议事规则，担任监事的条件，监事的产生、任期、权责等做了规定。并指出，规范意见所指监事会是监督机构根据需要派出的对企业财产保值增值状况实施监督的组织，不同于《公司法》规定的公司监事会。6 月 1 日，国家国资局又印发《国有资产管理部门监事选派暂行规定》，明确国有企业监事会是指国务院或省级人民政府授权的监督机构根据需要派出的对企业财产保值增值状况实施监督的组织。并对国有资产管理部门委派的监事的任职条件、职责、管理等方面具体问题作出规定。是年，自贡、巴中等市向国有企业派出了外部监事。省国资局向少数省属企业派出监事。

1997 年 4 月，省国资局向四川省国有资产投资管理有限责任公司委派首届监事 1 名。7 月，向中国国际合作股份有限公司依法推举国家股监事候选人 5 名，向四川省长江企业（集团）股份有限公司推举国家股监事候选人 2 名。

2000 年 3 月 15 日，国务院发布施行《国有企业监事会暂行条例》，规定：监事会以财务监督为核心，根据有关法律、行政法规和财政部的有关规定，对企业的财务活动及企业负责人的经营管理行为进行监督，确保国有资产及其权益不受侵犯。监事会与企业是监督与被监督的关系，监事会不参与、不干预企业的经营决策和经营管理活动。监事会有权检查企业的经营效益、利润分配、国有资产保值增值、资产运营等情况；检查企业负责人的经营行为，并对其经营管理业绩进行评价，提出奖惩、任免建议。

2000 年 9 月，省委企业工委设监事会工作部，承担省国有企业监事会的日常管理工作，主要负责完善法规、配套政策、推进工作、队伍建设、保障服务等方面工作。中共四川省委企业工委委员兼任监事会工作部部长，同时配置副部长 2 名，工作人员 6 名。

2000 年 9 月 26 日，省委、省政府办公厅转发省总工会、省政府体改办、省经贸委《关于建立健全公司制企业职工董事职工监事制度的意见》，要求国有独资和国有控股公司都要按照中共十五届四中全会《决定》和《公司法》及有关法律规定建立健全职工董事、职工监事制度，公司董事会、监事会中要有职工代表参加。监事会中职工代表一般应不少于三分之一，职工代表为兼职的监事。公司工会负责人一般应作为职工董事、职工监事的首推候选人。

2001 年 4 月 19 日，省政府发布《四川省国有企业监事会暂行办法》，规定：四川省国有重要骨干企业监事会，由省政府派出，对省政府负责，代表国有资产所有者，对国有重要骨干企业的资产保值增值状况实施监督。监事会成员不少于三人。监事会工作的责任人是监事会主席。监事分为专职监事和兼职监事；从有关部门、单位选拔任命的监事，为专职监事；从政府有关部门、企事业单位聘请（聘任）的和由企业职工代表担任的监事，为兼职监事。专职监事由国家机关处、科级工作人员担任。监事会主席由副厅级及以上国家机关工作人员担任。监事会主席人选，由监事会管理机构提名，按规定程序确定，省政府任命。专职监事由监事会管理机构任命。监事会成员每届任期 3 年，其中监事会主席和专职监事不得在同一企业连任。

2001 年 6 月 1 日，省机构编制委员会批复省委企业工委《关于申请核定四川省国有企业监事会职能配置、机构设置和人员编制的报告》，同意组建四川省国有企业第一监事会、第二监事会、第三监事会、第四监事会、第五监事会、第六监事会。核定监事会人员编制 24 名，其中监事会主席 6 名（副厅级），专职监事 18 名（根据干部本人条件可以配处级）；监事会主席、专职监事依照《国家公务员暂行条例》进行管理。

2002 年 1 月 9 日，省委、省政府《关于加快国有重要骨干企业建立现代企业制度的意见》提出，由省政府对省属国有重要骨干企业派出监事会，企业不再内设监事会。

2002 年 1 月，由省政府向省属国有重要骨干企业派出的首批 6 个监事会组建成立。1 月 16 日至 2 月 25 日，进行了岗前培训。每个监事会设监事会主席 1 名，专职兼事 3 名，工作人员若干，负责监管 3 至 4 户企业。各监事会成员基本来自省级综合、经济、行业主管部门，多数人员具有高级职称及注册会计师资格。还选配 14 名监事会特别技术顾问、14 名监事会主席特别助理；按程序任命了 16 名职工代表监事。并下发《四川省国有企业监事会考核与奖惩办法》，实行监事会主席例会制度、监事会专案研究制度等十项制度。

2003 年 1 月 27 日，省委企业工委、省政府国有企业监事会工作办公室、省国有资产管理委员会办公室下发《关于进一步规范四川省国有企业监事会监督检查工作的意见》，要求以财务监督为核心，切实加强对企业的财务活动及企业负责人的经营管理行为的监督检查。实行定期检查与专项检查相结合制度和重点事项监督制度。企业在生产经营、财务管理、资本运营过程中发生的可能影响其管理效率、经营效果、资产结构变动的事项，包括投资、融资项目；担保、抵押；企业并购、资产重组；企业改制、产权转让；大型基建、维修、改造工程；大宗设备购置；重大经济合同；重要的经济业务，如证券公司的自营业务等；以及监事会认为需要监督的其他事项，作为监督的重点事项。对重点事项实行全面备案及报告制度，监事会对发生的重点事项进行事前、事中、事后全过程监控。监事会在监督检查中，主要采取列席会议、查阅资料、听取汇报、调查了解、核实查证等 5 种工作方式。要求各企业积极支持和配合监事会开展工作。企业要及时通知监事会列席企业有关会议，不得以任何借口、任何理由、任何方式，不通知或拒绝监事会主席列席企业有关会议。要及时向监事会主席说明情况和通报有关规定。企业要认真填报企业基础材料，定期、如实向监事会报送财务会计报告，及时向监事会提供财务状况和经营管理情况等有关资料，积极配合监事会对重点事项进行监控，为职工代表监事提供宽松的工作环境。

2004 年，省国资委组建时，省政府继续保留 6 个监事会，监事会人员行政编制由 24 名增加到 30 名。省国资委设监事会工作处（省国有企业监事会工作办公室），负责监事会的日常管理工作；联系、协调有关部门和机构对所监管企业及其负责人进行审计监督和经济责任审计。监事会工作处处长兼任省国有企业监事会工作办公室主任。在新的国资监管体制下，6 个监事会对省国资委监管的 17 户省属国有重要骨干企业行使监督职责。至此，监事会监督工作成为国资委监督管理工作的重要组成部分。国有企业监事会每届任期 3 年，至 2005 年，第一届监事会圆满完成省委、省政府交付的任务。2005 年 4 月 14—29 日，完成 17 户省属国有企业监事会换届轮岗及 2 户省属国有企业监事会派驻工作。

第二节　监督工作

2002 年 3 月中旬，首批 5 个监事会派驻企业，监管 19 户省国有重要骨干企业。省政府国有企业监事会一室，监管 3 户企业：川化控股（集团）公司、华西集团公司、医药集团公司；省政府国有企业监事会二室，监管 6 户企业：省信托公司、华西证券公司、和兴证券公司、川商集团公司、四川物资集团公司、川粮集团公司；省政府监事会三室，监管 4 户企业：锦江宾馆、四川省国际旅行社、岷山饭店、四川航空公司；省政府国有企业监事会四室，监管 3 户企业：川投集团公司、四川地方铁路局、四川国际咨询公司；省政府监事会五室，监管 3 户企业：四川纺织集团公司、四川长江集团公司、四川新光进出口公司。此后，3 户金融企业因另有监管机构，不再纳入省政府监事会监管范围，监事会共监管 16 户企业，监管的具体企业也有变动。

2002 年 5 月至 6 月，省委企业工委与省财政厅对省国有重要骨干企业 2001 年度经营业绩和经营管理水平实施例行效绩评价，编印了《2001 年度四川省国有重要骨干企业效绩评价报告汇编》。实施效绩评价的企业共计 31 户，占省国有重要骨干企业的 82%。纳入评价的 31 户企业行业分布为：机械工业、轻工业各 4 户，电子工业、宾馆旅游服务业各 3 户，建材工业、商业贸易各 2 户，冶金工业、纺织工业、航空运输业、铁路运输业、土木工程建筑业、信息咨询服务业、药品批发业、粮油贸易业、化学原料制造业各 1 户，其他行业 4 户。

2001 年纳入评价的 31 户企业的资产总额、所有者权益、主营业务收入和净利润的合计数分别为

812.89亿元、281.07亿元、369.10亿元和16.84亿元。其中资产总额、所有者权益、主营业务收入分别占到“四川省国有及国有控股企业2001年度汇总会计报表”相关指标的27.33%、27.64%、33.94%。同期的全省国有及国有控股企业“2001年度汇总会计报表”中净利润汇总数为-8.64亿元。31户被评价企业的净利润合计数从2000年的8.31亿元增长为2001年的16.84亿元，净增加8.53亿元，增幅高达102.65%。总体看，2001年31户被列入评价范围的省国有重要骨干企业经营业绩呈较大幅度的增长。

被评价的31户企业中，久大集团、成量集团和省地方铁路局会计报表不合规范，省商业集团和省物资集团正在进行合并重组，按规定不予评价计分，仅对其余26户企业进行效绩评价计分。26户企业中评价等级为“优”（评价分介于85—100分之间）的企业1户，即五粮液，占被评价企业的3.85%；评价等级为“良”（70—85分之间）的企业8户：双马水泥、硬质合金、大西洋集团、九洲电器、全兴集团、泸州老窖、化工控股集团、旭光电子，占30.76%；评价等级为：“中”（50—70分之间）的企业14户：新光进出口公司、国际工程咨询公司、华丰企业、省投资集团、成都工程机械、川粮集团、长虹集团、华西集团、省医药集团、金顶集团、四川旅行车厂、岷山饭店、长江集团、锦江宾馆，占53.84%；评价等级为“低”（40—50分之间）的企业2户：四川航空公司和四川国际旅行社，占7.7%；评价等级为“差”（40分以下）的企业1户：省纺织集团，占3.85%。总体看，2001年省国有重要骨干企业效绩评价得分状况基本保持稳定，个别企业的评价等级有所升降。与2000年同口径比较，评价等级为“中”及其以上的企业户数比率基本保持不变，达70.08%。五粮液连续两年保持评价等级为“优”。

企业财务效益水平上升，优势企业提升程度较明显，但一些财务效益状况原来较好的企业有所下滑。同口径比较，有一定盈利能力且财务效益状况在全国平均水平及其以上的企业占65.38%，高出2000年7.69个百分点。企业资产营运状况水平基本保持稳定，但有所下降。与2000年同口径比较，资产营运状况在国内同行业、同规模企业中处于平均水平及其以上的企业户数基本保持不变，达61.54%。五粮液、硬质合金和大西洋集团3户企业的资产营运状况连续两年保持优秀水平，泸州老窖和川粮集团分别由平均水平和较差水平上升为良好水平和较好水平，九洲电器、全兴集团、旭光电子等企业保持在平均水平，省投资集团仍维持较低水平。在资产营运状况各个等次上都有数量不等的企业的水平下调。

企业偿债能力下降较大，优势企业的偿债能力状况保持优良。同口径比较，2001年偿债能力状况处于优良水平的企业占38.46%，低于2000年34.62个百分点。但是，长虹集团、五粮液等优势企业的偿债能力状况继续保持优良。企业发展能力状况有较大改善和提升。按同口径比较，57.69%的企业处于全国平均水平或平均水平以上，而2000年仅为34.63%，上升了23.07个百分点。五粮液和九洲电器的发展能力状况由良好水平上升为优秀水平，长虹集团也由较差水平向上提升了一个等次。

2002年，6个监事会提交年度监督报告16份。发现问题资金21.59亿元，其中违纪违规资金2.7亿元，投资损失及潜亏16.9亿元，虚增资产0.4亿元，担保风险0.7亿元，权属不清0.89亿元。

2003年，6个监事会提交年度监督报告16份，专项监督检查报告13份。发现问题资金10.18亿元，其中违纪违规资金4.78亿元，投资损失2.08亿元，应收款损失1.57亿元，担保风险0.89亿元，管理不善等0.86亿元。

2004年，四川省政府国有企业监事会监督检查工作围绕依法监督、规范监督和落实监督三个主题履行职责。监事会6个监事室对派驻的华西集团、化工集团、粮油集团、物资集团、商业集团、四川航空集团、锦江宾馆、国际旅行社、川投集团、地方铁路集团、长江集团、新光公司、纺织集团、路桥集团、外贸集团、国资公司等16户企业2004年国有资本运行实施日常监督。全年共列席企业董事会、经理会、党委（组）会等议事决策会议共480次，在企业召集座谈会142次，询问调查1，416人次，个别谈话420人次，专项调查36件次，提交《国企内参》、《国企信息》和《监事会工作动态》等重要内部信息33期，提交年度监督检查报告16份。

监督检查的16户企业资产总额656.23亿元，负债403.72亿元、所有者权益252.21亿元、少数股东权益35.3亿元。监事会监督检查资产额201.11亿元，占资产总额的31%。发现有问题金额48.87亿元，占检查资产额的24%。有问题资金48.87亿元中，违纪违规资金13.95亿元，投资损失4.32亿元，应收款损失8.72亿元，担保风险15.69亿元，管理不善等1.1亿元。

对发现的有问题资金，采用《纠正函》方式纠正资金0.27亿元，《提醒函》提醒企业自行整改资金12.37亿元，《关注函》要求监事会进一步重点关注资金30.57亿元，向纪检部门通报资金0.95亿元。

16户企业突出的问题是：少数企业及企业负责人法制观念不强，在企业经营中时有违法事件发生；一些企业领导班子持有下级公司或关联企业股权，有的取得不规范，有的侵占国有出资人利益，有的影响职务决策；法人治理不规范，职责划分不明确，分工不合理，领导兼职失控，有的既是企业集团领导成员，又是子公司、孙公司领导；企业流动资金紧张，存在担保风险；主业不突出，投资收益低、损失大，人员负担重，扭亏难度大；产权关系不清，经济纠纷损失大。

2005年，监事会监督企业新增加四川省医药集团有限责任公司。6个监事会外派到省国资委监管的四川省华西集团有限责任公司等17户省属国有企业开展监督工作，提交年度监督报告17份。17户企业资产1003.69亿元，负债663.14亿元、所有者权益264.42亿元、少数股东权益75.12亿元。监事会发现企业在产权转让、会计核算、投资担保、资产管理、收入分配等8个方面存在问题，涉及金额30亿元。2005年，配合省国资委中心工作，监事会6个督导组对17户监管企业“先进性教育”活动进行了督导。在5个月的督导中，参加省国资委和企业动员大会34次，各阶段转段会64次，总结大会17次，提交信息64期，参与企业主题活动22次，审核企业领导班子成员党性分析材料94份，召开党员和群众座谈会51次，征求了962名党员和群众的意见，全面完成“先进性教育”活动督导工作。

监事会对企业的监督工作，尚有不少困难，监督的广度、深度不够。不少企业开会及重大事项决策不及时通报，部分企业财务报告不真实；占控股地位的二、三级子公司及重大投资项目，事前、事中监督难介入，省属国有企业下属公司、国家非控股地位子公司，不能整体派入监事会，按照产权份额派入专职监事又有公务员不得兼任公司的董事、监事、经理的制度障碍。部分省级主管部门不愿引入监督机制，交通系统、文化系统等省级部门管理的近600亿元国有资产，仍未纳入政府监事会监督范围。此外，现有监事会成员的年龄结构、知识结构与这支特殊队伍的特殊要求还存在较大差距。2004年年底，监事会成员平均年龄为46.81岁，由于监事会工作责任重大，任务具体，专一性强，缺乏特殊的激励措施，人员的选拔、交流受到局限。这些都制约着监事会对企业的监督工作。

2001—2005年，监事会监督主要体现在日常监督上，各项工作在探索中推进。5年间，6个外派监事会通过列席会议、查阅资料、听取汇报、调查了解、核实查证，发提醒函、纠正函、关注函、主席函、警示函、谴责函，与企业主要负责人交换意见等工作方式，对16户省属国有企业实施专项检查和重点检查相结合的监督。共形成专项报告54份、年度监督检查报告65份，预防和规避了13起重大事项发生，涉及有问题资金169亿元，为防止国有资产流失发挥了积极作用。同时，促进了企业法人治理结构建设进程，规范了企业生产、经营、管理内部制度。

2002年省级国有企业监督检查有问题资金统计表

表2－13 单位：万元

项　目	监督检查发现在存在问题资金（万元）					
	总金额	财务违纪违规	损失及潜亏	虚增资产	担保风险	权属不清
华西集团	21202.00	9949.00	9827.00	1426.00		
化工控股	19789.00		19789.00			
商业集团	23102.00	1178.00	14702.00	549.00	6673.00	
国际旅行社	3967.00		3967.00			
锦江宾馆	8149.00		8149.00			
岷山饭店	10197.00		10197.00			
航空公司	1660.00	1472.00	188.00			
川投集团	97860.00		88595.00			9265.00
地方铁路局	6684.00	3057.00	3627.00			
国际咨询公司	1071.00	607.00	464.00			
长江集团	12995.00	2555.00	8480.00	1960.00		
新光公司	5203.00	5203.00				
纺织集团	3998.00	2943.00	1005.00			
合　计	215877.00	26964.00	169040.00	3935.00	6673.00	9265.00

2003年省级国有企业监督检查有问题资金统计表

表2－14 单位：万元

项　目	监督检查发现存在问题资金（万元）						
	总金额	违纪违规金额	投资损失	应收款损失	担保风险	管理不善损失	其他
华西集团	9801.05	9216.05				585.00	
化工控股	4616.00		660.00			3956.00	
医药集团	246.99	246.99					
商业集团	18152.00	9227.00			8925.00		

续表 2－14

项　目	监督检查发现存在问题资金（万元）						
	总金额	违纪违规金额	投资损失	应收款损失	担保风险	管理不善损失	其他
物资集团	5016.86	1087.89					3928.97
国际旅行社	230.00	130.00	100.00				
锦江宾馆	554.02	454.02	100.00				
航空公司	1127.98	74.28		1050.70			
国际咨询公司	607.40	607.40					
投资集团	15444.69	3412.69	5214.00	6791.00			
地方铁路局	5139.94	1886.94	200.00	3053.00			
长江集团	3958.79	504.79		3454.00			
新光公司	334.42	334.42					
纺织集团	374.87	324.87				50.00	
外贸集团	7051.46	6761.21		258.03		32.22	
国资公司	21910.80	7798.80	14112.00				
路桥集团	7199.48	5713.30	367.84	1118.34			
合　计	101763.75	47780.65	20780.84	15725.07	8925.00	4623.22	3928.97

2004 年省级国有企业监督检查统计表

表 2－15

项　目	企业财务状况及监督检查资金（万元）							监督检查发现存在问题资金（万元）						
	资产	负债	所有者权益			检查资金额	占企业资金总额%	违纪违规		投资损失	应收款损失	担保风险	管理不善	其他
				国有权益	少数股东权益									
华西集团	66.74	54.28	12.46	11.24	1.22	43.38	65	22109.36	99.00	1166.00	12998.00		7846.36	
化工控股	73.84	33.05	40.79	27.04	13.75	5.49	7	45025.00	6990.00		38035.00			
粮油集团	10.17	9.66	0.51	0.49	0.02	8.25	81	13070.00	1169.00	4762.00	4370.00			2769.00
商业集团	7.82	4.54	3.28	3.28		7.82	100	29236.00	6350.00	6781.00	13707.00		2398.00	
物资集团	7.95	7.00	0.95	0.94	0.01	7.95	100	33334.00		22102.00	9882.00	1350.00		
国际旅行社	0.83	0.50	0.33	0.33		0.83	100	2556.66	4.30	552.36	2000.00			
锦江宾馆	2.98	2.30	0.68	0.68		2.98	100	3680.80		1028.90	2651.90			
航空公司	5.66	0.78	4.88	4.88		5.66	100	2716.53			2716.53			
投资集团	406.47	245.28	161.19	147.14	14.05	67.24	17							

续表 2－15

项目	企业财务状况及监督检查资金（万元）							监督检查发现存在问题资金（万元）						
	资产	负债	所有者权益			检查资金额	占企业资金总额%	违纪违规		投资损失	应收款损失	担保风险	管理不善	其他
				国有权益	少数股东权益									
地方铁路局	9.00	7.02	1.98	1.98		9.00	100							
长江集团	2.02	0.77	1.25	1.20	0.05	2.02	100	418.26	418.26					
新光公司	1.00	0.65	0.35	0.35		1.00	100	694.33	694.33					
纺织集团	11.49	10.07	1.42	1.42		11.49	100	49023.86	2990.89	6764.97		39268.00		
外贸集团	2.69	0.66	2.03	2.01	0.02	2.60	97	16096.70	8096.70			8000.00		
国资公司	10.18	6.92	3.26	2.81	0.45	10.18	100	7319.93	3445.56	73.00	801.37	3000.00		
路桥集团	37.39	20.24	17.15	11.42	5.73	15.22	41	263437.90	109209.00			105256.44	40959.00	8013.46
合计	656.23	403.72	252.51	217.21	35.30	201.11	31	488719.33	139467.04	43230.23	87161.80	156874.44	51203.36	10782.46

2005年省级国有企业监督检查有问题资金统计况表

表 2－16　　单位：万元

项目	监督检查发现存在问题资金					
	总金额	产权转让不规范	会计核算不规范	投资、应收款风险	担保风险损失和或有损失	超发工资
华西集团	77230.00		27170	44900.00	5160	
化工控股	13900.00		13900			
医药集团						
商业集团	30000.00			30000.00		
物资集团	37380.00			34600.00	2780	
国际旅行社	2681.30			2861.60		
锦江宾馆	3763.00			3763.00		
川航集团	478.00	304			174	
机场集团						
投资集团	82356.00		66956		15400	
地方铁路局	12154.00		608	11100.00		446.00
长江集团	403.00	403				
水电集团						
纺织集团	30431.00		24100	5371.00	960	
外贸集团						
国资公司	1542.95				1465	77.95
路桥集团	4089.00		669			3420.00
川煤集团	84.96					84.96
合计	296673.51	707	133403	132595.60	25939	4028.91

第三章　企业领导人员管理

第一节　体制与监管

实行计划经济的较长时期，地方国有企业由政府直接管理，企业领导人员由地方党委和政府考察任免。随着改革开放和国有资产管理体制改革，在国有企业领导人员的培养、选拔、任用、考核、激励等管理体制方面，进行了改革和完善，从坚持党管干部发展到坚持党管干部与市场化配置和依法管理相结合。

1982 年 1 月 2 日，中共中央、国务院颁发《国营工厂厂长工作暂行条例》，规定：工厂实行党委（总支、支部）领导下的厂长负责制。厂长是工厂行政负责人，受国家委托，负责工厂的经营管理，对工厂党委和上级主管单位直接负责。在必要时，按照干部管理权限，厂长由上级机关委派，其任职期限一般为 4 年。所有工厂，应积极创造条件，由本厂职工代表大会制订具体办法民主选举厂长，按照干部管理权限报上级机关审批任命。工厂的副厂长、总工程师、副总工程师、总会计师、副总会计师的人选，行政职能科（室）科长、副科长、车间主任、副主任的人选，由厂长拟订方案，提请党委讨论决定或审议后报请上级批准。厂长要自觉接受和维护企业党委的领导，定期向党委报告工作。对厂长的奖惩，应通过职工代表大会讨论，按干部管理权限，报上级机关批准。

1983 年，根据国务院要求，四川省开始组织对国营企业厂长（经理）的国家培训统考，主要培训学习国家经济建设的基本方针政策和企业管理基本知识。至 1986 年共组织 6 批培训统考，国营企业厂长（经理）有 4892 人参加，占应考人数的 68%，其中大中型国营工业企业厂长（经理）有 1341 人参加，占应考人数的 80%。

1986 年 12 月 10 日，省政府印发《四川省资产经营责任制试行方案》，提出实行资产经营责任制的企业，要面向社会公开招标，通过投标、答辩、考评确定经营者，实行企业领导人员正常的有上有下制度。重庆、达县等地试行租赁、承包制的企业，通过招标、投标方式确定经营者。至 1987 年 9 月，全省预算内 2330 户国营工业企业中，有 1409 户实行不同形式的经营承包责任制，其中在人事管理引入竞争机制的有 365 户，占 25.9%。

1988 年，按照党政分开、政企分开、管人与管事结合与“公开、参与、公平”的原则，进行企业干部人事制度改革。租赁和招标承包经营的企业，原来的单位级别和干部行政职别自然消失，企业干部不再按国家行政干部管理。11 月，在大中型企业对经营者实行公开招聘。至年底，95% 的大中型国营企业实行不同形式的承包责任制，4986 户企业实行工资总额与经济效益挂钩；95% 左右地方国营工交企业实行厂长（经理）负责制和任期目标责任制，相当部分企业招标选聘经营者。

1989 年 9 月 16 日，省政府下发《关于进一步完善全民所有制企业承包经营责任制的通知》，提出，厂长（经理）可根据需要组成企业承包领导班子。大中型企业原则上不搞招标承包，需要更换厂长（经理）的企业，应按干部管理权限和程序办理。实行全员风险抵押承包企业的厂长（经理）须经企业职工代表大会选举产生，并报上级批准。凡需招标选聘经营者的企业，需经承包经营责任制工作领导小组确认，并征求企业党组织和职代会意见。承包经营者完成和超额完成承包指标时，实行分档计奖。经营者年收入可高于本企业职工全年平均收入 1 至 3 倍（即最高相当于职工全年平均收入的 4 倍）。承包领导班子成员的收入视其责任和贡献，分别按经营者收入的 0.5 至 0.8 的系数确定。

1992 年 7 月 23 日，国务院发布《全民所有制工业企业转换经营机制条例》，规定：副厂级行政管理人员，由厂长按照国家的规定提请政府主管部门任免（聘任、解聘），或者经政府主管部门授权，由工厂任免（聘任、解聘），报政府部门备案。厂长对企业盈亏负有直接经营责任，厂长晋升工资应当报政府有关部门审批。企业连续 3 年全面完成上缴任务，并实现企业财产增值的，政府主管部门对厂长或者厂级领导给予相应奖励，资金由决定奖励的部门拨付。亏损企业的新任厂长，在规定期限内，实现扭亏增盈目标的，政府主管部门应当给予厂长或者厂级领导相应的奖励，奖金由决定奖励的部门拨付。企业一年经营亏损的，应当适当核减企业工资总额，厂长、其他厂级领导和直接责任人员不得领取奖金。企业亏损严重的，还应当根据责任大小，相应降低厂长、其他厂级领导和职工的工资。企业连续两年经营亏损，亏损额继续增加的，应当核减企业的工资总额，除企业不得发放奖金外，根据责任大小，适当降低厂长、其他厂级领导和职工的工资；对企业领导班子可以进行必要的调整；对厂级领导可免职或者降级、降职。

1993 年 9 月 4 日，省委办公厅、省政府办公厅转发省委组织部、省委工交财贸政治部、省人事厅、省体改委制定的《四川省国家控股的股份制试点企业人事管理暂行办法》，要求股份制企业人事管理必须坚持党管干部和依法管理相组合，贯彻公开、平等、竞争、择优的原则，坚持德才兼备标准，坚持任人唯贤和群众路线。股份制企业管理人员和专业技术人员不再使用“国家干部”称谓，不再套用国家机关行政级别。地方党委、政府有关部门按照“管少、管好、管活”的原则，着重选好、管好、用好董事长和企业党委书记。根据企业实际情况，有条件的，董事长和党委书记可由一人兼任；分设的，应逐步推行党政主要领导“双向兼职”的做法。董事长由出资单位或政府授权机构提出建议人选，征求企业党组织意见后报上级组织人事部门。组织人事部门会同代表国家投资的部门和有关部门共同审查确认后报党委、政府决定。再由代表国家投资的部门或政府授权机构以国有股权代表人的名义推荐，经股东会选举后聘任董事，由董事会选举后出任董事长，报有关部门备案。经理由董事长提名，经上级党委、政府和有关部门审查后，董事会决定任免（聘任、解聘），报有关部门备案。副经理及其他高级管理职务由经理提名，经董事会同意后，经理任免（聘任、解聘）。监事会主席由代表国家投资的部门或政府授权机构从监事中提名，征求企业党组织意见，由全部监事三分之二以上选举和罢免，报代表国家投资的部门、人事管理部门和政府授权机构备案。企业纪委书记、工会主席经选举可参加监事会。监事会成员不得兼任董事、经理及其他高级管理职务。

1993 年 12 月 29 日颁布的《公司法》规定：国有独资公司董事长、副董事长，由国家授权投资的机构或者国家授权的部门从董事会成员中指定。董事长为公司的法定代表人。国有独资公司设经理，由董事会聘任或者解聘。经国家授权投资的机构或者国家授权的部门同意，董事会成员可以兼任经理。国有独资公司的董事长、副董事长、董事、经理，未经国家授权投资的机构或者国家授权的部门同意，不得兼任其他有限责任公司、股份有限公司或者其他经营组织的负责人。

1995 年，省委制发《关于加强和改革试点企业党的工作意见》和《关于加强企业家队伍建设的意见》，以及一系列配套文件，加强企业领导人员管理，要求开展对企业经营者培训、资格认证、选聘、考核奖惩等方面的试点工作。明确公司制企业董事会、监事会组成人选，国有股董事由国有资产经营管理部门提名，同级组织部门考察，推荐进入董事会（股东会）依法选举产生董事长、监事会主席；董事会拟聘任的经理人选由董事会提名，副经理和“三总师”由经理提名，经组织人事部门考察、党委讨论后推荐给董事会，由董事会和经理聘任。公司董事长和总经理一般应分设，可以由党委书记兼任董事长，也可以设专职董事长。党委书记兼任董事长或总经理的，要配备一名以主要精力抓党的工作的党委副书记。大型企业党委一般由 9 至 11 人组成，设立党委常委的，大型企业党委一般由 15 至 21 人组成，中型企业党委一般由 7 至 9 人组成。符合条件的党员副董事长、副总经理一般应进入党委会。董事会、监事会和经营班子中的党员领导人员，要自觉接受党组织的监督，定期报告工作。采取党委、董事会、监事会和经理为首的经营班子成员互相交叉任职的办法，使党组织的政治核心作用、董事会的决策作用、经营班子的指挥作用和监事会的监督制约作用都能得到充分发挥。

1996 年 2 月 26 日，省委发布《关于加强企业集团党的工作的试行意见》，规定：省政府及其授权部门批准组建、在省里实行计划单列的企业领导班子建设，由省委组织部负责。集团党委（党组）书记、董事长、总经理，由省委、省政府管理。在企业集团全资、控股企业中，除省委或省委授权部门管理的部分大型企业领导班子仍按省委有关规定管理外，其余成员单位领导人员，由集团统一任免（聘任、解聘）。企业集团党委（党组）书记和董事长可以分设，也可以“一人兼”，有的党委书记也可以兼副董事长或总经理。由一户实力强大、具有投资中心功能的大型国有企业为母公司，若干全资、控股企业和参股企业组建的企业集团，报经上级党委批准后，可将母公司企业党委与集团党委，实行“一套班子、两块牌子”，负责领导整个集团全资、控股企业党组织的工作并协调参股企业党组织的工作；由若干控股企业组建的企业集团，报经上级党委批准后，可设立党组，党组负责指导整个集团控股企业党组织的工作并协调参股企业党组织的工作。企业集团党委的隶属关系，原则上实行属地管理的办法。

1996 年 4 月 2 日，《中共四川省委、四川省人民政府关于推进两个根本转变加快四川工业发展的意见》提出，要改进和加强对企业领导班子的管理。对企业领导干部的管理和使用要与党政干部区别开来，逐步对国有企业厂长（经理）实行聘任制。坚持党管干部的原则，把管人管事结合起来，切实改进党管干部的方式、方法，进一步改革和理顺企业干部管理体制，各级经贸委要与组织、人事部门紧密配合，在党委统一领导下，共同抓好国有企业和国家控股企业领导干部的培训、考察、推荐、任免等管理工作。要建立企业家资格认证、培训、选聘、监督、考核、评价和奖惩制度。要加强对企业经营者的激励和约束。对企业经营者要认真进行年度业绩考核、年度审计和离任审计，科学评价其经营业绩。逐步实行与企业经营业绩、能力相适应的年薪制，切实保障经营者社会地位和合法权益。对经营成绩显著的经营者，要按经营业绩提高其年薪收入。对经营管理不善，导致企业严重亏损或连续亏损的企业经营者要就地免职，不能易地平级使用，更不得提拔重用。对违反企业领导干部廉洁自律和违反财务纪律弄虚作假的要按党纪国法处理。

1996 年，自贡、内江、乐山、绵阳 4 市开展企业家队伍建设试点工作。1996 年 12 月 1 日，省政府办公厅发布《四川省国有工业企业经营者管理暂行规定》，规定国有独资企业和国家控股企业的厂长（经理）的任用，遵循任人唯贤、德才兼备，公开、平等、竞争、择优的原则；坚持党管干部，依法管理，管人与管事、管资产既紧密结合又合理制约的原则。企业经营者的产生，一般由政府委托的监管机构或授权投资的部门，根据企业需要，在符合规定条件的人员中择优聘用，法律、法规另有规定的除外。选聘企业经营者应当破除身份、地域和所有制性质界限，听取职工代表意见，并符合党和国家有关法律与政策的规定。

各级政府鼓励企业和有关部门采取适当方式和必要的优惠政策，从管理水平较高、经济效益较好的国有大中型企业中选拔优秀管理人员到经济效益较差的中小型企业担任主要领导职务；支持经营管理业绩突出并得到社会和企业认可的优秀经营者兼任经济效益较差企业的经营者或到更大规模企业任职。

企业经营者的收入一般实行年薪制。年薪由基薪和经营业绩（包括风险）收入两部分构成，与经营业绩挂钩。企业经营者对企业资产的保值增值和盈亏承担经营责任。对企业经营者的考核由其任用机关组织进行，考核的主要内容应包括实现企业的税利增长率、国家资产保值增值率和税利上缴情况。对在亏损企业任职的经营者，以减亏指标为主要考核内容。经营者在生产经营管理活动中，应接受政府授权投资或委托的监管机构、部门的监督；财政、审计、税收，工商等有关行政主管部门的监督；企业党组织、董事会、监事会、职工代表大会和职工群众的监督。同时提出，各级政府应当组织有关部门加强经营者及其后备人才的培训工作，逐步建立和完善经营者培训制度。省政府建立优秀企业家评选制度，对评选产生的优秀企业家，由省政府命名，并予表彰奖励。

1997 年 4 月 8 日，国家计划委员会、国家经济贸易委员会、国家经济体制改革委员会《关于深化大型企业集团试点工作的意见》提出，母公司、子公司要按照《公司法》建立法人治理结构，形成权力机构、经营机构和监督机构相互分离和制衡的机制。试点企业集团母公司、子公司的董事会和监事会成员，按照《公司法》和公司章程产生。董事会聘任总经理，董事长一般不兼任总经理。

1997 年 10 月 29 日，省委、省政府《关于加强省属企业管理和监督的试行意见》提出，省属国有独资公司的董事由省政府授权的部门任免，监事由省政府授权省国有资产管理部门任免；省政府参股、控股的有限责任公司和股份有限公司中按照国有股份比例产生的董事，由省政府授权的部门提出候选人，监事由省国有资产管理部门提出候选人，依法选举产生。省纪委、省监察厅应有重点地向省属企业派驻纪检监察专员，加强对党员干部的监督管理。企业领导干部的选拔、任免应征求主管部门党组的意见。

1997 年，对国有大中型企业领导班子普遍进行评议、考核，对全省 80 个试点企业进行了评议、整顿，选拔了一批优秀干部充实企业领导班子，并举办多期培训班。对于在深化企业改革，转换企业经营机制，建立现代企业制度，加强企业管理，实现两个根本性转变中，成效显著、贡献突出的企业和厂长（经理）进行表彰。

1998 年 6 月 25 日，省委、省政府《关于进一步深化国有企业改革的意见》要求，逐步实行经营管理者选聘市场化和任职职业化。打破地域和身份限制，公开招聘企业经营管理者和高级管理人员。引入市场机制，通过严格的资格认证和考核认定，建立企业经营管理者人才库，储备一大批优秀的经营管理者人才，推荐给企业选聘。积极进行管理者收入年薪制试点。国有独资企业董事长、副董事长的年薪由同级政府决定；国有控股企业董事长、副董事长的年薪由同级政府提出建议，由董事会或股东代表大会决定；企业总经理、副总经理等高级经营管理人员年薪按聘用合同执行。1998 年，全面开展对国有企业领导班子的考核。全省先后组成 1958 个考核小组，参加考核人员 10509 人；考核国有企业 4292 户，考核班子成员 16718 人，调整班子 1153 个。

1999 年 5 月 24 日，中共中央办公厅、国务院办公厅发布《国有企业及国有控股企业领导人员任期经济责任审计暂行规定》，要求在企业领导人员（企业的法定代表人）任期届满，或者任期内办理调任、免职、辞职、退休等事项前，以及在企业进行改制、改组、兼并、出售、破产等国有资产重组的同时，应当按国家规定实施企业领导人员任期经济责任审计，通过对其所在企业资产、负债、损益的真实、合法和效益情况及有关经济活动审计，分清企业领导人员本人应当负有的主管责任和直接责任。企业资产、负债、损益审计的主要内容是：企业资产、负债、损益的真实性；国有资产的安全、完整和保值增值；企业对外投资和资产的处置情况；企业收益的分配；与上述经济活动有关的内部控制制度及其执行情况；其他需要审计的事项。在审计的基础上，查清企业领导人员在任职期间与企业资产、负债、损益目标责任制有关的各项经济指标的完成情况，以及遵守国家财经法规情况，分清企业领导人员对本企业资产、负债、损益不真实、投资效益差，以及违反国家财经法规问题应当负有的责任；查清企业领导人员个人有无侵占国家资产，违反与财务收支有关的廉政规定和其他违法违纪的问题。企业领导人员管理机关应当将审计机关提交的企业领导人员任期经济责任审计结果报告，作为对该企业领导人员的调任、免职、辞职、解聘、退休等提出审查处理意见时的参考依据，应当给予党纪政纪处分的，由企业领导人员管理机关或纪检监察机关处理。应当依法追究刑事责任的，移送司法机关处理。

1999 年，在成都、乐山、宜宾开展国有企业经营管理者任职资格制度试点，举办培训班 16 个，培训 1088 人。

2000 年 3 月 27 日，省委办公厅、省政府办公厅《关于加快建立和完善现代企业制度的实施意见》要求，改革企业人事制度，形成管理人员能上能下的机制。取消企业行政级别，企业管理人员不再套用国家行政机关的干部级别，彻底消除企业中“干部”和“工人”的身份界限。各级管理人员实行竞聘任期制，要将作风正、业务熟悉、敢管善管、业绩突出的人员选聘到各级管理岗位上。建立和完善对各级管理人员的考评制度以及管理人员述职报告制度。根据管理绩效，适时调整管理人员，实现能上能下、竞争上岗的动态管理。企业要按《公司法》要求进行改制，建立健全股东会、董事会、监事会和经理层，建立健全决策、执行、监督体系和工作制度。董事会的董事由出资方委派或由股东会选举的董事组成。逐步建立外部董事制度。经理层人员进入董事会的人数不超过经理层人员的五分之一。董事长由董事会选举产生。董事长和总经理原则上分设。监事会由出资方代表、职工代表和有关方面专家组成。监事会要设立专职的监事会主席。出资方要选派一位具有 5 年以上财务或审计工作经历的人员担任监事。经理层由董事会聘任的经营管理人员组成。总经理由董事会聘任，副总经理由总经理提请董事会聘任。

2000 年 5 月 18 日，省委办公厅、省政府办公厅《关于建立四川省省级国有资产管理监督营运体系的试行意见》要求，坚持政企分开，党管干部的原则。省属国有资产经营公司、国有大型企业、企业集团、控股公司的董事会和整套班子由省委企业工委管理，与国有资产管理委员会管理的单位统一起来。5 月 19 日，又发布《四川省国有企业领导人员管理的暂行办法》，要求建立符合市场经济规律和我国国情的国有企业领导体制与组织管理制度，加强和改善党对国有企业的领导。理顺企业领导人员管理关系，避免一个班子多头管理。明确指出，省委组织部是省委管理国有重要骨干企业领导人员的职能部门，省委组织部负责全省国有企业领导班子建设和领导人员管理工作的协调与宏观指导。

按照产权关系确定企业领导人员管理体制，不再按现行行政隶属关系管理企业领导人员。政府有关部门按其职能，对企业依法实施管理和监督。资产财务关系在省级的涉及全省支柱产业，以及对全省国民经济关系重大的重要骨干企业的领导人员，由省委管理；资产财务关系在省级的其他重要骨干企业领导人员由中共四川省委企业工委管理；各地重要骨干企业的领导人员由各地党委管理，其管理机构和范围由各地党委根据本地实际决定；政府授权投资机构（包括授权经营国有资产的大型企业、企业集团、控股公司和资产经营公司）负责对其投资的独资和控股企业的领导人员进行管理。

企业及企业领导人员不确定行政级别。企业领导人员的待遇按所任职务确定；免职、降职后按新岗位确定；退（离）休后按办理退（离）休手续时所任职务确定。

对国有企业包括国有独资公司、国有控股的有限责任公司和股份有限公司的企业领导人员，包括由国有产权代表出任的正副董事长、董事；监事会主席、监事；正副总经理；党委正副书记；纪委书记、工会主席，以及按企业领导人员管理权限批准列入的其他人员的管理遵循的主要原则是：党管干部与依法选聘相结合；公开、平等、竞争、择优；管人、管事、管资产相结合，又合理制约；组织选拔与市场配置相结合；激励与约束相结合；分层分类管理。要求把组织考核推荐和引入市场机制、公开向社会招聘结合起来，把党管干部原则和董事会依法选择经营管理者以及经营管理者依法行使用人权结合起来。逐步实行产权代表委任制和经营者聘任制。董事会、监事会中的国有资产产权代表实行委任（派）制。经营班子成员实行聘任制。董事长和总经理原则上分设。企业领导人员实行双向进入、交叉任职制度。企业董事会、监事会、经营层的党员负责人，依照《中共共产党章程》及有关规定，可进入党委会；企业党委会成员依照法定程序，可进入董事会、监事会。企业党委书记依法进入董事会，符合董事长任职条件的可任董事长，同时配备一名专职党委副书记。党委书记与董事长分设的，党员董事长可任党委副书记，党委书记符合副董事长任职条件的可任副董事长。

实行企业领导人员任期制和企业领导人员持证执业。企业董事会、监事会和经营班子成员，必须按规定的条件和程序取得四川省企业经营管理者任职资格证书，持证执业。企业经营班子成员选任逐步实行职业化、市场化。企业新建、重组、改制或经营班子成员补充、调整时，一般应面向社会，面向市场，公开从持有企业经营管理者任职资格证书者中择优选聘。企业领导人员任职年龄，一般不超过60岁。党政机关领导干部原则上不得在国有企业兼职，根据工作需要确需兼职的，不得在企业领取任何形式的报酬。对企业领导人员试行年薪制、期股激励和特别奖励。同时，实行财务总监委派制度和企业领导人员责任追究制度。

2000年9月19日，中共四川省委下发《关于成立中共四川省委企业工作委员会及有关问题的通知》，进一步明确了国有重要骨干企业领导班子的管理范围和办法。中共四川省委决定：省属19户国有重要骨干企业（含省属国有资产经营公司、国有大型企业、企业集团、控股公司，共有下属企业89户）的领导班子由省委企业工委管理；由市管理的对本省产业结构调整发挥重要支撑作用、涉及六个支柱产业和重要的上市公司共16户重要骨干企业领导班子由省委企业工委会同市委管理，其党的关系、资产管理关系、财税解缴关系和其他管理关系不变。在省委企业工委所管35户企业领导班子中，将长虹电子集团等18户企业领导班子列入省委管理范围。其中15户省属企业主要领导职务（董事长、党委书记、总经理）的人选和建议人选，由省委企业工委会同省委组织部和有关部门联合考察，省委企业工委按程序提出方案，报省委审批，企业行政领导职务由省政府任免或由企业按《中华人民共和国公司法》《中华人民共和国全民所有制工业企业法》的规定办理任免事宜；其他领导职务的任免由省委企业工委审批，报省委备案，行政领导职务由企业按《公司法》《企业法》的规定办理任免事宜。3户党的关系在市的企业主要领导职务（董事长、党委书记、总经理）人选和建议人选，由省委企业工委会同省委组织部、市委联合考察，市委提出方案，省委企业工委报省委审批，企业行政领导职务由省政府任免或由企业按《公司法》《企业法》的规定办理任免事宜；其他领导职务的任免，由市委提出方案，报省委企业工委审批，行政领导职务由企业按《公司法》《企业法》的规定办理任免事宜。

在省委企业工委所管企业领导班子中，除18户企业领导班子列入中共四川省委管理范围外，其他17户企业的领导班子由省委企业工委管理或由省委企业工委会同市委管理。其中4户省属企业的领导职务人选和建议人选，由省委企业工委会同有关行业主管部门联合考察并提出方案，由省委企业工委审批，企业行政领导职务由企业按《公司法》、《企业法》的规定办理任免事宜。13户党的关系在市的企业，领导职务的人选和建议人选，由省委企业工委会同市委联合考察，市委提出方案，报省委企业工委审批，企业行政领导职务由市政府任免或由企业按《公司法》、《企业法》的规定办理任免事宜。

省属19户国有（国有控股）重要骨干企业是：四川投资集团公司、四川华西集团有限公司、四川物资产业集团总公司、四川粮油集团公司、四川商业集团有限公司、四川纺织集团公司、四川旅游集团公司、四川航空公司、四川省地方铁路局、四川新光工业进出口公司、四川国际工程咨询公司、四川省信托公司、华西证券公司以及当时尚待组建的四川化工控股（集团）有限公司、四川医药集团公司、四川省国有资产投资管理有限责任公司、四川省交通建设开发（集团）公司、四川外贸国有资产投资管理有限责任公司、四川机械国有资产投资管理有限责任公司（交通、外贸、机械等3户企业后未组建）；领导班子由省委企业工委会同市委管理的16户国有（国有控股）重要骨干企业是：四川旅行车制造厂、成都工程机械集团公司、四川成都全兴集团有限公司、成都成量集团公司、成都旭光电子股份有限公司、四川长虹电子集团公司、四川川投长城特殊钢（集团）有限责任公司、绵阳九洲电器集团有限责任公司、绵阳华丰企业集团公司、四川双马水泥（集团）有限公司、自贡硬质合金有限责任公司、四川大西洋集团有限责任公司、四川久大盐业（集团）公司、四川金顶集团股份有限公司、四川宜宾五粮液集团有限公司、泸州老窖股份有限公司；领导班子列入省委管理范围的18户国有（国有控股）重要骨干企业是：长虹电子集团公司、四川宜宾五粮液集团有限公司、四川外贸国有资产投资管理有限责任公司、四川机械国有资产投资管理有限责任公司、四川省国有资产投资管理有限责任公司、四川投资集团公司、四川华西集团有限公司、四川物资产业集团总公司、四川纺织集团公司、四川旅游集团公司、四川交通建设开发（集团）公司、四川化工控股（集团）有限公司、四川航空公司、四川国际工程咨询公司、四川省信托公司、华西证券公司、四川川投长城特殊钢（集团）有限责任公司、四川商业集团公司。

2000年，在成都等10市和华西集团等8户省属企业推行企业管理者任职资格制度。全省共

5000 多人申报考评企业管理者任职资格，500 多人通过测试、评审取得任职资格证书。

2001 年 4 月 28 日，省委企业工委印发《关于做好四川省国有重要骨干企业领导人员教育培训工作的意见》，决定选择高层次培训单位、培训机构，聘请高水平师资、专家授课，培训全省国有重要骨干企业领导人员：由国有产权代表出任的正副董事长、董事，监事会主席、监事，正副总经理，党委正副书记，纪委书记，工会主席，以及按企业领导人员管理权限批准列入的其他人员；全省国有重要骨干企业后备领导人员；由省委企业工委协助管理的中央在川企业领导人员。以系统学习邓小平理论、党性党风教育和适应现代企业制度建立所必需的工商管理、现代经营管理、跨国公司发展经验、法律等知识为培训重点内容。要求将培训与考察、了解、使用相结合，对参训人员认真考核，并把培训考核情况归入本人档案，作为使用的重要依据之一。把岗前培训作为对后备领导人员任用的重要依据。7 月 21 日，中共四川省委印发《2001—2005 年全省干部教育培训规划》，要求培训重点是提高国有大中型企业经营管理者的素质。到 2005 年，使大中型企业高级经营管理者达到工商管理研究生课程进修班水平。5 年内，培训大中型企业高级经营管理者 1000 名。2001 年 11 月，经省委批准，省委管理、省委企业工委管理的国有重要骨干企业领导人员和党组织关系划归省委企业工委管理的中央在川企业部分领导人员列入省委党校的培训轮训范围。

2001 年，省委企业工委组织企业领导人员深圳研讨班、赴美培训班、企业党委书记班等 4 期培训班，共培训 148 人。

2001 年 5 月初至 10 月底，省委企业工委按照中共中央、中共四川省委的部署和要求，在全省 32 户国有重要骨干企业和 420 户国有大中型企业中分别开展“三讲”“三个代表”重要思想学教活动，抓领导班子思想政治建设。在学教活动中，查找出部分国有重要骨干企业领导班子成员年龄结构、专业结构不合理、长期缺员等问题。据调查，国有重要骨干企业领导班子成员中，35 岁以下的有 13 人，仅占领导班子成员总数的 5.8%；56 岁至 59 岁的有 36 人，占领导班子成员总数的 16.07%；60 岁以上的有 15 人，占领导班子成员总数的 6.7%；硕士研究生以上 23 人，仅占领导班子成员总数的 10.27%；而大专以下的 100 人，占领导班子成员总数的 44.64%。选拔、任用、管理企业领导人员的方式方法，主要沿用管理党政干部的办法，不能完全适应企业改革与发展的要求。针对这些问题，按照完善法人治理结构的要求，调整充实了华西证券有限责任公司、省投资集团公司、锦江宾馆、岷山饭店、四川省中国国际旅行社、紫坪铺开发有限责任公司、长虹集团公司、成量集团公司、自贡硬质合金公司、四川金顶股份有限公司、四川华丰集团公司、四川久大盐业集团公司 12 户企业的领导班子；在省投资集团有限公司调整班子工作中，开展了扩大干部民主推荐、谈话、测评范围试点工作。还开展了考察预告制、任前公示制试点工作。拟订了《关于做好培养选拔企业领导班子后备干部工作的意见》，严格执行党政机关退下来的领导干部原则上不得到企业担任董事长或副董事长的规定。结合企业战略性调整、改组等，完善和兴证券、省医药集团、省外贸集团 3 个班子的配备。同时，狠抓企业领导班子党风廉政建设，签订“双廉”责任书，推行企业党风廉政建设责任制。要求强化教育、监督，避免企业领导人员犯大错误；企业领导人员在抓好经营管理的同时，还要抓好管辖范围内的党风廉政建设，尤其是在涉及重大投资决策、用人和分配 3 大敏感事项，做到监督、教育责任到人；狠抓责任制的落实，做到治标与治本并举。初步形成“纵向到底、横向到边”的责任网络和一级抓一级的局面。抓廉洁自律工作，提前介入 27 户企业领导班子民主生活会，参加自查自纠 302 人，上缴礼金和有价证券 29.74 万元；从源头上预防和治理腐败，开展效能监察项目 37 个，堵塞管理漏洞，挽回经济损失 328.7 万元；查处违纪违法案件，受理信访举报 114 件，立案 23 件，结案 23 件，党纪处分 10 人，政纪处分 15 人。

2002 年 1 月 9 日，省委、省政府《关于加快国有重要骨干企业建立现代企业制度的意见》要求，企业按照精干、高效原则，设置管理部门和岗位，公开竞聘、择优录用管理人员，对不胜任者及时进行调整，真正形成管理人员“能上能下”机制。积极推进企业经营管理者职业化、市场化，实现企业经营管理者由单一的组织配置向组织配置与市场配置相结合转变。

2002 年 2 月 27 日，省委企业工委印发《新提拔国有重要骨干企业领导干部廉洁谈话制度》。省委和省委企业工委审批的企业党委书记、董事长、总经理，由省委企业工委书记或副书记谈话，领导班子其他成员由省委企业纪工委书记或副书记（监察局长）谈话。通过廉洁谈话，使新提拔的企业领导干部，在思想上进一步提高拒腐防变的自觉性，廉洁自律，廉洁生产经营；加强党性修养，规范自己的行为；管好身边的工作人员，管好家属子女，自觉接受党组织和职工的监督，过好名位、权力、金钱、人情、色情“五关”，经受住改革开放和社会主义市场经济的考验。

2002 年 3 月 1 日，省纪委、省委企业工委、省监察厅联合发出《关于进一步明确省委企业纪工委、监察局职能范围的通知》，确定党组织关系在省委企业工委管理的省属国有重要骨干企业的纪检监察工作，由省委企业纪工委、监察局负责。党组织关系在成都、绵阳、自贡、宜宾、泸州、乐山 6 市的国有重要骨干企业的纪检监察工作，由所在市纪委、监察局负责。其中，领导班子列入省委管理的企业主要领导人员（党委书记、董事长、总经理）的严重违纪违法案件，由省纪委、监察厅负责查处；属一般性违纪问题，省纪委、省监察厅可委托省委企业纪工委、监察局了解并报结果。

党组织关系在省委企业工委管理的 23 户省属国有重要骨干企业是：四川省投资集团有限责任公司、四川华西集团有限公司、四川物资产业集团总公司、四川纺织集团有限责任公司、四川化工控股（集团）有限责任公司、四川航空公司、四川省信托投资公司、华西证券有限责任公司、四川省商业集团有限公司、四川公路桥梁建设集团公司、四川省长江集团有限公司、四川省国际工程咨询公司、四川省地方铁路局、四川省新光工业进出口公司、四川粮油（集团）有限责任公司、四川省紫坪铺开发有限责任公司、四川省国有资产投资管理有限责任公司、和兴证券经纪有限责任公司、四川省外贸集团有限责任公司、四川省医药集团有限责任公司、四川锦江宾馆、四川岷山饭店、四川省中国国际旅行社；党组织关系分别在成都等 6 市的 17 户国有重要骨干企业是：成都市商业银行、四川旅行车制造厂、成都工程机械（集团）有限公司、四川成都全兴集团有限公司、成都成量集团公司、成都旭光电子股份有限公司、四川长虹电子集团有限公司、四川川投长城特殊钢（集团）有限责任公司、四川九洲电器集团有限责任公司、四川华丰企业集团有限公司、四川双马水泥（集团）有限公司、自贡硬质合金有限责任公司、四川大西洋集团有限责任公司、四川久大盐业（集团）公司、四川金顶（集团）股份有限公司、四川省宜宾五粮液集团有限公司、泸州老窖集团有限责任公司；党组织关系在省委企业工委的 37 户中央在川企业是：中国第二重型机械集团公司、中国东方电气集团公司、成都铁路局、四川省电力公司、四川石油管理局、中国石化新星公司西南石油局、中国石油天然气股份有限公司四川销售分公司、中国电信集团四川电信公司、四川移动通信公司、中国联合通信有限公司四川分公司、中国储备粮管理总公司成都分公司、铁道第二勘察设计院、中国水利水电第五工程局、中国水利水电第七工程局、中国水利水电第十工程局、二滩水电开发有限责任公司、中国华能集团公司四川分公司、国电大渡河流域水电开发有限公司、中信实业银行成都分行、中国建筑西南设计研究院、中国建筑西南勘察研究院、四川中远国际货运有限公司、中铁二局集团有限公司、中铁路桥集团公司、成都铁路通信设备工厂、中铁西南科学研究院、中国成达化学工程公司、中国化学工程第七建设公司、西南化工研究设计院、中机工程勘察设计研究院、中蓝晨光化工研究院、中国市政工程西南设计研究院、成都生物制品研究所、三九企业集团四川片区党委、国泰君安证券股份有限公司成都分公司、新华人寿保险股份有限公司成都分公司、泰康人寿保险股份有限公司成都分公司。

2002 年 3 月 26 日，省委企业工委印发《四川省国有重要骨干企业党风廉政责任制实施办法》（试行），要求党委书记对本企业党风廉政建设负责，总经理（或行政主要负责人）对廉洁生产经营负总责，纪委协助党委、行政抓好党风廉政建设，发挥组织协调作用，党政领导班子其他成员对职责范围内的党风廉政建设负直接责任。坚持集体领导与个人分工负责相结合，谁主管，谁负责的原则，把管事与管人结合起来，一级抓一级，层层抓落实。

2002 年 4 月 10 日，省委企业工委印发《关于进一步做好培养选拔省国有重要骨干企业优秀年轻领导人员工作的意见》，针对省国有重要骨干企业领导班子年龄偏大、文化偏低、专业结构不合理的问题仍然比较突出的情况，提出班子里凡没有 45 岁以下成员的企业要抓紧配备；40 岁左右的正副职人数要有所增加；还要充实选拔培养一批 40 岁以下的企业年轻领导人员。要求进一步解放思想，更新用人观念，不拘一格选人才。要坚持任人唯贤，反对任人唯亲；既要德才兼备，又不求全责备；特别优秀、具有真才实学的管理人员，可以越级提拔。要放开视野，拓宽选人渠道。要把组织考核和引入市场机制、公开向社会招聘结合起来，鼓励和支持年轻同志参与公开招聘和竞争上岗。要坚持和完善民主推荐、民主测验、民主评议制度和企业领导人员任前公示制。要彻底解决企业领导人员任职只能上不能下的问题，要严格执行企业领导人员退（离）休制度。要保持企业领导班子的梯次年龄结构，但不要在任职年龄上搞层层递减，防止“一刀切”。既要大胆选拔任用优秀年轻企业领导人员，又要合理使用其他年龄段的优秀企业领导人员。同时，重视选拔优秀年轻的女企业领导人员。还要求抓好企业后备领导人员的选拔。后备领导人员一般按领导班子职数正职 1∶2、副职 1∶1 的数量要求确定。正职后备领导人员，一般应是同级副职。特别优秀、发展潜力大的下一级正职也可列为上一级正职的后备领导人员；副职后备领导人员，一般应是下一级正、副职。后备领导人员队伍应形成合理结构：后备领导人员一般应以 40 岁左右的同志为主体，40 岁以下的同志要有相当数量；后备领导人员名单中，比较成熟、近期可进领导班子的人选，一般不少于同级后备领导人员总数的 1/3；后备领导人员队伍中，女同志应不少于 15%；后备领导人员队伍应形成合理的专业和知识结构。

2002 年 4 月 22 日，省委办公厅、省政府办公厅印发《关于做好 2002 年全省国有及国有控股企业党风廉政建设工作的通知》，强调进一步落实企业领导人员定期向职工代表大会报告执行廉洁自律规定的情况，全面实行民主评议企业领导人员制度，充分发挥职工民主监督作用。将企业纪检、监察、审计、工会等工作有机融合，形成党委统一领导、纪委组织协调、部门各负其责的强有力的“大监督”体系。努力推动厂务公开向企业的投资决策、财务管理、物资采购、人事管理、劳动安全卫生、质量成本管理和新产品开发等经营管理领域延伸。企业干部的选拔要走群众路线，坚持公开、公平、公正原则，通过竞争把优秀人才选拔到重要岗位上来。加强对干部选拔任用工作的监督，探索建立企业干部选拔任用失察责任追究制度。要坚决查办企业领导人员在企业工程建设、生产经营过程中利用职权贪污受贿、挪用公款、失职渎职等违纪违法案件，特别是在企业改制、股票上市、产权变动过程中私分、侵吞、转移国有资产的案件及个人擅自决定重大事项给国家、企业造成严重损失的案件。

2002 年，省委企业工委针对企业领导班子存在的突出问题和企业改革情况，逐个分析，从完善法人治理结构，抓好企业战略性调整和改组、优化班子年龄、文化和知识结构三个方面考虑，分别调整配备 34 户企业领导班子，任免 101 名企业领导人员。有 26 名 55 岁以上的企业领导人员调整到二线工作或办理退休手续；有 36 名 40 岁以下的同志充实进领导班子，其中博士 3 名，硕士 2 名，大学本科 30 名。班子年龄、文化、知识结构得到较大改善，班子成员的平均年龄由过去 50 岁降为 46.77 岁。还加强了后备领导人员的选拔培养教育工作，建立了有 107 名后备领导人员的人才库。先后在国内国外举办各类培训班 11 期，参训人员 261 人次。举办了党建、干部人事培训班。针对部分企业党组织参与重大问题决策难的问题，采取“双向进入、交叉任职”模式，强化党组织发挥政治核心作用的保障机制。实现“双向进入、交叉任职”率达 70%，党委负责人进入董事会、经理层达到 90%。对 30 户企业领导人员的选拔任用进行考察预告、任前公示，对省商业集团、省粮油集团进行了任期离任审计，推广自贡久大盐业集团公司、自贡硬质合金公司 2 户企业向社会公开招聘企业领导人员和高级管理人才的企业内部人事制度改革办法。

2002 年年末，省委企业工委管理领导班子的国有重要骨干企业共 43 户，其中领导班子列入省委管理范围的 12 户；列入省委企业工委管理的 17 户；省委企业工委会同市委管理的 14 户。领导班子总人数 267 名，其中女同志 25 名，占 9.36%，党外人士 2 名，占 0.75%；领导班子成员平均年龄 46.77 岁。党组织关系在省委企业工委的企业共 67 户，其中中央在川企业 45 户，省属国有重要骨干企业 22 户。设党委 603 个，总支 750 个，支部 8155 个。

2003 年，省委企业工委继续优化企业领导班子结构，加大考核和管理力度，对领导班子进行调整补充的企业有 18 户，49 人。具体指导企业开展招聘中层干部工作，有 6 个企业公开竞聘，涉及中层干部 98 人。建立 161 名后备领导人员人才库，其中已提拔 15 人进入领导班子。继续健全企业党组织参与重大问题决策的工作机制，党委负责人进入董事会、经理层达到 81%；“双向进入、交叉任职”率达 63%。在国内外举办 10 期专题培训班，培训国有重要骨干企业主要领导人员 385 人次。

2004 年，省政府国资委实行管资产与管人、管事相结合的体制，加强了企业领导人员考核、选拔和任用工作。重点对长虹集团、五粮液集团、四川机场集团、化工控股集团、川化集团、泸州老窖集团、紫坪铺开发公司等 21 户企业领导班子进行了调整、充实，任免企业领导人员 82 名，进一步改善了领导班子的年龄、文化和专业结构。协助中央企业总部对在川的中铁二局、铁二院、水电七局、西南电力设计院、国电成都勘测设计研究院、成都建材设计院、四川石油管理局等 12 户企业 37 名领导人选进行了考察。对党政领导干部在企业兼职问题进行清理，根据不同情况，对兼职的 14 名领导干部分别提出了处理意见。在考核筛选的基础上，调整充实优秀年轻后备领导人员 23 名，使企业优秀年轻后备领导人员总数达到 120 名，有 17 名 40 岁以下的优秀年轻经营管理人员提拔进入企业领导班子。并开展国有企业领导人员廉洁承诺活动，将企业领导人员的廉洁承诺书和践行承诺的情况纳入廉洁档案，作为提拔、任用、考核的重要依据。

2004 年，积极开展廉洁自律专项活动，加大力度查办企业领导人员以权谋私和企业改制、产权转让中的违纪违法行为。查处省医药集团公司都江堰养鹿场在改制中违反规定、造成国有资产损失案；调查省长江集团公司负责人在企业改制中，集资成立私人公司，无偿占用国有企业人员、场地和巨额资金，并进行关联交易，严重损害出资人利益的案件；协助省纪委查处中石油四川销售分公司副总经理刘某以权谋私，涉嫌受贿、收受下属单位和个人礼金的案件；配合有关部门对四川石油管理局开县井喷事故、川化沱江严重污染事故进行处理，给予相关责任人党纪政纪处分。在专项治理企业领导人收送现金、有价证券活动中，上缴礼金240余万元。

2005年9月29日，中共四川省委发出《关于中共四川省政府国有资产监督管理委员会委员会、中共四川省政府国有资产监督管理委员会纪律检查委员会有关问题的通知》，进一步明确省国资委党委和省国资委纪委工作职责。省国资委党委在省委领导下工作，保证党的路线方政策及有关法规在省国资委监管企业的贯彻落实，确保国有资产保值增值；决定省国资委的重大问题；负责国有企业党的建设、领导班子建设和人才队伍建设等工作。关于企业领导人员管理，省国资委党委负责省国资委监管的省属国有独资企业、控股企业和省委授权管理的国有资产在市（州）的部分重点国有企业的领导班子建设；负责党组织关系在省国资委党委的中央在川国有企业、外地在川国有企业和省国资委监管企业人才队伍建设和管理人员培训工作；依照公司章程，推荐国有参股企业董事、监事人选；配合省委组织部做好在川中央管理企业和中央管理企业在川机构领导班子的协助管理工作，协助管理国务院国资委监管的在川企业和国务院国资委监管企业在川机构以及外地在川国有企业领导班子；负责省政府派出的省国资委监管的省国有及国有控股企业监事会监事的管理工作；监督检查省国资委监管企业、省委授权管理的国有资产在市（州）的部分重点国有企业的领导人员、董事、监事和党的关系在省国资委党委的中央在川国有企业和外地在川国有企业党组织、领导人员遵纪守法、廉洁自律的情况。

省国资委纪委与省监察厅派驻省国资委监察局合署办公，负责检查、处理省国资委监管企业党组织、党员和领导人员及董事、监事违反党纪政纪的案件，其中涉及省委管理的企业领导人员的违纪违法案件，由省纪委（省监察厅）负责查处，省国资委纪委做好协助工作；协助查处党组织关系在省国资委党委的中央在川国有企业和外地在川国有企业领导人员的违纪违法案件；受理对省国资委监管企业、党组织关系在省国资委党委的中央在川国有企业和外地在川国有企业党组织、党员和领导人员及国有参股企业董事、监事的检举、控告，受理省国资委监管企业党组织、党员和领导人员的申诉；负责指导省国资委监管企业的效能监察工作。

原由省委管理的国有独资企业（公司）的董事长、总经理、党委（党组）书记仍由省委管理。其人选或建议人选由省国资委党委会同省委组织部联合考察，省国资委党委按照干部任用原则和程序提出意见，省委决定任免或提名省政府任免。

由省国资委监管的国有独资及国有控股企业（公司）、省委授权管理的国有资产在市（州）的部分重点国有独资及国有控股企业（公司）的领导人员由省国资委党委管理。国有独资企业（公司）的领导职务，由省国资委党委考察任免，其中行政职务由省国资委任免；国有控股企业（公司）的党委领导由省国资委党委考察任免，行政职务由省国资委党委负责考察、提出人选意见，省国资委按照《公司法》和公司章程，提出向其派出的董事、监事人选，推荐其董事长、副董事长或监事会主席人选，并向其提出总经理、副总经理、总会计师、总经济师、总工程师人选的建议。任免市（州）重点国有独资及国有控股企业（公司）领导职务，由省国资委党委会同市（州）党委考察、提出人选方案，经市（州）党委研究后报省国资委党委，由省国资委党委或省国资委任免、审批或推荐。

省国资委监管的国有参股企业，其代表国有资产的董事、监事人选由省国资委党委负责考察、提出意见，省国资委负责人选的任免、派出。

中央管理的在川企业和中央管理企业在川机构领导班子协管工作由中共四川省委组织部负责，省国资委党委配合；国务院国资委监管的在川企业和国务院国资委监管企业在川机构以及外地在川国有企业领导班子的协管工作由省国资委党委负责。

省政府派出的省属国有重要骨干企业监事会主席仍由省委管理，省委组织部会同省国资委党委共同考察，由省委组织部按干部管理权限提出任免建议，经省委审批后，由省政府任免；监事会监事经省国资委党委考察、审批后，由省国资委任免。

要求积极探索建立和完善适应现代企业制度要求的选人用人新机制的途径和办法，把党管干部原则、党管人才原则与市场配置机制有机结合起来，深化国有企业人事制度改革。把党管干部原则与董事会依法聘用经营管理者有机结合起来，积极建立区别于党政领导干部选拔任用、具有企业特点的选任标准和评价体系，研究制定出资人决定董事会和监事会成员、董事会选聘经营管理者、经营管理者行使用人权的具体实施办法。

中共四川省委决定，企业董事长、总经理、党委（党组）书记列入省委管理范围，副职列入省国资委党委管理范围的 12 户企业是：四川长虹电子集团有限公司、四川省宜宾五粮液集团有限公司、四川省投资集团有限责任公司、四川华西集团有限公司、四川物资产业集团总公司、四川省纺织集团有限责任公司、四川化工控股（集团）有限责任公司、四川航空集团公司、四川省煤炭产业集团有限责任公司、四川省信托投资公司、四川省商业集团有限公司、华西证券有限责任公司；企业领导班子、领导人员列入省国资委党委管理范围的 21 户企业是：四川省机场集团有限公司、四川省长江集团有限公司、四川省新光工业进出口公司、四川粮油（集团）有限责任公司、四川省地方铁路局、四川省紫坪铺开发有限责任公司、四川省水电投资经营集团有限公司、四川省国有资产投资管理有限责任公司、和兴证券经纪有限责任公司、四川省建设信托投资公司、四川省国际信托投资公司、四川省外贸集团有限责任公司、四川省医药集团有限责任公司、四川公路桥梁建设集团有限公司、四川成渝高速公路股份有限公司、四川高速公路建设开发总公司、四川九寨黄龙机场建设开发有限公司、四川锦江宾馆、四川省中国国际旅行社、四川省建筑设计院、四川省有色金属工业公司；企业领导班子、领导人员由省国资委党委会同有关市党委管理的 7 户企业是：成都市商业银行、四川九洲电器集团有限责任公司、四川华丰企业集团有限公司、四川双马水泥（集团）有限公司、自贡硬质合金有限责任公司、四川大西洋集团有限责任公司、泸州老窖集团有限责任公司；由省国资委党委配合省委组织部协助管理的中央在川 16 户企业是：四川省电力公司、中国华电集团公司四川公司、中国国电集团公司川渝分公司、四川石油管理局、中国石化集团西南石油局、中国石油天然气股份有限公司四川销售分公司、中国石化销售公司川渝公司、中国电信集团四川省电信公司、四川移动通信有限责任公司、中国联合通信有限公司四川分公司、中国网络通信集团公司四川分公司、中国储备粮管理总公司成都分公司、华能四川水电有限公司、国电大渡河流域水电开发有限公司、中国国际航空公司西南分公司、川渝中烟工业公司；由省国资委党委协助管理企业领导班子及领导人员的中央在川国有企业和外地在川国有企业共 34 户是：攀枝花钢铁（集团）公司、铁道第二勘察设计院、中铁二局集团有限公司、中铁八局集团有限公司、中铁二十三局集团有限公司、中国铁通四川分公司、中国卫星通信集团四川分公司、中国水利水电第五工程局、中国水利水电第七工程局、中国水利水电第十工程局、中国水利水电建设集团公司夹江水工机械厂、中国水利水电阿坝水电开发有限公司、二滩水电开发有限责任公司、中国电力工程顾问集团西南电力设计院、中国水电顾问集团成都勘测设计研究院、中国建筑西南设计研究院、中国建筑西南勘察设计研究院、四川中远国际货运有限公司、成都铁路通信设备工厂、中铁西南科学研究院、中冶集团成都勘察研究总院、中国成达工程公司、中国化学工程第七建设公司、西南化工研究设计院、中机工程勘察设计研究院、中蓝晨光化工研究院、成都建筑材料工业设计研究院有限公司、中国市政工程西南设计研究院、成都生物制品研究所、三九企业集团四川片区党委、总后西南军需材料供应站、四川成都9517工厂、中国外运四川公司、成都中电投资代理有限公司。此外，由省国资委党委管理党的关系的国有重要骨干企业有83户，其中中央在川企业55户，省属重要骨干企业28户。

2005年，省国资委制定下发《监管企业领导人员考察任免程序》《四川省国有企业负责人经营业绩考核暂行办法》《四川省国资委企业管理人员培训管理暂行办法》等文件，初步形成比较规范的国有企业领导人员选拔、任用、考核机制。坚持党管干部原则与市场化配置人才相结合，积极探索国有企业领导人员选任用管方式，把公开选聘工作与领导班子日常调整配备工作有机结合起来，完成了面向全省公开招聘四川省投资集团有限公司总经理的工作。这是省内首次面向社会公开招聘国有大型企业领导人员，为今后加大市场化配置企业经营管理人员工作积累了经验。对长虹集团、五粮液集团、化工控股集团等33户企业领导班子进行调整、充实，共任免企业领导人员127名，18名年轻的后备干部进入领导班子。完成省煤炭产业集团班子的组建工作。在华西集团、长江集团等企业启用了一批既懂专业又懂管理、年富力强的干部担任企业主要领导。协助中央企业总部对在川的铁二院、西南电力设计院、四川石油管理局等13户企业38名领导人选进行考察。指导四川投资集团推行中层管理人员竞争上岗和重要岗位交流，指导长虹集团市场化引进高管人员并进入集团班子，对3户企业主要领导人员进行离任经济责任审计，对24户省国有重要骨干企业领导人员进行了年度考核。

2004年省国资委成立以来，加大违纪违法案件查处力度。2004年，省国资委纪委和各企业共受理来信来访2890件（次），初核889件，立案279件，结案298件，425人受到党纪政纪处分。各企业也围绕国有企业改革发展中的热点和职工群众反映的突出问题，查处了一批违纪违法案件。通过查办案件，为企业挽回经济损失2576万元。各企业共开展效能监察1164项，避免经济损失3.6亿元。2005年，国资委系统受理信访线索2637件，立案231件，结案229件，党纪政纪处分295人，其中国资委纪委受理各种举报274件，同比增长111%，立案3件。通过查办案件，挽回国有资产损失4800多万元。还先后进行了清产核资效能监察，聘请中介机构监督检查，对物资采购和工程招投标进行效能监察；各企业围绕生产经营重点环节共开展效能监察883项，避免经济损失3.1亿元。

第二节　业绩考核与薪酬管理

1987年以来，全省95%的全民所有制工交企业实行不同形式的承包经营责任制。1991年，开展劳动、人事、分配制度改革，全省5220户企业实行工效挂钩。1992年4月25日，省政府批转省劳动厅《深化国营大中型企业劳动、工资、社会保险制度改革的意见》，要求按照“国家宏观调控，分级分类管理，企业自主分配”的工资分配调节机制的要求，积极探索实行国家对省、省对地区、部门工资总额同经济效益总挂钩，健全国家对企业工资的宏观调控体系。1992 年 6 月 1 日，劳动部、国家体改委发布《股份制试点企业劳动工资管理暂行规定》，明确规定股份制企业的劳动工资计划实行指导性管理。在国家宏观指导和调控下，企业可根据实际情况自主制定用人和工资分配计划。在坚持工资总额增长幅度低于本企业经济效益增长幅度和职工平均实际收入增长幅度低于本企业劳动生产率增长幅度（即“两低于”）的前提下，可自主决定年度工资总额；股份制企业的工资总额基数由企业提出，报劳动部门核定。企业工资总额的执行情况，要接受劳动部门及有关部门的监督。

1994 年 9 月 16 日，国家经贸委、国家体改委、劳动部发布《国有企业厂长（经理）奖惩办法》，要求遵循责、权、利相统一的原则，按责任大小进行考核和奖惩。先考核，后奖惩，按照考核结果进行奖惩。考核的重点是经营成果，包括目标责任制任务完成情况，经济效益指标及企业经营的国有资产保值增值情况。

1994 年，省国资局与省经委、省体改委、省财政厅、省劳动厅联合制定《关于进一步贯彻执行省委、省政府〈探索建立企业新体制试验的实施意见〉》，提出实行年薪制的具体意见。至年底，省五金交电化工公司等 17 户新体制试验企业经营者正式实施年薪制方案。15 户试点企业经营者平均年薪收入 25970 元，是这些企业职工平均收入的 5. 06 倍；其中最高者为 48681 元，是本企业职工平均收入的 6. 64 倍，最低者为 10000 元，是本企业职工平均收入的 2 倍。

随着工资分配自主权的进一步落实，四川省企业享有了自主使用按规定提取工资总额、自主选择实行企业内部工资制度和工资形式、自主决定企业的工资标准、自主确定和调整企业各类人员的工资关系等较为充分的自主分配权。

1995 年，省经委、省劳动厅制发《四川省国有企业经营者年薪制试行意见》，规定：经营者年薪收入由基薪和风险收入两部分组成，具体方案一户一定；经营者的基薪主要根据企业经营难度、经营责任、经营规模，并考虑本地区和本企业职工平均收入水平确定，可为本企业和本地区职工上年平均工资之和的 0. 8—1. 6 倍，小型企业控制在 1. 0 以内，中型企业控制在 1. 3 以内，大型和特大型企业控制在 1. 6 以内；经营者的风险收入以基薪为基础，主要依据企业所有者权益（或资本金）、利税率、销售收入、劳动生产率等经营指标的考核结果确定，原则上不超过基薪的 100%；企业经营者实行年薪制后，不得再领取本企业的其他工资性报酬。至年底，80 户现代企业制度试点企业中的 80% 已试行经营者年薪制；各地共选择 200 多户企业进行经营者年薪制试点。

1996 年 12 月 1 日，省政府印发《四川省国有工业企业经营者管理暂行规定》，规定：对企业经营者的考核由其任用机关组织进行，考核的主要内容应包括实现企业的税利增长率、国有资产保值增值率和税利上缴情况。对在亏损企业任职的经营者，以减亏指标为主要考核内容。年度考核每年进行一次，考核当年经营目标完成情况，确定经营者经营业绩收入。经营者达到目标责任考核标准的，没有经营业绩收入，同时要按比例扣减基薪。任期考核在任期届满时结合任期审计实施，考核结果分为优秀、称职和不称职 3 个档次。劳动、财政、税收、国有资产等有关行政主管部门按照职责分工和分级管理的原则，对企业经济效益考核指标进行审核，并对审核结果负责。企业经营者的收入一般实行年薪制。年薪由基薪和经营业绩（包括风险）收入两部分构成，与经营业绩挂钩。基薪按月预支，经营业绩收入依据年度经营目标考核结果按年度支付。未实行年薪制的经营者，其收入办法按国家或省关于经营者收入的有关规定执行。经营者的任职期限、薪金标准及目标责任指标由决定任用的机关（或企业），依照有关规定，适当考虑本地区、本行业水平同经营者本人商定，并签订书面协议。

1998 年，全省企业经营者年薪制试点企业达 251 户。

1999 年 6 月 1 日，财政部、国家经贸委、人事部、国家发展规划委员会印发《国有资本金效绩评价规则》及《操作细则》，要求对企业一定经营期间的资产运营、财务效益等经营成果，以资本运营效益为核心，进行定量及定性对比分析，作出真实、客观、公正的综合评判。对国有独资企业、国有控股企业的效绩评价结果形成后，要及时报送给政府有关部门，为政府经济决策、加强国有企业监管和国有资本金管理及财务监督、进行经营者考核任免提供参考。

2000 年 5 月 18 日，省委办公厅、省政府办公厅印发《四川省国有独资和国有控股公司经营者年薪制试行办法》，对公司全部资产保值增值和资产运营效益承担经营责任制的董事长（党委书记）、总经理，试行年薪制。坚持按劳分配和按生产要素分配相结合，经营者年薪收入与其经营责任、经营风险和经营业绩紧密挂钩。兑现经营者年薪收入，坚持既负盈又负亏的原则。经营者年薪由基本年薪和业绩收入构成。基本年薪主要根据公司经营规模、经营难度、行业特点等因素，并考核本地区和本公司职工平均工资收入水平合理确定。

对盈利企业，经营者业绩收入的主要考核指标为净资产增值率、净资产收益率和社会贡献率。完成规定考核指标的，原则上可以按以下规定执行：净资产增值率每增加 1 个百分点，按基本年薪的 10% 左右计提业绩收入；净资产收益率每增加 1 个百分点，按基本年薪的 15% 左右计提业绩收入；社会贡献率每增加 1 个百分点，按基本年薪的 5% 左右计提业绩收入。未完成规定考核指标的，应同比例计算负业绩收入。亏损企业，经营者业绩收入主要按减亏增盈指标考核。减少亏损的，可按减亏额的 1%—2% 计提业绩收入。增加亏损的，应同比例计算负业绩收入。

各项考核指标基数一般以上年实际完成数为基础，并参考行业和区域内企业经济效益水平、行业特点、公司所处生产发展周期等因素合理确定。考核指标基数一年一定。对董事长主要考核资产保值增值情况，对总经理主要考核资产收益情况。

建立经营者任期风险保险金制度。任期风险保证金由经营者个人出资和从经营者业绩收入中提取。第一年主要由个人出资，以后每年从业绩收入中提取 50%—60% 的数额存入经营者任期专用账户。风险保险金及经营者年薪收入的兑现和发放由政府劳动保障部门和财政部门负责管理。

5 月 19 日，又印发《四川省国有企业经营管理者期股激励试行办法》，规定企业出资者同国有独资公司、国有控股的有限公司和国有控股的股份有限公司的董事长和总经理等经营管理者约定，在任期内达到约定目标后，按既定价格购买或接受奖励、赠予等而获得本企业延期兑现的股份。期股激励，坚持与企业效绩挂钩，即期利益与预期利益相结合，激励与约束相结合的原则。

2000 年，试行年薪制企业达 260 户。工资指导线的试点范围从 12 个市（州）扩大到 17 个市（州）。劳动力市场工资指导价位试点从成都 1 个市扩大到成都、宜宾、乐山、绵阳 4 个市。开展了工资集体协商试点工作。在国有企业工资总量调控中，引入并强化了根据工资指导线水平、社会平均工资水平调控企业工资总量的机制。实施最低工资保障制度，制定了 2000 年四川省职工最低工资标准（190 元、215 元、240 元、270 元），经省政府批准执行。继续加强了对重点国有企业工资内外收入的监督检查力度。

2001 年 2 月 22 日，省委企业工作委员会、省财政厅下发《关于在四川省国有重要骨干企业中推进效绩评价的通知》，决定从2001年起，在四川省国有重要骨干企业中推进效绩评价。四川省国有重要骨干企业效绩评价工作由省委企业工委和省财政厅共同组织实施。其中，市属企业由省委企业工委和省财政厅会同有关市的相关部门组织实施。已经外派监事会的企业，其效绩评价工作结合监事会开展的监管、评价、检查工作统一进行。企业效绩评价结论，作为考核企业经营效益和企业经营者经营管理业绩，并对企业经营者实施奖惩和任免的重要依据。

2001年5月至7月，由省委企业工委、省财政厅组织工作小组，对符合条件的长虹、五粮液、省投资集团等26户企业2000年度效绩状况进行了综合评价。参与评价的26户企业2000年度资产总额、所有者权益、销售（营业）收入和净利润的合计数分别为829.62亿元、342.06亿元、375.17亿元和9.08亿元，其中资产总额、所有者权益和销售（营业）收入分别占全省国有及国有控股企业“2000年度汇总会计报表”相关指标的25.69%、32.41%和3.66%。同期全省国有及国有控股企业“2000年度汇总会计报表”净利润汇总数为-9.92亿元。

26户企业中，评价等级为“优”的有3户，分别为九洲电器、硬质合金和五粮液，占被评价企业的11.54%；评价等级为“良”的企业有9户，分别为旭光电子、大西洋集团、双马水泥、泸州老窖、成都工程机械、全兴集团、金顶集团、新光进出口公司和省纺织集团，占34.62%；评价等级为“中”的企业有8户，分别为华西集团、省长江集团、四川省投资集团、中川国际工程咨询公司、华丰企业、四川旅行车厂、四川航空公司和省商业集团，占30.77%；评价等级为“低”的企业有2户，分别为长虹集团和省粮油集团，占7.69%；评价等级为“差”的企业有2户，分别为长城特钢和省物资集团，占7.69%。成量集团和久大盐业集团因会计报表不完整，未确定评价等级。

26户企业中，有一定盈利能力且财务效益状况在全国平均水平及其以上的占57.69%，其中制造业类企业占80%。资产营运状况略好于财务效益状况，65.38%的企业资产管理水平和使用效率处于全国平均水平或平均水平以上。多数企业偿债能力状况良好，抗财务风险能力较强，优良状况的企业占73.08%。但发展能力状况不乐观，65.38%的被评价企业处于全国平均水平或以下，后劲不足。

2001年9月3日，省委办公厅、省政府办公厅印发《关于大中型企业建立现代企业制度和加强管理的意见》，要求扩大年薪制试点，并根据企业经营者的实际贡献，大幅度提高企业经营者的年薪水平，选择部分有条件的企业开展股票期权和持有股权试点，充分调动企业经营者的积极性。建立集体决策、个人负责的决策机制。对违反法律法规和产业政策或作出的重大投融资决策致使企业遭受严重损失的企业经营者，要依法追究责任。9月4日，又印发《关于进一步深化国有企业收入分配制度改革的意见》，要求通过深化国有企业收入分配制度改革，形成有效的激励约束机制，充分调动企业各类人员的积极性和创新精神。坚持效率优先、兼顾公平，合理拉开收入分配差距。坚持按劳分配为主，多种分配方式并存，允许和鼓励资本、技术等生产要素参与收益分配，收入分配要重实绩、重贡献、能增能减，奖惩对应，奖惩分明；坚持激励与约束相结合，个人利益与企业利益相结合，近期利益与长远利益相结合等原则。探索试行在政府宏观调控下由企业根据当地社会平均工资和本企业经济效益自主决定员工工资水平的具体形式。建立以岗位工资为主的基本工资制度。建立健全以岗定薪、岗变薪变、岗位工资标准随企业经济效益浮动的工资分配机制。逐步降低固定工资占员工工资收入的比重，提高浮动工资的比重。合理拉开岗位间的工资差别，向关键性经营管理、技术、生产岗位及重要人才短缺岗位倾斜。对企业科技人员实行按岗位、任务、业绩确定报酬的办法。合理拉开科技人员与普通员工、做出重大贡献的科技人员与一般科技人员之间的收入差距。

继续探索建立经营者持股制度，可采取经营者上岗时出资入股、用部分业绩收入入股、奖励股权或分红权、授予股份期权等方式。逐步扩大年薪制试行范围，要严格考核和兑现，合理加大年薪制的激励力度，强化年薪制的约束功能，坚持既负盈又负亏的原则。要建立和完善企业经营业绩考核制度，健全合理的考核指标体系，依据考核结果决定经营者的收入。实行对经营者的任期经济责任审计制度和决策失误追究制度。对经营者的奖罚要逗硬，使其收入真正做到能增能减。

2001 年 12 月 14 日，省委企业工作委员会、省劳动和社会保障厅、省经贸委、省经济体制改革办公室联合印发《四川省国有重要骨干企业经营者激励与约束试行办法》，明确企业经营者的激励与约束机制，以经营者当期经营业绩评价为核心，以效绩评价为重点。经营者业绩评价指标为：净资产增值率、净资产收益率、销售（营业）收入增长率。运输、服务等特殊行业的企业可根据经营管理的实际情况，选择其他考核指标替代销售（营业）收入增长率考核指标。亏损企业经营业绩评价指标为核定的减亏额。盈利企业经营业绩评价采取纵向比较和横向比较相结合的办法。

企业效绩评价是对企业生产、经营、管理、企业未来发展趋势等进行的综合评价。经营者业绩评价及企业效债评价是确定经营者业绩收入的主要依据，也是对经营者任免和其他奖惩的重要依据。经营者年薪由基本年薪、业绩收入两部分构成。根据企业经营责任及经营风险评价结果，合理确定基本年薪。经营者业绩收入是根据经营业绩评价考核结果，按基本年薪的一定比例确定对经营者的奖励。

2001 年，对试行年薪制的企业经营者上年的年薪收入进行了考核兑现，其年薪收入平均为 7.3 万元。同时，进一步扩大了年薪制试行范围，试行年薪制的企业比上年增加了 37 户。经营者中，只有 44% 的企业试行了年薪制，6% 的企业试行了期股期权。全省 38 户国有重要骨干企业中，对经营者实行年薪制的企业有 14 户，实行期股期权的企业有 2 户，实行政府特别激励的企业有泸州老窖集团等 6 户。企业工资集体协商试点工作进一步推进，全省开展工资集体协商试点的企业 193 户，涉及职工 5.2 万人。进一步改革了企业工资总额管理方式。全省进行以岗位工资为主的企业内部分配制度改革的企业 950 户，涉及职工 65.0 万人。18 个市（州）建立起工资指导线制度。全省开展了对国有企业和国有控股企业工资内外收入的监督检查工作。

2002 年，继续深化企业工资制度改革。全省试行国有企业经营者年薪制的企业 259 户，试行工资集体协商的企业 279 户，涉及职工 9.7 万人。15 个市、州发布了年度工资指导线，年底省政府批准下发了《四川省企业工资指导线制度试行办法》。是年 7 月，全省最低工资标准调整为每月 230 元、270 元、310 元、340 元。平均上调幅度为 25.7%。以岗位工资为主的企业内部分配制度改革继续深化。

2003 年，首次发布全省企业工资指导线，全省企业职工工资增长基准线为 10%，上线为 15%，下线为职工实际平均工资零增长或负增长。首次发布全省非全日制用工小时最低工资标准，具体标准为四档：4.0 元、3.7 元、3.3 元、2.8 元。继续开展国有企业经营者年薪制试点，推行企业工资集体协商制度，推进企业人才收入分配激励机制的建立健全，促进企业人才资源向人才资本的转变。开展国有企业工资内外收入监督检查和工资总额调控工作。到 2003 年年底，全省试行年薪制的企业为 230 户，试行工资集体协商的企业达 672 户。18 个市、州发布了本地年度工资指导线。成都、宜宾、乐山、遂宁、攀枝花、德阳、泸州、广安分别发布 220 个、191 个、173 个、148 个、166 个

112 个、170 个、158 个当地主要职业和工种的工资指导价位。

2004 年 8 月省国资委成立后，纳入工资总量管理的企业有 40 多户。以前劳动、财务部门实行的调控形式，主要有工效挂钩、工资总额包干、“自主分配、国家征税”“按照两低于原则自主决定工资”等办法，其中 80% 的企业实行的是工效挂钩办法。国资委接手后，调控形式主要有工效挂钩和工资总额包干。

2004 年 11 月，省国资委要求，已列入经营者年薪制试点的四川省投资集团公司、四川路桥集团公司、四川华西集团公司、四川化工控股集团公司、泸天化集团公司、川化集团公司、川投峨铁集团公司、天华股份公司、四川新光工业进出口公司、省新华书店集团公司等 10 户企业，2004 年继续实行经营者年薪制试行方案。2004 年度未列入经营者年薪制试点的企业，企业负责人收入要与经济效益挂钩，要将利润总额、净资产收益率作为本年度衡量企业经济效益的主要参考指标，按有关规定增长或下浮。企业负责人 2003 年度的收入已经超过现行有关经营者年收入与企业在岗职工年平均工资倍数规定的，2004 年度收入的增长要严格进行控制。企业负责人近年来收入过高的、与企业在岗职工年平均工资差距过大的，要进行适当调整。未列入经营者年薪制试点的企业，除基本工资外，2004 年预发给企业负责人的年度奖金或其他工资性收入不得超过本年度预算的 60%。企业负责人收入应实行台账管理，单独核算，纳入劳动工资统计，在计算企业在岗职工平均工资时予以剔除。企业负责人收入按一个年度分摊到月，依现行税收制度计缴个人所得税。

2004 年省属监管企业在岗职工平均工资为 2.47 万元，比 2003 年增加 0.61 万元，同比增长 32.8%，其增幅比全省国有企业在岗职工平均工资增长 18.2% 高出 14.6 个百分点。主要原因：是部分企业效益好，工资水平较高，在省属监管企业的工资总额中所占权重较大，如化工、投资、航空、外贸等，其平均工资分别比 2003 年增长 18%、23.1%、26.9%、40.6%，机场集团虽然增幅不大，但工资水平相对较高；其次是国资委规范管理后，要求企业严格按照国家关于工资总额的规定如实将过去从其他渠道列支的工资项目，全部纳入工资统计，反映了工资的真实水平。

2004 年企业负责人兑现薪酬的基本原则是：负责人收入增长必须与本企业的经济效益增长相适应，其中未试行年薪制的盈利企业负责人的收入增长不超过 50%；减亏企业负责人收入增长不超过 25%，增亏企业负责人收入适当下浮；负责人收入与职工收入差距要适当，原则上不超过 15 倍；对未试行年薪制、经营业绩突出的企业负责人给予一次性奖励；对发生重大责任事故的企业，根据责任大小适当扣减其负责人薪酬。年薪制试点企业在核定 2004 年业绩收入考核指标基数时，原则上以 2003 年实际完成数为下达数。完成规定考核指标的，企业经营者按照净资产增值率、净资产收益率、社会贡献率每增加 1 个百分点，分别按基薪的 10%、15%、5% 计提业绩收入；未完成规定考核指标的，要同比例计算负业绩收入。未列入经营者年薪制试点企业在核算企业负责人的年度收入时，按以下原则确定：2004 年度企业利润总额、主营业务收入、净资产收益率等效益指标较上年度有增长的企业，主要负责人的收入可适度增长；2004 年度企业利润总额、主营业务收入、净资产收益率等效益指标较上年度持平或下降的企业，原则上本年度主要负责人收入不能超过上年度实际收入水平或相应下浮。

上报薪酬兑现方案的 20 户省属企业，试行年薪制的有 8 户（化工控股及其子企业占 4 户），未试行年薪制即实行预算管理的有 12 户。2004 年 20 户企业负责人的平均薪酬调控前为 18.62 万元，其中试行年薪制的为 27.53 万元、实行预算管理的为 12.68 万元；调控后平均薪酬为 17.13 万元，其中试行年薪制的为 24.34 万元、实行预算管理的为 12.32 万元；平均调控幅度为 8%，调控面达 45%。调控后，20 户企业负责人薪酬中，最高为 36.15 万元、最低为 3.5 万元。

2005 年 1 月 20 日，省国资委印发《关于加强省属企业人工成本控制规范收入分配有关问题的通知》，决定建立省属企业收入分配重大事项审核备案制度，要求企业按国家和省有关政策规定建立职工住房补贴制度、住房公积金制度、企业年金制度以及实施股权激励等收入分配重大事项，均应按照《中华人民共和国公司法》的有关规定，向出资人或股东报告（或经批准），国有独资企业（公司）的收入分配重大事项应报省国资委审核（或备案）后实施。要求健全人工成本管理调控制度，加强人工成本的统计、分析和管理，建立人工成本监控、预警体系。企业职工工资的发放要严格遵循"两低于"原则，不得超提、超发工资总额，除国家和省上政策另有规定外，不得再以其他形式在成本中列支任何工资性项目。

各省属企业要按照建立现代企业制度的要求，建立以劳动力市场为导向，以岗位工资为主的基本工资制度，实行"竞争上岗、以岗定薪"，形成个人收入与其岗位责任、贡献大小和企业效益密切挂钩、与劳动力市场价位相衔接、能增能减的分配调控机制。建立出资人监督、企业内部监督和监事会外部监督相结合的有效监督机制。建立健全内部分配的民主管理程序和制度，加强企业内部的自我约束和自我监督能力。

2005 年 2 月 4 日，省国资委印发《关于做好国有重要骨干企业领导人员年度考核的通知》，决定从 2004 年起，每年对国有重要骨干企业的领导人员进行一次年度考核。企业党委（党组）根据企业领导人员平时表现、民主测评情况，集体研究考核等次。考核结果作为企业领导人员奖惩、使用的重要依据。

2005 年 2 月 5 日，在省委副书记甘道明主持下，省劳动和社会保障厅与省国资委就省属企业工资分配管理工作交接问题进行研究、协商，并达成一致意见：省劳动和社会保障厅依法履行政府对各类企业工资收入分配的宏观调控职能，拟订企业工资收入分配宏观调控和工资决定机制改革的有关政策，依法对企业工资分配进行监督检查，并负责对包括省属企业在内的所有企业的收入分配和工资分配政策进行指导；省国资委代表省政府履行出资人职责，依照国家和省有关法律法规和政策管理省属企业的收入分配工作，拟定国有企业经营者收入分配政策、审核省属国有企业的工资总额和主要负责人收入，并对省属企业收入分配制度改革进行指导。省国资委对省属企业工资分配管理工作接受省劳动和社会保障厅的指导。

2005 年 6 月 7 日，省政府办公厅印发《四川省国有企业负责人经营业绩考核暂行办法》，于 2005 年 1 月 1 日开始实施。规定企业负责人的经营业绩考核实行年度考核与任期考核相结合、结果考核与过程评价相统一、考核结果与奖惩相挂钩的考核制度。并遵循以下原则：按照国有资产保值增值、资本收益最大化和可持续发展的要求，依法考核企业负责人的经营业绩；按照企业所处的不同行业和类型，资产经营的不同水平和主营业务等不同特点，实行分类考核；按照责权利相统一的要求建立企业负责人经营业绩同激励约束机制相结合的考核制度，建立健全可追溯的资产经营责任制；按照效率优先、兼顾公平的要求，合理拉开企业内部收入分配差距，控制企业负责人收入与职工收入差距过于悬殊。

年度经营业绩考核指标包括基本指标、分类指标和综合评议指标，基本指标包括年度利润总额、净资产收益率和盈余现金保障倍数指标。任期经营业绩考核一般以 3 年为考核期，任期经营业绩考核指标包括基本指标、分类指标和任期内年度经营业绩考核结果指标；基本指标包括国有资本保值增值率、任期主营业务收入平均增长率和不良资产比率指标。年度经营业绩考核与任期经营业绩考核基本指标的评价，均采用纵向比较和横向比较相结合的计算方法。

省国资委负责组织实施对企业负责人的经营业绩考核，采取签订经营业绩责任书的方式进行。并依据年度经营业绩考核结果和任期经营业绩考核结果对企业负责人实施奖惩。对企业负责人的奖励分为年度薪酬奖励、任期中长期激励和特别贡献奖。企业负责人年度薪酬分为基薪和绩效年薪两部分。绩效年薪与年度考核结果挂钩。如果负责人完成经营目标，可拿到年度薪酬奖励和任期中长期激励，如果目标完成不了，就要根据具体情况进行扣减或延期兑现薪酬，甚至对其不再任命、续聘。

业绩考核分为A、B、C、D、E五个级别，年度考核目标值评为C级即为进级点，企业负责人可拿到1到1.5倍的基薪；B级可拿到1.5到2倍的基薪；A级，最高能拿到3倍的基薪。考核结果为D级，只能拿到0到1级的基薪，如果是E级，绩效年薪则为0。根据模拟测算，按照新的《考核办法》，省属企业负责人最高年薪可达50万，最低为5万。绩效年薪的60%在年度经营业绩考核结束后当期兑现；其余40%根据任期经营业绩考核结果等因素延期到连任或离任的第3年兑现。任期经营业绩考核结果，则决定对企业负责人的奖惩与任免。

2005年7月20日，省国资委印发《四川省省属企业负责人薪酬管理暂行办法》。规定企业生产经营稳定，企业负责人责任、目标明确，管理规范，已进行劳动、人事、分配制度改革，并与省国资委签订《企业负责人经营业绩责任书》的企业负责人薪酬由基薪、绩效年薪、中长期激励三部分构成。基薪是企业负责人年度的基本收入，主要根据企业经营规模、经营管理难度、所承担的战略责任和所在地区平均工资、所在行业平均工资、本企业平均工资等因素，按照尊重历史、面向市场、体现进步、逐步过渡的原则综合确定。企业负责人的基薪每年核定一次。绩效年薪与年度经营业绩考核结果挂钩，以基薪为基数，根据企业负责人的年度经营业绩考核级别及考核分数确定。面向社会公开招聘的企业负责人薪酬，可根据人才市场价位，采取招聘和应聘双方协商的方式确定。

省属企业负责人《经营业绩考核暂行办法》和《薪酬管理暂行办法》的发布实施从根本上改变了企业负责人自定薪酬，企业与企业之间负责人薪酬差距不合理，缺少必要的规范和管理的状况。

省国资委在2005年8月上旬和11月上旬先后签订两批共15户省属企业负责人经营业绩责任书。并对企业考核目标执行情况实施动态监控，督促企业努力完成考核指标。同时对企业负责人2004年度的薪酬方案进行审核清算，加强对企业负责人薪酬的监督检查。针对部分企业管理不规范，工资列支渠道混乱、超提超发工资、职工人数统计不实等现象，开展了企业内部收入分配监督检查。

2005年年末纳入经营业绩考核范围企业负责人（正职）的薪酬确定，则要求负责人收入增长必须与本企业的经营效益增长相适应；亏损企业负责人收入不得有增长，增亏企业负责人收入适当下浮；负责人收入与职工收入差距保持合理倍数。

2001—2004年省属企业主要负责人年薪收入与本企业职工平均工资比较表

表2－17　　　　单位：元　万元

企业名称		2001年			2002年			2003年			2004年	
		主要负责人年薪收入	在岗职工平均工资	倍数	主要负责人年薪收入	在岗职工平均工资	倍数	主要负责人年薪收入	在岗职工平均工资	倍数	主要负责人年薪收入	在岗职工平均工资
四川化工控股公司	本　部	169456	16900	10	224976	24400	9.2	23.1万	28700	8	16.4万	24700
	川化集团	147725	13991	10.5	179562	14778	12.2	27万	15478	17.4		12407
	泸天化集团	148760	11528	12.9	235983	12975	18.2	36万	19992	18	17.6万	15873
	川天华	142107	17210	8.3	195983	17194	11.4	32.7万	21457		14.3万	23596
四川省中国国旅		37980	11282	3.4	56600	12780	4.4	49300	12270	4	62600	15500
四川路桥集团公司		141597	11633	12.2	181428	15170	12	24万	14820	16.2	14.6万	11312
省新光进出口公司		61990	24366	2.5	56486	29558	1.9	15万	26087	5.7	12.4万	32344
省纺织集团公司		98330	52857	1.9	100126	54138	1.8	126012	63158	2	126140	40600
四川锦江宾馆		119214	20140	5.9	171545	21997	7.8	201886	24252	8.3	297879	23710
四川机场集团公司		116922	37037	3.2	146561	43505	3.4	160735	43651	3.7	211556	30420
四川华西集团公司		117468	11921	9.8	192313	15034	12.8	19万	17497	10.8	16万	12282
省长江集团公司		97200	14900	6.5	98400	13200	7.5	153920	19300	8	122880	19000
省国资投资公司		21400	12000	1.8	21900	15000	1.5	51500	24000	2.1	7.2万	22000
省医药集团公司			13942		81464	17711	4.6	105861	15799	6.7	93360	15677
省商业集团公司		100908	10292	9.8	88662	11433	7.8	78572	19098	4.1	63660	17635
省粮油集团公司		75984	14587	5.2	63020	16719	3.8	96376	18036	5.3	58200	16010
省地方铁路局		64315	9818	6.6	70910	10997	6.4	93840	14305	6.6	124380	14954
省外贸集团公司		198813	32999	6	206175	35861	5.7	299716	35614	8.4	178055	35317
省物资集团公司		39480	12883	3.1	39480	12800	3.1	50305	12980	3.9	57600	10790
四川投资集团		167569	11000	15.2	232104	38500	6	30.6万	51800	5.9		51000

说明：省外贸负责人2003年不含股权收入后为21.65万元

2005年省属企业在岗职工工资统计表

表2－18　　　　单位：万元　人

企业名称	从业人员年末人数	在岗职工		在岗职工工资情况		企业负责人薪酬	
		年末人数	平均人数	工资总额	平均工资	年薪	与职工收入比较（倍）
四川投资集团公司	11749	11363	11141	35167.00	3.16	41.77	13.2
四川化工控股集团	12288	12177	12073	32366.00	2.68	41.00	15.3

续表 2－18

企业名称	从业人员年末人数	在岗职工		在岗职工工资情况		企业负责人薪酬	
		年末人数	平均人数	工资总额	平均工资	年薪	与职工收入比较（倍）
四川路桥集团公司	10733	7560	7560	14628. 70	1. 96	14. 54	7. 4
四川华西集团公司	57343	14999	15283	34114. 90	1. 82	27. 96	15. 4
四川双流机场集团	3418	3418	3343	13247. 40	3. 96	34. 61	8. 7
四川煤炭产业集团	57466	57466	56994	114259. 93	2. 00	24. 00	12. 0
四川水电投资集团	37	37	32	140. 26	4. 39	14. 90	3. 4
四川纺织集团公司	2493	2493	2489	2173. 20	0. 87	10. 69	12. 3
四川国资经营公司	1607	1076	1011	2061. 40	2. 04	9. 51	4. 7
四川物资集团公司	758	750	705	1216. 50	1. 73	6. 73	3. 9
四川粮油集团公司	306	306	306	631. 70	2. 06	4. 47	2. 2
四川商业集团公司	514	510	510	1042. 20	2. 04	7. 66	3. 7
四川地方铁路局	910	910	952	1909. 10	2. 00	9. 84	4. 9
四川外贸集团公司	194	185	184	855. 80	4. 65	21. 00	4. 5
四川医药集团公司	448	448	446	858. 90	1. 93	16. 45	8. 5
四川锦江宾馆	1473	1428	1382	4386. 00	3. 17	29. 34	9. 3
省长江集团公司	298	78	79	351. 40	4. 45	16. 17	3. 6
四川中国国旅	247	230	230	320. 30	1. 39	4. 32	3. 1
小　计	162282	115434	114720	259730. 69	2. 26	18. 60	8. 2

第三篇　国企改革改制

1978 年 10 月，四川省在宁江机床厂等 6 户企业进行扩大生产经营权试点，在全国率先开展国有企业改革。20 世纪 80 年代，在放权让利基础上，实行企业经营权与所有权分离，推行承包经营责任制、租赁制，试行企业兼并与产权转让，进行企业股份制与企业集团股份制试点。90 年代，国有企业改革，转向制度创新，战略调整，加大企业破产实施力度，优化企业资产结构，转换企业经营机制，努力建立产权清晰、权责明确、政企分开、管理科学的现代企业制度。1990 年，全省组建各类企业集团 83 户。1992 年，开展劳动、人事、分配“三项制度”为主要内容的转换经营机制改革试点。1993 年，开始试点分离企业办社会与主辅分离。1995 年，在基本完成企业经营机制转换后，省委、省政府对国有企业改革提出“抓大、放小、扶优、解困”的方针，加快国有企业扭亏脱困与小企业产权制度改革。以产权制度改革为核心的县属企业改革，取得“改、转、租、并、卖”等改革试点经验。

2001 年，省委、省政府决定将国有资本从一般竞争性领域有序退出。2003 年，加快推进产权多元化，转换经营机制，转变职工身份。2004 年，省国资委成立后，继续推进国有企业股份制改革，促进产权多元化，加快建立现代企业制度，全省 26 个大中型企业完成改制。2005 年年底，全省企业改制面达到 98% 以上，国有大中型企业改制面达到 90% 以上，加快了现代企业制度的建立，增强了企业核心竞争力。

第一章 国有企业改革

第一节 国有企业改制

从20世纪70年代末开始，四川省国有企业改制，经历了放权让利、利改税、承包经营及股份制试点等改革过程，到90年代初，逐步形成以建立“产权清晰、权责分明、政企分开、科学管理”的现代企业制度为重点的国有大中型企业改革模式，以及以产权制度改革为重点的小型企业改革模式。从解决对人的激励与约束的关于劳动、人事、分配“三项制度”为主要内容的转换经营机制的改革发展到重点为百分之百触动产权的产权制度改革与转换经营机制相结合的国企改革。国企改制促进了产权多元化与股权结构合理化，加快了现代企业制度的建立与产业结构的调整，国有资本向主导支柱产业和优势企业集中，增加了国有企业的核心竞争力。国企改制中也出现了国有资产流失的情况，仅2002年至2004年2月，全省纪检监察机关直接查处涉及国有及国有控股企业因管理不善和改制不规范造成国有资产流失案件516件，涉案金额3.7亿元，给予557人党纪政纪处分，追究208人刑事责任。其中10万元以上案件171件，处级干部102人，位居企业“一把手”的董事长（经理、厂长）161人。

一、国有大中型企业改制

1978年10月，宁江机床厂、重庆钢铁公司、成都无缝钢管厂、四川化工厂、南充丝绸厂、新都县氮肥厂6户企业进行扩大企业生产经营自主权试点，在全国率先开展国有企业改革。

1979年2月12日，中共四川省委批转省经委党组《关于扩大企业权力，加快生产建设步伐的试点意见》，批准对四川化工厂等100户企业进行扩大自主权试点。

1980年2月，省委、省政府决定在四川第一棉纺织印染厂、成都电线厂、重庆钟表公司、重庆印染三厂和西南电工厂5户企业，进行“独立核算、市场调节、国家征税、自负盈亏”的试点，在全国率先实现企业所有权与经营权分离。同年6月，又部署内江棉纺厂、自贡铸钢厂、宜宾化工厂、宁江机床厂和南充织绸厂等5户企业进行自负盈亏试点，企业不再上缴利润，改由国家向企业征税，纳税后的盈亏由企业自己负责。

1981年3月，省政府决定对少数产品不对路、质量差、消耗高、亏损大，以及与大厂争原料、争能源、争运输的企业，实行关、停、并、转，集中力量把产品适销对路、质量好、消耗低的企业的生产搞上去，提高经济效益，要求多并转，少关停，结合工业改组，发展专业化协作和联合经营。

1982年11月15日，省政府发出《关于完善工业经济责任制和企业自主权办法的通知》，要求企业坚持责、权、利紧密结合，以责定权、以责定利原则，重点搞好企业内部经济责任制，特别要注意大型骨干企业的经济责任制。要把企业对国家承担的经济责任逐项分解，层层落实到部门、车间、班组和职工，把岗位责任、考核标准、经济效果同按劳分配结合起来，建立和完善纵横配套、互相协调、考核严格、奖罚分明的内部经济责任制体系，使企业生产经营的总目标，成为全体职工的共同责任。赋予企业下列自主权：企业根据国家下达指标和市场需要及企业实际情况，可以自行组织生产经营活动；在保证国家调拨计划和收购合同的前提下，企业对产品有一定比例的自销权；企业可以对产品实行浮动价；可自行安排使用自有资金；可自行决定机构设置和配备各类人员，择优录用职工，拒绝接受和辞退不符合条件的人员，有权晋升成绩优异、贡献突出的职工；有权拒绝向企业摊派各种不合理的费用，平调和索取各种产品、物资、设备或长期借调人员。国家对企业的分配，继续实行利润留成、盈亏包干、利改税三类办法。要求认真实行按劳分配原则，贯彻奖勤罚懒和鼓励技术进步的政策，奖金单位不拉平，个人能升降，切实克服平均主义。

1983 年 2 月，省委、省政府决定在成都、重庆两市挑选两个大企业实行首都钢铁公司的利润递增包干办法，确定基数，一定五年不变；国营小企业普遍推行集体经营或职工个人承包、租赁等多种经营方式，实行国家征税、资金付费、自负盈亏的制度；在重庆、成都、自贡三市的大中型企业和全省蚕丝绸、烟草、医药等公司全面推行以税代利、自负盈亏试点，其余地区在试点基础上逐步推开；在部分企业逐步推行浮动工资制；将 100 多个省属工业企业逐步下放给城市管理。

1986 年，四川开始进行有组织的国营大中型企业股份制试点。同时，省政府要求积极支持多层次、多形式的横向经济联合体，开始试办企业集团。至 1987 年年底，全省出现以大中型企业为依托的跨地区、跨部门、跨行业及跨所有制的企业集团 70 多个。

1987 年 5 月 29 日，省政府发出《关于地方国营大中型企业推行和完善承包经营责任制的通知》，提出的承包经营总原则是：包死基数，确保上缴，超收多留，欠收自补。1987 年 11 月 16 日，国家批准成立中国嘉陵工业股份有限公司（重庆），是中国第一个股份制企业集团。在股份制、军民结合等方面都具有特点，被称为“嘉陵模式”。同时，东方电站成套设备公司①也由国家计委批准，成为在国家计划中实行单列的企业集团之一。

1988 年 6 月，省委、省政府决定在全民所有制大中型企业中进行“超前改革”试点。明确企业的资产关系，理顺国家与企业的分配关系。试点企业的所得税按 35% 缴纳，税后利润可实行国家资产和企业资产按股分红或企业对国家资金付费的办法。试点企业试行企业工资总额同企业劳动生产率和适当的经济效益指标挂钩的办法，可以“上不封顶，下不保底”，扩大企业融资权和外贸权，凡有条件的试点企业，一律取消指令性计划，产品实行国家指导价和市场调节价。企业与其主管部门的行政隶属关系，参加试点后即自行脱钩，但须接受行业管理。确定川棉一厂、成都量具刃具总厂、红光电子管厂、东新电碳公司、自贡市铸钢厂、乐山造纸厂、川康毛纺织（集团）厂、宜宾天原化工厂、长江起重机厂、内江绵纺织厂等 10 户企业首批试点。

1990 年 1 月，省委、省政府决定对国有大中型企业进行重点扶持，鼓励企业通过参股、兼并、法人承包和法人租赁，加快组建资产、经营一体化企业集团。至年底，全省已组建各类企业集团 83 户，成员企业达 1500 多个。当年新建和完善发展的资产一体化企业 10 户，其中：有国内第一家股份制企业集团——中国嘉陵工业股份有限公司，有最早在国家实行计划单列的东方电站成套设备

① 1984 年 5 月 23 日，经机械工业部批准，东方电站成套设备公司在成都组建，包括东方电机厂，东方汽轮机厂，东方锅炉厂和东风电机厂。1992 年更名为东方电气集团。

公司，有在全国率先对大型国营企业实行兼并的红光电子集团。四川华通汽车工业集团公司、四川东方石化机械集团、南充天歌集团也陆续成为资产一体化公司。

1991 年 6 月，省委、省政府发出《关于进一步搞活国营大中型企业的决定》，要求进一步落实企业自主权；减少指令性计划任务，扩大产品自销权；放宽企业自定价格的权限，进一步落实企业自行设置机构的权力，扩大对外经济活动自主权；继续完善和发展企业承包经营责任制，大力扶持技术改造，加速产品更新换代；逐步缓解企业流动资金紧张状况，切实减轻企业负担；大力促进组织结构调整；深化企业内部改革，完善企业内部管理机制，努力为国营大中型企业创造宽松的外部环境。12 月，省委、省政府决定在绵阳、德阳、自贡、攀枝花等市选择部分国营大中型企业，开展以转换企业经营机制，增强企业活力为目标的改革试点工作，连同成都、重庆两市，全省共有 100 余户国营大中型企业开展这项改革试点。

1992 年，省委、省政府确定在 105 户国营大中型企业中进行以劳动、人事、分配“三项制度”为主要内容的转换经营机制改革试点。到年底，进行“三项制度”改革试点的企业达到 300 户。

1993 年 2 月 18 日，省政府发布《四川省全民所有制工业企业转换经营机制实施办法》30 条，进一步强化企业自主权和经营管理者权限，同时统一企业所得税率，拟逐步免除能源交通建设基金、预算调节基金等税后负担。转制试点企业由 1992 年的 493 户（省重点控制企业 105 户）扩大到 2000 户。以“三项制度”改革为突破口，转换企业经营机制的改革向纵深发展。

1993 年 6 月，四川省 100 户国有商业企业进行转换经营机制试点。试点企业可以自主选择资产经营形式，自主决定经营范围，自主决定联营、合作或合资经营，自主决定招用职工事项。试点企业可以实行“自主分配、国家征税”的办法，并根据企业实际情况，选择工资总额调控办法。

1993 年 9 月 15 日，省委、省政府发出《关于在二十户国有大中型企业探索建立企业新体制试验的通知》及《实施意见》，决定：在成都、自贡、德阳、绵阳、乐山、内江选择成都轴承总厂、成都轻型汽车总厂、成都制药二厂、自贡鸿鹤化工总厂、自贡高压阀门总厂、东方电工机械厂、德阳什邡化肥总厂、德阳川西磷化工集团公司、德阳耐火材料厂、德阳东方石化通用设备总厂、涪江机器厂、绵阳华丰无线电器材厂、东方绝缘材料厂、绵阳亚太企业总公司、绵阳新华内燃机总厂、乐山造纸厂、四川嘉华企业集团公司、四川内燃机厂、四川橡胶厂、四川内江糖厂等 20 户国有大中型工业企业，以及四川五交化公司、内江百货集团公司两户商贸企业，开展以理顺产权关系、加快企业经营机制转换为核心的建立现代企业新体制试点。要求改革企业体制和组织形式，实行多元财产组织形式和多种经营方式，理顺产权关系，强化企业法人财产主体地位，落实和维护企业经营自主权，强化企业激励机制和约束机制。

1995 年，省委、省政府对国有企业的改革发展采取“抓大、放小、扶优、解困”的方针，抓好关系全局的一批国有大中型企业的改革、改组和技改，带动全省经济的发展。重点推进以建立现代企业制度为目标的国有企业改革。并在国家确定的四川沱牌实业股份有限公司、四川红光实业股份有限公司、四川物资集团股份有限公司、重庆钢铁集团总公司、四川建设摩托集团公司 5 户企业建立现代企业制度的试点。同时，决定在原有 6 个市地的 22 户建立现代企业制度的试点企业基础上，扩大到 23 个市地州的 80 户（包括原 22 户试点企业、参加国家确定的建立现代企业制度试点的 5 户企业、新确定的 53 户企业），并发布《关于扩大建立现代企业制度试点若干问题的意见》。试点企业按照产权明晰，责权明确，政企分开，管理科学的要求，改革企业财产组织形式和经营体制；建立和完善企业组织领导管理制度，形成企业内部高效的决策、经营制度和科学的制衡机制；采用多种形式调整企业资产负债结构；积极分流富余人员，分离企业办社会的职能，对企业离退休人员逐步实行社会化管理；进行劳动、人事、分配制度改革，全面推行劳动合同制，改革用人制度和工资奖金分配制度。80户试点企业1995年完成工业产值、销售收入、利税总额比1994年分别增长24.3%、19.6%和15.7%；比全省独立核算工业企业的增长幅度分别高17.03、2.86和65.15个百分点，年末净资产比年初增加8.0%，实现了保值增值。

1996年4月2日，省委、省政府下发《关于推进两个根本改变，加快四川工业发展的意见》，提出：以建立现代企业制度为目标，把国有企业的改革同改组、改造和加强管理结合起来，加大改革力度。国有大中型骨干企业要在5年内初步建立起现代企业制度，成为自主经营、自负盈亏、自我发展、自我约束的法人实体和市场竞争主体。认真抓好国家确定的成都、重庆、自贡、绵阳“优化资本结构”的试点，全面落实“增资、改造、分流、破产”的政策。加大企业兼并力度，优化资产配置。企业中的国有产权、股权，由同级政府批准可部分或整体出让、出租，所得资金属国家所有，可以留给企业，用于技术改造和补充流动资金，也可由省政府授权建立工业发展基金，用于现有工业企业的再投入。实行股份制的企业，国家股的分红，经投资主体批准依法定程序，全部留在企业，有偿使用，补充企业生产经营资金，本息作为企业增资扩股时的资金来源。

1996年，国家确定的3户和四川省确定的68户以及市地州确定的一批现代企业制度试点企业全面进入试点方案的实施阶段。这些试点企业确立了国有资产的投资主体，建立了公司股东会、董事会、经理层、监事会组成的公司法人治理结构，清理债权债务，在制度创新和解决重点、难点问题上取得实质性进展。

1997年，全省68户现代企业制度试点企业经过3年探索实践，全部按照《公司法》完成企业改制工作。其中股份公司31户，有限责任公司12户，国有独资公司25户。通过资产重组，强强联合，优势互补，提高资本营运效率。川西磷化工并入川化集团公司；四川会理拉拉铜矿和成都电冶厂联合成立四川铜镍有限责任公司；川天化并入泸天化集团公司；成百股份公司、成都百货大楼、成百储运站联合组建成立了成百集团；长江起重机厂、长江挖掘机厂、长江液压件厂和泸州机械厂组建成立了长江工程机械集团。长虹集团公司收购了五洲电源厂，为长虹的第二次创业，培育新的经济增长点，开拓电源市场奠定了基础。还加大技改力度，增强企业发展后劲。试点企业技改项目立项204个，开工145个，总投资117亿元，技改项目属国内领先的主导产品有33个，省内领先的26个。试点企业普遍进行了“三项制度”改革，98%的职工实行了劳动合同制，精简企业内部管理机构253个，分离分流富余人员5708人。实行主辅分离，分离学校、医院、食堂等非生产性机构76个。企业通过改革、改组、改制和加强企业管理，经济效益明显好于面上企业。68户企业实现利润相当于全省800余户大中型企业利润（盈亏相抵后）的总和。国家统计局资料表明，四川试点企业经济技术综合指标，全国评比名列第一。

1998年6月，省委、省政府发出《关于进一步深化国有企业改革的意见》，提出实施资产大重组、结构大调整、机制大转换的总体思路和30条政策措施。要求推进产权重组，实现投资主体多元化；调整工业所有制结构、轻重工业结构及企业组织结构；企业进行公司制改组，规范出资者所有权，保障企业法人财产权；逐步实行经营管理者选聘市场化和任制职业化，改革企业用工制度，进行经营管理者年薪制试点，自主决定分配方式；完善社会保障制度，建立统一的社会保障机制，全面推行养老、失业、医疗、工伤和生育保险，建立下岗职工基本生活保障、失业救济和城市最低生活保障等社会保障体系。省国资局提出实施意见，要求国有资本向优势企业集中，实现优势企业低成本扩张。省级国有大中型企业，要按照《公司法》的规定，逐步改组为公司制企业，完善法人治理结构，转换经营机制，强化内部管理。省级国有小型企业，可采取股份合作制、兼并、破产、出售、承包、租赁、合资合作等多种改制形式，放开搞活省级国有小型企业。

省级国有大中型企业改组成为股份有限公司和国有独资公司的，须报经省政府批准。省级国有小型企业的改制形式由其主管部门会同省国资局及有关部门确定。改制企业的国有资产处置方案须经主管部门审核后，报省国资局会同有关部门批准后实施。企业改制方案应包括以下主要内容：企业概况、财务状况、资产债务的重组与分立，非经营性资产的剥离、经营性资产的处置以及改制后企业的运作、企业职工安置等内容。要求加强改制企业的财产清查和资产评估工作。经省国资局批准立项申请后，由企业自主委托有资格的评估机构，对包括土地使用权等在内的企业资产进行评估。经省国资局确认的评估结果是改制企业国有净资产处置的基本依据。改制企业要做好职工安置工作。经批准，可以从改制企业的国有净资产中划出一部分，用于弥补企业离退休职工养老统筹和在职职工安置费用的不足。国有净资产不够支付安置费用的，可从土地资产处置收入中补足。

鼓励省级国有企业职工购买企业产权，经企业主管部门和省国资局同意，盈利企业经营者可购买达到相对控股地位以上的企业产权。企业内部职工集体购买全部产权可改制改组为有限责任公司或股份合作制企业，国有净资产可按以下方法进行处置：

1. 从经评估确认后的国有净资产划出一部分作为职工安置、社会保障等费用。企业职工安置费标准为原企业固定职工每人按安置时企业所在地年职工平均工资的 6 个月工资额为起点计算，工龄满一年，相应增加企业所在地职工平均工资的 1 个月工资额计算安置费，最高不超过 36 个月；离退休职工的社保费用和抚恤金的计算方法为：企业前三年实际发生费用总和。

2. 从净资产扣除职工安置费以后的部分，根据企业资产评估增值情况、职工年龄结构、产品及市场情况、近三年经营效益、亏损情况、职工收入水平等因素考虑，允许以略低于净资产出售，实际成交价低于净资产 20% 的（含 20%），由省国资局审批。

3. 实际成交价确定后，对内部职工一次性付清全部价款的，可以享受 25% 的优惠。

截止 1998 年年底，全省已改制企业 3678 户，改制面为 58%。全省 677 户国有及国有控股大中型工业企业中，有 283 户企业已完成改制，改制面为 41.8%，283 户企业共有职工 76.96 万人，资产总额 1526.86 亿元。283 户企业，按改制方式分：集团公司 60 户，占 21.2%；有限责任公司 76 户，占 26.86%；股份有限公司 80 户，占 28.27%；被兼并重组企业 53 户，占 18.73%。按投资方式分：国有独资 64 户，占 22.61%；国有控股 130 户，占 45.94%；国有参股 22 户，占 7.78%；其他方式 67 户，占 23.67%。未改制的企业有 394 户，共有职工 61.36 万人，资产总额 648.65 亿元。

1998 年度四川省 509 户企业改制国有资产变化情况表

表 3－1　　　　单位：万元

改制前国有资产数额		232490
改制时国有资产评估数额		229514

续表 3－1

改制中国有资产减少数额	核销财产损失	21125
	冲减呆坏账	10727
	支付职工医疗养老、欠发工资、安置费	10432
	无偿量化给职工	134
	低于评估值折股差额	778
	低于评估值出售产权差额	2486
	其他净减少国有资产数额	3599
改制后国有资产数额	改制后留在企业的国有资产数额	140834
	收回的国有资产转让价款	9519
	剥离国有资产数额	29880

2000 年 3 月，省委、省政府发布《关于加快建立和完善现代企业制度的实施意见》，提出建立现代企业制度的工作目标和基本要求。要求加快公司制改革，规范公司法人治理结构，着力转换企业经营机制。要求提高认识，加强组织领导，确保建立和完善现代企业制度的各项任务全面完成。2000 年内，四川省包括长虹、五粮液在内的 40 户国有及国有控股大中型骨干企业要初步建立现代企业制度。按照部署，各地把推进企业重组和规范上市作为增强企业实力，加速现代企业制度建设的重要途径和手段，因企施策，取得重大进展，大多数国有大中型企业初步建立现代企业制度。省委、省政府确定的 40 户国有及国有控股大中型骨干企业中，除 7 户因行业管理体制等特殊原因外，其余 33 户初步建立现代企业制度；另有 170 户国有大中型企业完成公司制改革，占目标任务的 84. 2%。至 2001 年，全省抓的 80 户重点优势企业，有 57 户初步建立现代企业制度；86 户国有大中型企业，有 52 户完成公司制改造；48 户国有控股大中型企业，有 37 户实现股权多元化。全省规模以上工业企业工业增加值增长率 14%，净利润增长 20%。

2001 年 9 月 6 日，省政府印发《四川省国有企业退出规划》，决定将国有资本从一般竞争性领域有序退出。采取经济、法律、行政手段相结合，以劣势企业破产为主要方式；将严重资不抵债、扭亏无望、资源枯竭、污染严重、产品质量低劣的 571 户国有独资和国有控股企业列入 2001—2005 年国有资本退出规划。决定关闭破产项目 342 个（其中 122 个项目拟列入全国企业兼并破产项目），改制项目 133 个，转让重组项目 96 个。覆盖全省 21 个市州和 14 个行业，涉及总资产 309. 34 亿元，总负债 339. 13 亿元；涉及职工 62. 32 万人，其中在职 45. 22 万人，离退休 17. 10 万人。需要分流的职工总计为 40. 83 万人。据初步测算，安置职工所需费用为 90. 15 亿元，企业资产预计变现金额 36. 40 亿元，安置职工资金缺口 53. 75 亿元。资金缺口中需中央支付的为 16. 94 亿元；需省财政厅支付用于省属企业脱钩、下放的 5. 30 亿元；需各市、州支付的为 31. 51 亿元。

2001—2005年四川省各地区国有企业退出规划表

表3－2 单位：万元 人

地区名称	项目数	企业人数			资产总额	负债总额	退出方式			分流职工	
		合计	在职	离退休			破产	改制	转让重组	合计	其中退二进三职工数
总　计	571	623236	452237	170999	3093398	3391313	342	133	96	408291	37080
成都市	76	120726	84270	36456	925386	835516	45	22	9	75384	267
自贡市	47	66045	46303	19742	261930	330685	33	8	6	51841	1020
攀枝花市	16	15331	10329	5002	90520	116195	11	5	—	12964	12964
德阳市	30	32002	24602	7400	187991	173870	11	11	8	17215	—
泸州市	17	18723	13163	5560	90567	92842	9	7	1	12430	—
绵阳市	6	7932	6544	1388	62261	69468	6	—	—	5139	—
广元市	7	14871	9683	5188	68418	92918	7	—	—	14871	—
内江市	50	57291	42602	14689	298793	277545	23	13	14	36402	423
乐山市	58	63535	46039	17496	165639	220586	36	11	11	37572	9227
遂宁市	9	11999	9578	2421	43950	71573	7	1	1	9959	—
南充市	28	28744	20599	8145	96758	126969	17	5	6	16163	2246
宜宾市	4	18619	14653	3966	55936	62944	4	—	—	19395	—
雅安市	11	14175	8393	5782	41239	41520	6	4	1	5317	—
达州市	65	66675	49524	17151	213265	295259	46	11	8	42493	—
广安市	25	26378	20311	6067	90523	102511	19	1	5	25513	—
巴中市	33	10732	9053	1679	55768	64565	7	12	14	2471	130
甘孜州	14	3001	2321	680	20774	21686	14	—	—	2031	—
阿坝州	18	7131	5963	1168	79785	79399	9	5	4	3687	1489
凉山州	10	7408	4936	2472	22867	33034	4	—	6	2788	710
资阳市	23	18972	13731	5241	69873	85098	8	15	—	6202	150
眉山市	4	2032	1622	410	19008	13032	—	2	2	—	—
省属脱钩企业	20	10914	8018	2896	131698	184098	20	—	—	8454	8454

2001—2005年四川省各行业国有企业退出规划表

表3－3 单位：万元 人

行业名称	项目数	企业人数			资产总额	负债总额	退出方式			分流职工	
		合计	在职	离退休			破产	改制	转让重组	合计	其中退二进三职工数
总　计	571	623236	452237	170999	3093398	3391313	342	133	96	408291	37080
轻工行业	97	97697	68305	29392	355247	479769	67	22	8	78298	6633

续表 3－3

行业名称	项目数	企业人数			资产总额	负债总额	退出方式			分流职工	
		合计	在职	离退休			破产	改制	转让重组	合计	其中退二进三职工数
冶金行业	29	44877	34870	10007	264088	305967	24	4	1	26736	5334
机械行业	72	73787	52552	21235	452705	416915	33	27	12	32050	3178
纺织行业	30	32974	24608	8366	170616	223070	18	4	8	28210	2382
化工行业	53	59151	46764	12387	382072	429869	31	14	8	46722	8133
建材行业	57	56439	40582	15857	387439	332569	23	23	11	20008	831
流通行业	30	5975	4497	1478	69657	90948	20	2	8	6479	584
煤炭行业	47	121543	81873	39670	262574	237017	26	8	13	85297	7770
食品行业	49	16147	12249	3898	94127	102878	26	10	13	9870	755
丝绸行业	33	49482	40748	8734	147935	229451	31	2	—	32177	330
电子行业	19	27036	20133	6903	231144	284031	17	—	2	23531	100
医药行业	4	4610	3118	1492	48295	31821	1	3	—	1718	—
有色行业	7	9367	5693	3674	64446	56655	6	1	—	7020	667
其他行业	44	24151	16245	7906	163053	170353	19	13	12	10175	383

2003 年，四川省稳步推进企业改革，着力建立现代企业制度，推进产权多元化，转变经营机制，加快职工身份转变，加强经营者队伍建设，实施主辅分离，逐步实现“三个百分之百”，即百分之百进行企业产权制度改革，实现投资主体多元化，使股份制成为公有经济的主要实现形式；百分之百转换企业经营机制，完善法人治理结构，建立现代企业制度；百分之百转变国有不绝对控股企业职工的国有身份。全省县属国有企业改制面达 90% 以上，市属国有企业改制面达 50% 左右，有的市州达 80%—90%。全省国有大中型企业改制面达 85.2%。有 38 户国有及国有控股大中型企业实现产权多元化，有 19 户大中型国有企业完成公司制改造，68 户上市公司的法人治理结构逐步完善，有 32 户国有劣势企业通过兼并破产、改制重组后退出。

2003 年 9 月，省委企业工委对省属国有重要骨干企业改革进行深入调查，发现国企改革中存在国有资产流失的情况。国有资产的控股权实际上由企业领导人员掌握，省属企业的改制方案基本上未征求监事会意见；很多企业在对国有资产的评估中尽量降低国有资产价值；部分企业改制的重心放在股权的划分上和职工身份的转变上，着重考虑的是企业领导层股权分多少，职工占有多少，留给国家多少，减多少职工，降多少成本，对企业改制后企业如何发展，缺乏清晰的定位和有效的市场竞争方案；经过评估缩水后的每股股价远远低于实际净资产，每股股价实际含金量大，持股量越大，占的便宜越大，但一些企业管理层持股远不能达到操纵股权，既不能影响决策，又引起职工反感，占了小便宜，影响了企业稳定，给改革增加了难度。改制方案中，股权出售主要以内部人为主体，集体分股、内部转让，极少考虑引入战略投资者，这样的改制造成新的内部人控股状况，仅从形式上构建法人治理结构，实质上什么都没变，极大制约了企业发展，违背了国家建立现代企业制度的初衷。

2004年，省国资委积极推进国有企业建立现代企业制度，探索公有制的多种有效实现形式，进一步规范国有企业改制和产权转让。制定下发《关于规范所出资企业改制工作的试行意见》，规范出资企业改制为省级国有股不绝对控股的企业改制方案，规定重要的国有独资企业、国有独资公司的合并、分立、解散、增减资本等改制重大事项，均须由省国资委审核后，报省政府批准。并开展规范全省国有企业改制工作大检查，推进省属企业改革发展。国有企业公司制改造，按照“三个百分之百”的要求，继续推进国有企业股份制改革，促进产权多元化的股权结构合理化，大力发展混合所有制经济，加快建立现代企业制度。

按照“有进有退，有所为有所不为”的方针，实施国有经济战略性调整。根据产业发展基础和比较优势，确定电子信息、水电、机械冶金、医药化工、食品饮料、旅游六大产业作为支柱产业。对这些产业的龙头企业，如长虹、四川投资集团、二重集团、攀钢集团、五粮液集团和川化控股集团等保持国有资本的绝对控股地位，并在资源配置、资金支持、项目安排等方面给予特殊倾斜，帮助他们做强做大。在竞争十分激烈的白酒行业，全国驰名的“六朵金花”中，仍然保持了对五粮液集团独资、泸州老窖的国有绝对控股和沱牌的相对控股地位。剑南春、郎酒和全兴已通过产权改革退出国有，成为民营经济控股企业，但也保持了良好的发展势头。国有企业改制逐步改变过去“以卖为主”的单一模式，通过引入战略合作伙伴进行重组、合资等，使改制方式呈现多样化趋势。成都双流机场下放四川省改制为国有独资的四川省机场集团有限公司后，引入香港机场、深圳机场、大连周水子机场等企业对其下属双流国际机场进行股份制改造，不仅引入资金5.2亿多元，而且还保持了国有股占51%的控制地位。

2004年1月至11月，全省有26户大中型企业完成改制。其中省属企业2户，市属企业21户，县属企业3户；管理层收购1户。改制企业资产总额80亿元，负债总额50亿元。涉及职工2.7万人，其中2.2万人已转换身份。改制后仍为国有控股的企业12户，国有参股企业4户，国有资产完全退出的10户。

2004年12月20日，省国资委印发《关于规范所出资企业改制工作的试行意见》，对改制工作中涉及的审批权限、改制程序，改制涉及的职工安置和制订改制方案的中介机构进行规范。

2005年11月1日，省国资委印发《关于省属企业管理信息化建设试点工作的指导意见》，要求各企业在2006年上半年完成管理信息化实施方案的制定，2008年年底前基本完成管理信息化，并选择四川省投资集团有限责任公司、四川煤炭产业集团有限责任公司、四川华西集团有限公司、四川省机场集团有限责任公司、四川省公路桥梁建设集团有限公司和四川省地方铁路局6户企业为试点企业。

2005年11月底，全省21个市（州）、191个县（市、区）规模以上工业企业中尚有国有及国有控股企业960户，职工人数84.43万人，分别比2000年减少50.43%和41.78%。据不完全统计，2004年1月1日至2005年12月底，全省有103户国有企业实施了改制，涉及工业、能源、交通、城市基础设施、旅游服务、公用事业等行业，涉及资产总额68.4亿元，负债总额58.6亿元，涉及职工33604人，其中已转换国企身份的职工30784人。2005年，省国资委促成中外运和化工控股公司与川航集团合作意向，对川航集团实施整体改制，共同组建四川航空集团有限责任公司；协调推动川纺集团锦峰公司进入整体资产转让重组程序；积极推进四川商品拍卖中心和川投集团九鼎公司等企业的改制工作。

2005 年 12 月 27 日，省国资委印发《关于进一步推进省属企业改革的指导意见》，要求：以建立现代企业制度为方向，以产权制度改革为核心，以布局结构调整为重点，加快省属企业改革步伐。优势企业要通过引入投资合作伙伴、联合重组、低成本扩张等方式做强做大；龙头企业要通过争取无偿划转或市场并购等方式，推进产业整合，集中优势资源；困难企业要逐步调整退出。要求把握核资、审计评估、方案制订与审批、国有产权转让等关键环节，解决好职工安置、债权债务等重要问题，严格按程序规范推进改制。

二、国有小型企业改制

1991 年 10 月，省政府发布《关于进一步深化国营小型企业改革的决定》，要求：国营小型企业经营形式要灵活多样；进一步完善企业承包经营责任制；深化企业内部改革，加强企业内部管理；切实保障职工主人翁地位，充分调动经营者积极性；促进企业的优化组合；鼓励企业对外开放；切实转换政府管理经济方式。1992 年，宜宾县以改革产权制度为突破口，深化综合体制改革。其做法与经验，概括为“国家转让产权，企业转换机制，政府转换职能，职工负债持股经营”。省委、省政府 1994 年召开“宜宾会议”对中小企业改革作出全面部署后，其后又先后召开“射洪会议”“金堂会议”“营山会议”等多次全省性小企业产权制度改革工作部署及经验交流会，省及各地、市、县陆续出台一系列规章制度。各地以多种形式进行中小企业改革，有改组、联合、兼并、租赁、承包、股份合作制、出售等形式，并形成了川南、川西、川北、川东 4 种模式。川南模式是以职工持股的股份合作制为主要特征的宜宾模式。川西模式是以金堂县企业产权制度改革为代表，强调面向社会转让，在转让中提倡大户控股，职工参股。川北模式是射洪县创造的企业兼并、组建集团、优势互补、改组改造，加速发展。川东模式是川东地区利用发达省区的资金、品牌、技术、管理、体制等方面的突出优势，对本地区的若干企业进行群体嫁接和一揽子改造。

1994 年，全省县属国有企业产权制度改革，采取一户一策。主要形式有：

1. 将企业整体产权有偿转让内部职工，改为股份合作制企业；

2. 企业保留一部分国有产权，其余部分有偿转让给内部职工和社会法人，改为有限责任公司或股份合作制企业；

3. 企业的产权一部分有偿转让给社会法人，一部分有偿转让给内部职工，改为有限责任公司；

4. 将企业改组为股份有限公司；

5. 将企业向社会整体出售；

6. 企业兼并、破产、组建企业集团。通过产权制度改革，盘活了企业资产，转换了经营机制，促进了县域经济发展。

1995 年 5 月，省委、省政府在射洪召开全省第二次县属企业改革工作会议，进一步推广宜宾、射洪、金堂等县的经验，省国资局与有关部门联合印发《四川省县属企业国有产权转让若干问题的通知》，全面推进县属企业改革，要求用 3 年时间基本完成县属企业改革。当年全省有三分之一的县（市、区）进展较快，其中 10% 的县（市、区）基本完成改制、改组工作，宜宾、金堂、新都、犍为、彭山等县的县属国有工业企业全部完成改制、改组任务，其余县（市、区）也起步进行试点。重庆、泸州、遂宁 3 市通过资产流动重组，共盘活县属企业存量资产 19.8 亿元。乐山市在改革中先后转让县级国有资产2.33亿元，已收回1.59亿元，通过募股筹集资金13.49亿元。

1996年4月，省委、省政府印发《关于推进两个根本转变，加快四川工业发展的意见》，要求：继续推广宜宾、射洪、金堂等县的经验，区别不同情况，采取改组、联合、兼并、股份合作制、租赁、承包经营和引资嫁接、出售等多种财产组织形式和经营方式，加快国有小企业的改革改组工作。

1996年6月，省委、省政府在金堂召开全省第三次县属企业改革工作会议，大力推广宜宾、射洪、金堂等县的经验，全面推进以产权制度改革为重点的县属企业改革。7月4日，省委、省政府发布《关于进一步放开搞活国有小型企业的意见》，要求放开搞活小型国有企业，要以建立"产权清晰、权责明确、政企分开、管理科学"的现代企业为目标；要区别不同情况，分别采取改组、联合、兼并、股份合作制、租赁、承包、托管经营、出售、破产等形式，坚持因地制宜，一厂一策，保证国有资产保值增值。企业产权转让应坚持有偿等价，防止国有资产流失。企业改制要和企业组织结构的调整、产品结构的调整、企业的技术改造相结合，加强企业内部管理和领导班子的建设。并要求结合地、县党政机构改革，切实转变政府职能，认真改革对改制企业的管理方式。各级政府部门要积极为企业服务，帮助解决职工社会保障、富余人员安置、企业办社会等问题，为企业的改革和发展创造良好的外部环境。至年底，全省已改制县属企业3700多户，改制面77.4%；改制面90%以上的有3个市地。全省县属企业改制工作向城镇集体企业、重点乡镇企业和市地属企业延伸，全省改制的城镇集体企业有3187户，改制面78.1%；重点乡镇企业改制的已有10512户，占应改制企业的68.8%；已改制的市地属国有中小企业462户，改制面50.3%。通过改制进一步明确了企业产权，理顺了政企关系，盘活了资产存量，提高了企业经营效益，避免了国有资产流失，缓解了企业资金紧张的矛盾，增加了财政收入，提高了职工收入水平，推进了县域经济结构的调整。

1997年7月，省委、省政府在宜宾召开全省第四次县属企业改革工作会议，继续推广宜宾、射洪、金堂经验。1997年年底，全省中小企业总数为8085户，已改制企业3129户，未改制企业4956户，改制面为38.7%。在已改制企业中，公司制改造859户，占改制企业的27.5%；股份合作制企业589户，占18.8%；出售380户，占12.1%；被兼并141户，占4.5%；无偿划转16户，占0.5%；承包135户，占4.3%；租赁183户，占5.8%；破产214户，占6.8%；其他612户，占19.6%。企业改革后，效益上升的企业比例为31.04%，效益下降的企业比例为24.47%，无明显改观的为44.49%。

1997年年底，全省规划改制县属企业总户数为6528户，已改制企业户数为3119户，未改制企业3409户，改制面为47.78%，比1996年增加11.41%。绵阳市已改制完毕，遂宁、攀枝花两市也达84%。在已改制企业中，股份制357户，有限公司1107户，企业集团120户，兼并188户，出售338户，其他1009户。已改制企业资产总额317.67亿元，所有者权益70.22亿元，资产负债率77.89%；未改制企业资产总额384.66亿元，所有者权益80.15亿元，资产负债率79.16%，高于已改制企业1.27%。已改制企业产权转让净收入10.78亿元，其中政府收回4.05亿元，职工安置率为81.91%，企业改制后减亏5.8亿元，改制成效明显。未改制企业亏损达14.42亿元，比1996年增加3.86亿元，亏损进一步加剧，改制难度较大。

中小企业改制，经过两年试点和5年推广，截止1998年10月底，全省7775户原市（地）州、县（市、区）属国有小企业中，进行各种形式改革的6210户，占78.89%。其中改为公司制的2181户，占34.32%；以资产为纽带的联合297户，占4.97%；兼并426户，占6.70%；融资性的租赁547户，占8.61%；资产性的承包经营425户，占6.69%；股份合作制685户，占10.98%；出售798户，占12.56%；破产454户，占7.14%；其他形式397户，占5.77%。基本实现省委、省政府在1995年射洪会议提出的“三年基本完成”的改革目标。全省市属国有中小企业为1630户，已实施产权制度改革的企业为969户，占59.45%；全省县属中小企业6145户已实施产权制度改革的企业为5386户，占87.65%。至年底，全省中小企业改制面达90%。

1998年10月四川省市属企业改制统计表

表3－4

改制形式	合计	公司制	联合	兼并	租赁	承包经营	股份合作制	出售	破产	其他
企业户数	969	346	38	75	101	58	81	52	86	107
所占比例(%)		36.46	4	7.9	10.64	6.11	9.06	6.69	9.06	11.28

1998年10月四川省县属企业改制统计表

表3－5

改制形式	合计	公司制	联合	兼并	租赁	承包经营	股份合作制	出售	破产	其他
企业户数	5386	1835	259	351	446	367	604	746	368	260
所占比例(%)		35.05	4.95	6.7	8.52	7.01	10.96	14.25	7.03	4.97

各地在实施小企业产权制度改革时，大都遵循“先易后难”顺序，未改制的企业主要是严重亏损、债务沉重、停产半停产企业。这类企业难改的原因是出售难，由于资产质量低、产品落后，企业出售时往往无人问津；破产难，破产企业资产变现能力不足，难以安置职工，银行债务难以核销，破产进程缓慢。如把经营性净资产出售给内部职工或采取职工增量入股办法改制，则因这类企业职工收入低、购买力弱，改制后所需投入大等因素，也往往难以实施。

有的地方在产权制度改革的一些环节上欠规范：部分小企业改制对国有资产未进行资产评估或评估不实，导致国有资产流失；出售国有资产收入的管理使用方面，缺乏统一政策，有的归国有资产管理部门使用，有的归国有资产经营公司使用，有的归主管部门使用，无法统筹安排，实现国有资产保值增值；国有资产变现收入用于改制所需的一些成本支出时，开支比例不一致。

1999年，小企业改革与发展取得新突破。全省小企业改革在继续推行宜宾、射洪、金堂三县经验的基础上，总结和推广“思想解放观念新，改制转机力度大，综合配套程度高，改革发展结合紧，工作扎实效果好”的营山县小企业改革的新经验；召开了两次小企业改革与发展工作会议。省委、省政府发布《关于我省小企业进一步深化改革和加快发展的意见》，进一步推动全省深化小企业改革与发展，小企业经济效益大幅提高。至年底，全省独立核算工业小企业实现销售收入、利税分别比1998年增长7.6%、49.7%，比大中型企业的增幅高5.42和45.99个百分点。特别是营山会议后，全省各地综合配套得到加强，并呈现出新的特点：

1. 更加重视通过利用本地民间资金，加大对外招商引资力度。对原来的国有、集体小企业进行以产权制度改革为核心的综合配套改革，把民间蕴藏的巨大资金潜力释放出来，大力发展非公有制经济和混合所有制经济，引进一批企业。

2. 集中攻坚破难，突出综合配套。在债务清偿、资产变现和人员安置等难点问题上，各地在实践中摸索出一些行之有效的解决办法。

3. 在小企业改革与发展中越来越注重发挥金融机构的作用。小企业的改革和发展离不开金融部门的参与和支持，金融机构也更加重视利用小企业改革的机遇，盘活贷款，消化处理呆坏账，提高资产质量。

4. 所有制结构调整的步伐加快。随着国有、集体小企业的改制重组和非公有制及混合制经济的发展，全省县（市、区）的所有制结构加速变化。

5. 小企业改革成为县（市、区）工业经济止滑促升、扭亏解困的主要途径。

2002 年，全省中小企业改制面达到 98%。

第二节　股份制与企业上市

1980 年 7 月，成都市工业展销信托股份有限公司经成都市政府批准，按面值向全民和集体企业发行蜀都股票，为改革开放以来第一只企业股票。1986 年，省体改办等五部门联合下发《关于国营大中型企业股份制试点意见》后，四川国营企业股份制改革正式进入有组织的试点阶段。试点的股份制企业，一般设置 3 种股份：国家股为企业现有国家固定资产和流动资金；企业股为企业税后留利形成的企业资金；职工个人股为职工投资入股。企业实行税后按股分红，并实行股东代表大会和董事会领导下的总经理负责制。

1987 年 11 月，国家正式批准成立中国嘉陵工业股份有限公司（重庆），是国内第一个股份制企业集团，在股份制、军民结合、领导体制、分配制度、职工入股及职工民主管理等方面都作了探索，被称为“嘉陵模式”。1988 年 2 月，省政府印发体改办等部门《关于扩大全民所有制大中型企业股份制试点意见》《关于实行企业集团股份制试点的意见》，对股份的划分和管理、试点企业与国家的关系等作了原则规定。1988 年年底，全省已批准首批股份制试点企业和企业集团 43 户，经省政府批准发行的职工股份额达 7284 万元。

1991 年 10 月，省政府下发《关于进一步完善股份制试点的决定》，规定：股份制企业实行自愿入股、股权平等、收益共享、风险共担的原则，试点企业的股份分为国家股、法人股、个人股、外资股。医院、学校、职工住房等非生产经营用资产和不适用资产一般不参与折股，国家专营或有垄断收益的企业不得实行股份制。并要求，以后凡由多方出资组建的企业，原则上均应实行股份制。至 1991 年年底，全省尚在运行的股份制企业有 72 户，共发行股票 3.48 亿元，其中 19 户企业向社会发行股票 2 亿元。

1992 年，按照规范化要求推进多种形式的股份制试点，着重对四川峨眉山盐化工业（集团）股份有限公司、四川天歌轻工（集团）股份有限公司、四川省金路股份有限公司、乐山地方电力股份有限公司、四川金顶（集团）股份有限公司、四川广华化纤股份有限公司、四川长虹（集团）股份有限公司、长城特殊钢股份有限公司、峨眉铁合金（集团）股份有限公司、东新电碳股份有限公司等 10 户向社会公开发行股票的股份制企业的规范化进行试点。同时，四川省股份制联合小组新批准改组或组建定向募集的股份有限公司32户，有限责任公司12户。对全省股份制试点工作，省委、省政府要求坚决贯彻国家“坚决试，不求多，但求好，不能乱”的方针。12月26日，成都倍特发展股份有限公司正式成立，是全国27个国家级高新技术开发区的第一个股份制企业。

1993年2月，省政府发布《四川省全民所有制工业企业转换经营机制实施办法》，要求“新建企业原则上按股份制的要求组建”。还制定《四川省城乡股份合作制企业试点办法》，成立四川省股票上市审查委员会，企业股份制试点取得较大进展。3月，四川峨眉山盐化（集团）股份有限公司股票在深圳证券交易所上市，是四川首家上市公司。四川天歌轻工（集团）股份有限公司股票于5月在深圳证券交易所上市。四川宜宾纸业股份有限公司、四川长江纸业股份有限公司、涪陵建筑陶瓷股份有限公司继续向社会公开发行股票试点。四川竹根锅炉等12户轻工企业进行定向募集股份有限公司试点。至年末，全省建立股份制企业890户，其中公众公司42户。全年公开发行股票20565万股，内部股权证45520万股；发行各类有价证券405106万元，其中股票及股权证25830万元。全年有13户股份公司的个人股和1家公司的法人股在上海、深圳证券交易所及STAQ系统挂牌上市，全年股票交易额首次超过债券交易额。四川公众公司数仅次于上海，上市公司数仅次于上海、深圳。

1994年，继续扩大、规范股份制试点。新组建股份有限公司79户，有限责任公司1000户，股份合作制企业2000户。发行人民商场、中川国际、泸州老窖等3户公司股票，并分别在沪、深证券交易所成功上市；东方电机和成都电缆公司在香港发行H股并成功上市。至年底，全省股份有限公司共有330多户，其中公众公司53户，境内上市公司21户，境外上市公司3户；有限责任公司2000户；股份合作制企业10000户。全省大中型企业有50%改组为股份有限公司及有限责任公司。3户H股公司筹资19亿港元，股份有限公司共筹集资金100亿元。

1995年，按照《公司法》要求，重点对股份公司进行规范、完善，对有关方面进行检查，制订规范、完善的政策措施，规范企业行为，四川省的股份公司规范化运作位于全国前列。同时，重点组建了长虹、长钢、省物资集团、红光及沱牌等大型企业集团，并按母子公司体制调整了内部组织结构，完善法人治理结构。至年底，全省拥有各类企业集团1700多个，成为全省国民经济发展的一支生力军。1995年，四川新上市公司5户，流通股份1.4亿股。至年底，全省已设立股份公司330多户，有限责任公司3000多户，其中公众公司53户，上市公司29户。股份制试点企业已占全省大中型工业企业50%以上，共募集国内外资金250亿元，其中境外25亿港元。1996年，企业股份制改造由试点转入全面推进，规范完善。四川是全国股份制试点起步较早，推行面较宽的省份。至年底，全省已上市公司39户，其中1996年新上市9户；已上市的39户公司中，属境外发行上市3户，境内发行上市34户。全省股份有限责任公司和股份合作制企业也有新的发展。

1997年，股份制改造进一步规范完善。全省有339户企业改建为股份有限公司，其中在沪深两市交易所上市41户，境外发行上市4户。至1998年年底，全省股份制企业经过规范完善达400多户，其中在沪深两市交易所上市企业47户，境外发行上市4户，累计改建和新建有限责任公司近1.5万户。

1999年年底，全省股份制企业达450户，其中在上海、深圳两家交易所上市交易企业55户，境外发行上市4户，当年从证券市场筹集资金近10亿元。四川上市公司55户，占全国上市公司的5.84%。55户上市公司中，在上海上市24户，在深圳上市29户，在香港上市的3户（东方电机分别在上海和香港上市），年内仅泸天化和四川双马两家公司发行股票上市。明星电力、四川长虹、内江峨柴、四川美丰等4户实施了配股。通过发行和配股，全年募集资金35亿元。据1999年年报统计，四川省53户A股上市公司的股本总额为127.56亿元，流通股本额为43.17亿元，分别增长14.35%、19.32%；总资产为690.7亿元，净资产为382.7亿元，分别增长5.5%、10.86%。全年实现净利润36.9亿元。平均每股收益0.29元，比全国上市公司的平均每股收益0.208元多0.082元；平均净资产收益率11.28%，高出全国上市公司的平均净资产收益率近3个百分点；每股收益在0.4元以上的绩优公司只有8户，仅占全国146户的5.48%。四川省上市公司的总体业绩水平比1998年出现了大幅度下滑。其中净利润下降14.41%，加权平均每股收益下降21.61%；亏损公司和微利公司（每股收益0.10元以下）增多，亏损公司由4户增到8户，微利公司由7户增到10户。

2000年4月，省政府发出《关于促进上市公司发展和规范运作有关问题的通知》，要求：积极引导和培育优势企业上市，进一步规范上市公司运作，加强上市公司资产重组，加快上市公司发展。2000年，新上市企业2户（川化股份、天科股份），配股2户（沱牌曲酒、聚友网络），增发新股试点2户（托普软件、全兴股份）。至年底，四川省有上市公司57户（其中有一家分别在上海和香港上市，下同），其中A股55户，H股3户。全年通过配股、增发新股和发行股票共募集资金25.7亿元。

2001年年末，四川有上市公司61户，其中A股公司58户，H股公司4户；当年新发行上市公司有A股6户、H股1户，全年募集资金34.7亿元人民币、1.2亿元港币。7户公司获准配股，1户公司成功增发新股，共募集资金25亿元人民币。

2002年，四川有上市公司65户，其中A股公司62户，H公司4户。西昌电力于5月上市，募集资金23980万元；旭光电子11月上市，募集资金23400万元；四川美丰配股募集资金14047万元；泸州老窖配股募集资金29552万元；ST银山于8月退市。上市公司的法人治理结构逐步完善并建立相应的监督、保障措施。

2003年，省政府发布《关于规范和促进上市公司资产重组的指导意见》，要求：统筹安排，规范、有序地开展上市公司资产重组。上市公司“壳资源”在同等条件下要优先向电子信息、医药化工等6大支柱产业转移，优先向重点优势企业、国内外大公司、大集团倾斜，要充分发挥市场机制的作用，建立资产重组评价制度。2003年年末，四川有上市公司65户，其中A股上市公司62户、H股上市公司4户，占全国上市公司总数的4.81%，在全国排名第8位。至2003年年末，四川上市公司历年累计从证券市场融资332.47亿元，占全国总融资额的3.28%。62户A股上市公司中有61户公司聘请了独立董事，建立了独立董事制度，有独立董事183人。有28户上市公司建立了高管人员市场化配置、激励和约束机制。

2004年，首次公开发行股票有3户公司，募集资金7.35亿元，实施再融资1.02亿元。65户A股上市公司，经审核确定有6户高风险公司、21户次高风险公司。

2005年年末，四川共有A股上市公司64户，历年累计融资336.97亿元。64户上市公司主要分布于四川成、德、绵经济带及乐山、遂宁、自贡、宜宾等市，以成都市最多。具体分布情况为：成都有岷江水电、四川路桥、ST博讯、禾嘉股份、成都建设、国栋建设、旭光股份、天科股份、成发科技、通威股份、迪康药业、中铁二局、阳之光、前锋股份、全兴股份、鹏博士、成商集团、博瑞传播、川化股份、银河动力、舒卡股份、汇源通信、宝光药业、倍特高新、聚友网络、ST天仪、华神集团、中汇医药、泸天化、海特高新等30户公司；绵阳有绵阳高新、四川长虹、长城股份、ST湖山、新希望、四川双马等6户；乐山有乐山电力、川投能源、四川金顶、东泰控股、峨眉山A等5

户；德阳有宏达股份、东方电机、金路集团、蓝星石化等4户；遂宁有明星电力、沱牌曲酒、四川美丰、华润锦华等4户；自贡有大西洋、ST林控、东方锅炉、ST托普等4户；宜宾有ST长控、宜宾纸业、五粮液等3户；南充有同人华塑、金宇车城等2户；广安有广安爱众1户；泸州有泸州老窖1户；内江有方向光电1户；攀枝花有新钢钒1户；凉山有西昌电力1户；阿坝有岷江水电1户。

附：

营山县企业体制改革情况

一、基本情况和主要成效

营山县幅员面积1634平方公里，总人口87万人，是一个农业大县、工业弱县、财政穷县，县级工、商经济基础十分薄弱，为省级贫困县。全县原有80户县属企业，其中国有企业45户、城镇集体企业35户；组成结构为工业企业37户、流通企业43户，平均负债率高达120.2%，每年亏损总额1000多万元，企业职工年均工资收入2366元，每月不足200元。相当部分企业处于资不抵债，停产、半停产状态，不少已经濒临破产。

穷则思变，困中图强，营山县从1994年“宜宾会议”以来大胆进行以产权制度为核心的综合配套改革。1994年至1996年的试点探索阶段，主要是采取以股份制和股份合作制为主的多种改革形式，这一时期企业改制27户，其中股份制和股份合作制19户，破产5户，租赁2户。1997年以后的突破推广阶段，在坚持多种改革形式的同时积极稳妥地实施出售和破产，这一时期企业改制45户，其中整体出售34户、股份制和股份合作制2户、破产6户、解体2户、兼并1户。1998年年底，全县80户县属国有、集体企业，已有72户企业进行了产权制度改革，占应改制企业75户（有5户公益性、政策性企业暂不宜改制）的96%，其中整体出售产权34户、股份制改造12户、依法破产11户、联合兼并3户、解体3户、租赁经营5户、分块搞活4户。

营山县企业改制后，县属企业从困境中好转，工业经济从低谷中回升，全县经济出现了新的转机、新的活力、新的气象。主要表现是：

在效益上实现了“三个增加”。一是国家税收增加。1998年全县乡及乡以上工业企业实现税金4226.9万元，同比增长20.78%。二是企业利润增加。1998年全县乡及乡以上工业企业减亏71.7%。全县重点工商企业由1994年净亏损813万元变为1998年净盈利256万元。出售产权的企业绝大部分盈利，股份制、股份合作制企业70%以上盈利或扭亏为盈。三是职工收入增加。企业职工平均工资由改革前的2366元上升到1998年的4794元，增长102.6%。据该县对新华织布厂等12户改制企业的专项调查，企业职工月工资收入都在500元以上，比改制前增长1倍。

在发展上加快了“三个步伐”。一是加大了所有制结构调整的力度，加大了非公有制经济发展的步伐。全县个体工商户由1994年的13417户增加到1998年的24484户，生产性私营企业由48户上升到301户，分别增长82.5%和5.3倍。全县非公有制经济占国民经济比重由1996年的6.7%上升到1998年的27%。二是加快了工业经济发展步伐。全县乡及乡以上工业企业总产值1994年到1996年平均每年增长10%，1996年后平均每年增长31.3%。三是加快了企业投资扩张步伐。通过改革，全县企业共盘活存量资产1.69亿元。累计吸纳社会资金6505万元，全县企业的生产经营性固定资产由1994年的1.21亿元增加到1998年的2.19亿元，增长80.99%。改制企业坚持市场和资产第一的原则，加大投入，加快技术改造、新产品开发。县五四机械有限公司改制后异地投资200多万元在重庆建成组装生产线；新华印务公司改制为民营企业后，1998年投资270万元更新了印刷设备，投资315万元收购兼并了南充彩印厂，1999年又投资150万元，新建包装生产线；肉联厂、水泥厂出售后，也分别投资500多万元进行了技术改造。

在机制上突出了“三个创新”。全县改制企业特别是34户出售资产、转让产权的原国有、集体企业转变为民营企业后，引入民营企业经营管理的机制，使原来的“铁饭碗”“铁工资”等老大难问题迎刃而解，真正实现了企业劳动用工机制、分配机制、管理机制的“三个创新”，焕发了生机与活力。润丰肉食品有限公司减少中层机构12个，减少中层干部40人，新华印务有限公司管理人员由原来22人减少到3人。南绫丝绸厂这个过去各种改革方案都搞过，甚至破产的“烈性改革药”都吃过，但仍然一次次陷入困境的企业，1998年整体出售后，多年来第一次实现了扭亏为盈，产品大部分出口欧洲，1999年可创收入1500万元。

在优化环境上理顺了“三个关系”。一是理顺了企业和政府的关系，通过多种形式的配套改革，使县政府解脱了对企业负有的无限责任，并从直接管企业的复杂事务中摆脱了出来，实现了政企分开。二是理顺了企业和金融部门的关系。一方面，企业改制后能够如期偿还债务和支付利息，重塑了信用形象；另一方面看到了企业改制后焕发出生机，能够放心支持企业发展，金融部门与企业开始结成了新型的银企关系。1997年后全县银行为改制企业注入技改资金3200万元，流动资金3850万元。三是理顺了企业和社会的关系。通过产权制度改革，从制度上制约了社会向企业乱摊派、乱集资、乱收费，政府采取强硬措施，制止向改制企业乱伸手，从根本上减轻了企业的社会负担。

二、主要特点和基本作法

（一）因企施策，讲求实效

1997年年初，营山县在总结吸取了前期企业改革的经验教训基础上，加大了改革力度，把企业产权制度改革和调整所有制结构紧密结合起来。对这个要害问题，不改不行，假改不行，单一地改也不行，而应该深改、真改，配套规范地改。国有资产在改制中从竞争性企业退出来，集体企业资产落实到个人，坚持因企施策，形式多样。宜售则售，宜租则租，宜股则股，宜破则破，宜并则并。无论采取哪种形式，都要使企业在产权制度上脱胎换骨，在生产经营上真正活起来，在股权设置上，改变过去平均持股的倾向，推行个人控股和大股东控股，逐步实现股权相对集中，使股份制机制真正发挥作用。

按照上述思路和要求，营山县企业产权制度改革主要采取以下六种形式：

第一，出售。营山县从1997年6月竞价出售国有营山县印刷厂开始，用一年半时间先后出售34户企业产权，占当期改制企业总户数的四分之三。营山采取了多种方式出售企业：一是整体出售。对曲酒厂、水泥厂等8户资产大于债务的企业，实行净资产整体竞价或协议出售组建私营企业。二是分块出售。对县印刷厂等3户债务大、净资产不多，或场地分散不能整体出售的企业，实行分块竞价或协议出售后组建私营企业。三是零价转让。对农机公司、煤建公司等4户资债相当的企业，在承担债务和妥善安置职工的前提下，将产权转让给内部职工，由职工出资入股组建股份制、股份合作制企业。四是先破后售。对肉联厂、织绸厂等3户长期亏损、搞活无望的企业依法破产，对其残值竞价或协议出让后组建私营企业。五是出售解体。对土地公司、废旧回收公司、糖果厂等16户债务较少而净资产较多但前景不明朗的企业，实行竞价出售或协议出售后妥善安置职工，偿还债务，企业解体。县属34户企业出售后，共组建民营企业18户（其中工业企业13户，流通企业5户），组建股份制、股份合作制企业10户，其他类型企业6户。由此可见，营山县多种方式的企业出售也通常是与改组、联合、兼并、租赁、破产以及股份制、股份合作制等多种形式兼容操作的。

第二，股份制、股份合作制。对五四机械厂等生产经营比较正常、经济效益较好的企业，通过明晰产权，配售股权，实行职工持股，经营班子成员持大股，整体改制为股份制、股份合作制企业。

第三，租赁经营。对罐头厂、骆市丝厂等企业采取分块租赁或整体租赁。

第四，联合兼并。对优势互补、产业和产品性质相近的企业，通过承担债务、竞价购买、出资入股等形式，获取其他企业资产，行使其全部或绝大部分经营权，实现资产的低成本扩张，高效益经营。

第五，分块搞活。对一些整体活力不足而内部各车间、柜台、门点的生产经营状况有明显差异的企业，实行母体裂变，化整为零，人、资、债分离经营，分枝嫁接，分块搞活。

第六，依法破产。对万事达织布厂等11户资不抵债，扭亏无望，又无偿还能力的企业，依法破产，做好资产变现、重组和职工安置工作。

（二）综合配套，突破难点

营山县对企业改制，始终注重解决好企业债权债务、职工分流安置这两个关键环节和难点问题。采取切实的配套措施，把企业改制和转机结合起来，金融资本和社会资本结合起来，产权重组、人员重组和债务重组结合起来，为放活企业打下良好的基础。

1. 结合企业改制，转变用工机制，分流安置好企业人员。按照企业分流消化，个人自谋职业和社会帮助就业相结合的原则，通过“消肿式”“开发式”“脱钩式”“自主式”“定向式”“输出式”等途径，重点对企业三类人员的安置及安置费进行特别的研究和处理。

——在离退休职工安置上，养老保险金按人平不超过8000元的标准一次性从企业变现的资金或留存的资产中划给社保机构，由社保机构按月发放给离退休职工；医疗费等非统费用由企业主管部门按1000—3000元的标准从变现资金中一次性了断，发给本人。全县72户改制企业已有1500多名离退休人员按上述办法划给社保机构统一管理，与改制企业脱钩。

——在在职职工安置上，改制时，实行“先了断，后重组”，职工与原企业解除原有劳动合同，经改制企业聘用的职工重新签定新的劳动合同，职工个人安置费总额不超过全县上年企业职工人均工资的3倍，包括终止劳动合同补偿费、基本安置费、工龄安置费。其中，终止劳动合同补偿费，按每满一年发给相应于本人标准工资一个月的生活补助费，最多不超过十二个月；基本安置费，按安置费总额与终止劳动合同补偿总额之差的40%或50%平均摊到职工总工龄，再按职工实际工龄计算到人头。各个企业由于资产变现不一样，企业的安置费标准不一致，高的达12000元，最低只有500元。总算账，72户改制企业人均安置费6000余元。

——在特殊人员安置上，分别对供养人员、挂职人员、临时工、违法违纪人员、因工致残人员和危重病人、重点工程占地招工和森工转产人员，根据不同情况，按有关政策分别处理。

营山县坚持把企业产权制度改革、用工机制转换与实施再就业工程紧密结合起来，取得较好成效。截止1998年年底，改制企业在生产发展基础上共招聘原企业职工3430人，占改制企业职工人数46.4%。招用了国有、集体企业下岗职工、失业人员1380人；下岗职工自谋职业1280人；有序劳务输出560人。全县改制企业7388名职工有6650名实现了再就业，再就业率达90%。

2. 结合企业改制，妥善处理好债权债务。依照有关法律法规，借鉴外地经验，结合自身实际，从各改制企业的具体情况出发，全力促成债权债务人双方协商达成一致意见，妥善处置债权债务，进行了债务重组。

——在处理改制企业与金融部门的债权债务上，把金融部门既作为企业改革的直接参与者，又作为具体实施改革方案的监督者，努力求得金融部门的理解和支持，充分尊重金融部门的意见和建议，既坚持原则，依法处置债务；又尊重实际，灵活多样，用好用活政策。通过多方协商，达成共识，筹集和付出必要改革成本，做到一方面通过减轻债务来促进企业出售，职工安置，盘活存量，吸引增量，搞活生产；另一方面在改制过程中通过增量偿还、转移债务、实物抵偿办法落实和偿还债务。这样既减轻债务又不悬空债务，既减债又还债，妥善处理好了政府、银行、企业、职工的利益关系。具体作法：一是出售资产，偿还债务，通过整体竞价、转让出售企业资产，变现资金4200万元，除安置职工外，偿还银行债务1800多万元。二是引资“嫁接”，搞活债务1000多万元。三是产权转让，转移债务5677万元。四是实物资产，抵偿债务5000多万元。五是经协商、批准冲减债务5800万元。六是依法破产，核销债务8200万元。

——在处理改制企业与政府及其职能部门债务、规费上，一是将过去财政渠道供给企业的资金实行挂账停息或免息，或将债务转为投入，或延长还款期限，或依法核销，计3100万元；二是国土、工商、房管等职能部门减免规费300多万元；三是企业主管部门免收企业欠缴的管理费55万元。

——在处理改制企业与公益性企业债权债务上，供水、供电、供气等部门免收企业所欠水电费70多万元。

通过上述途径和办法，金融部门、政府及职能部门为企业冲减各种债务1.8亿元，加上企业偿还和抵偿部分，共减轻债务负担2亿多元，80户原县属企业的平均资产负债率比改制前下降54.6个百分点。营山的实践表明，在人员分流和债务重组两大难点上取得实质性的突破，有效地剥离离退休人员，转变用工机制，分流安置在职职工，减轻债务负担，既是企业改制后轻装前进、焕发活力、加快发展的必不可少的条件，也是激活民间资本，引导社会潜在购买力转变为现实购买行为，有效解决企业产权重组和出售难题的奥秘所在。营山县这个省定贫困县1997年以来用一年半的时间能将近一半改制企业（34户）的产权进行有效出售，几乎所有购买企业的自然人或法人都是在几日内交清了上百万甚至数百万款项，说明社会和民间确实拥有大量闲置可用资金。小企业产权制度改革中普遍存在买家难寻的困难，主要原因不是没有购买力，关键在于通过考虑，多方协调，筹集改革成本，攻坚破难，切实解决好潜在购买力转化为现实行为的一系列难点问题。（据四川省体改委调查组《关于营山县深化企业改革的调查报告》）

四川省皮革工业总公司改制方案

按：这是1999年3月25日经四川省轻工总会同意并转报省国资局请求审定批准的原四川省皮革工业总公司改制方案。该方案于3月23日经四川省皮革工业总公司职代会讨论通过，并作决议，“职代会认为总公司制订的改制方案，符合国家政策和公司的实际情况，同意上报”。省轻工总会在转报函提出，“四川省皮革工业总公司改制方案批准后，应按规定进行改制审计和全部国有资产的整体评估”。审计和评估单位由省轻工总会提出建议，商省国资局同意后确定。

四川省皮革工业总公司改制方案反映的只是企业多种改制形式的一种类型。

一、企业概况

（一）公司的成立及其发展

四川省皮革工业总公司的前身为四川省皮革工业公司，是经四川省政府批准由四川省二轻工业局皮革处全建制转轨为国有企业性公司，1978年正式成立运行。当时，公司仅有职工18人，无任何固定资产，省财政划拨40万人民币作企业流动资金，从事皮革行业生产原材料的经营活动。年实现销售收入672万元，利税16万元。经过近20年的不断发展，目前公司现有职工73人，其中离退休20人，拥有固定资产2329万元。1997年实现销售收入近千万元，利税9.7万元。

（二）公司的职能转变

公司成立以后由行政部门（省二轻局皮革处）转变为企业实体，但仍担负着政府委托的全省皮革工业的行业管理工作。具有行业管理和自主经营的双重职能。国家实行政企分开后，从1991年起不再承担行业管理职能，主要从事各项经营工作，自主经营，自我发展。

（三）公司的经营状况

公司成立初期，由于人员结构、管理体制和经营条件的限制，公司的经营工作仅限于皮革行业生产所需的国家计划物资的供销，经营额很小，仅能维持公司办公费用和人员工资。为加强经营工作，1980年公司申请省计委拨款55万元，自筹30万元，购买和修建了公司德阳仓库，形成固定资产87.2万元，增加了经营设施。

随着公司经营业务的扩大，职工增加。1986年，公司自筹资金80余万元在梁家巷大院内修建职工宿舍2500平方米，1987年公司经批准申请银行贷款280万元购买了成都衣冠庙办公楼一幢，3000平方米，占地4亩。90年还清贷款。1992年公司经批准新建衣冠庙综合大楼一座2800平方米，投入资金290万元，1995年公司经批准新建“四川省皮革市场”投入资金约70万元。1996年公司集资购买成都李家沱职工宿舍8套，梁家巷大院职工宿舍3套，公司出资共58万元。1997年公司自筹资金54万元为德阳仓库职工修建职工宿舍近1000平方米。到目前为止各项基本建设形成固定资产929万元，其中职工宿舍资产148万元。

（四）面临新的矛盾

随着国家经济体制改革的不断深入和市场经济的发展，公司经营体制很不相适应。比如：职工吃企业的大锅饭，公司干部任用、企业用工、收入再分配的铁饭碗问题，职工主人翁地位及责任感与职工劳动积累应享受的权利背离、职工不关心公司的发展等问题未能彻底解决，致使公司发展缓慢，经济效益不高，职工收入水平减少。要从根本上改变这种局面，必须改革现有企业管理体制，建立新的现代企业制度和激励与约束的运行机制。

二、改革的初步方案

（五）政策依据

根据党的十五大精神，中共四川省委、四川省政府川委发〔1996〕22号“关于进一步放开搞活国有小型企业的意见”和省国资局川国资企〔1998〕75号文件精神，结合我总公司的实际情况，提出本改制方案，将原国有性质的企业改为有限责任公司。

（六）改制

公司按照“产权清晰、权责明确、政企分离和科学管理”的要求进行改制，逐步培育和建立公司的现代企业制度。大力宣传、动员、统一认识，按照本方案对总公司进行全面债权债务清理、财产清查、资产评估、资产界定，将国有存量净资产有偿转让给企业现有员工（含离退休职工），将原国有企业改为有限责任公司。

（七）职工安置

总公司所有职工（含离退休职工）总数73人。职工安置费和社会保险费按四川省国资局川国资企〔1998〕75号文件规定：企业职工安置费标准为原企业固定职工每人按安置时企业所在地年职工平均工资的6个月工资额为起点计算，工龄满一年，相应增加企业所在地职工平均工资1个月工资额计算安置费，最高不得超过36个月。社保费用、抚恤金为企业前三年实际费用的总和。上年（1998年）成都市年工资7420元，人均月工资为618.33元，人均基本费用为3710.00元（618.33×6个月）。即：

①总公司职工安置基本费用为3710元×53人（企业职工数）=19.70万元

②总公司职工工龄为1008年（在职工龄数）。企业职工工龄费用为618.33×1008年=62.33万元。

③社保费用：总公司96年社保费用为16.2万元，97年社保费用为17.23万元，98年社保费用为17.67万元，总公司三年社保费用总和为51.1万元。

④省皮革总公司现有离退休人员20人，占全部职工人数的27.4%，他们在公司创业和发展中作出了较大的贡献。为了使企业改制以后他们的生活、医疗有必要的保障，对公司离退休职工20人的医疗及养老补充保险费按1998年离退休职工实际支出水平计算，人均需4.7万元（平均计算到75岁）共计94万元。

⑤抚恤金按2人计算，根据国家现行政策规定，需支付丧费和抚恤金1.41万元。

以上五项为总公司职工安置总费用共228.54万元。

（八）清产核资状况

待核销资产：属呆死账274.86万元（详见附件一）；处理积压商品损失24万元，经营调整后固定资产损失81.25万元（详见附件二）；产品库存潜亏194.08万元（详见附件三）。

（九）资产界定

根据国家体改委〔1997〕96号文件规定对非经营性的公司宿舍资产148万元进行资产剥离。

（十）请求政府政策支持

按川委发〔1994〕11号文件精神实行“评估价与转让价分离”的原则，根据我公司经营实际情况，请求对净资产评估价低25%确定为产权转让价。对企业职工一次性付款可优惠20%，上述两项减45%。

三、组建有限责任公司

（十一）企业登记

原企业职工（含离退休及企业内退人员）按自愿的原则出资购买股份以后，按照职工的劳动联合与资本联合相结合的原则，组建新的有限责任公司，将依据国家的法律、法规组成职工股东会，制定公司章程，并以实际股本金作为注册资本。新企业经省轻工总会和政府工作有关部门审批后，向省工商行政管理部门进行变更登记。企业经济性质为股份制企业，不再沿用“国有”“全民”等称谓。

（十二）股权设置

新建股份制企业只设置职工个人股。个人股分为职工基本股与管理岗位股，管理岗位股按照权责利和风险相结合的原则，依据职务不同差额配售，最多不超过职工股10倍。新企业根据经营的需要增资扩股，须经股东大会同意。对向本公司职工以外的其他法人和自然人转让部分股份，其股份额必须小于总股本的30%。

（十三）在职职工基本股和管理岗位股配售方案比例为：基本股：部门副职：部门正职：创利10万元以上部门承包人：副总：总经理等于1：3：5：6：8：10。离退休职工（不分级别）股份按在职职工基本股的50%配售。

（十四）股东、职工

新建公司负责原有企业全部职工的安置。原企业职工（离退休人员）只要购买配售的股份，承认新公司章程，即可成为企业股东。股本在股份制登记注册和正式运行后不得抽资退股，只能在股东之间转让，如向其他法人、自然人转让其出资股份需经股东会批准。不购买股份，但承认新公司章程，遵守新公司的规章制度并愿服从工作安排的原有职工，可以成为股份公司的职工。

（十五）运行机制

新建股份制企业将按照新体制、新机制和公司章程进行运作。公司的最高权利机构为股东大会，常设机构为董事会、监事会。实行董事会领导下的总经理负责制，负责公司的经营管理。新建企业将打破领导干部职务的任命制和终身制，由股东会民主选举产生董事会和监事会，由董事会聘用企业经营管理干部，并按照激励机制与约束机制相结合的原则，建立资产经营责任制、奖罚制、经营风险抵押制“三制联动”的经营责任制。

（十六）劳动用工

新建公司将依据《劳动法》《公司法》实行全员劳动合同制，以岗定员，双向选择、竞争上岗，彻底打破铁饭碗和大锅饭。新建公司用工一律实行招聘制，不保留原有人事档案。

（十七）分配

股份制企业将依据国家的法律、法规和政策，在分配当年税后利润时，将按劳分配与按股分配相结合。按照效率优先，兼顾公平的原则，实行基本工资加年终考核工资的结构工资制，使每个职工的劳动报酬与个人能力、岗位责任、工作实绩挂起勾，能高能低，真正做到奖优罚劣。并严格执行国家的财务会计制度依法经营，照章纳税，税后利润在提取法定公积金、公益金后，在红利分配上必须体现“股权平等、利益共享、风险共担、按股分红”的原则。

（十八）党支部建设和群团工作

股份制企业将按照党的原有组织关系加强党的支部建设，由党支部加强对新企业思想政治工作的领导和精神文明建设。新企业将依照原有隶属关系加强工会、共青团建设，积极开展群众性公益活动，维护职工的合法权益。

四、要求

（十九）归口管理

股份制企业按照原有隶属关系仍归口省轻工总会领导，原有的党、政、工、团关系不变。希望省级各主管部门给予新企业尽可能多的扶持，在资产界定、政策优惠方面支持企业改制。新企业应加强与政府行业管理部门的联系，主动接受行业指导。

（二十）政策优惠

根据“川委发〔1996〕22号”文件精神，免除新公司第一年的企业所得税和返还第二、二年上缴所得税的18%，有助于新公司站稳脚跟，打下良好的基础。

（二十一）协调促进企业改制

企业改制是一项政策性强、涉及面广的复杂工作，由于目前省上未能出台更多的有关国企改制的政策，一是请求省轻工总会组织牵头，协调省有关部门关系，促进我公司改制工作，二是希望省国资局、省财政厅等政府职能部门根据我公司实际情况对公司改制工作给以大力关心和政策支持。

四川省皮革工业总公司经历了近20年的创业和发展，现在要改制成为新的股份制企业，全体职工（包括离退休职工）都有种难于割舍的感情。尤其是新建企业将面临二次创业的艰辛。由于原公司由行政机关转轨形成，因此，在思想观念、管理体制、经营方式和经营能力上均存在着一些问题，还很不适应市场经济发展的需要。改制后的企业还面临着新的风险。全体职工只有认真贯彻党的“十五大”精神，充分调动企业各方面的积极性，团结一致，去开创新的天地。我们坚信在党的正确路线的指引下，在省轻工总会的领导下，通过新公司全体职工的共同努力，新建股份制企业终将有一个较大的发展。

四川省皮革工业总公司

一九九八年十二月十八日

附件一　四川省皮革总公司财务呆账（各企业欠账）金额汇总表

单位：元

序　号	单位名称	欠账金额	备　注
1	绵阳市制革厂	147256.40	已破产
2	南充市制革厂	388168.31	已破产
3	自贡市制革厂	4281.06	已破产
4	进军皮革厂	12225.05	已破产
5	雅安制革总厂	26073.38	已拍卖
6	渠县制革厂	3725.80	濒临破产
7	泸州长江化工厂	317280.97	濒临破产
8	乐山皮司皮鞋厂	37350.49	已解体
9	彭县皮件工艺厂	55000.00	已解体
10	万县川东制革厂	1981.91	已破产
11	渠县皮革厂	8627.32	濒临破产
12	遂宁皮革厂	15613.35	—
13	都江堰制革厂	902.73	—
14	伊丽公司	720000.00	—
15	德利达公司	350000.00	—
16	轻工贸易公司	660000.00	—
合　计		2748561.71	—

附件二　四川省皮革总公司固定资产及产品损失金额汇总表

单位：元

序　号	项　目	金　额	备　　注
1	衣冠庙皮革市场	696226	本为省各皮革厂家建立交易市场，因受市场经济影响，众多厂家倒闭，商家撤出，原市场建筑全部拆除
2	德阳仓库食堂	116350	1990 年德阳市政建设征地时被拆除
3	杨梅、落叶松栲胶	240000	公司一直担负着全省皮革生产厂家的原辅材料供应，由于受宏观调控及其他因素影响，省内较大的制革厂纷纷倒闭，我公司按原厂家当时提供的采购计划采购的化工材料滞留仓库，为不使企业受到更大的经济损失，只能削价处理的余额属削价损失
合　　计		1052576	

附件三　四川省皮革总公司库存产品潜亏明细表

单位；万元

序　　号	产品名称	金　　额
1	人革鞋	66. 46
2	皮　鞋	41. 01
3	日顺皇皮鞋	86. 61
合　计		194. 08

附记：2002 年 5 月 31 日，省财政厅《关于四川省皮革工业总公司改制有关问题的批复》（川财企〔2002〕52 号），同意四川省轻工业行业办《关于四川省皮革工业总公司脱钩改制、国有资产处置方案的报告》，确认“经过中介机构评估和审计后，四川省皮革工业总公司净资产为 538. 28 万元，扣除资产损失 424. 53 万元后，可用于改制的国有净资产为 113. 75 万元。该企业改制的审计、评估等费用 15. 2 万元，按照有关规定计算的职工安置费为 127. 79 万元，扣除以上两项后，该公司国有净资产为 –29. 24 万元。同意由全体职工出资组建新的有限责任公司承继。”“原企业的财政周转金 330 万元和皮革发展基金 352 万元及利息继续作为借款由改制后新企业承担”。并要求接此批复后，督促企业及时办理国有产权注销登记等有关手续。

第二章 国有企业改组改造

第一节 企业兼并破产

1986 年 12 月，《中华人民共和国破产法（试行）》规定：“企业因经营管理不善造成严重亏损，不能清偿到期债务的，依照本法规定宣告破产。”

1987 年 12 月，四川省城市经济体制改革工作会议在自贡市召开，提出：要扩大股份制试点，探索企业兼并。

1989 年 2 月，国家体制改革委员会、国家计划委员会、财政部、国家国有资产管理局发布《关于企业兼并的暂行办法》，对有关具体问题作出规定，要求企业兼并要实现生产要素的优化组合，“应遵循自愿、互利和有偿的原则，在竞争过程中进行，实现优胜劣汰。不能用行政命令强制或阻挠优势企业兼并劣势企业。”企业兼并主要以承担债务式、购买式、吸收股份式、控股式等形式实现。并规定“全民所有制企业被兼并，由各级国有资产管理部门负责审核批准”。

1990 年，四川省继续推进企业兼并和产权转让。至 1990 年年末，四川全省 864 户企业对 1023 户企业实行了兼并，其中 1990 年有 143 户企业兼并了 220 户企业。重庆全市有 125 组企业实行兼并，共有 128 户优势企业兼并了 134 户劣势企业，其中 1990 年有 15 组企业实行兼并。开展企业兼并、产权转让工作，在一定程度上缓解产业结构不合理的突出矛盾，对稳定全省经济发展起了一定作用。

1993 年 2 月，省政府颁布实施的《四川省全民所有制工业企业转换经营机制实施办法》规定，企业兼并应在“自愿、等价、有偿”原则下进行，企业自主决定兼并其他企业，企业被兼并须经政府有关部门或资产所有者批准。被兼并方在资产清理和评估后确定的固定资产由国有资产管理部门或财政部门确认，其固定资产损失也须经上述部门核准后冲销。对核实的亏损，包括隐亏，由财政部门审核批准核销或弥补。

1994 年 10 月，国务院发出《关于在若干城市试行国有企业破产有关问题的通知》，决定加大企业破产实施力度，优化企业资本结构，在部分城市进行试点工作，对破产企业职工安置、破产企业财产及土地使用权处置、破产企业的接收与重组等相关问题作出规定。要求“实施企业破产必须首先安置好破产职工”，“一次性安置费原则上按照破产企业所在市的企业职工上年平均工资收入的 3 倍发放”。明确规定，处置企业土地使用权所得不足以安置破产企业职工的，不足部分应当从处置其他破产财产所得中拔付。破产企业职工的安置费用来源不足的，按照企业隶属关系，由破产企业所在地的市或市辖区、县的人民政府负担。此即后来人们习称的“政策性关闭破产”。1994 年四川省被列入国务院确定企业“优化资本结构”的 111 个试点城市的，有成都、重庆、绵阳、自贡、乐山、内江 6 个城市。

1994 年 11 月，国家国资局发出《关于做好企业破产过程中国有资产管理工作的通知》。要求各级国有资产管理机构加强国有企业破产审查工作，对于破产涉及的经济犯罪及严重官僚主义等行为，要及时通报有关部门，配合有关部门认真查处。要充分发挥产权转让中介机构的作用，保证资产买卖的公开性、公正性和公平性，杜绝低价交易和人情交易，防止国有资产在处理过程中的流失。国有资产管理机构要参与做好破产企业职工的安置工作。还提出，要探索建立破产预警制度，探索减少国有企业破产损失的其他有效途径；推动企业收购、兼并，与国有资产重组相结合，利用市场机制，通过产权流动方式改变企业亏损状况；加强和解力度，通过破产和解促使破产企业走出困境。截止 1994 年年底，全省依法破产的企业 80 户，其中国有企业 58 户，集体企业 22 户；工业企业占 50%，商贸企业占 40%，其他企业占 10%。破产企业涉及职工 16292 人，其中国有企业职工 14109 人，集体企业职工 2183 人。1994 年破产企业为 31 户，涉及职工 5800 人。至 1995 年年底，全省累计破产企业 131 户，其中国有企业 96 户，集体企业 35 户，涉及职工 28539 人。在已破产的企业中，1995 年破产 51 户，涉及职工 12247 人。

1996 年 7 月，国家经济贸易委员会、中国人民银行印发《关于试行国有企业兼并破产中若干问题的通知》，强调：对有挽救希望的濒临破产企业，应充分尊重主要债权人意见，尽可能采取兼并、合并、代管、分立等方式予以挽救。严禁借兼并、破产之机逃避债务，违者应依法追究责任。1996 年8 月，财政部发布《国有企业试行破产有关财务问题的暂行规定》，要求企业破产财产处置前，破产清算组应聘请具有法定资格的资产评估机构依法进行评估，并以评估确认价值作为底价，通过拍卖、招标、协议等方式转让。并强调各级主管财政机关会同国有资产管理部门参与企业破产的全过程，试行破产应坚持依法实施、优化资源配置和妥善安置职工的原则，有利于建立和完善企业优胜劣汰机制，保护债权人、债务人合法权益。当年，四川继续积极稳妥地实施企业破产、兼并。至 1996 年年底，全省已累计破产企业 201 户。1996 年新增破产企业 70 户，其中国有企业 56 户，集体企业 10 户，其他企业 4 户。全省优势企业兼并亏损企业 365 户，23 户特困试点企业已有 18 户不同程度地实现扭亏或减亏。

1997 年 3 月，国务院下达《关于在若干城市试行国有企业兼并破产和职工再就业有关问题的补充通知》，要求：省、区、市成立由经贸委（纪委、计经委）为组长、有关部门组成，并邀请省、区、市人大法工委、高级人民法院参加的省、区、市协调小组，负责本地区试点城市企业兼并破产和职工再就业的组织协调；制订省、区、市《企业兼并破产和职工再就业工作计划》；审核试点城市《企业兼并破产和职工再就业工作计划》。试点城市成立由市经贸委（组长）、体改委、财政局、中国人民银行和各债权银行分行、劳动局、土地局、国有资产管理局等部门组成，并邀请市人大法工委、人民法院参加的试点城市企业兼并破产和职工再就业工作协调小组，负责企业兼并破产和职工再就业工作的组织协调；制订本市《企业兼并破产和职工再就业工作计划》；负责制订企业破产预案；组织实施企业兼并和职工再就业工作；监督、查处、纠正不规范的做法。试点城市《企业兼并破产和职工再就业工作计划》每年编制一次，报全国企业兼并破产和职工再就业工作领导小组审核并经国务院国有企业改革工作联席会议审议通过后，下达执行。拟破产企业主管部门负责试点城市协调小组提供制订企业破产预案所需材料。其主要内容包括：企业概况，会计报表及费用亏损情况说明，债权、债务状况，资产处置方案，职工安置渠道及费用标准，拟核销呆、坏账准备金数额等。

试点城市协调小组制订企业破产预案后，方可进入破产程序，并报省、区、市协调小组备案。《通知》强调：非试点城市和地区的国有企业破产，只能按照《破产法》的规定实施，即破产企业财产处置所得，必须用于按比例清偿债务，安置破产企业职工的费用只能从当地政策补贴、民政救济和社会保障等渠道解决。有关试点城市破产方面的政策，适用于试点城市市区内国有工业企业和试点城市管辖的县（市）内的市属以上（含市属）国有工业企业，不包括试点城市管辖的县（市）属企业。非试点城市和地区以及试点城市的非国有工业企业擅自使用试点城市有关破产法规政策的，要依法予以纠正，由政府有关部门采取善后措施。

1997 年 6 月，省政府发出《关于在试点城市积极推进国有企业兼并破产和职工再就业工作的通知》，决定成立以省经贸委为组长单位的四川省企业兼并破产工作协调小组，要求加快国有企业兼并破产和职工再就业工作步伐。提出实施国有企业兼并破产要有利于优势企业扩张，带动存量资产调整和结构优化，坚持多兼并少破产的原则。不能搞“名亡实存”和“假破产，真逃债”，不得强行要求优势企业兼并困难企业、接收破产企业，而应更多地运用经济手段、法律手段，搞好资产重组。要以支柱产业中的优势企业兼并困难企业为重点，实施国有企业重组。国有企业重组可采取整体或部分出售，资产无偿划转，资产授权经营，投资控股，企业分立，组建集团、承担债务获得产权等多种形式。企业兼并破产等各种形式的资产重组必须实现投资主体的变更、企业管理结构的转变和产品结构的重大调整。要采取跨行业、跨地区调剂，提前退休，自谋职业，生产自救，劳务输出等形式，多渠道分流安置下岗职工，促进其尽快实现再就业。

1997 年 10 月，省委、省政府《关于加强省属企业管理和监督的试行意见》提出，对经营确有困难的省属国有企业，应积极引导，通过资产重组的办法进行兼并、联合。应坚持自愿的原则，引导、推动省内优势企业扩张，“以强并弱”，并在政策上予以扶持。对被兼并企业的部分债务实行挂账停息，兼并企业在 3 年后逐步偿还。对于产品市场前景看好、确实有发展前途的项目，经批准可发行专项债券，或财政给予一定的资金投入。12 月，省政府《关于加强试点城市兼并破产企业职工稳定工作的通知》要求：坚持“多兼并，少破产”原则，对债权银行比例不高，涉及职工集资和股民、少数民族利益较多的企业，进行破产应慎重；坚持“依法破产，规范运作”原则，一切按司法程序办事，确保国有资产不流失，维护债权人合法权益；坚持“无情推进，有情操作”原则，在大力推进兼并破产计划的同时，处置好职工切身利益，减少社会震荡；坚持“谁主管、谁负责”原则，建立分级责任制，层层抓落实。制订企业破产预案时，对涉及少数民族和贫困地区利益的要予以充分考虑，将职工利益和企业稳定放在突出地位进行研究，把矛盾和可能出现的潜伏问题解决在萌芽状态。预案论证，重点突出破产企业是否有收购者，企业职工安置多少等问题，并以此作为破产的重要条件，尽力作到平稳破产。要求加快社会保障体系的构建，扩大养老保险覆盖范围，完善失业救助制度，组建“再就业基金”，在基金中安排部分资金作为“破产企业职工安置周转金”，用于企业破产后、资产变现前企业职工的生活救济发放和安置周转。要规范职工下岗程序，多渠道安置下岗职工。对企业中现役军人配偶、残疾人、因工负伤丧失劳动力或部分丧失劳动力者、非因工负伤或患病职工在规定的医疗期内的、女职工在孕期或哺乳期内的、双职工家庭已有一方下岗的，一般不得安排其下岗。

1997 年，全省和试点城市，围绕优化经济结构，提高经济运行质量的目标，加快了国有企业兼并、破产和职工再就业工作步伐。成都、绵阳、乐山、自贡、内江 5 个城市作为试点城市，全面开展了试点工作。南充、达县的丝绸和纺织企业，兵器、航天系统的企业，国务院确定的两户重点企业（五粮液酒厂、宜宾天原集团公司）也按国务院的有关政策实施了兼并破产和减人增效工作。绵阳市由上海梅林、香港华润、四川沱牌、涪陵太极等9户市外大型企业和长虹、燃气集团等12户市内股份制、民营企业相继收购兼并了20户破产及亏损企业，实施收购、兼并成交金额7.86亿元，新注入流动资金2亿元，盘活存量资产8.05亿元。至年末，全省实施破产兼并和减人增效的企业共112户，其中破产36户，兼并41户，减人增效35户。上报国家银行各总行核销呆滞金额为18.29亿元，其中经各总行批准，实现冲销金额17亿元，盘活存量资产44亿多元，减亏12亿元，分流企业职工近10万人，使100多户长期亏损的困难企业享受到了国家的扶持、解困、优惠政策，一批优势企业赢得了低成本扩张、发展的大好机遇。

1998年，加大了兼并破产、资产重组力度。成都、绵阳、自贡、内江、乐山等五市，实施企业破产、兼并，盘活存量资产和切实抓好下岗职工再就业工程步入良性发展。省纺织集团择优兼并省内大中型棉纺企业，困难企业向地区优势企业集中，破产与压锭计划相结合形成全行业总体方案，全行业当年实现扭亏，结束了连续8年净亏损的局面。蓝剑集团在兼并绵阳强生啤酒厂等5户企业后，又与成都啤酒集团重组形成全国4大啤酒生产企业之一。成都蓝风股份公司通过控股昆明合成洗涤剂厂和兰州洗涤剂厂，新增生产能力4万吨，利润1000万元。成都卷烟厂与四川卷烟厂合并后，增加名烟生产规模19万箱，增加收入3.2亿元。全省共破产企业589户，其中国有企业破产286户；列入国家计划实施兼并破产、减员增效的111户国有大中型企业，其中破产企业25户，被兼并企业61户，减员增效企业25户，计划内核销银行呆、坏账准备金18.32亿元，推动了全省结构调整和企业机制转换，促进了工业经济效益的提高。

1999年3月，省政府印发《四川省国有控股企业兼并重组程序试行意见》，提出企业兼并重组的形式为承担债务、出资购买、控股、授权经营、合并等。并对兼并的原则、程序，兼并验收确认等作出规定。1999年，四川共破产企业597户，其中国有企业295户；列入全国兼并破产计划项目15个，涉及呆坏账20.4亿元，其中12个项目完成操作冲呆额度为17亿元。列入全国计划的66个结转达项目，涉及冲呆额度9.17亿元，实际完成核呆额度7.2亿元。通过国家政策支持，破产、兼并、收购，全省共盘活存量资产90.24亿元，占全省国有工业企业资金总额的2.3%。通过资产重组，提高了资源的利用率，如攀钢兼并成都无缝钢管公司、四川宏达（集团）有限公司收购什化集团公司、中恒集团收购广元棉纺厂等，使产品关联度大，生产工艺接近，销售渠道基本一致的企业存量资产向优势企业集中，优化了资源配置，促进了优势企业的低成本扩张。

2000年5月，省委、省政府发出《关于做好国有破产企业职工安置工作确保社会稳定的紧急通知》，强调企业实施破产必须首先安排好职工，凡企业破产预案及职工安置方案未经当地政府批准并切实加以落实的，一律不得进入破产程序。2000年，全省共破产企业668户，其中国有企业366户；全省共149户国有企业实施了兼并、破产和资产重组。在国家考核的281户严重亏损企业中，有56户企业破产，9户企业被兼并，24户企业通过其他形式消号。

2000年11月14日，省委办公厅、省政府办公厅印发《四川省省级党政机关与所办经济实体和管理的直属企业脱钩调整改组的实施方案》，决定：以大型企业和企业集团为依托，按照全省经济发展和经济布局战略调整的要求，对省直属和省级各主管部门所属企业在脱钩过程中实行有进有退的调整改组。省级机关与所属企业脱钩，实行政企分开，依法新组建一批国有资产管理有限责任公司和企业集团；对经营状况较好、经营机制有较大转换、市场发展前景良好的公司和企业集团，予以保留，进一步支持其发展壮大；对分布在市（地、州），省上又不便管理的个别企业，由原企业主管部门与有关市（地、州）协商后，下放市（地、州）管理；对一些长期资不抵债，扭亏无望的企业，实行改制、出售、兼并直至依法实施破产。

经前期对企业调整摸底核实，四川省省级机关共有省属企业272户，涉及46个部门，有资产总额695.23亿元，负债总额449.42亿元，资产负债率为64.64%，所有者权益245.81亿元，1998年实现销售（营业）收入143.35亿元，盈亏相抵净利润2.87亿元，缴纳税金6.57亿元。职工人数171216人。其中：参加养老保险156611人，未参加养老保险14605人；参加失业保险98738人；参加医疗保险44179人；离退休人员55287人，其中48675人由社保机构发放养老保险金。

272户企业分属三种情况：

1. 属脱钩范围，需要脱钩的企业246户。资产总额676.69亿元，负债总额434.49亿元，资产负债率64.20%，所有者权益242.20亿元，1998年实现销售（营业）收入138.42亿元，盈亏相抵后盈利3.52亿元，缴纳税金6.48亿元。职工总人数157310人，其中参加养老保险145217人，参加失业保险87484人，参加医疗保险42717人。离退休人员47687人，其中41432人由社保机构发放养老金。

2. 属脱钩范围，暂不脱钩的企业4户。即省林业厅2户，省侨办2户。按规定，这4户企业应该与主管部门脱钩，但由于情况特殊暂不宜脱钩。4户企业资产总额12.58亿元，负债总额9.56亿元，资产负债率75.99%，所有者权益3.02亿元，1998年销售（营业）收入2.36亿元，盈亏相抵后亏0.36亿元，职工人数10572人。

3. 不属脱钩范围，亦列入脱钩的企业22户。即省乡镇企业局、省畜牧食品局、省农机局、省招商引资局（原省经协办）4个事业局管理的企业。按规定，事业单位所办所管企业不属这次脱钩范围。考虑到在机构改革中这4个部门虽列入事业单位系列，但仍有行政管理职能，根据4个部门的要求，纳入此次脱钩处理。这22户企业资产总额5.97亿元，负债总额5.37亿元，资产负债率89.95%，所有者权益0.6亿元，1998年实现销售（营业）收入2.57亿元，盈亏相抵亏损0.29亿元，税金0.03亿元。职工总人数3334人，其中参加养老保险845人，有2489人未参加养老保险；参加失业保险709人，参加医疗保险758人；离退休人员141人，其中140人由社保机构发放养老金。

272户省属企业脱钩调整改组的方案是：59户省属企业与主管部门脱钩，保留、组建2个国有资产管理有限责任公司、12个企业集团和4个分公司；209户省属企业由主管部门负责脱钩处理；暂不脱钩企业4户。

1. 新组建2个省属国有资产管理有限责任公司

（1）四川机械国有资产管理有限责任公司

其成员企业：四川空分集团、四川亚西机器厂、自贡机械一厂、四川东华机械厂、四川省机械设备进出口公司、四川省汽车工业总公司。上述6户企业与省机械行业办脱钩。

（2）四川省国有资产管理有限责任公司

其成员企业：省农工商公司、省农科仪公司、省农垦开发公司、省白河牧场，省国有资产投资管理有限责任公司。上述5户企业分别与省农业厅、省财政厅脱钩。

2. 保留、组建12个企业集团

(1) 保留8个企业集团

四川省投资集团公司；四川华西集团有限公司；四川物资产业集团总公司，其成员企业：四川省物资产业集团总公司、四川物资（集团）有限公司；四川粮油（集团）有限责任公司，其成员企业：四川省粮油贸易公司、四川省粮油工业公司、四川粮食物资公司、四川粮食汽车大修厂、四川省饲料公司、四川倍力植物油有限责任公司、四川倍力粉业有限责任公司、四川倍力米业有限责任公司、四川省粮油收购储运公司、四川省粮油食品供应公司、四川粮油（集团）有限责任公司；四川省商业集团有限公司；四川省纺织集团有限公司；四川省旅游集团公司，其成员企业：四川锦江宾馆、省旅游汽车公司、中国旅游服务公司四川公司、四川省中国旅行社、岷山饭店；四川省长江企业（集团）股份有限公司。上述8个集团公司（含成员企业）分别与省发展计划委、省建设厅、省外经贸厅、省粮食局、省旅游局、省流通行业办、省纺织行业办脱钩。

(2) 新建4个企业（集团）公司

四川交通建设开发（集团）有限公司，其成员企业：四川省贡嘎山现代冰川有限公司、四川高速公路房地产开发有限公司、四川高速公路建设开发总公司、四川公路桥梁建设集团有限公司、四川成渝高速公路股份有限公司、四川九寨黄龙机场建设开发有限责任公司；四川化工控股（集团）有限责任公司，其成员企业：川化集团有限责任公司、泸天化集团有限责任公司、四川天华股份公司；四川省医药集团公司，其成员企业：省医药公司、省中药材公司、省医药物资总公司、省医药器械总公司、省医药保健品总公司、省医药采供站，省中药材公司鹿场；四川省外贸（集团）有限公司，其成员企业：省纺织进出口公司、省机械进出口公司，省五金矿山进出口公司、省医药保健品进出口公司。上述4个企业集团（含成员企业）分别与省交通厅，省外经贸厅、省药品监督管理局、省化工行业办脱钩。

3. 保留4个公司

四川航空公司，其成员企业：四川航空公司、四川航空实业公司；四川省地方铁路局；四川新光工业进出口公司；四川省国际工程咨询公司。上述4个公司分别与省发展计划委、省经贸委、省国防科工办脱钩。

省政府对保留、组建的2个国有资产管理有限责任公司、12个企业集团和4个公司实行国有资产授权经营，对国有资产实行保值增值，按现代企业制度要求进行监管。对企业国有资产的管理，按《关于建立四川省省级国有资产管理监督营运体系的试行意见》执行。

4. 由主管部门负责脱钩处理的企业209户

分属于41个主管部门，按以下几种方式进行脱钩处理：

(1) 主管部门（含内设处室、二级局）投资所办的经济实体，作改制、出售、注销、破产等脱钩处理。

(2) 主管部门管理的国有企业，作改制、出售、兼并、破产等脱钩处理。

(3) 主管部门管理的集体企业，作解挂脱钩处理；集体企业中有国有资产的，其国有资产出让后，作解挂脱钩处理。

(4) 主管部门未投资，仅作为企业主管部门进行工商登记的挂靠企业，作变更工商登记，解挂脱钩处理。

（5）省管9户大型企业的脱钩处理。分别由6个省级主管部门提出脱钩处理方案（包含破产方案），报省政府批准后负责组织实施。省机械行业办负责处理四川华通汽车集团公司；省交通厅负责处理四川通亚实业开发总公司；省发展计划委负责处理四川省地产房产开发（集团）股份有限公司、四川农用运输车集团公司；省经贸委负责处理四川省包装总公司、四川省环联实业总公司；省轻工行业办负责处理四川长雅纸业集团有限公司、四川省轻工集团有限公司；省外经贸厅负责处理四川亿人集团有限责任公司。

要求在2001年7月底前，省级各主管部门全部完成所属企业脱钩工作。

2001年4月，省财政厅制定《企业关闭破产财政补助资金管理办法》，规定中央财政和地方财政安排的企业关闭破产补助资金使用对象为：经国务院批准，全国企业兼并破产和职工再就业工作领导小组通知关闭破产的原中央所属现下放地方管理的有色金属矿、煤矿、核工业矿山、非矿山等企业；由省企业兼并破产领导小组批准的省级企业；地、县级企业关闭破产由当地财政按照国家和当地政府的规定办理。规定企业关闭破产财政补助资金要专户存储、专款专用。12月，省财政厅同劳动和社会保障厅联合发出《关于对省属下放企业关闭破产费用测算有关问题的通知》，要求省属下放企业破产预案经批准后，应制定破产费用测算方案，经当地财政、劳动保障部门初审后，报省财政厅、劳动保障厅审定，作为安排破产补助依据。规定在职职工人数以宣布破产时企业劳动工资统计报表中的职工人数为准；职工工龄以其在本企业实际工作年限计算到宣布破产之日；拖欠职工工资，按企业财务决算报告中的实际拖欠工资数核定；伤残等级及伤残职工人数以鉴定结果为准。在职职工安置费用按破产企业所在地职工上年平均工资的2—3倍提取。安置费支付方案要体现职工的工龄差别。领取了一次性自谋职业安置费的，不享受失业保险待遇。离退休人员的安置补贴，用于解决欠缴的基本养老保险费和离退休人员的一次性安置费用。离休干部的医药费的处理按照省委、省政府有关文件的规定实行单独统筹，对破产企业的离休干部医药费按5至10年的费用标准一次性缴付。退休人员的基本医疗保险费，按照本地退休人员人均医疗费实际支出，为退休人员一次性缴纳10年的基本医疗保险费。一次性费用中增加企业欠缴的工伤保险费和拖欠工伤职工的有关待遇费用。2001年，全省共破产企业685户，其中国有企业374户。

2000—2001年，实施关闭的国有小企业共428户，其中小煤炭136户（含规模不足而布局合理的煤矿）、小糖厂16户、小水泥50户、小钢铁30户、小玻璃18户、小火电19户、其他小企业159户。根据中共中央办公厅、国务院办公厅《关于进一步做好资源枯竭矿山关闭破产工作的通知》精神，中央财政设专项补助资金，用于解决部分国有企业破产的职工安置费、工伤、抚恤费及补发拖欠工资的资金缺口。据不完全统计，2001年省财政先后3次共拨付中央专项补贴3.65亿元补助芙蓉矿务局杉木树煤矿；先后4次共拨付2.6亿元补助华蓥山矿务局高顶山二煤矿；先后4次共拨付33767万元补助广旺矿务局白水煤矿。此外，从省财政拨付200万元，用于达州市万福钢铁总厂关闭破产安置职工。还对广元、德阳、宜宾、达州、眉山、乐山6市关闭五小企业共拨付250万元财政补助资金。

全省21个市、州1998—2001年依法破产企业2539户，其中国有企业1321户，占全部改制企业的7.35%，占全部破产企业的52.02%。全部破产企业涉及破产资产205亿元，其中国有企业涉及破产资产152.4亿元，占全部破产企业资产的74.31%。全部破产企业负债367.8亿元，其中国有企业负债254亿元，占全部破产企业负债的69%。国有破产企业平均负债率为167%，债务构成中，职工工资和劳动保险费用占6.77%，税款占2.7%，银行债务占67.14%，其他债务占23.39%。职工工资和劳动保险费用涉及职工65.88万人，其中国有破产企业涉及职工42.25万人，占全部破产企业职工的64.13%。安置破产企业职工44.4万人，其中安置国有破产企业职工约28万人。破产企业重组782户，其中国有企业294户，占全部依法破产企业重组户数的37.6%。

1998—2001年，全省21个市、州破产企业超过100户的有成都市、绵阳市、内江市、乐山市、南充市、眉山市和德阳市，其余市、州不足100户，最少的仅3户。破产企业主要分布在二、三产业中的传统行业，如乐山市111户国有破产企业涉及机械、化工、轻纺、造纸、建材等传统行业。资不抵债的国有大中型企业较少进入破产程序，破产的国有企业绝大部分为小型企业，1321户破产国有企业，平均每户企业的资产为1100万元。1321户国有破产企业债权人债权的平均受偿率为14.4%；而银行债权受偿率仅为11.42%，低于平均水平。依法破产的1321户国有企业涉及职工42.25万人，职工再就业率为67%。

2002年，省财政从工业发展资金中拨付1020万元，给四川省冶金建设公司、四川省泸州化工氮肥厂等18家省属破产、改制企业作职工安置费；拨付400万元与省轻工行业办所属7户企业用于启动破产和安置职工。从国有企业下岗职工基本生活费补助资金中拨付4260万元，给四川省冶金建设公司、省电子电器公司、省泸州化工氮肥厂、省乡镇企业（集团）公司、中原实业、长信纸业等17家省属破产、改制企业作职工基本生活费资金。还对攀枝花煤业集团公司沿江煤矿先后两次拨付4亿元中央专项补贴资金，用于职工安置、经济补偿金、拖欠费用及关闭破产前期费用；先后4次对会理镍矿拨付9336万元用于关闭破产补助；将中央财政专项补助资金尾款1298万元、1047万元分别拨付芙蓉矿务局杉木树煤矿、华蓥山矿务局高顶山二煤矿。拨付关闭小企业中央财政专项补助资金1100万元，补助广元、自贡、内江、达州、宜宾、广安、凉山、眉山、成都、德阳、泸州、遂宁等12市、州。此外，省财政对部分市国有企业破产改制给予了资金补助。

2003年，有32户国有劣势企业通过兼并破产、改制重组后退出。在2002年关闭小企业的基础上，关闭了工艺技术设备落后、产品质量低劣、浪费资源、污染严重、不具备安全生产条件的国有小企业200余户。财政厅先后4次拨付核工业八五七厂关闭破产中央财政补助资金13742万元；两次共拨付铜江机械厂关闭破产中央财政补助6337万元，拨付明江机械厂3352万元；拨付国营新兴仪器厂中央财政补助9737万元；拨付攀枝花沿江煤矿破产补助1085万元。省财政对省属17户关闭破产企业先后共拨付1022万元，解决职工安置费用不足。为轻工行业所属7户企业共拨付破产补助787万元，解决职工安置等资金缺口。两次共拨付1271万元，补助达州、甘孜、广元、攀枝花、宜宾、眉山、德阳、遂宁、南充、自贡、成都、乐山等12市、州国有企业破产改制。此外，一次性补助彭县铜矿2515万元，补助省冶金建设公司1540万元，西南冶金机械厂100万元，用于企业破产安置工作。拨付关闭小企业中央财政专项补助资金1200万元，补助成都、绵阳、攀枝花、宜宾、广安、遂宁、广元、德阳、达州、眉山、南充、巴中等12市。

2004年，进入破产程序企业22户，破产终结21户；新增进入国家兼并破产计划5户，核呆额1.4亿元，涉及职工1.9万人。2004年，省财政从工业发展资金中划出8500万元用于省属脱钩改制关闭破产企业职工安置，实际支付11617万元，其中对四川稀土农用化工厂等6户改制企业补助职工安置费556万元，对13户省属脱钩企业遗留问题经费缺口补贴2737.77万元，对省属下放企业和市州特困企业共14户破产改制补助8323.23万元。省财政还拨付1500万元，专项补贴成都、攀枝花、乐山、眉山、遂宁、达州、南充、广元、雅安、德阳、阿坝、内江、泸州、甘孜、资阳市州国有企业破产改制。中央财政也对成都、遂宁、达州等13市关闭国有小企业给予1200万元专项补助。中央财政还补助四川朝阳机器厂11058万元、四川金都光电仪器厂8775万元、五二五厂5595万元、7017厂5232万元、7448厂5761万元、四川南山机器厂23590万元、达竹南山煤矿17925万元，用于企业破产职工安置等费用。

2005年，省财政两次共拨付6450万元补贴遂宁、巴中、凉山、甘孜、阿坝、攀枝花、广安、眉山、广元、雅安、德阳、乐山、绵阳、内江、达州、成都、资阳等17市州国有企业改制破产资金缺口，其中遂宁市1000万元，绵阳江油市1000万元。从预算安排的企业破产改制资金中安排2000万元，解决南充市丝绸行业改革和原省属下放企业遗留问题，其中1500万专项用于丝绸企业改革遗留问题。为财政厅帮困资金专户企业共下达3341万元企业改制专项资金预算指标，用于解决国有企业破产、改制职工安置等问题。还对四川山川机械厂、四川江华机器厂、四川红光化工有限公司分别一次性拨付中央财政专项补助资金24428万元、21404万元、20612万元。拨付关闭小企业中央财政专项补助资金1700万元，补助成都、遂宁、眉山、达州、阿坝等14市州。

1996年至2005年年底，全省列入国家兼并破产企业共331户，核销银行呆（坏）账准备金134.1亿元，妥善安置职工40.4万人。泸州大树硫铁矿、成都无缝钢管公司、长城特殊钢集团公司等一大批困扰地方经济和社会稳定的老大难问题得到妥善解决，对全省国有经济布局的调整起到了促进作用。国有劣势企业的有序退出，在很大程度上防止了社会资源的闲置，提高了配置效率，减少了发展“包袱”，使全省工业得以轻装上阵。至2005年年底，全省基本实现无大企业亏损、无行业亏损、无市（州）亏损，四川的工业基本进入良性发展的轨道。

第二节　分离企业办社会与主辅分离

1993年，省委、省政府印发《关于在20户国有大中型企业探索建立企业新体制试验的实施意见》，要求将企业承担社会服务职能的生活、后勤、医院等辅助部分剥离出来。对剥离的辅助部门，由原企业在一定年限内给予定额补贴，促使其面向社会逐步实行独立经营、自负盈亏。试验企业为安置富余人员，兴办的独立核算、从事第三产业的企业，以及利用企业闲置设备、厂房、场地等开发新产品兴办的独立核算企业，从开业之日起，两年免征三年减半征收所得税。至1994年，试验企业共剥离后勤服务部门96个，剥离人员4073人，占职工总数的6.5%，部分企业剥离人员超过职工总数的10%。

1995年5月，国家经贸委、国家发改委、劳动部、财政部、卫生部印发《关于若干城市分离企业办社会职能分流富余人员的意见》，指导实行“优化资本结构”试点的18个城市开展分离企业办社会职能和分流富余人员的工作。要求试点城市积极探索企业自办公益型、福利型社会职能机构的分离途径与富余人员分流渠道。多数企业应先将自办学校、医院、后勤服务等单位在内部分离，独立核算，待条件具备后逐步推向社会由政府管理。

1995年7月，省委、省政府《关于扩大建立现代企业制度试点若干问题的意见》要求：试点企业把生产性资产与非生产性资产严格区别开来，非生产性的部分进行独立核算，把暗补变为明补，创造条件使非生产性人员逐步与生产企业脱钩。在当地政府统筹下，将企业所办中小学移交社会办学。试点企业自办的医院、食堂、招待所等后勤服务性单位和企业承担的社区服务职能，有的由政府或社区服务机构承担，有的改组为企业法人或事业法人，通过政府资助、企业赞助和服务收费弥补开支等多种形式实施分离。

1998 年 6 月，省委、省政府《关于进一步深化国有企业改革的意见》要求“企业在剥离非经营性资产的同时，逐步分离办社会的职能”。

2000 年 3 月，省委、省政府《关于进一步减轻企业负担的意见》要求加快剥离国有企业办社会的职能，积极探索分离移交、撤并、出售等各种方式，推进剥离企业办社会进程。要求从 2000 年开始，位于城市的国有企业，要把所办学校、医院、幼儿园、派出所等社会职能在 3 年内从企业剥离出去；远离城市的企业也要创造条件，实现社会服务机构与企业的分离。所需费用由政府与企业共同承担。2000 年 5 月 19 日，省委、省政府发出《关于加快分离企业办社会职能工作的通知》，要求国有企业要在政府指导协调下，以企业为主体，市场为导向，因企制宜，自主选择分离方式和步骤。企业设立的公安机构等管理型社会职能、义务教育性质的企业自办中小学、职工医院等公益型、福利型社会职能，整体移交当地政府，不能移交政府的部分公益型和福利型社会职能应面向社会和市场，通过多种方式和途径分离，成为独立的社会事业法人机构或独立的企业法人实体。实行移交分离的企业办社会机构，其经费支出，按照谁所有谁负责、分级负担的原则，采取过渡办法，核定基数，逐年递减，在一定时期内由政府和企业共同负担。要求 2000 年内建立现代企业制度的地方国有及国有控股大中型骨干企业以及已上市的地方国有控股企业办社会职能应在 2000 年全部实现分离；成都、绵阳、德阳、宜宾 4 城市国有企业办社会职能在 2001 年基本完成分离；其他市、地、州国有企业办社会职能在 2003 年基本完成分离。截止 2000 年 9 月，全省 453 个大中型独立核算工业企业所属具有社会职能的机构有 5000 多个，从业人员 36 万余人，企业每年提供经费 70 多亿元。至 2001 年，83 户重点国有企业中，有 59 户完成分离企业办社会职能。

2002 年 1 月 17 日，省委、省政府《关于省属企业分离办社会职能有关问题的补充通知》提出，实行移交分离的省属企业办社会机构，其经费支出如企业全部负担有困难，省政府可酌情给予补助。对于移交当地政府统一管理的省属企业办社会机构，其资产处置方式要在进行审计、落实债权债务的基础上，采取整体无偿划拨。对于分离后经批准改制为企业法人的，其出资要按《公司法》有关规定执行，改制时应做好财产清查、债权债务清理、资产评估等基础工作，并按法定程序处置资产。对于分离后经批准为独立事业法人的，其资产处置可参照上述规定办理。

2002 年 11 月，国家经贸委、财政部等 7 部门与全国总工会制定印发《关于国有大中型企业主辅分离辅业改制分流安置富余人员的实施办法》，鼓励有条件的国有大中型企业在进行结构调整、重组改制和主辅分离中，利用非主业资产、闲置资产和关闭破产企业的有效资产（简称“三类资产”）改制创办面向市场、独立核算、自负盈亏的法人经济实体，多渠道分流安置企业富余人员和关闭破产企业职工。要求整体规划，分步实施，确保稳定；实施改制分流要与企业的结构调整、改制重组、做强主业结合，促进企业的资产、组织、人员结构的优化。规定利用原企业“三类资产”为分流本企业富余人员兴办的经济实体，实行独立核算、产权清晰并逐步实现产权主体多元化。吸纳原企业富余人员达到 30%（含）以上，与安置的职工变更或签订新的劳动合同，经认定审核，可享受三年内免征企业所得税的政策。改制企业可用国有净资产支付解除职工劳动关系的经济补偿等，由此造成的账面国有资产减少，按规定程序报批后冲减国有资本。改制企业的国有净资产按规定进行各项支付的不足部分，应由原主体企业予以补足；剩余部分可向改制企业的员工或外部投资者出售，也可采取租赁、入股或转为债权等方式留在改制企业。改制企业占用的原主体企业的行政划拨土地只要不改变土地用途，经所在地县级（含）以上人民政府批准，可继续以划拨方式使用；需要改变用途的，改变后的用途符合《划拨土地目录》的可继续以划拨方式使用，不符合《划拨土地目录》的，应依法办理土地有偿使用手续；需要转让土地使用权的，依法办理转让手续，允许将土地出让收益用于支付改制成本。对分流进入改制为非国有法人控股企业的富余人员，原主体企业要依法与其解除劳动合同，并支付经济补偿金。职工个人所得经济补偿金，可在自愿的基础上转为改制的等价股权或债权。各级政府和工商、税务、土地、经贸、财政、劳动保障等部门要主动做好服务，简化有关的审批手续，对在改制分流过程中发生的资产置换以及土地、房产、车辆过户等各项行政性收费，应予以适当减免。

2003 年 7 月，劳动和社会保障部、财政部、国务院国资委印发《关于国有大中型企业主辅分离辅业改制分流安置富余人员劳动关系处理办法》，规定：对分流到国有法人绝对控股改制企业的职工，应当采取原主体企业解除劳动合同，改制企业签订新劳动合同的方式变更劳动合同，由改制企业继续与职工履行原劳动合同约定的权利与义务。改制企业解除劳动合同时，对符合支付经济补偿金条件的，计发经济补偿金的年限应当将职工在原主体企业的工作年限与到改制企业后的工作年限合并计算。对分流到非国有法人控股改制企业的职工，原主体企业应当与其办理解除劳动合同手续，并依法支付经济补偿金；改制企业应当与职工重新签订劳动合同，重新签订劳动合同的期限应不短于 3 年。企业解除劳动合同计发经济补偿金，根据劳动者在本单位工作年限，每满一年发给相当于一个月工资的经济补偿金，工作时间不满一年的按一年的标准发给经济补偿金。对从其他国有单位（包括国家机关、事业单位和国有企业）调入本单位的职工，其在国有单位的工龄可计入本单位工作年限。经济补偿金的工资计算标准是企业正常生产情况下劳动者解除合同前 12 个月的月平均工资。其中，职工月平均工资低于企业月平均工资的，按企业平均工资计发；职工月平均工资超过企业月平均工资 3 倍以上的，按不高于企业月平均工资的 3 倍标准计发。企业经营管理人员也应按照上述办法执行。

2003 年，全省有 17 户国有大中型企业实施了主辅分离，分流安置富余人员 8001 人，32 户国有劣势企业实现有序退出。2004 年，全省有 18 户企业分离辅业机构 33 个，分离资产 1.1 亿元，分流安置职工 2013 人。有 73 户国有企业分离办社会职能机构 81 个，分离资产 3.3 亿元，分流人员 6442 人。德阳市被列为分离中央企业办社会职能试点城市。中石化、中石油、东风公司等一批中央企业分离社会职能的试点工作取得重大进展，3 户中央企业在川所办 7 个公安职能机构的分离移交工作基本完成，分流人员 110 人，划转资产 320 万元。截止 2004 年年底，四川国有大中型企业改制面达 85%。共有 55 户国有大中型企业开展了主辅分离改制分流工作，有 104 个辅业机构从主体企业分离出来。共分流安置富余人员 24396 人，分流安置的富余人员大多数在改制企业中实现再就业。同时，全省国有企业所办的社会职能机构已有 78% 实现分离。

2005 年 4 月 14 日，省国资委印发《关于进一步规范省属国有大中型企业主辅分离改制分流工作的通知》，提出，评估后的拟分离辅业的国有资产可等价转换为改制企业的股权，可由进入改制企业的职工通过用经济补偿金或现金购买方式持有。国有净资产安置改制企业的职工有剩余的，剩余净资产可由改制企业向主体企业租赁使用，或等价转换为主体企业对改制企业的股份；国有净资产安置改制企业的职工不足的，差额部分由主体企业补足。鼓励有条件的企业将拟分离辅业的资产进入产权市场挂牌交易，采取多种渠道分流安置职工。

2005 年 9 月，国务院国资委与劳动和社会保障部发出《关于进一步规范国有大中型企业主辅分离辅业改制的通知》，在国有大中型企业主辅分离辅业改制过程中，要求具备条件的辅业企业，应尽可能进入产权交易市场公开挂牌交易。辅业改制单位净资产进行各项支付和预留后的剩余部分向参与改制的管理层转让的，管理层不得参与资产转让方案的制订以及与此相关的清产核资、财务审计、资产评估及底价确定等重大事项；不得以各种名义低价出售、无偿转让量化国有资产；管理层应当与其他拟受让方平等竞买，并提供其受让资金来源的相关证明，不得向改制企业及主体国有企业借款，不得以这些企业的资产为管理层融资提供保证、抵押、贴现等；管理层要取得改制企业绝对控股权的，国有产权转让应进入国有资产管理机构选定的产权交易机构公开进行，并在公开国有产权转让信息时对有关事项进行详尽披露。并明确国有大中型企业实施主辅分离改制分流与职工解除劳动关系支付经济补偿金工资标准的工资，是指用人单位根据国家有关规定或劳动合同的约定，以货币形式直接支付给本单位劳动者的劳动报酬，包括计时工资或计件工资、奖金、津贴和补贴等。计发经济补偿金的职工月平均工资是指职工本人解除劳动合同前 12 个月实发工资的平均数。

2005 年，继续推进中央在川企业分离办社会职能和省属企业主辅分离、辅业改制。

第四篇　国有重要骨干企业

1995年3月31日为基准日的全国第五次国有企业清产核资统计，四川省（不含重庆）有省本级（简称省级）企业393户，资产总额380.52亿元，负债总额274.74亿元；所有者权益105.78亿元，其中国有权益99.92亿元；利润总额3.41亿元，销售利润率1.42%，资产负债率72.20%。

1996年，省级国有企业350户，其资产总额465.21亿元，负债总额329.17亿元，所有者权益136.03亿元，其中未分配利润-7.14亿元，国有资产总额133.44亿元；利润总额2.33亿元，实际上缴利税总额8.55亿元。全省国有企业中，特大型企业6户，资产总额120.58亿元，占全部国有企业资产的4.38%；大型企业211户，资产总额798.85亿元，占全部国有企业资产的29.05%。

1998年，省级企业569户，资产总额753.80亿元，负债总额506.92亿元，国有资产总额187.32亿元，国有权益183.29亿元，销售收入256.74亿元，利润总额2.98亿元，资产负债率67.26%，销售利润率1.16%，净资产利润率1.21%。全省大型企业195户，其户均资产总额7.31亿元，户均所有者权益2.92亿元。

2000年，省级企业555户，资产总额859.14亿元，负债总额567.10亿元，所有者权益292.03亿元，资产负债率66%；国有资产总额258.27亿元，占全省企业国有资产的30.72%，户均国有资产4654万元。

2005年年底，全省地方国有企业共3050户，明确由国资委监管和联系的企业111户。其中纳入年报的省国资委直接监管的国有重点企业29户；会同有关市和厅局管理领导班子的企业10户；联系中央在川企业71户。省国资委直接监管的29户重点国有企业全年累计实现销售收入682亿元，同比增长20.2%，增幅比2004年上升15.4个百分点，有5户企业销售收入超过50亿元，3户企业超过100亿元。29户重点国有企业实现利润47.75亿元，比2004年增加52.1亿元，利税总额102.55亿元，职工收入增长7%。资产总额达到1680亿元，资产增加149亿元，增幅为9.8%。29户重点国有企业国有净资产260.17亿元，国有资产保值增值率为106.3%，其中10户企业超过110%。

第一章　能源企业

第一节　四川省煤炭产业集团有限责任公司

一、企业概况

四川省煤炭产业集团有限责任公司（简称川煤集团），是省委、省政府为加快全省大中型煤矿建设，优化调整煤炭工业结构，促进煤炭工业健康发展，以省内国有重点煤矿为基础，于2005年8月组建的大型企业。

川煤集团注册资本30亿元，拥有攀枝花煤业公司、芙蓉公司、华蓥山广能公司、达竹公司、广旺公司、威达公司、米易益康投资公司、四川煤炭工业供销总公司、勘测设计公司等子公司，煤炭营销、物资供应等分公司。有员工62000多人，其中专业技术人员8100多人；有煤炭生产矿井23对，设计生产能力1853万吨、核定年生产能力1568万吨；基建矿井9对，设计能力651万吨。除煤炭主业外，焦化及矸石、瓦斯发电等产业已形成规模，现有焦炭生产能力100万吨及10万吨甲醇生产能力，发电装机容量41.3万千瓦，机械产业产值5.2亿元。

2005年，川煤集团原煤产量970万吨，企业收入36.93亿元，利润0.54亿元，员工平均收入1.57万元。

2005—2007年四川省煤炭产业集团有限责任公司主要经济指标统计表

表4－1　　单位：万元

年　份	资产总额	负债总额	所有者权益	主营收入	利润总额	净资产收益率（%）	保值增值率（%）	上缴税金
2005	823793	554836	180286	307639	5367	1.65	99.74	32314
2006	964420	604226	282753	366589	9263	3.69	102.28	41467
2007	1174722	807677	367045	460821	12139	3.83	102.96	53303

二、企业经营

（一）重大项目建设

川煤集团成立以来，重点项目立项21项、开工21项、竣工投产12项，在建9项，共投入资金102亿元，充分发挥了重大项目“导向性、示范性、支撑性和基础性”作用，为构筑规模化、现代化、信息化川煤集团打下坚实基础。至2009年，200万吨蓥峰水泥、100万吨卢家坝水泥、100万吨剑门水泥已投产；200万吨筠连水泥项目进展良好。川煤集团龙滩矿、新维矿、船景矿、叙永二井、龙门峡北矿及龙门峡南矿建设按期推进。攀煤100万吨焦化改建和煤气利用工程已产焦炭。积极争取实施了达州市大竹城门洞矿段，万源水洋坪井田，开江长岭、河井沟井田等煤炭资源的风险勘探。

通过生产矿井技改扩能、新井建设等措施，新增煤炭生产能力381万吨/年，新增入洗能力120万吨/年；抓住国家扩大内需和四川灾后重建的重大机遇，结合自身实际，树立大水泥理念，培育壮大水泥产业，新增水泥生产能力660万吨/年；利用煤炭资源优势、适时发展煤焦化，实现煤化工零的突破，形成100万吨/年焦炭、10万吨/年甲醇的生产能力。川煤集团已形成以煤炭为主，水泥、焦化、发电、机械、建筑等其他产业共同发展的多元化发展格局，产业结构调整初见成效。

（二）坚持科技兴企

川煤集团坚持走科技兴企之路，组建了川煤集团技术中心，形成多层次技术创新与管理的模式。加大科技投入力度，用于科技创新的经费逐年增加。科技攻关取得突破，攻克了复杂地质条件下大倾角、急倾斜综采等世界级技术难题。薄煤层机械化开采多项技术填补国内空白，技术达到国际先进水平，并初步建立循环经济框架。川煤集团各公司0.8米以下的煤层含量约8400万吨，使用采矿新工艺技术，使0.8米以下的极薄煤层得以开采利用。此外，通过技术改造，每年节约用电2000万千瓦时。利用矸石发电，总装机容量40.8万千瓦；利用瓦斯发电，装机容量1.85万千瓦，瓦斯发电已在全集团推广；利用矿井废水处理后再次使用，每年处理废水3000万立方米。通过综合利用，形成了“煤炭—煤矸石发电—煤建材”和“煤炭—洗精煤—煤焦—煤化工”两条主要循环经济产业链。通过完善安全监督管理，推进科技治灾，24对煤炭产业矿井质量标准化全部达标。采煤机械化率由成立之初的33%提高到75.5%（其中综采率68.9%）。有7对矿井实现全部机械化采煤，5对矿井达到川煤集团高产高效矿井标准，李子娅、绿水洞煤矿获得国家行业一级安全高效矿井称号。百万吨死亡率由2005年的1.65下降到2009年的1.55，每年均完成省政府下达的安全生产任务。

川煤集团每年科技进步项目超过100项，2005年至2010年，获省部级科技进步奖59项，其中一等奖6项；申请国家专利36项，已获专利权21项；申报立项省（部）级科技支撑计划和国家科技项目41项。川煤集团、广能公司还被列为四川省创新型试点企业，川煤集团及攀煤等6个公司已建成省级技术中心。

（三）改革体制机制

川煤集团按照主营业务突出，具有核心竞争力和持续发展能力的原则要求，分别以焦化为主业方向组建攀枝花攀能化股份有限公司、以电煤为主业方向组建华蓥山煤业股份有限公司、以水泥为主业方向组建川煤水泥股份有限公司，同时参股投资达兴能源股份和组建省物流集团股份开展间接上市融资工作。在“六统一”销售原则下，理顺营销体制机制，增加了市场话语权。将物资供应体制由三级变二级管理，充分发挥了物资集中采购规模优势。

顺利完成珙泉、柏林、代池坝3个煤矿的政策性关闭破产工作；威远煤矿从工厂制改为公司制企业；启动了债转股遗留问题解决工作，购回信达公司所持攀煤公司债转股股权。将公安、学校等办社会职能移交地方；对离退休管理、水电、生活后勤等职能实施内部剥离组建社区工作，精干了主业，增强了企业发展活力和市场竞争力。

第二节　四川省水电投资经营集团有限公司

一、企业概况

四川省水电投资经营集团有限公司（简称省水电集团）于2004年12月成立，由省政府授权投资、经营、管理省级地方电力国有资产，是全省地方电力农网改造、农网完善、县城电网改造和无电地区建设工程的项目法人。

省水电集团公司首期注册资本24.4148亿元，授权资产80.98亿元，主要分布于全省111个县（市、区）的113家地方电力企业。公司经营范围为投资、经营电源、电网，生产、销售电力设备、建筑材料，电力工程设计、施工技术咨询及服务；房地产开发，宾馆、旅游；项目投资。

自成立以来，省水电集团以中小城市和农村为基地，以中小水电开发和农村电网建设为主体，以服务三农为重点，坚持“求真务实、改革创新、诚信敬业、兴电富民”的企业精神，奋力打造地方电力龙头旗舰，努力促进地方经济发展，实现国有资产保值增值的目标。

省水电集团坚持务实灵活的改革思路，以市场为导向，以资产为纽带，努力创新商业模式。在综合运用行政手段与商业手段推进地方电力企业产权改革重组的同时，整合优势资源，适度推进多元化经营，走“主辅并举、以辅养主，长短结合、以短养长”的发展道路，主业坚持电源与电网并举，辅业坚持金融与房地产并进。形成以房地产和金融担保为主的两大辅业，建立了“主辅并举、长短结合”的产业发展格局。同时，主动适应国有企业市场化改革趋势，建立健全企业内部管控体系，从小到大，由虚到实，生产经营初具规模，现代企业管理体系基本建成。在保障中小城市、农村地区能源供给和无电地区电力建设方面，充分发挥了生力军作用，在切实履行国有企业社会责任的同时，达到了国有资产保值增值的目的，被省政府列为全省重点培育的79家大企业、大集团之一。

二、生产经营

省水电集团成立以来，加大电网建设资金争取和投入力度，重点实施了西部农网完善工程、无电地区电力建设工程、灾后恢复重建工程、农网改造升级工程等重点项目建设，取得了较好的社会效益。

2006—2007年四川省水电投资经营集团有限责任公司主要经济指标统计表

表4－2　　　　单位：万元

年　份	营业总收入	资产总额	净资产	利润总额	上缴税金
2006	40064.70	1023760.55	310396.31	14831.93	1229.06
2007	53046.85	1114496.77	325324.91	11698.14	3204.44

2006—2007 年四川省水电投资经营集团有限公司发供电情况统计表

表 4－3 单位：万元

年份 \ 项目	装机容量（万千瓦）	自发电量（万千瓦时）	供电量（万千瓦时）	综合线损率（%）
2006	7.83	34975.11	93249.79	16.38
2007	11.98	50444.42	130235.55	15.91

第三节　四川省紫坪铺开发有限责任公司

一、企业概况

四川省紫坪铺开发有限责任公司成立于 1998 年 10 月 27 日，由四川省投资集团公司、都江堰水利产业集团公司、成都市投资公司共同出资组建，注册资本金 22 亿元。公司作为紫坪铺水利枢纽工程建设管理业主，主要负责项目资金筹措、工程建设、生产运行、经营管理、贷款偿还、滚动开发等。经营范围为：建设经营紫坪铺水利枢纽工程，主营发供电和供水，兼营水利水电工程建设咨询、监理，配套设备、设施的建筑安装等。具有一等工程项目建设管理资质。2000—2006 年，公司主要从事紫坪铺水利枢纽工程的开发建设；2007 年项目投入运行，工作重点转入水库调度管理、大坝监测和枢纽维护、水电厂运行管理及发供电等。

紫坪铺水利枢纽工程位于成都市西北 60 余公里的岷江上游河段，开发任务以灌溉和供水为主，兼有发电、防洪、生态环境保护和旅游等综合效益，是都江堰灌区和成都市的主要水源工程，也是国家西部大开发首批开工建设的标志性工程。工程最大坝高 156 米，水库正常蓄水位 877 米，总库容 11.12 亿立方米；电站安装 19 万千瓦水轮发电机组 4 台，总装机容量 76 万千瓦。

2005—2007 年四川省紫坪铺开发有限责任公司主要经济指标统计表

表 4－4 单位：万元

年　份	资产总额	负债总额	所有者权益	主营收入	利润总额	净资产收益率（%）	保值增值率（%）	上缴税金
2005	710771.79	544523.55	166248.24	6303.81	2413.99	—	—	312.24
2006	849843.56	639077.44	210766.12	51319.94	－11735.00	－6.23	126.78	8455.85
2007	785219.79	595867.61	189352.17	60176.37	－21326.00	－10.66	89.89	11488.69

二、工程建设

在紫坪铺工程建设中，公司克服复杂地质条件带来的一系列施工难题；积极配合地方政府及移民部门，按期完成 35000 名移民的搬迁安置；如期实现工程按期开工、截流、下闸蓄水、投产发电等阶段性目标。

2000 年 3 月，国务院批准紫坪铺工程立项，同年 12 月水利部批复工程初步设计报告，工程施工总工期6年。2001年3月工程正式开工建设，2002年11年工程截流，2005年9月工程下闸蓄水，同年11月首批两台机组投产发电，2006年5月最后一台机组提前半年投产发电。工程由建设为主转入运行为主阶段。

三、运行管理

紫坪铺工程地理位置特殊，地质条件复杂，社会影响广泛。高坝大库、高速水流运行，其安全关系到下游成都平原经济社会发展稳定和广大人民群众的切身利益。2005年工程投入试运行以来，按照四川省委、省政府确定的“电调服从水调，水调支持电调”的原则，紫坪铺公司始终把确保紫坪铺大坝安全和下游地区人民群众生产财产安全放在首要位置，健全完善紫坪铺工程生产调度、水情自动化测预报和大坝安全监测三大系统，积极探索建立下游反调节水库未建情况下紫坪铺水库与都江堰水利工程协调运行机制、岷江干流成都段（金马河）安全泄流管理机制和紧急情况下应急调水机制，较好地发挥了工程灌溉供水、发电、防洪和生态环境保护等综合效益。

四、抗御灾害

2006年3月至8月，受大气环流异常等影响，都江堰灌区遭遇百年不遇的特大干旱，春旱、夏旱连伏旱。紫坪铺水库上游来水较多年同期平均减少22%，尤其是7月下旬至8月中旬盛夏，连续20余天无降雨，持续高温干旱，紫坪铺水库入库流量较多年平均减少50%以上，出现了自1937年岷江有水文资料记载以来的最低值。面对百年不遇的特大干旱，紫坪铺公司科学调度，合理安排供水、发电。3月到5月都江堰灌区春灌期，公司根据灌区需水过程线，在来水量小于需水量的情况下，调用水库调节库容，共向下游供水17亿立方米，其中增供水量2.8亿立方米；7月下旬至8月中旬盛夏伏旱期，为下游增供水量3.7亿立方米，极大地缓解了都江堰灌区旱情和成都市用水紧张状况，确保了下游地区大旱之年无大灾。

第二章 交通运输企业

第一节 四川高速公路建设开发总公司

一、企业概况

1992 年 7 月，四川蜀海交通投资有限公司成立，注册资本 8.74458 亿元。1996 年 7 月，四川高速公路建设开发总公司（简称川高公司）在原四川省成渝公路建设开发总公司和四川蜀海交通投资有限公司基础上组建，由省交通厅管理。公司主要业务是筹集高速公路等重点公路项目建设资金，对重点公路项目进行投资、建设和营运养护管理，从事公路沿线服务性设施的经营开发。

2008 年 11 有 28 日，川高公司整体资产划转到四川发展（控股）有限责任公司。

二、建设资金筹集与投入

公司成立至 1995 年年底，共为交通建设筹集资金 6.4 亿元。对成渝路投入 2.6 亿元，对广北、内自、泸隆、成雅路等 4 个重点项目投资 3.2 亿元，利用股份制形式向川南投资 7000 多万元。同时抓好资金回收管理，回收资金 9000 多万元，将 3850 万元利润继续投入交通建设。

1996—2000 年，为高速公路筹集资金 168.6 亿元，其中贷款资金 138 亿元，引进外资 22.8 亿元，社会筹集 7.8 亿元。1997 年，作为独立发起人，成立成渝公司，在香港 H 股上市，筹资 14.8 亿元，成为四川省第一个海外上市的基建公司，开辟了长期的国际融资途径。2001—2005 年“十五”计划时期，累计筹集资金达 200 亿元，比“九五”期间净增 70 亿元，保证了“十五”期间建设项目和通车项目的资金需要。全省高速公路总里程达到 1759 公里（含成都市），高速公路及重点公路项目共完成投资 273.6 亿元，超“九五”期间 70 亿元。

1996—2005 年四川高速公路建设开发总公司主要经济指标统计表

表 4－5　　单位：万元

年　份	资产总额	负债总额	所有者权益	主营收入	利润总额	净利润	净资产收益率（%）	保　值增值率（%）	上缴税金
1996	290546.90	88901.66	201645.24	4248.86	4627.56	3097.67	153.62	—	1396.36
1997	714959.81	174197.30	540762.51	10160.48	9912.08	8148.72	150.69	38.80	599.30
1998	1331484.24	621358.40	710125.84	28114.72	27366.38	23701.32	333.76	79.49	2345.72
1999	1833431.91	1011507.54	791921.38	48186.97	23387.30	23387.30	295.32	92.62	127.31

续表4－5

年　份	资产总额	负债总额	所有者权益	主营收入	利润总额	净利润	净资产收益率（%）	保　值增值率（%）	上缴税金
2000	2265980.24	1422623.19	843357.05	6463.74	6632.97	6632.97	78.65	94.69	191.88
2001	2657736.43	1701046.62	956689.81	545.03	－30754.44	－30754.44	－321.47	84.94	15.49
2002	2942892.09	1753785.47	1189106.62	157.82	－48040.14	－48040.14	－404.00	76.41	0.95
2003	2952317.32	1753785.47	1198531.85	—	－57526.43	－57526.43	－479.97	94.41	15.49
2004	3333994.37	2085797.40	1248196.98	—	－113601.49	－113601.49	－910.12	86.92	1.66
2005	3678846.61	2203991.16	1474855.46	—	－51056.09	－51056.09	－346.18	81.17	21.61

三、公路建设与经营管理

“九五”计划期间，川高公司紧紧围绕“九五”时期建成1000公里高速公路的战略规划，深入推进改革，在公路建设项目管理上，推行项目法人责任制、招投标制、工程监理制和合同管理制。改变以前各高速公路建设项目指挥部负责建设的模式，先后发起组建了成南、川北、川南、南广、中通等数十家项目公司。“九五”期间，新开工12个高速公路项目，通车1000公里，新增774公里。

“十五”计划期间，建成成南、绵广、达渝、南广、成都绕城等高速公路，建成鹧鸪山隧道、国道318线二康路等重点公路项目。建设标准和建设质量显著提高，成都绕城东段、达渝路三期、南广路交工验收获得95.1的高分，高速公路质量优良率100%；成南路、南广路、绵广路一期工程被评为四川省优质工程天府杯金奖；华蓥山隧道获国家优秀设计银奖、国家优质工程银奖和天府杯金奖；成南路被评为国家开发建设项目水土保持示范工程；华蓥山隧道、绕城路东半环获得建筑工程最高奖——鲁班奖。

“十五”计划期间，实现了以成都为中心的高速公路联网收费，联网收费里程达到1535公里；省属高速公路共计收取通行费86亿元，其中川高公司直管的高速公路公司收取通行费37.1亿元，控股、参股高速公路收取通行费48.9亿元，年均增长10%以上。全省高速公路通行鲜活农产品运输车辆273.9万辆次，免收通行费1.34亿元。

公司强化管理，出台并实施《高速公路维修保养包干经费实施办法（试行）》《高速公路专项养护工程及大修养护工程管理暂行办法》，积极推进高速公路养护市场化，路况质量水平显著提高。

第二节　四川公路桥梁建设集团有限公司

一、企业概况

四川公路桥梁建设集团有限公司（简称四川路桥集团）的基本施工单位，大多组建于20世纪50年代中国人民解放军第十八军修建川藏公路时期。60年代，先后成立9个工程处，职工近5万人，遵照中央“要准备打仗”的战略部署，转战于西南边疆，实施“大三线”建设，完成一批重要的国防交通工程建设项目。70 年代，9 个工程处演变成四川省公路局一、二、三处，精简至 1 万人。80 年代，3 个工程处先后在成都建立基地，实施事业单位企业化管理。1993 年，各工程处合并成立四川公路桥梁工程总公司，下辖大桥、机械化、隧道等 7 个专业分、子公司，公司进入全面快速发展时期。1998 年 2 月，四川省政府批准组建四川公路桥梁建设集团有限公司。此后，在巩固路桥施工主业的同时，实施多元发展战略，逐渐发展成为基础建设领域综合性大型企业集团，公司的经济实力、市场竞争实力、技术创新能力实现跨越式发展。

四川路桥集团是国家工程总承包特级资质企业，2002 年获得ISO 2000国际质量认证体系认证。公司以公路桥梁工程承包施工为主营业务，兼及路桥投资收费、水电开发、房地产开发、矿藏开发、证券投资等业务。在高速公路路面和特大桥梁施工方面实力强劲，多项施工技术处于国内或世界先进水平，多次获得国家、部、省级科技进步奖、科技成果奖、鲁班奖和优质工程奖。公司在突出路桥施工主业优势的同时，稳步推进基础设施投资和资产经营，先后投资建设宜宾长江大桥等 5 个独立大桥 BOT 工程项目，以及宜泸、成德绵、成自泸等高速公路 BOT 项目；投资四川巴河流域水电项目、甘孜州巴郎河和小金川流域水电开发项目、达州市西外新区房产开发项目等，并涉足医药、证券行业。由公司作为主发起人成立的四川路桥建设股份有限公司于 2003 年 3 月在上海证券交易所上市，是四川交通系统首家 A 股上市公司。

公司自 1979 年开展对外承包以来，先后承担海外工程项目 110 多个，合同总金额 3 亿多美元。1993 年获外经贸部授予对外经营权。多次获得四川省外经合作工作一等奖。

四川路桥集团坚持“一业为主”，向国内最大经营规模的施工企业发展；同时“两翼并举”，抓好生产经营与资本经营，巩固主业地位，培植新的经济增长点；实行“多元发展”，调整优化产业结构，向水电、矿藏、房地产、高科技产业发展，努力降低经营风险。

截止 2005 年年底，四川路桥集团拥有全资控股公司 16 个；参股公司 8 个；在职职工 8000 余人，各类专业技术人员 3000 余人（中高级技术人员 1500 余人）；公司注册资本金 5 亿元，总资产 48 亿元；拥有现代大型施工机械设备 4000 余台（套）；年产值 35 亿元左右。

20 世纪 50 年代以来，共修建公路 1 万多公里，其中高等级公路 4000 多公里，大型桥梁 1000 余座，还建设隧道、机场、码头、水坝、市政工程等，以“优质高效、信守合同”赢得业界的良好赞誉。

1998—2005 年四川公路桥梁建设集团有限公司主要年份经济指标统计表

表 4－6　　单位：万元　%

年份	资产总额	负债总额	所有者权益	主营收入	利润总额	净资产收益率（%）	保值增值率（%）	上缴税金	股本结构	备注
1998	161793.29	116174.71	45618.58	147567.53	4190.93	6.94	128.50	1621.61	四川省交通厅100%控股	—
2000	193944.75	110621.76	83322.99	260666.42	13528.53	11.64	124.50	10737.66	四川省交通厅100控股	—
2005	485830.82	350366.14	135464.69	293290.02	－12166.14	－9.58	92.97	10197.88	四川省国资委100%控股	所有者权益减少主要原因系05年进行清产核资调整

二、改革与发展

四川路桥集团数十年来在企业所有制体制、经营管理体制方面不断创新与改革，通过企业结构调整，逐步建立起产权清晰的企业混合所有制体制。在坚持做大做强路桥主营业务基础上，向房地产、水电开发等多元化方向发展。并建立工程管理控制中心，开展精细化管理，开源节流，降低财务成本，以经济补偿形式，分流1900名长期待岗人员，实现了减员增效、减亏增盈。集团公司跨越式发展为名副其实的国内、省内交通基础设施建设的生力军。

1982年，在四川省内的几支施工队伍先后迁出深山大沟，选择在成都平原建设基地，着手整顿混乱局面，恢复生产秩序，实施事业性单位企业化管理，并实行建设费用包干使用。承担成灌公路、大件路等四川境内几条干线公路的加宽改造建设任务，修建泸州长江公路大桥，实现了四川梁式桥单孔跨径历史性的突破，为国内深水、高墩、大跨径公路桥树立了规范，获得国家级科技进步奖。

1990年12月组建四川公路桥梁工程总公司，施工队伍从事业性生产单位转型改制成为独立法人企业。1993年5月又将四川省交通厅公路局直属的一、二、三工程处和海外工程公司的资产、人员、建制划拨给四川公路桥梁工程总公司，改制为由四川公路桥梁工程总公司管理的一、二、三公司，保留法人地位。1989—1997年，公司承担了省内成渝、成绵纳、广渝、广北几条高速公路的大型交通工程建设施工。同时，承建了万县长江公路大桥和涪陵长江公路大桥。

1998年2月，四川省政府批准组建四川路桥集团。原四川路桥总公司的部分公司改制成为集团公司的母公司，余下的公司和省交通厅划拨的部分公司改制成为集团公司的全资或控股的子公司，同时在母公司和控股子公司内设立若干专业化程度较高的分公司，经营管理框架初步形成。并且按照《公司法》和规范的公司制要求，于1999年12月完成四川路桥建设股份有限责任公司的组建。通过创立集团公司，改革体制、战略重组，紧紧抓住市场机遇，实现了规模经营和主业扩张。公司每年保持30亿—60亿元的市场占有份额；达到每年完成20亿—30多亿元的业务量；经营利润逐年上升，由原来的亏损局面扭转为每年1亿多元的经营利润。

三、主要工程项目与分布

四川路桥集团在四川境内承包施工的主干线公路有成都至重庆、成都至绵阳、绵阳至广元、成都至南充、成都至雅安、成都至乐山、内江至宜宾、隆昌至泸州、涪陵至长寿、达州至重庆等多条高速、高等级公路。在省外已在全国21个省市自治区中标承建工程，主要进入的有湖南湘耒路、临长路、潭邵路，湖北武汉绕城线，浙江甬台路，陕西榆靖路，甘肃巉柳路，广西南友路等高速公路。

在长江上已建和在建的桥梁中，四川路桥集团承建了宜宾长江大桥等20多座具有代表性的桥梁建筑，同时还在四川省内的嘉陵江、金沙江、岷江、涪江，重庆乌江等江河上承建了多座桥梁。

改革开放以来，公司还在伊拉克、科威特、也门、南马里、乌干达等国家建设公路、桥梁、机场，承建了多个国际工程项目。

公司承建的万县长江公路大桥荣获国家科技进步一等奖；宜宾长江公路大桥，成都绕城路东段，陕西榆靖高速公路项目荣获鲁班奖；万县长江公路大桥，宜宾长江公路大桥，四川川（主寺）九（寨沟）旅游公路项目荣获詹天佑土木工程大奖；湖北鄂黄长江公路大桥、宜宾中坝长江大桥荣获国家优质工程奖。此外还有一大批工程项目获得了交通部、中国公路学会、四川省政府颁发的科技进步奖、天府杯金奖等荣誉称号。

第三节　四川省铁路集团有限责任公司

一、企业概况

1959年1月，四川省交通厅组建地方铁路处。1960年4月，中共四川省委指示，成立四川地方铁路局，负责全省地方铁路的建设和营运，由成都铁路局领导。1961年12月，经国务院批准，地方铁路局改归省人委直接领导，在业务技术上仍由成都铁路局指导。1966年4月，四川省地方铁路局撤销，经营彭白铁路的彭白铁路局由原温江地区管辖。

1984年2月，彭白铁路局改建为四川省地方铁路管理局和成都市地方铁路管理局，实行“一套机构，两个牌子”，行政上由成都市领导，业务上由省计经委负责。

1990年11月，四川省人民政府决定重新组建四川省地方铁路局，并明确“该局为独立核算、自负盈亏的地方省级预算内全民所有制大型企业，挂靠在省计经委，负责领导全省地方铁路企业并对国、地铁联营体实行行业管理，统一组织全省地方铁路的建设及营运。”

2006年12月，四川省地方铁路局整体改制为四川省铁路集团有限责任公司（简称省铁路集团），注册资本金30亿元。是集地方铁路和合资铁路的投资、建设、运营与管理，铁路勘察设计、施工、监理、质量检测和建设项目管理及造价咨询，水泥、水泥制品生产及销售，房地产开发、矿产品开发，职业技能培训，物流和物业管理为一体的系统完备的省属国有大型骨干企业。

省铁路集团有全资公司6个：四川省地方铁路局普乐分局、四川省铁路建设有限公司、四川省地方铁路局枕梁构件厂，四川省铁路置业有限责任公司、四川省地方铁路局铁路工程勘察设计所、四川省铁路物业有限责任公司；控股公司5个：川铁（宜宾）铁路有限责任公司、泸州川铁铁路有限责任公司、四川归连铁路有限公司、四川纳叙铁路有限责任公司、四川铁路集团水泥有限责任公司；参股公司2个：达成铁路有限责任公司、乐巴铁路有限责任公司；代管公司1个：四川叙大铁路有限责任公司。

2000—2006年四川省铁路集团有限责任公司

主要年份经济指标统计表

表4－7　　　　单位：万元　%

年份	资产总额	负债总额	所有者权益	主营收入	利润总额	净资产收益率（%）	保值增值率（%）	上缴税金	股本结构
2000	79957.92	77181.68	2776.24	9505.84	－3363.72	－121.16	98.27	261.69	国有法人股
2005	558339.38	111131.67	447207.71	5897.44	－1979.71	－0.52	99.16	696.25	国有法人股
2006	702972.87	228230.04	474742.83	6808.01	5622.95	1.72	101.73	511.81	国有法人股

二、子公司

川铁（宜宾）铁路有限责任公司：前身为1998年8月25日组建的四川金筠地方铁路有限责任

公司。2001 年 6 月，经省政府商请铁道部出资，资本金调增至 8.5 亿元。公司出资人分别是：四川省铁路集团有限责任公司出资 5.35 亿元，占股本的 62.94%；四川省宜宾市投资有限责任公司出资 1.75 亿元，占股本的 20.59%；中国铁路建设投资公司出资 1.40 亿元，占股本的 16.47%。

四川归连铁路有限公司：2005 年 7 月 7 日正式成立，注册资本 3000 万元。2008 年 5 月 5 日，股本结构比例调整为：四川省铁路集团有限责任公司 51%，四川省川威集团有限公司 44%，内江市国有资产经营管理有限责任公司 5%。公司以新建地方铁路归连线建设为基础，以归连铁路运营为主业，兼营多种业务。

泸州川铁铁路有限责任公司：2002 年 1 月由原四川省地方铁路局泸州分局和四川隆纳铁路有限公司合并改制组建。

四川纳叙铁路有限责任公司：2004 年 7 月 2 日在泸州市成立。公司注册资本为 3000 万元。

四川省地方铁路局普乐分局：1994 年 12 月 22 日成立，前身为四川省地方铁路普乐管理处。截止 2005 年年底，资产总额为 15987.24 万元，有职工 224 人。系一业为主多种营运为辅的综合性企业。

四川省铁路建设有限公司：系省铁路集团直属国有独资企业，成立于 1993 年 1 月 19 日，注册资本金 3 亿元。公司具备承建新建铁路单、双线或增建二线的综合工程及大跨度厂房、高层房屋建筑、水电站、高等级公路等大、中型综合工程的施工能力，年施工能力达 20 亿元。拥有铁路工程施工承包壹级资质和房建、公路、市政工程施工总承包贰级及桥梁、隧道、公路路基、路面、自重设备安装专业承包贰级资质，能够承担铁路、公路、水利水电、工业与民用建筑、市政等各类工程的建设施工。

四川铁路置业有限责任公司：系省铁路集团全资子公司，成立于 2007 年 10 月 22 日，注册资本金 800 万元。主要从事房地产开发及工业、商业、公共建筑、基础设施等项目的建设，同时兼营酒店、物业管理及房地产营销策划、土地整理等。

四川省地方铁路局枕梁构件厂：始建于 1993 年，地处彭州市天彭镇西郊乡陈家社区，1996 年正式投入生产。注册资本金 5000 万元。

四川省铁路物业有限公司：成立于 1998 年 8 月 24 日，公司前身为原地方铁路局行政处。公司注册资本 50 万元，原四川省地方铁路局出资 80%、四川省地方铁路局铁路勘查设计所出资 20%。主要经营物业管理以及批发、零售计算机、制冷设备、电子产品、电线电缆、文化办公用品、工艺美术品。公司具有物业管理三级资质。

三、铁路建设及运营

四川地方铁路始建于 20 世纪 50 年代末期，从 1958 年至 1962 年，省、市、县和厂矿动工兴建的地方铁路有 115 条，1198.4 公里，其中通车运营 84 条，698.8 公里。各地、市、县及厂矿自筹修建的地方铁路大多以窄轨为主。

1962 年以后，随着国民经济调整，全省经济形势发生变化。1958 年前后仓促上马的工矿企业相继停办，部分地方铁路失去应有作用，有的部分下马，有的拆除。保留通车的仅 21 条，564 公里。1964 年后，有 7 条、323 公里长的营运性地方铁路无偿移交给国铁（成都铁路局）。同时，厂矿专用线全部移交给厂矿企业，全省只剩下一条 762 毫米轨距的彭白窄轨铁路。

20 世纪 90 年代以来，参与国家和地方铁路投资、建设、设计，共计 2000 多公里，已建成营运及正在建设的地方铁路共372公里。

已建成并运营的自营铁路284.04公里。其中普乐铁路24公里，泸州隆纳铁路82公里，金筠铁路70公里，纳叙铁路77.6公里，归连铁路30.44公里。另外，1997年交重庆35公里（万南铁路）、交达成公司20公里（青温铁路），2004年停运39公里（彭白铁路）。

普乐铁路位于巴中境内，是与国铁广（元）普（济）线的普济车站接轨至南江县乐坝镇的一条地方准轨铁路。1990年动工修建，1994年1月24日贯通，1995年7月1日正式运营，正线长24公里，年货运能力约150万吨，全线设3个货运站，主要承担煤炭、铁矿、石油、化肥等物资运输，辐射面达三市六县。

隆纳铁路正线全长82公里，分两段滚动建成，隆昌至泸州段于1988年12月动工，1992年12月贯通，1993年4月开通货物临时运输，1994年9月开通全路货运一票直通运输。泸州至纳溪段于1999年11月动工，2006年6月通过竣工初验，2007年8月开通货物临运。该段铁路等级为地方铁路Ⅰ级，准轨、单线，限制坡度为10‰，最小曲线半径为300米。下设福集、泸州、方山、半边山（电厂工业站）、纳溪站。

金筠铁路位于宜宾境内，起于宜（宾）珙（县）支线的金沙湾站接轨，纵贯宜宾市珙县、高县、筠连3县，止于筠连县巡司镇，全长70公里。1998年9月28日开工，2003年8月18日贯通，2005年2月开通临运。铁路伸入保有无烟煤储量达35.4亿吨的筠连煤田腹地，对促进川南能源基地建设、开发筠连煤田，解决省内发电用煤紧张局面、拉动地区经济发展，都具有十分重要战略和经济意义。

纳叙铁路为隆（昌）叙（永）地方铁路纳溪至叙永段铁路建设项目，是已运营的隆昌至纳溪段的延伸，全长77.6公里。2003年12月31日立项，2004年11月18日开工，2009年12月2日通过初步验收。纳叙铁路按地方铁路Ⅰ级标准建设，铁路的运营对泸州煤、电、路、化、港综合发展，推动泸州、四川乃至西南地区的经济发展和社会进步具有重大的促进作用。

归连铁路位于四川省内江市境内，横跨资中、威远两县。线路从成渝铁路接轨，自成渝铁路归德乡站成都端引出，止于威远县的连界镇。全线线路正线长30.443公里。2005年9月开展工程勘察设计，2007年6月8日全线开工建设。

此外，铁道部与四川省合资建设铁路已有510公里：达成铁路350公里；达万铁路160公里。其中四川省投资16.6735亿元，占股份26.6%。

第四节　四川航空集团有限责任公司

一、企业概况

四川航空集团有限责任公司（简称川航集团）前身为四川省航空公司，由省政府出资3200万元，于1986年9月19日组建成立，1988年7月开航营运。1993年11月更名为四川航空公司。

2002年8月29日，四川航空公司进行股份制改造，以其航空经营性净资产为基础，与中国南方航空股份有限公司、上海航空股份有限公司、山东航空股份有限公司和成都银杏餐饮有限公司共同发起设立四川航空股份有限公司。四川航空公司的其他经营性资产则留在改制后同日成立的四川航空集团公司继续经营。四川航空集团公司持有四川航空股份有限公司40%的股份，为第一大股东。2010年12月，四川航空集团公司制改制后，公司名称变更为“四川航空集团有限责任公司”，成为四川发展（控股）有限责任公司的全资子公司。

川航集团总部及四川航空股份有限公司第一生产基地在成都，第二生产基地在重庆，第三生产基地在昆明。从1995年年末至2009年年底，川航集团总资产由9.56亿元增至116.84亿元，增长1122.18%；净资产由2.74亿元增至6.61亿元，增长141.41%；年销售收入由5.34亿元增至68.28亿元，增长1178.65%；上缴税金由6166.6万元增至5.93亿元，增长862%；运输总周转量从开航时的74万吨公里发展到13.19亿吨公里，增长1782倍；年旅客运输量从2万人次发展到年916万人次，增长458倍；年货邮运输量从107吨发展到年14.8万吨，增长1379倍。

1988—2005年四川航空集团有限责任公司主要年份经济指标统计表

表4－8　　单位：万元

年份	资产总额	负债总额	所有者权益	主营收入	利润总额	净资产收益率（%）	保　值增值率（%）	上缴税金
1988	5286.92	—	—	178.26	－117.20	—	—	—
1990	9259.61	—	—	1766.26	151.84	—	—	25.06
1995	95638.50	68189.92	27448.58	53368.82	－4341.52	－14.64	86.17	1483.34
2000	350707.05	318244.24	32462.81	129121.57	1213.81	3.84	103.92	2262.15
2005	59775.86	9799.11	47945.29	7886.16	905.20	0.73	100.56	749.48

二、业务经营

川航集团主营业务范围包括：航空运输的投资及管理；地产开发经营；进出口业务；飞机及房屋租赁；航空器材、发动机维修代理业务、职业技能培训。

川航集团已成为以投资航空运输业为主，其他产业为辅的航空产业投资型企业，全资、控股、参股公司20家。共有6大产业板块，分别是航空运输板块：四川航空股份有限公司、成都航空有限公司、河北航空有限公司；航空食品板块：四川航空汉莎食品公司、四川航空重庆空港配餐服务有限公司；航空维修板块：四川航空科瑞特工程技术有限公司、四川太古飞机工程服务有限公司；航空旅游酒店地产板块：四川航空房地产开发公司（后改制更名为四川航空置业发展有限公司）、四川航空天翔商务旅游有限公司、四川航空商务旅游发展有限公司，四川航空物业管理有限责任公司、成都皓博房地产开发有限责任公司；航空文化教育培训板块：四川航空文化传媒广告有限公司、四川奥翔航空技术有限公司、四川航空培训中心、电子科技大学成都学院航空分院（项目）；航空物流板块：四川航空重庆蓝瑞物流有限公司。

1988年7月14日，四川省航空公司正式开航，首飞航线为成都至万县航线。创业初期，除了地方财政投资的3200万之外，无飞机，无基地，无办公场所，也无专业人员和技术人员。后在航空工业部的支持下，引进两架国产运七飞机。1990年实现国内首次以国产飞机营运获利的佳绩，被中国航空工业部评为“运七飞机安全飞行‘双十五万’先进单位”。1992年，公司以融资租赁、易货贸易的方式引进4架图154飞机，实现从支线经营到干线运输质的飞跃。1995年，公司在国内率先引进被誉为“跨世纪机型”的空中客车A320飞机，并逐步建立起西部最大的空客机队，使公司的运输航线逐渐向全国各主要城市扩展。

1996年6月，省委、省政府调整任命新一届领导班子。通过“抓安全、抓管理”，调整营销体制、财务管理体系，进行人事、用工、分配三大制度改革，当年即实现减亏，1997年起公司持续盈利。公司机队机型进行结构调整，着力提升航线网络、技术储备等整体运营能力，一年内淘汰8架老旧飞机，停飞5架运七飞机，将4架俄制图154飞机卖回俄罗斯。2000年率先在国内乃至亚太地区引进5架被誉为“老百姓公务机”的巴西EMB145飞机，投入以西部为重点的支线航空运输。

2002年8月29日，四川航空集团公司和四川航空股份有限公司同时成立。我国民航首家跨地区、跨行业、跨所有制、投资主体多元化股份航空公司诞生，标志着川航的发展进入新的历史时期。“十一五”计划之初，川航集团提出“363”规划的战略目标，即用3年时间，帮助川航股份公司发展好成都、重庆、昆明3个基地，占有成渝市场三分之一的市场份额；用6年时间联接6家投资关联航空企业，巩固扩展6大国内市场；依托安全、优质品牌、优先收益，实现飞机过百架、资产过百亿、产值过百亿的“三个一百”目标。“十一五”计划期末，基本实现既定战略目标。

三、体制改革

2002年至2004年，民航进行“航空运输企业联合重组、机场属地化管理”为主要内容的体制改革，多家地方航空公司被兼并重组，形成以三大集团为主体，海航一枝独秀，少数地方航空公司与众多民营航空公司为补充的行业竞争格局。2002年，四川航空公司成功进行股份制改造，脱胎换骨成为投资主体多元化的股份制航空公司，成为川航集团产业链的核心。自2006年起，先后重组东北航空和鹰联航空，开创了中央、省属和市属企业共同投资企业的先河，推动四川省西部综合交通枢纽的建设。

为储备飞行员尤其是飞行机长资源，川航集团与台湾飞保公司、台湾航协密切合作，2005年经过国家有关部门批准，民航局将川航作为大陆首家航空公司试点引进台湾籍飞行员。

第五节　四川省机场集团有限公司

一、企业概况

四川省机场集团有限公司（简称四川机场集团）是随着民航机场实施属地化改革，于2004年3月在原成都双流国际机场的基础上组建成立的省属重要骨干企业。成都双流国际机场的前身是始建于1938年12月的成都双桂寺机场，1956年12月12日，列为民航序列，更名为成都双流机场。1969年11月20日，民航划归为中国人民解放军的建制，实行军事化体制。1980年3月15日，民航划归国务院直接领导后开始企业化。1987年7月，中国民航管理体制改革在民航成都管理局试点。当年10月15日，按照“政企分开，简政放权”的原则，将原民航成都管理局分为民航西南管理局、西南航空公司和成都双流机场。作为全国民航第一家独立核算、自负盈亏，财务计划包干的经理负责制的企业成都双流机场正式成立。1993年，双流机场被国家批准为国际口岸机场，1995年11月

30 日，更名为成都双流国际机场。

2004 年 3 月 26 日，省政府批复同意在原成都双流国际机场基础上成立四川省机场集团有限公司，管辖权由民航移交地方。四川机场集团纳入省政府管理，四川省国有资产监督管理委员会代表四川省人民政府对其进行监督管理。

四川机场集团主要经营范围为：机场投资、机场运行管理、机场航空地面保障和地面运输服务。辖四川省境内的成都双流国际机场、西昌青山机场、达州河市机场、攀枝花保安营机场、广元盘龙机场 5 个机场，托管泸州蓝田机场。所属的成都双流国际机场是西南地区最大的区域性航空枢纽机场，是西南地区重要的航空客货集散地，是中国国际航空公司西南分公司、四川航空公司、成都航空公司、中国东方航空四川分公司、祥鹏航空成都分公司的基地机场。

四川机场集团控股的分、子公司主要有成都双流国际机场股份有限公司、成都双流国际机场航空地面服务有限公司等。

1990—2004 年四川省机场集团有限公司主要年份经济指标统计表

表 4－9　　单位：万元　%

年份	资产总额	负债总额	所有者权益	主营收入	利润总额	净资产收益率（%）	保值增值率（%）	上缴税金
1990	4345	—	—	987	442	—	—	—
1995	37153	11228	25925	11152	4907	16.74	—	—
2000	168147	87743	80404	22560	－305	－0.39	—	—
2004	368216	100422	267794	55241	4921	2.33	—	2424

二、企业整合

1997 年 4 月，西昌青山机场、南充火花机场、达州河市机场 3 机场成建制地划归成都双流国际机场管理。2004 年 7 月 28 日，四川机场集团将南充火花机场移交南充市人民政府管理。四川机场集团下属机场变为 3 个：成都双流国际机场、西昌青山机场和达州河市机场。

2004 年 10 月 28 日，成都双流国际机场股份有限公司挂牌成立。股份公司由四川机场集团、机场管理（香港）有限公司、深圳市机场（集团）有限公司、成都市华盛（集团）实业投资有限公司和大连周水子国际机场集团公司 5 家公司共同发起创立，持股比例分别为 51%、25%、21%、2% 和 1%。主要从事民用航空器起降应急救援保障服务、旅客过港服务、地面运输服务；候机楼内航空用营业场所、商业场所、生产办公场所的经营、出租；候机楼内综合性旅客服务场所的经营、出租。

1988—2007 年成都双流国际机场主要业务情况表

表 4－10

年　份	起降架次	增长率（%）	旅客吞吐量（人次）	增长率（%）	货邮吞吐量（吨）	增长率（%）
1988	11222	2.0	1026110	－6.2	—	—
1989	13131	17.0	1115746	8.7	—	—

续表 4－10

年　份	起降架次	增长率（%）	旅客吞吐量（人次）	增长率（%）	货邮吞吐量（吨）	增长率（%）
1990	16515	25.8	1414098	26.7	—	—
1991	18264	10.6	1669747	18.1	—	—
1992	24732	35.4	2232857	33.7	—	—
1993	27734	12.1	2840049	27.2	—	—
1994	33044	19.2	3485757	22.7	—	—
1995	39241	18.8	4158374	19.3	—	—
1996	43374	10.5	4305570	3.5	—	—
1997	46368	6.9	4376326	1.6	—	—
1998	49438	6.6	4384842	0.2	—	—
1999	53406	8.0	4986136	13.7	—	—
2000	58610	9.7	5524131	10.8	—	—
2001	66760	13.9	6244726	13.0	—	—
2002	77718	16.4	7542200	20.8	—	—
2003	83101	6.9	8196742	8.7	153493.7	—
2004	110186	32.6	11685339	42.6	213026.8	38.8
2005	132999	20.7	13899636	19.0	251022.4	17.8
2006	156340	17.6	16278730	17.1	295486.3	17.7
2007	166382	6.4	18586217	14.2	328428.9	11.1

2001—2007 年西昌机场主要业务情况表

表 4－11

年　份	起降架次	增长率（%）	旅客吞吐量（人次）	增长率（%）	货邮吞吐量（吨）	增长率（%）
2001	816	—	32629	—	92.2	—
2002	998	22.3	39318	20.5	157.0	70.3
2003	1500	50.3	58667	49.2	206.8	31.7
2004	2348	56.5	115181	96.3	270.4	30.8
2005	2702	15.1	151923	31.9	313.0	15.8
2006	2879	6.6	184090	21.2	519.6	66.0
2007	2808	－2.4	238955	29.8	1095.1	110.8

2005—2007 年攀枝花机场主要业务情况表

表 4－12

年　份	起降架次	增长率（%）	旅客吞吐量（人次）	增长率（%）	货邮吞吐量（吨）	增长率（%）
2005	2190	—	197778	—	2012.6	—
2006	3138	43.3	238966	20.8	1858.3	-7.7
2007	3024	-3.6	230699	-3.5	1791.5	-3.6

2006—2007 年达州机场主要业务情况表

表 4－13

年　份	起降架次	增长率（%）	旅客吞吐量（人次）	增长率（%）	货邮吞吐量（吨）	增长率（%）
2006	554	—	29376	—	34.5	—
2007	1052	89.9	80497	174.0	61.6	78.6

第三章　冶金电子企业

第一节　四川长虹电子集团有限公司

一、企业概况

四川长虹电子集团有限公司（简称长虹集团）前身为四川无线电厂（代号为七八○厂），1965年3月更名为国营长虹机器厂。该厂是第一个五年建设计划期间，由苏联援建的重点项目之一。1956年5月在四川德阳市开始筹建，1958年5月迁至绵阳市筹建，当年10月1日动工兴建，1965年11月建成，属中国第四机械工业部部管企业。当时，固定资产原值2924.7万元，职工总人数2473人，其中工程技术人员490人。

1972年12月，长虹厂积极响应国家“军民结合”的方针，探索发展电视机产业，并于1973年开始试制电视机。1979年10月，长虹与日本松下公司达成合作协议，引进彩色电视生产技术。1980年5月，长虹自行设计、制造和安装第一条彩色和黑白电视机流水生产线，开始电视机的规模制造，以彩电立业。

1985年，在全国经济体制改革的推动下，长虹厂实行厂长负责制和经营承包责任制，废除干部终身制，对中层干部实行聘任制，对新进公司的工人实行劳动合同制，对固定职工实行优化劳动组合制，工资、奖金与公司效益和完成目标挂钩，与职工劳动成果和劳动表现挂钩。

1986年，长虹厂联合包括高等院校、商业部门和生产厂家等63个单位，组建四川长虹电视集团，1987年10月更名为四川长虹电子集团有限公司。

1988年6月，长虹集团开始股份制试点。1992年4月，长虹电器股份有限公司正式登记注册。1993年3月，四川长虹电器股份有限公司成为公众公司。1994年3月11日，长虹股票在上海证券交易所挂牌上市，被誉为“中国第一蓝筹股”，长虹从此进入一个更新的发展阶段，开始股份制经营管理模式的运作。

1996年12月，长虹集团正式成立空调事业部、数字视听事业部，开始走多元发展道路。

2004年7月，长虹公司提出“以财务为主线，以利润为核心”的经营理念。并为此进行经营机制的变革，企业组织由“火车头模式”向“联合舰队方式”转型，实现长虹由“生产型”向“经营型”转变，由“规模型”向“利润型”转变，管理模式由“直线参谋型”向“事业部型、子公司型”转变，开始了长虹有史以来最大的调整变革。

2006年3月，长虹集团捷克家电生产基地开工，以捷克为据点辐射整个欧洲市场，打造自主品牌，全面提速国际化步伐。2007年7月，长虹长春工业园、长虹合肥工业园相继奠基开工，长春长虹电子科技有限责任公司、合肥长虹实业有限公司相继成立，长虹集团完成以西南为核心，以华东、华南、东北为基地的全国产业布局。

2001—2007 年四川省长虹电子集团有限公司主要经济指标统计表

表 4－14　　单位：亿元

年　份	资产总额	负债总额	销售规模	利润总额	上缴税金
2001	174. 26	46. 48	106. 18	1. 05	6. 62
2002	188. 98	73. 70	143. 49	1. 84	6. 31
2003	219. 58	102. 26	158. 12	2. 82	3. 80
2004	159. 44	96. 11	140. 22	—	3. 24
2005	153. 46	74. 47	181. 19	2. 63	4. 33
2006	182. 71	89. 74	215. 12	－6. 33	6. 78

二、生产经营

1958 年 9 月，厂房基建还在筹备中即接受第一个产品试制任务，按照“边基建、边试制、边生产”的方针，在 1959 年 10 月国庆前夕交付了第一批合格产品。1965 年后，长虹厂进入正常生产阶段，1968—1978 年，长虹共研制过 10 多种型号的机载雷达，其中有 5 种是长虹独立研制的，有的还荣获全国首届科学大会国家科学技术进步奖，并被中共四川省委、四川省革命委员会授予四川重大科技成果奖。从 1973 年开始试制电视机，到 1978 年，长虹共研制过 5 种型号的黑白电视机，4 种型号的彩色电视机，其中有 2 种型号的黑白电视机实现小批量生产。

1980 年 5 月，长虹自行设计、制造、安装第一条电视机流水生产线后，1982 年至 1984 年，长虹电视机年产量均超过 10 万台。

1985 年 4 月，与日本松下公司再度达成合作协议，引进国内最后一条、国际最先进的全自动彩电生产线，单班日产 1000 台。1985 年，长虹电视机产量 23 万台，其中彩电 17 万台，工业总产值 2. 67 亿元，销售收入 1. 98 亿元，实现利税 3415 万元，上缴国家税利 1919 万元。1986 年 8 月，长虹第一幢彩电大楼落成剪彩，引进的松下彩电生产线成功投产，日单班产量超过原设计 30%。当年长虹彩电产量达到 19. 6 万台，在国内排名第一。

1990 年 9 月，长虹自行设计制造的彩电生产线（北线）正式开通投产，产量和质量完全达到松下标准。以后又陆续采用复制和创新的方式一共制造了 13 条同等产能的生产线，使彩电年产能力达到 1700 万台。1995 年第 50 届国际统计大会上，长虹荣获“中国最大彩电基地”“中国彩电大王”称号。同年，长虹还获得国家统计局颁布的“城市市场占有率”“城市居民需求率”和“最佳广告”3 个第一，成为中国彩电行业中的第一品牌。

2000 年后，不仅在彩电生产规模上不断壮大，同时抢占技术制高点，向 PDP 等离子电视、“精显王”背投影彩电、液晶电视等产品领域进军，并在行业中取得领先地位。

2005 年 11 月，长虹战略重组美菱电器，以第一大股东的身份参与对美菱电器的全面经营管理，迈出了“黑＋白”的第一步，开始对长虹白电产业链进行完善。

2006 年 10 月，长虹推进全新的管控模式，构建九大战略业务单元（SBU），建立了基本管理制度统一、核心价值观统一、品牌管理统一、资源整合与业务协同的长虹3C战略母子公司管控体系，开始锻造一支具有国际竞争力的企业家团队。

2007年4月，长虹正式获得《国家发展改革委关于四川虹欧显示器件有限公司（筹）PDP显示屏及模组生产项目核准的批复》，虹欧PDP项目建设启动暨长虹东元空调压缩机项目开工，标志着中国第一条等离子屏生产线进入实质性建设阶段。2007年8月，长虹与零八一集团签署战略合作协议，构建西南大型电子装备科研生产军民结合产业基地。2007年12月，长虹成为华意压缩的第一大股东，推进白电产业核心部件领域，进一步延伸长虹白电产业链。

三、长虹平板电视产业建设

2005年，长虹开始进行产业转型，从CRT时代向平板时代升级，先后构建了PDP与OLED项目产业链。

2006年7月12日，四川长虹电子集团有限公司与彩虹集团电子股份有限公司为推进中国平板电视关键器件的自主开发和制造，共同出巨资在四川省绵阳市发起成立四川世纪双虹显示器件有限公司（前身为北京世纪双虹显示器件有限公司）。2006年12月13日，四川世纪双虹显示器件有限公司收购荷兰SteropeInvestmentsB. V公司75%的股权，从而间接持有韩国第三大等离子企业——欧丽安等离子有限公司（OrionPDPCo. Ltd）75%的股权。

2007年，长虹联合彩虹集团、美国MP公司，共同组建四川虹欧显示器件有限公司，进行PDP模组的应用开发、生产和销售的合作项目。项目总投资20亿美元，分期建设后将形成年产600万片（以42英寸计）以上PDP模组的能力。在绵阳、北京和韩国龟尾组建了3个技术开发中心，拥有来自中、日、韩、美等国的PDP方面各类高技术专家人才，拥有近600项PDP全球技术专利。

2007年4月28日，虹欧PDP项目开工建设，2009年1月18日第一块良品屏下线，2009年3月22日开始量产。2009年4月28日装配长虹自主研发、具有自主知识产权的PDP屏的长虹欧宝丽PDP电视正式上市，

2007年11月22日，长虹公司与成都高新区就“长虹成都研发基地暨OLED项目”签约。

四、长虹白电产业建设

1996年长虹进入空调生产领域，2005年控股美菱电器，形成美菱/空调产业。2007年控股华意压缩以来，长虹已经构建起以华意冰箱压缩机和美菱整机为核心的白电产业链，进而依托智能技术，推动白电智能化。

1996年长虹进入空调领域，空调公司投产当年产能就达到450万台，拥有四川绵阳、广东中山和印度尼西亚三大生产基地，产品涉及窗机、挂机、柜机以及单元式、VRV、户式中央空调等系列产品。

2005年11月，长虹第二代节能型螺杆机组在长虹的成功研制，标志着国内螺杆机生产技术登上新的台阶。

2005年11月，长虹控股美菱电器，并实施战略重组，长虹以第一大股东的身份参与对美菱电器的全面经营管理。

2006年2月，占地1046亩，项目总投资约10亿元的亚洲最大的电冰箱生产基地——长虹美菱

高新产业园在合肥经济技术开发区动工建设。2007 年 1 月，一期工程正式竣工投产，二期工程正式启动。一期工程总投资 3. 5 亿元，新增冰箱产能 200 万台。产业园全部建成后，将达到 500 万台冰箱（冷柜）产能。

2007 年 12 月，长虹成为华意压缩的第一大股东，推进白电产业核心部件领域，进一步延伸长虹白电产业链。

第二节　四川九洲电器集团有限责任公司

一、企业概况

四川九洲电器集团有限责任公司（国营第七八三厂，简称九洲或九洲集团）是国家大型骨干军工企业，总部位于绵阳市。其前身国营涪江机器厂始建于 1958 年，是国家“一五”计划期间的重点工程之一。经过多年建设，九洲集团已从单一的军工企业发展为军民融合的大型高科技企业集团，是从事数字电视设备、有线电视宽带综合业务信息网络及三网融合系统、电线电缆光缆、LED（半导体照明产品）、物联网（RFID 射频识别产品、安全溯源、安防监控等产品）、电子政务和电子商务软件、手机等个人消费终端、车载指挥通信系统、卫星导航系统产品的开发、制造、经营和服务的高科技企业。名列中国电子信息百强、中国制造业企业 500 强、中国最大 1000 家企业集团、中国企业集团竞争能力 500 强，2005 年被中央文明委授予首批“全国文明单位”。2005 年拥有总资产 395642. 1 万元，净资产 80039. 8 万元，从业人员 6988 人。

1958 年 10 月动工建厂时，即按中央确定的方针“边基建、边研制、边生产”。1965 年 11 月 25 日，工厂经国家正式验收合格，全面投产。20 世纪 70 年代末，开始调整产品结构与服务方向。1984 年，引进国外先进的共用天线电视技术，开发出起点高、性能好、质量上乘的“九洲”牌全频道共用天线电视系统系列产品，填补了国家在这一领域的空白。此后，加大民品生产。1995 年 1 月 18 日，四川九洲电器集团有限责任公司挂牌成立。1999 年，公司规范为国有独资公司。

在国家军工调整中，九洲是国防科工委认定的军工电子领域唯一保留核心科研能力的地方军工企业。九洲集团建设有国家级企业技术中心和博士后科研工作站，拥有国家和省部级专家 50 余人，硕士、博士 300 余名。九洲企业技术中心已经成为以绵阳本部为中心，以北京、深圳、成都、重庆四大分中心为支撑，集军事电子和民用技术开发于一体的高水平研发中心，涉及研究领域近 20 个，承担国家“863”“973”科研项目 6 项，国家、省、部委科技创新项目 86 项，主持、参与制定国家、行业标准 18 项，多项技术和产品解决了世界性难题、填补了国内空白，并拥有多项军工自主知识产权技术，专利申请数以每年 25% 的速度增长。九洲集团每年科研经费投入约占销售收入的 10%，在电子百强企业中名列前茅。

1965—2005 年四川九洲电器集团有限责任公司
主要年份经济指标统计表

表 4－15　　单位：万元　%

年份	资产总额	负债总额	所有者权益	主营收入	利润总额	净资产收益率（%）	保　值增值率（%）	上缴税金
1965	—	—	—	40.5	1.3	—	—	—
1976	—	—	—	1103.2	235.0	—	—	—
1984	—	—	—	1249.1	66.8	—	—	—
1996	48606.4	29600.0	19006.4	18233.1	1180.2	5.05	105.50	815.0
2005	395642.1	315602.3	80039.8	256392.8	24358.0	30.43	143.36	10187.2

二、生产经营

从 1958 建厂至 1965 年，产品发展到 20 余种。1966—1976 年，累计完成工业总产值 1.46 亿元，销售收入 0.86 亿元，实现利润 0.22 亿元。1977—1984 年，累计完成工业总产值 1.9 亿元，销售收入 1.38 亿元，实现利润 0.37 亿元。

1984 年引进生产的“九洲”牌全频道共用天线系统系列产品批量生产投放市场后深受欢迎，工厂以此为基础，紧紧跟踪国际先进技术，不断升级换代产品。产品从共用天线系统发展到城市联网的有线电视系统，产品销量占全国总销量的三分之一，居全国之首，成为工厂经济支柱。1992 年工厂与日本夏普公司合作，全套引进并建成国内领先的 G3 类电话图文传真机生产线，具备单班年产 4 万台的生产能力，传真机成为这一时期又一拳头产品。民品进入全面发展时期，民品产值占工业总产值的比重由 1980 年的 3.5% 提高到 1996 年的 86%。1985 年至 1996 年 12 年间累计完成工业总产值 12.06 亿元，销售收入 10.9 亿元，实现利润 1.32 亿元。

1997 年以后，九洲不断调整组织结构，优化业务流程，完善军民融合的技术创新体系、生产制造体系和市场体系，搭建军民一体化的财务、信息、标准化支持平台，成功走出一条军民融合发展的路子，全面提升企业核心竞争力，实现了企业跨越式发展。此外，九洲承担了国家 100 多项国防重点工程任务。民品方面，通过整合涪江电子机械厂，收购国营江陵电缆厂，重组四川湖山电子股份公司以及设立深圳九洲电器有限公司、四川迪佳通电子有限公司、四川九洲光电科技有限公司、成都九洲电子信息系统有限公司等，九洲先后拓展和进入数字电视设备、有线电视宽带网络系统、光电线缆、数字音响、LED、RFID 等产业领域。拥有国内一流、年产 1500 万台数字电视机顶盒的数字电视设备研制基地、有线电视宽带网络系统研制基地、中国西部 LED 半导体器件和半导体照明工程产业化基地，建立了遍布各大洲、包括国外运营商在内的海外客户网络。九洲数字电视机顶盒产品在全国数字有线电视整体平移中市场覆盖率名列前茅，多次荣膺“中国机顶盒市场最具竞争力品牌”；九洲有线电视宽带综合业务信息网络系统产品的产销量连续 22 年居行业首位。“九洲”商标是国家工商局认定的中国驰名商标。

2001—2005 年，九洲集团的工业总产值、销售收入、利润总额、上缴税金年平均增长速度分别为 47.38%、50.54%、50.98%、46.34%。2002 年工业总产值和销售回款双双突破 10 亿元，迈出了跨越式发展的第一步。在此基础上，经过两年的努力，至2004年，工业总产值和销售回款翻一番，双双突破20亿元。2005年，实现工业总产值28.39亿元，销售收入25.64亿元，利润总额2.44亿元。

第三节 四川省有色冶金研究院

一、企业概况

四川省有色冶金研究院（简称研究院）前身是1960年成立的四川冶金工业研究所。其管理体制几经变动，1984年前，曾更名为冶金工业部有色金属研究院四川有色金属研究所、四川钛研究所、成都钛研究所和四川省冶金研究所。1984年上划中国有色金属工业总公司管理。1999年从科研事业型单位转制为科技型企业，并入国家有色金属工业局所属中国铜铅锌集团。2000年，中国铜铅锌集团撤销后下放四川，由四川省有色金属工业行业管理办公室代管。2002年更名为四川省有色冶金研究院，2007年1月由省国资委直接管理。

研究院分布于成都市金牛区人民北路1段12号、成华区三友路231号。根据中央“发展高科技、实现产业化”和国家关于应用型科研院所改革发展的要求，先后组建有广汉川冶新材料有限责任公司、四川省有色冶金研究院电子材料研究所、四川省有色冶金研究院选矿工程研究中心、四川省有色冶金研究院分析检测中心、四川省有色冶金研究院环境影响评价中心、四川省有色冶金研究院安全评价中心、物业管理发展公司、经营部和《四川有色金属》期刊编辑部等业务部门。设有四川省焊接材料工程技术中心、四川省有色金属产品质量监测站等共性技术平台。

截止2005年年底，全院职工461人，其中在职职工224人，离退休人员237人；在职各类技术人员126人，其中教授级高工和高级工程师23人，工程师68人。年龄在40岁以下的职工占在职职工总数的62%以上，具备大专以上学历的职工占在职职工总数的四分之三以上。

主要从事现代电子焊接材料、特殊性能合金材料、特殊性能航空航天材料、特殊粉末冶金材料，矿山、冶金专用设备和选矿药剂的研发与生产，对外提供冶金、选矿、材料加工、理化检验、环境评价等技术服务。

研究院先后承担完成科研任务600余项，军工试制配套项目170余项，260项科研成果广泛应用于国防工业和经济建设事业，170项成果获得各种奖励。经过40多年特别是2000年以来的发展，研究院已建设成为一个研究领域较广、综合实力较强、承担重大攻关任务、解决复杂工程技术难题、在有色金属行业具有一定影响力的综合性研究院所。

1986年至2005年期间，全院总资产由540万元增加至3122万元，销售收入由46万元最高增至3386万元，综合总收入由104万元最高增至3720万元（2004年）。职工人均月工资由不到40元增长至2005年的2385元。

二、科技发展

1961—1965年，科研试验条件较为简陋，大、中型科研试验课题常需要外单位协作进行，科研主要以有色金属选冶为重点，尤以钴、镍的选冶为主攻对象。

1966—1978 年，小型试验条件得到逐步充实，科研重点转向攀枝花矿产资源综合利用和金属矿物选矿研究。科研的主攻方向和科研课题都集中反映了钒钛磁铁矿综合利用研究的特色，获得了较多很有应用价值的科研成果，同时为我国有色金属工业布局提供了必要的科学依据。

1979—1985 年，承担的攀枝花钒钛磁铁矿综合科研研究任务基本结束，科研方向转向有色金属资源，主要是四川省有色金属资源的开发利用。科研任务多是工矿企业的协议委托课题、冶金环境监测和技术服务、二次有色金属回收工艺以及部分有色金属材料加工课题。这一时期，科研初步面向社会、面向市场、应用型科研特点较为明显。

1985—2005 年，国家下达的科研计划任务逐渐减少，市场经济体制逐渐引入，面向市场搞科研、增收入的任务日渐加重。这一时期主要以有色金属新材料研发为重点，辅以选矿、分析检测和环境监测等技术服务，有色金属新材料的研制发展极为快速，先后取得数百项科研成果和数十项省部级以上科技奖励，取得国家发明专利近十项。尤其是在多种新型焊接材料的研制项目中，研发试制出多种可用于不同工业领域的焊接材料，并形成了成熟的生产工艺，焊材的多种性能指标优越。其中，AB303、AB401、KAM－1 等型号焊材，性能处于国内先进水平；“自动火焰焊接机用铜钎焊料”熔点、流动性、填间隙能力、抗拉强度及变形量等技术指标均达到或超过日本进口同类焊料（SVN 焊料）；“现代电子波峰焊料”表面活性添加剂制备技术为国内首创，可完全替代日本、意大利进口焊料；省重点技术创新项目“高性能无铅电子钎料”拥有五大专有技术和自主知识产权，技术水平处于国内领先、国际先进地位。

三、产业发展

1999 年转制为科技型企业后，按照中央“发展高科技、实现产业化”的要求，院开始以室为单位，小规模地将科研成果投入产业化转化。2002 年年初，在广汉市向阳镇建立了科研成果产业化转化基地，将四室一厂统一搬迁到基地里集中转化。组建了广汉川冶新材料有限责任公司，确立电子焊接材料为公司主导产品。至 2005 年年末，公司先后建成电子焊接材料、有色金属合金材料、粉末冶金、军工配套材料等 7 条生产线，配套完善了供电、供水设施；能向社会提供 10 大类，120 余种牌号，300 多种规模的产品，年生产能力 3000 吨。公司拥有电子级 Sn－Cu 无铅钎料、低硬度喷焊合金粉 Ni20E、现代电子波峰焊接材料等多个“国家级重点新产品”及“中华人民共和国进出口企业”资质，产品销往长虹、华硕、TDK、松本电工等国际国内大型电子企业。与此同时，院矿产资源综合利用技术及其相关产品产业化也得到一定发展，选矿机械、选矿药剂遍及四川、云南、贵州、青海、甘肃、宁夏、陕西等西部省市市场，产品得到矿山企业广泛使用。

第四章 化工医药纺织企业

第一节 四川化工控股（集团）有限责任公司

一、企业概况

四川化工控股（集团）有限责任公司（简称四川化工控股集团）由川化集团公司和泸天化集团公司（含泸天化股份公司控股的天华股份有限公司）组成，于2000年11月21日工商登记正式组建。四川化工控股集团注册资金20亿元，公司国有资产29.38亿元（1999年报统计数）。实行省政府授权经营，行使国有资产出资者职能。以产权投资为基础，集团公司同川化集团公司、泸天化集团公司形成资产纽带关系，实行母子公司体制。

2006年经省委、省政府同意，省国资委决定，对四川化工控股（集团）有限责任公司实施改革整合。四川化工控股集团实施战略转型，缩短管理链条，建立并完善集团母子公司管理体制，理顺与各子企业之间的关系；划转川化集团和泸天化集团持有的两个股份公司的国有股权到化工控股；将投资决策权、收益权及收益分配权、人事任免权及其他重大事项决策权集中到化工控股，确保化工控股出资人权益依法到位；按照《公司法》及建立现代企业制度的要求，修订公司章程，健全并完善董事会、经营层和监事会的治理结构。四川化工控股集团公司在省国资委授权范围内行使出资人权力，真正成为管人、管资产、管运营的现代集团公司。辖有川化、泸天化、天华三个生产园区以及川化股份有限公司（上市公司）、四川泸天化股份有限公司（上市公司）、四川天华股份有限公司、四川利丰化工有限责任公司、四川天府九禾化工营销有限责任公司、宁夏捷美丰友化工有限公司、内蒙古天河化工有限责任公司、四川化工天鹏资产经营有限责任公司、四川化工天瑞矿业有限责任公司等9个直属企业。

1990—2005年四川化工控股（集团）有限责任公司主要年份经济指标统计表

表4－16　　单位：万元　%

年份	单位	资产总额	负债总额	所有者权益	主营收入	利润总额	净资产收益率（%）	保值增值率（%）	上缴税金
1990	川化集团	66864	40559	26305	41579	4322	4.45	103.97	5679
	泸天化集团	51411	21438	29973	36076	2745	8.49	—	5488
1995	川化集团	111530	46978	64552	99603	8602	11.84	129.12	4795
	泸天化集团	132203	55078	77125	82033	10591	9.24	117.95	10431

续表 4－16

年份	单　位	资产总额	负债总额	所有者权　益	主营收入	利润总额	净资产收益率（%）	保　值增值率（%）	上缴税金
2000	控股集团	740285	302986	437299	262666	4572	－0.93	—	23350
2005	控股集团	971588	513145	458443	525524	76641	13.92	113.71	40772

四川化工控股（集团）其他主要参股公司情况表

表 4－17

公　司　名　称	注册资本（万元）	股本结构	
		股　东　名　称	持股比例
四川古叙煤田开发股份有限公司	150000.00	四川省煤炭产业集团有限公司	45
		四川化工控股（集团）有限责任公司	35
		四川省投资集团有限公司	19
		泸州市兴泸投资集团有限公司	1
鄂尔多斯沿河铁路有限责任公司	284000.00	呼和浩特铁路局	42
		内蒙古北联电能源开发有限责任公司	18
		鄂尔多斯市铁航投资有限责任公司	15
		内蒙古银宏能源开发有限公司	10
		中国中煤能源股份有限公司	5
		内蒙古鄂尔多斯市金牛煤电有限公司	5
		四种化工控股（集团）有限责任公司	5

二、子公司及控股参股公司

（一）川化集团有限责任公司

川化集团有限责任公司（简称川化）前身四川化工厂始建于1956年。四川化工厂1959年建成国内第一套中型氮肥装置；1976年建成国内第一套引进大型氮肥装置；1984年建成国内第一套引进大型三聚氰胺装置，同年更名为四川化工总厂。1990年建成我国第一套国产化大型合成氨装置，1992年被国家认定为“特大型企业”。1994年组建成立四川川化集团公司，1995年更名为川化集团有限责任公司。1996年，与日本味之素有限公司合资建成第一套大型赖氨酸装置。1997年，川化集团有限责任公司独家发起设立川化股份有限公司。1999年，与富利香港有限公司合资兴建的硫酸钾装置投产。2000年9月，川化股份有限公司1.3亿A股发行上市；2006年顺利完成了股权分置改革。

2005年，川化拥有资产总额29.21亿元，占地220公顷，在册职工7000余人（其中各类专业技术人员1300余人），设有国家级技术中心和博士后科研工作站。公司下辖川化股份有限公司（有四川锦华化工有限责任公司、四川川化青上化工有限公司和四川省川化新天府化工有限责任公司3个子公司）、四川川化永鑫建设工程有限责任公司（全国化工一级施工企业）、深圳市荣生化工有限公司、四川川化味之素有限公司（中日合资）、四川省川化润嘉置业有限责任公司、四川川化集团成都望江化工厂6个子公司，主要生产合成氨、尿素、三聚氰胺等57种100多个型号的产品，具有年销售收入16.7亿元左右、年利税总额3.7亿元以上的生产经营能力。主导产品的年生产能力为：合成氨56万吨、尿素83万吨、三聚氰胺6.46万吨、硝酸铵（含NP肥）24万吨、浓硝酸2万吨、工业硫酸12万吨、催化剂2500吨、双氧水3.4万吨、食品二氧化碳1.4万吨、硫酸钾3万吨、盐酸3.6万吨、赖氨酸3.1万吨。2005年集团公司（合并报表）实现销售收入16.7亿元，实现利润2.2亿元；其中股份公司实现主营业务收入16亿元，实现利润2.9亿元。

川化自创建起，50余年的发展历程，实现了3次跨越，建设成为以生产化肥和化工原料为主的综合性特大型化工企业。

1956年至1973年间，建成国内第一座国产化中型氮肥厂，经过四个阶段的大规模的技术革新，使合成氨的生产能力由7.2万吨/年达到了18万吨/年，生产成本下降了45.7%，上缴利润增长6倍，树立起“科技兴厂”的战略思想，实现了川化的第一次跨越。

1974年至1984年间，川化立足吸收创新，引进国外先进技术。1976年建成中国第一套从日本引进的年产30万吨合成氨、48万吨尿素大化肥装置，并依托自己的生产和技术人员对装置进行技术改造和创新，使装置实际年产合成氨达34万吨、年产尿素达51万吨。川化制定了“以质量求兴旺，以品种求发展，以节能求增产，以增盈求福利”的经营方针，提出了“从单一氮肥向复合肥料发展，从无机化工向有机化工发展，从化工向轻工建材发展，从国内市场向国际市场发展”的战略发展方向，建成了中国第一套1.2万吨/年引进三聚氰胺装置，使川化成为当时国内最大的三聚氰胺生产基地，实现了川化的第二次跨越。

1985年至2000年间，川化积极推进科技进步，开拓创新，在劳动用工、人事、分配三大制度上深化改革，逐步建立了现代化的企业制度并不断增强企业发展后劲。川化1.3亿A股于2000年在深交所成功发行上市，筹集资金7.8亿元，为川化的发展奠定了雄厚的资金基础，也促使川化由传统的生产经营型企业转变为现代资本经营型企业，实现了川化的第三次跨越。

“七五”（1986—1990）期间，川化对老系统合成氨装置以国产化为主体进行了彻底改造，每年增产合成氨6.2万吨，新增产值约6000万元，吨氨综合能耗下降约50%。该项目的成功，标志着我国化肥工业国产化跃上了新台阶，被树为国内大型合成氨装置国产化样板工程，并荣获国家科学技术委员会“科学技术进步一等奖”。“七五”期间川化共实现利税总额37315.9万元。

“八五”（1991—1995）期间，川化提出“引进国外先进技术和资金发展新项目”的构想，与日本味之素有限公司合资建成了中国第一套引进年产6000吨大型赖氨酸装置，该合资项目的建成，不仅使川化从无机化工进入高科技的生物化工领域，而且结束了国内赖氨酸长期依赖进口的局面，为我国饲料工业的发展做出了重要贡献。“八五”期间，川化实现销售收入302914万元，实现利税总额41946万元。

“九五”（1996—2000）期间，川化将工作重点放在“增强企业实力，加快企业发展，培育新的经济增长点”上，先后建成投产一套年产1万吨双氧水装置、两套年产1万吨硫酸钾装置、一套年产1.38万吨新三胺装置，并开展了二化日产1750吨大颗粒尿素技改项目。“九五”期间川化实现总产值57.17亿元，销售收入57亿元，利税总额6.74亿元，利润3.7亿元。

“十五”（2001—2005）期间，川化以“实现公司的产业结构调整、发展高新技术产品和高附加值产品，增强企业发展实力”为重点，调整和优化产品结构，开拓新的市场空间，积极培育新的经济增长点。2003 川化建成投产中国第一套国产化年产 1.2 万吨三聚氰胺装置，2005 年又连续建成两套共年产 2.6 万吨国产三聚氰胺装置及引进一套年产 3 万吨三聚氰胺装置。三聚氰胺总产量达到 10 万吨/年，占川化总产值的 30%，成为川化继尿素之后的又一个主导产品。

至 2005 年，川化先后取得高温下保持高比表面氧化铝及其制备方法、一种塔式造粒生产颗粒硝基复合肥的方法等共计 13 项专项技术；20 万吨/年合成氨国产化样板工程荣获国务院授予的“国家重大技术装备表彰项目特等奖”、国家科学技术委员会授予的“科学技术进步一等奖”、化工部授予的“科学技术进步特等奖”；公司荣获四川省质量技术监督局授予的“AAA 级企业称号”，四川省人民政府授予天府牌尿素、三聚氰胺、结晶硝酸铵“四川省名牌产品称号”等。

（二）泸天化（集团）有限责任公司

泸天化（集团）有限责任公司（简称：泸天化）位于长江上游的泸州市纳溪县永宁河与长江交汇处，是集生产、科研、设计、制造、建筑、安装、服务等多元化发展的重要化工基地。泸天化前身为 1959 年建成的泸州天然气化工厂，是中国第一个采用西方技术以天然气为原料合成氨、尿素的企业。1999 年，泸天化独家发起，以其合成氨、尿素等生产性资产投入，采取社会募集方式设立四川泸天化股份有限公司，并于同年 6 月 3 日在深圳证券交易所 A 股发行上市。至 2005 年年末，泸天化集团合并口径的资产总额为 52.6 亿元。

截止 2005 年，泸天化具备了年生产合成氨 95 万吨、尿素 142 万吨、甲醇 44.5 吨、二甲醚 31 万吨、浓硝酸 4.5 万吨、稀硝酸（折纯）5 万吨、硝酸铵及氮磷复合肥 11 万吨以及年加工 5 万吨油脂化学品等 30 多个产品的综合生产能力。是中国最具影响力的尿素、合成氨、油脂化学品生产基地之一，也是国家特大型企业和全国 18 个大型化工基地之一。拥有世界第一套投产的最大规模的二甲醚生产装置，第一家从西方成套引进以天然气为原料的化肥生产装置；第一家全面进行大中型化肥装置的技术改造；第一家建成中国最大的天然油脂化学品生产装置；投产中国第一套单系列大规模甲醇生产装置；建业以来氮肥和尿素产量累计全国第一。被誉为“中国尿素工业的摇篮”和“中国天然气化工的先驱和龙头”。

至 2005 年年末，泸天化集团公司投资子公司有：四川泸天化股份有限公司，持股比例 66.67%；四川天宇油脂有限公司，持股比例 44.85%；四川天然气化工厂，持股比例 100%；四川泸天化绿源醇业有限责任公司，持股比例 49.23%。

四川泸天化股份有限公司为上市公司，由四川化工控股（集团）有限责任公司控股 59.33%，其他公众控股 40.67%。

1. 生产经营

泸天化在建设中不断发展壮大。1988 年采用 KBR 公司提供的设计对大化肥合成氨装置实施第一次节能增产技术改造，生产能力由 30 万吨/年提高到 34.5 万吨/年，能耗降至 8.32Gcal/t 氨。1989 年对中化肥合成氨装置进行了第一次增产节能技术改造，使生产能力由 300tNH3/d 增至 450tNH3/d。1989 年采用意大利斯那姆等压双汽提尿素生产工艺（简称“IDR”）对中化肥尿素装置进行节能改造，该工艺具有水溶液全循环工艺和汽提工艺的特点，生产能力为 750t/d，蒸气消耗由原来1.5t/t. Ur下降到 1.2t/t. Ur。

1999 年，为适应市场竞争、调整产品结构、提高产品质量，实施大颗粒尿素技改工程，历经 8 个月的建设，于 2000 年 7 月 1 日一次投料开车成功，达到日产 2000 吨大颗粒尿素的设计能力。

2001 年，开始实施大化肥生产装置增产节能技改工程是以提高主导产品产量和节能降耗为目标而进行的重大技改工程。该技改工程于 2004 年 12 月竣工投产，合成氨产能由 34 万吨/年提升至 45 万吨/年，能耗下降 6%；尿素产能由 48 万吨/年提升至 60 万吨/年。装备水平显著提高，达到国内外同类装置的先进水平。

2003 年对中化肥合成氨装置实施第二次技术改造，用“双甲”工艺替代铜碱洗工艺，使生产能力达到 314tNH3/d 和 136tCH3OH/d。

2004 年对大化肥合成氨装置采用 KBR 公司提供的设计实施第二次节能增产技术改造，装置生产能力由 34.5 万吨/年提高到 45 万吨/年，能耗降至 7.86Gcal/t 氨。同时，对大化肥尿素装置进行增产节能技术改造，自主开发了国内独创的大型 CO2 汽提法尿素装置扩能升级的“单系列工艺技术路线”工艺包，产能由 1620t/d 提高到 2000t/d。

2004 年，泸天化化工园区供热项目建成投产。该项目是“西部化工城”建设中最大的集中供热与资源综合利用项目，被国家发展和改革委员会列入“氨肥原料路线和动力结构调整试点工程”范围。项目总投资 1.7 亿元。采用先进的循环流化床燃煤锅炉技术，新建两台 130 吨汽/小时的燃煤锅炉及辅助系统。

“十五”计划期间，泸天化按照企业发展战略及目标，投资 25 亿元相继完成年产 1 万吨二甲醚科研开发、中化肥合成氨“双甲”技改、110 千伏变电站技改、化工园区供热燃煤锅炉、大化肥节能增产技改、年产 40 万吨甲醇及 10 万吨二甲醚、年产 2.5 万吨 1，4－丁二醇等七大重点投资项目，构架起产业结构多元化和多个利润支撑点的格局，形成传统产业与高新技术产业并驾齐驱的良好局面。

在四川化工控股集团公司的统一部署下，泸天化从 2006 年开始实施“十一五”发展规划，制订依托煤炭资源、进军大西北的发展战略计划。通过收购宁夏捷美丰友化工有限责任公司 100% 的股权，并将其计划建设的宁夏第三套大化肥项目，由银川市的近郊的银川经济技术开发区搬迁至煤炭资源丰富的银川市灵武的宁东能源重化工产业集群区，计划投资 45.13 亿元，建设以煤为原料的年产 40 万吨合成氨、70 万吨尿素，20 万吨甲醇生产装置。项目于 2014 年年底建成投产。

2007 年，泸天化在内蒙古成立内蒙古天河化工有限责任公司和内蒙古鄂尔多斯天河煤业有限责任公司，规划在内蒙古巴彦淖尔市投资建设以煤为原料的重化工基地，其中一期工程计划投资约 33 亿元，建设年产 60 万吨煤制甲醇项目。先期投资 2.3 亿元建设的天河化工年产 20 万吨甲醚项目已于 2007 年 11 月建成投产。

2. 改革改制

在改革开放的大潮中，泸天化通过一系列的收购、兼并、重组、整合，积极、稳妥、成功地实施公司制改造、泸天化股票上市、与天华公司强强联合、组建九禾公司进入流通领域、实施“四项退出机制”等改革改制。泸天化逐步完成“企业办社会”的剥离后，从 2004 年开始，按照“促进主业精干壮大，主业反哺辅业，主、辅业优势互为补充，相互支持”的方针，通过规范有序、积极稳妥的改革，主辅分离，基本完成辅业 8 个单位的改制。

九禾股份有限公司：由泸天化集团公司及泸天化股份公司、天华股份公司等共同出资，精心打造的集贸易分销、生产、投资于一体的现代股份制企业，2001 年 12 月 26 日成立，注册资金 1 亿元。经营业务包括化肥贸易分销，测土配肥定制生产，民用燃气分销，化学品贸易 4 个方面。九禾公司成立以来，在全国 16 个省市自治区构建化肥配送中心 100 多个，网络零售成员店 10000 多家，主要分销国内 300 多个厂家 10 多个品种的化肥，以及从国外进口的各类化肥，年分销化肥量近 300 万吨。

四川天宇油脂化学有限公司：由原四川泸天化油脂化学有限责任公司于 2004 年 6 月 30 日改制成立，该公司注册资本总额 5000 万元，经营性资产总额为 1. 2 亿元。专业从事研发和制造油脂化学系列产品，拥有大型生产装置和先进制造技术，以天然植物和动物油脂为原料，生产高品质的脂肪酸、脂肪胺系列油脂化学产品。其碳 22 脂肪酸系列产品生产能力位居世界前列。

泸天化浩塑料制品有限公司：由原泸天化塑料制品厂改制于 2006 年 10 月 26 日工商注册成立，注册资金 980 万元，年生产能力为 2000 万条包装袋，有员工 277 人，拥有精良的生产线、质量检测设备，可为社会市场提供各类型的涂膜袋、编织袋、薄膜袋。主要为泸天化股份公司提供各种规格的优质包装袋及售后服务。

泸州弘润资产经营有限公司：是依托泸天化所属的港口、泸天化宾馆、酒楼等非主业资产进行重组整合、并实施产权多元化的改制企业。该公司由泸天化股份公司、泸天化集团公司及员工持股人代表共同出资组建，于 2006 年 12 月 28 日工商登记成立。

泸州泸天化物业管理有限公司：由原泸天化物业公司于 2007 年 6 月 28 日正式挂牌成立，注册资金 120 万元。是一家具有物业管理、物业顾问服务等业务的物业管理企业。

泸州泸天化公共设施管理有限公司：由泸天化后勤系统于 2007 年 8 月 1 日实现“主辅分离，辅业改制”后成立的企业，公共管理公司下设泸天化弘宇环境建设工程有限公司、装饰装修公司、花木公司、泸天化单身公寓、塑钢门窗厂。公管公司多年来致力于泸天化生活区水、电、气网的安装维修和维护管理，木土工程建设和维修，厂区、生活区的绿化工程及维护工作。公司改制后，开发塑钢门窗生产安装项目，建有国内最先进的塑钢门窗生产线，配置有完善的产品质量检测设备，取得《全国工业产品生产许可证》，并向国家商标总局申请注册“飙马”门窗图文商标。

泸州盛源运业有限公司：前身系泸天化盛源运业有限公司，成立于 2005 年 12 月 5 日。2008 年 6 月26 日改制成立泸州盛源运业有限公司，注册资本 700 万元，在岗正式员工 44 名。盛源运业是具有道路、水土普货运输、危险化学品运输和二类汽车修理资质的企业。拥有水、陆运力共 8000 吨。其中，船舶运力 8400 吨、汽车运力 500 吨。

泸天化医院：是一所医疗设备先进、科室齐全、功能完善、集医疗、康复、预防保健为一体的国家二级医院。医院环境优美、绿树环抱、鸟语花香，是病员诊疗休养的理想场所。

四川泸天化弘旭工程建设有限公司：由原泸天化化建公司、化机厂、电仪厂、检测中心重组、改制而成，是集化检修、制造、检测、安装、建筑、电气仪表等专业于一体的综合型企业。弘旭公司具有压力容器制造、压力管道安装、化工石油工程施工总承包、房层建筑工程施工总承包、防腐、防蚀、起重设备安装、锅炉维修等多种资质和相应的营业范围，拥有多项专利技术和众多具有国际先进水平的机具设备。多年来承担泸天化、云天化、赤天化、海天化、宁夏捷美丰友化工有限公司等大化肥装置的技术改造、设备检修、检测、开车项目。该公司承建的泸天化油脂工程荣获化学工业部优质工程奖，40 万吨/年甲醇、10 万吨/年二甲醚工程荣获四川省“天府杯”金奖，泸天化从美国引进的 5 万吨/年稀硝工程、四川金象化工股份公司 6 万吨/年合成氨工程荣获四川省“天府杯”银奖。

（三）四川天华股份有限公司

1. 企业发展概况

四川天华股份有限公司（简称天华）坐落在泸州市合江县榕山镇，毗邻重庆，占据川渝“黄金水道”，水陆空交通十分便利。公司成立于1993年3月，注册资本为7.68亿元。天华前身四川天然气化工厂（简称川天化）成立于1967年6月。1993年3月，天华成为全国首批在建项目实施股份制试点的企业，将原有国有企业转变为国有股份制企业。1993年4月，年产30万吨合成氨、52万吨尿素的大化肥项目主体工程开工，1995年10月产出合格尿素产品。

2001年10月，天华获选列入四川省工业企业最佳效益500强，四川工业企业最大规模20强，四川省化工企业最大规模10强，四川省工业企业最大市场占有份额50强企业。

2004年3月，由天华发起，泸天化（集团）有限责任公司、川化股份有限公司等六家单位共同出资成立了四川天华富邦化工有限责任公司。公司主要从事1.4－丁二醇（BDO）及其下游产品（γ－丁内、聚四氢呋喃等）的开发、生产和销售业务。公司注册资本为1.85亿元。

1993年天华股份有限公司股东结构情况表

表4－18　　单位：元

股　　东		持股金额（元）	持股比例（%）
发起人股		224480955	29.22
发起人股组成	四川天然气化工厂	130000000	16.92
	四川省投资集团公司	82980955	10.08
	四川省农资总公司	4500000	0.59
	四川省化工总公司	6000000	0.78
	泸州投资公司	1000000	0.13
法人股		155000000	20.08
个人股		88733500	11.55
泸天化股份有限公司		300000000	39.05
合　计		768214455	100.00

2000年、2005年四川天华股份有限公司主要经济指标统计表

表4－19　　单位：万元　%

项　目　＼　年　份	2000	2005
资产总额	215817	218615
负债总额	141712	108259
所有者权益	74105	110356
主营收入	50282	74363
利润总额	758	14708
净资产收益率（%）	1.03	12.06

续表 4－19

项目 \ 年份	2000	2005
保值增值率（%）	101.07	112.06
上缴税金	3755.00	7383.00

2．子公司及控股参股公司

2004 年 3 月，由天华发起，成立的四川天华富邦化工有限责任公司，注册资本为 1.85 亿元，截止 2010 年，总资产 10.19 亿元，有员工 600 余人，年销售收入 4.5 亿元。另外，天华还有子公司及控股参股公司：成都川大天华科技开发有限公司、泸州市天润实业有限责任公司、合江县福康净水有限责任公司、泸州热电有限公司、四川锦华化工有限责任公司。

2005 年四川天华富邦化工有限责任公司注册资本金组成情况表

表 4－20　　单位：万元

股权单位	股额（万元）	所占比例（%）
四川天华股份有限公司	12000	64.86
泸天化（集团）有限责任公司	3000	16.22
川化股份公司	1500	8.10
泸州市兴泸投资集团有限公司	1000	5.41
四川省投资集团有限责任公司	1000	5.41

3．生产规模及重要产品

天华有大化肥、丁二醇、三聚氰胺及 γ－丁内酯系列产品项目等多套装置。

从美国、意大利成套引进的具有世界先进水平的年产 30 万吨合成氨、52 万吨尿素的大化肥装置于 1995 年 10 月建成并投产。“天华”牌尿素连续多次获得省名牌产品、国家免检产品和全国用户满意产品等荣誉，销往全国 20 个省、市、自治区和部分东南亚国家。引进杜邦公司先进技术、投资总额 5.8 亿元的年产 2.5 万吨 1，4－丁二醇装置于 2006 年 2 月产出合格产品。引进意大利技术，与川化、泸天化合资建设的年产 3 万吨三聚氰胺装置于 2007 年 4 月建成投产。引进美国弗朗特克公司技术、投资 4 亿元、年产 1 万吨 γ－丁内酯、2－吡咯烷酮、N－甲基－2－吡咯烷酮、乙烯基吡咯烷酮、聚乙烯基吡咯烷酮等产品。产品投放市场后，得到用户普遍认可。

第二节　四川省医药集团有限责任公司

一、企业概况

四川省医药集团有限责任公司（简称省医药集团）于 2001 年 9 月成立，注册资金 6574 万元。系由原四川省医药监督管理局下属四川省医药公司、四川省中药材公司、四川省中药材公司鹿场、四川省医药物资总公司、四川省医药保健品公司、四川省医药器械总公司和四川省医药产品采购供应站等7户企业组建而成。2001年年末，集团从业人员708人。主要经营范围为：医药项目投资管理、信息咨询及技术培训；生化药品、中药材、中药饮片、生物制品（不含预防性制品）、化学原料药、中成药、血液制品、诊断药品、食品、保健食品；销售药品、二级麻醉药品、二类精神药品、保健食品、医疗器械等。

省医药集团为四川省唯一大型国有控股医药流通企业，具有承担政策性任务的特殊职能，拥有四川省丰富的地产中药材资源和多年经营积累的网络资源、信息资源和人才资源以及改制以后的优秀管理团队和体制、机制活力，具有一定的核心竞争力和较大的发展空间。具有一定的特许经营优势，同时具有明显的区域市场经营优势。作为从事医药流通的国有企业，经过多年的发展，药品的采购平台不断扩大，经营品种不断增加，目前经营品种已达到1万余个。药品采购平台不断提升，经营药品的整体档次不断提高，特别是掌握了许多进口药品、合资药品等中高端药品在四川省的总代理权和一级代理权。聚集了比较广泛的销售网络资源，拥有全省1000多家县以上医院的销售网络，1000多家城乡基层医疗机构销售网络，300多家零售连锁和药店配送网络。在成都市温江区建成了现代医药物流配送中心，具备了服务于整个四川省内的医药系统网络配送的能力。

省医药集团从2002年开始对所属企业进行全面改制，改制后保留了3户控股企业。企业改制后，继续出色地完成了多年以来一直承担的中央和省级特种医药储备和紧急供应任务。出色地完成"非典""禽流感"、长江流域特大洪灾、内蒙古自治区疫情、安徽、江苏、湖南、广西的水灾灾情以及云南地震灾情等全国性与跨省性疫情灾情的特殊储备和调运任务，还圆满完成四川省甘孜州雅江强地震、凉山州地区集体砷中毒、南充、雅安等地有机磷中毒、温江等地食物中毒以及简阳、双流等地的鞭炮厂爆炸、成都铊中毒等突发事件的急救药械调运和供应任务。仅2005年，四川省医药集团就在全省各地发生的中毒和抢救事件中紧急运送药品30余次。这些政策性任务的完成，挽回了许多宝贵的生命，充分体现了国有医药流通企业服务于人民、服务于社会的强烈责任感和使命感。

2005年年末，省医药集团公司总资产3.51亿元，净资产3014万元，实现销售收入7.47亿元，利润总额551万元，上缴税金852万元。

2002年、2005年四川省医药集团有限责任公司

主要年份经济指标统计表

表4－21　　　　单位：万元

年份	资产总额	负债总额	所有者权益	主营收入	利润总额	净资产收益率（%）	保值增值率（%）	上缴税金
2002	39138	29972	9166	60462	112	0.84	100.88	894
2005	35146	32042	3104	74726	551	0.7	100.68	924

二、控股企业

（一）四川省医药股份有限公司

四川省医药公司成立于1953年，是全省医药的行业性管理公司。1985年，原所属各市（地、州）县公司下放锐钩后开始转轨经营，成为独立核算、自负盈亏的经济实体。主要从事化学制剂、抗生素、生物制剂、生化药品、中成药、精神类药品的批发经营，2001 年销售额 2.5 亿元左右。2002 年 3 月，四川省医药公司开始改制，2004 年 4 月改为四川省医药有限公司。总股本 1200 万元，国有股 540 万元，占总股本的 45%，其余为职工持股。

（二）四川省中药材有限责任公司

四川省中药材公司成立于 1955 年，是负责全省中药材生产、供销及市、地、县中药工商企业管理工作的行业管理公司。1985 年开始转轨经营，但仍负有部分行业主管职能，1994 年转为自主经营、自负盈亏的经济实体。主要从事中药材、中药饮片、中成药、化学药品经营。2001 年组建省医药集团时，年销售额约 6000 余万元。2002 年 3 月，四川省中药材公司开始改制，2004 年 9 月改为四川省中药材有限责任公司。总股本 1200 万元，其中国有股 551 万元，占总股本的 45.92%，其余为职工股。

（三）四川省中药材公司鹿场

四川省中药材公司鹿场成立于 1962 年，原名四川省灌县养鹿场。1980 年列为省中药材公司所有，更名为四川省中药材公司鹿场。主要从事鹿、黑熊等药用动物养殖，以及以之为原料的制药，旅游经营等。2002 年 3 月开始进行改革，2004 年 4 月完成新公司注册，改为四川省新鹿药业有限公司。总股本 1000 万元，其中国有股 545 万元，占 54.5%，其余为职工股。

第三节　四川省纺织集团有限责任公司

一、企业概况

1995 年，省委、省政府决定撤销省纺织工业厅，同时组建省纺织总会和四川省纺织集团有限责任公司（简称纺织集团）。1996 年 7 月 17 日，纺织集团在四川省工商行政管理局注册登记成立。纺织集团以原四川省纺织工业总公司为主体改组新建，为省大一型企业，省政府授权省纺织总会管理。省纺织总会以出资人的身份将原省纺织厅直属企、事业单位的国有资产，以及国家和四川省安排给省纺织厅的“拨改贷”专项资金和省机动财力安排的资金转为国家资本金交由集团公司经营管理。1996 年 7 月 12 日，省国有资产管理局核定省纺织总会作为集团公司出资人持股经营纺织集团的国家资本 68743532.94 元，持股比例 100%。

纺织集团成立时，以原省纺织工业厅直属企、事业单位的账面净资产 6800 万元作为注册资本。原省纺织工业供销公司、省纺织工业服装公司、省纺织机械器材公司、省纺织设计院、省纺织研究所、省纺织情报站、省纺织干部学校等企、事业单位保留原建制，成为集团公司的全资子公司。同时，集团公司组建贸易分公司和进出口分公司开展国内外贸易经营。

1998 年，对外贸易经济合作部同意集团公司成为经营自产“两纱两布”出口业务的生产企业。2000 年 9 月 19 日，省委将集团公司列入省属国有（国有控股）重要骨干企业名单，领导班子列入由省委管理范围的国有（国有控股）重要骨干企业名单。

2005 年公司通过中国检验认证集团质量认证有限公司的审查，取得《质量管理体系认证证书》。

纺织集团成立以来，进行了一系列内部改革，将部分下属生产企业剥离，对资不抵债的生产企业申请破产，对部分长期亏损的公司进行了清理整顿。

1997—2005 年四川省纺织集团有限责任公司生产经营情况表

表 4－22　　单位：万元

年　份	年营业收入	年　利　润
1997	3636	2
1998	4693	2
1999	11288	7
2000	34569	30
2001	26565	11
2002	10856	28
2003	8368	－1681
2004	10023	－460
2005	16107	－494

2000 年、2005 年四川省纺织集团有限责任公司
主要经济指标统计表

表 4－23　　单位：万元　%

年份	资产总额	负债总额	所有者权益	主营收入	利润总额	净资产收益率（%）	保　值增值率（%）	上缴税金
2000	44639	30759	13880	34569	30	0. 21	109	48
2005	52787	45481	7306	16107	－494	－6. 76	57	51

二、企业兼并重组

按照省委、省政府的要求，为帮助省内经营困难的纺织企业走出困境、享受国家有关企业兼并重组、银行停息还本的优惠政策，1997 年至 1999 年集团公司先后兼并了江油棉纺织厂、仁寿棉纺织厂、达县地区棉纺织厂、成都九星纺织集团、成都化纤纺织厂、绵阳市第一纺织厂、绵阳市第二纺织厂等 7 个纺织生产企业。

2002 年，为解决四川第一纺织股份有限公司（上市公司）及九星纺织集团公司重组有关问题，省政府将第一纺织及九星纺织集团公司视同省属下放企业，由成都市政府牵头组织第一纺织及九星纺织集团公司的资产重组、企业搬迁、职工分流安置和原兼并债务的清偿工作。集团公司以 2004 年 12 月 31 日为划转基准日，以成都中大会计师事务所出具的审计报告为依据，将成都九星纺织集团公司的资产划转给成都市国有资产管理局，完成第一纺织及九星纺织集团公司有关解除兼并手续。

2003 年 5 月开始，纺织集团与中国信达资产管理公司积极协商江油棉纺织厂资产债务重组方案。2004 年，江油棉纺织厂退出兼并，资产债务重组和职工分流安置工作顺利完成。

2004 年 3 月，集团公司将仁寿棉纺织厂实施退出兼并改破产方案上报省政府。2005 年年底，完成仁寿绵纺织厂退出兼并的全部法律手续和职工分流安置工作。

2002 年，集团公司就开始推进达州绵纺织厂退出兼并改破产工作，由于该厂在兼并后新增贷款 2880 万元和银行承兑汇票 2700 多万元难以解决，工商银行迟迟不能报出同意退出兼并改破产的方案。2004 年集团公司以解决工商银行新增贷款清偿工作为重点，多次与市政府和银行协商，并争取省政府提前拨付该厂破产职工安置补助费，作为破产清偿新增贷款的保证金。工商银行同意达州棉纺厂退出兼并改破产方案，并上报银监会。2005 年达州棉纺织厂退出兼并改破产方案获得全国兼并破产和职工再就业工作领导小组批准并开始实施，2006 年基本完成达州棉纺织厂的退出兼并工作。

2005 年，针对绵阳银峰纺织有限责任公司兼并后对兼并债务已采取借新还旧，难以实施债务重组的实际情况，集团公司按照由收购方承接全部债务、有偿解除职工国有身份、企业搬迁分流安置职工的总体要求，制订银峰公司整体资产重组和企业改制方案并上报省国资委。2006 年基本完成绵阳银峰纺织有限责任公司的企业整体改革工作。

第五章 食品饮料企业

第一节 四川省宜宾五粮液集团有限公司

一、企业概况

四川省宜宾五粮液集团有限公司（简称五粮液集团）前身是明初时期沿用下来的 8 家酿酒作坊在 20 世纪 50 年代初联合组建的“中国专卖公司四川省宜宾酒厂”，1959 年正式命名为“宜宾五粮液酒厂”，1998 年改制为五粮液集团，是国有全资公司。同年，五粮液集团下属五粮液股份有限公司在深交所上市。

五粮液集团始终坚持“发展才是硬道理”的战略思想，坚持“为消费者优、为消费者乐”的核心价值观，秉承“创新求进、永争第一”的企业精神，通过实施“酒业为主、多元发展”战略，不仅成为全球规模最大、全国生态环境最佳、产品品质最优、古老与现代完美结合的酿酒圣地，而且在现代制造、高分子材料、光电玻璃、现代物流、循环经济等诸多领域占领高端，是具有深厚企业文化的国有特大型企业集团。建立有国家级企业技术中心和博士后科研工作站，被国家工信部批准为“国家新型工业化产业示范基地”，是全国白酒标准化技术委员会浓香型白酒分技术委员会秘书处承担单位和首批国家商标战略实施示范企业。

1915 年成名产品五粮液酒获得巴拿马万国博览会金奖以来，五粮液集团共获得 39 次国际金奖，获得多项行业乃至国家的最高殊荣，如唯一三度摘得巴拿马金奖、全国质量奖，唯一两度获得“中国最佳诚信企业”称号，唯一摘得亚太质量组织授予全球卓越绩效奖，唯一被授予中国酒业功勋奖、非物质文化遗产博览会金奖、首届中国商标（创新类）国际金奖、全国食品工业科技进步优秀企业八连冠特别荣誉奖、当代中国建筑艺术展创作艺术成就奖等。

五粮液集团的发展倍受各级领导的关怀和专家的盛赞。1999 年 4 月 18 日，中共中央总书记、国家主席、中央军委主席江泽民视察了五粮液“十里酒城”，指示“要好好保护五粮液这个牌子”。2003 年 5 月 11 日，中共中央总书记、国家主席胡锦涛到五粮液集团视察工作，并用“发展才是硬道理”总结和肯定五粮液的发展经验。

五粮液集团置身于市场经济建设大潮中，始终坚持诚信为本，稳固树起质量大旗，在继承传统的基础上不断创新进取，保持了快速高效发展，主要经济指标和品牌价值连年攀升。

1990—2005 年四川省宜宾五粮液集团有限公司

主要年份经济指标统计表

表 4－24　　单位：万元　%

年份	资产总额	负债总额	所有者权益	营业收入	利润总额	净资产收益率（%）	保值增值率（%）	税金总额
1990	25715	15013	10702	18890	3000	19	108	5062
1995	163239	84601	78638	167462	36277	31	161	20997
2000	902822	257980	644842	680523	137955	16	112	130976
2005	1919405	331306	1588099	1565932	245028	11	113	238283

1995—2005 年四川省宜宾五粮液集团有限公司品牌价值表

表 4－25　　单位：亿元

年　度	品牌价值	年　度	品牌价值
1995	31. 56	2001	156. 67
1996	35. 85	2002	201. 20
1997	41. 81	2003	269. 00
1998	60. 62	2004	306. 82
1999	86. 00	2005	338. 03
2000	120. 56		

二、五粮液集团产业（子公司）

1998 年，五粮液改制成立集团公司后，及时制定“做强主业，做大多元产业，适时发展高新技术产业”的经营战略，开始“第二次创业”，确定了多元化发展两个原则：一是与酒业相关的原则，如印刷、玻瓶、塑胶、物流等关联产业；二是以实体经济为主的原则。集团通过投资新建、并购等多种途径发展了塑胶、印刷、玻璃等产业，实现了五粮液股份公司酒类产品包装材料 72% 左右的自供，降低了包装材料供应成本，提高了产品的市场竞争力；集团物流产业的发展确保了五粮液产品在运输过程中的保值与安全。产业链的整合，增强了集团的担风险能力，提升了集团的市场竞争力。随后，模具制造、药业、电子、服装、轮胎等产业迅速崛起。多项产业处于行业领先地位，为集团持续发展注入不竭动力。

（一）酒业

五粮液股份有限公司拥有连续生产 600 多年的明初古窖池、年产四万吨的特大型酿酒车间等优良的硬件设施和独特的工艺技术、有效的过程管控、先进的科技与文化支撑，确保了五粮液及系列酒产品的卓越品质和食品安全。始终秉承为市场和消费者诚信优质服务的宗旨，研发不同规格、不同度数、不同风格的产品 100 余种，培育有“五粮液”等 3 个中国驰名商标、“尖庄”等 15 个四川省著名商标，不仅满足不同消费人群的个性化需求，带来视觉、嗅觉、味觉方面的美感享受，而且保持饮食后不“上头”的健康功效，被消费者称赞为“最美的酒”“最受欢迎的酒”，连年保持同类产品市场销量第一。五粮液在连续参加的四届全国名酒评选会上，均被鉴定为第一，获得国家金质奖章和“国家名酒”称号，自1995年以来一直保持中国食品行业领军品牌地位。

（二）保健酒产业

保健酒有限责任公司，创建于2001年3月。以“为人们创造健康与欢乐”为企业使命，以“成为世界功能白酒的推动者和引领者”为企业愿景，以传统白酒为载体，通过现代高科技手段，将传统养生文化精髓与优质酒体进行有机融合，研发制造功能型白酒产品，不断满足消费者的健康需求。拥有各类先进的检测、化验设备及通过国家CNAS认证的检测中心，配备食品工程、生物技术、发酵工程、药理分析等方面的专业人才，是目前国内科研队伍实力雄厚、生产设施先进一流、生产规模大、营销网络广的保健酒企业。精心研发的“黄金酒”“龙虎酒”“珍感觉”等功能性养生酒深受消费者喜爱，其中“龙虎酒”获得“中国轻工精品展金奖”。

（三）高分子材料产业

“高分子材料产业”作为普什集团有限公司的一大支柱产业，是五粮液集团最早涉足的多元产业之一，集生产、研发、设计、加工制造于一体，主要涉及化工原料、塑料包装、建材、防伪标、RFID信息防伪技术、溯源物联网技术等领域。主要产品有：聚酯切片、各类瓶盖、瓶坯、透明包装盒、光栅材料、立体显示终端、3D防伪包装盒、RFID电子防伪标签、塑胶管材、管件等。公司引进国外先进技术和生产线，可年产聚酯切片15万吨，冷热灌装饮料瓶盖10亿只、优质瓶坯8亿只、PET瓶12亿只、农膜7400吨、热收缩膜4000吨、3D包装材料20万吨、各类3D包装盒10亿个、各类立体显示器2000台。

（四）玻璃产业

环球集团公司，引进德国、捷克、英国等国际先进玻璃生产设备、采用国内最先进的自动生产线及检测设备，涵盖了所有玻璃制造及其精细后加工制造，门类完整、工艺齐全、具备年制造瓶罐5亿只、玻璃深加工3亿只、高档人工吹制工艺瓶200万只的能力，是全球最大的异形瓶罐生产基地。每年可自主研发生产各种型号玻璃绝缘子960万片，多款产品填补了世界空白，综合技术达“国际领先”水平。先后获得“中国日用玻璃十强企业”“中国日用玻璃行业优秀企业”和“中国日用玻璃行业名优产品生产企业”等殊荣。

（五）现代物流服务产业

从五粮液酒厂运输队发展起来的安吉物流集团有限公司，已跻身中国物流企业百强前列，逐步发展成为以水陆联运、公路快运、城际配送、仓储服务、物流信息化管理、国际货代及物流方案策划等业务为主导，集物流综合服务、供应链管理为一体的综合性现代物流企业集团。拥有各型运输车辆、起重、装载及工程作业等机械1000余台/套，各型标准集装箱700余个，2500吨集装箱船舶10艘，货物仓储面积10万平方米。开发和应用了车辆全球定位系统（GPS）、财务管理系统、仓储管理系统（WMS），并自行研发了运输管理系统（TMS），有效地满足了现代物流的查询、监控、跟踪、结算、配送等需求。先后获得“中国物流百强企业”“中国物流品牌价值百强企业”、四川省首家“国家级物流标准化试点单位”等称号，并被中国物流与采购联合会确定为“AAAA级物流企业”。

（六）现代印刷包装业

四川省宜宾丽彩集团有限公司是五粮液集团公司下属从事烟类、酒类、药品类、食品类等包装产品印刷，以及广告、书刊、精美画册等社会杂件印刷服务的子公司。集开发设计、印前、印中、印后为一体，拥有最新德国印前制作系统、CTP 数字化直接制版设备设施，以及平印、柔印、丝印、凹印等多种印刷方式和近千台套世界领先包装印刷设备，年生产能力达 30 亿印，可承接烟类包装 50 万余大箱。服务于中国白酒第一品牌“五粮液”80% 以上系列包装，同时为红塔烟草（集团）有限责任公司和红云红河烟草（集团）有限责任公司两大烟草集团提供烟包装的精美服务，为食品包装“康师傅”和药类“丽珠”等在内的多个著名品牌提供包装印刷服务。现批量生产服务的产品已扩展到川、渝、滇、浙、新、蒙等地，服务覆盖西南，辐射全国市场，并连年荣获中国包装印刷产品质量评比金奖和“质量承诺和质量信誉‘双信’单位”等多项荣誉称号。

（七）进出口业

1992 年，五粮液集团开始自营出口的尝试。1999 年年初，集团中的“国际贸易部”改制，建立四川省宜宾五粮液集团进出口有限公司。公司秉承“以市场为先导、以服务为宗旨、全球寻找市场、全球配置资源”的经营方针，建立科学有效的运作模式和管理系统，设置完备的组织机构，成为最早享受便捷通关待遇的企业和首批进入川、沪口岸“绿色通道”的企业，相继被海关总署评为“红名单”企业、被国家商务部评为“全国商务系统先进集体”，并获得“四川省外贸出口先进企业”“四川省外贸出口十强企业”等诸多殊荣。出口的五粮液系列白酒、青梅果酒、纺织品、鞋类、化工、机电等产品，已远销中国港澳地区以及日韩、美国、英国、法国、巴西、瑞典、南非等六十几个国家，“五粮液”亦成为首个进入国际免税商场的中国酒类品牌。

三、企业改革与发展

（一）发展进程

1951 年，“利川永”“长发升”两家糟坊率先实行联合，成立“大曲联营社”生产提庄、尖庄大曲酒。

1952 年，宜宾专卖公司在“大曲联营社”基础上，接纳“钟三和”“张万和”“全恒昌”“德盛福”“刘鼎兴”“赵元兴”6 家糟坊，实行公私合营，成立“川南行署区专卖事业公司宜宾专区专卖事业处国营第二十四酒厂”。当年，国营二十四酒厂产酒 36.77 吨，产值 3.96 万元，税金 1.45 万元，利润 0.197 万元，固定资产原值 0.47 万元。

1953 年，国营第二十四酒厂扩建为“四川省专卖公司宜宾国营酿酒厂”。1955 年 9 月，宜宾国营酿酒厂交地方政府，改名为“四川省地方国营宜宾酒厂”，并开始组织出口五粮液酒。

1958 年，宜宾国营酒厂投资扩建酒厂，形成年产白酒总量为 321.57 吨的能力。

1959 年 9 月，“交杯牌”五粮液商标获得中央工商行政管理局批准正式注册。

1960 年，宜宾市五粮液酒厂获得四川省商业厅划拨的 60 万元投资计划，在金沙江南岸青草坝建成南岸生产车间（现 503 车间），完成第一次扩建。

1978—1985 年，宜宾五粮液酒厂开始第二次扩建，投资 1800 万元在岷江北岸旧州区修建新的生产区，占地 9.96 万平方米，建成后年产酒能力达到 4440 吨。同时，五粮液酒厂对酿酒工艺作业进行大量的技术改进，采用机械设备大量地取代传统的作坊式手工操作，基本实现机械化酿酒，微机勾兑、气相色谱分系等现代技术，进一步保证了名酒“五粮液”的内在品质。

1986 年，酒厂通过实施质量效益型、质量规模效益型、“一业为主、多元发展”三大战略，实现了高速增长。

1987—1991 年，五粮液酒厂自筹资金，开展系列配套项目的建设，同时投入大量资金进行水土保持、园林绿化、卫生设施建设等，形成初具规模的“十里酒城”，成为国内有名的花园式工厂。

1992—1997 年，五粮液酒厂为进一步加快发展步伐，进行第四次大规模扩建工程建设。

1997 年，兼并“宜宾制药厂”成立“宜宾制药有限责任公司”；兼并“宜宾印刷总公司”建立“宜宾市精美印刷有限责任公司”。

1998 年 4 月，宜宾五粮液酒厂改制为宜宾五粮液集团有限公司，从事白酒生产经营的五粮液股份有限公司在深交所挂牌上市；5 月成立“四川省宜宾五粮液塑胶股份有限公司”；8 月成立“五粮液果酒有限责任公司”并发起设立“四川省宜宾伏特加制酒有限责任公司”。

1999 年 1 月，集团共完成技改投资 7.67 亿元，形成实物工程量 6.25 亿元，移交固定资产 8.3 亿元；3 月组建“四川省宜宾五粮液集团进出口有限责任公司”。

2000 年 5 月，设立“五粮液集团投资有限责任公司”；11 月成立“四川省宜宾五粮液集团服装家纺有限责任公司”。

2003 年，集团投入巨资建成一个 6 万吨产能的特大型酿酒车间，使五粮液具备了年产各类商品酒 30 万吨的能力；7 月成立“环球集团公司”。

2004 年 6 月，成立“丽彩集团公司”。

2004—2005 年，集团在原有环保设施的基础上，投资近亿元进行“三废”处理。仅 2005 年，集团综合利用实现生产复糟酒 6211 吨，生产蒸汽约 35 万吨，生产白炭黑 3088.72 吨，生产乳酸 320 吨，综合利用实现销售收入 1.96 亿元，利税 2865 万元。

（二）行业贡献

坚持“创新求进、永争第一”的企业精神和“没有最好、只有更好”的工作方法，五粮液集团通过升级工艺技术、转变营销模式、调整品牌战略以及根据市场浮动定价策略等创新举措，不仅促进了企业自身不断跨越式发展，更是引领了整个白酒行业的发展，促进了中国白酒行业的繁荣和整体水平的提升。

1. 开创行业循环经济先河。率先在业内提出“三废是放错位置的资源”理念，通过实施“无害化、效益化处理丢弃酒糟工艺技术”等，形成一条完整的循环经济产业链，实现了从传统的高消耗、高污染的粗放式生产经营模式到集约化循环经济发展模式的转变，开创了白酒行业资源综合利用的新纪元，创造了巨大的经济和社会效益。被国家环保总局等 6 个部门确定为全国首批循环经济试点单位，被国家环保总局确定为清洁生产示范单位，中国酿酒工业协会发文号召全行业向五粮液学习发展循环经济。

2. 树立行业质量典范。对于食品行业来说，安全、环保、高质量生产，为消费者呈上放心、环保、优质的产品是根本。五粮液集团通过不懈努力，树立起行业典范。一瓶五粮液酒从原材料选用到包装，要经过 36 道质量“关键点”以及由 36 道防线衍化提升的 10 个关键过程和 72 个专检点，关关严防死守，确保万无一失。为防假冒，公司不仅率先在业内采用了三重防伪、数字防伪等高科技技术，还创新地使用产品定位跟踪系统，确保每一瓶酒在销售过程中都有据可查。因此，在业内唯一三次获得国家质量管理领域最高荣誉。

3. 推动行业标准化发展。由五粮液集团领衔的浓香型白酒分技术委员会，围绕食品质量安全、品质卓绝、技术安全、环境良好、工艺规范、健康绿色等目标，积极制定浓香型白酒领域标准发展战略，系统开展标准研究与制定，完善技术标准体系，使产品质量与生产过程更加符合国家政策规定和消费者需求，起到规范产业行为、促进白酒行业健康快速发展的作用。公司不仅成为白酒行业质量和技术的典范，而且在安全、环保等诸多领域被树为标杆，参与国家和行业标准的制定、修订，为行业健康发展提供了先进经验。

4. 促进行业营销模式转变。公司尊重市场经济、尊重价值规律，抓住市场机遇连续提价，在20世纪90年代成为白酒“第一品牌”。公司“价值决定品牌定位”的定价策略被各大名酒企业纷纷仿效，带动了中国名酒的价值回归，在为企业积累财富的同时，也为国家做出了大量的税收贡献，更提升了白酒这一民族品牌的整体形象。

公司在1993年开白酒营销之先河，与福建邵武市糖酒公司合作开发“五粮醇”品牌，充分发挥公司的生产规模优势、质量管理优势，借助经销商营销网络强大、体制机制健全以及市场运作灵活等优势，强强联合，优势互补，开创了白酒行业市场营销的崭新局面，成为近十年来白酒行业的主流营销模式。

公司于1995年在长沙开设第一家五粮液专卖店以来，陆续在全国开设五粮液专卖店和五粮液旗舰店共1200多家，以其统一的形象、统一的价格、统一的服务，成为了产品保真销售、价格标杆的窗口，产品形象、企业形象展示的窗口，企业文化宣传的窗口。因此，中国酿酒工业协会授予公司原任董事长王国春唯一的“中国酒业功勋奖”。

5. 引领行业走新型工业化道路。五粮液集团坚持“能现代化的都现代化，该传统的依然传统”，在继承发扬传统酿酒工艺的基础上，依靠现代科技手段，开展技术创新，实现了从传统酿造技艺到现代生物工程技术的转型升级。公司拥有重大科研成果共68项，专利技术近1500项，推广应用后，产生了巨大的经济和社会效益，对行业技术水平的提升，产生了深远的示范性影响，被列为国家新型工业化产业示范基地。

6. 领航民族品牌国际化发展。1932年，第一枚“五粮液”商标问世，产品开始远销海外。此后，五粮液白酒一直引领中国白酒国际化，出口创汇连续多年位居行业第一。21世纪以来，五粮液集团不断调整出口市场结构，在保持原有的东南亚等传统市场的基础上，不断加大东欧、北美等市场的开拓力度，使新兴的海外市场与传统市场齐头并进。如今，五粮液及其系列产品出口已遍布世界五大洲，尤其是在韩国以及东南亚国家，深受当地消费者喜爱，引领着中国白酒及中国白酒文化“走出国门，走向世界”，被世界认知并接受。

（三）社会贡献

五粮液集团取得巨大成就，除了自身的拼搏进取，还得益于社会的支持呵护。五粮液知恩反哺，一直以来以践行社会责任为己任，在经济领域、国防领域、文化领域、教育领域、社会公益事业中积极发挥自身作用。20多年来，五粮液集团为社会提供了5万多个就业岗位，利税逾700亿元，捐款10亿余元资助各种公益事业，建设有10多所五粮液希望学校，以实际行动向社会展示了勇担责任的社会形象，受到社会各界的一致好评，被授予“中华慈善奖”“最具社会责任感企业”“全国就业先进企业”等诸多称号。

第二节 泸州老窖集团有限责任公司

一、企业概况

1324年，郭怀玉在泸州成功创制甘醇曲，首酿泸州大曲，使泸州成为中国浓香型白酒发源地。1573年，舒承宗开设舒聚源酒坊，其建造的窖池连续使用至今，成为今1573国宝窖池群。

1952年3月，以原泸县金川酒精厂为主体成立四川省专卖公司国营第一酿酒厂。1954年5月，设有6个酒厂的泸州国营第一酿酒厂并入四川省专卖公司国营第一酿酒厂。1955年11月，泸州市私营曲酒酿造厂与四川省专卖公司国营第一酿酒厂联合组建泸州市公私合营曲酒厂。1961年1月更名为泸州市曲酒厂，1964年更名为四川省泸州曲酒厂。1990年8月28日，泸州曲酒厂更名为泸州老窖酒厂。泸州老窖酒厂改组为股份制企业，1994年5月9日，泸州老窖股份有限公司在深圳证券交易所上市，成为具有万吨曲酒生产能力的全国大型酿酒骨干企业，形成集团化经营的雏形。

2000年12月21日，泸州老窖集团有限责任公司（简称泸州老窖集团）成立后，以酒业为主，多元发展。泸州老窖集团以“股份公司全心全意做酒，集团公司壮大金融业，全心全意经营资本”的经营格局，实现产品经营、品牌经营、资本经营和谐发展。通过投资、收购、整合等形式，逐渐形成以酒业生产经营为主，集金融证券、房地产开发、包装材料、科技开发为一体的跨地区、跨行业、跨所有制经营的大型现代化企业集团。泸州老窖集团旗下拥有泸州老窖股份有限公司、泸州酒业集中发展区有限公司、华西证券有限责任公司、龙马兴达小额贷款股份有限公司、泸州市商业银行、四川中国白酒产品交易中心有限公司、泸州老窖房地产开发有限公司、泸州红高粱现代农业开发有限公司、四川优派科技有限公司、泸州老窖智同商贸股份有限公司、泸州老窖养生酒公司、泸州老窖集团（香港）投资有限公司等一大批在行业内颇具实力和影响力的骨干子公司。业态涵盖三大产业：一产——泸州老窖现代农业示范区；二产——泸州老窖股份有限公司和中国白酒金三角产业园；三产——华西证券、泸州市商业银行、龙马兴达小额贷款等金融产业。

公司拥有50年窖龄以上老窖池10086口，百年以上老窖池1619口，为全球最大规模的酿酒老窖池群落。1996年12月，建造最早（始建于公元1573年）、连续使用时间最长、保护最完整的泸州老窖1573国宝窖池群经国务院批准成为行业首家全国重点文物保护单位，2006年被国家文物局列入“世界文化遗产预备名录”；2006年5月，“泸州老窖酒传统酿制技艺”作为川酒和我国浓香型白酒的唯一代表，入选首批“国家级非物质文化遗产名录”。至此，泸州老窖成为行业唯一拥有“双国宝”的企业。

泸州老窖拥有5枚中国驰名商标，是白酒行业拥有驰名商标数量最多的企业之一。1991年，“泸州”牌注册商标入选“中国首届十大驰名商标”；“国窖”牌商标在2006年获评白酒类唯一的国家“驰名商标”；2008年，“泸州老酒坊”牌商标获评国家“驰名商标”。

泸州老窖拥有国家固态酿造工程技术研究中心、国家酒类及加工食品质量监督检验中心实验基地、国家级工业设计中心、博士后科研工作站、酿酒生物技术及应用·四川省重点实验室、四川省白酒生物工程技术研究中心、四川省院士（专家）工作站等国家、省部级科研创新平台；拥有“中国酿酒大师”3名、正高级工程师6名、享受国务院特殊津贴专家8名、四川省学术和技术带头人

3名、博士15名、硕士100余名，同时培养包括国家级白酒评委、酿酒高级技师、技师在内的技能型人才数百名。

泸州老窖股份有限公司主要经济指标统计表

表4－26　　单位：万元

项目 / 年份	资产总额	负债总额	所有者权益	主营收入	利润总额	加权净资产收益率(%)	保值增值率(%)	上缴税金
2005	265022.63	109311.84	155710.78	145664.44	11754.99	3.70	102.97	32858.38
2006	341435.52	102726.15	220709.37	186916.45	49182.59	18.66	120.14	49845.73
2007	449186.08	178109.56	271076.52	284102.20	106332.63	31.68	140.18	88507.13

泸州老窖股份有限责任公司主要经济指标统计表

表4－27　　单位：万吨、亿元

项目 / 年份	2005	2006	2007
1. 总产量（基酒）	4.78	6.06	8.83
2. 工业总产值	27.25	35.12	53.62
3. 营业收入（含税）	27.65	35.26	52.97
4. 利润总额	1.57	5.51	11.25
5. 利税总额	4.9	9.33	16.56
6. 上交税金	3.68	5.45	7.46

二、企业改革与经营发展

1980年，泸州曲酒厂被中商部确定为率先进行扩张试点的企业，在产供销方面有了一定的自主经营权。1984年，省、市政府确定泸州曲酒厂为首批在企业中全面推行厂长负责制的单位。

1985—1988年，国务院批拨专款2800万元对朱德总司令曾两度亲临视察的罗汉三车间进行扩建改造，率先在全国酒类行业中建成布局合理、配套设施先进、年产万吨的大型酿酒基地。

1987年泸州曲酒厂被认定为国家经贸委推行现代化管理的重点联系企业，在酿酒行业中首先实行计算机联网管理，开展全面质量管理认证，成为国家二级企业。

1993年6月，由原泸州老窖酒厂独家发起并改组，建立四川省酿酒行业中第一家上市的公众公司泸州老窖股份有限公司。1994年5月9日，“泸州老窖”股票在深圳证券交易所挂牌上市。此后连续3年，经济效益以40%的增长速度持续上升。“八五”期间，公司实现销售收入19.6亿元，上缴税利10亿元。

1999年7月19日，集团所属泸州老窖房地产开发有限公司成立，注册资本金5000万元，高起点跨入地产行业。

2000年后，泸州老窖集团由“企业化管理”向“市场化管理”转型，倡导精细创新管理，推行资产经营责任制。按照“做大做强规模，相关多元化发展，加强品牌建设，实施结构调整”的经营方针，充分发挥老窖优势、技术优势、人才优势，发展大食品战略，做强做大主业，形成“以浓香为主，酱、清、兼各香并举，调味酒极大丰富”的生产布局。

2002 年，集团公司全面实施用工、人事、分配制度改革，转换员工身份、转换经营机制、建立“员工能进能出、管理人员能上能下、收入能高能低”的全新运行机制；为将主业做实做大做强，实施主辅分离，采取出售、承包、注销等方式，先后对 7 家非相关产业的子公司进行改制，将 5 项企业社会化职能全部剥离；实施“大集团、小配套”的经营思路，积极整合泸酒资源，突出竞争优势，形成专业化分工和社会化协作体系。

2003 年 11 月，泸州老窖收购原常德武陵酒业有限公司，使有中国白酒“浓香鼻祖”之称的泸州老窖和“中国名酒”之一的酱香武陵酒携手开创了中国白酒企业“一个企业，两块金牌”的先河。

2005 年 10 月，按照“政府扶持、企业主导，市场化运作、专业化分工”的原则，泸州老窖以产业集群为理论基础，以供应链管理（SCM）为运营模式，以授权贴牌生产作为工序链接手段，围绕白酒生产加工主枢纽，整合和连接上下游涉酒关联产业资源的白酒综合加工配套产业集群，打造泸州酒业集中发展区。2005 年，集团公司完成母子公司管理体系的构建，并从战略角度对母子公司进行科学定位：将股份公司定位为管理中心和形象中心，将销售公司定位为品牌塑造中心和利润创造中心，将酿酒公司定位为质量生产中心和成本控制中心。

2005 年，泸州老窖股份有限公司全面完成股权分置改革，成为四川省第一家国有控股企业率先股改成功的先进和典型。2006 年 11 月，完成向经销商定向募集资金 3.6 亿元。

第六章　建筑企业

第一节　四川华西集团有限公司

一、企业概况

四川华西集团有限公司（简称华西集团）前身为西南区、四川省、建工部“三大系统”的西南工程管理局等单位，其最早成立的企业，为1950年5月成立的国营西南建筑公司。1983年3月，中共四川省委决定，四川省建设厅改为四川省建筑工程总公司。1993年8月，经四川省政府批准，在四川省建筑工程总公司基础上，组建四川华西集团总公司；1997年7月，依照《公司法》规范改造为四川省华西集团有限公司。以工程施工、房地产开发为主业，拥有国家建设部核准的房屋建筑施工总承包特级资质，享有外经、外贸经营权，拥有AAA企业资信等级。先后获得国家最高工程质量奖——中国建筑工程鲁班奖16项、国家优质工程银质奖9项，部省级优质工程奖264项，国家和部省级科技进步奖149项。2005年，华西集团公司资产总额87.52亿元，净资产12.22亿元，所有者权益10.7亿元，利润总额4200万元，保值增值率102.98%。

截止1997年8月，由四川华西集团投资、管理的全资和控股子公司（单位）有建筑工程子公司14家：即中国华西企业有限公司，四川省第一、第二、第三、第四、第五、第六、第七、第十一、第十二、第十三、第十五建筑有限公司，四川省工业设备安装公司、四川省建筑机械化工程公司；特种专业和配套专业子公司8家：即四川省场道工程有限公司、四川华西混凝土工程有限公司、四川省建筑设计院、四川省建筑科学研究院、四川华西建筑装饰工程有限公司、四川华西房地产开发公司、四川华西集团物业管理有限公司、四川省城建（集团）股份有限公司；海外机构6家：即中国华西企业（肯尼亚）公司、中国华西企业公司坦桑尼亚办事处、中国华西企业公司斐济办事处、中国华西企业公司卡拉奇办事处、中国华西企业（香港）有限公司、中国华西企业（CNMI）有限公司；事业单位4家：即四川省建筑医院、四川省德阳建筑医院、《建筑安全》杂志社、四川华西集团有限公司子弟校中（小）学校；所属企业投资设立的分公司逾200家。拥有房屋建筑工程施工总承包特级资质1个，房屋建筑工程施工总承包一级资质10个，市政公用工程施工总承包一级资质4个，公路工程施工总承包一级资质1个，机电安装工程施工总承包一级资质2个，各类专业工程施工承包一级资质28个，房屋建筑工程施工总承包二级资质8个，各类专业承包二级资质55个，特种专业施工资质2个，房地产开发资质5个。有各类专业技术（经济）管理人员1.23万余人，具备科研—设计—施工一体化，投资—建设—管理一体化，建材生产—供应—销售一体化，国内—国外经营一体化的工程总承包和多元经营管理能力。主要从事各类大中型工业与民用建设工程项目的施工，以及房地产开发、建材的产供销、租赁、勘察、设计、技术咨询、建筑科研等生产经营业务。以

“4 +1” 经营战略为指导进行市场布局：即以成都为中心的四川及西南地区的大本营市场；以深圳为中心辐射珠江三角洲市场；以上海为中心辐射长江三角洲市场；以西安为中心辐射西北市场；积极拓展京津地区暨环渤海经济圈市场。此外，还在非洲、南太平洋、东南亚等地区及香港、澳门特别行政区开展外经业务和国际工程承包。形成了主业能力强大，专业配套齐备，业务地域广阔，国内国外共同发展奋进的经营格局。

经过几十年的努力，提炼形成了“秉德从道，善建天下”的华西企业精神，“善建者 · 华西”品牌推广语及企业宗旨、价值观等核心内容，确定了经营、管理、人才、质量、安全、环保、服务、廉洁等八大理念及具体内涵。奉行“质量为本、技术创新；调整结构、突出主业；管理科学、持续发展”的管理方针，率先运行国家三项管理体系，履行“精雕细琢，塑造时代精品；尽心竭力，满足客户需求”的庄严承诺，服务社会、发展企业，造福员工，为新中国国防、科技、工业基地与城市建设做出了重要贡献。

1990—2005 年四川华西集团有限公司主要经济指标统计表

表 4 －28　　　　单位：万元

年份	资产总额	负债总额	所有者权益	主营业务收入	利润总额	净资产收益率（%）	保值增值率（%）	上缴税金
1990	105577. 87	60986. 22	44591. 65	91250. 40	－1971. 66	－4. 66	111. 48	3343. 28
1991	123660. 92	73417. 33	50243. 19	115725. 78	178. 85	0. 38	112. 67	5225. 87
1992	144067. 55	86499. 15	57568. 40	140706. 70	1701. 92	3. 16	114. 58	5882. 42
1993	265198. 22	211022. 22	54176. 00	265369. 10	4184. 27	7. 49	94. 11	9771. 72
1994	317636. 23	257411. 73	60224. 50	339669. 65	7137. 71	12. 48	111. 16	14547. 56
1995	422122. 66	336505. 04	85617. 61	374695. 89	4719. 12	6. 47	142. 16	16472. 42
1996	452000. 15	368118. 33	83881. 82	415107. 77	1333. 58	1. 57	97. 97	18618. 76
1997	481869. 08	388753. 37	93115. 71	453745. 87	1294. 29	0. 19	110. 52	16458. 73
1998	489425. 94	394063. 96	95361. 98	406172. 84	856. 55	－0. 08	102. 41	12969. 83
1999	510108. 84	412299. 04	97809. 80	410725. 62	1238. 44	0. 27	102. 57	15315. 66
2000	523597. 97	426733. 04	96864. 93	413703. 88	633. 67	－0. 22	104. 95	16504. 03
2001	575703. 98	459236. 42	116467. 56	528035. 96	919. 07	－0. 27	105. 68	17201. 47
2002	620919. 76	496094. 57	124825. 19	624015. 98	2415. 27	1. 68	114. 46	22335. 34
2003	667386. 56	542805. 95	124580. 61	788408. 05	3043. 25	1. 87	103. 77	23839. 08
2004	786750. 11	653639. 95	133110. 16	921546. 37	4177. 45	2. 06	104. 84	30645. 46
2005	875182. 60	768370. 02	106812. 58	1185758. 76	4199. 86	3. 25	102. 98	38110. 30

二、经营管理与企业改革

1986—1990年，华西集团加快改革步伐，全面推行经理（厂长、院长）负责制和多种形式的承包经营责任制，逐步向企业化过渡。推进建筑施工与设计、科研与教学单位之间的横向联合和技术协作。在大型建设项目实行工程总承包。对外开拓进一步发展提高，扩大总公司地区性市场、产业性市场的覆盖面，增强了适应能力。继华西公司开拓深圳、珠海特区的业务后，总公司又成建制打入上海建筑市场。省外完成产值12.5亿元，占同期企业总产值的28%，为"七五"计划的143%，比"六五"期间增长58.2%；省外利润6454万元，为同期总公司利润的49%，比"六五"期间增长244%。国外完成营业额1.587亿美元，为"七五"计划的130%，比"六五"期间增长230%，创汇1533万美元。

1988年华西公司取得直接对外经营权。1990年度总公司被评为四川省对外承包工程劳务合作先进单位。1990年，总公司共完成企业总产值10.4865亿元，比1989年提高5%，其中施工产值9.893亿元，比1989年增长6.2%，工业及其他产值5936万元，为1989年的87.3%；竣工面积164.85万平方米，比1989年增长9.2%；全员劳动生产率13269元，比1989年增长33.8%。省外完成总产值4.07亿元，比1989年增长14.2%，省外产值占总公司总产值的比重由1989年的35.5%增长到38.8%，完成竣工面积48.95万平方米，比1989年增长53.5%。

1986年至1990年5年间共完成企业总产值45亿元，为"七五"计划的132%，比"六五"期间增长143%。其中施工产值41亿元，比"六五"期间增长152%，工业及其他产值近4亿元，比"六五"期间增长75%；完成竣工面积810万平方米，为"七五"计划的98.5%，比"六五"期间增长29%。实现利润总额1.315亿元，为"六五"期间的75.4%；上缴国家利税1.0389亿元，比"六五"期间增长108%。完成勘察设计总产值2756万元，其中设计工作量440万平方米，设计施工图投资额15亿元，工程地质勘察16.2977万标准米，水文地质5.7181万标准米，工程测量267标准平方公里。全员劳动生产率1990年达到13269元，为"七五"计划的128%，比1985年增长46.4%。

1991—1995年，改革不断深化，组建企业集团，实行国有资产授权经营，确立以产权联结为纽带的母子公司体制和运行机制，增强了集团的综合实力。集团总公司分别被建设部和省委、省政府列为全国建筑业和四川省建立现代企业制度试点企业。各企业进一步调整生产关系，理顺管理体制，配套完善管理制度，推行项目法施工，强化项目管理。在人事制度上，完善任用制，推行聘任制，实行试用制，提倡党政领导交叉任职；在分配制度上，实行组合工资制，企业经营者年薪制的试点工作开始起步，全面推行了劳动合同制。截止1995年年末，集团有15家企业全部签订劳动合同，签订人数占在册职工人数的92.05%。

"八五"期间，在实施"立足省内，发展省外，积极开拓国际市场"经营战略的同时，把发展"大建筑"规模经济作为集团的经营发展战略。5年间，除在内陆一些重要省会城市布点外，进一步巩固和扩大了深圳、上海两大驻外地区，"沿海连成片，沿江连成线"的开拓格局基本形成。

1995年，爱国家宏观调控影响，市场竞争空前激烈，华西集团始终坚持以改革为动力，坚持立足省内，积极发展省外和国外境外业务，全方位开拓市场。充分发挥集团总承包优势和整体优势，川天化大化肥工程如期竣工，工程优良，爱到中央有关部委好评；由华西一公司、华西机电公司承建的深圳愉康大厦，省建一公司、三公司、六公司、十二公司承建的成都棕北小区荣获鲁班奖；省建十二公司上海公司承建的银鑫公寓 A 栋被评为上海市“白玉兰杯”优质工程，实现了四川建筑业在沪“白玉兰杯”工程零的突破。

1995 年，集团共完成总产值 37.5 亿元，比 1994 年增长 18.1%，比 1990 年增长 257%，其中施工产值 35.56 亿元，比 1994 增长 16.7%，比 1990 年增长 259%，工业及其他产值 1.94 亿元，比 1994 年增长 49.6%，比 1990 年增长 227%；竣工面积 183.59 万平方米，比 1994 年下降 24%，比 1990 年增长 23.5%；全员劳动生产率 40249 元，比 1994 年增长 18%，比 1990 年增长 445%；实现利润 4719.12 万元，加上消化部分历史因素和增加提留，保持了 1994 年的水平；工程面积优良率 43.1%。省外完成产值 19.7 亿元，比 1994 年增长 22.4%，比 1990 年增长 371%，省外产值占集团总产值的比重由 1990 年的 38.8%、1994 年的 45.3%，上升到 1995 年的 51.12%；竣工面积 72.11 万平方米，比 1994 年下降 35.9%，比 1990 年增长 47%；全员劳动生产率达 72487 元/人，1995 年外经营业额完成 3500 万美元，比 1990 年增长 49%，比 1994 增长 168%。

“八五”期间，施工生产持续发展，质量效益稳定提高。5 年共完成企业总产值 122 亿元，比“七五”期间增长 168%，施工面积 3074 万平方米，比“七五”期间增长 45%，完成竣工面积 922 万平方米，比“七五”期间增长 14%；实现利润 1.79 亿元，比“七五”期间增长 36.12%，上缴国家利税 5.19 亿元，比“七五”期间增长 399%，净资产增值率年均 6.0%；全员劳动生产率由 1990 年的 13269 元上升到 1995 年的 40249 元，增长 203%。工程优良率年均达到 46.7%。5 年共完成勘察设计总产值 1.32 亿元，比“七五”期间增长 371%；施工图设计面积和投资额分别为 652.2 万平方米和 65.4 亿元，比“七五”期间增长 48% 和 333%；工程和水文地质勘察分别为 40.3 万标准米和 9.6 万标准米，比“七五”期间增长 145% 和 68%；工程测量 485.12 标准平公里，比“七五”期间增长 82%。相继建成 839 工程、成都飞机公司十号工程、长城钢铁厂 30 吨电炉工程、川天化大化肥工程以及南京电视塔、成渝公路、五粮液酒厂、双流机场扩建、武汉机场、珠海机场、省人行发行大楼等 147 项跨年和新开工的国家和省重点及有影响工程。其中深圳体育机场、成都岷山饭店、深圳愉康大厦和成都棕北小区等 4 项工程获我国建筑行业工程质量最高荣誉鲁班奖，有 43 项工程被评为部、省优质工程，65 项工程被评为市优质工程。1995 年华西集团总公司凭借自身的实力和优势，跻身中国国有企业 500 强行列。

1996—2000 年，华西集团保持了持续、稳定、健康发展。1997 年，省建委牵头，成立清理华西集团被拖欠工程款领导小组，开展集团清欠工作。1998 年，为形成集团的专业调控能力，发挥集团整体优势，对一、三、六、十二等 4 家公司的混凝土生产单位进行重组，成立华西集团有限公司混凝土工程公司。新组建四川华西集团第八建筑有限公司。按照削枝强干的原则，撤销总部直属的承包公司和海外公司，成立事业部性质的经营承包和外经外贸部，实行特殊业务归口管理。减员增效工作开始迈步，集团职工下岗 11882 人，解除农合工 1014 人。调整经营布点，撤出新疆，退出奉节，收缩海南业务，接管厦门业务，发展重庆业务，启动北京业务，拓展国外业务，肯尼亚的经援项目使华西在肯尼亚正式亮牌。1999 年，以中国华西企业有限公司和商品混凝土公司为重点的改革进一步完善。继续调整集团的经营结构和布局，加强重庆业务，萎缩海南业务，完成北京公司的注册，收缩厦门的投资，组织了以上海为中心向苏浙地区的业务幅射。加强外经工作力度，多次参加外经贸部的投标，扩大华西在外经领域的社会影响；健全了中国华西在香港、肯尼亚等地的工作机构。从实际出发，经营格局有收缩、有拓展，改善了集团的调控能力，华西企业的形象得到巩固和加强，品牌信誉进一步提高。同时，强化了项目管理。1999 年，六公司、十二公司、中国华西企业有限公司、八公司、装饰公司、建科院等企事业单位通过ISO 9000达标认证。项目责任成本的监控和考核约束力度加强，项目责任成本大面积、大幅度超支问题得到有效控制，集团当年度工程成本降低率较上年略有上升。全集团“三项费用”开支占百元产值的比例，比上年下降约0.2 个百分点。2000 年，集团公司理顺了各单位与深圳华西公司的关系、明晰了产权，调整了投资比例和股本结构，按公司法建立和规范了法人治理结构。为适应经济形势发展变化和市场竞争的客观要求，适度调整了经营格局；发展北京业务、萎缩海南业务、加强以上海为中心向苏、浙地区的业务辐射。继续加强外经工作力度，在援助肯尼亚基恩公路项目的质量、进度等方面呈现出较好的局面。在巩固两个确保、保持企业稳定基础上，企业减员工作取得突破性进展，职工退休、终止与解除合同等减少长期职工7216 人，筹资保障近 9000 名下岗职工基本生活费和代缴社保费，基本保持了企业稳定。

1996 年，华西集团施工生产保持较快增长，生产总值比 1995 年增长 10% 左右。1996 年，全年完成营业总额突破 42 亿元。其中施工产值 38.69 亿元，比 1995 年增长 8.4%，工业及其他产值 2.19 亿元，比 1995 年增长 9.2%，施工面积 908.55 万平方米，比 1995 年增长 10.8%，新开工面积 302.3 万平方米，竣工面积 224.25 万平方米，比 1995 年增长 14.8%，按总产值计算，全员劳动生产率达到 43500 元，比 1995 年增长 10.8%。省外业务同步增长，产值 21.04 亿元，在集团总产值中所占比重由上年的 51.12% 上升为 51.46%。在全国建筑业效益滑坡的情况下，集团实际利润达 1333.58 万元左右；外经营业额 8883 万美元，创汇 387.7 万美元。重点工程建设，克服了资金不到位、工程垫资、施工条件差等困难，切实抓管理，保质量，完成和在建的国家、省重点及有影响的工程 21 项。亚洲第一风洞 2924 工程顺利通过水压试验；深圳金田大厦、中国航空工业总公司 624 研究所高空台排气冷却装置 2 项工程荣获国家优质工程鲁班奖；上海漕河泾生活区 2 号 3 号高层、新泾五村 2 幢高层均获“白玉兰”奖；省政府住宅楼、恩威科研楼、成都市长途电话枢纽工程主楼、西门子光缆有限公司成都 1 号车间、715 厂技改工程获“芙蓉杯”奖，全年申报“天府杯”工程 12 项。

1997 年，华西集团完成主营业总额 45.37 亿元，实现利润总额 1294.29 万元，国有经营性净资产增值率 0.19%，保值增值率 110.52%，上缴各种税金 16458.73 万元。1997 年职工总数控制在 9 万人；国有经营性资产增值率 2.5%；工程成本降低率 1%；百元产值开支期间费用 7.5 元；工程优良率 35%；工伤死亡人数低于省政府下达的考核指标。

1998 年，华西集团营业总额 44.61 亿元。其中国内施工产值 39.69 亿元，为 1997 年同期的 91.6%；国外施工产值 1.46 亿元，为 1997 年同期的 45.7%；工业产值 1.17 亿元，为 1997 年同期的 69.1%；集团总部工程总承包 6800 万元，为 1997 年同期的 233.7%；房地产开发产值 3687 万元，为 1997 年同期的 163.7%；建筑科研、设计产值 6490 万元，为 1997 年同期的 159.2%；工程监理 550 万元，为 1997 年同期的 145.1%；其他收入 4392 万元，为 1997 年同期的 93.6%。在国内施工产值中，省外产值 17.71 亿元，占集团总产值的 43.2%，为 1997 年同期的 90.1%；其中深圳地区 9.46 亿元，上海地区 4.40 亿元，厦门、南京、西安和省外其他地区 3.81 亿元；省内产值 21.98 亿元，占集团总产值的 56.8%，其中二分之一以上集中在成都地区。集团在任务缺口很大的困难情况下，一、三、五、六、十二建筑公司和安装公司仍基本保持上年效益水平，机械化公司严重亏损，其余公司也出现不同程度的亏损和效益下滑。集团公司在少量消化往年遗留亏损后，完成利润 856.55 余万元。

1999年，完成营业总额44.9亿元。其中国内施工产值42.8亿元，为1998年同期的102.5%；国外施工产值621万美元，对外贸易91万美元，其中出口54万美元；劳务输出134人次；工程监理收入860万元；工业及其他产值1.75亿元，为1998年同期的120.4%；房地产开发5523万元；建筑科研、设计产值为0.9亿元，为1998年同期的128.6%。在国内施工产值中，省外产值16.6亿元，占集团总产值的39%，为1998年同期的92.7%；其中深圳地区7.5亿元；上海地区4.0亿元，厦门和省外其他地区5.1亿元。省内产值26亿元，占集团总产值的61.2%；其中成都地区16.2亿元，占省内产值的62.3%。1999年，在劳动保险实行收支两条线以后，集团公司负担离退休人员费用总额5030万元。在消化部分往年遗留亏损以后实现利润1238.44万元，较1998年增加23.5%，其中中国华西企业有限公司、商品混凝土公司、六公司、十二公司等单位经济效益比较好；一公司、五公司、安装公司等单位经济效益比较稳定；十一公司实现扭亏；十三公司、十五公司等单位实现减亏目标。集团公司1999年实现利税总额1655.41万元，较1998年增长13.8%。

2000年，集团公司完成国内营业总额42.60亿元，其中施工生产总值40.88亿元，为1999年同期的100.3%；工业及其他产值1.72亿元，为1999年同期的100.4%。在国内施工产值中，省外产值17.05亿元，占集团总产值的41.7%，为1999年同期的107.4%，其中广东地区10.58亿元，上海地区3.56亿元，厦门和省外其他地区2.91亿元；省内产值23.83亿元，占集团总产值的58.5%，其中成都地区17.88亿元，占省内产值的70.8%。国外施工产值1016万美元、对外贸易额100万元人民币；劳务输出总合同额55万美元。2000年在消化部分往年遗留亏损以后集团实现利润633.67万元；2000年集团公司实现的利税总额达1.75亿元。企业负担的离退休职工各项费用总计达5000万元。

2001—2005年，华西集团加强改制重组，推进改革。根据2001年年初确定的对集团所属企事业单位按“控股、参股、退出、剥离的方式，分类指导、总体规划、逐步实施”的总体改革思路，在实施过程中结合建设部对企业资质就位的要求，按“先就位后规范、资质就位结合改革进行”的原则，集团改制重组工作稳步推进。

2001年，根据国家对发展集团企业以及建设部对特级企业的要求和市场竞争的需要，集团公司通过吸收合并所属的省建五公司、省建八公司、省建十二公司、华西厦门公司、四川省工程建设承包公司等5家法人企业和中国华西企业公司的建筑一级资质，使四川华西集团有限公司成为具有施工总承包特级资质能力的名副其实的华西集团核心企业和母公司，真正成为法人实体和市场竞争主体。以集团公司合并重组为契机，集团公司于10月召开上海工作会议，将原集团公司上海公司、省建十二公司上海分公司、省建五公司上海分公司3个单位合并重组为一个经营实体，调整集团在上海地区的实体能力，加大华西集团在上海及周边地区的经营管理力度，并辐射江浙，扩大集团在华东地区的市场占有份额。按照集团公司的统一部署，完成了四川省场道工程公司与省建六公司分离的工作，以保持华西企业的场道施工能力和适应社会化专业化施工的市场发展趋势。省建六、十一、十三、十五、场道公司等5家企业均按国有控股、职工持股的形式进行有限责任公司的改造，初步建立起现代企业制度的框架。材料公司、防水公司、机械设备租赁公司国有资本退出。四川省建筑科学研究院和四川省建筑设计院等事业单位改为企业，完成四川建校、省建职大联合申报四川省建筑职业技术学院及移交工作。集团在“三项制度”改革等方面加大力度，全年减少在册职工6596人。

随着企业改革与经营管理的加强，企业生产水平与效益不断提高。2001 年面对日益激烈的市场竞争，集团各单位把承接任务作为管理工作的重中之重。2001 年新签工程承包合同 871 份、面积 570 万 平方米，合同总额达 53 亿元，比 2000 年增长 13.5%。

按照"立足省内、发展省外、积极开拓国际市场"的经营战略，在加强省内外经营力度的同时，积极扩展海外市场的占有份额。2001 年，集团境外签订合同 15 个，合同总额 922.1 万美元；承接合同额 6763 万元人民币的援斐济多功能体育馆项目；向日本、以色列、俄罗斯等国外派劳务 350 人次。华西的业务在境外得到扩展，华西的地位在东非和南太平洋地区得到巩固。2001 年，中国华西企业公司位居全球最大 225 家国际工程承包公司第 199 位，"四川华西"品牌的社会信誉度进一步加强。

2001 年，集团总产值突破多年在 42 亿元左右徘徊的局面，实现了新世纪之初重要一年的较好开局。主要经济技术指标稳中趋升，达到历史较高水平。集团综合营业额首次突破 50 亿元大关，达到 52.84 亿元，其中施工总产值 49.62 亿元，同比增长 121.1%；工业及其他产值 1.5 亿元；房地产开发产值 1000 万元；勘察设计产值 4680 万元；海外产值 4705 万元；监理企业产值 671 万元。完成竣工面积 391.27 万平方米，同比增长 30.1%。实现利税总额 1.8 亿元，实现利润 919.07 万元。此外，集团公司全年还承担社会及历史负担 1.12 亿元。

16 家建筑安装企业中，有 8 家企业产值过 3 亿元，成为集团的一批支撑企业。其中一公司、六公司和十二公司产值达 5 亿元以上，中国华西企业有限公司产值超过 10 亿元。在狠抓主业同时，加大了房地产开发力度，全年房地产开发产值达到 1000 万元。以华西园为标志的华西房地产品牌在社会上产生了较好效应，为盘活集团土地资源探索了经验。

2002 年，集团公司集中 5 家法人实体、8 家省外分公司以及 6 个海外机构的 18 亿元总资产、8.5 亿元净资产和在册职工工资 4571 人，整合成一个新的法人实体四川华西集团有限公司，获得房屋建筑施工总承包特级资质和 8 个增项一级资质，成为国内少数主项资质最高、增项资质最多的建筑企业之一。这次整合，把改革思路贯穿始终，以实体化、集约化、合成化为发展方向，克服了行政翻牌和简单拼凑的弊端。整合当年完成产值 15.1 亿元。华西装饰、现代监理、深圳华西监理、七公司珠海分公司、十二公司珠海分公司等 5 家单位相继完成国有资本的全部有序退出。部分全资子公司下属单位的非经营性资产、社会职能的剥离分立和产权改革已经有了实质进展。各单位从裁减冗员、下岗职工出中心、合同到期终止劳动关系和改制分流等方面进一步落实减员增效工作，集团全年减员 7668 人，减幅达 21.4%。在省解困办帮助下，集团基本稳妥完成了包括 5 家特困企业在内的下岗职工出中心并轨工作。集团成都地区医疗资源整合，华西物流筹建、集团公司中心实验室重组、中国华西企业有限公司第三次整合、华西混凝土公司股权的调整等等，使集团的整体改革得到推进。

2002 年，全年签订合同金额 74.6 亿元，其中单个项目造价 5000 万元以上的合同 54 个，海外市场突破 1000 万美元。中国华西企业有限公司签订合同金额达 20.4 亿元，其中实体内（含联营项目）14.6 亿元。集团房地产开发公司先后开发的"华西园""华欣园""锦通大厦"项目市场定位准确，营销得当，均获成功。集团基本形成以省内市场为主干，国内经济发展重要区域的大中城市和海外市场为支撑；成都、深圳地区领头，上海地区随后的市场经营格局。

2002 年，完成总产值 65.2 亿元，比 2001 年增长 23.5%，增幅步伐加快。其中国内施工产值

61 亿元，比 2001 年增长 21.9%；外经产值 1344 万美元，同比增长 236%；工业产值 1.82 亿元；房地产开发产值 3400 万元；建筑科研、设计、勘察工程监理收入 7661 万元。竣工面积 402.5 万平方米，单位工程一次交验合格率 100%，工程面积优良率 75%。在负担各种非生产性费用 8614 万元，消化投资损失 780 万元，终止与中川国际公司合作关系处理遗留亏损问题 127 万元，继续摊销塞班项目亏损 2100 万元以及部分子公司不同程度地消化以往年度挂账损失和潜亏的情况下，全集团实现利润 2415.27 万元，较 2001 年增长 62.79%。从业人员劳动生产率 10.4 万元，在岗职工人均年收入 14373 元，增长 20.6%。

2003—2004 年，深圳华西监理、四川现代监理、华西装饰公司、深圳金华公司的国有资本全部退出。2004 年，将集团省建二、六、材料、安装公司的仓库、铁路专线等资源、资产整合，成立华西物流公司，以充分利用闲散资源，改善产业结构。以华西房地产开发公司为依托，统筹开发集团现有的存量土地。截至 2004 年，已成功开发华西园、华欣园、锦通大厦、华西怡园项目，盘活房地产存量资产 4336 万元，实现开发收益 3036 万元。集团公司通过下岗、解除劳动合同、改制分流等方式，自 1997 年年末至 2004 年年末，国有职工由 65434 人减至 25281 人，减员 40153 人；从业人员由 104335 人减至 50889 人，减员 53446 人。

2003 年，是实施华西“三大”目标的头一年；集团全年完成总产值 78.84 亿元，比 2002 年增长 20.92%。其中施工产值 71.4 亿元，比 2002 年增长 18.4%，工业产值 2.1 亿元，外经、科研、设计、房地产开发等产值 9393 万元。集团资产总规模达到 66.73 亿元，净资产 11.8 亿元，分别比 2002 年增长 2.4% 和 3.5%。纳税总额实现 2.34 亿元，比 2002 年增长 4.9%。企业承担社会职能和负担离退休等各项费用 1.05 亿元，年内消化各种损失和潜亏近 1600 万元，集团公司实现利润 3043 万元。1998 年以来，共计自筹资金 2982 万元归还 25 亿日元贷款的历史旧债，其中 1997 年归还 1039 万元。从业人员劳动生产率达到 13.5 万元，比 1997 年增长 31%。完成竣工面积 513 万平方米，单位工程一次验收合格率 100%，优良品率 75%。生产安全类事故控制在限定的指标之内，无重大工程质量事故，受到省政府表彰。

集团公司位列全球 225 家最大国际承包商第 182 位，中国企业 500 强第 218 位，中国企业信息化 500 强第 112 位，成为中国建筑企业 20 强、四川 10 强企业之一，企业综合实力和整体地位明显提高。

2004 年，集团新签合同 1238 份，合同金额 105.6 亿元，较 2003 年增长 10.46%，市场份额有所提升。其中，以成都为中心的省内实现承接任务量 59.97 亿元，占总量的 56.79%，集团大本营市场得以巩固，主要由深圳、上海、西安、北京、厦门等构成的省外市场量达到 45.63 亿元，市场份额快速上升。经过各级努力，集团“四点支撑”经营战略格局已经大体形成。集团施工面积 1668.9 万平方米，比 2003 年增长 23.5%，竣工面积 569.2 万平方米；全年新开工面积 743 万平方米，比 2003 年增长 45.5%。主营业务收入 92.15 亿元，比 2003 年增长 16.88%；完成总产值 92.15 亿元，比 2003 年增长 16.9%，其中施工产值 86.97 亿元，比 2003 年增长 22.2%；工业及其他产值 4.66 亿元，比 2003 年增长 51.8%；外经业务收入 801.27 万美元，房地产开发收入 4000 万元。实现利税总额 3.48 亿元，比 2003 年增长 14.7%，承担社会职能和负担离退休职工等各项费用 1.14 亿元；实现利润 4177 万元，比 2003 年增长 38%。

集团资产总规模达到 78.67 亿元，净资产 11.93 亿元，分别比 2003 年增长 13.4% 和 5.8%。在岗员工人均年收入19195元，比2003年增长14%。集团2004年度居中国企业500强第221位；ENR中国承包商60强第16位，中国企业信息化500强第82位，四川企业100强第6位。

2005年，集团公司根据市场环境的变化，在强化基础管理上，逐步完善风险控制管理体系；在继续加强同银行合作、增强融资能力的基础上，着重加强集团公司的资金调控能力。同时，在债权额度巨大的状态下，采取多种措施，加大催收力度，提高诉讼质量，基本保证生产经营的正常运行。生产成本、管理成本控制上，集团各单位都下了相当大的功夫，在市场竞争激烈，大多数工程低价应标的状况下，保持了平稳的营运状态。中国华西企业公司改制重组后，综合实力逐年增强，注册资本达到3亿元，净资产达3.6亿元，具备了申报房屋建筑施工总承包特级资质条件。省建十三公司珠海公司等11家非法人实体剥离、改制，省建十一公司吸收合并自贡华西建设公司、宜宾建设公司，四川省建筑医院对集团成都地区各单位医疗机构整合；省建四公司子弟校向德阳市政府移交。通过实施这些举措，集团公司在整合资源、重组资产、削枝强干、社会职能分离等方面成效明显，集团公司经营结构更趋合理、资源优势更为突出。

2005年，集团公司全年完成总产值118.58亿元，首次突破百亿大关，比2004年增长7.6%。其中施工产值102.4亿元，比2004年增长17.2%；工业产值及其他产值3.85亿元，比2004年增长40.7%；外经、科研、房地产开发等产值1.42亿元。实现利税总额4.23亿元，比2004年增长20.28%；承担社会职能和负担离退休职工等各项费用9597万元；实现利润4199.86万元。新签合同1150份，合同金额120亿元，比2004年增长13.64%，市场份额稳步上升，“四点支撑”经营战略格局进一步巩固和发展；施工面积1994万平方米，比2004年增长15.9%；竣工面积652万平方米，比2004年增长15%；新开工面积876万平方米，比2004年增长18%。生产安全类事故控制在限定幅度之内。单位工程一次验收合格率100%，无重大工程质量事故。截止2005年年底，集团公司资产总规模达到87.52亿元，净资产10.68亿元，分别比2004年增长11.24%和下降19.76%。在岗员工人均年收入22000元，比2004年增长14.61%。

第二节　四川省建筑设计院

一、企业概况

四川省建筑设计院（简称省设计院）是大型工业与民用建筑设计院，是国有独资、能为工程建设全过程提供技术及管理服务的科技型企业。其前身是20世纪50年代初期组建的以川南、川北、川西3个建筑公司的设计力量为基础成立的四川省人民政府建筑工程局设计室。1953年8月1日，建筑工程局设计室撤销，组建为四川省人民政府建筑工程局设计公司。1956年1月，成都市建筑工程局设计室及西康省设计室并入，成立四川省城市建筑设计院，1958年10月更名为四川省建筑设计院。1962年7月，建工部决定将其并入西南工业建筑设计院。1964年2月，以原四川省建筑设计院和四川省城市勘察院为基础，抽回并入西南工业建筑设计院与并入建工部非金属矿地质公司西南分公司的人员，恢复重建四川省建筑勘测设计院。1987年6月重新更名为四川省建筑设计院。在设计公司阶段为企业单位，1956年1月成立四川省城市建筑设计院时改为事业单位，停止收费，实行财政拨款。1980年1月经省政府批准为企业化收费试点单位，实行自收自支、事业单位企业化管理。

1981 年 1 月经省政府批准升格为地专级单位。

2005 年年末，省设计院下属有四川省川建勘察设计院、四川省川建院项目管理有限公司、四川省吉达建设工程有限责任公司、四川省川建院工程咨询有限公司、四川省鑫川建筑工程检测公司、四川省川建院科技印务公司等 6 个全资或绝对控股子公司。院内设有 5 个建筑设计所及工作室、建筑景观设计所、建筑经济所、上海分院、重庆分院等设计生产机构。

省设计院自成立起，主要承担省内的工业与民用建筑设计、城市与工程测量、工程地质勘察等任务。20 世纪 80 年代以来，持有国家颁发的建筑行业工程设计、风景园林工程设计、装饰设计、建筑智能化系统设计、工程勘察综合类、工程测量及地质灾害治理工程勘察、设计、施工甲级资质证书，地质灾害危险性评估、地质环境影响评价、房建工程监理、四川省科技咨询行业建筑甲级资质证书，以及多项乙级资质证书等。具有经原外经贸部（商务部）批准的涉外经营权。

2005 年年末，有职工 724 人，其中专业技术人员 579 人，占全院职工人数的 80%；专业技术人员中，中级职称以上的人员 335 人。有四川省设计大师 4 人，享受政府特殊津贴专家和四川省有突出贡献的专家 13 人。有国家一级注册建筑师 53 人，二级注册建筑师 30 人，一级注册结构工程师 61 人，二级注册结构工程师 4 人，注册造价师 5 人，注册岩土工程师 11 人，注册监理工程师 29 人，省造价工程师、监理工程师、咨询师 63 人。省设计院经营地址为成都市东马道街 20 号，办公用地约 10000 平方米，生产经营用房 15300 平方米。各类计算机及生产设备 700 余台（套）。2005 年年末，总资产为 9150 万元。

1990—2005 年四川省建筑设计院主要年份经济指标统计表

表 4－29　　单位：万元

年份	资产总额	负债总额	所有者权益	主营收入	利润总额	净资产收益率（%）	保值增值率（%）	上缴税金
1990	—	—	—	522.10	-66.12	—	—	19.13
1995	4203.27	2258.58	1944.69	2747.91	10.69	0.44	100.26	147.73
2000	4018.11	2128.71	1889.40	4253.53	25.56	0.93	100.93	293.85
2005	9149.74	6450.07	2699.66	12005.11	345.44	7.51	108.05	820.86

二、设计服务与生产经营

省设计院建院以来，承担了政府下达的省内大量的工业与民用建筑设计、工程勘察、城市测量等任务。随着国家市场经济体制的建立和工程建设投资体制的改革，在参与市场竞争中，着力人才、技术、管理和品牌建设，立足四川，面向全国，在竞争中不断创新发展，勘察设计生产规模、技术水平、市场及社会影响力不断提高。在教育建筑、办公建筑、司法建筑、酒店建筑、商业建筑、旅游居住建筑、园林纪念建筑、大型住宅小区建筑等设计方面，完成一大批在省内外有社会影响的风格各异、独具特色的地区标志性建筑作品，如金牛宾馆、原成都工学院第一教学楼、江油矿山机械厂、四川游泳馆、蜀都大厦、李白纪念馆、成铁中心医院、省委办公楼、川大逸夫楼、民兴金融大厦，川信大厦、利比亚卫生部办公楼、芙蓉古城、成都索菲特万达酒店、成都凯宾斯基大酒店、四川进出口商检局检验楼、重庆市公安局指挥中心、明星电力调度中心、力宝大厦、新时代广场、成都房地产交易中心、成都财富中心、国色天香乐园、中海名城千色园、万科双水岸、四川省投资集团调度中心、开行大厦、香格里拉大酒店、乔治希顿·希尔顿大酒店、曼哈顿首座“富豪”大酒店、富森美家居国际商城、钱江铂金时代、丰德国际广场、复地城南国际商业中心、四川大学华西临床医学院教学楼、朱德纪念馆改扩建工程、成都武候祠博物馆“锦里二期”、量力钢材物流中心、西南物流中心、青岛及丽江火车站、西南科技大学院系实验办公楼群、万科金域蓝湾、新鸿基地产“悦城”项目、成都金沙遗址博物馆项目景观工程、成都华侨城“欢乐谷”公园，以及汶川城市设计、成都人民南路中轴线区域综合整治、大慈寺规划等。

至2005年，省设计院共完成大中型工程设计项目6000余项，建筑面积共约5727万平方米，项目投资额共约346亿元，完成107个县市和地区的城市测量，总控制测量面积约2075.5万平方米，以及大量的工程测量任务；完成工程项目勘察约3800项。工程地域遍及四川、武汉、长沙等10多个省市。并承担过阿尔及利亚、香港、北也门、利比里亚、美国塞班岛等国家和地区的工程项目。

省设计院坚持“质量第一”的方针，注重技术积累、技术发展和技术创新。先后获得全国重大科技成果奖1项；省部级科技成果奖、科技进步奖19项；国家级优秀工程设计奖2项、优秀标准设计奖2项、优秀软件奖1项、省部级优秀工程设计、优秀勘察成果117项；省部级优秀标准图设计、优秀软件奖7项；主编国家技术标准1项，参编国家级技术标准、规范、规程5项；主编省级技术标准、规范、规程7项，参编省级技术标准、规范、规程4项；主编国家标准图集2项；主编省级标准图集21项。

省设计院的经营收入，1980年实行企业管理之初约150万元。2005年，新签大中型工程设计、勘察、工程监理等合同项目405项，合同收费额约1.50亿元、项目建筑面积约771万平方米，项目投资额约66.48亿元。实现经营收入12005万元，上缴利税820万元，实现利润345万元，国有资产保值增值率为108%。

第七章　商业贸易企业

第一节　四川省商业集团有限公司

一、企业概况

四川省商业集团有限公司（简称川商集团），于1996年3月1日经省政府批准，于1996年6月25日在四川省工商行政管理局登记注册正式成立。川商集团是以原四川省商业集团有限责任公司为主体，以国家授权经营国有资产的出资方式改组设立的省属国有独资企业，并对原省级商业国有企业进行经营管理，兼具资产经营和生产经营双重功能。

1996年10月14日，四川省国有资产管理局受省政府委托对川商集团国有资产授权经营。1997年，川商集团被省委、省政府确定为扩张型、建立现代企业制度试点企业，省计划单列企业，经国家有关部门批准具有直接进出口经营权。

川商集团拥有11个全资子公司：四川省糖酒公司、四川省百货公司、四川省食品总公司、四川省蔬菜饮食服务总公司、四川省商业建设总公司、四川省商业物资公司、四川省燃料公司、四川省商业网点房地产公司、四川省商业外贸公司、四川省友谊华侨公司、四川民族贸易联合公司；4个控股公司：四川新时代实业有限公司、四川省五交化股份公司、四川幸和食品有限责任公司、海南益丰实业公司；6个分支经营机构：日用工业品分公司、家交电分公司、物资分公司、制冷分公司、进出口分公司、物流中心；3个直属事业单位：四川省商业建筑设计院、成都肉类产品批发市场、四川省酒类科研所。

截止2005年年底，全集团共有在职职工1014人，离退休职工611人；总资产6.36亿元，总负债4.58亿元，净资产1.79亿元。

1996—2005年四川省商业集团有限公司主要经济指标统计表

表4－30　　单位：万元

年份	资产总额	负债总额	所有者权益	主营收入	利润总额	净资产收益率（%）	保值增值率（%）	上缴税金
1996	93712	64645	29067	60833	－828	－3.80	100.02	825
1997	95674	64626	31048	37699	530	1.51	101.25	1043
1998	88615	56090	32525	28236	－1348	－4.78	95.39	906
1999	84943	52744	32199	22569	1019	2.32	101.75	569

续表 4－30

年份	资产总额	负债总额	所有者权益	主营收入	利润总额	净资产收益率（%）	保值增值率（%）	上缴税金
2000	90714	56277	34437	26660	860	1.78	102.48	706
2001	92476	55856	36620	22419	296	0.63	100.57	576
2002	81991	46449	35542	17596	－1074	－3.01	98.82	555
2003	78193	45383	32810	21553	－996	－2.89	97.87	1247
2004	73517	42340	31177	17344	－2044	－6.08	93.80	649
2005	63577	45746	17831	16574	－2402	－11.63	88.90	524

二、子（控股）公司及经营机构

四川省糖酒公司：1951 年成立。2003 年公司改制，组建四川省酒乐糖酒有限责任公司，同时保留“四川省糖酒公司”牌子。

四川省百货公司：1950 年 3 月成立。1997 年 10 月由川商集团承债式兼并重组后，更名为四川省百货有限责任公司。

四川省五交化总公司：1994 年公司作为省政府 22 户现代企业试点企业之一，与四川省投资公司、国营锦江电机厂三家共同发起成立四川省五交化股份有限公司。1998 年，该公司由川商集团承债式兼并，在原总公司基础上，经工商登记重新设立四川省五交化有限公司。2000 年，并入省五交化股份有限公司，川商集团控股 66.9%。

四川省商业建筑总公司：该公司前身为四川省商业局工程队，1975 年由工程队改为四川省商业建筑安装公司，1989 年经省商业厅批准更名为四川省商业建筑总公司，1996 年纳入川商集团，为集团全资子公司。

四川省燃料公司：前身为省煤建公司，1952 年成立。1992 年经省商业厅同意，改为省燃料公司。2003 年与省商业物资公司合并，两块牌子一套经营班子，对外以两公司名义开展业务。

四川省商业网点房地产公司：成立于 1992 年，2000 年 5 月公司改制变更为四川省商业网点房地产置业有限责任公司。

四川幸和食品有限公司：1995 年 3 月，与日本长荣株式会社合资建立，川商集团控股 20%；2000 年并入四川省商业外贸公司，同时保留“四川幸和食品有限公司”牌子。原四川省商业外贸公司领导人员交集团人力资源部管理，职工分流安置。同时将四川省商业外贸公司更名为四川省商业外贸有限公司，保留其外贸进出口权。

四川省酒类科研所：成立于 1984 年；2000 年属省级转制型科研事业单位。2006 年 6 月，由集团直接管理。

四川省友谊华侨公司：始建于 1988 年 5 月。2001 年，省政府批准，列入《四川省国有企业退出规划》，2003 年 9 月 12 日省委企业工委同意四川省友谊华侨公司依法破产，职工按相关政策进行安置。

四川民族贸易联合公司：该公司系省三州（阿坝、凉山、甘孜）民族贸易企业联合组建，2002 年 移交省经委流通行业办公室管理。

四川省商业建筑设计院：2002 年 12 月，经省政府国有资产管理局批准国有资本退出。单位国有职工转换身份，改制成立股份制企业。离退休人员移交省商业网点房地产公司管理。

成都肉类产品批发市场：1991 年由省政府与商业部联合创办。1996 年，组建省商业集团公司时，该市场被纳入川商集团。2003 年停业，人员分流安置，资产及离退休人员移交集团总部管理。

集团总部的 6 个分支经营机构，先后撤并。

日用工业品分公司 1999 年变更为四川省日用工业品公司，2000 年停业。家交电分公司、制冷分公司 1999 年撤销，人员分流安置。进出口分公司于 2003 年并入省五交化股份有限公司。物资分公司于 2007 年撤销，人员分流安置。物流中心于 2008 年划入省物资产业集团，即“四川物流集团”。

第二节　四川省长江集团有限公司

一、企业概况

四川省长江集团有限公司（简称长江集团）成立于 1997 年 12 月，是实行国有资产授权经营的国有独资企业。其前身四川省长江企业公司成立于 1980 年 5 月。成立初期，四川省长江企业公司与四川省进出口管理委员会、四川省外国投资管理委员会合署办公（三块牌子，一套班子），1983 年机构改革中，政企分开。长江企业公司于 1984 年 9 月成立香港嘉陵有限公司，为四川在港窗口企业。又先后成立西南国际租赁有限公司、四川（中日）出租汽车有限公司以及四川省长江国际信托投资公司等，并在美、俄、意、匈等国设立海外机构，进出口贸易等各项业务蒸蒸日上，1988 年被外经贸部评为“中国民族经济之花”。90 年代中期，公司连续多年跻身于全国进出口总额 500 强，入选全国最大 500 家国营企业之列，被国家国有资产管理局授予“中国脊梁”称号，进出口经营额连续多年名列四川省前茅。1993 年 12 月，公司经国家体改委批准为进行股份规范化试点企业。1995 年12 月，公司股票在深交所挂牌交易（简称川长江）。

由于国家外贸体制改革，工厂自营外贸业务逐步大幅增加，长江集团公司逐渐丧失竞争优势，所属长江股份公司业务规模逐步萎缩，2000 年、2001 年、2002 年公司连续 3 年出现巨额亏损，经营举步维艰，人才流失严重，公司决定出让上市公司壳资源以图生存和发展。经省政府批准同意共计转让 5600 万股（占总股份 28.95%）的控股权与四川汇源科技产业（集团）有限公司，余下的 1238 万 股（占总股本的 6.4%）由长江集团继续持有，长江股份公司更名为四川汇源光通信股份有限公司。2003 年，长江集团实施资产重组，成立四川省时进置业有限公司，从事房地产开发业务；成立四川省长江国际贸易有限公司，重拾进出口业务。公司加大力度发展出租车公共交通、旅游及物业管理等，进行产业结构调整和资源整合，形成以房地产开发、城市公共交通、进出口贸易三大主业快速发展的良好局面。

自 2008 年开始，长江集团更加注重突出主业，确定了公司加快向具有投融资功能的公益服务型企业发展和转型的目标。

2001—2005 年四川省长江集团有限公司主要经济指标统计表

表 4－31　　单位：万元

年份	资产总额	负债总额	所有者权益	主营收入	利润总额	净资产收益率(%)	保值增值率(%)	上缴税金
2001	51472	21409	13266	37396	－5.830	约－25	约 75	226
2002	21117	8184	12455	2155	－806	－7.34	93.88	213
2003	20239	7598	12096	5738	336	1.14	97.11	193
2004	20335	7114	12452	8615	579	2.84	102.94	205
2005	31723	15676	15176	11797	978	4.73	104.72	603

二、业务经营

集团公司经营管理省政府授权的国有资产。控股、参股公司经营进出口（不含国家规定统一经营的商品）业务，承办国外商品寄售，技术交流，机械设备维修；项目投资；融资，租赁；开展“三来一补”业务，承办劳务输出；房地产开发；国内和边境贸易（不含国家禁止和限制经营的产品）；运输；旅游；广告；信息服务；承办省政府交办的其他业务。

长江集团 2000 年至 2002 年因国家外贸经营权放开，连续 3 年出现亏损；2003 年至 2005 年进入恢复增长期，实现转亏为盈；2006 年开始步入快速增长期，取得良好效益。

长江集团 2000 年亏损 5621 万元，2001 年亏损 5830 万元，2002 年亏损 806 万元，2003 年开始转亏为盈。

第三节　四川省外贸集团有限责任公司

一、企业概况

2000 年下半年，根据省领导和主管部门的部署，由四川省机械进出口公司、四川省五金矿产进出口公司、四川省纺织品进出口公司和四川省医药保健品进出口公司 4 户运行较为正常且管理较好的企业，共同组建为集团企业，并同时与原主管部门脱钩。

2001 年 4 月，经四川省国有资产管理委员会批准，由上述 4 户企业共同组建为四川省外贸集团有限责任公司（简称省外贸集团），是以“授权经营其管理的国有资产”方式，以国家在 4 户外贸企业中的权益作为出资，组建的国有独资集团有限责任公司。原来 4 户国有公司的产权取消，变更为省人民政府对外贸集团出资，重新进行国有产权登记，出资人变更为四川省外贸集团有限责任公司。2001 年 8 月，经工商注册登记成为独立的企业法人，注册资本 10701 万元人民币。外贸集团取得下属 4 户子公司的所有者权益合计 17167 万元，以此作为省外贸集团的授权经营额。2001 年 9 月，四川省外贸集团有限责任公司正式运作。

省外贸集团下属经营单位为四川省机械进出口公司、四川省医药保健品进出口公司、四川省纺织品进出口公司、四川省五金矿产进出口公司 4 户全资子公司和控股企业四川省外贸集团成都进出口有限责任公司；还控股或参股四川省外贸机械进出口有限责任公司、四川川村中药材公司、四川省国光机械进出口有限公司、四川广松制药公司、四川省外贸五矿进出口有限责任公司、四川省纺织品进出口有限责任公司等；还开办加工基地、定点定牌生产厂等投资延伸实体企业10余户。外贸集团下属子公司以及生产厂家多数已获得“ISO 9001 国际服务质量体系认证”系列资格和安全环保等资格认证，国家出口配额商品专营单位等资质。外贸集团从业总人数500余人，其中专业外贸商务人员与综合管理类人员之比例构成合理。经过数年整合调整，公司的综合统管能力与各经营单位的协调运营形成了合力，创下了全省同类型行业外贸企业出口规模和盈利水平“双龙头”的领先业绩。2005年，资产总额为4.27亿元。

2001—2005年四川省外贸集团有限责任公司主要经济指标统计表

表4－32　　单位：万元

年份	资产总额	负债总额	所有者权益	主营收入	利润总额	净资产收益率（%）	保值增值率（%）	上缴税金
2001	37947.86	18199.27	18104.37	69835.01	2111.60	7.20	—	926.28
2002	42445.62	19049.96	19913.64	79966.99	3490.62	8.87	9.99	1317.48
2003	26938.61	6550.83	20187.97	15566.91	1185.24	4.83	1.38	855.83
2004	37020.27	9014.77	24756.22	23656.43	1618.84	2.24	2.24	907.30
2005	42758.77	13446.11	25893.30	38515.96	2202.96	5.96	4.50	1056.29

二、企业经营管理

省外贸集团属开放型经济企业，是省国资委监管企业中唯一一户专业对外贸易公司，由于自身基础条件较好、职能关系定位合理，其经营规模、资产质量运营机制、管理水平都得到大幅度提升，市场竞争能力、商业信誉和抗御风险能力在同类型企业中处于较为领先的水平。2001—2005年，资产总额从37947.86万元增至42758.77万元，资产增长率12.68%；负债由18199.27万元降至13446.11万元，负债增长率为－26.12%；所有者权益由18104.37万元增至25893.30万元，所有者权益增长率43.02%；国有资本平均保值增值率、利润增长率、净资产平均收益率以及上缴税金增长率均逐年递增。作为衡量专业外贸企业重要指标，四川省外贸集团的年出口规模由成立当年的8518万美元直线跃升为2005年的20130万美元，居省内同类型企业之首。

省外贸集团各经营单位主要出口商品为电子器件、加工机械及附件、工具、农具农机、丝绸及化纤棉麻纺织品、服装及面料、汽车配件及附件、中药西药及原料、保健养生制品、五金制品、有色金属、金属及非金属矿产品等数十门类上千品种；出口市场覆盖世界主要市场的国家、地区，并与欧盟和美国以及韩国、日本等国家部分著名供销商建立了长期合作互信关系；与国内尤其是省内的生产供应厂家建立了广泛的出口货源收购渠道；保证了作为专业外贸企业“亦购亦销、适销对路”的良性循环机制。由于多年专注国际市场的需求和变化规律，不断调整商品构成，多种出口商品的出口金额居全国前列；注重品牌战略，自身开发的数十种品牌商标得到国际市场认可。

在企业管理方面，始终秉持守法经营、积极稳健、适应形势的原则，强调防范市场风险、广泛开拓商机、突出国有资产保值增值。始终保持了财务状况良好、资产分布和资产质量合理优良的状态。各经营单位基本无呆滞应收款项，无积压库存，无对外担保。

省外贸集团成立以来，先后被评为“四川外贸出口50强企业”“中国进出口额最大的500家企业”等；集团领导班子被中共四川省委组织部授予“创建四好领导班子先进集体”称号。

三、企业改革改制

四川省外贸集团有限责任公司努力谋求发展主业规模，创新体制模式，以外贸集团的品牌资质优势，充分发挥各经营单位的经营特色。企业改革的重心以创新探索，提高企业核心竞争力、行业竞争力为主旨，建立新的利润增长点。以外贸集团机械进出口公司国有绝对控股组建的四川省国光机械进出口有限公司，根据机电产品出口的行业特点，坚持自营方向，着力整合供应商和产品系列，完善营销网络。

外贸集团稳步推进经营机制和企业体制两个方面的改革，按照外贸集团国有控股、业务骨干持大股、吸引职工持股的成功模式，对于条件成熟的业务部门实行股份制公司改造，以产权股权纽带关系紧密业务骨干与企业的关联性，充分调动职工积极性，确保留住人才，留住业务，进而确保外贸集团及各经营单位的可持续发展。

第四节　四川省粮油（集团）有限责任公司

一、企业概况

1996年6月，为适应粮食系统实行政策性业务和经营性业务分开运行与省级机关机构改革，精简人员，经省政府批准成立四川省粮油（集团）有限责任公司（简称粮油集团）。

粮油集团组建初期，拥有四川省粮油收储公司、四川省粮油贸易公司、四川省粮油工业公司、四川省粮油饲料公司、四川省粮油物资公司、四川省粮油食品供应公司、四川省粮食汽车大修厂等7家全资子公司。后来进行一系列投资，全资、控股子公司曾达到24户。2000年年底实行政企分开，与省粮食局脱钩。主要承担国家和省级储备粮油的存储任务，同时开展粮油贸易、粮食储运、粮油产品加工和销售业务。但由于种种原因，集团陷入困境。至2005年年底，集团累计亏损1.8亿元，负债近3亿元，所有者权益成负数，全部固定资产和银行账户均被法院查封并进入执行阶段，整个集团除中央储备粮管理仍继续开展经营活动外，其余企业几乎均处于停业状态。

2006年3月，省国资委对集团领导班子进行调整，经营工作得到恢复，集团的改革开始稳步推进。

1997年、2000年、2005年四川省粮油（集团）有限责任公司主要经济指标统计表

表4-33　　　　单位：万元　%

年份	资产总额	负债总额	所有者权益	主营收入	利润总额	净资产收益率（%）	保值增值率（%）	上缴税金
1997	73678	73288	390	3173	232	59	100	2
2000	130287	119575	10712	27666	199	1.2	86	214
2005	94354	93917	-319	20928	-2168	-151	-69	103

二、生产经营

粮油集团主要从事粮油贸易、小包装粮油销售及粮油储藏业务，拥有国内一流的粮油仓储运输设施，具备四川乃至西南最大仓容的粮食储备库和78个自备油罐车的铁路食用油罐车队。彭山、白家、簇桥、广元4个粮库的仓库总容量达30万吨、油罐总容量4万吨。彭山、双流白家还有铁路专用线3.7公里，年吞吐量40万至65万吨；具备较为完善的制度管理体系，相关基础设施连年更新升级，保管有中央及省级储备粮油的彭山粮库、白家粮库多次受到中国储备粮管理总公司和省粮食局表彰。

集团公司依托优良的仓储设施，在吉林、山西、内蒙古等粮食调出产区有较稳定的采购点5个，租用仓库容量2万吨，常年采购量达15万吨左右，具备省内最强的粮食调运能力。依靠彭山、双流白家一带浓厚的粮食批发商业氛围，建立了较为固定的经销、批发流通合作渠道，与希望、正大等8个用粮大户建立了以玉米为主要品种的大宗粮食购销往来，年销售量15万吨左右。

粮油集团所属“老厨房”品牌，定位为四川中高端粮油消费群体，是四川省著名商标，立足四川12年，一直具有较好的品牌优势，有一定忠诚的客户群体，市场基础较好。依托“老厨房”小包装优质米在市场的良好表现，并快速抢占市场。“老厨房”名下产品已进驻成都伊藤洋华堂、沃尔玛、红旗连锁在内的几乎所有主要卖场，德阳、绵阳、攀枝花、内江、乐山、眉山、雅安等市的经销代理已全面铺开。老厨房小包装大米覆盖了省内52家连锁超市的4500多个门店。

2008年，粮油集团实现扭亏为盈，结束了自组建以来连年亏损的局面，并连续3年盈利。

三、改革改制

2006年开始，实行中层干部竞聘上岗，对富裕人员进行下岗分流，共安置职工317人。

第五节　四川物资产业集团总公司

一、企业概况

四川物资产业集团总公司（简称物资集团）前身为四川省物资厅。1996年10月，省物资厅成建制转为集团总公司，以省物资厅直属国有物资企业为主体，以资产为纽带，经省政府授权经营管理原省物资厅属企、事业单位国有资产，组成具有流通、生产、科技、外贸、信息、服务等多功能的综合性企业集团公司。并受省政府委托，对全省物资流通行业实施行业管理。2000年，取消物资集团的行业管理职能，并中止财政扶持。物资集团注册资本金19300万元，经营范围包括金属材料、机电产品、汽车销售、广告服务、报废汽车经营回收、饭店旅游、餐饮娱乐等，主营业务为物资贸易、运输及仓储业务。2005年年末，集团公司有在职人员1200人，其中国有身份710人；资产总额7.68亿元，负债5.06亿元，所有者权益2.62亿元。

2000、2005 年四川物资产业集团总公司主要经济指标统计表

表 4－34　　单位：万元　%

年份	资产总额	负债总额	所有者权益	主营收入	利润总额	净资产收益率（%）	保值增值率（%）	上缴税金
2000	111084	91974	19110	33374	－4286	－12	－19	350
2005	83046	71143	11903	4392	－1238	－10	－17	402

二、业务经营

物资集团母公司由原省物资厅机关和四川省金属材料总公司、四川省化工轻工总公司、四川省建筑材料总公司、四川省机电设备总公司、四川省物资总公司、四川省物资外贸公司组成。全资（控股、参股）子公司有四川物资集团（有限）公司、四川省有色金属材料总公司、四川省金属回收总公司、四川省重点建设物资承包供应总公司、四川省外商投资企业物资供应公司、四川化工贸易股份有限公司、四川商品拍卖中心等企业。物资集团成立时，总资产 15 亿元，职工 2300 余人，在全国各大中城市建立了比较齐全的经营网络，有经营网点 90 多个，与全国 13 家钢铁企业和主要汽车生产企业建立了代理业务关系。1998 年经营业务额达到 23.8 亿元，是全省最大的物资贸易企业。

物资集团本部无生产经营业务，下属二级子公司大部分经营业务已大幅萎缩，除少数企业能够正常经营外，多数企业主要依靠房租和变现资产或资产租赁为主勉强维持运转。

物资集团由于资产主要集中在各下属子公司，在多年的经营过程中大部分优质资产已用作抵押，并形成抵偿债务的现实损失，资产严重缩水。银行债务已近 7 亿元。

截止 2005 年，纳入物资集团报表汇总企业共 9 户。其中二级企业 7 户，分别是四川物资（集团）有限公司、省机电设备总公司、省化工轻工总公司、省物资储运公司、省物资储运神仙树仓库、四川商品拍卖中心、集团本部；三级企业 2 户，为四川港宏车辆公司、成都通华长安汽车销售有限公司。另有 12 户企业 2000 年以前就处于停业状态。除省金属公司、省有色公司、省回收公司、省东御物贸公司留有少数人员管理大批企业原离退休干部外，其余企业大多既无资产也无在职人员。

第八章　宾馆旅游文化服务企业

第一节　四川锦江宾馆有限责任公司

一、企业概况

1958 年，锦江宾馆作为国庆 10 周年献礼工程破土动工。1960 年建成之际，朱德和陈毅两位四川老帅亲自选定“锦江”为馆名：因宾馆毗邻锦江河畔，成都古代即有“锦城”“锦官城”的美称，同时期望宾馆与新中国一样前程似锦。1964 年，周恩来总理视察锦江宾馆时说：锦江宾馆这个名字很贴切，很有意思。

锦江宾馆占地面积 5 万余平方米，绿荫婆娑，花草飘香，曲径通幽，闹中取静，素有“花园式宾馆”之美誉。锦江宾馆以其悠久的文化历史、独特的建筑风格，成为成都标志性建筑之一。50 余年来，锦江宾馆一直保持建筑外观原有风貌，以凸显其历史文化特质。但内部装修一直与时俱进，不断更新。

锦江宾馆自建成后，作为四川省级招待所，长期承接中共四川省委、省政府的高级招待任务。1979 年，锦江宾馆成为四川省首家涉外饭店，实行企业化管理。1989 年被评为三星级饭店，1992 年晋升为四星级饭店，1995 年锦江宾馆荣膺五星，成为中国西南地区首家五星级商务、旅游饭店。1998 年，锦江宾馆加入国际金钥匙组织，成为西南地区首家酒店服务万能博士——“金钥匙”的首席酒店。2008 年 11 月，锦江宾馆划归四川发展（控股）有限责任公司，成为其下属的全资子企业。

锦江宾馆是四川省旅游龙头企业，四川省旅游协会副会长单位、饭店分会会长单位，中国华龙酒店集团（协会）理事长单位，中国名酒店组织副理事长单位，中国旅游饭店业协会副会长单位。

1990 年、2000 年、2005 年四川锦江宾馆有限责任公司

主要经济指标统计表

表 4－35　　　　　　　　　　　　　　　　　　　　　　　　单位：万元　%

年份	资产总额	负债总额	所有者权益	主营收入	利润总额	净资产收益率（%）	保　值增值率（%）	上缴税金
1990	7445. 30	3412. 55	4032. 74	3594. 34	853. 15	22. 77	116. 57	360. 20
2000	27733. 98	15268. 03	12465. 97	12286. 56	350. 40	3. 62	103. 69	744. 60
2005	25650. 59	18839. 04	6811. 56	17688. 40	360. 70	3. 58	103. 88	1165. 80

二、接待经营

锦江宾馆拥有各类客房480间，客房既有高贵典雅的传统风味，又有简约时尚的现代元素，豪华典雅、温馨舒适。面积上千平方米的总统套房，尊贵奢华，足以和世界顶级套房媲美。

锦江宾馆餐饮规模在四川酒店业首屈一指。除了创新川菜，还有粤菜、淮扬菜以及各式西餐、韩国烧烤、日本料理。锦江宾馆欧洲花园街拥有以17个欧洲城市命名的宴会厅，以服务温馨、菜品精美、氛围雅致闻名成都。

锦江宾馆拥有13个大小各异的会议室，拥有成功举办各类峰会的经验。宾馆优美自然的生态环境、专业的会议策划水平与周到细致的服务，以及国际一流的会议设施，使锦江宾馆成为各类国际商务谈判、商务会议、学术交流等商务活动的首选。先后接待了女足世界杯、中国西部与国内五百强企业论坛、海峡两岸科技经济博览会、中国西部博览会、世界拳击理事会第46届全球年会等等，深受海内外知名人士的赞赏。

50余年来，锦江宾馆是四川省最重要的外事接待口岸，四川省改革开放的窗口。众多中外政要名流及商业巨擘的下榻光临，使锦江宾馆闻名遐迩。开业以来，锦江宾馆先后接待了周恩来、朱德、邓小平、陈毅、班禅额尔德尼、钱其琛、曾庆红、温家宝、回良玉等党和国家领导人。众多外国政要也曾下榻光临，如美国总统卡特、布什、国务卿基辛格，英国首相希思，德国总理科尔、施罗德，法国总统希拉克，朝鲜首相金日成，柬埔寨国王西哈努克，新加坡总理李光耀、吴作栋，韩国总统金泳三，澳大利亚总理霍克，委内瑞拉总统查韦斯，印度尼西亚总统梅加瓦蒂，巴基斯坦总统穆沙拉夫，菲律宾总统阿罗约，西班牙国王卡罗斯等。

锦江宾馆吸取国内外饭店先进经验，不断改革创新，致力于完善和建立现代企业经营管理制度，实行科学管理、严格管理、细节管理、信息化管理和企业文化创新，启动“内部控制与全面预算管理”，并在四川省内率先推行管家式服务，形成了具有锦江特色的个性化服务、感动服务、精细服务。打造出一支经验丰富的管理团队，形成一套独具特色的经营管理模式。1995年，锦江宾馆编撰出版了160万字的《四川锦江宾馆管理与服务手册》。2007年，锦江宾馆在全国企业中首家全面倡导感动文化，将“创造感动”作为企业核心价值观。

锦江宾馆经营态势良好，收入连创新高。平均房价、出租率、市场份额、年收入等主要指标均在成都市十几家五星级饭店中名列前茅，创造弘扬了民族品牌。在创造良好经济效益的同时，锦江宾馆热心环保和社会公益事业，积极参与社会扶贫助困活动，受到社会各界的广泛赞誉，树立了良好的企业形象。

2002年，锦江宾馆收入1亿元，利润值300万元；2003年收入1.39亿元，利润值210万元；2004年收入1.72亿元，利润值349万元；2005年宾馆收入1.76亿元，利润值达到360万元。

三、开拓发展

1993年2月，锦江宾馆成立全资子公司四川锦江旅游饭店管理公司，为中国西南地区最大、最强、最具品牌价值的国家级饭店管理公司。1993年以来，锦江宾馆先后承接了30余家三星级、四星级、五星级饭店的经营管理，成功涉足公园、政务服务中心、银行前台、电信营业厅、博物馆等新的管理领域，取得良好成效。

第二节　四川省中国国际旅行社有限责任公司

一、企业概况

四川省中国国际旅行社（简称省国旅）前身是始建于1978年3月的中国国际旅行社成都分社。1987年1月，国旅、中旅接待科分离，成立四川省中国旅行社。1993年中国国际旅行社成都分社更名为四川省中国国际旅行社，直属四川省旅游局。1999年9月，为四川省旅游集团投资有限公司全资子公司。2001年8月，四川旅游集团投资有限公司撤销，重新组建新的四川省中国国际旅行社。四川省中国国际旅行社下属企业有：四川海外旅游公司、四川锦鑫酒店、四川海外富长国际旅行社有限责任公司、中国旅游服务公司四川省公司。

省国旅是四川最早成立的国际旅行社，为中国国旅集团首批董事会成员，是中国国旅集团常务理事、四川省旅游协会旅行社分会会长单位，是中国西南地区最早从事招徕和接待外国人、港澳台同胞及华侨来华旅游的骨干企业之一，是四川省出境旅游组团社。

省国旅拥有一大批长期从事国际、国内旅游业务的专家和精通外语、训练有素、实践经验丰富的外联、翻译和导游人员，包括高级导游20人，中级导游30人，出境领队145人。2005年，在册人员304人，在岗人员217人。

2001年，省国旅净资产为3349万元，2005年年末净资产2858万元，减值491万元。2005年年末，固定资产3543万元；流动资产4037万元；长期投资579万元；其他资产503万元。

二、业务经营

省国旅主要经营入境旅游、国内旅游、票务代理、商品批发与零售。所属四川海外旅游公司经营入境旅游、国内旅游、出境旅游、票务代理、商品批发与零售；四川锦鑫酒店为三星级酒店，主要从事住宿、餐饮、卡拉OK服务；四川海外富长国际旅行社有限责任公司主营日本入境游市场；中国旅游服务公司四川省公司经营国内旅游业务、民用航空运输销售代理、铁路客票销售代售、房屋租赁、商品批发与零售。

1978年，国旅成都分社（省中旅社）成立，当年组织接待外国人、外籍华人、华侨和港澳同胞旅游者2500人。

1979年，共接待来自32个国家和地区旅游者共计9314人，其中外宾5763人。占成都市接待的78.84%。组织开展科技、学术交流活动和座谈会讲学110次。

1982年1月，积极开创蓉组团（成都组织的旅行团）活动，根据旅游者的职业、身份、兴趣、爱好等，制定不同的旅游产品。蓉组团共计74个、1071人次、1920人天，创汇48465美元。

1987年4月，经省政府同意，香港—成都直航包机由国旅成都分社作为承包单位，实行自负盈亏。航班由原来的每周往返一班增加至每周往返两班，当年取得较好效益，全年盈利121.56万元（港币）。

1989年至1998年共实现利润475.79万元，其中1990年实现利润234.85万元，是国旅成立以来实现利润最高的一年。

1999年，全年组织接待海内外游客53054人，285298人天，实现税利102万元，扭转了连续

3 年亏损的局面。

面对激烈的市场竞争，省国旅推出了一系列新的旅游线路，如港澳和“丽星”邮轮海上游；“非诚勿扰”日本北海道游；欧洲深度游等。并联合“丽星”邮轮等知名企业，打开高品位旅游市场，开发了日本、韩国世界杯之旅等线路。

还组织省内数家电视台前往香港拍摄丽星邮轮宣传片，成为该公司业务四川地区的总代理，先后组织数千人参加丽星邮轮的旅游。与新加坡旅游局、新加坡胜安航空公司及多家旅行社合作，推广新加坡旅游。

社领导多次随同省旅游局前往日本、韩国等地宣传促销，并于2001年、2002年成功地组织接待了30架次4000余人的日本农协系列包机团。2003年，省国旅加入中国国旅总社与美国运通公司合资设立的“国旅运通休闲网络”，进一步拓展了业务市场领域和营销渠道。2004年在克服了“非典”影响后，又接待了43架日本交通公社、日本农协观光社的包机。努力促成日本“JTB”（日本最大的旅行商——交通公社）和“农协观光”35架次旅游包机来川。数年来，还多次提供会议服务，如剑南春、西门子、二滩水电公司、思科公司的业务会议及全国科协年会等。

省国旅先后加入PATA（太平洋亚洲旅游协会）、IATA（国际航空协会）等国际组织。2005年，省国旅四川海外旅游公司成为四川唯一一家为英国大使馆指定ADS签证旅行社。省国旅与世界各大洲的主要国家如美国、德国、俄罗斯、瑞士、奥地利、埃及、南非等国的旅游机构有着广泛的业务联系，并与他们建立了稳定合作关系。市场营销力度的加大，使省国旅占有全省国内旅游市场份额的15%，出境旅游的20%。入境旅游是省国旅的优势项目，欧美市场入境游省国旅占四川市场近半的份额，日本市场入境游占四川市场的三分之一强，而日本高端入境游市场（指日本最大旅行社JTB团队）占70%。

1999年以来，省国旅连续被评为全国百强国际旅行社。

第三节　四川新华发行集团有限公司

一、企业概况

四川新华发行集团有限公司（简称“新华发行集团”）前身为20世纪50年代初建立的四川新华书店。2000年3月，省新华书店、省外文书店和省出版对外贸易公司3家国有发行单位实行资产重组，组建四川新华书店集团有限责任公司（后更名为四川新华发行集团有限公司）。2003年6月，中共四川省委、省政府批准组建四川新华发行集团，并授权新华发行集团经营全省新华书店资产。在4年时间内完成转企改制、股份制改造、境外上市的三大步跨越。

2005年5月，新华发行集团作为主发起人，以主营业务资产和投资权益作为出资，与四川出版集团、辽宁出版集团有限公司、四川日报报业集团等新闻出版产业跨地域、跨行业资本联合，发起成立了国内出版发行行业第一家按照上市公众公司标准组建的股份有限公司——四川新华文轩连锁股份有限公司（后更名为新华文轩出版传媒股份有限公司，简称“新华文轩”）。该公司总资产35亿元，净资产11亿元，其中新华发行集团持有85.91%的股权。2007年5月30日，新华文轩在香港联交所主板成功挂牌上市，成为国内首家在港上市的发行企业。本次发行，实际发行价格、融资额均大大超过计划发行状况，融资额约22亿港元。

1995 年、2000 年、2005 年四川新华发行集团有限公司主要经济指标统计表

表 4－36 单位：万元

年份	资产总额	负债总额	所有者权益	主营收入	利润总额	净资产收益率（%）	保 值增值率（%）	上缴税金
1995	64366.08	33816.06	30550.02	121223.03	3608.56	9.22	147.10	4531.90
2000	192755.86	92753.99	100001.87	258554.34	7470.38	5.28	111.44	14612.66
2005	342842.47	148074.32	194768.15	247479.38	15578.13	6.08	107.15	23295.60

二、经营管理

2003 年 6 月，中央确定四川新华发行集团为全国文化体制改革试点单位，省政府将全省新华书店国有资产授权新华发行集团经营管理，新华发行集团对全省除 3 个少数民族自治州以外的 18 个市、94 个县（区）新华书店整体进行事业单位转为企业的改制。按照现代企业制度的要求，注销了 112 个原市县新华书店的法人资格，实现了人、财、物的统一管理，彻底改变了全省新华书店建店 50 多年来以行政区划构成的三级法人、“多而散”“小而全”的经营管理格局。

为有效地对授权经营范围内国有资产实施管理，新华发行集团还创新管理模式，在省内 18 个市设立编制 3 至 5 人的市管理中心，作为派驻当地的办事机构，在授权范围内行使管理、协调、监督职能。各市管理中心在新华发行集团的直接领导下，在资产管理、主业股份制改造、盘活闲置资产、处理“事转企”遗留问题、维护稳定等方面，做了大量工作。强化了新华发行集团的统一管理，确保改革的平稳推进，为集团各子（分）公司在当地分支机构的经营创造良好的环境条件。

2004 年 10 月，新华发行集团与德国 SAP 公司、美国 IBM 等国际一流高新技术公司合作，全面实施世界先进的 ERP 信息管理系统建设，并于 2005 年 6 月 6 日上线，成为国内出版业第一家大规模成功引进 ERP 管理系统的企业集团。该系统以实时、共享的信息流贯穿商流、物流和资金流，实现了业务、财务、物流的高度集成，极大地提升了主营业务整体运营效率和业务拓展能力。连锁总部及下属 201 家连锁门店，与 ERP 系统的绝大部分功能模块，如采购、商品调配、批发团购、零售、物流、结算等，实现了顺利对接。

西部出版物物流配送中心于 2005 年 11 月投入运行，中心占地面积 110 亩，地面建筑面积 5 万平方米，立体储存面积 10.2 万平方米，储位 20 万个，日处理收货能力 1 万个品次，日拣选能力为 3 至 3.5 万种，日配送能力可达 500 家连锁门店，日加工能力为 3.5 万件包件。是国内规模最大、系统集成能力最强、运行经济合理，自动化、信息化程度最高的现代化出版物流配送枢纽。

新华发行集团自创“文轩”和“时代新华”两大品牌，按照规范的现代商业连锁方式，形成并完善了商品采购及组织集中统一、连锁门店管理集中统一、销售政策和服务规范等统一、形象统一、配送组织统一、信息统一的连锁经营模式，不断提升连锁管理核心技术。

由新华文轩控股、整合 3 家优势印刷企业组建的四川新华彩色印务有限公司，引进海德堡 M600 型商业轮转机等世界一流先进印刷设备，并汇集了一支技术高、精的印刷专业人才队伍，年生产能力达到 350 万对开色令；规模和技术水平居中国西部彩色印刷企业之首。

第九章　投资经营企业

第一节　四川省投资集团有限责任公司

一、企业概况

四川省投资集团有限责任公司（简称川投集团）前身为成立于1988年的四川省能源交通投资公司，1991年更名为四川省投资公司。1996年在四川省投资公司、四川省巴蜀电力公司等单位的基础上组建为四川省投资集团有限责任公司，注册资本44.99亿元人民币。1998年相继兼并长城特殊钢（集团）有限责任公司和峨眉铁合金厂，2004年兼并四川嘉阳集团有限责任公司，逐步发展为全国投资行业和地方电力投资企业综合实力名列前茅的大型投资控股集团公司。

川投集团作为战略管理控股公司，主要围绕能源、基础设施、重要原材料工业等方面进行投资。拥有巴蜀电力、嘉阳集团、川投峨铁、川投水务、川投化工、电力燃料、房地产、展利国际等10余家全资子公司；控股川投能源（持股53.75%，投资额38.83亿元）、二滩公司（持股48%，投资额22亿元）、紫坪铺开发公司（持股42.5%，投资额9.35亿元）、田湾河开发公司（持股80%，投资额3.2亿元）、泸州川南发电公司（持股55%，投资额4.73亿元）、新光硅业（38.9%，投资额1.2亿元）、川投国贸（持股91.67%，投资额2750万元）、川投置信（持股51%，投资额1.72亿元）等10余家公司；参股四川聚酯、宜宾丝丽雅、达成铁路、天华股份、交通银行等一批大中型项目。2005年度，川投集团实现销售收入67.9亿元，实现利润总额10.17亿元，集团合并资产546亿元，成为四川省属资产规模最大的国有企业。

1996—2005年四川省投资集团有限责任公司主要经济指标统计表

表4－37　　单位：万元　%

年份	资产总额	负债总额	所有者权益	主营收入	利润总额	净资产收益率（%）	保　值增值率（%）	上缴税金
1996	1354992.41	1077020.92	277971.49	—	—	—	—	—
1997	1383050.56	1074180.18	308870.38	97137.46	12043.95	2.85	—	—
1998	2127260.00	916858.87	1210401.13	270193.10	8797.57	0.02	—	—
1999	2218735.55	910655.69	1308079.86	251345.55	11642.47	0.79	—	—
2000	2482329.63	986553.27	1495776.36	359039.44	12937.95	0.58	—	—
2001	2537466.84	927414.54	1610052.30	402476.49	11688.16	0.33	—	—

续表 4－37

年份	资产总额	负债总额	所有者权益	主营收入	利润总额	净资产收益率（%）	保值增值率（%）	上缴税金
2002	2472120.91	901787.11	1570333.80	410089.63	19040.87	0.70	—	—
2003	4064739.41	2452758.13	1611981.28	535145.01	46337.11	2.13	—	—
2004	4913515.93	3172284.81	1741231.12	603473.74	77282.78	2.68	102.69	102309.25
2005	5459988.75	3683638.63	1776350.12	679016.40	101722.87	2.90	102.96	98638.25

二、重点项目建设

川投集团作为省政府主要投资主体，集中有限财力办大事，对制约四川经济发展的能源、交通、邮电、原材料工业等瓶颈行业进行投资，建设了二滩电站、江油电厂、紫坪铺工程、达成铁路、四川聚酯、宝成铁路复线、天华大化肥等一大批在全省国民经济发展中具有举足轻重作用的大中型骨干企业和重点项目。

川投集团通过加强与金融机构的合作，确立项目法人资本金制和项目融资制，以较少的国有资本投入吸收了国内外大量社会投资。2005 年度，川投集团投资总额超过 200 亿元，累计带动了投资规模逾千亿元（其中外资 10.8 亿美元）。通过积极抓好基础项目建设、实施产业结构调整、优化资源配置、推进国企改革与经营创新，逐步构筑了以能源电力产业为主导，原材料工业、基础设施、第三产业协调发展“四位一体”的产业格局，取得显著的经营优势。在能源领域，川投集团控股、参股电力装机容量 805 万千瓦，约占四川省电力装机总量的 40%，其中可控容量 444 万千瓦，权益比例容量 296 万千瓦，年发电量 218 亿千瓦时；形成原煤产能 100 万吨。在原材料工业领域，拥有铁合金 22 万吨、黄磷 6 万吨、聚酯 10 万吨、粘胶长丝 505 万吨的年生产能力，其中铁合金、黄磷单个企业产量均为全国第一，粘胶长丝单个企业产量世界第一。在基础设施领域，投资建成国家干线铁路和地方铁路 1000 余公里；参与了双流国际机场改扩建及全省数网通讯和光缆干线工程的建设；通过并购等方式积极介入水务产业等城市基础设施及特许经营领域，形成了收费公路 740 公里、日供水 16.5 万立方米、供气 7 万立方米的经营规模。在第三产业领域，形成了年销售收入达 10 亿元的国内外贸易和 10 余万平方米的房地产开发规模；在贸易服务领域，已形成了约 12 亿元的年度贸易规模。

三、资产经营

川投集团在抓好重点项目投资的同时，对投资、兼并、拨改贷等形成的资产进行经营和管理，较好地实现了国有资产保值增值的目标。此外，还按照省委、省政府的决定，兼并了当时濒临绝境的长钢、峨铁和嘉阳煤矿，对长钢、峨铁实行了债转股，使企业起死回生；投资建设了嘉阳劣质煤坑口电厂，构建了煤（嘉阳煤矿）—电（嘉阳电厂）—冶（峨铁）产业链，盘活近 70 亿元的国有资产和维持近 5 万名国企员工就业，得到省委、省政府的高度赞扬。

2005 年度，川投集团能源板块完成发电量 223.5 亿千瓦时，同比增长 0.58%，产煤 104 万吨，同比增长 3.36%；完成总投资 72.4 亿元，同比增长 45.4%；实现销售收入 43.7 亿元，同比增长 10.86%。工业板块，生产铁合金19.23万吨；黄磷7.27万吨，同比增长72%；实现销售收入18.98亿元。基础产业板块，供水1314万立方米，同比增长8%；供气1935万立方米，同比增长17%；实现销售收入7810万元，同比增长20.71%。第三产业板块，房地产销售面积12万平方米，实现销售5.7亿元。资产退出方面，回收逾期贷款634.3万元，股权转让和收益772.5万元，合计1406.8万元，完成年度预算的140%；资产处置总额1.56亿元，完成年度预算的101%，启动退出项目5个，加快了不良资产处置步伐。全年实现销售收入67.9亿元，同比增长10.68%，实现利润总额10.17亿元，同19.53%，创历史新高；纳入集团公司考核项目完成投资75.3亿元，同比增长46%；出口创汇（海关口径）4013万美元。

第二节　四川省国有资产投资管理有限责任公司

一、企业概况

四川省国有资产投资管理有限责任公司（简称“国投公司”）于1997年7月由省财政厅和省国有资产管理局共同组织、省政府批准成立。成立时注册资金为1.2亿元人民币。并拟将省级财政周转金全部纳入公司运作，使公司成为专司省级国有资本运作的综合类资产经营公司。公司成立后，由省财政厅和省国资局双重管理。2001年8月，国投公司与省财政厅脱钩，划归省委企业工委管理。2004年省国资委成立，公司随即划归省国资委管理。

1997—1999年，国投公司管理上市公司中川国际、长江包装和非上市公司省农机集团公司等3户企业的国有股股权。1999年7月，省财政厅和省国资局将四川中国红花岗石公司和四川省资产经营公司等2户企业合并入公司管理。2001年4月，省农工商公司、省农科仪公司、省农垦开发公司、省白河牧场等4户企业及其资产划归公司管理；在随后的省级部门与所办企业脱钩的过程中，省新牧食品工业有限公司、省广电实业公司（后更名为韵律公司）、省煤炭工业供销总公司、省工艺品进出口公司等企业及其资产先后脱钩移交公司管理。省国资委根据省委、省政府的批复，于2001年5月29日，将锦江宾馆和岷山饭店划归公司管理，后脱离公司管理。2003年3月，省财政厅将上市公司长江包装从公司划出，划归宜宾市管理。2003年，公司出资成立四川广元国华交通有限责任公司。2005年，将省煤炭工业供销总公司从公司划出，划归省煤炭集团。2005年10月，省旅游车公司划归公司管理。2005年，国投公司先后出资成立四川富润企业重组投资有限责任公司、四川欣融担保有限责任公司和四川国投产权交易中心。其中产权交易中心为公司独资，其余两家为公司控股。

1997—2005年四川省国有资产投资管理有限责任公司

主要年份经济指标统计表

表4－38　　单位：万元

年份	资产总额	负债总额	所有者权益	主营收入	净利润	利润总额	净资产收益率（%）	保值增值率（%）	上缴税金
1997	11849.04	38.47	11810.56	58.12	346.56	346.56	5.87	—	—
1999	16522.53	2266.56	14255.97	—	112.28	112.28	0.81	104.61	—

续表 4-38

年份	资产总额	负债总额	所有者权　益	主营收入	净利润	利润总额	净资产收益率（%）	保　值增值率（%）	上缴税金
2001	81894.83	52079.56	29815.27	48756.14	2793.84	3218.32	9.74	108.25	2207.86
2005	112912.07	78255.97	20691.74	50270.33	-2992.95	-3826.25	-12.72	78.48	1174.00

二、公司运作

1998 年，中川国际与民营企业四通公司进行资产重组，是国内首例国有上市公司与民营企业的重组。通过重组，当时摘掉了“ST”帽子，但后来的经营情况并不好。后长江包装公司也由民营企业四川泰港集团重组，但在重组和国有股权托管过程中，发生种种违规违约行为。暂时摘掉“ST”帽子后，长江包装陷入困境，划归宜宾市管理。

2001 年以来，对省级主管部门脱钩移交的企业，进行了产权变更登记，协调理顺公司与下属企业的关系，解决了下属企业的遗留问题，并实行一企一策整改下属企业。对企业领导班子实行换、升、下和保；帮助企业制定改革发展的思路及对策措施；帮助企业进行债务重组，投资合作，寻求新的“增长点”。

国投公司从 2001 年 7 月起，与省委企业工委筹划建立四川省产权交易中心。2003 年 3 月，省工商局核准注册“四川省国资公司产权交易服务中心”。省国资委于 2005 年 11 月 28 日批复同意四川省国资公司产权交易服务中心变更为独立法人企业，成立四川省国投产权交易中心有限公司，由四川省国有资产投产管理有限责任公司独立出资设立，注册资金为 1000 万元人民币。2005 年 12 月，四川省国投产权交易中心有限公司在省工商局完成注册登记。

2001 年 7 月，与省委企业工委筹划设立国有股减持基金和国企重组基金。2002 年，四川省委正式提出“可以省国有资产管理公司为主，从国有产权转让收入中划出一部分资金并广泛吸纳社会资金，境外资金等，多渠道筹集设立各种用于国有重要骨干企业改革和发展的专项基金”。2004 年 12 月，公司完成四川富润企业重组投资有限公司的前期工作。2005 年 6 月 2 日富润公司正式成立。富润公司为公司控股企业，公司出资 3567 万元，持股占比为 35.67%。同时，由公司控股的四川欣融担保有限公司也于 2004 年 12 月完成前期工作，2005 年上半年正式成立开始运作。

三、资产经营

国投公司资产经营，主要是对不良、低效闲置资产的处置和盘活，并借此安置具有国有身份的职工；实施国有资产的进入与退出。通过国有资产从一般竞争性行业、饮料行业的退出，实现收购方对价支付收入 4.1 亿元人民币；对地产行业的进入公司也实现资产增值收入数千万元人民币；同时成功进入企业并购与资产处置市场。

国投公司主要产业产品及业务方面，涉及饮料、铜材加工。2001 年，四川百事可乐划入公司，当年获百事可乐质量管理金奖（百事中国区唯一金奖）。2002 年 8 月，四川百事市场占有率达 54.6%，为中国区两乐同城 7 家百事厂第一名。2002 年，四川百事实现销量 105462 吨，销售收入 32107 万元，利润总额 4500 万元，净利润 3825 万元，上缴税金 2543 万元。四川省农垦铜材厂于

1992年建立，主要生产加工热交换器铜带、交联电缆铜带等纯铜带和电工用铜母线（铜排）等系列产品，是西南地区最早的铜带加工企业。2005年产量1201吨，年产值6974万元，销售收入5921万元，实现利税153万元。此外，位于若尔盖草原的四川省白河牧场，2005年高原小油菜的种植面积达到11468亩，产量达到750吨，加工优质菜油100吨，实现营业收入172.6万元，经营利润18.5万元。

进出口业务方面，四川省工艺品进出口公司2005年被四川省商务厅列为外贸重点出口企业，当年出口3939万美元。海关统计的四川省出口企业排名中，公司2004年排第15位，2005年排第18位。

产权交易业务方面，2004年四川省国资公司产权交易服务中心共完成9宗产权交易业务，总成交额1.755亿元，涉及资产总额4.863亿元。四川省国投产权交易中心有限公司2005年1月至2009年12月共完成381宗产权交易业务，成交金额920268.42万元。其中国有产权交易业务354宗，占92.9%；成立金额818617.74万元，占89.0%；成交额转让标的评估值727224.69万元，增值94993.32万元，增值率为12.57%。

资产并购重组与处置业务方面，公司控股企业四川富润企业重组投资有限公司自2006年12月20日以来，共完成5个不良资产包收购，收购不良资产总计174.76亿元，支付收购资金4.22亿元，综合折扣率为2.41%，为省属国有企业等企业削减债务20多亿元。至2007年12月31日，公司累计实现利润2782万元，上缴税金1132.5万元。

第三节　四川省国有资产经营投资管理有限责任公司

一、企业概况

四川省国有资产经营投资管理有限责任公司（简称省国资经营公司）是1999年经省政府批准成立的国有独资企业，省政府委托财政厅负责管理。公司主要职责是接收原省级财政投资形成的国有股权和部分省级财政周转股形成的股权和债权，并代表省政府行使出资人权利；按照政府的产业导向，完成省本级财政的增量投资，主要有农业产业化投资等。2009年7月，省国资经营公司划转四川发展（控股）有限责任公司，成为其全资子公司。

省国资经营公司注册资本5亿元，经营范围为投融资及资产经营管理；资产托管；企业改制、资产重组策划服务；批发与零售等。

2005年年底，公司拥有成都华高药业有限公司、川财证券经纪有限公司、四川蜀祥投资有限公司、梦温泉酒店有限责任公司，成都超越科技发展有限公司、四川天财网络有限责任公司、四川新洲实业有限公司、四川恒运实业有限责任公司、四川现代农业园区投资经营有限公司、四川现代农业融资担保有限公司等10户控股子公司。有员工630人（含子公司），其中高级职称17人、中级职称58人、高级技师4人。

2005年，公司资产总额184426万元，所有者权益167690.25万元，利润总额664.28万元。

1999—2005 年四川省国有资产经营投资管理有限公司主要经济指标统计表

表 4－39　　　　单位：万元　%

年份	资产总额	负债总额	所有者权益	主营收入	利润总额	净资产收益率（%）	保　值增值率（%）	上缴税金
1999	21350. 00	0	21350. 00	—	—	—	—	—
2000	61341. 71	10000. 73	51340. 98	518. 73	313. 93	0. 86	101. 47	11. 31
2001	127973. 45	1157. 69	126815. 76	1416. 42	954. 65	1. 07	101. 86	4. 83
2002	141254. 20	1031. 16	140223. 04	1086. 93	735. 40	0. 55	100. 56	10. 87
2003	152408. 78	2040. 60	150368. 18	1214. 67	662. 20	0. 46	100. 43	9. 96
2004	162413. 45	2155. 18	160258. 27	530. 91	462. 72	0. 30	100. 17	12. 36
2005	184426. 00	16735. 75	167690. 25	715. 38	664. 28	0. 41	100. 41	11. 06

二、项目投资

2000 年，完成华西证券、川财证券、交通银行等省财政厅直接投资划转项目 12 个，涉及资金 14443 万元；完成丹棱三致、西部公司、自贡汇东等省级财政周转金债转股项目 6 个，涉及资金 4230 万元；完成叙府茶业、华西证券、晶爵环保等政府专项投资项目 9 个，涉及资金 7330 万元；完成华西证券、宜宾丝丽雅等自有资金投资项目 2 个，涉及资金 4390 万元。

截止 2000 年 12 月 31 日，公司资产总额为 61341. 71 万元，负债总额为 10000. 73 万元，所有者权益为 51340. 98 万元，主营收入为 518. 73 万元，利润总额为 313. 93 万元。

2001 年，完成省信托投资公司、省国际信托投资公司、省建设信托投资公司等省财政厅直接投资划转项目及省级财政周转金债转股项目 36 个，涉及资金 49350 万元。建立国有资产退出机制，实现资产变现收入 4638 万元，其中宜宾丝丽雅、什邡天下秀豆奶厂为溢价转让。完成北海招商（后名世纪光华）法人股 1088. 5 万股追缴工作。完成自有资金投资项目 3 个：四川华西乳业项目，投资 4000 万元；成都华高天然产物有限公司的四川青皮产业化示范基地项目，投资 2000 万元；四川际天时股份有限公司的川菜微波炉食品项目，直接投资 1600 万元。完成委托投资项目 1 个：受省财政委托，完成了成都高新西区科技风险投资有限公司的组建工作。以现金形式投入 15000 万元。

截止 2001 年 12 月 31 日，公司资产总额为 127973. 45 万元，负债总额为 1157. 69 万元，所有者权益为 150368. 18 万元，主营收入为 1416. 42 万元，利润总额为 954. 65 万元。

2002 年，完成以下新增投资项目：省财政厅直接投资划转川财证券项目 1 个，涉及资金 517. 77 万元；四川绿色药业、内江重龙、川东电缆等省级财政周转金债转股项目 5 个，涉及资金 1466. 3 万元；升达林产、岷山饭店等债权投资项目 4 个，涉及资金 1395 万元；农发资金项目 2 个，四川绿色药业增资扩股、发起设立蓝雁畜牧，涉及资金 1800 万元。天财网络、梦温泉酒店、超越科技等自有资金投资项目 3 个，涉及资金 4320 万元。

截止 2002 年 12 月 31 日，公司资产总额为 141254. 2 万元，负债总额为 1031. 16 万元，所有者权益为 140223. 04 万元，主营收入为 1086. 93 万元，利润总额为 735. 4 万元。

2003 年，新增完成投资项目有：长江化工进出口公司、四川天化等省财政厅直接投资划转项目

2个，涉及资金168万元；新增债权投资项目名仕体育1个，涉及资金400万元；国基实业、绿科饮品、高金牧业农发资金投资项目11个，涉及资金7779万元；自有资金投资项目3个，简阳大耳羊增资扩股、蓝雁畜牧追加投资、华衡公估，涉及资金320万元。

盘活国有资产，回收债权。将持有的华西证券18000万股股权，一次性转让给西昌锌业公司，实现国有资产增值变现退出，按账面值计算，转让溢价1890万元；从成都倍特发展集团抵回价值1200万元的雅安周公山温泉开发区60亩土地使用权。

截止2003年12月31日，公司资产总额为152408.78万元，负债总额为2040.6万元，所有者权益为150368.18万元，主营收入为1214.67万元，利润总额为662.2万元。

2004年，完成新增投资项目有：实现省财政周转金债转股项目增值退出3个，即黄忠养殖、省电影公司、三台电缆；周转金债转股项目2个，即省聚脂股份、内江威宝，涉及资金298.25万元；农发资金投资项目2个，即华高药业增资扩股、伍田食品增资扩股，涉及资金3969.17万元；自有资金投资项目3个，即华高药业增资扩股、梦温泉酒店、宜宾丝丽雅，涉及资金3307.9万元。

收回升达林产、三台燃气、渝高公司债权投资项目3个，涉及资金1350万元；新增债权投资项目3个，即省委组织部招待所、西部公司、宜宾林海竹荪，涉及资金1060万元。

截止2004年12月31日，公司资产总额为162413.45万元，负债总额为2155.18万元，所有者权益为160258.27万元，主营收入为530.91万元，利润总额为462.72万元。

2005年，新增龙都茶业、高金翔达、哈哥兔业等中央财政资金及省级财政资金投资项目14个，涉及资金19941.6万元；中央财政资金及省级财政资金追加投资的绿色药业、绿科饮品、颐康实业等项目5个，涉及资金8140万元。自有资金增资扩股项目华高药业，涉及资金1000万元。

截止2005年12月31日，公司资产总额为184426万元，负债总额为16735.75万元，所有者权益为167690.25万元，主营收入为715.38万元，利润总额为664.28万元。

省国资经营公司积极推动省级信托重组和川财证券增资扩股，四川省信托投资公司、四川省建设信托投资公司已完成重组，新的信托公司已挂牌成立；省国际信托已完成重组资产的审计评估；川财证券公司增效扩股方案已得到省国资委批准。

三、农发资金项目管理

2001年，国资经营公司率先参与在全国范围内的农业综合开发财政资金（以下简称“农发资金”）投资参股工作。按照对农发资金项目的管理要求，实行“有促有收”的原则。对于具有较好发展潜力项目，进一步扶持发展，如叙府茶业，对其借款800万元，解决其流动资金短缺，帮助其扩大经营规模；对于农发资金达到扶持目的项目，公司督促被投资企业尽快回购国有股权，确保国有股权保值增值地按照规范程序退出。

第四节　四川富润企业重组投资有限责任公司

一、企业概况

四川富润企业重组投资有限责任公司（简称富润公司）成立于2005年6月2日，是省国资委为促进国有企业改革发展和国有资源优化配置而倡导成立的专门从事资本运营的投资机构。公司注册资本1亿元人民币。由四川省国有资产投资管理有限责任公司、四川省地方铁路局（川铁集团）、四川省投资集团有限责任公司、四川公路桥梁建设集团有限公司、宜宾五粮液股份有限公司等5家大型国有企业共同出资设立。公司设立的宗旨是积极参与四川省国有资产战略性重组，通过资本市场或其他途径筹集资金参与国企重组，引导社会资源流向国资战略性重组领域；通过优化重组，提升国有产权内在价值，从而实现国有资产的保值和增值，支持四川省国有经济布局和结构调整工作。

2005—2006年四川富润企业重组投资有限责任公司主要经济指标统计表

表4－40　　单位：万元

年份	资产总额	负债总额	所有者权益	主营收入	利润总额	净资产收益率（%）	保值增值率（%）	上缴税金
2005	10386	327	10059	621.80	208.30	2.00	102.00	87.30
2006	13498	2889	10609	1995.00	1037.40	6.28	106.45	477.00

二、公司经营

富润公司按照现代企业制度设立，以商业化模式运作，设综合行政部、财务部、投资管理部、投资银行部和资产管理部5个职能部门，形成了行政管理体系（内部控股及监督体系）、业务管理体系、风险管理体系三大管理体系于一体的管理体制。

公司收归国资委直管后，按照“调结构、上规模”的工作思路，着力优化公司资产结构和业务结构，加大投融资力度，实现规模迅猛扩张。特别是在2008年全球金融危机开始后，公司逆市场操作，反周期收购，转危为机，参股宜宾市商业银行成为其单一第一大股东；收购叙永龙蟒矿业公司等3家矿业公司，成功实现了资源增扩；联合长城资产管理公司成立四川诚富资产管理公司共同运作金融不良资产项目。这些成功的市场操作为公司发展奠定了良好的基础。

在快速发展过程中，公司始终坚持国资委“企业改革重组平台”的职能定位，坚持市场化经营、专业化运作理念，形成了以不良资产收购处置业务为特色，投资银行、投资管理和资产管理三项业务并行发展的业务结构。随着公司规模的不断扩大，开始进军房地产等新的业务领域。

（一）不良资产打包收购处置

富润公司作为全省国有企业金融债务处置定点单位，根据省国资委授权，从事四大资产管理公司持有的企业不良资产的收购处置工作，其中以省属国有企业不良资产的处置为主。3年时间内，公司完成了信达资产管理公司“省国企资产包”“东方电气集团资产包”“川威资产包”；长城资产管理公司“川商集团资产包”“金城资产包”以及华融资产管理公司3200多户企业形成的不良资产包等七个不良资产包收购，累计收购不良资产总额176.1亿元。公司在没有动用财政资金的情况下，为省内国有企业、上市公司、地方重点企业削减债务42.60亿元，其中为华西集团、川商集团等省属国有企业减债15.2亿元，为促进地方经济发展，减轻企业债务负担，加快国企改制，实现上市公司债务重组发挥了重要作用。

通过商业化运作，公司在金融不良资产收购处置方面形成了独特的“富润模式”，其特点为：

1. 坚持以市场化处置方式为主导，避免可能出现的处置风险；

2. 收购资金不依靠财政，走市场化融资之路解决资金来源；

3. 以国企减债脱困为主要目标，公司收益次之，力求做到以丰补歉，以市场化处置收益弥补国企减债项目的支出。

（二）投资银行业务

富润公司积极参与国企改革重组，从事以并购重组为主的投资银行业务，为企业的改革发展提供咨询服务。公司作为省国资委上市公司股改工作小组成员，先后担任了五粮液股份等7家上市公司股改财务顾问以及绵阳高新股份公司重大资产重组财务顾问。

（三）投资管理业务

产业投资：包括股权收购、项目投资和并购重组。通过股权收购，对拟重组国有资产实施控制；通过参股、控股方式有选择地介入一些发展前景较好且有稳定、持续增长能力的项目；对目标资源和企业实施并购重组，通过横向重组和纵向打通上下游，重塑目标企业，提升其核心竞争力和盈利水平。公司投资的物流股份、宜宾商业银行均呈现良好发展势头，并已开始取得投资回报，这些股权投资项目将成为公司未来进行资本运作的基础。

短期投融资和受托资产管理：通过短期过桥融资和产权运作，为收益相对较高的优质项目提供短期资金运作。此外，公司接受企业以股权、产权、实物及其他形式存在的资产委托经营管理业务，接受行政指令性的资产委托管理，在实现资产增值同时获取相应的管理收益。

（四）资产管理业务

接收资产的经营管理：公司通过市场化手段，盘活并变现一些经营资产，优化资源配置。公司承接的各类实物资产，为未来发展打下了坚实基础。

固定收益投资：公司利用闲置资金积极参与资本市场运作，投资企业债、金融债、企业短期融资券、开放式基金、信托产品等金融品种，提高了公司资金使用效率，强化了资金运用手段。2007年，在日均资金额度仅为1250万元的情况下，公司实现投资收益778万元，完成了年初制定的目标，资金年使用效率高达62.24%。

（五）新增业务

公司坚持创新驱动发展理念，坚持走市场化和专业化发展道路，随着公司规模的不断扩大，在巩固夯实传统业务的基础上，不断开拓高价值、高成长业务，挖掘和塑造新的利润增长点，为公司后续发展奠定坚实基础。拟设立专业的房地产公司，对公司在资产包收购、转让过程中取得的储备土地进行整合，培育强化房地产开发业务。拟发起设立股权投资基金公司，开展PE、VC等风投项目，吸收和引导社会资源，服务国企改革和全省经济发展。

三、战略发展规划

面对新一轮本部大开发及“十二五”建设的发展机遇，特别是在建设西部经济高地和西部金融中心的工作中，公司将继续依靠专业团队、秉承市场理念，服务国企、做强做精主业，抓住大好形势，紧紧围绕省委、省政府重大决策部署展开投资业务，积极发挥公司改制重组平台和资本运营平台的控制力、影响力和带动力，将公司融入到“两化”互动中，充分发挥“企业小、功能大”的特点，将公司打造成为以资本运营为主轴的省国有资产优化配置专业平台，最终将公司建设成为西部最具竞争优势、最具特色投资控股集团。

第五篇　市州国有资产管理

1989年10月，攀枝花市、乐山市即在市财政局内设科级国有资产管理机构。至1990年4月，全省有14个地、市、州建立国有资产管理机构。部分市、地国有资产管理机构延伸到县，并开展工作。1990年，省政府决定，各地先把地、市、州国有资产管理局建立起来，作为政府的职能部门，由财政部门归口管理。县一级国有资产管理机构的设置，原则是“有机构、有人员、能对外”。对于国有资产存量大，经济较发达、条件具备的县（市），可以成立国有资产管理局。至1991年年底，全省有17个市、地、州建立国有资产管理机构。1996年，全省23个市、地、州政府（行署）均建立国有资产管理机构，175多个县（市、区）成立相应机构，政府国有资产管理体系在全省基本形成。德阳市、乐山市和中江县还进行在政府层次设立国资委的探索试验，强化政府在国有资产管理方面的协调与管理权威。

2000年至2002年年底，各市、州国资局先后撤销，设国有资产管理委员会。至2005年，全省21个市州，有17个市州单独设立国有资产监督管理委员会，4个市州与经委或财政局实行两块牌子、一套人马。各县（区、市）也相应建立国有资产监督管理机构。

20世纪90年代以来，各市、州大多建立了资产评估事务所，国资经营公司，成都、攀枝花、绵阳、乐山等市还建立了产权交易所。普遍开展了清产核资、产权界定与登记、国有资产评估与处置的监督管理、企业国有资产保值增值考核、规范与推进国有企业改革等工作。

1997年，重庆直辖后，四川省国有企业共8301户，其中市、地、州级企业1788户，资产总额1432.27亿元，负债总额970.81亿元，国有资产总量369.43亿元，国有权益357.22亿元；县级企业5952户，资产总额849.46亿元，负债总额695.45亿元，国有资产总量125.80亿元，国有权益118.39亿元。

2005年，全省纳入统计汇编的国有企业2780户，资产总额4299亿元，户均资产总额1.55亿元；市州及其以下企业2201户，户均资产总额1.11亿元。全省21个市（州）、191个县（市、区）有规模以上国有及国有控股企业964户，职工人数84.43万人，分别比2000年减少50.43%和41.78%；资产总额4529亿元，净资产总额1540.82亿元，销售收入2623亿元，利税总额351亿元，盈亏相抵以后，净利润总额152.42亿元，分别比2000年增长25.17%、21.36%、100.58%、1.46倍和6.22倍。其总资产占全省57.69%；销售收入占全省44.28%；利税占全省54.11%。

地区之间，国有经济的发展与企业国有资产的分布很不平衡。2005年，企业国有资产总量，成都市高达908亿元，绵阳、宜宾2市均超过300亿元，广安、资阳、雅安3市均不到20亿元。

第一章　成都市国有资产管理

1990年，成都市在市财政局下设成都市国有资产管理局，2001年设立成都市国有资产监督管理办公室，2005年11月17日，市政府成立成都市国有资产监督管理委员会。

一、国有资产规模与主要经济指标

1991年，成都市国有工业企业资产总额1954503万元，营业收入2232931万元，利润总额86581万元，固定资产净值1000764万元。

2000年，成都市国有及国有控股企业资产总额11087008万元，营业收入6194586万元，负债总额6869368万元，利润总额234740万元，固定资产净值3722979万元。

2005年，成都市国资委监管企业30户，共计354个独立核算法人单位，资产总额9081852万元，主营业务收入1407410万元，负债总额6442473万元，所有者权益2639379万元，利润总额51329万元。

二、企业国有资产管理

1990年，成都市在市国资局设立国有资产评估管理中心，负责市级国有资产评估项目备案工作。1995年10月，经成都市民政局批准、四川省国有资产管理局同意，成都市资产评估协会正式成立，共审查批准评估机构46户。2000年6月，经四川省国资局审查批准合格，重新领取资产评估资格证书的评估机构共31户，共完成市级国有资产评估项目备案173个，核准33个。2002年，市国资管理部门对评估机构出具的评估结果由确认批复改为备案。

1991年，在清理整顿公司的基础上，对市级保留公司的国有资产进行产权登记。1992年8月，全面启动成都市企业国有资产产权登记管理工作，当年完成全市854户国有企业及企业化管理事业单位的产权登记，国有资产总额778169万元。1997年年初，对全市1326户国有企业及单位进行1996年度产权登记检查，对98户企业办理了占有、变动或注销登记。

2002年，对成都旭光电子有限公司、成都化工股份有限公司、四川成都全兴集团有限公司、工程机械集团有限公司等4户企业开展效绩评价工作。

2003年，对全市468户企业单位2002年度的产权登记进行年检，年检企业占有的国有资产总额达135.56亿元。同时，对改制、破产及重组企业及时办理了注销产权登记和变动产权登记。

2003年年底以前，成都市国有企业资产处置主要采取场外协议受让方式进行。2003年12月31日国务院国有资产监督管理委员会和财政部发布的《企业国有产权转让管理暂行办法》实施后，全市的股权转让一律进入规定的交易市场。

2003年，成都市设立“市国有企业改革发展资金”专户，将企业产权转让收入（含土地资产处置收入）和经核销的企业资产缴入专户，由市工业投资公司管理。在2005年11月17日成都市国资委成立以前，市属国有企业资产损失核销，由企业向企业主管部门书面提出资产核销申请，经企业主管部门审核后，由企业主管部门向市财政局书面提出申请，500万元以下资产损失核销，由成都市财政局牵头有关部门参加按照有关规定办理。500万元以上资产损失的核销，由成都市财政局召集市审计局、市监察局、企业主管部门及有关部门，在认真调查研究的基础上，对申报的资产损失进行核实，提出审核处理意见，报市政府批准。成都市政府接到成都市财政局的初审意见后，由市政府常务副市长主持召开会议集中会审。经批准核销的资产损失，统一交由市工投公司管理。企业对已核销的坏账损失实行“账销案存”，由市工投公司继续行使债权的追索权；对企业已核销的其他资产损失，由市工投公司组织进入市产权交易市场，以挂牌、招投标、协议转让等方式进行处置。2003—2005年，市工投公司先后对18家改制企业经批准核销的资产进行了处置，处置收入1735万元。

三、国有企业改革

1994年，成都市开始企业股份制改造。

1996年，成都市从国有小企业改革入手，在试点的基础上，开始了国有企业改组改造的大胆探索，出台了《关于加快国有小企业改革的决定》及一系列配套文件，明确提出可以通过兼并合并、股份合作制、公开出售等多种形式实施改革，掀起国有小企业改革的高潮。国资部门根据改制方案批复进行资产处置，包括签署资产转让协议、下达资产处置通知、办理国有资产注销产权登记等。企业产权转让收入（含土地资产处置收入）由国资部门设立专门账户，建立“小企业改革基金”，专项用于小企业改革和发展。同年，成都市启动国有企业破产工作，争取到27项国家计划的政策性破产项目。仅仅两年时间，全市有500余户国有小企业实施了改革，改革面达到50%，为国有大中型企业改革打下了基础。

按照中央国企改革三年攻坚的要求，1998年3月，成都在认真总结小企业改革经验的基础上，进一步解放思想，将国有小企业改革的政策向大中型企业延伸，制定了《成都市委、市政府关于加快推进国有企业改革的决定》及6个配套文件，建立“五个机制”，做到“五个结合”，加大所有制结构调整力度，抓大放小，实施再就业工程，放开搞活国有企业，推动了全市国有企业改革的全面深化。一批国有困难企业实现扭亏脱困，促进了全市国有企业机制的转换和工业经济的发展。至1998年年底，全市实施国有小企业改革500余户，改革面达50%。

1999年，探索依法破产实施途径。2000年开始，成都市依法破产工作全面推开，172户市属国有大中型企业有81户实施了兼并破产，国有劣势企业大部分从竞争性领域有序退出，90%的企业按《破产法》依法破产处置。

2001年，成都市政府设立了工业投资经营有限责任公司，建立企业破产财产变现载体，起到了“二个托底”的作用：一是资产托底，由工投公司负责对暂不能变现的破产财产进行托底收购，以尽快终结破产程序，防止国有资产低价出售和不稳定现象的发生。有效防止了国有资产低价出售，使破产企业财产变现价值最大化。二是职工安置费用缺口托底，工投公司通过财政拨款、银行融资、处置国有资产、从国有股权中获取收益等多种形式，千方百计筹措职工安置经费。2001—2006年，累计支付约28亿元的资金，用于支付国有企业改革成本。

2000年以后，成都市的企业改制工作以产权制度改革为核心，要求国有资本从一般竞争性行业中退出，国有企业职工身份彻底转变。对过去改制不彻底、职工身份没有转换的企业，限期逐步完善，使企业通过改制，实现机制转变，活力增强。在完成国有资本退出的同时，积极引入多元化投资主体，完善法人治理结构，逐步建立现代企业制度。部分公司通过改制成为股份有限公司，其中部分公司已在深、沪、港挂牌上市。截至2006年，全市累计设立各类股份有限公司251户，其中上市公司29户。

为了打好国企改革攻坚战，2001年，中共成都市委、市政府切实加强对国有企业改革工作的领导，明确提出把国企改革作为“一号工程”来抓，将原有的国有小企业改革、股份制改造和国有资产重组三个领导小组进行整合，成立了以市长担任组长，市委、市政府分管领导任副组长，市级各相关部门为成员单位的“国有资产重组及股份制工作领导小组”，并建立定期协调机制，统领全市国企改革工作。同时，建立健全全市国有企业改革工作目标责任制，把国有企业改革目标任务层层分解，纳入全市一级目标管理。

2001年8月，中共成都市委、市政府作出对东郊工业区进行结构调整的重大决策。调整的总体思路是：利用已经形成和沙河整治进一步形成的东郊土地与区县开发区土地的级差地租，对企业实施搬迁改造，通过招商引资、联合重组、体制创新、机制创新、技术改造，产业产品结构调整，实现搬迁企业的发展壮大；通过“腾笼换鸟”“退二进三”对企业搬迁后的土地实施综合整治和开发，以改善东郊城市环境，提升城市形象。

在实施东郊企业工业结构调整中，坚持将企业搬迁改造与企业改革紧密结合在一起。通过招商引资、联合重组、体制创新、机制创新、技术改造以及产业产品结构调整等多种形式，对国有企业在搬迁的同时进行改制；对已改制企业深化改革，引进外部资本优化股本结构；对企业破产财产处置时，引进外来资本。同年，成都市政府设立工业投资经营有限责任公司，负责资产托底与职工安置费用缺口托底工作。

按照“有进有退，有所为有所不为”的方针，着眼于整体搞活国有经济，加大国有资本从一般竞争性领域退出力度，加速推进所有制结构的战略性调整。确立了“大型国企主动与中央重点扶持企业联合；中小型优势企业加快改制、建立现代企业制度；劣势企业加快推进依法破产”的改革思路，采取兼并重组、招商引资、强强联合等方式，通过制定优惠政策，营造比较优势，吸引了一汽、安彩、攀钢集团等一大批外地知名大企业、大公司对成都市的企业实施兼并重组，促进了资产向优势企业集中、资源向优势产业聚集，优化了国有企业产业结构。通过调整整合，初步形成电子信息、机械（汽车）、医药、食品四大主导产业，培育壮大了一批重点优势企业、科技型成长型企业和重点出口企业。

2001年，成工集团公司实施改制，整合公司优良资产，转换职工身份，分流安置富余职工，设立四川成都工程机械股份有限公司。2003年8月，改制后的成工再次与日本神钢建机株式会社合资，成立成都神钢工程机械（集团）有限公司，实现了股权结构多元化，为企业下一步持续、快速发展奠定了基础。2004年，成都神钢实现销售收入27亿元，实现利润4400万元。

2002年，攀钢集团兼并成都无缝钢管有限责任公司后，又重组成都钢铁厂，实施200万吨钢材搬迁改造项目，新上具有世界先进水平Φ340连轧管机组项目，全面提升产品档次、生产工艺和生产能力，在做大成都钢铁工业的同时，整合了成都的钢铁资源。至2006年，200万吨钢材项目，已完成冶炼系统技改工程，建成10万吨彩涂板生产线，开工建设Φ340连轧管机组。

2002 年 9 月，成都市将四川旅行车制造厂和四川丰田汽车有限公司优质资产划转一汽集团，再由一汽集团、市工投公司出资共同组建成都一汽汽车有限责任公司，注册资本 8 亿元。新公司在抓好柯斯特中巴汽车达产的同时，引进丰田“霸道”多功能越野车项目，年生产能力定为 5000 辆。2004 年生产 3081 辆，销售 3081 辆。

2003 年，中共成都市委出台《关于加快国有企业改革的决定》，明确企业改制立项审批程序：工交系统所属企业由主管部门转报市经委审批，市贸粮局所属企业由市贸粮局审批，其余系统所属企业由主管部门转报市体改办审批。2003 年，实施改制 17 户，启动破产 22 户。2004 年，公告破产企业 11 户，实施改制企业 8 户，科研院所转改制 1 户，转换国企职工身份 2 户，破产企业结案裁定 18 户。2005 年，启动破产 7 户，实施改制 7 户，职工分流安置 11 户。

截止 2005 年，成都市累计实现兼并企业 301 户，破产企业 172 户，改制企业 1303 户，盘活存量资产 300 多亿元，30 万职工实现转移安置，共核销银行呆坏帐准备金 40 多亿元。全市国有小企业改制已基本完成。172 户市属国有大中型企业已兼并破产 84 户、完成企业改制 83 户。实施股份制改造的国有企业有 22 户（其中上市公司 13 户，非上市公司 9 户）；实施全部国有股权转让和划转的有 9 户；实施国有股权部分转让的有 4 户。累计支付国有企业改革成本约 28 亿元。全市基本完成国有工业企业的改革任务，进入国内大城市国企改革的前列。

第二章　自贡市国有资产管理

一、企业国有资产规模

（一）企业国有资产形成与发展

20世纪50年代之前，自贡仅有2户企业属官方投资，其余均为私营企业。20世纪50年代初，建立一批国营企业。1957年通过对资本主义企业的社会主义改造，一些公私合营企业全部过渡到国营企业，奠定了国营企业在自贡市整个经济发展中的主体地位。随着国家“五年计划”的启动和“三线建设”的实施，自贡国有企业的数量迅速增加，实力进一步增强，产业结构也得到有效地调整和延伸，以国有经济为主体的工业发展格局形成。

工业经济一直处于自贡经济的主导地位，国有企业为自贡经济的主要支柱。改革开放前，自贡的产业结构和布局已趋完善，并成体系，直到20世纪80年代末期，自贡的经济总量一直居全省第三位。90年代后，在由计划经济体制向市场经济体制转轨的过程中，由于思想观念滞后、体制机制不活、产业结构不合理等多方面原因，多数企业陷入困境，盐业即连续8年亏损，亏损额近3亿元。全市工业经济全面退步，至1999年年底，全市工业连续3年亏损，亏损额近1亿元，增长速度下降2.4%，居于全省末位。1999年省委、省政府在自贡召开现场办公会后，实施以盐业为突破口的扭亏脱困攻坚战和部分企业的战略重组，通过一系列措施，全市工业经济下滑的势头得到有效遏制。2000年年底，全市工业实现“两负变两正”的良好局面：工业增速由负的2.4%变为正的12.3%，比1999年上升了14个百分点；企业实现利润由亏损9000万元变为盈亏相抵后净增利润1350万元，比1999年增利1.035亿元。

经过短期的恢复性增长，自贡工业经济奋起直追，从2002年至2008年，经济总量居全省第六至七位，其增速连续几年名列前茅。自贡国有经济与此同步发展。2005年，全市国有及国有控股工业企业纳入统计范围的共33户，占全市在统企业的10.61%；当年完成工业总产值141.14亿元，占全市总量的53.2%；实现主营业务收入134.53亿元，占全市总量的53.69%；实现利润10.44亿元，占全市总量的82.3%。

（二）企业国有资产规模与分布

1952年，全市共有国营企业13户、公私合营企业3户，主要分布在工业和商业。1994年，自贡市列入全国优化资本结构试点城市。369户国有企业中，工业企业161户，商业企业129户，其他企业79户；总资产为702439万元，负债总额为522849万元，净资产总额179590万元；净资产构成中实收资本为15993万元，资本公积为25768万元，盈余公积为15669万元。2006年，自贡市国有资产监督管理委员会首次进行国有企业产权登记，共有国有企业165户，资本分布为：国家资本157157.2万元，国有法人资本102588.4万元，非国有法人资本17006.2万元，外商资本14932万元，个人资本12849.1万元；组织形式为：国有控股企业54户，国有参股企业10户，国有独资企业101户；产业分布为：第一产业5户，其中农业1户、林业1户、水利管理3户；第二产业87户，其中工业78户、建筑业9户；第三产业73户，其中农林牧渔服务1户、交通运输业7户、仓储业9户、邮电通信业1户、金融保险业1户、批发零售业和餐饮业34户、房地产业8户、社会服务业4户、教育文化艺术广播电视业2户、科研和综合服务业2户，其他4户。

二、企业国有资产管理

（一）企业国有资产管理体制

改革开放前，全市国有资产的管理集中在自贡市财政局，统一预核算。1994年2月，自贡市国有资产管理局成立。2001年8月，自贡国资局撤销，设立自贡市国有资产管理委员会及其办公室。2001年机构改革，成立中共自贡市委企业工作委员会（简称自贡企工委）和自贡市经济贸易委员会（简称自贡经贸委），分别负责企业党建与指导企业改革和管理。2005年机构改革撤销自贡企工委、自贡国资办、自贡经贸委，成立自贡市政府国有资产监督管理委员会（简称自贡市国资委），将原自贡企工委国企国资预算职能、市财政局企业国有资产管理职能及经贸委指导国有企业改革和管理的职能划入自贡市国资委。自贡市国资委成立后，进一步加大国有企业和国有资产管理的制度建设，先后制订《自贡市国有企业清产核资实施办法》《自贡市国有企业重大投资项目、对外担保管理及资产损失处理的暂行办法》《自贡市国有企业审计管理暂行办法》《自贡市国有企业监事会暂行办法》等20余项国有资产监管方面的制度、规范性文件，涉及企业负责人管理、企业产权管理、企业改革重组、企业法制建设等多方面，使国企的经营行为和资产管理逐步规范，基本构建了国资监管的制度体系。

（二）国资监管运行管理

1990年以来，坚持开展对国有企业国有资产产权登记制度和企业清产核资工作。1994年自贡市被确定为全省清产核资试点城市之一。1996年开展全市国有资产存量、结构、分布等评估工作，由此逐步建立了国有资产监管运行的数据库。同时，开始对国有企业实行统计分析制度、产权登记制度、规范产权界定制度、资产评估制度、预决算管理制度，使国有资产的处置纳入日常管理。并坚持向国企选派监事会制度，2001年以来，从党政机关干部中抽调、选配人员组建了2个监事会，并选配了8名企业职工代表监事，向四川大西洋集团等8户重要骨干企业派出监事会。市国资委坚持对国企领导人年度业绩考核、薪酬管理、经济责任审计和离任审计工作；坚持开展国企改制改革审计、国企会计报表期间决算审计工作；研究制定《自贡市国有资本收益收缴管理（暂行）办法》和《自贡市市级国有企业国有资本经营预算建议草案编报办法（试行）》。2007年，开始在四川大西洋集团等4户企业实施国有资本经营预算试点工作。通过一系列工作，初步构建了国有企业重大事项管理和日常管理相结合的管理机制。

三、国有企业改革

20世纪90年代以前，着力围绕确定企业在市场经济中的主体地位，实施“扩大企业自主权”“承包经营责任制”为主要内容的改革工作，取得明显的实效。90年代以来，重点围绕培育国有企业市场主体、参与国际竞争这个中心任务，开展了一系列改革工作。

（一）“三项制度”与全员合同制改革

1992年，在54户国有企业中实行以“三项制度”（企业内的劳动人事制度、工资和分配制度、职工保险制度）改革为主要内容的转换经营机制改革试点。1994 年后，全市国有和集体企业普遍推行“三项制度”改革。1996 年，全市企业实行劳动合同制职工达 26.09 万人，集体协商签订集体合同的企业达 281 户，“企业自主用工，劳动者自主选择”的新机制开始起步。

（二）股份制改造与建立现代企业制度

1994 年，在“三项制度”改革的基础上，对企业实施了公司制改造和股份制改造。截止 1996 年年底，全市构建股份制企业达 1051 户，其中上市公众公司 3 户，定向募集公司 11 户，有限责任公司 573 户，股份合作制企业 464 户。东新电碳股份公司于 1993 年 11 月在上海证券交易所成功挂牌上市，是当时四川省为数不多的上市公司，长征机床股份公司于 1995 年 11 月在深圳证券交易所挂牌上市，东锅股份公司于 1996 年 12 月在上海证券交易所挂牌上市。

1993 年，省委、省政府确定 20 户国有大中型企业进行探索建立企业新体制（即现代企业制度）试验，自贡鸿鹤化工总厂、自贡高压阀门厂列为试点企业。其后，省级主管部门和自贡市又增选四川大西洋焊接材料公司、自贡纺织厂、长征机床厂、自来水公司等企业作为“条条”“块块”的试点企业，自贡开展建立现代企业制度试点的企业达 18 户。

（三）实施抓大放小战略

按照中共十五大提出的“抓大放小”的战略，积极培育企业集团，集中优势，参与市场竞争。1996 年，市政府按照社会经济管理职能与国有资产所有者分开的原则，组织实施了对四川飞球集团等 6 个集团公司的国有资产授权经营试点，初步完善了内部组织体系、资本运营方式和法人内部治理结构。1996—1997 年，全市共组建四川大西洋集团公司等 8 个企业集团，逐步完善了母子公司关系。1997 年，自贡鸿鹤化工集团公司、四川玻璃集团公司、四川大西洋集团公司等 3 户企业列入省委、省政府 37 户“扩张型企业”，作为重点扶持对象。

对区县国有企业，按照省委、省政府 1994 年 4 月在宜宾召开的县属企业产权制度改革工作会议精神，以产权改革为中心，加快改革步伐。至 1997 年年底，全市城乡公有制企业的改制面达 88%，其中区县属企业改制面达 90% 以上，转让资产价值达 1.2 亿元。至此，全市国有企业国有存量资产主要集中在市属企业。

（四）优化资本结构试点与引导行业脱困

1996 年，自贡市列入比照全国优化资本结构试点城市，1997 年被正式列为全国优化资本结构试点城市。按照相关政策，通过“拨补、借补、自补”等 3 个途径，为国有企业增加资本金近 5000 万元；为企业加速技术进步，在试点开始后的 3 年内，全市共完成技术改造投资 8 亿元；通过对企业实施减负增效，剥离学校、医院、幼儿园等社会职能，给予下岗职工生活费或“人随资产走”，为企业分流富余人员，减轻负担；对亏损严重、扭亏无望、资不抵债，无力偿还到期债务的企业实施破产重组或破产关闭。1996—2008 年，自贡市市属国有工业企业 127 户，完成 53 户企业的改革工作（46 户退出国有），其中自流井盐厂等 26 户企业实施政策性破产；自贡机械一厂等 14 户企业实施依法破产关闭；自贡长征机械厂等 13 户企业实施产权转让、兼并重组、股份制集团化改造。53 户企业涉及职工 88800 多人，其中在岗职工 61200 人，退休职工 27600 人。

盐业是自贡的传统产业，1990 年成立的四川久大盐业集团公司，总资产额为 12.37 亿元，职工 3.8 万人，下属企事业单位近 50 个，制盐生产规模为 120 万吨/年，是当时国有规模最大，配套最全的井矿盐企业集团。由于债务负担和社会负担沉重，生产总量不足和人员严重富余，加之管理体制不顺，经营机制不活等原因，截止1999年已连续亏损8年，亏损额近3亿元，拖欠职工工资最长达17个月。在国家和省、市的大力支持下，利用“三年脱困”和“优化资本结构”相关政策，将其属下的贡井盐厂、邓关盐厂、张家坝制盐化工厂和自流井盐厂等4户企业实施了政策性破产。通过“三转”（转型、转机、转产）和“三减”（减债、减负、减员）等一系列措施，至2000年，整个行业共减少债务7.8亿元，资产负债率由112%下降为70%，减员分流人员达22398人，剥离多资企业44户，剥离职工医院7所，职工子弟校6所，12136名离退休人员养老金进入社会化发放。企业实施改制后，生产经营迅速好转，2000年，全行业整体扭亏为盈，实现利润为盈亏相抵后的220万元。

第三章　攀枝花市国有资产管理

一、企业国有资产规模及分布

1995 年，对全市 549 户行政事业单位和 271 户企业进行了深入全面的清产核资检查。经查实，全市行政事业单位拥有国有净资产总额为 30.1 亿元，其中经营性国有资产 15.8 亿元。271 户企业资产总额 539775 万元，负债总额 340609 万元，所有者权益总额 199166 万元，国有净资产总量 189304 万元，资产负债率 63.10%。分布在 9 个行业：农林牧渔业 12 户，资产总额 12103 万元，负债 6446 万元，资产负债率 53.26%，该行业以森工企业为主；工业企业 68 户，总资产 198161 万元，所有者权益 70399 万元，资产负债率 64.50%；建筑行业 13 户，总资产 128030 万元，所有者权益 49656 万元，资产负债率 61.23%；贸易及餐饮业 136 户，总资产 145569 万元，所有者权益 97251 万元，资产负债率 43.46%；交通运输仓储业 9 户，总资产 31726 万元，所有者权益 17939 万元，资产损失 648 万元，资金挂账 651 万元，资产负债率 56.45%。房地产业、社会服务业及其他未包括在上述行业中的企业共 33 户，经营规模较小，资产总额不大。

2005 年，全市地方国有企业 29 户，其中市级企业 21 户，县（区）级企业 8 户。2005 年全市国有企业资产总额 73.25 亿元，负债总额 43.69 亿元，所有者权益 29.56 亿元，实现销售收入总额 5.84 亿元，实现利润总额 0.08 亿元。其中市级企业国有资产总额 67.62 亿元，负债总额 39.73 亿元，所有者权益 27.88 亿元，实现销售收入总额 3.71 亿元，实现利润总额 -0.04 亿元。

二、企业国有资产管理

1989 年 10 月 9 日，攀枝花市财政局设国有资产管理科，对国有资产的转移、变动处置工作程序进行规范。

1991 年，成立攀枝花市国有资产管理局，组织开展国有资产的清查、评估、产权登记等基础工作，进行股权代表的中介性委托试点，在国有资产的转移、处置等方面进行了大胆尝试。同时，大力帮助企业转换经营机制，促进股份制经济发展。1993 年，成立资产评估事务所和产权交易所，完成全市行政事业单位财产清查登记、产权界定及资产确认等工作，开展了国有资产的清产核资、年度统计、产权登记、资产转让、保值增值考核、产权制度改革、收益清缴、法规制度建设、“非转经”资产管理、资产评估机构整顿、资产评估管理等工作。2000 年，攀枝花市政府印发攀枝花市地方性国有股权管理第一个规范性文件《攀枝花市国有股权管理办法》。

2002 年，市国资局撤销，成立攀枝花市国有资产管理委员会，其办公室作为办事机构设于市财政局。2002 年 4 月，攀枝花市成立市委企业工委。2003 年，成立攀枝花市国有资产监事工作委员会，对 6 家国有资产经营公司的国有资产保值增值状况实施监督。

2005年6月，攀枝花市政府国有资产监督管理委员会成立，属于政府正县级直属特设机构，受市政府授权，按照政企分开、政资分开，出资人所有权与企业经营自主权分开，责、权、利相统一，管资产与管人、管事相结合的“三分开、三统一、三结合”原则履行国有资产出资人职责。将原市经贸委、市国资办、市劳动和社会保障局、原市监工委监管国有企业监事会的有关职责全部划入市国资委。同时，撤销市委企业工委，将其职能划入市国资委。

三、经营业绩与保值增值考核

1986年，攀枝花市在市属国有企业中实行企业工效挂钩办法，1988年全面推行。至1990年年底，挂钩面不断扩大，挂钩的经济效益指标也由单一的上缴税利逐步形成以上缴税利为主，以实现税利、实物量等指标为辅的挂钩指标体系。1991年在全省范围内率先建立挂钩企业职工标准考核增资制度，从根本上解决了1985年工改以来企业工资与机关、事业单位工资在总额来源上脱钩，但升级、调资办法未脱钩的问题。1995年，进一步完善全市企业工资总量调控办法，把企业经营者经营责任、承担风险、贡献大小捆绑考核，确定经营者薪酬。

1996年，市国资管理局、市财政局对市百货公司、市食品公司、市五交化公司、市酒厂等85个企业下达了国有资产保值增值指标，1997年对市百货公司、市食品公司、市五交化公司、市酒厂等92个企业下达了国有资产保值增值指标。

1996年，开始启动经营者年薪制试点，四川省金沙水泥股份有限公司和米易糖业股份有限公司为试点企业。1997年，将国有资产保值增值指标作为经营者风险收入的否定指标，并确定该指标在考核中的比重为30%至50%，新增市啤酒厂、市木材综合厂、市金属材料公司和攀枝花药业集团4户企业为年薪制试点企业。

2005年，国有企业工资总额核定和经营业绩考核、奖惩激励职责划归市国资委后，印发《攀枝花市国有企业负责人经营业绩考核暂行办法》，以水务集团等企业为试点，组织开展企业负责人经营业绩考核工作。

四、国有企业改革

1986—1991年，以“深化全民所有制企业领导体制改革”为核心，扩大企业自主经营权，以稳定和完善全民所有制企业承包责任制为重点，实行企业的所有权和经营权分离。攀枝花市被列为全国72个综合经济体制改革试点城市之一，全市172户全民所有制企业，有82户实行厂长（经理）负责制。改革的重点为稳定和完善企业承包制，企业陆续进入第二轮承包。

1992—2001年，以转换地方全民所有制企业经营机制，增强企业活力和转换政府职能，进一步向地方国有企业放权让利为核心，以鼓励企业兼并、重组、转让并试行股份制改造为重点，适时推进现代企业制度试点和“债转股”。市委、市政府印发了《关于地方全民所有制企业转换经营机制增强企业活力试点的实施意见》，确定在全市地方全民工业、交通、建筑安装企业中选择市建材总厂等11户企业进行试点。批准市供销社、市粮食局、市商业局、市林业局、市物资局向经济实体作转化并正式投入运转。经省体改委批准，筹建四川金茂药业股份有限公司、四川广厦建材股份有限公司、四川金沙股份有限公司；先后组建以市建材总厂为核心的广厦建材集团、以渡口水泥厂和凉山州乃托水泥厂为核心的攀西水泥集团、以市糖酒公司为核心的攀西糖酒集团；市建材总厂、渡口水泥厂、市医药公司、米易糖厂等地方骨干企业完成股份制改造；市针纺厂破产由市经纬编厂整体收购，市元享实业有限责任公司正式成立，市酒厂破产终结，攀枝花世纪行实业发展公司兼并市肉联厂，重庆啤酒集团以增资控股形式兼并市啤酒厂；亚太控股公司收购攀昆联合带钢厂，川投控股公司对市制药公司实施资产重组，新组建的攀西生物药业公司挂牌运作。市委、市政府印发《攀枝花市现代企业制度试点的实施意见》后，金沙水泥股份有限公司、广厦建材股份有限公司、米易糖厂、市建一公司、攀贸中心等10户国有大中型企业开始现代企业制度试点。市金沙水泥股份有限公司、米易糖业股份有限公司列入全省80户现代企业制度试点。攀煤（集团）沿江矿和市冶金工业公司政策性破产被列入国家计划，攀枝花矿务局债转股方案得到国家经贸委批准，转股金额3.3亿元。

2002年起，以国有产权改革为中心，实行分类改革，优势企业以建立现代企业制度为目标，进行规范的公司制改造，劣势企业采取破产、出售等形式加快退出步伐，实现民营化重组。沿江煤矿关闭破产工作正式进入法定破产程序，获得中央财政4.1亿元的职工安置补助资金，核销金融债务6700万元；渡钢进入破产司法程序；攀钢（集团）公司兼并成都钢铁厂。攀钢（集团）公司、十九冶建设公司、华电集团攀枝花发电公司、攀煤（集团）公司等企业办中小学和企业办公安机构全面进行移交。

第四章　泸州市国有资产管理

一、国有资产规模与主要经济指标

1991 年，泸州市国有工业企业户数为 170 户，其资产总额、营业收入、利润总额分别为 266905 万元、172340 万元、14330 万元。1997 年，企业户数为 123 户，其资产总额、所有者权益总额、营业收入、利润总额、负债总额分别为 726871 万元、265620 万元、308268 万元、9081 万元户、461251 万元。1998 年，泸州市国有工业企业户数为 78 户，其资产总额、所有者权益总额、营业收入、利润总额、负债总额分别是 687926 万元、229971 万元、266083 万元、－35099 万元、457955 万元。2004 年，国有工业企业户数为 6 户，其资产总额、所有者权益总额、营业收入、利润总额、负债总额分别为 54063 万元、28238 万元、18491 万元、2303 万元、25825 万元。2005 年，泸州市国资委监管企业户数为 9 户，其资产总额、所有者权益总额、营业收入、利润总额、负债总额分别为 722500 万元、359700 万元、168700 万元、－12900 万元、362800 万元。

1991—2005 年泸州市企业国有资产规模与主要经济指标统计表

表 5－1　　　　单位：户　万元

年份	企业户数	资产总额	权益总额	营业收入	利润总额	负债总额	备　注
1991	170	266905	—	172340	14330	—	资产总额为固定资产净值加流动资金年末实际占用数。营业收入为销售收入
1992	166	299080	—	205165	14649	—	
1993	168	408300	188800	277400	11900	308900	负债总额为长期负债加流动负债。资产总额为固定资产净值加流动资金年末实际占用数
1994	159	543451	169692	253032	－159	373759	负债总额为长期负债加流动负债。营业收入为销售收入
1995	157	629568	219516	268648	3911	410052	营业收入为销售收入
1996	161	696295	237467	301863	4972	458858	
1997	123	726871	265620	308268	9081	461251	
1998	78	687926	229971	266083	－35099	457955	
1999	64	759199	296894	553340	31417	462305	
2000	58	902326	297109	309260	36450	605217	
2001	27	248787	66470	73674	1244	182327	
2002	22	207022	66301	49340	859	140721	
2003	8	53155	29799	15733	566	23357	

续表 5－1

年份	企业户数	资产总额	权益总额	营业收入	利润总额	负债总额	备　　注
2004	6	54063	28238	18491	2303	25825	营业收入为主营业务收入
2005	9	722500	359700	168700	－12900	362800	—

二、企业国有资产管理

1991 年 3 月 7 日，泸州市政府批准成立泸州市国有资产管理局，为泸州市财政局归口管理的二级局。同年 9 月 28 日，泸州市国有资产管理局正式挂牌运行。2001 年 8 月 21 日，泸州撤销泸州市国有资产管理局，其国有资产管理职能并入泸州市财政局。

2005 年 3 月 1 日，泸州市政府国有资产监督管理委员会（简称泸州市国资委）组建，为泸州市政府直属正县级特设机构，使用行政编制。同时成立中共泸州市国有资产监督管理委员会委员会。同年 3 月 11 日，泸州市国资委正式运行。

（一）国有资产产权登记

1992 年 7 月 21 日，开展首次全市国有资产产权登记工作，至同年 12 月 20 日结束。共登记国有企业单位 362 户，登记资产总额 39.29 亿元，其中国有资产总额 12.06 亿元，国有资本金总额 10.62 亿元。2005 年 10 月 20 日，开展全市国有企业换发国务院国资委印制的企业国有资产产权登记表证工作，同年 11 月 30 日结束。共有 54 户企业换发企业国有资产产权登记表证，登记的国有实收资本 46.84 亿元。

（二）国有资产评估

1993 年 2 月，泸州市国资局成立泸州市资产评估公司，接受企业单位委托进行资产评估。1993 年 11 月 8 日，成立泸州市资产评估事务所，为泸州市国资局直属全民所有制自收自支事业单位。1994 年 7 月 1 日，成立泸州市资产评估工作管理委员会，对资产评估进行监督检查。1995 年 7 月和 1998 年 10 月，泸州市政府先后成立资产评估机构和资产评估行业清理整顿领导小组，开展了全市资产评估机构和资产评估行业清理整顿工作。

（三）国有资产清产核资

1993 年，国家国资局、财政部在全国统一布置开展国有企业单位清产核资试点工作，泸州市是四川省 11 个清产核资工作试点地区之一。1993 年 3 月 8 日，泸州市政府成立泸州市清产核资领导小组，正式开展全国第 5 次清产核资试点工作。截止 1994 年年底，清产核资试点工作结束。泸州市自 1995 年开始，全面开展全国第 5 次清产核资工作，至 1996 年结束。全市共投入清产核资人员 1 万多名。截止 1995 年 3 月 31 日，通过清产核定，全市拥有资产总额 95.23 亿元，其中行政事业单位占有 11.99 亿元，占总额的 13%，企业单位占有 83.24 亿元，占总额的 87%；拥有国有资产总额 39.88 亿元，其中行政事业单位占有资产 11.99 亿元，占总额的 30%，企业单位占有资产 27.88 亿元，占总额的 70%。2005 年 12 月 31 日，泸州市国资委按照《国有企业清产核资办法》，开展全市国有企业清产核资工作，持续至 2007 年 10 月 30 日结束，完成 18 户市属国有企业和 29 户县区属国有企业的清产核资工作。对清理出的资产损失 2423 万元进行了核销处理，对清理出的预计资产损失

21863 万元同意在执行《企业会计制度》时进行账务处理，对清理出的待调整债权或待核销事项4101 万元予以确认。

（四）国有资产经营管理

1992—2002 年，泸州市重点抓国有企业在改革中国有产权的处置管理。对改制企业历年形成的各种损失、潜亏和呆死账进行清理，参与改制企业财产清算，按照资产管理规定和改制企业有关政策严格测算，严格改制企业资产评估的监督管理，保证国有资产得到合理合规的处理。并对全市产权资产和交易市场进行清理整顿。

1999 年年底，泸州市国有资产经营公司成立，是泸州市政府授权的国有独资公司，归口泸州市国资局管理，正式开展国有资产经营监管工作。主要是实行国有资产保值增值考核制度，要求企业年终上报国有资产保值增值考核表并严格审查；实行资产经营监测制度，要求企业每个季度编制上报国有资产营运情况监测报表并进行认真分析。

三、国有企业改革

（一）所有权和经营权“两权”分离改革

1. 推行承包经营责任制。1989 年 8 月，泸州市政府出台《关于全民所有制企业实行下一轮承包经营责任制的意见》。1990 年，全市有 160 户全民所有制企业进行第二轮承包，占到期应承包企业的 84%。1992 年，全市 241 户预算内国有企业中，有 188 户企业实行承包经营责任制，53 户企业实行多种形式的经营目标责任制。到 1993 年年底，仅有 23 户市属国有企业衔接落实第 3 轮承包。至此，泸州市国有企业改革的形式由承包制为主向多种形式发展。

2. 推进“三项制度”改革。1985 年，泸州市在长江起重机厂等 8 户国有大中型企业实行工资总额与上缴税利挂钩浮动的试点。至 1990 年，泸州市 241 户全民预算内工商企业中，有 50% 以上的企业改革干部人事制度，25% 以上的企业实行优化劳动组合，45% 以上的企业实行内部权、责、利三挂钩的经营责任制。

3. 推进“四放开”改革。1991 年，泸州市政府发出《关于深化流通体制改革搞活国合商业企业的通知》，在大中型国合企业中推广重庆商业企业经营、价格、分配、用工“四放开”的经验，选择泸州市百货大楼、糖酒公司等 10 户企业试点。1992 年，在全市商业、供销、物资、外贸、医药等行业全面推进“四放开”改革，实行“四放开”的企业 136 个，占国合商贸流通企业的 85%。

4. 转换经营机制。1992 年年底，泸州市委、市政府出台《关于深化企业改革，转换经营机制，增强企业活力的意见》，组建泸州市转换企业经营机制指导办公室，推进转换企业经营机制。1993 年，泸州市政府和相关部门废止或修改了一批与规定相抵触的文件和政策；清理整改“乱收费、乱罚款、乱摊派”，取消了 40 项不合理的企业收费；配套推进计划、投资、劳动工资等管理体制改革，全部取消了指令性计划。1994 年，转换经营机制试点企业达到 50 户。

（二）产权制度改革

1990 年，泸州市产权转让领导小组成立，出台《泸州市企业产权转让暂行办法》，实施产权转让改革。1993 年起，国有企业产权制度改革分别在泸县、合江县试点。1995 年，泸州市委、市政府出台《泸州市企业产权制度改革试行意见》，建立泸州市企业产权制度改革和现代企业制度试点领导小组。至 2000 年，市属和县区属国有企业产权制度改革面分别达到 50% 和 90% 以上。全市有 30 户国有企业整体转让产权，20 户国有企业被优势企业兼并。泸州市 33 户市属国有工业企业中有 10 户改组为股份制企业，40 户市属国有商贸流通企业中有 17 户改组为股份制企业，228 户县区属国有企业中有 194 户改组为股份制或股份合作制企业。

1994—2000 年年底，泸州市 33 户市属国有工业企业中有 11 户实施破产或破产重组，40 户市属国有商贸流通企业中 8 户实施破产或解体，30 户县区属国有企业实施破产或破产重组。2005 年 3 月，泸州市国资委牵头负责四川火炬化工集团有限公司的改革脱困工作，确定“分立军品新线，剥离社会职能，实施集团破产，分流安置人员”的改革脱困总体思路，开展改革脱困工作。

（三）国有企业改革攻坚

2001 年 6 月，面对泸州国有企业特别是国有大中型企业改革滞后的严峻现实，开始国有企业改革攻坚战。采取解放思想、坚定信心，加强指导、精心实施，突出重点、整体推进，突破难点、分类处置，有情操作、维护稳定等方针政策措施。至 2002 年年底，基本完成列入改革攻坚计划的 38 户市属国有企业的改制任务。整体转制 14 户，公司制改造 1 户、分立重组 3 户、破产 7 户、破产重组 11 户、解体 1 户、政策性关闭 1 户。截止 2004 年年底，泸州市 125 户市属国有企业、438 户县区属国有企业，按照“100% 触动企业产权、100% 转变职工身份、100% 转变经营机制”的要求完成了改制。

第五章　德阳市国有资产管理

一、企业国有资产规模

1992 年 7 月，德阳市对占用国有资产的企业和实行企业化管理的事业单位及驻外省、市、州同类机构，首次进行产权登记。全市预算内及预算外国有企业和实行企业化管理的事业单位以及企业集团、股份制企业共 597 户，本次登记企业 533 户，资产总额为 67 亿元，国有资产总额为 15.96 亿元，国有资本金总额为 17.55 亿元，产权主要分布在工业商贸企业中，比重为 88%。

1998 年对企业开展的产权登记和年检，汇编企业 189 户，资产总额 128.88 亿元，其中国家资本金 14.24 亿元，固定资产 52.76 亿元，土地使用权 1.2 亿元。

2005 年，全市完成国有企业产权登记 122 户。122 户企业共使用国有资本金 9.6 亿元，占企业总资本金 13.8 亿元的 69.6%；矿山等资源类企业 4 户，国有资本金 2.52 亿元。

2005 年年底，市国资委监管和管理资产的市级国有及国有控股企业共 30 户，资产总额 52.01 亿元（不含未监管的市属金融企业德阳银行有限公司资产 200 余亿元），负债总额 30.06 亿元，所有者权益 21.95 亿元，职工总数 21142 人。其中经市政府授权监管的市级国有及国有控股企业资产总额 39.58 亿元，负债总额 24.09 亿元，所有者权益 15.49 亿元，职工总数 19110。

二、企业国有资产管理

1990 年 9 月 13 日，德阳市国有资产管理局成立，行政编制 20 名。1992 年 7 月，对全市预算内、外的国有企业进行产权登记。1993 年 3 月 2 日，市政府成立清产核资办公室，日常事务由市国资局负责。

1995 年 6 月，德阳市国有资产管理委员会成立，其日常办事机构和执行部门为德阳市国有资产管理局。

1995 年 7 月，德阳市国有资产经营有限公司组建，实行独立核算、自负盈亏。受市国有资产管理委员会的委托，从事国有股权、国有资产产权和国有资产经营管理，国有资产产权转让，闲置资产的调剂等业务，业务上接受德阳市财政局、市国资局的监督和指导。

1998 年，对城镇集体企业资产进行全面清理、审核、产权界定。至 1998 年 3 月，统计汇编集体企业、事业、金融企业和城市商业银行等共 701 户。经审核汇编集体企业资产总额 30.27 亿元，固定资产总额 10.5 亿元，国家资本金 2743 万元。

1998 年 5 月，德阳市产权交易所成立，市国资局、市财政局制定了产权交易运作规则、交易监管办法等监管制度。交易所先后加入德阳市首脑信息网、国际互联网，并成为全国资产流动信息网常务理事、长江流域产权市场交易共同市场会员。交易量逐步扩大，业务范围从单纯的实物资产交易扩大到产权、股权转让和抵押罚没财产拍卖等多种交易业务。1999 年，完成四川什化（集团）公司资产转让、外商投资企业服务中心房地产转让、德阳市档案局和德阳市公安局旧办公大院资产的转让、中江合作基金会抵押财产拍卖、四川绵竹川润股份有限公司法人股权转让等 20 多项产权转让业务。1999 年年底，德阳市产权交易所经办的产权交易额达 3. 39 亿元。

1999 年年初，开展对中介评估机构清理整顿。7 月，完成全市评估行业机构、人员、执业资格、评估业务量、评估质量等基本情况的调查清理工作，促进评估机构与所挂靠的行政部门脱钩，重新组建为公司制、合伙制的评估机构。年末，东方资产评估事务所、德阳会计师事务所、旌城会计师事务所等 12 家中介机构改为有限责任公司。

1999 年，继续规范和强化国有资产管理。东方资产评估事务所等 3 家中介机构脱钩改制、转让德中公路部分收费权、金路（集团）股份有限公司下属 3 户企业同集团公司分离、方大集团分离重组等，德阳市国资局及时进行了产权界定。要求对国有资产转让在程序上先由市政府审批，后进行资产评估，再按照“三公”原则进行公开转让。1999 年德阳市国资局共审批资产转让 24 项，转让资产账面价值 1357 万元，公开转让后收回金额 1851 万元。2000 年，市级共转让企业、行政事业单位国有资产 4228. 5 万元。政府直管公房资产 2114. 6 万元，全部按照政府审批、价值评估、公开转让程序进行。德阳市公路工程建设开发总公司独资经营全长 38. 8 公里的德中公路，经德阳市东方资产评估事务所评估后，以 5135. 9 万元的价款中 55% 的收费权转让给四川嘉德路业有限公司，双方合资经营，为德阳市公路工程建设开发总公司减轻债务负担。对各企业申报 163 万元报损、报废的资产采取核实账务，现场查看，批准报损、报废的办法，防止国有资产流失。

2000 年，将原行政事业单位国有资产统计报表、企业国有资产统计报表合并，与原有的重点国有企业营运情况季度监测报表和集体企业财务会计报表形成全面反映公有制经济情况的会计报表体系。

2001 年 2 月，旌湖开发区国有资产经营有限责任公司组建，代表德阳市政府对区内国有资产（国有股）进行管理和营运。

2001 年 2 月开始，清理商用直管公房。要求对市直管商用公房限期收回，租赁期满不续租、不转租。对拟转让房产逐一进行地界勘测、面积丈量、权属界定及价值评估。然后发布转让信息公告，组织公开转让，委托德阳市城实拍卖行、德阳市通利拍卖行进行公开竞价拍卖。至 2001 年 11 月，转让直管公房 10 处 2200 平方米，转让收入 2114. 55 万元，转让企业国有资产 3324. 4 万元，合计转让金额 5438. 95 万元。

2001 年 7 月 9 日，撤销德阳市国有资产管理局，其行政管理职能并入市财政局。

2005 年 2 月 25 日，德阳市国有资产监督管理委员会组建。同年 7 月，德阳市政府公布市国资委履行出资人职责的第一批国有企业共 17 户，党组织关系在国资委的企业 28 户。17 户监管企业中，正常生产的工业企业 6 户：四川省清平磷矿、四川省金河磷矿、四川省玻璃纤维厂（四川省玻纤有限公司）、德阳市天池集团公司、四川金鑫股份有限公司、德阳市旌湖水泥厂；停产、半停产企业 9 户：中业集团、德阳耐火材料总公司、四川粮仓机械厂、四川省冶金轴承厂、德阳通工汽车厂、什化股份有限公司、德阳永兴机械有限公司、四川钻采厂（四川慧剑石化装备有限公司）、四川文化娱乐城有限公司；国有资产经营平台公司 2 户：德阳市国有资产经营有限公司、旌辉投资有限公司，为市国资委直属企业。

2005年德阳市国资委成立后，国有资产监管工作全面加强。制定了20多项规章和规范性文件，建立起企业监事会制度，从国有资产管理、监督和营运各个层面强化管理手段。对金河磷矿、清平磷矿、四川玻纤厂派出了监事会。2006年派出监事会扩大到6户企业。全面启动了企业年度经营业绩考核工作，市级国有企业总体经营业绩情况良好。四川省清平磷矿等6户重点企业经营业绩取得较好成绩，其中四川省清平磷矿、四川省金河磷矿、德阳市金鑫股份有限公司和德阳市旌湖水泥厂考核等级达到A级，四川玻纤股份有限公司和德阳市天池集团公司达到B级。

2005年，开展了市级行政事业单位、国有及国有控股企业清产核资工作。市级131个行政事业单位开展清产核资工作，清理固定资产总额13.85亿元，资产盘盈0.27亿元，财产损失1.16亿元。市级33户国有企业开展清产核资工作，清理资产总额22.07亿元，其中流动资产7.72亿元，长期投资0.81亿元，无形资产3.07亿元；负债总额18.32亿元，资产负债率83%；资产损失2.3亿元。

2005年，市国资委还受理国有企业和行政事业单位资产处置28宗，按审批程序委托国有资产经营公司进行公开拍卖资产总额3263.68万元。2006年受理资产处置7宗，按程序公开拍卖资产总额1255.2万元。

三、国有企业改革

1995年6月，市、县（市、区）建立小型企业产权制度改革领导小组，制定改制规划和有关政策规定，全市县、乡两级小型企业产权制度改革面达45.7%。

1996年5月，中共德阳市委、市政府决定大力推进小型企业产权制度改革，“抓大放小”改制的形式主要有：股份合作制、公司制改造、公开出售、兼并联合、嫁接改制、委托经营、破产与解体。1997年9月，中共德阳市委、市政府决定加大德阳市小型企业产权制度改革的力度，充实、加强市小型企业产权制度改革领导小组的力量，并组建5个工作组，分片负责对产权制度改革工作进行指导、督促、协调、检查、考核。第一组负责化工局1户、远大集团15户、林业局1户、乡企局6户共23户企业的改制。第二组负责经协办13户、教委2户、计委2户、医药总会4户共21户企业的改制。第三组负责外经委4户、商业局6户、供销社4户、粮食局2户、物资总会6户共22户企业的改制。第四组负责就业局6户、建委4户、民政局8户、交通局2户共20户企业的改制。第五组负责机械局2户、丝绸公司6户、轻纺总会9户、建材总会5户共22户企业的改制。同年9月，德阳市委、市政府印发《德阳市“九五”期间城市综合配套改革实施要点》，提出改革以经营资本为目标，抓大放小，从整体上搞活国有经济；建立现代企业制度；调整经济结构，使所有制结构发生重大变化，第三产业的比重要有大的提高。改革的任务是发展企业集团；放开放活小型企业，发展非国有经济。同时提出9个方面的工作措施。

1998年，全市国有和城镇集体企业改制面达到90%，重点乡镇企业达到87.4%。全市已改制企业中有75%是触动产权的改制形式，市级直属已改制企业95.2%触动产权。全市改制企业盘活存量资产11亿元，转让国有资产（含国有股权）收回资金3.2亿元，改制企业新增资本金3.16亿元。全市共有640户国有、集体企业改制为个体私营企业，其中私营企业购买385户、租赁268户、控股和兼并14户。

通过改制，全市建立大型企业集团51户，其中工业企业集团27户（国有大中型企业改制为集团公司的8户）。中共德阳市委、市政府确定的16户扩张型企业中的10户国有大中型企业，均已组建企业集团或向集团方向迈进了一大步，出现了剑南春集团公司、蓝剑集团公司等一批具有规模经济效益、产品市场发展前景好、经营业绩突出、具有抗风险能力的集团型骨干企业。经省及省以上授权部门批准设立的股份有限公司 29 户，其中由国有大中型企业改制设立的有 14 户（其中上市公司 5 户）。1993—1998 年，共向社会募集资金 15.71 亿元。二重集团公司被国务院确定为全国 120 户试点企业集团之一，什邡卷烟厂被确定为全国烟草行业 10 户现代企业制度试点企业之一，剑南春集团公司等 6 户国有大中型工业企业被省委、省政府确定为全省 20 户以探索建立企业新体制为主要内容的现代企业制度试点企业。同时，市委、市政府也确定四川玻纤厂等 12 户企业作为市级现代企业制度试点企业（其中 8 户国有大中型工业企业）。43 户国有大中型工业企业中，整体改制为集团公司的 8 户（其中有 6 户核心企业改制为股份有限公司），整体改制为有限公司的 8 户，整体或部分分离重组、对外合资合作和内部出售产权形式的 7 户，其余已部分实施内部改制或正积极制定改制方案，整体上国有大中型工业企业改制面为 80%。

1999 年 1 月，德阳市政府提出中业集团公司等 18 户市属国有工业企业深化改革的指导意见，要求抓好二重集团公司、四川玻纤厂等 7 户企业自办医院、学校等社会职能机构剥离的试点工作。

2000 年 3 月，德阳市委、市政府制定《2000 年市级国有企业改革工作目标考核办法》，确定了完成 29 户彻底改制和 23 户分阶段改制的工作目标。两级政府先后组建了改制工作组，指导和帮助企业改制工作。截止 2002 年，6 县（市、区）国有企业 320 户改制 307 户，改制面 95.94%。按改制面排序为：广汉 100%、绵竹 98.15%、旌阳 97.18%、什邡 94.33%、中江 93.33%、罗江 92.86%。全市各县（市、区）全部企业（国有企业、城镇集体企业、重点乡镇企业）改制企业为 1215 户，占应改制企业的 92.29%。从改制形式看，主要为整体拍卖转让，占 30.86%，破产关闭占 18.19%，注销集体占 17.61%，公司制改造占 17.36%。至 2003 年 8 月，全市 404 户国有企业已完成改制 367 户，改制面达 90.84%；320 户县属国有企业完成改制 307 户，改制面 95.94%；338 户国合商贸企业基本完成彻底改制。共筹集改制成本 11.33 亿元，安置在职职工 24445 人，7844 名离退休人员移交社保部门，偿还各种债务 6.97 亿元，改制企业彻底转换了机制。

2005 年加大改革力度，根据市内 22 户企业的不同情况，将改制企业分为新启动改制企业、处理改制遗留问题企业和改制前期准备企业 3 类进行分步实施，有序推进。至 2006 年，整个改制工作基本完成。

第六章　绵阳市国有资产管理

一、企业国有资产规模与分布

1985 年绵阳建市后，加大以电子工业为龙头、能源建设为基础的工业建设投资力度，促进了全市工业持续高速发展，加上中央及省部分企业下放和军转民企业，至 1995 年已建成电子、冶金、轻工、建材、化学、食品、机械、能源、纺织、丝绸印染、医药等门类齐全的工业生产体系。全市市属和所辖 1 市 6 县 2 区预算内工业企业 94 户，其中冶金 4 户、电子机械 20 户、煤炭 2 户、化工 13 户、医药 2 户、电力 7 户、建材 12 户、纺织 10 户、轻工 24 户，共有资产总额 1316855 万元。交通企业 13 户，资产总额 10437 万元；国有商业企业 97 户，其中批发 38 户，零售 14 户，商办工业 28 户，饮食服务 11 户，资产总额 154742 万元；还有粮食、物资、医药等企业 151 户，资产总额 273036 万元。

1991—1995 年，全市累计完成企业收入 66152 万元，占同期财政收入的 11.26%，其中工业企业上缴财政收入 61960.8 万元，占企业收入的 93%。

截止 1995 年年底，绵阳全市国有工业企业拥有固定资产总值 736274 万元，交通企业 8294 万元，商贸企业 71659 万元，物资、医药、粮食等企业 65296 万元，合计达 881520 万元。

2000 年，市国资委直接管理的市属国有大中型企业共 15 户，其中特大型企业 1 户，大型企业 9 户，中型企业 5 户。2000—2005 年，全市部分国有大中型企业通过兼并、重组、转让和公司制改造等措施先后完成改制。至 2005 年年底，资产关系在市国资委的市属国有和国有控股企业有 10 户。其中从事投资控股的企业有绵投控股公司 1 户、从事水利基础设施建设的企业有武引水利集团公司 1 户、从事生产经营的企业 8 户：长虹集团、九洲集团、华丰集团、矿机集团、双马集团、燃气集团、涪江有线电厂、丝绸总公司。2005 年年底，这 10 户企业累计资产总额 237.04 亿元，负债总额 123.88 亿元，净资产 60.50 亿元，当年实现销售收入 191.03 亿元，实现利润 4.97 亿元，上缴税金 6.51 亿元。

二、企业国有资产管理

1991 年 5 月，绵阳市国有资产管理局建立，为副县级行政机构，归口市财政局管理。市国资局成立后，进一步加强了对国营工交企业的财务管理和监督。

1993 年 9 月，绵阳市国有资产评估事务所成立，为市国有资产管理局所属具有法人资格的全民所有制事业单位，实行企业化管理。同年 11 月更名为绵阳市资产评估事务所。1994 年 3 月，成立绵阳市产权交易所，为市国有资产管理局所属具有法人资格的全民所有制事业单位。

1998 年 11 月 30 日，中共绵阳市委、市政府发出《关于成立绵阳市国有资产管理委员会的通知》，授权市国资委对市属国有资产实施全面管理。同年12月1日，中共绵阳市委办、市政府办下发《关于印发〈绵阳市国有资产管理体制改革实施方案〉的通知》，确定市国资委实行机构单设，直接对市人民政府负责，接受同级人民代表大会监督；确定建立市国资委办公室，为国资委的办事机构。市国资委成立后，市级经营性国有资产由国资委归口管理，改变了国有资产多头管理的局面；建立了国资委—经营公司—企业三层次的国有资产管理模式；初步实现管人、管事、管资产相结合。市国资委以出资人身份，对市属国有企业履行资产收益权、重大决策权和管理者选择权，不再直接干预企业的具体生产经营。只管理集团公司，不再管理所属子公司。对国有控股企业，主要考核企业国有资产保值增值情况，任命企业董事长、监事会主席，聘用企业总经理，并实施年度考核。不断完善企业法人治理结构，坚持和完善由市国资委向国有独资或控股公司委派外部董事的制度，完善外派监事制度；推行授权经营，放手让企业自主经营，先后对长虹、双马、九洲、东材实行国有资产授权经营，建立了科学的效绩评价体系。2000年，制定了经营者业绩考核评价体系，建立了以经营者年薪业绩考核为主线的激励约束制度。全市共有14户市属国有和国有控股企业实行了经营者年薪制，经营者基薪按企业规模确定，最低2.5万元/年，业绩收入按考核结果确定。

1999年4月30日，中共绵阳市委、市政府同意组建国有资产经营公司即绵阳市新大力资产经营有限公司。2000年8月，对绵阳新大力资产经营有限公司进行资产重组，将绵阳富乐山国际大酒店、绵州酒店、市房产公司等并入新大力公司，实行国有资产授权经营，公司更名为绵阳市投资控股集团公司，成为推动绵阳城市建设的新的融资平台。

2005年10月12日，以原市国资委为基础，组建成立绵阳市人民政府国有资产监督管理委员会后，以实现产品经营和资本经营有机结合为途径，以国有资产最大限度保值增值为目标，全力推进国有企业改革发展，促进全市经济社会的持续发展。

1998年11月至2005年年底，解决了华丰集团公司与韩国亚伦公司的合资纠纷、百货大楼的股权纠纷。2001年6月清查了丰谷酒业总股本中的国有股本710万元，绵阳药业集团国有资本的具体数量；2003年9月，牵头组织制定并实施了临园宾馆、富乐山国际酒店职工安置方案，稳妥地解决了两酒店800多名职工的安置和有关遗留问题；会同安县人民政府核查了该县金鸿实业公司的改制情况，澄清了事实真相，对终止上访、维护稳定发挥了积极作用；调查核实了原南光化工总厂破产时企业非经营性资产的处理情况；查清和界定了绵阳市汽车客运总站下属集体企业部分资产的性质，防止了近60万元国有资产的流失；成功解决驻蓉办的改制，以及历史遗留的房屋所有权证和国土使用证的办理问题，为驻蓉办资产转让提供了必要的前提条件，解决了十多年来悬而未决的问题；妥善解决了绵阳久安公司职工安置等多方面的遗留问题。

三、国有企业改革

（一）建立企业新体制

1993年9月，绵阳市所属涪江机器厂、华丰无线电器材厂、东方绝缘材料厂、亚太企业总公司、新华内燃机总厂等5户企业，由省选定列入全省20户建立现代企业新体制试验的企业。1995年又增加市属长虹机器厂、五州电源厂、江油水泥厂、五金交电化工公司、药业集团公司、燃气集团公司等6户工商企业为试验企业。以上11户工商试验企业，经过1993年至1995年的改组改制，其中涪江机械厂组建为九洲电器集团有限责任公司，华丰无线电器厂兼并绵阳市华西计算机厂后组建为四川华丰企业集团，东方绝缘材料厂改为四川东方绝缘材料股份有限公司，亚太企业总公司（原市天化厂）改组为四川亚太企业集团有限责任公司，所属市啤酒厂改为四川亚太啤酒股份有限公司，市新华内燃机总厂兼并市焊管厂，市轻型汽车修理厂、市铸造中心、长虹机器厂将民品生产部分，改组为四川长虹电器股份有限公司，绵阳市五金交电化工公司，改为绵阳市国贸五交化（集团）有限公司。

1994—1995年，市属绵阳市酿造厂、酒厂、日化厂、工模具厂、无线电三厂、江油水泥厂、绵阳市人民商场、东风商场、工矿贸易公司、饮食服务公司、糖酒公司、长江公司、燃气集团公司、自来水公司、化轻建材公司、机电服务公司、金属小额站等17户工商企业和6户物资企业转让部分国有产权，计转让国有资产8388.63万元，加上增值部分，应缴国家转让收入8998.63万元。其中绵阳市燃气集团公司、自来水公司、人民商场和江油水泥厂等4户企业转让收入7382万元。

（二）国有资本退出竞争性领域

市国资委积极探索国有资本的有效退出形式，对不同企业提出不同实施办法：对发展势头良好的企业实行授权经营；对经营困难、资不抵债的企业，如江陵电缆厂和涪江有线电厂，进行依法破产；对部分竞争性领域的企业，通过招商引资、协议转让、公开拍卖等方式实施国有资本有序退出。在推动改革的过程中，严格遵照国家有关法律法规，制定了《国有资产转让管理办法》，坚持“退与发展相结合”“退与招商引资相结合”“退与职工安居乐业相结合”，规范、公平、透明地进行操作，顺利完成新华、药业、丰谷、久安、临园宾馆等企业国有资本的有序退出，并且使每宗国有资产的退出都达到预期效果。2001年5月，丰谷710万元国有资本溢价转让，政府连本带利获利7000余万元，且转让后企业收入、利润、税收大幅增长；2003年1月，久安1014万元国有资本以1630万元成功拍卖后，政府未拿一分钱，解决了职工安置费缺口600余万元。2003年9月，临园宾馆以17400万元成功拍卖，政府获得丰厚的国有资本收益。

第七章　广元市国有资产管理

一、清产核资与资产评估

（一）清产核资

1993年3月，广元市政府成立清产核资办公室，清查全市1113个行政事业单位，资产总额为9.43亿元，比原账面值7.83亿元增加1.6亿元，增加20.43%。1994年，广元市被确定为全省全面进行清产核资试点城市之一。清查了全市438户国有企业和实行企业化管理的事业单位，资产总额为40.64亿元，负债总额为32.58亿元，所有者权益为8.06亿元。所有者权益比清查前账面值4.98亿元增加3.08亿元，增加34%。同时，根据国家统一制定的物价指数，对全市国有企业1992年年底以前形成的固定资产进行价值重估。重估资产原值为14.8亿元，重估增值为5.7亿元，平均增值幅度为38%。

1995年以3月31日为时间点，对已清产核资的国有企业和行政事业单位的各项清产核资数据进行核实和衔接报表调整。全市440户国有企业资产总额为49.90亿元，负债总额为38.91亿元，所有者权益为10.99亿元（其中国有权益10.45亿元）；全市1121户行政事业单位资产总额为9.98亿元，负债总额为1.95亿元，国有权益为8.03亿元。全市国有企业和行政事业单位国有权益总计为18.48亿元。

1997年，广元市被全省安排为第一批集体企业清产核资工作试点城市。市国资局对全市313户集体非金融企业和69户集体金融企业进行了资产清查、固定资产价值重估、产权界定和资金核实。全市382户集体企业资产总额为36.26亿元，负债总额为29.67亿元，所有者权益为6.68亿元。

（二）资产评估

1993年8月，广元市国资局设资产评估事务所。

1994年，资产评估事务所对13户产权发生变动的国有企业进行资产评估立项审批和验证确认，评估值为3.31亿元，评估增值率为28.8%；1995年对17户产权发生变动的国有企业进行资产评估立项审批和验证确认，评估值为3.19亿元，评估增值率为26.62%；1996年至2001年，评估立项584项，验证确认493项，评估值为34.48亿元。2002年机构改革后，评估管理职能移交市财政局，不再对评估事项实行立项和验证确认审批，改为备案制。

1995—2004年广元市企业国有资产统计表

表5－2　　单位：户　亿元

年份	户数		资产总额		负债总额		所有者权益总额	
	全市	市本级	全市	市本级	全市	市本级	全市	市本级
1995	381	90	51.25	25.59	42.4	21.15	9.21	4.44
1996	400	95	53.24	26.54	47.65	23.67	5.58	2.88

续表 5－2

年份	户数		资产总额		负债总额		所有者权益总额	
	全市	市本级	全市	市本级	全市	市本级	全市	市本级
1997	400	88	53.78	26.08	52.92	26.57	0.86	－0.49
1998	316	63	48.08	22.31	51.39	24.82	－3.31	－2.51
1999	297	59	50.34	27.18	50.12	26.15	0.12	1.06
2000	232	59	49.92	30.58	49.03	29.16	0.89	1.42
2001	168	44	42.64	26.56	41.56	24.73	1.08	1.83
2002	163	45	44.29	26.95	41.76	24.08	2.53	2.86
2003	158	51	47.74	30.57	44.12	26.08	3.62	4.49
2004	123	44	50.22	32.75	45.32	27.44	4.90	5.31

二、企业国有产权管理

（一）企业产权登记

1994 年，市国资局办理了 340 户国有企业的产权登记和年检。1995 年对被列为全省建立现代企业制度试点企业的广元市建平工具厂颁发《国有资产授权占用证书》。1996 年，对全市 719 户行政事业单位占有使用的 12.1 亿元国有资产进行产权登记，并颁发《行政事业单位国有资产占用证书》。同时，办理 1996 户企业的开办登记和上一年度的企业产权年检工作。1997 年，对全市 416 户企业进行产权登记年度检查，并向 296 户国有企业颁发《国有资产产权登记证》。

此外，还开展产权界定与产权纠纷调处工作，对企业改制中的国有资产流失进行查处。

（二）企业国有股权管理

1994—2001 年，国资管理部门作为国家产权管理代表，按照规定审核国有股的设立，参加控股企业国家股权代表的任命工作。先后完成四川飞仙食品股份有限公司、四川女皇茧业股份有限公司、利州宾馆、四川剑南木业有限公司、广元市汽车运输有限公司等 10 多户国有控股企业国家股权代表的考核任命和调整，并签订《国家股股权代表委托责任书》。

1998 年，中共广元市委、市政府发布《关于国有控股公司国家股股权代表管理暂行规定》。1999 年，在广元利州宾馆和剑南木业公司进行国家股股权代表年薪制试点。2000 年 3 月，市属国有控股公司国家股股权代表签订了《国家股股权保值增值责任书》。

2000 年，广元市政府批复同意将华西电力集团广元东河热电股份有限公司的国家股权授权给市国资公司持有经营；2001 年将市属电子企业授权给 081 电子集团公司经营。国资部门还将嘉陵江航电公司、华源娱乐公司的国家股股权授权给市国资公司持有经营，并从市燃料有限责任公司退出国家股。

2001 年 4 月，对 7 位实行年薪制的国家股股权代表 2000 年业绩考评结果与年薪进行了通报，年薪最高的 3.81 万元，年薪最低的为 1.65 万元。

三、企业国有资产营运

1994 年 12 月，广元市国资局内设国有资产经营公司（事业性质，企业管理），从事国有资产营运工作。1995 年 5 月，国有资产经营公司对国有企业在清产核资中报损报废各种资产进行了残值回收处理，实现净收益 99. 77 万元。1998 年 8 月，广元市政府将东河热电公司 718 万元国家股股权转让给成都华西电力集团。截止 1998 年年底，市国有资产经营公司实现国有资产营运收益 1418. 3 万元。

1999 年 2 月，成立广元市国有资产投资经营有限责任公司，专门从事资本经营和产权运作。国资部门将国营江陵电缆厂搬迁后有偿移交给广元市的资产账面净值 1638 万元全额划转给该公司，同时将原广元市国有资产经营公司的部分资金、债权及持有的股权计 865 万元划转给该公司。至 1999 年年底，广元市国有资产投资经营有限公司拥有各类资产 3059 万元。

市国资公司先后向利小小食品公司娃哈哈纯净水项目投资 287 万元，向华西电力集团东河热电公司投资 151 万元。组建经济技术担保咨询有限公司，解决中小企业贷款难的问题。经市政府批准，2003 年 4 月，集投资、融资和国有资产授权经营为一体的国有独资公司广元市投资控股（集团）有限公司挂牌成立。公司主要从事城市基础设施投资建设、道路交通投资建设、工业园区建设、旅游文化、城市供水、房地产开发、融资担保、资产经营与管理、建设项目管理、投资项目咨询、产权交易、食品饮料生产、发电等多个行业。新公司注册资本 1. 8 亿元人民币，资产总额 2. 17 亿元，负债总额 1941 万元，所有者权益 1. 98 亿元。

第八章　遂宁市国有资产管理

一、企业国有资产规模

1984年年底，遂宁、蓬溪、射洪3县工业企业固定资产原值为93503万元，交通企业为24335万元。

1995年年末，全市国有资产总额为173329万元。其中企业国有资产总额为100659万元；行政事业单位国有资产总额为72670万元。国有企业资产负债率为85.62%，净资产收益率为-14.20%。

1996年，全市资产总额721760万元，负债总额为473843万元，所有者权益（国有资产）为224776万元，资产负债率为65.65%。其中企业资产总额为598655万元，负债总额为458562万元，所有者权益为116952万元，资产负债率为76.60%。

1999年，全市国有资产总额319624万元，其中企业169134万元，比1998年增加8690万元；行政事业单位150490万元。全市171户企业登记汇总资产总额为809793万元，负债总额为523962万元，所有者权益为285831万元。全市产权登记行政事业单位943户，资产总额为192407万元，所有者权益为150490万元，资产负债率21.68%。

2001年，对全市国有资产检查清理，全市行政事业单位资产总额为243919万元，负债总额为56201万元户，国有资产总额为187696万元，资产负债率为23.04%。全市国有企业户数185户，资产总额696273万元，负债总额477596万元，所有者权益为218677万元。企业国有资产占有产权登记161户，登记国有资产总额153967万元。2001年年末统计汇编国有及国有控股企业137户，资产总额447749万元，负债总额441118万元，所有者权益656万元。2002年年末，全市行政事业单位和国有及国有控股企业总资产1098616万元，比2001年同期增长2.32%；负债总额为477380万元，资产负债率为43.45%，比2001年同期减少0.58%；净资产为610997万元，比2001年同期增长2.88%；国有资产总额为428528万元，比2001年同期增长9.77%。

截止2005年年底，全市国有及国有控股企业（含二、三级子企业）55户，其中市级32户，蓬溪县2户、射洪县14户、大英县5户、船山区1户、安居区1户。按监管级次划分：一级企业25户，二级子企业26户，三级子企业4户。全市国有企业资产总额904389万元，负债总额518971万元，少数股东权益105935万元，所有者权益279483万元，国有资产总量为273113万元，实现主营业务收入153438万元，利润总额7510万元，上缴税金23316万元，资产负债率57.38%，净资产收益率1.84%，总资产报酬率1.75%，国有资本保值增值率达101.26%。其中：市级国有企业资产总额为448115万元，负债总额为273390万元，少数股东权益11277万元，所有者权益为163448万元，年末国有资产总量为160188万元，实现主营业务收入26349万元，利润总额1434万元，上缴税金1143万元，资产负债率为61.01%，净资产收益率为0.51%，总资产报酬率0.62%，国有资本保值增值率为100.06%。

二、企业国有资产管理

1992年6月，遂宁市国有资产监督管理办公室成立，隶属于市财政局，为市财政局科级机构。1993年2月，遂宁市国有资产管理局成立，为副县级行政机构，归口财政局管理。1994年，市国资局成立产权纠纷调处委员会，加大资产产权纠纷调处力度。市政府批准成立由政府授权市国有资产管理委员会直接监管的国有独资企业遂宁兴业资产经营公司。

1995年8月，遂宁市政府印发《遂宁国有企业产权转让试行办法》对全市国有企业转让的原则、类型、审批程序、交易方式、操作程序和有关问题的处理作出明确规定。

2000年9月，市政府批准成立遂宁市城市建设投资发展有限公司，由市国资局主管。当年，全市强化国有资产处置的监督管理，盘活存量资产，提高资产运营效益。全市共处置资产78项，金额达2249万元；审批“非转经”项目6个，收缴资产占用费29万元；资产评估立项44项，评估资产总额46227万元。同年，市委、市政府在国有控股大中型企业试行经营者年薪制和期权激励。

2001年2月，遂宁市国有资产管理委员会成立，日常工作归口市财政局管理。

2001年6月，遂宁市国资局与遂宁市委组织部、遂宁市体改委共同制定了四川明星电力股份有限公司、四川锦华股份有限公司经营者年薪制和期权激励方案。

2001年9月14日，中国华润总公司与遂宁兴业资产经营公司在成都举行四川锦华有限公司国有股股权转让签字形式，正式引进华润集团，锦华公司开始大力技改，走上快速发展轨道。

2002年，组织改制企业的资产评估，帮助企业摸清家底。据统计，市本级无偿划拨、公开竞价拍卖、报废，“非转经”国有资产30项，金额7426.2万元户。2003年，全市收取国有股权转让收入38762万元；实施“非转经”占用费专项检查，共检查市本级行政事业单位85户，收取33户单位占用费13.37万元。

2004年5月，撤销市级直属的11个购销企业，合并成立一个政策性国有独资公司遂宁市国丰粮油管理公司。6月，将从事网络服务的国有资产从市广电局分离，授权遂宁兴业公司持有，与市电视台共同出资组建遂宁市广汇网络有限责任公司。9月，遂宁兴业公司出资3000万元与城投公司出资共同组建遂宁市过军渡水利枢纽工程投资开发建设有限公司。12月，为充分发挥属地管理优势，将四川蓬莱盐化公司由遂宁市本级划归大英县管理，遂宁兴业公司持有四川蓬莱盐化公司1460万股及其对应权益和其他权益460万元划转大英县国有资产管理办公室持有。全年筹措5459万元弥补改制资金缺口，处置破产企业财产17713万元，安置破产企业职工27531人。

2005年，遂宁市政府国有资产监督管理委员会正式成立后，立即组织开展全市国有企业清产核资工作。完成市属5户一级监管企业、22户二级及其以下的中小企业的清产核资工作。

为促进国有产权有序流转，建立了全市企业国有产权转让监督工作联系会议制度、每年一次定期检查和不定期抽查制度、国有产权转让自查工作总结报告制度等。2005年，以1130万元的价格将市电影公司持有四川远东电影文化产业有限公司400万股股权和200万元债权协议转让给四川远东投资开发公司；牵头组织遂宁市川中高等级公路建设开发有限公司持有盛世运业公司的国有股权转让，收回首期转让款700万元；市垃圾处理厂经营管理权通过公开招标方式以296.839万元的价格转让给北兴房地产公司。

遂宁市国资委还制定了加强监事会工作有关系列文件，设立、完善监管企业的监事会。市本级监管企业共28户，除4户国有独资企业中市委招待所已对外租赁，军供站、国家粮库、仁里粮库实行授权经营外，其余27户企业均按公司章程规定设立了监事会，并根据企业规模、国有股权比例等因素向企业派出兼职监事。

三、国有企业改革

1985年，遂宁市委按照“政企分开”，经营权、所有权“两权分开”的基本思路，开始国有企业改革。1986年，全市普遍推行厂长（经理）负责制，以及企业内部层层的经济责任制。1987年，按国务院、省政府统一部署，全市陆续开展以承包为主的经济责任制试点，确定企业（经营者）与政府的经济利益关系，解决企业吃“大锅饭”的问题。从市直机关抽出县级干部31人，一般干部82人，在市化工厂、制革厂等13户企业进行承包经营试点。至1988年年底，全市国营、集体的工业、商贸、交通、物资、建筑建材等行业3801户大小企业，有3322户实行承包经营责任制，占87.4%；县以上独立核算工业企业201户，承包181户，占90%。商业系统公司以上独立核算企业138户全部承包。承包中，对选择经营者引入竞争机制，实行发包方与承包方互选，对承包方坚持“包死基数、确保上缴、超收多留、欠收自补”的原则，注意不同行业特点，在承包形式、期限、经济指标、奖惩办法上不搞“一刀切”。对承包的企业，每年底进行考核，认真兑现奖惩，承包期届满进行终结审计，拉通算账结算奖惩。

1987年6月，遂宁市委、市政府决定在市棉纺厂开展股份制试点。1989年，重点改革企业体制，转变经营机制。1993年，遂宁市委、市政府决定在市化工厂等13家企业开展转换企业经营机制试点工作。至1993年4月8日，全市按规范化要求审批的股份制企业共8户，其中股份有限公司1户、有限责任公司5户、股份合作制企业2户；准备改组为定向募集股份公司的企业还有市轴瓦厂、市机器厂、市开发总公司等；拟新设有限责任公司的企业2户。12月8日，被国家、省、市、县批准设立的股份制企业中，有公众公司1户、定向募集公司5户、有限责任公司14户、股份合作制企业12户，共32户。无一亏损，全部盈利。

1994年1月7日，国家体改委批准四川明星电力股份有限公司进行规范化股份制试点。2月28日，四川美丰化工股份有限公司正式成立，这是四川省首家实行规范化股份制经营的化肥企业。6月20日，遂宁酒厂宣告破产，这是全市宣告破产的首家市属国有企业，是遂宁市第14家破产企业。6月29日，射洪县粮油运输集团贸易公司改组为股份制企业，这是全市全民所有制企业中第一个以内部职工持股为主（不设国家股）的股份制企业。

1995年6月3日，遂宁市属工业企业产权制度改革会议召开，要求市体改、劳动、就业、保险、财政、税务、国土、城建等部门尽力做好企业产权制度改革所涉及的有关工作。纺织、轻化两个系统列入这次产权制度改革的企业，改革工作务必在1996年8月底以前全面完成。7月20日，召开全市企业改革工作会议，要求所有企业必须在改革方面有新作为，努力推进“三项制度”改革，大中型企业都必须做好改制的基础工作，小型企业采取改组、转制、承包、租赁、兼并、联合、分离、拍卖等多种方式搞活资产存量，实现保值增值。

1997年，国有资产管理工作侧重在国有企业建立现代企业制度、进行产权制度改革方面。至1997年7月，全市53户国有企业有33户改制。8月28日，省政府批准，以四川锦华股份有限公司、四川飞虹轴瓦股份有限公司、遂宁市啤酒厂3家大中型企业全部国有资产重组成立国有独资的四川锦华（集团）有限责任公司。以四川锦华（集团）有限责任公司为母公司，四川锦华股份有限公司、四川飞虹轴瓦股份有限公司、遂宁市啤酒厂为控股公司，联合组建四川锦华集团。

1998 年，实施沱牌、明星、美丰等公司的配股，锦华公司资产重组，推动飞虹公司 A 股上市，组建企业集团，实行国有资产授权经营，规范股份制企业，推进产权转让，加强破产企业国有资产管理。全市县属企业，41 户企业完成产权制度改革。1999 年，全市 10 户国有企业完成资产重组，企业改制 24 户。

2001 年全市应改制企业 601 户，已改制企业 587 户，占 97%；市属 121 户企业已改制 110 户，占 90.9%；市属企业分流职工 15238 人，减少债务 3.57 亿元，盘活存量资产 3.89 亿元；实施两个“百分之百”改制，8200 名职工重新择业上岗。至 2005 年年初，全市国有、集体企业改制任务基本完成，盘活存量资产 15.2 亿元，化解企业债务 14.3 亿元，分流安置人员 3.7 万人。锦华、美丰、明星等上市公司成功转让国有股权。

第九章　内江市国有资产管理

一、国有资产管理

2005年3月，内江市委、市政府决定撤销设于内江市财政局的市国有资产管理局，组建内江市政府国有资产监督管理委员会。6月，市国资委正式成立，为市政府直属正县级特设机构，行政编制17人，事业编制2人。

2005年9月1日至11月30日，由内江市国资委牵头，组织对国有企业和国有资产的摸排清查工作。对市级行政事业单位国有资产和企业国有资产进行明确界定，清查、核实，建立了国有资产管理数据库。据清查，市级行政事业单位国有资产账面总额为276289.69万元，比2004年增长5.1%，其中行政单位65877.34万元，事业及其他单位210412.35万元；纳入直接监管的市本级正常生产经营的内江市天然气总公司等9户国有企业，资产总额为13.68亿元，比2004年增长95.7%。截止2005年年底，全市国有企业总户数为42户，其中市本级9户，各县（区）属33户；国有独资企业38户，国有控股企业4户；国家资本总额为57745.40万元，其中市本级26288.60万元。

市国资委成立后，制定了《内江市市级行政事业单位国有资产处置暂行办法》《内江市市级企业国有资产收益收缴管理暂行办法》、《内江市市属国有企业经营管理者经营业绩考核暂行办法》、《内江市国有企业监事会暂行办法》等法规性文件，初步构建了内江国资管理制度体系。建立了内江市国有企业财务快报和国有资产统计报告制度，强化财务动态监测，努力做好国有资产基础管理工作，为各级领导和国资监管提供决策依据。开设“国有资产收益”财政专户，规范了市级国有资产收益收缴工作。截止2005年11月30日，“国有资产收益”专户收到各单位解缴入户收益额为870684元。

对原市贸易局大楼划转，市科技咨询服务中心增加注册资本金等24件市属国有企业和市级行政事业单位国有资产处置事项进行了严格审批，按程序公开拍卖。截止2005年11月30日，共批复处置资产总价值2823.34万元。并协助省国资委办理了威远煤矿上划省煤炭产业集团的产权划转工作，涉及资产金额1.92亿元。

二、国有企业的改革发展

2002年年底，内江市有市属国有企业141户。截止2005年6月底，完成改制任务86户，盘活存量资产19亿元，分流安置职工6.6万余人；已实施破产改制尚未完成的47户，未进入破产改制程序的企业8户。

为解决国企改革资金缺口大的问题，市国资委会同有关部门研究制定了《内江市改制（破产）企业土地出让金征返管理办法》。筹集资金解决了长江机床电器厂等15户破产、改制企业在职职工、托管、退养人员的安置移交费800余万元，妥善安置职工700余人。组织实施隆昌义大有限责任公司和协助抓好山川机械厂、内江包装材料总厂3户政策性破产的改制工作，完成企业破产改制阶段性目标任务。

第十章　乐山市国有资产管理

一、企业国有资产规模

1995 年，乐山市办理产权登记国有企业 877 户，登记国有资产净额 32.95 亿元。全市地方国有企业、股份制企业、行政事业单位国有资产总额 176.36 亿元，其中国有净资产总额 56.6 亿元，资产平均负债率为 70.3%。1997 年，全市国有企业产权登记共 723 户，资产总额 176 亿元，负债总额 135 亿元，所有者权益 40 亿元，国有资产总额 28 亿元。1998 年，全市国有企业产权登记共计 387 户，资产总额 121.30 亿元，负债总额 86.05 亿元。1999 年，全市国有企业产权登记共计 277 户，国有控股企业资产总额 98.12 亿元；负债总额 71.72 亿元；所有者权益 26.40 亿元；国有资产总额 15.09 亿元。2000 年，对全市国有企业产权进行重新登记确认，全市国有企业、国有控股企业登记 316 户，资产总额 142 亿元，负债总额 105 亿元，国有资产 22 亿元，所有者权益 37 亿元。其中市本级 116 户，资产总额共 118 亿元，负债总额 86 亿元，国有资产 19 亿元，所有者权益 32 亿元。

乐山市于 2002 年起，正式实施国有资产统计。2002 年，市级经营性国有资产总额为 32.2 亿元，负债总额为 21.32 亿元，净资产 11.81 亿元。2003 年，市级国有资产总额为 47.15 亿元，负债总额为 31.08 亿元，净资产 16.07 亿元。2005 年，市级国有资产总额为 77.8 亿元，负债总额为 47.68 亿元，净资产 29.8 亿元，年末合并国有资产总量为 18.16 亿元。2006 年，市级国有资产总额为 89.02 亿元，负债总额为 67.8 亿元，净资产 21.22 亿元，年末合并国有资产总量为 15.6 亿元。2006 年末合并国有资产总量同比 2005 年减少，主要原因是峨嵋半导体材料厂国有产权整体无偿划转给东方汽轮机厂。

二、企业国有资产管理

1989 年 10 月，乐山市财政局设立国有资产管理办公室，负责国有资产的报表统计及国有资产的初始管理。1991 年 4 月 5 日，成立副县级的乐山市国有资产管理局，行政编制 20 名，归口市财政局管理。1995 年 9 月 20 日，成立乐山市国有资产管理委员会，作为乐山市国有资产的总代表，对本市管辖的国有资产行使占有、使用、处分和收益等权利。2002 年，撤销国资局，其职能并入市财政局。2005 年 3 月 18 日，成立乐山市国有资产监督管理委员会，编制 25 人。

国有资产管理机构成立后，开展了产权登记、清产核资、资产处置监管、深化国有企业改革等一系列工作。派出 30 多名董、监事，加强对企业的监管。

（一）清产核资

1995—2006 年，乐山市共开展 4 次清产核资工作。1995 年开展清产核资企业 485 户，清查登记资产总额 102 亿元，负债总额 65 亿元，所有者权益 37 亿元，平均资产负债率 63.73%。1999 年，完成市属乐山商业储运公司、乐山全华厂等企业全面清查工作。2000 年，对 21 户转制企业进行了清产核资、资产评估，评估确认资产总额 7 亿元。经市政府批准，市国资委于 2005 年 8 月至 12 月委托 3 家中介机构对全市 67 户市属国有企业和执行《企业会计制度》的企业化管理事业单位开展清产核资工作。以 2004 年 12 月 31 日为基准日，清产核资后，全市 67 户市属国有控股或参股企业，总资产为 85.29 亿元，负债 51.23 亿元，所有者权益 34.06 亿元，资产负债率 60.07%。净资产中国有资本份额为 24.57 亿元。合并报表后净资产中国有资本份额为 14.29 亿元，少数股东权益 10.28 亿元。通过清产核资，批准核销资产损失 14589733.65 元，解决了企业历史遗留问题。

（二）国有产权转让管理

1995 年开始的国企改制多采取经营者控股的方式，国有资本退出向内部人转让，透明度低，职工身份转变不明确，一旦企业出现经营困难，易引发诸多不稳定因素。乐山市于 1997 年被国务院列入全国 111 个“优化资本结构”试点城市后，尝试公开转让国有产权。乐山拍卖中心有限公司，于 1997 年 7 月在省内率先公开拍卖乐山制药厂破产财产（转让价格 2420 万元）。2003 年起，市政府陆续出台关于国有资产产权交易管理的文件，明确乐山产权交易中心为本市唯一合法的国有产权交易机构，凡准予交易的国有产权必须进入该中心公开交易，市国资、纪检、监察部门对国有产权进行监督和检查，确保国有产权的“阳光交易”。2003 年，金顶公司 13216 万股国有股向浙江华伦集团公司、上海华策投资有限公司公开转让，转让金额 2.7224 亿元。截止 2004 年年底，市属 39 户国有破产企业破产财产通过拍卖等形式进行了公开转让，转让金额 5.616 亿元，除清偿抵押债权外，全部用于破产清算和职工安置。

2002 年以来，乐山产权交易中心采取公开竞投、电子竞价、拍卖、招标等形式，成交 130 宗产权，成交价 103055.9338 万元，增值率达 13.46%。其中，采用电子竞价成交的项目 100 余个，通过电子竞价进行的乐山市司法局商业门市转让增值幅度达到 43%。成功组织了乐山无线电公司、川南林业局等国有股权转让。

此外，经省、市政府批准，于 1998 年年底，将峨铁公司 10508 万股国家股无偿划转给四川省投资集团公司。2006 年，经国务院国资委、乐山市政府批准将峨嵋半导体材料厂（所）国有产权账面资产总额 2.84 亿元、账面负债总额 1.5 亿元向东方汽轮机厂无偿划转。

三、国有资产经营

1996 年 3 月 18 日，经乐山市国有资产管理委员会授权，将乐山市级 14 家股份有限责任公司的国家股及国家股权益委托乐山市国有资产经营有限公司（原乐山资产经营有限公司）经营管理，并作为公司的注册资本金。乐山市国资经营公司以独资、控股、参股方式从事资产经营，行使国有资产出资者所有权，是国有独资有限责任公司。经过十多年的发展，公司规模日益壮大，参控股企业总数达到 31 家，涉及银行、证券、城市基础设施建设、林业、机械制造等行业。截止 2006 年年底，共实现国有资本经营收益 2.85 亿元。2006 年年底，公司资产总额 3.88 亿元，较 2005 年增长 5%；实现经营性利润 969 万元，较 2005 年提高 191%；所有者权益 3.37 亿元；净资产收益率为 2.88%，较 2005 年增长 1.44%。全年上缴国资经营预算 5000 万元（含金顶公司安置职工款 2000 万元），其中上缴投资经营利润 500 万元。

（一）股权重组

1997 年，乐山市国有资产经营有限公司（简称市国资公司）将四川峨眉山盐化工业集团股份有限公司（川盐化）、四川金顶（集团）股份有限公司、乐山电力股份有限公司、峨眉铁合金（集团）股份有限公司国家股股东由乐山市国有资产管理局变更为市国资公司。将持有的嘉华集团国家股3600万股作价6136.85万元置换峨眉山矿泉饮料食品公司6136.85万元。针对川盐化已连续两年巨额亏损，每股净资产只有0.83元，面临证监会摘牌的情况，公司将持有的川盐化6000万股国家股，按照1.1元/股的价格转让给山西通业实业发展有限公司和武汉天乐置业有限公司，转让收入6600万元。当年实现转让收入460万元。转让后，市国资公司还持有川盐化1418万股国家股。

1998年，乐山电力股份有限公司需通过配股方式筹集资金，市国资公司以对乐电公司的2444.67万元债权及经评估的乐山市煤气总公司的部分资产认购其中的697.5万股。本次配股实施后，市国资公司持有乐电公司国家股4572.17万股，占总股本的29.34%。市国资公司和峨眉山市国资局分别持有峨眉山矿泉饮料食品有限公司85%、15%的股权，经市政府批复同意四川西部投资开发有限公司以享有和承担原有债权债务、安置全部职工的方式兼并峨眉山矿泉饮料食品有限公司。1998年年底，经省、市政府批准，市国资公司将持有的峨眉铁合金（集团）股份有限公司国有股10823万股无偿划归四川川投峨眉铁合金（集团）有限责任公司（国有独资企业）经营管理。

1999年，川盐化公司与安徽省东泰控股集团公司（国有企业）进行资产置换式重组，处置7418万股国家股；华乐公司2937万股国家股、大钢公司6436万股国家股因两公司先后实施破产依法核销。同年，因1997年转让川盐化股权给山西通业实业发展有限公司和武汉天乐置业有限公司两家公司失败，市国资公司将持有的川盐化公司6000万股国家股转让给安徽芜湖东泰实业有限公司，转让价格为2元/股。将持有的乐山产权交易中心201.41万股转让给乐山发展投资集团公司，转让价格1.99元/股，总金额为400万元。四川华乐丝绸实业股份有限公司因经营不善，严重亏损宣告破产。破产方案中市国资公司以2500万元整体收购华乐丝绸公司所有资产，再以同等价格将土地资产转让给立事达公司、三江房地产公司进行开发。

2000年，市国资公司将所持有的8430万股国有股转让给三九企业集团，获得转让收入2300万元。同年，市国资公司与峨嵋半导体材料厂、乐山嘉能电力有限责任公司共同出资成立四川新光硅业科技有限责任公司，出资75万元，后按1元/股的价格将持有的45万股转让给乐山电力股份有限公司。

2001年，市国资公司将持有的乐山电力部分国家股5300万股协议转让给四川省交大创新投资有限公司。乐电—商业银行和交大创新公司正式签署资产重组协议后，交大创新入股市商业银行3500万元及存款共计1.2亿元，缓解了市商业银行的支付压力。同年，市国资公司将持有的四川新光硅业科技有限责任公司30万股按1元/股的价格协议转让给四川启明星控股有限责任公司，市国资公司不再持有新光硅业公司股权。通过比选的方式，市国资公司以1600万元的价格将持有的四川东泰产业（控股）股份有限公司1418.1252万股转让给江门汇盛投资管理有限公司。

2003年，为重组金顶公司，与浙江华伦集团有限公司达成协议，以2.06元/股的价格转让金顶公司6860万股国家股。市国资公司将持有的乐电公司国家股2037万股无偿划转眉山国资公司，解决了因行政划分造成的乐电股权遗留问题。重组四川嘉华企业集团有限公司，将持有的该公司555万股以0.415元/股的价格转让给重庆国际信托投资有限公司，转让收入230.325万元。

2004年，川南林业局与市国资公司借款纠纷经法院判决后，为防止国有资产流失，冻结了川南林业局所持乐山吉象公司股权1600万股。

2006 年，市国资委全额收回金顶股权转让资金。市国资公司作为乐电公司的第一大股东，主导实施乐电公司股权分置改革工作，以全体股东 98.36% 的赞成率通过乐电公司的股权分置改革方案。

（二）股权投资

1997 年，市国资公司为乐山市国有资产管理局代管“市属国有企业改革基金”账户。完成乐山市肥皂厂、乐山市驻眉山物资总公司、乐山市电机厂、乐山金刚砂厂、大为石膏矿、乐山市皮革工业公司、四川省汽车工业公司乐山销售公司等 7 家公司国有资产产权转让，共实现收入 817.32 万元，并全额上缴，由市财政统一安排。为明晰产权，便于管理，乐山市岷江化工实业公司、乐山市皮革工业公司职工住房划转公司管理，分别为公司增加资产 88.15 万元、399.53 万元。公司与乐山市信托投资公司分别出资 51 万元、49 万元共同成立了乐山资信产权经纪有限责任公司，从事投资、产权转让咨询等产权服务业务。出资 260 万元参股乐山产权交易中心。

2000 年，市国资公司以持有市自来水总公司、市煤气总公司的资产和乐电公司配股资产，共同组建市自来水有限责任公司和市燃气有限责任公司。

2001 年，为妥善处理乐山产权交易中心股权遗留问题，市国资公司终止与乐山发展投资集团公司就产权交易中心的股权转让行为，共同收购深圳宝安、黄金投资公司持有的产权中心 225 万股。为发展乐山旅游经济，市国资公司与大佛管委会、峨眉山管委会共同发起组建乐山旅游机场有限公司，前期总投资 200 万元。

2002 年，峨嵋半导体材料厂（所）国有产权整体划转市国资公司持有，以保证 1000 吨多晶硅项目工程尽快实施；注册成立乐山市华森林业发展有限责任公司，承接原林业开发公司的全部债权债务及人员，该公司总股本为 255 万元，由市国资公司作为其中 243 万元国有股持股单位，行使出资人权利；长药公司使用的中央级“特种拨改贷”资金本息 175.43 万元转为国家股；原四川省信托投资公司乐山办事处用持有的产权交易中心 2577.04 万元抵偿向财政局借用的中央再贷款后，累计持有产权交易中心 2878.85 万元；组建乐山市城市房屋拆迁公司。

2003 年，原川信乐办受市政府委托管理的委贷款及部分委贷抵偿资产移交市国资公司。原乐山信托公司持有的永丰公司、海南高速等 6 家公司共计 757.5 万股无偿划转市国资公司持有。为解决市国资公司为乐轧厂贷款提供担保债务问题，乐轧厂将持有的斯堪纳公司国有法人股 3350 万股转让给市国资公司。

2005 年，市国资公司投资 7500 万元整合企业，增加了优质企业，控参股企业达到 27 家，进一步优化了投资结构。市财政持有的市商业银行 3000 万股国家股、民族证券 4566.42 万股国家股划转市国资公司。为盘活国有存量土地，组建了国升房地产开发有限公司。

四、国有企业改革

1995 年，全市国有企业开展以产权制度改革为核心的转制工作。当年，将峨眉山啤酒厂全部有效资产租赁给川盐化集团。

1996 年，推进县属企业转制 184 户，重组和盘活存量资产 23.5 亿元。顺利完成市肥皂厂等 9 户国有企业的清产核资、评估确认等工作。对金粟电厂、乐天化等省上确定的劳动服务试点企业进行了股份制改组。市级国有企业转制工作取得突破性进展。

1997 年，中共乐山市委、市政府决定加快企业资产重组机制转换，当年，促成广东蓝带（集团）与峨眉山啤酒厂、挪威斯堪纳（集团）与乐山轧辊厂、马来西亚巨星公司与乐山造纸厂合资，盘活存量国有资产 5 亿余元。1997 年年末，乐山市有上市公司 5 户，居全国地级市前茅。

1998 年，通过对部分企业的转制，盘活存量资产 11.9 亿元，使企业由单一的国有独资形式转向股份制、股份合作、民营等多种所有制形式。乐山肥皂厂等 5 户预算外企业全面转制。实施四川省投资集团与峨眉铁合金股份公司兼并重组，盘活存量资产 6 亿元。

1999 年，为加快市属国有企业转制进度，市政府将市印刷厂、大为石膏矿等涉及 18 个行业的 58 户市属国有企业转制下放给主管部门负责审批。2000 年，市政府将市属国有企业转制审批权集中到乐山市深化企业改革领导小组。1995 年至 1999 年，共有乐山皮革公司、乐山冶金轧辊厂、乐山汽车运输公司等涉及 13 个行业的 27 户市属国有企业实施转制，转让账面资产总额 19.102 亿元，账面负债总额 11.167 亿元。

1999 年，经财政部、国家证监会批准，转让川盐化国家股 6000 万股，置入优质资产 3.1 亿元。市国资公司以 2500 万元收购华乐丝绸公司，保证华乐破产工作终结，核销了银行呆坏账准备金 1.03 亿元。2000 年，乐山无线电股份有限公司转制，转让国有股 918 万股，转让收入 522.9 万元，职工全部得到妥善安置。2002 年，对市种畜场、市种鸡场、市冻精场实施转制重组，通过土地使用权出让获补偿金收入 2500 万元。

2002 年，为解决企业职工遗留问题，市国资公司分别向市中行、市商行区支行借款共计 5000 万元，转借给市财政作为“国企改革走人”资金，累计安置企业职工 2222 名。

1997—2002 年，乐山市先后有川康一厂、乐山市糖果厂等 14 户企业列入全国破产计划，核销银行呆坏账准备金 8.9252 亿元。川盐化、川康一厂、东风电机厂列入全国减员增效计划，东风木材厂、峨眉矿泉饮料厂列入全国兼并计划，5 户企业共减免银行利息 9590 万元。

2003 年，资产变现收入 4986.7 万元，用于安置职工 4503 人。截止 2003 年年底，全面完成 1966 户企业改革任务，其中市属企业 113 户，区市县属企业 1853 户。提前两年完成省定国有劣势企业退出规划。通过实施“国退民进”战略，激活了国有存量资产，转换了企业经营机制，优化了工业生产布局，调整了经济结构，促进了民营经济迅猛发展。2004 年全市民营经济工业增加值占全市的比重达 90% 以上。

2004 年，全市实现国内生产总值 265.77 亿元，比 1999 年增长 75.8%，经济总量由全省第十位上升到第七位。规模以上工业企业实现增加值 101.7 亿元，是 1999 年的 2.9 倍；利税总额达 31.1 亿元，是 1999 年 5.5 倍。全口径财政收入实现 24.54 亿元，是 1999 年的 2.21 倍。全年工业拉动经济增长 8.3 个百分点，对经济增长的贡献率达到 57.2%。至 2004 年年底，113 户市属国有企业累计安置职工 10.40 万人。

2005 年市国资委成立后，积极筹措资金协调解决了原峨眉山冶金机械厂职工生活区水电改造、原乐山制药厂 11 号楼 29 户职工住房搬迁等问题；协调解决了金顶公司土地使用问题及金利达公司和长药公司的资产置换等国企改革遗留问题。

第十一章 南充市国有资产管理

一、国有资产规模与分布

1990年年底，南充市国有企业资产总额为526926万元，负债总额为357952万元，资产负债率为67.93%，利润总额5506万元，资金利润率为1.38%。国有资产为168974万元，其中工业企业104007万元，建筑企业562万元，交通企业5073万元，商、粮贸企业50959万元，森工企业1176万元，文卫企业1826万元，城市公用企业4174万元。

1991年，国有企业资产总额为620701万元，负债总额为422692万元，资产负债率为68.10%，利润总额为-136万元，资金利润率为-0.03%，比1990减少102.47%。国有资产为198009万元，其中工业企业127037万元，建筑企业655万元，交通企业5819万元，商、粮贸企业56225万元，森工企业956万元，文卫企业1936万元，城市公用企业5381万元。

1994年，南充市国有企业清产核资户数共计361户，资产总额581342万元，负债总额452404万元，资产负债率77.82%，国有资产总额128938万元。资产损失总额为35334万元，审批核销数为16577万元，其中流动资产16506万元，长期投资137万元，固定资产-339万元，无形、递延及其他资产273万元。挂账总额为61679万元，资不抵债企业81户，损失挂账申报核销总额22569万元，审批挂账冲销审批核销数为16577万元，其中冲销盈余公积3415万元，冲销资本公积8681万元，冲销资本金4481万元。

1995年，全市国有企业清产核资户数共计354户，其中：盈利企业145户，亏损企业209户，资产总额239227万元，负债总额178120万元，资产负债率74.46%，国有资产总额61107万元。资产损失和资金挂账总额为38287万元，其中资产损失8200万元，资金挂账30087万元。

1996年，全市国有资产总额为423126万元，其中国有企业108756万元，行政事业单位224614万元，房产部门5726万元，建设单位54265万元，地方金融企业3739万元。

1997年，全市纳入统计的国有企业593户，其中盈利企业224户，亏损企业369户；地方金融企业3户，房产部门5户，行政事业单位1948户。全市国有资产总额为414819万元，其中国有企业127603万元，行政事业单位276070万元，房产部门4561万元，建设单位4388万元，地方金融企业2197万元。

1998年，全市国有企业355户，资产总额606816万元，负债总额524768万元，资产负债率86.48%，国有资产总额为82048万元。

2000年，全市国有企业244户，资产总额为650300万元，负债总额为582957万元，资产负债率为89.64%，利润总额为-13132万元，国有资产总额67343万元。

2001年，全市国有企业及行政事业单位资产总额为1184988万元，负债总额为597095万元，国有资产总额为587892万元。国有企业资产总额为661011万元，负债总额为524325万元，资产负债率为79.32%，利润总额为－17634万元，国有资产总额为136686万元。行政事业单位资产总额523977万元，负债总额为72770万元，国有资产负债率13.89%，国有资产总额为451207万元。

2002年，全市国有企业及行政事业单位资产总额为1127572万元，负债总额为688783万元，国有资产总额为504163万元。国有企业资产总额为538251万元，负债总额为524325万元，资产负债率为97.41%，国有资产总额79300万元。行政事业单位资产总额589320万元，负债总额为164458万元，资产负债率为27.91%，国有资产总额为424862万元。

2003年，全市国有企业及行政事业单位资产总额为1198762万元，负债总额为695522万元，国有资产总额为559686万元。国有企业资产总额为590738万元，负债总额为516665万元，资产负债率为87.46%，国有资产总额130519万元。行政事业单位资产总额608024万元，负债总额为178857万元，资产负债率为29.42%，国有资产总额为429167万元。

2004年，全市国有企业及行政事业单位资产总额为1209454万元，负债总额为692113万元，国有资产总额为631027万元。国有企业资产总额为491754万元，负债总额为487247万元，资产负债率为99.08%，国有资产总额118193万元。行政事业单位资产总额717700万元，负债总额为204866万元，资产负债率为28.55%，国有资产总额为512834万元。

2005年，全市国有企业及行政事业单位资产总额为1235656万元，负债总额为680356万元，国有资产总额为682257万元。国有企业资产总额为521358万元，负债总额为492839万元，资产负债率为94.53%，国有资产总额为124256万元。行政事业单位资产总额为735780万元，负债总额为195756万元，资产负债率为26.61%，国有资产总额为567569万元。

二、企业国有资产管理

1990年起，市政府陆续出台关于国有资产产权交易管理的文件，明确南充市产权交易中心为本市唯一合法的国有资产交易机构，凡准予交易的国有产权必须进入该中心公开交易，市国资、纪检、监察部门对国有产权进行监督和检查，确保国有产权的“阳光交易”。

1991年12月，开展首次全市国有资产产权登记工作。

1992年，成立南充市资产评估事务所，为南充市国资局直属正区级全民所有制自收自支事业单位。并开展全市资产评估机构和资产评估行业清理整顿工作。

1995年开始的国企改制多采取经营者控股的方式，国有资本退出向内部人转让，透明度低，职工身份转变不明确，一旦企业出现经营困难，易引发诸多不稳定因素。

2005年6月，成立南充市政府国有资产监督管理委员会。

2005年10月，建立南充资产评估中介机构备选库。

三、国有企业改革

（一）1978—1983年，扩权让利，实行企业利润留成制度，调整国家与企业的利益分配关系

1978年第四季度，南充绸厂被列为四川进行扩大自主权试点企业，允许在实现当年增产增收目标后，提留少量利润。1981年起，扩大企业自主权的工作在国有工业企业中全面推广，国有企业普遍实行利润包干。

1983 年 6 月，南充地委、行署按照省政府《关于实行国营企业利改税有关问题的通知》，对全区地、县（市、区）属工商企业全面实行利改税，规范政府和企业的分配关系。

（二）1984—1992 年，实行企业所有权与经营权适当分离改革，确立企业的市场主体地位

1. 改革管理体系。1984 年，南充地委、行署出台了一系列关于国有和集体企业改革放权的政策文件。1988 年 6 月 10 日，地委决定将南充绸厂、地区棉纺厂等 36 家企业的厂长、副厂长等的任免管理权限由地委组织部分配下放给地区经委、行署农贸办、地建委、地计委等部门。1989 年，地委、行署要求通过清理整顿，理顺各种经济关系，决定全区在企业任职的 48 名党政机关干部（含离退休干部），必须在当年 8 月中旬办完辞去一头的脱钩手续。

2. 实行厂长（经理）负责制。1984 年 12 月，总结地区棉纺厂试点经验，部署地属企业第二批试点工作。1987 年 10 月，要求全地区所有县以上预算内地方国营工业企业，在 1987 年内必须全部推行厂长负责制，其他全民所有制企业在 1988 年年底前全面实行。

3. 推进“三项制度”改革。1992 年 3 月，地委、行署确定在自行车厂、罐头厂、绸厂等 10 多家地属重点企业开展破除“三铁”（即铁交椅、铁饭碗、铁工资）试点，要求试点企业以此为突破口，推进其他各项配套改革。6 月 5 日，南充食品罐头厂成为全省食品行业和南充大中型国有企业中全面实行全员劳动合同制的首家企业，干部、工人成为合同制职工。

4. 推进“四放开改革”。1991 年，南充商贸企业开始推行“四放开”。即经营范围放开、商品价格放开、劳动用工放开、内部分配放开。企业逐步成为自主经营、自负盈亏、自我约束、自我发展的独立经济实体。

5. 推进整合重组。1987 年，由南充棉纺织厂、印染厂、锦伦厂、群乐服装厂组成的四川省南充嘉陵府绸集团正式成立；1988 年，南充棉纺厂经国家纺织部批复同意为国家二级企业，成为西南四省纺织行业第一个登上企业升级第二个台阶的企业；1990 年 11 月，四川天歌轻工集团公司成立；1990 年 9 月，以南充内燃机厂为主导，以 6 个省、市 16 家研制、生产汽车配件、发动机总成或零部件为主业的企业所组成的南充柴油机集团正式成立；1990 年 10 月，阆中皮革集团公司、丝绸集团公司、化工集团公司相继成立。1982 年，南充市手工业合作联社与印度尼西亚最高玻璃绵纸隔板蓄电池工业有限公司合资建立“四川华联蓄电池玻璃棉纸隔板工业有限公司”，成为南充第一家中外合资企业；1990 年 12 月，南充进出口公司、阆中绵纺厂、四川省纺织品进出口公司、华西集团公司在成都签订协议，合资组建斐济国华西南太纺织品制造有限公司，产品出口美国、澳大利亚、新加坡等国，这是南充第一个境外投资项目。

（三）1992—2002 年，建立现代企业制度，实行规范的公司制改革，转化企业经营机制

1. 推进股份制改造。1990 年 8 月，南充天歌轻工集团（集体企业）经国家体改委批准为股份制试点企业，发行股票 1700 万股，成为南充首家以股票方式融资的企业；1993 年 3 月，四川嘉陵纺织（集团）股份有限公司成立；1994 年 7 月，四川省赛丽斯（集团）股份有限公司成立，为全区第一家股份制商业企业。1993 年 5 月 7 日，四川天歌轻工（集团）股份有限公司股票在深圳证券交易所公开上市挂牌交易；1998 年 3 月 3 日南充“美亚股票”在上交所上市。

2. 推进公司制改革，建立现代企业制度。1994 年 2 月，提出《南充市进行现代化企业制度试点

的实施意见》。此后按照产权清晰、权责明确、政企分开、管理科学的要求，南充国有企业初步完成公司制改革，普遍建立了公司法人治理结构，新型的政企关系格局基本形成。

3. 推进考核和分配制度改革。1994 年 4 月，地委、行署宣布实施一系列财税工作新举措，主要有：企业实行税利的多少直接与企业的业务费、厂长（经理）奖金和经济主管部门的支出挂钩；对政策性亏损企业实行超亏不补、节亏全留的激励机制；对长期经营性亏损又挽救无望的企业，不再给予减免税照顾和财政补贴；查“劣”不查“优”等。1999 年，对南充市和市辖区的 20 多户国有和国有控股企业推进经营目标责任制，经营者实行与经营目标完成情况挂钩的年薪制。

（四）1994—2005 年，以产权制度改革为重点，推进国有企业改革攻坚

1. 推进中小企业三个 100% 改制，创造了营山经验。从 1994 年以来，积极推进国有、集体中小型企业产权制度改革，截止 1997 年 4 月底，全市完成国有和集体企业改制 300 多户，占应改制企业的 60. 20% 。1997 年 3 月，市委提出《关于加快全市中小企业产权制度改革的意见》；1998 年 5 月，市政府制定《南充市中小企业产权制度改革若干问题的暂行规定》；1999 年印发《南充市人民政府关系市属小企业产权改革中有关政策问题的通知》。1998 年 7 月 5 日至 6 日全省小企业改革与发展会议在营山县召开，主要是学习推广营山经验，进一步推动小企业改革，加快全省县域经济的发展。截止 2000 年，全市 9 县（市、区）400 多户国有和集体企业基本完成改制。

2. 争取国家优化资本结构试点城市政策，完成大中型企业改革解困攻坚。1997 年 12 月，国务院副总理吴邦国在四川视察工作时指示：南充可以参照全国优化资本结构试点城市政策，帮助南充国有企业尽快走出困境。自 1998 年以来，阆中丝绸集团、南充绢纺织集团等 14 户大中型企业执行国家政策性破产政策，安置职工 36000 多人，化解历史金融债务近 20 亿元。2003 年年底后，国企大规模产权制度改革攻坚任务基本完成。

3. 剥离企业办社会职能，促进企业轻装发展。企业办学校和部分职工医院移交属地管理，改制企业生活区实行户表改造和棚户区改造，并移交属地街道社区实行社会化管理。

（五）2005 年起，以深化国有资产管理体制改革为重点，实行政资分开，推进企业体制和管理创新

2005 年，编制全市丝绸纺织行业深化改革和发展方案，争取到省政府 1500 万元的资金支持。启动了南充化工总厂、亿龙齿轮公司、赛丽斯集团公司的改制和职工安置工作。妥善处理燎原厂、长城厂、丝绸印染厂、室内装饰公司等改制企业的遗留问题。牵头推进南充药业集团的改制工作，并配合商务局具体组织实施。全力维护企业稳定，先后接待来访和直接到企业面对职工作政策宣传解释、处理具体问题近 3000 人次。

第十二章　宜宾市国有资产管理

一、企业国有资产规模及分布

2005 年，宜宾市国有企业共有 87 户，其中市属企业 29 户，县（区）属企业 58 户。全市国有企业资产总额达 309.51 亿元，所有者权益 188.36 亿元。当年累计完成工业总产值 206.33 亿元，实现销售收入 215.16 亿元，实现利润 27.89 亿元，利税 48.08 亿元。首批纳入国资委监管的国有企业 12 户，当年完成总产值 212.10 亿元，实现利税 47.70 亿元。宜宾市在三大产业中都有企业国有资产，但国有资产总量、经营收入和利润主要集中在第二产业。从主要行业分布情况看，全市国有企业资产、主营业务收入、利润和工业增加值集中在机械制造业、氯碱化工制造业、化学纤维制造业、道路运输业、电热力生产供应业、广播电视业，尤其是酿酒业。酿酒业的资产总量所占比重最大，实现利润最多，盈利能力最强，对本市工业经济发展的贡献最大。宜宾市国有企业在发展壮大传统产业的同时，也注重培育煤化工、重大装备制造、光伏元器件制造、房地产开发与经营等战略性新兴产业。

二、企业国有资产管理

2005 年 3 月，宜宾市政府国有资产监督管理委员会（简称宜宾市国资委）经市委、市政府批准成立，为正县级直属特设机构。

市国资委根据市政府授权，按照“三分开、三统一、三结合”（政企分开、政资分开、出资人所有权和企业经营自主权分开，责、权、利相统一，管资产、管事、管人相结合）的原则履行国有资产出资人职责。市国资委成立后，加快国资监管政策体系建设，相继出台《宜宾市企业国有资产监督管理暂行办法》《宜宾市国有资产委托监管暂行规定》《宜宾市国有资产监管工作指导监督实施办法》及企业产权管理、企业投资监管、企业经营业绩考核、企业法律顾问等规范性文件 70 余件，国有资产监管体制框架不断健全。

三、国有企业改革

宜宾市是全国最早进行改革攻坚探索的重要城市，20 世纪 90 年代，实行县属国有中小企业产权制度改革，创造了闻名全国的“宜宾经验”“宜宾模式”。

1992 年 7 月，《宜宾县股份制企业试行办法》出台，实施“国家转让产权、政府转变职能、企业转换机制、职工负债持股经营”的企业产权制度改革。1994 年 4 月，四川省县级经济体制改革现场会在宜宾召开，宜宾县的国企改革探索被确定为“宜宾经验”在全省推广。1996 年 9 月，“宜宾经验”走向全国。1997 年年底至 1998 年年初，宜宾市先后被国家体改革和省委、省政府确定为综合配套改革试点城市。中共宜宾市委、市政府提出以企业产权制度改革为核心，以“三化一保障”，即资产、人才（经营者）、劳动力市场化和一个社会保障体系为重点的综合配套改革的总体工作思路。1999 年，在全市实施以“国有集体资本全退、用工分配机制全新、社保监管配套全面”为主要内容的改革，掀起第二次改革高潮。宜宾“国有企业放小改革，改到深处是产权”的做法为全国走出了一条崭新的道路，为全国的国有企业改革积累了宝贵经验。

为进一步解决国有企业改革深层次的难点、热点问题，在总结 90 年代改革成功经验的基础上，2003 年 9 月，中共宜宾市委、市政府出台《关于深化市属国有及国有控股企业改革的决定》，配套出台了国有资产监管和资金管理、土地资产处理、劳动保障、向市属国有及国有控股企业派驻工作组等相关文件，并制定了全市 2003 年—2005 年全面完成市属企业改革“三个百分百”的目标任务，为指导全市深化国有企业改革提供了政策依据。截止 2004 年 11 月底，全市市属国有企业列入改革计划 109 户，完成改制 l06 户，改制面积达 97. 24%；一区九县国有企业 565 户，完成改制 561 户，改制面积达 99. 3%。

2005 年以来，宜宾市国有企业的改革发展工作始终走在全省前列，长期困扰国有企业发展的一系列历史遗留问题稳妥解决，一大批国有企业重新焕发了生机和活力。

第十三章　广安市国有资产管理

一、企业国有资产管理

1952年，国营企业固定资产购置由财政拨款，企业之间实行无偿调拨，折旧基金和变价收入全交财政，流动资金由财政核定拨给。1966年起，固定资产变价收入和折旧基金全留企业。1978年，企业折旧基金上缴财政50%。1979年，企业固定资产除经特殊批准无偿调拨外，其余均实行有偿调拨。1983年7月起，流动资金全部由银行贷款。1989年，以全民单位的资金、物资开办的公司，其资产作国有资产管理。

1990年，境内各县（市）财政部门始设国有资产管理股，管理国有资产。1991年，国有企业产权转让必须报经国资部门和财政部门批准。

1993年，在地区财政局设国有资产管理科，建立行政领导负责制，清理行政事业单位1400余户，核实资产7.61亿元，增加4700万元。1993年年末，全地区国有企业资产总额为22.69亿元，负债总额17.82亿元，负债率78.53%，其中粮食、轻工分别为95.63%、98.06%。

1994年2月，广安地区国有资产管理局建立。鼓励企业按照规定程序报批，将不适用的各类资产进行调剂处理。允许企业出售一部分产品结构不合理、经济效益不好的车间、分厂及长期经营不善亏损严重的企业。企业固定资产非正常报损、报废，单价原值超过5万元的应报同级国资部门审批。

1995年，企业改制为股份公司按规定进行产权界定，国家股利收入由国资部门监督收缴；股份公司破产或终止清算后，持股单位按股权比例收回剩余资产。从7月1日起，地区行署、县（市）政府向所属企业颁发《国有资产授权占用证书》，有效期3年，并实行年检制度。国有资产有偿转让的净收入，全额缴入同级国库。1996年起，企业、国有独资公司、持有国家股权的单位及其他形式占有的国有资产，在规定内容发生变更及依法撤销、破产、转让全部产权等，均按产权归属关系在国资部门办理产权占有、产权变动和注销产权登记。

1997年，对地级企业单位原值在3万元以上的设备和建筑物的有偿转让须报经地区国资局审批后实行竞价拍卖。经地区国资局确认界定，地区糖酒公司、百货公司、储运公司资产总额1786.6万元，负债总额1769.6万元，所有者权益17万元，将国家所有者权益17万元用于职工配股。改制后不再与国家保留产权关系。1998年4月，地区国资局规定企业主要国有资产的处置程序。要求报国资部门审批，进行资产评估，确定转让底价和转让方式，收入按规定进行账务处理。当年地区国资局批复同意地区化工轻工建材公司、能源环保工程公司所有者权益1.8万元转作职工权益，完成改制。

1999年1月，广安地区国有资产管理局更名为广安市国有资产管理局。要求企业经批准改建为公司制、股份合作制、合伙制、中外合资、中外合作企业的国有资产处置方案，经企业主管部门或出资者同意后，须报同级国资（财政）部门审批。对企业经营者离职，实行全面清产核资制度。是年10月，全市执行《企业国有资产产权登记管理办法实施细则》。2000年，全市在部分企业进行国有资本金绩效评价试点。

2001年，将全市国有独资及国有控股的各类企业，全部纳入国有资本保值增值确认的范围，逐户进行确认。经市政府同意，市国资局将天池煤矿（含广安井、代市砖厂）、高顶山煤矿（含水泥厂）、邻水煤矿（含炼焦场）、背脊岭煤矿（含矸砖厂）、煤矿机械厂等5户企业及其二级单位的固定资产和备品、备件、低质易耗品和该5户企业（出售范围不含企业的学校、医院、林场、职工住房、集资房）所有工业用地的国有土地使用权及火车站的货运场用地使用权以3300万元出售给四川省鑫福矿业集团有限公司。市国资局批复同意将天池煤矿子弟校固定资产净值51.5万元、医院固定资产净值38万元、流动资产10万元，高顶山煤矿子弟校固定资产净值23万元、医院固定资产净值28.9万元，渠江子弟校资产净值81.6万元无偿移交给华蓥市政府管理。10月，撤销市国有资产管理局，国有资产管理工作由市财政局统计评价科承担。

2002年7月，在市财政局内设广安市国有资产管理委员会办公室。

2002年，经广安市政府同意，将在成都市内的广安宾馆、广安市政府驻重庆办事处的广安饭店、广安市政府驻南充办事处、广安市会展中心、桂园宾馆、广安市体育场的国有资产和市政府委托广安开发区管委会管理的516亩国有存量土地，共计国有资产总额2亿元授权给广安投资控股（集团）有限责任公司经营、管理、开发。市茧丝绸公司本级资产及债权债务全部划转到市经贸委。各县（市、区）茧丝绸公司财产、物资及债权债务全部下划到所在县（市、区）财政局，将资产及债权债务落实到相关单位。9月，经财政部批复同意，将中国新型建筑材料（集团）公司持有的四川广安建筑集团有限责任公司的国家资本金3965万元无偿划转给广安市财政局持有。

2003年，市、县（市、区）国资管理部门根据同级政府的授权依法对本级国有及国有控股、国有参股企业中的国有资产进行监督管理。4月，市政府授权邓小平故居保护区投资公司经营管理开发绿色长廊、核心区、佛手山景区内依法征用的国有土地及其土地上的建筑物等依法属于国有的资产及其收益。市财政局同意华蓥山广能（集团）有限责任公司绿水洞煤矿固定资产净值98.3万元、呆账12万元作核销处理，有物无账的固定资产100.8万元作固定资产盘盈处理，纳入财务核算；用原高顶山二煤矿所属华峰特种水泥厂等非主业资产、闲置资产、关闭破产企业的有效资产计1.2亿元，重组李子娅煤业有限责任公司、李子垭南煤业有限责任公司、华峰特种水泥有限责任公司、四方电力有限责任公司、盛华物资有限责任公司、佳源供水公司、汽车运输公司等。同意广能（集团）有限责任公司将属于国家所有的资本公积金7231.3万元和盈余公积金1335.9万元转增国家资本金。是年末，全市298户工交企业全面完成产权制度改革，盘活存量资产30.2亿元，扩大增量资产6.3亿元，处理债务48.9亿元。

2005年7月，撤销市国有资产管理委员会办公室，设立广安市政府国有资产监督管理委员会，将市财政局承担的国有经营性和非经营性资产监管职能划入市国资委。初步建立管人、管事、管资产相结合的市、县两级国有资产管理体制。对国有资产经营收益，严格执行“收支两条线”，收入缴入市级金库，所需支出由市财政统筹安排。86个市级行政事业单位国有资产全部移交市国资委统一管理，对部分单位经营性资产中属干部职工集资入股的部分，经审计评估，其股金本息580万元于年末全部退清。至此，全市国有资产初步形成“集中统管、非经有别、合理配置、效益提高”的新型管理体制。

2005年，市国资委对全市国有产权转让方案的制订和报批，清产核资和财务审计及资产评估、转让底价的确定和报批等作出规定。是年，市国资委将广安天府饭店有限责任公司资产收回国有，按规定程序以1428万元公开拍卖，增值290万元。市财政局批准四川华蓥山广能集团公司承接绿水洞煤业公司3年以上的应收款305.2万元账务上作核销处理，固定资产盘盈净增总额3418.7万元，按所属子公司列入“资本公积”。将四川华蓥山广能集团有限责任公司资产8.87亿元、负债4.58亿元、所有者权益3.79亿元、少数股东权益4916万元无偿转给四川煤炭产业集团有限责任公司。将原开发区资产6194万元、负债6375万元及部分房产交由市规划与建设局承接。对河沙等资源型资产进行公开竞价拍卖，实现国资经营收益6716万元。

2005年年末，全市30户国有企业资产总额29.8亿元、负债16.51亿元、所有者权益13.3亿元。其中市属7户企业，资产总额17.59亿元、负债8.23亿元、所有者权益9.36亿元。市属企业国有资产保值增值率达3%以上。

二、资产评估

1990年，开始执行《四川省国有资产评估暂行规定》，建立国有资产评估机制。

1994年2月，设立广安资产评估事务所，按《国有资产评估管理办法》规定，开展资产评估业务。地区国资局、贸易局规定中外合资、合作企业中方投资的资产和向外商出售、出租的中方资产，必须进行价值评估。当年实行新的评估报告制度，各评估事务所的评估结果，向同级国资管理部门报告。1995年，地区国资局规定，转让企业国有产权，应对包括土地使用权在内的企业资产统一进行评估，报国资部门确认，作为转让底价。1996年，各行政、企事业单位处置、转让固定资产，经资产评估后进行公开拍卖。是年，经省资产评估机构清理整顿领导小组审定，省政府批准，四川省广安资产评估事务所、四川省广安地区地价评估事务所和广安县、华蓥市、岳池县、武胜县、邻水县资产评估事务所具有资产评估执业资格。8月20日起，全地区执行《注册资产评估师执业资格注册管理暂行办法》，资产评估师实行注册制、年检制。

1997年，对森林资源占有单位出让或转让森林资源资产、以森林资源资产作价进行中外合资、合作及进行股份经营或联营、租赁经营、抵押或拍卖出让转让或出租林地使用权、森林林木使用权等依法进行评估。是年，全地区资产评估283项，账面净值5.44亿元，评估值6.59亿元，增值率21.20%。1998年，地区国资局规定：对拟组建成为上市公司，发行或增发上市股票，境外上市的项目；中外合资合作评估项目；出售企业、国有股权；企业破产清算等，经专家会审后，报国资管理部门予以确认。当年全地区评估2542项，评估值13.2亿元，增值率14.3%；全年进行资产公开拍卖活动82次，成交额6008万元，增值800余万元。

1999年1月1日起，国资部门对资产评估机构的评估项目实行抽查复核制度。4月起，改革资产评估确认办法，由原直接对评估结果的审核确认改为重点对中介机构的执业资格、评估人员的执业资格、评估方法的选用和评估报告有效期的合规性审查。6月，全市执行《资产评估机构管理暂行办法》，对资产评估机构实行统一政策，分ABC三级动态管理。年末，全市所有资产评估机构与挂靠单位彻底脱钩和改制，未完成脱钩改制的取消评估资格。

2000年4月，凡未进行脱钩改制，未经省国资局批准其评估资格的中介机构不得从事资产评估业务，各县（市、区）国资局对不具备评估资格的中介机构的评估项目不办理立项和合规性审核手续。当年全市7家评估机构基本完成脱钩改制工作，16位注册评估师全部年检合格。全年评估项目498项，评估值6.15亿元，增值率25.68%；公开拍卖180场次，成交额5023万元，增值400余万元。

2001年6月，增设广安市民生拍卖行有限责任公司，为国有资产拍卖交易机构。2002年3月起，改革全市国有资产评估管理工作，取消国有资产的评估立项和确认制度，评估完成后报送主管部门初审再报送市财政局核准或备案。对各级政府批准的涉及国有资产产权变动、对外投资等经济行为的重大经济项目的评估以及价值在100万元以上的国有资产评估实行核准制；对其他国有资产评估项目实行备案制。各县（市、区）财政部门每年抽查10%以上的国有资产评估项目，对违纪行为按规定进行惩处。

2003年，贯彻落实国务院《企业国有资产监督管理暂行条例》规定，各级国资监督管理机构依法管理资产评估工作，建立产权交易监管制度。2004年，中共四川省委、省政府办公厅印发《关于严肃国有资产转让工作纪律的规定》要求，转让国有产权必须按规定进行评估，其评估结果和转让底价必须报经同级国资监管机构核准和确定。

三、国有企业改革

（一）企业经营管理体制改革

1984年，各县（区）开展企业改革试点，摸索经验，试行厂长（经理）负责制，让企业具有更多的自主权，逐步实现“政企分开”。1986年，少数企业开始实行厂长（经理）任期目标负责制。

1986年，各县（市）相继推行首轮承包经营。通过民意测验、资格审查、业绩考核和考证答辩后，由县（市）经贸委与企业经营者签订一轮承包经营合同书，每轮承包期为4年。企业承包经营集团成员分别缴纳风险抵押金或财产抵押物。

1994年5月，设立广安地区经济体制改革委员会，主管全地区经济体制改革，全面推行承包经营责任制。按照国务院《全民所有制工业企业转换经营机制条例》，转换经营机制，落实企业经营自主权。当年，全地区175个国有企业转换经营机制。1995年，在继续开展“转机制、抓管理、练内功、增效益”的同时，开展“学邯钢、降成本、抓管理、增效益”活动。以产权制度改革为突破口，推行多种经营方式。小型企业实行承包经营、租赁经营、国有民营、公有私营等方式，盘活资产存量。中型企业则按《公司法》要求，改工厂制为公司制。全地区普遍推行资产经营责任制、厂长（经理）聘任制等，把厂长（经理）聘任制与“四定”（定量、定值、定成本、定税利）、“三挂”（与工资总额、资金福利、职务升降挂钩）相结合，建立管理激励和约束机制。华蓥市双河镇采取租赁、风险抵押承包等方式，把35户直属企业推向社会，打破用人机制，不受年龄、户口、区域的限制，面向社会公开招聘企业法人代表，使页岩砖厂、面粉厂等大批长期亏损的特困企业扭亏为盈，全镇35户直属企业无一亏损。1996年，全地区所有企业推行“四制”，即资产经营责任制、厂长（经理）聘任制、厂长年工薪制和工效挂钩制。企业普遍推行厂长（经理）负责制，部分企业的厂长（经理）公开选聘和招聘。是年末，全地区有261户企业落实资产经营责任制，336户企业实行厂长（经理）聘任制，收取厂长（经理）交纳的风险抵押金600余万元。1996年，承包经营方式基本结束。1995年，地区工业局在所辖华蓥铁厂和工业物资供应公司推行全员劳动合同制，与420名职工签订劳动合同，全地区企业开始劳动用工制度改革。1996年，全地区推进企业转机建制，实行劳动合同制的企业 1659 户，同企业签订劳动合同的职工 12.15 万人，占职工总数的 98.7%。部分企业积极稳妥地推行由工会代表职工签订集体协商合同的办法。溪口水泥有限责任公司等企业实行的职工"待岗、试岗、上岗"三岗制的动态劳动管理制度，把职工责、权、利结合起来，调动职工的生产积极性。

1996 年，全地区扭亏增盈工作责任制（定任务、定人员、定措施、定时间），实行扭亏承包，将指标分解到部门和各县（市）签订目标责任书，层层落实到基层、企业、岗位。11 月，全地区 13 户解困试点企业解困资金落实到位，18 户扭亏企业注入扭亏资金 500 余万元。通过帮扶，企业生产经营状况改变。

1997 年，地区经贸委、地区财政局、地区劳动局、地区国资局和企业主管局按照国有企业资产经营责任书的有关规定，对 9 家地属企业当年度实现的资产经营责任指标考核打分，确定资产经营责任人（法人代表）的年薪收入。1998 年，全面推行国有企业资产经营责任制，在推行厂长（经理）负责制、聘任制的基础上，实行企业厂长（经理）年薪制，经营者的收入直接与企业经济效益挂钩。明确经营者年薪总额原则上不高于当年本企业人均工资收入的 5 倍，最低不低于所核底薪。

1998 年，进一步强化用人的竞争机制，切实改革人事用工制度，企业经营者实行优胜劣汰，中层管理人员实行竞争上岗，企业职工全部实行合同制，新增职工实行短期合同制或招聘制。通过退养、转岗、买断工龄等方式，分流下岗职工。年末，全地区国有企业退养人员占 30%、转岗人员约占 20%、买断工龄约占 50%。

1999 年，对管理松懈、财务混乱、制度僵化的企业提出整改方案，对企业长期不见起色，严重懈怠懒散的企业领导班子作了调整，对企业下属社会实体实行剥离。通过下岗、企业兴办第三产业等方式，全市 11 户大中型企业富余人员 5399 人分流 4277 人。各企业建立再就业服务中心，签订下岗职工基本生活保障和再就业协议，确保"两保"资金按时足额发放。当年，工业经济效益显著回升。全市国有及国有控股大中型企业亏损面 58.3%，比 1998 年下降 17%；省列 8 户重点亏损企业累计亏损 1997 万元，比 1998 年下降 49.3%；省列重点亏损大户企业华蓥山矿务局全年累计亏损 1098 万元，比 1998 年减亏 53.5%。年末，全市利润总额为 -5205 万元，比 1998 年减亏 4433 万元，下降 85.17%；亏损面 50%，比 1998 年下降 6.1 个百分占；亏损企业累计亏损 8642 万元，比 1998 年减亏 44.5%。

2000 年，全市围绕国有大中型企业"三年脱困"目标，对亏损大户特别是省列 8 户国有大中型企业实行党政领导定点联系制度，市和县（市、区）党政"一把手"联系扭亏难度最大的企业，尽力解决实际问题。实行成本否决制，加强对经营者的激励和约束。大中型企业经营状况好转，全市工业经济全面步入良性循环。年末，全市 9 户国有大中型企业有 5 户扭亏，限上工业企业利润总额盈亏相抵后盈利 673.1 万元，结束多年来的净亏损。

2002 年，全市企业用工全面实现合同用工制，实行用工双向选择，失业人员再就业完全在劳动力市场自谋职业，企业新的用工机制建立。

2005 年，全面推广国有、集体企业厂长（经理）聘用制及公开选拔制，市属企业领导的任用、管理体制得到完善。

（二）企业产权制度改革

1. 国有企业产权改革

1995 年，中共四川省委、省政府在射洪县召开县属企业改革经验交流会后，地委、地区行署成立广安地区产权制度改革领导小组，各县（市）和地区有关部门、企业成立相应领导机构和工作班子，指导县（市）属企业产权制度改革。将企业改组、改制、改造相结合，坚持“分类指导，一企一策，分级负责、妥善处理”的原则，建立目标考核责任制，确保改制顺利进行。依托龙头企业、骨干企业和名优产品，发展跨行业、跨所有制的资金、技术、人才、市场组建企业集团，以形成规模经营和规模效应，增强企业市场竞争力。当年，共组建集团企业和总公司55户。天池煤矿兼并广安煤矿，盘活资产1510.38万元。邻水五金电器厂兼并县食品厂，收回债券资金412.16万元。对一些国有小型企业、城镇集体企业、乡（镇）企业改组为有限责任公司或股份合作制企业，大面积推行股份制改组，共改组股份制有限公司2户、有限责任公司45户，城镇股份制合作企业9户、国有资产有偿转让企业5户、净资产经营责任制企业4户。对经营不善、长期资不低债、扭亏无望的企业依法破产11户。整体实力不足而内部生产经营状况有差异的企业，分别采取不同方式经营或局部包、租、卖等方式改革。

1996年，全地区规划的112户企业产权制度改革陆续启动。年末，小企业产权制度改革完成48%。改制后，85%的企业经济效益明显好转。广安马铁厂通过改组后，比1995年减亏78%。

1997年，中共广安地委、地区行署出台加快企业产权制度改革的政策规定，形成广安地区企业产权制度改革的政策体系要求。采取股份制改造、兼并联合、分块搞活、依法破产和分散解体等形式，开展与城镇集体所有制企业、单位清产核资相结合的办法，推进企业产权制度改革。全地区完成产权制度改革的294户企业中，股份制改造102户，招标租赁62户，分离经营31户，联合兼并22户，组建企业集团或集团企业21户，面向社会公开拍卖21户，依法破产19户，分散解体13户，托管经营2户，引进嫁接1户。各县（市）66户城镇集体企业和17户骨干乡（镇）企业与国有企业同时列入改革规划，完成59户城镇集体企业和16户骨干乡（镇）企业的产权制度改革。

1998年，国有小企业通过转让、拍卖、兼并、破产、租赁等形式，将国有产权过渡给国有经济。集体企业全部或部分资产面向社会公开转让。资产较大、整体面向社会出售有困难的企业，或通过经营者持大股、职工持股和面向社会转让部分股权，进行公司制和股份制改造，吸引民营企业向国有、集体企业参股、控股，或者整体收购。四川蓝剑集团兼并豪士啤酒厂、邻水矿泉水厂资产转让、邻水广友陶瓷有限公司生产线租赁经营。华蓥铁厂平稳破产、清偿债务，安置229名下岗职工。当年，对17户国有大中型企业进行调查摸底，共有固定资产24.4亿元，年产值5.6亿元、年利税3344亿元，分别占全市独立核算企业58.5%、32.2%和70.9%。

1999年4月18日，市委、市政府作出《关于进一步深化企业改革的决定》，促使全市企业转入股份制企业的轨道。少数长期亏损严重，资不低债和无法维持生存的企业，依照《企业法》实施破产。8月4日，市委、市政府组建65个工作组，由52名县级领导带领325名干部进驻企业指导改制。市委、市政府下达全年完成企改目标65户（其中市属企业3户），实行县（市、区）级领导、部门负责人、工作组成员三级责任制。当年，市和县（市、区）属国有企业63户，完成改制37户（包括转让7户，破产8户、股份制11户，其他11户），其中全市国有及国有控股大中型企业12户，组建集团公司、股份有限公司、有限责任公司各1户。国有企业改制，共盘活存量资金1.35亿元，新增增量资产0.58亿元，处理债务2.17亿元。

2001年，中共广安市委、市政府按照“三年时间完成全省国企改革任务”的要求，提出“三年任务两年完成，实现三个百分之百”（企业百分之百改变性质、职工百分之百改变身份、管理百分之百改变机制)，推进以产权制度为核心的企业改革。实行市和县（市、区）级领导联系企业改革制度，市委书记亲自抓、市经贸委、财政、法院、公安、劳动、国土、工商、金融等部门共同配合，分工负责。年内先后启动广能集团高顶山二煤矿关闭破产，市属5户煤炭企业（天池煤矿、高顶山煤矿、邻水煤矿、背脊岭煤矿、李家沟煤矿）和矿山机械厂整体推出破产改制和3户丝绸企业（广安缫丝厂、岳池缫丝厂、武胜丝绸厂）政策性破产等重点改革项目，带动面上企业改革。年末，共完成企业改制84户，盘活存量资产6.77亿元，扩大增量资产1.9亿元，处理债务7.75亿元，安置职工22542人。2002年年末，全市298户国有企业全面完成改制任务，百分之百的国有企业转换经营机制，企业变性质，8.3万名职工转变身份，盘活存量资产30.2亿元，扩大增量资产6.3亿元，处理债务48.9亿元，市和县（市、区）属国有经济成分从一般竞争性行业中全部退出，提前一年完成国企改革目标。

2003年，广安建材集团公司、新型建材有限公司依法实施破产改制。县（市、区）属国企改革扫尾工作基本结束。2004年，推进广能集团产权制度改革，完成广安建材集团公司破产清算工作和新型建材厂的破产工作。

2005年，全市产权制度改革全面结束，实现产业结构的调整。广能集团等市属5户煤炭企业、广安爱众股份公司、广安发电公司、广安建材集团公司等大中型企业经营效益显著提高，煤炭、电力、建材、冶金四大产业链形成。机械、化工、丝绸等多种产业也因企业改革增强了发展后劲。

2. 企业职工分流安置

1998年，企业采取人员分流的办法，减少企业经济困难。劳动部门组织2449名下岗职工参加再就业培训，协调安置重新上岗1609人。当年，新增下岗职工17148人。加上1997年转接的10194名下岗职工，共有下岗职工27342人，实施"再就业"工程使17150名下岗职工重新上岗。

1999年，市委、市政府落实职工安置措施，使尽可能多的企业职工找到自己的出路。对因公伤残人员、因公残废职工的家属落实接收单位。1986年7月以后的合同制工人按有关政策先行安排，对在职职工落实其他安置渠道。当年，全市11户国有大中型企业富余人员5300人，通过下岗、企业兴办第三产业分流4277人。各企业建立再就业服务中心，下岗职工全部进入中心，签订下岗职工生活保障和再就业协议的职工占82%。

2000年，全市国有企业下岗职工30478人，通过各种渠道再就业16481人。高顶山二煤矿、市属5户煤炭企业、3户丝绸企业、广安钢铁公司、邻水造纸总厂、广安肉食品总厂等企业进入再就业服务中心1599人，落实在职、离退休人安置费用1.07亿元，核销银行呆坏账3.01万元。

2002年，市政府对破产、改制企业分别确定职工安置办法，对市经贸委计划关闭的25户企业申请专项补助金的情况进行调查，共需安置职工12145人，安置所需资金2.08亿元，其中申请中央财政补助1.16亿元，申请省财政配套资金6186万元，地方配套资金3316万元。经过努力，基本完成安置计划。当年，全市应安置职工54104人，实际安置47493人，安置率达87.78%。

2003年，一批企业用工走向市场化。企业改制后，工作表现好、能力强、热爱本职工作的5万余名员工重新走上工作岗位。1.3万人离开原有企业，在其他企业选择工作，有的通过创业，成为民营企业家。通过盘活资产，一些过去倒闭的企业恢复生产，新增2800个就业岗位。同时，各级政府出台优惠政策，创造条件，鼓励职工自谋职业、经商、外出务工，妥善安置企业改制中的职工。

3. 建立现代企业制度

1995年6月14日，广安地区经贸委印发《〈广安地区现代企业制度试点工作的组织实施意见〉

的通知》，地委、地区行署决定选择邻水力达电机厂（邻水县电机厂的前身）、渠江水泥厂、广安县氮肥厂、武胜县丝绸厂等12户国有企业探索建立现代企业制度。年末，5户企业进入现代企业制度试点实施阶段。1996年4月，全地区12户试点企业先后完成法人治理机构组建和新公司挂牌。

2000年，全市12户试点企业建立符合《公司法》规范的法人治理机构。

2002年12月，全市298户国有企业完成产权制度改革，将企业组建成有限责任公司或股份有限公司。到2005年，建立现代企业制度的企业，工业经济运行良好，产量、产值、利税递增，职工收入增加。广能集团2005年煤炭产量210.5万吨，比1999年增长197.32%；销售收入5.27亿元，比1999年增长1374.73%；人均年工资18070元，比1999年增长194.78%。

第十四章　达州市国有资产管理

一、企业国有资产规模与分布

1991年年底，全地区共有国有企业890户。国有资产总额为22.58亿元，其中固定资产14.96亿元，占资产总额的66.27%；流动资产5.04亿元，占22.33%；专项基金2.57亿元，占11.4%。国营企业负债总额为49.29亿元，负债率为218.32%；国营企业经营效益为1.09亿元。

1995年3月，全地区642户国有企业资产总额为88.43亿元，负债总额为69.30亿元；所有者权益为19.13亿元，其中实收资本16.16亿元，资本公积为2.83亿元，盈余公积1.51亿元，未分配利润为－5.90亿元，土地估价后入账价值为4.53亿元。所有者权益中，国有权益净值为16.90亿元。

2000年，完成国有企业、行政事业单位产权登记，全市国有企业登记数384户，登记资产总额93.19亿元，负债总额86.25亿元，所有者权益6.94亿元，国有资产总额6.10亿元，资产负债率92.6%；行政事业单位登记3645户，登记资产总额30.95亿元，负债总额7.41亿元，国有资产总额23.54亿元。

2005年年底，全市国有及国有控股企业共72户（粮食企业37户），其中市属企业21户，通川区6户（全部为粮食企业），大竹4户，宣汉26户（粮食企业15户），万源13户（粮食企业10户），达县2户。72户企业拥有资产总额310726万元，负债总额229244万元，所有者权益81482万元。市属企业拥有资产总额222925万元，负债总额162531万元，所有者权益60394万元；通川区拥有资产总额5867万元，负债总额4729万元，所有者权益1138万元；大竹县拥有资产总额21781万元，负债总额11061万元，所有者权益10720万元；宣汉县拥有资产总额46370万元，负债总额36106万元，所有者权益10264万元；万源市拥有资产总额11814万元，负债总额11426万元，所有者权益388万元；达县拥有资产总额1969万元，负债总额3391万元，所有者权益－1422万元。

二、企业国有资产管理

1991年，组建达县地区国有资产管理局后，开展资产界定、清理、评估、产权登记、统计等工作，全面摸清企业国有资产家底。并构建监管制度体系，对地（市）属国有企业实行经营目标管理。由国有资产管理部门代表国家对应属于国家所有的资产组织清理登记、注册和年检。同年4月，实施《企业国有资产所有权界定的暂行规定》，对国有资产实行统一领导、分级管理，界定国有资产所有权。1992年，对事业行政单位的国有资产进行界定和评估，1993年6月结束。1994年，组建地区国有资产评估事务所，进行所有权界定、价值重估和土地清查评估工作，解决了地区烟草公司与地区商业储运公司的土地转让纠纷、达川市农机公司与一个体经营者之间所有权归属纠纷等一批涉及国有资产所有权的界定，对因行政区划调整而引起的达川地区运输公司和巴中地区运输公司的债权债务问题进行了界定，挽回经济损失1200多万元。1995年，建立国有资产的统计与核算管理体系，制定统计与核算标准、程序、结果的审核、成果分析、上报等系列管理办法。完成国有企业国有资产产权的界定和评估。1997年，开展集体企业占有的国有资产的界定和评估。2001年11月，成立国有资产经营管理公司，专门从事国有资产经营管理。2000年，完成国有企业、行政事业产权登记。其后，产权登记、年检和产权评估工作列入法定常规工作。

2005年，达州市政府国有资产监督管理委员会及7县（市、区）国资监管机构组建后，制定、完善国有资产管理及国有企业改革的各项政策，统筹安排，突出重点，积极推进国有企业改革工作，顺利启动一批国有企业的破产改革工作。分离企业办社会职能，减轻企业负担。开展产权界定、产权登记等基础性管理工作，加强企业产权变动、注销的动态监控。

三、国有企业改革

1992年7月，开始深化劳动、人事、分配制度改革。1993年11月，选择四川新达集团公司、四川金属材料公司作为建立现代企业制度试点企业，按照建立现代企业制度要求，指导市属国有企业成为自主经营、自负盈亏、自我发展、自我约束的法人实体和市场竞争主体。1997年，全地区各企业进行以产权制度改革为核心的公司制改革，在对企业资产进行清理评估的基础上，将净资产量化给企业职工作为其转变国企职工身份补偿费。职工转变国企职工身份，重新与企业签订劳动用工合同后，未出一分钱，就变成全员持股的股份制企业员工。地区及县上的国有企业，均按照这种改制办法迅速完成公司制改革。由于市场竞争日趋激烈，部分企业经营不善，亏损逐年加剧，包袱越来越重，最后不得不对严重资不抵债、不能清偿到期债务的企业实施依法破产，渠江糖厂、四川蜀东化纤厂、达棉总厂、四川科达化工厂等企业先后被市中级法院宣告破产。

2000年1月至2003年11月，完成市青花钢铁总厂等20户企业的改革，其中工业企业7户，商贸流通企业13户。

2003年11月至2005年11月，市委、市政府将达钢集团公司等26户市属国有工业企业列入当期“八项重点工作”。在此阶段，完成达钢集团公司等10户企业的改革。

2005年10月，达州市委、市政府将市肉联厂等41户市属国有企业列入改革目标任务，并成立7个指导组，负责市属国有企业改革工业的统筹、协调和督查。已完成或基本完成改革任务的有25户，其中实施破产的10户，改制14户，上划为省属企业1户；尚未启动资产处置和职工安置工作的16户，其中，拟实施破产10户，改制6户。

国有企业改革工作，坚持“规范操作、积极沟通、协商解决、不逃废债”的原则，指导各企业从制定方案开始就积极与主要债权单位和银行协商，及时通报相关信息。无论是企业改制、兼并重组，还是关闭、破产，都尽可能地考虑到债权人的利益。促进了银企、银政关系的协调发展。为切实减轻企业负担，对企业子弟校等企业办社会职能分别移交当地政府管理。

第十五章　巴中市国有资产管理

一、企业国有资产规模

1993年年底，全市（地区）纳入国资机构统计范畴的国有企业（含企业化管理的事业单位）310户，其中国有企业296户，企业化管理的事业单位14户。企业资产总额224997万元，负债总额206095万元，全市企业国有资本金（权益类资产）40251万元。企业实现销售收入128330万元，盈利企业106户，占总户数的33.55%，盈利1343万元。亏损企业204户，亏损额11695万元，占总户数的66.45%。国有工业企业87户，占用国家资本金14855万元，农业部门17户4525万元，商粮物资企业182户18472万元，房产公用企业10户占用国家资本金1404万元，总计占用国家资本金40251万元。

1994年，全市（地区）纳入国资机构统计的国有企业325户，国有资产总量27043万元。其中工业100户，国有资产总量14220万元；建筑3户，国有资本金23万元；商贸粮165户，国有资产总量4363万元；农林水21户，国有资产总量5804万元；文卫13户，国有资产总量624万元；城市公用5户，国有资产总量1097万元；其他企业18户，国有资产总量650万元。企业资产总额264529万元，负债总额237995万元，资产负债率89.96%。盈利企业128户，盈利额954万元，亏损企业197户，亏损额8143万元。1994年比1993年增加15户企业，主要是地区刚成立，地委、行署鼓励各个部门创办经济实体，增加财源。

1995年，全区纳入国资机构统计的国有企业286户，国有资产总量39687万元。其中工业92户，国有资产总量25301万元；建筑3户，国有资本金246万元；商贸粮134户，国有资产总量1961万元；农林水21户，国有资产总量10440万元；文卫13户，国有资产总量624万元；城市公用5户，国有资产总量1097万元；其他企业18户，国有资产总量650万元。企业资产总额289846万元，负债总额237995万元，资产负债率87.86%。盈利企业125户，盈利额2443万元，亏损企业161户，亏损额34814万元。1995年比1994年企业户数减少39户，主要是企业改制所致。国有资产总量增加12644万元，增长46.76%，主要是1995年清产核资中，对土地使用权价重估增值所致形成。

2005年，纳入国资机构统计范畴的国有及国有控股企业183户，资产总额395257万元，所有者权益总额60686万元，国有及国有法人资本59962万元，国有资产总量56932万元。实现营业收入157162万元，利润3183万元，税金17705万元，入库税金12083万元。

二、企业国有资产管理

2005年6月，市国资委成立以来，从全面加强各项基础监管工作入手，坚持政企分开、政资分开，逐步建立和完善国有资产管理体制，全力推进国有资产监管工作：以规划管理为龙头，从全局和长远的角度，科学规划国有企业的发展方向和重点，并以此推动国有经济布局和结构的调整；以班子建设为关键，优化结构，提高素质，切实加强企业人才队伍建设；以统计评价为基础，加强统计，严格审计，及时准确反映企业生产经营情况；以绩效考核为手段，实行年薪制，严格考核，落实责任，努力调动企业经营班子积极性；以监事会为第一抓手，深入一线，强化监督，充分发挥监事会的监督检查职能；以党建为保障，发挥政治核心作用，不断加强和改进新形势下企业党建工作；以纪检监察为保证，努力构建体系。经过不断深化改革、开拓创新，全市国有企业的经营实力得到极大提高，企业的经济活力、控制力和影响显著增强。

三、国有企业改革

2004 年 6 月，全市限额以上工业企业 68 户，已完成企业改革 58 户，其中实行公司制 26 户，破产 9 户，租赁 8 户，剥离经营 3 户，兼并 7 户，出售 5 户。改制面达到 89%，安置职工 4177 人。全市粮食工业企业，有 12 户进行了公司制改造，有 6 户宣布破产，有 12 户进行出售，有 4 户实施了租赁承包。纳入全省考核的 12 户企业改制项目、14 户转让重组项目全部完成，7 户关闭破产项目完成 5 户。已置换国有企业职工身份 3836 人，占全部国有企业职工总数 26.4%。

第十六章　雅安市国有资产管理

一、产权登记与国有资产规模

1990年11月，成立雅安地区国有资产管理办公室，属于地区财政局直接管理的科级机构，负责区内国有资产的管理工作。1991年7月，撤销雅安地区国有资产管理办公室，组建雅安地区国有资产管理局（副县级），归口地区财政局管理。区内各县（市）也分别于1991年至1993年，相继组建国有资产管理局。全地区配备专（兼）职管理干部24人。2001年，撤地设市后，撤销雅安地区国有资产管理局，其中国资管理职能划入市财政局，由财政局企业科负责。2005年12月，市国资监管工作开始由雅安市经济委员会承担，挂雅安市政府国有资产监督管理委员会牌子。2008年9月，将市国资委相对独立于市经委，对外可以市国资委名义单独开展工作。2010年，设立雅安市政府国有资产监督管理委员会，为市政府工作部门。

1991年开展报表统计工作，对全地区2507户地、县（市）国营企业、行政事业单位国有资产存量，进行一次较全面的数据统计。经审核汇总，1991年全地区国有资产存量为8.66亿元，其中国营企业5.32亿元，占61.4%；行政单位3.34亿元，占38.6%。为使年报工作正常持续开展，从1992年起首次对国有资产报表进行决算批复。

1992年开始，对地区内国有企业的国有资产存量进行全面清理，对全区200户企业资产在产权界定基础上，进行了产权登记。

1993年7月，由于财务、会计制度改革，需进行新老会计科目对接，国有资产管理部门和财政部门共同审核把关，严格实施对接，使地级51户国有企业在办理年度决算前，准确对接，并按期通过年检。1993年全区年度检查应查户328户，实查户290户，占应查户88.41%。

1994年，与工商行政管理部门配合，对地级85户国有企业，进行产权登记年度检查。同时，进行国有产权的清理和登记。1994年，全区行政事业单位国有资产总额为5.9亿元；国有企业国有资产总额4.35亿元，其中工业部门占用2.67亿元，占61.38%，农林水利部门占用0.56亿元，占12.87%，商粮贸部门占用0.36亿元，占8.28%。企业负债严重、负债总额18.71亿元，负债率达83.97%，粮食部门尤为突出，高达104.14%。

1995年12月，雅安地区共有国有企业224户，其中工业企业46户，商业企业121户。

2000年，全市汇编国有企业户数125户，其中国有盈利企业38户，占30.4%；亏损企业87户，占69.6%。国有企业资产总额39.13亿元，负债总额为29.15亿元，净资产总额为9.97亿元，资产负债率为74.50%。国有资产总额（含国有法人资本）为9.29亿元。全年国有企业实现利润总额4482万元，亏损3686亿元。

2004年，全市纳入编报范围的43户国有企业资产总额16.30亿元，其中流动资产8.75亿元，固定资产5.87亿元，长期投资0.57亿元，无形资产、递延资产及其他资产1.11亿元，分别占总资产的53.7%、36.1%、3.4%、6.8%。负债总额12.38万元，其中流动负债5.08亿元，长期负债7.3亿元，分别占总负债的42%、58%，全市资产负债率为76%。所有者权益3.92亿元，其中国有资本2.97亿元。

2005年，全市共有国有企业43户，资产总额20.73亿元。其中国有企业32户，国有控股企业11户，市级5户，县（区）级38户；粮食企业21户，农口企业3户，文教企业2户，旅游企业2户，电力企业3户，施工企业1户，其他企业11户。

二、资产评估

1992年，雅安地区资产评估事务所、雅安会计师事务所、雅安地区审计事务所取得四川省国有资产管理局颁发的《资产评估资格证书》。从业人员56人，其中46人获中级以上技术职称，35人取得国家局或省局颁发的资产评估人员资格证书。1993年经地、县（市）国有资产管理部门批准立项，全地区企业基准日账面资产26901.79万元，评估值为33953.27万元，评估增值7051.48万元，增值率26.2%。评估项目中改组、组建股份制企业的资产，评估7项，确认5项，企业基准日账面数25965.81万元，评估值32828.43万元，评估增值6862.62万元，增值率26.4%。中外合资企业中，中方资产评估4项，确认4项，企业基准日账面数为384.54万元，评估值514.22万元，评估增值129.68万元，增值率33.7%。转让评估两项，确认两项，企业基准日账面数551.44万元，评估值610.62万元，评估增值59.18万元，增值率10.7%。

1994年，地区国有资产管理局按照省国有资产管理局资产评估管理中心要求，对区内3家有评估资格机构的执业情况，进行年度检查初审，经省复查后，均为合格机构。

1994年全区评估机构执业项目共27项，评估前资产总额11474万元，评估后资产增值4943万元，平均增值率43.1%，其中国家资本所有者权益评估前为1199万元，评估增值811万元，增值率为67.6%。

1996年全区评估行业增至61人。其中高、中级技术职称人员51人，占84%。全年共承办评估项目30个，评估前资产净值18336万元，评估后资产价值26287万元，增值7951万元，增值率为43.4%。

三、清产核资

1993年，根据国务院、省政府清产核资领导小组部署，成立雅安地区行署清产核资办公室，办公室设在地区财政局，由财政局、国资局抽调工作人员11人。

1993年对全区行政事业单位，进行清查登记。3月份开始，10月底结束。清查前账面资产价值49376万元，通过清查核实为59988万元，增加净额10612万元；其中账外资产盘盈10686万元，通过产权界定，增加244万元；经批准核销317万元。清产核资后，在区内开展行政事业单位国有产权登记工作，作为年度工作制度，坚持一年一次产权变动检查。

1994年按省清产核资办指示，区内选择6户大中型工业企业，进行清产核资试点，从3月开始，6月结束。6户企业全部资产清查值为49446万元，所有者权益为11247万元，占资产总额的22.7%；经清产核资，企业资产重估增值（净值）4142万元，资产损失核销2891万元，资金挂账核销2027万元。资产重估核查后，企业占用全部资产48670万元，所有者权益为10471万元，占资产总额21.5%。

1995年，全面开展国有企业清产核资工作和行政事业单位财产清查补查工作，由财政局、国资局抽调人员组织实施。全区纳入 1995 年清产核资的 287 户企业，资产清查值 23.17 亿元，负债总额 18.91 亿元，负债率为 81.6%，所有者权益 4.26 亿元，占资产总额 18.4%。待处理资产损失净额 1.17 亿元；资金挂账损失 1.74 亿元；有问题长期投资 0.08 亿元。主要固定资产价值重估前资产净值 7.55 亿元，重估后资产净值 9.60 亿元，增值 2.05 亿元调增为企业资本公积金。企业占有使用 280 万平方米土地，估价前价值 0.15 亿元，估价后价值 3.60 亿元，按修正数减半入账，调增企业资本公积 1.32 亿元。经地、县（市）清产核资办公室核实核销损失共 5748 万元，其中财产损失 5691 万元，资金挂账损失 57 万元。同时逐户核批企业调增账务，核定企业资本金及国有资产总量。

经清产核资后，企业占用全部资产为 25.93 亿元，负债总额为 18.91 亿元，负债率 72.9%，所有者权益 7.02 亿元，占资产总额 27.1%。

四、国有企业改革

1998 年，成立雅安地区企业改革领导小组，将 282 户国有企业纳入改革规划范畴。2000 年年底，中共雅安市委、雅安市政府下发《关于加快企业产权制度改革的意见》，明确提出国有企业改革要百分之百触动产权，百分之百转变职工身份，确保改制后无重大遗留问题。对长期经营亏损，严重资不抵债，污染环境，无市场前景，生存无望的企业，坚决实施依法破产或清算解体。对产品有市场，有发展前景的企业，或整体转让，吸收外来企业兼并重组；或实行产权多元化，引进外部资本参股或控股，改造为股份制；或以企业职工为主，量化资产后共同出资重组。

2001 年，对斑鸠井煤矿开展企业改制工作，并进行清产核资。同时，对省下划雅安市的通工厂、汉源锰矿布置清产核资工作。斑鸠井煤矿中小学整体移交石棉县，四川建发有限责任公司所办建安中学和建安医院下划市级管理的清产核资工作完成。

2002 年开始，雅安市按照省政府确定的“先下放、后清理、先测算、后破产”的原则，对雅安通工厂人员、资产债务等进行清理，对职工进行安置。

被列为全省特困企业“四大难题”之首的四川石棉矿，在 2002 年完成 17 个二级单位撤并和改制重组后，2003 年即实现该矿 15 年来首次的扭亏目标，实现利润 3.41 亿元；2003 年在确保 1000 余名内部退养和 400 多名下岗职工生活费按时发放的情况下又实现盈利 51.48 万元。2004 年 6 月又对矿部机关及余下的二级单位进行改制重组，成为以水电为主、三产为辅的民营公司制企业。四川石棉矿历时三年半的企业改革任务全面完成，实现“三个百分之百”，每年还可向国家上缴税金近千万元。

全市列入改制规划的 282 户国有企业，截止 2004 年年底，已全部按照“三个百分之百”的标准实施了产权制度改革，改制面达 100%。完成改革的市属 52 户国有企业中，被兼并组建为有限责任公司 6 户，直接改造为有限责任公司 13 户，先破产后重组为有限责任公司 4 户，清算解体 14 户，依法破产 15 户。2002 年下放雅安市的省属 3 户企业也启动了改革。

通过企业自身股份制改造、兼并收购、公开拍卖等途径，重组国企资产中的有效资产；对闲置资产，则以拍卖转让为主，大力变现；与此同时，还吸收了大量增量资产。全市国企改革共盘活存量资产 22.2 亿多元，吸收增量资产近 7 亿元。

通过自谋职业、协商解除劳动关系、内部退养、量化资产重组企业、移交社保机构管理等方式，妥善安置在册职工。全市国企改革共分流安置在职职工 45643 人，其中申请自谋职业，一次性支付安置费或经济补偿金 25585 人；办理内退 4593 人；剥离离退休职工 25037 人；参与资产重组重新竞争上岗职工 16874 人。

第十七章　眉山市国有资产管理

一、国有资产规模

2005 年，眉山市市属国有企业国有资产总额 4.4 亿元，净资产总额 1.2 亿元，资产负债率为 72.5%。

全市行政事业单位资产总额为 9.6 亿元。

二、国有资产管理

2000 年撤销眉山地区设眉山市。建市之初，成立市国有资产监督管理办公室，隶属于市经委，为科级机构。2006 年 1 月，经市政府批准，眉山市国有资产监督管理委员会成立，为正县级行政机构。2005 年 12 月，由政府授权市国有资产管理委员会直接监管的国有独资企业眉山市资产经营公司成立。国资监管工作机构逐步健全。全市国资监管工作从自身实际出发，探索创新国资监管途径，构建起大国资监管模式，有效运营国有资产。彭山、洪雅国资监管、资产运营工作位于全市前列。

（一）创新国资监管

市国资监管机构成立后，制定并出台《市属国有企业重大事项报告和备案管理暂行办法》《市级行政事业单位国有资产处置管理办法》《县区国有资产监管工作指导监督实施办法》和《市属国有企业财务总监管理暂行办法》等规范性文件，公开招聘并向岷江东湖饭店委派财务总监。全面加强国有资产监管，“大国资”监管模式基本形成，全市国有企业净资产收入持续增加。

（二）为政府性投资项目提供资金保障

率先在全省建立国资委、金融合作办公室、资产经营公司“三位一体”的监管模式，实现“三规范”。即以国有资产监管为核心，资产经营和政府融资为外延，形成政府主导下的国有资产投融资平台公司。在全省率先在投融资及监管实施项目经理负责制，在“借、用、管、还”四个环节，严防金融风险；在全省率先推行中小企业项目循环贷款融资模式，支持实体经济发展；探索建立偿债机制，强化项目贷后管理。

（三）科学合理配置行政事业性资源，提高国有资产使用效率

以市政府名义出台行政事业单位资产处置管理暂行办法，制定相关配套制度，规范市级行政事业单位资产处置。回购眉山市第一人民医院资产，与第二人民医院重组设立眉山人民医院，通过资产置换，解决落实市妇幼保健院和残疾人康复中心的营运场所，资产置换收益 1260 万元，实现了国有资产的有效配置。

三、国有企业产权制度改革

全市市属国有企业2005年有12户，通过破产和资产重组改革国有企业2户，实现国有资产产权转让收入17526.5万元。改革后的企业经营管理和经济效益迈上新台阶，经济发展结构得到优化。

第十八章　资阳市国有资产管理

一、企业国有资产及管理

2005年10月，资阳市政府国有资产监督管理委员会挂牌成立，与资阳市经济委员会合署办公，依法履行国有资产出资人职责。

市国资委成立后，市财政局移交市国资委14户市级国有企业。这些国有企业规模较小，行业分散，主要是承担公共服务职能的公益企业和属于政府投融资平台的金融企业，无一户工业企业。经查阅14户国有企业注册资料和组织开展清产核资等工作，摸清了家底。对市人民医院与林凤集团招商引资合建新医院的清产核资进行评估；对资阳汽车总站大厦等国有资产的处置实施监管；并参与资阳机车厂职工医院移交地方的协调工作和清产核资工作。

2005年年末，14户国有企业资产总额14.59亿元，负债总额7.51亿元，所有者权益总额7.08亿元。市国资委成立后，又陆续成立一些投融资平台企业，国有资产总额和所有者权益迅速增长。

二、国有企业改制

资阳市国有企业从1994年开始改制，至2003年，全市131户国有和城镇集体企业破产改制工作基本完成。资阳市大型国有企业基本完成破产改制，妥善安置了3万余名国有企业职工。

2005年2月，完成四川工具厂的破产清算工作。

第十九章 阿坝州国有资产管理

一、企业国有资产规模与分布

1990年，阿坝藏族羌族自治州（简称阿坝州）有州属全民所有制工业企业44户，年末固定资产总额（按1990年不变价计，下同）51758万元，生产用36071万元，资产净值36196万元，完成工业总产值16903万元。1991年，有州属全民所有制工业企业46户，其中年末固定资产总额54406万元，生产用29609万元，资产净值37600万元；完成工业总产值64770万元，增长17.21%。1992年，有州属国有工业企业36户（亏损企业12户），资产总额79720万元，产品销售收入50626万元，盈亏相抵利润总额-112万元。1993年、1994年，有州属国有工业企业33户（亏损企业13户），1994年年末，有固定资产84540万元，生产用66993万元，流动资产59406万元，完成工业总产值54475万元，产品销售收入63146万元，盈亏相抵利润总额-773万元，年职工平均人数19678人。

1995年，有州属国有企业36户，产品销售收入81745.9万元，利润总额7235.5万元；年末固定资产总额124664万元，生产用105564万元，流动资产63214万元；年职工平均人数19678人。1996年，有州属国有企业41户，年末固定资产130707万元，生产用101686万元，流动资产69808万元，完成工业总产值62301万元，产品销售收入82829.1万元，盈亏相抵利润总额-1193.4万元；年职工平均人数19095人。1997年，州属国有企业44户（亏损21户）；资产合计211412.5万元，所有者权益70597.2万元，工业总产值77825.8万元，产品销售收入77581.3万元，盈亏相抵利润总额-5211.8万元；年职工平均人数17548人。1998年（国企改革前），全州共有国有中小型企业234户，其中州属67户，县属167户；纳入改制的州属50户企业（不含森工），资产总额40.61亿元，负债总额32.5亿元；年职工平均人数15791人。1999年，州属国有企业34户，资产合计270887.7万元，负债174677.8万元，工业总产值47270.8万元；年职工平均人数14327人。

2005年，共有州属国有企业15户，资产总额141.75亿元，较2000年增长190%；全州国有及规模以上工业企业增加值达18.52亿元，较2000年增长113.89%。

20世纪90年代，阿坝州国有工业企业主要分布于交通运输、木材采运及加工、建材、机械、冶金、化工、电力、乳制品、制药等行业，国有重型工业企业在全州经济发展中起着主导作用。1990年，州属44户国有工业企业中，轻工12户，重工32户；森工19户。1997年，州属44户国有企业中，轻工8户，重工36户。由于阿坝州企业规模较小，又以资源开发（采）的重型工业结构为主，且多属高能耗、高污染企业，受国家宏观调控以及金融、财税改革措施相继出台等多方面因素影响，加之森工限产采伐（1998年全面禁伐停产），轻工业比重小，产品质量不高，全州工业生产呈低谷徘徊、低速发展运行态势。国有工业企业发展缓慢、产品缺乏市场竞争力，成为90年代初期、中期以来困扰阿坝工业经济发展的难题。

2005年年底，国企改革结束，阿坝州工业经济实现了结构调整，电力行业成为支柱产业。共有国有企业15户（不含森工），国有企业比重由92.25%下降到18.39%。

二、企业国有资产管理

1990年8月，阿坝州国有资产管理局成立，至1992年，其工作职责均由州财政局企业财务科代管。仅1名专职人员，简单清理和登记行政事业单位及企业的国有资产，基本摸清国有资产分布和结构情况。1993年，阿坝州财政局成立国资科。1994年，阿坝州政府批转《关于进一步加强我州国有资产管理工作的意见》，要求抓好全州国有资产管理机构建设、基础工作、产权管理、资产评估管理、推进股份制企业试点、建立国有资产保值增值基金等6个方面工作。全州13县相继建立国有资产管理机构

1995年，成立清产核资领导小组及办事机构，对全州县级以上322户国有企业和实行企业化管理的事业单位进行资产清理。核定全州县级以上企业国有资产总额为37.3亿元，负债总额为22.4亿元，所有者权益为15亿元，国有净资产总量为14.6亿元。

1996年11月，对全州行政事业单位1996年9月30日前所办经济实体占用国有资产的部分资产进行清理。全州76户行政事业单位95万元固定资产采用出租和出借方式，从非经营性资产转为经营性资产，有房屋建筑物45万元，专用设备价值50万元。行政单位非经营性资产转为经营性资产所获得的收入，全部纳入单位预算管理。事业单位对批准转作经营的资产，坚持有偿使用的原则，享有收益权，承担投入资产的安全完整和保值增值责任。

2005年2月，组建阿坝州政府国有资产监督管理委员会（简称阿坝州国资委），为州人民政府直属正县级特设机构。州国资委成立后，不断加强国资监管配套制度建设，履行出资人职责。初步形成国有资产管理、国有企业负责人经营业绩考核、企业国有资产授权经营的制度框架。

2005年10月，完成对州属企业、州级有关部门所属未脱钩企业、事业单位及社会团体所投资企业、县属企业的产权登记，共登记录入50户企业国有产权基础信息。同时，开展全州国有产权登记换证工作。会同有关部门就阿商成都采购供应站改制后提督街120号国有土地处置等遗留事宜，与红旗商场协商，将红旗商场借用通道的补偿金由原来协议的100万元争取到325万元。12月，对原黄龙电力集团公司在阿坝州甘堡通达公司的1252.4万元债权进行清理，提出资产处置建议；清理确认州投资发展公司、州甘堡水电厂、马尔康电力公司、州下庄电厂4户企业持股情况。对阿坝铝厂资产转让和四川岷江电力股份有限公司股权转让后剩余国有资产进行清理和核实，落实国有资产处置具体办法。

三、国有企业改革

1998年，在亚洲金融危机、国内需求不足、自然灾害频繁等不利因素影响下，阿坝州工业经济效益整体下滑。尤其是天然林保护工程全面启动实施后，森林工业及木材加工业全部停产。产值减少2.35亿元，工业增加值减少1.97亿元，税金减少3200万元。全州129户（含县属）国有及规模以上企业，实现工业增加值8.66亿元，销售收入13.1亿元，利税总额1.34亿元，盈亏相抵后利润减少1859亿元，亏损额高达1.5亿元。面对严峻现实，阿坝州委、州政府提出“结构大调整、资产大重组、机制大转换”的国企改革思路。继续坚持走以水电为龙头，带动高耗能工业和其他工业发

展的道路，抓住岷江电力股份有限公司在上海证券交易所成功上市之机，逐步关闭和破产一批污染、亏损严重的国有企业；配套发展一批高耗能工业；引进一批按照新型工业化道路建立的企业，彻底改变以传统的木材采运业为主的老工业格局。从1998年改革试点、2003年9月改革全面启动，到2005年年底，阿坝州国有企业改革基本完成改革任务。

（一）改革试点与企业破产实施

1998年10月，确定四A公司、州华西电冶厂进行股份合作制改造试点，实施国有企业产权制度变革。1999年12月顺利完成试点工作。两户企业职工全部转变身份并与新企业重新确定劳动关系。两户企业实现国有资产收益451.4万元，其中四A公司441.4万元，州华西电冶厂10万元。

为坚决消灭污染源、亏损源，加快国有劣势企业退出市场步伐，阿坝州组织实施了一批国有企业破产。除州鞋楦厂、州林业铁合金厂、州五交化公司、州二轻公司依法实施破产清算工作外，2001年12月全国企业兼并破产和职工再就业工作领导小组批复，将州造纸厂、州制革厂、州铁矿、州铁厂、州天然磨料公司、四川省岷山机械厂、州牧业机械厂、川西磁材厂8户污染严重、资不抵债的企业列入全国政策性破产项目。历时3年多，分4批终结各企业清算程序。

（二）水电企业国有资产和股权转让

1998年，二滩电站第一台机组投产发电，为保证二滩电站还贷能力，四川省电力公司实行竞价上网，致使阿坝州中小型水电站售电困难，生产经营每况愈下。阿坝州加大改革开放力度，通过出让优质资源和优势企业，盘活存量资产，变资产为资本，实现滚动发展。2003年12月，州国有资产经营公司以36088万元价格，将持有的福堂水电40%股权和阿坝铝厂生产资料及全部债务出售给岷电公司。同月，将州水电开发总公司（简称阿水总）持有的四川华能太平驿水电有限责任公司40%的股份，以39000万元转让给中国水利水电建设集团公司、中国水利水电第七工程局和国家电力公司成都勘测设计研究院。阿水总2003年年底的33600万元负债由上述三方全部承担，并与债务方重新签订债务处置协议。为保证国有资产不流失，协议规定甲方享有按股权在2003年期间太平驿水电公司产生的全部税后利润。自2004年1月1日起发生的资产、负债、权益、费用均由受让三方享受权利、承担义务。

（三）淹没区搬迁企业实施先改制后搬迁

改制前，阿坝州在紫坪埔水库淹没区的国有企业长期处于限制发展状态。加之体制机制的束缚，企业长期亏损，有的已资不抵债。为顺利出售产权，采取将企业资产和紫坪埔水库移民搬迁实物调查上报赔偿资金进行捆绑，增加企业净资产，以此来吸引商家，增加转让收益。2003年10月至2005年5月，完成漩口紫坪埔水库淹没搬迁的阿坝州化工厂（含锂盐厂）、四川岷江电解锰厂和阿坝州林业机械厂等州属国有工业企业的改制任务。国有企业转让后，职工在新企业再就业率达到94.24%，离退休人员、内退人员全部移交社会保险部门管理。

（四）流通企业国有资产全部退出市场竞争

阿坝州流通企业主要是计划经济时期，为保障州内物资商品供应的驻蓉企业：州物资公司、阿商采购站、阿商储运公司、州汽车配件公司（即志远物业总公司）、州医药药材总公司、州水电物资供应公司、州农业机械供应公司、州五金交化公司。2002年启动改制时，8户企业评估的资产总额为14745万元，其中非经营性资产1646万元；经营性土地资产7312万元；负债总额11602万元；净资产总额3304万元，其中经营性净资产为1658万元。经审计，累计亏损6728万元。改制时，将物资公司、配件公司、阿商储运公司以零价“承债式”转让给由原企业内部职工自愿组建的新企业，新企业负责支付改制成本和职工安置；阿商采购站以部分资产相抵全部负债后零价净资产“承债式”转让给由原企业在职职工自愿组建的新企业，另一部分优质资产（成都市提督街120号3.65亩土地）由州国有资产经营公司接管。注销阿坝州商业局成都采购供应站，组建注册（国有独资）阿坝州盐业有限责任公司；州医药公司在资不抵债情况下，“承债式”以100万元出让给成才运胜实业公司；州水电物资公司和州农机公司因成都市水环境治理而全部拆除地面建筑后自动解散。国有资产经营性土地归州国资公司所有。8户企业国有资本全部有序退出。

（五）完成三个“百分之百”改革

2001年6月，州九寨天然药业集团有限责任公司的国有资产被四川汉龙集团以2180万元整体收购；2004年1月，州雄峰水泥有限责任公司的国有资产，由州国资公司以4833.8万元全部出让给四川治权集团有限公司；州第一、第二汽车运输公司，州汶川、理县、九寨沟汽车站，州外贸公司、州漩口茶厂、州建筑公司、阿粮宾馆、阿粮转运站、阿粮车队、州水电物资成都供应公司等企业也先后“承债式”将资产和债务转让给由原企业在职职工自愿组建的新企业；州印刷厂实施股份合作制改造，将国有资产出售给由职工组建的新公司；注销州经济技术协作公司。此外，州外贸公司茂县、红原、九寨分公司，州林业综合经营公司，州兽医生物药品厂等企业也于同期完成改制。

1998年纳入州属国有企业改革目标任务的50户企业（不含森工企业）资产总额40.61亿元，负债总额32.5亿元，净资产8.11亿元，累计亏损5.19亿元；职工总人数11560人。除马尔康电力公司因政策因素未改制外，其余49户均完成“三个百分之百”的改革任务。2005年年底，阿坝州全部完成国企改革目标任务。

第二十章　甘孜州国有资产管理

一、清产核资与企业国有资产规模

1991 年，甘孜藏族自治州（简称甘孜州）对全州国有企业进行了清理统计，全州共有国有企业 310 户，其中盈利企业 155 户，亏损企业 138 户，关停企业 17 户。国有资产总量 60123 万元，负债总额 59741 万元。

1995 年，对全州国有企业进行清产核资。全州清理企业户数 272 户，资产总额 158663 万元，负债总额 100892 万元，所有者权益 57771 万元。清理资产损失总额 8004 万元，占全部资产总额的 5.05%，其中企业转轨前发生数 5114 万元，待处理固定资产净损失 1382 万元，占全部资产损失 17.27%。清查核实后，核销资产损失总额 6038 万元。其中固定资产损失净额 1265 万元，流动资产损失 4773 万元。核销资金挂账 3985 万元，核销有问题的长期资产 349 万元。同时对全州企业进行产权登记，颁发了产权证书。还对全州企业固定资产（待报废资产除外）与企业土地进行价值重估。全州 272 户企业固定资产原值 66734 万元，重估后为 101113 万元，增值 34379 万元；固定资产净值 50761 万元，重估价值 75123 万元，增值 24362 万元。参加土地重估企业的全部面积为 6993176 平方米，其中进行估价的土地 4939146 平方米，估价前价值为 645 万元，估价后价值为 46363 万元，增值净额为 45718 万元。对全州部分全民企业单位之间不明确、有争议的资产 337 万元进行了界定。

1998 年，对丹巴云母矿、泸定皮革厂、州矿产公司、康定金矿等完成改制前清产核资、财务审计、资产评估基础工作。对全州 20 户城镇集体企业单位开展清产核资工作，资产总额 4957 万元，负债总额 3331 万元，所有者权益 1626 万元，国家资本 413 万元，集体资产 1431 万元，资产损失及资金挂账总额 420 万元。其中：资产净损失 52 万元、资金挂账 368 万元。

1991—2005 年甘孜州企业国有资产统计表

表 5－3　　　　单位：户　万元

年　份	企业户数	盈利企业	亏损企业	资产总额	所有者权益	未分配利润
1991	310	155	138	60123	53754	－9386
1992	293	164	121	67750	54923	－9004
1993	305	159	146	53728	51455	－8002
1994	268	127	141	172396	58659	－11416
1995	272	144	128	219547	88346	－14008
1996	270	159	111	254586	105645	－20708

续表 5－3

年　份	企业户数	盈利企业	亏损企业	资产总额	所有者权益	未分配利润
1997	267	150	117	268341	99982	－30497
1998	257	138	119	281901	102466	－36180
1999	251	123	128	267538	92849	－39112
2000	249	132	117	293401	95314	－42527
2001	229	130	99	284344	93616	－36778
2002	214	122	92	288831	91838	－40795
2003	174	98	76	237493	94983	－21146
2004	118	43	75	256382	128166	－21367
2005	103	62	41	269069	149122	－20406

二、企业国有资产管理

1991 年在州财政局内设国资科，1994 年 9 月成立甘孜州国有资产管理局。1996 年机构改革时保留州国有资产管理局（副县级），为甘孜州财政局管理的行政机构。1997 年，成立甘孜州资产评估事务所。2002 年 11 月，成立甘孜州国有资产经营管理有限责任公司。2003 年 5 月成立州国有资产管理委员会，在州财政局设办公室，作为州国资委的办事机构。2005 年 7 月，组建甘孜藏族自治州政府国有资产监督管理委员会（正县级，挂甘孜藏族自治州经济委员会牌子），行政编制 23 名。

国资管理机构成立后，从 1995 年起，连续十多年来，每年都对行政事业和企业单位的国有资产产权进行年检登记。对国有资产，要求审查核实，并通过有资质的中介机构进行评估后才能进行处置。2000 年至 2005 年共评估核准、备案 33 宗，其中核准 25 宗，备案 8 宗。

2000 年 8 月，甘孜州第一个资产拍卖中介公司甘孜州康博拍卖公司正式成立后，州本级国有资产处置全部纳入拍卖公司统一进行拍卖，国资监管部门对资产拍卖前的资产评估不但加强监管，还努力扩大资产交易的覆盖面。2000 年至 2004 年共拍卖企业资产 23 宗，成交额 29065 万元，增值 9499 万元，增值率达到 48.55%。

1995 年，全州国有企业开始进行改革。2002 年起，又先后对州属企业康定汽车运输公司、州建筑公司、康定电力公司、州医药公司、州民贸公司等 39 户国有企业进行改制。通过对四川里伍铜业股份有限公司、康定电力公司等 7 户企业的股权整体或部分资产采取公开出让的方式进行处置，处置收益 25966 万元，增值 8881 万元，妥善安置分流职工 8000 余人。完成冰川公司资产接收工作，州信托投资公司的撤销清算，康巴公司股权结构调整，康定剧场经营权出让等工作。对丹巴云母矿、州医药公司、州农资公司、州民贸公司、康定汽车运输总公司、泸定机械厂、成都商业站、雅安商业站、州建筑公司等改制为股份有限责任公司的企业，州国资办按照《公司法》的要求，进行国有股权管理。

截止 2004 年年底，对州属关停企业累计发放 61 人的留守人员补差工资和法人代表工资共 28.2 万元，保证了州属关停企业国有资产守护工作。

第二十一章　凉山州国有资产管理

一、企业及行政事业单位国有资产管理

凉山彝族自治州（简称凉山州）于1991年成立州国有资产管理局。2002年2月，州国资局撤销，其职能并入州财政局。2005年10月，组建凉山州国有资产监督管理委员会（简称州国资委），为州政府直属正县级特设机构，州政府授权州国资委代表国家履行出资人职责。全州4个县组建国资局，12个县组建国资办。西昌市组建了国资经营管理有限责任公司。

1993—1995年，州国资局开展国务院统一部署的行政事业单位和企业单位清产核资与产权登记工作。1993年，全面完成2755户行政事业单位产权登记工作，其中行政单位1001户，事业单位1740户，社团组织14户。账面资产总额121230.9万元；清产核资数142865.6万元；净增值21634.7万元，增幅17.85%。

1994年3月至1995年秋，分两个阶段完成国有和国有控股企业的清产核资和产权登记工作：1994年完成143户企业试点，清核资产总额213785万元，其中流动资金117054万元，长期投资5239万元，固定资产89104万元，无形资产2388万元。清查后资产总额为239365万元，负债155425万元，所有者权益83940万元。1995年完成630户，清核资产总额308179万元，其中流动资产155328万元，长期投资7496万元，固定资产135946万元，无形资产2887万元，递延及其他资产总额6522万元，负债总额197538万元，流动负债145592万元，长期负债51946万元，所有者权益110641万元。清查后，固定资产重估增值31752万元。

1995年10月，州国资局对州级产权交易进行清理整顿。

1998年，首次编制行政事业单位类国有资产年报主要指标表，完成1997年度国有资产统计年报工作。其中行政事业单位类1620户，总资产271160万元，负债及视同负债额54375万元，国有资产总额216785万元。其中州级单位158户，1997年年末资产占用合计82423万元，负债及视同负债21342万元，国有资产总额2133万元。建设单位类1户，国有资产总额36000万元。同年，着手全州行政事业单位固定资产清理、建账工作。

2000年年末，完成1999年度全州1560户行政事业单位产权登记及年检与汇总，资产总额350633万元，负债总额68013万元，国有资产总额282620万元。与1998年相比，分别增加10%、9%、11%。年度资产负债率19%。其中，州级行政事业149户，资产总额96218万元，国有资产总额75948万元，负债总额20270万元；与1998年相比，分别增加2%、8%、-14%；年度资产负债率为21%。

2000年，州国资局完成对州电视大学等11户行政事业单位的国有资产报损、报废、变卖处置。其中，公开拍卖国有资产134.14万元。

2004 年 8 月开始，凉山州产权交易实行“招标、拍卖、挂牌”，公开运作。规定：凡账面净值 100 万元以上（含 100 万元）的国有资产产权交易一律进省国投交易中心（成都）阳光交易。

2005 年，州国资委开展了全州企业清产核资工作。纳入本次清核范围的州属国有企业共 78 户。2006 年有 52 户企业基本完成清产核资的基础工作，州国资委对其中 5 户企业进行了清产核资审核和批复。

2006 年，完成全州 209 户国有、国有控股和国有参股企业的国有资产产权登记证换发工作。

至 2007 年，已有 60 户州属国有企业开展了清产核资工作，对 47 户企业进行了清产核资审核、损失认定和批复；对会理锌矿、泸沽铁矿、西昌猴王等 23 户企业的国有资产处置进行了核查、指导和监督。

州国资委组建后，先后出台《关于做好国有企业财务监督管理健全全州国资委出资人财务监督体系的通知》等文件，规范国有资产管理，加强财务监管。2006 年，州属监管企业全年管理费用同比下降 3700 万元，财务费用同比下降 100 万元；完成 2005 年度国资收益 1077 万元、2006 年度国资收益 2376 万元、2007 年度国资收益 3064 万元、2008 年度国资收益 3200 万元。

在企业负责人经营业绩考核和收入分配的管理中，州国资委积极探索建立激励与约束机制，实现国有资产保值增值。2006 年，制定印发《凉山州国有企业负责人经营业绩考核暂行办法》《关于做好 2005 年度州属企业负责人收入分配管理的通知》。

2005 年，全州国有独资、国有控股、国有参股企业共计 251 户，资产总额 96 亿元，负债总额 61 亿元，负债率为 63.54%；所有者权益 35 亿元，其中国家资本金为 16 亿元。全州州属国有、国有控股、国有参股企业共计 78 户，其中国有独资 68 户，国有控股 5 户，国有参股 5 户；资产总额 61 亿元，负债总额 37 亿元，资产负债率为 61.8%，所有者权益 23 亿元，其中国家资本金 10 亿元。

二、国有企业改革

1996 年以来，全州先后对停产多年、扭亏无望的西昌绸厂、凉山稀土冶炼厂、四川会理镍矿等企业实施破产关闭工作，共安置在册职工 5100 多人、离退休人员 3100 多人，盘活存量资产 7000 多万元。同时完成会理镍矿、拉拉铜矿、会理锌矿等企业办社会职能的移交工作，分离学校 7 所、医疗机构 5 所，共分离人员 300 多人。截止 2005 年年末，全州已改制企业 500 多户，转换国有企业职工身份 25430 人，剥离离退休人员 7638 人；未改制企业 243 户，在职职工 32505 人，离退休人员 24160 人。

附　录

一、人名录

1989—2000 年四川省国有资产管理局主要负责人名录

表附-1

姓　名	职　务	任职期	备　注
康博九	局长	1989.08—1993.06	兼省财政厅副厅长
邓学安	局长	1993.06—1999.01	同时任省财政厅党组成员，1996 年 3 月开始兼省财政厅副厅长
高仁全	局长	1999.01—2000.07	兼省财政厅副厅长

2000—2004 年中共四川省委企业工作委员会负责人名录

表附-2

姓　名	职　务	任职期	备　注
冯崇泰	企业工委委员、书记	2000.09—2002.05	省委常委
甘道明	企业工委委员、书记	2002.05—2004.08	省委常委
颜家瑾	企业工委委员、常务副书记	2000.09—2004.08	—
刘德福	企业工委委员、副书记	2001.10—2002.09	—
叶　壮	企业工委委员、副书记	2000.09—2003.08	兼纪工委书记
徐　进	企业工委委员	2000.11—2004.02	2001.05 任机关党委书记
雷　建	企业工委委员	2000.11—2004.02	兼省委企业工委组织部长
汪安生	企业工委委员	2000.11—2004.02	兼省委企业工委宣传部长
王　彬	企业工委委员	2000.11—2004.02	兼监事会工作部长
任兴文	企业工委委员	2002.04—2004.02	兼省委企业工委研究室主任
梁志仓	企业工委委员、纪工委书记	2002.04—2004.02	—

2004—2005 年四川省政府国有资产监督管理委员会负责人名录

表附－3

姓 名	职 务	任职期	备 注
甘道明	省委副书记兼任国资委党委书记	2004.02—2005	—
杨志文	副省长兼任国资委党委副书记	2004.02—2005	—
陈光志	党委委员、副书记、主任	2004.02—2006.06	—
雷 建	党委委员、副书记（专职）	2004.02—2009.07	—
尹孟良	党委委员、副主任	2004.02—2005	—
张明泉	党委委员、副主任	2004.02—2006.02	—
徐 进	党委委员、副主任	2004.02—2007.08	—
王 彬	党委委员、副主任	2004.02—2009.01	—
梁志仓	党委委员、纪委书记	2004.02—2008.08	—
任兴文	党委委员、机关党委书记	2004.02—2011.06	—

2002—2005 年四川省政府国有企业监事会负责人名录

表附－4

姓 名	职 务	任职期	备 注
刘祖富	主席	2002.01—2005	监事会一室
廖冬冰	主席	2002.01—2005	监事会二室、正厅级
柴文成	主席	2002.01—2005	监事会三室
李守春	主席	2002.01—2005	监事会四室
陈万福	主席	2002.01—2005	监事会五室
鲁亚曦	主席	2002.06—2005	监事会六室
王 彬	省政府国有企业监事会工作办公室主任	2002.12—2004.02	—

2005 年四川省国有重要骨干企业正职领导人员名录

表附－5

单 位	姓 名	责任职务	原任职务	出生年月	籍贯	文化程度	工作时间	入学时间	任职时间
四川长虹电子集团有限公司	赵 勇	董事长 党委书记	绵阳市政府副市长	1963.06	四川三台	博士 清华大学机械工程系压力加工	1991.03	1998.12	2004.07 2005.09
四川长虹电子集团有限公司	杨学军	总经理	纪委书记、工会主席	1959.07	山东平度	大专 绵阳师范专科学校中文系	1980.04	1984.12	2005.09
四川省五粮液集团有限公司	王国春	董事长 总裁 党委书记	厂长、党委书记	1946.12	四川中江	大学 重庆大学机械制造	1970.07	1984.07	1998.04

续表附－5

单　位	姓　名	责任职务	原任职务	出生年月	籍贯	文化程度	工作时间	入学时间	任职时间
四川省投资集团有限责任公司	郭　勇	总经理	副总经理	1962.12	四川射洪	硕士　武汉大学企业管理	1983.08	1986.12	2005.12
四川华西集团有限公司	李纯刚	董事长	总经理	1949.08	吉林浑江	大专　重庆建工学院管理工程	1968.09	1974.12	2002.10
四川华西集团有限公司	刘　平	党委书记	党委副书记、副总经理	1956.06	山东胶南	大学　中央党校函授政治	1974.06	1976.06	2005.05
四川华西集团有限公司	陈贵林	总经理	副总经理	1962.09	江苏泗阳	大专　重庆建工学院管理	1983.07	1988.12	2005.05
四川物资产业集团总公司	姜民明	总经理 党组书记	总经理	1953.11	山西沁县	大专　四川电大汉语言文学	1970.12	1972.11	1997.08 2000.07
四川化工控股（集团）有限责任公司	赵彦博	董事长 党委书记	省化工厅厅长、党组书记	1941.01	吉林扶余	大学　吉林大学物理系光学	1965.08	1971.02	2000.05
四川纺织集团有限公司	刘永成	董事长 党委书记	副总经理、纪委书记	1949.05	四川剑阁	大学　中央党校空军学院函授班	1968.02	1969.06	2005.05
四川航空集团公司	蓝新国	总裁 党委书记	总经理	1949.11	山东莱阳	大专　空军第二飞行学院	1965.07	1967.09	2002.08
四川省煤炭集团有限责任公司	肖天任	董事长 党委书记	泸州市委副书记、市长	1953.05	四川江安	研究生　中央党校培训班研究生班	1970.05	1984.10	2005.08
四川省煤炭集团有限责任公司	邓嘉德	总经理	四川芙蓉矿务局局长、党委书记	1949.03	重庆	大专　北京煤炭管理干部学院政工管理	1966.08	1973.08	2005.08
四川信托投资公司	梁昌飞	总经理 党组书记	内江市委副书记、市长	1944.08	安徽合肥	研究生　中央党校培训班研究生班	1966.09	1980.05	1992.08
四川省商业集团有限公司	董建良	总经理	副总经理	1955.09	河南上蔡	大学　四川师范大学政教系	1970.08	1974.05	2002.08
华西证券有限责任公司	张慎修	董事长 党委书记	总裁	1948.04	四川成都	大专　高教自考党政基础科	1967.09	1982.20	2001.01
四川省机场集团有限公司	潘校军	总经理	双流机场总经理、党委副书记	1951.04	辽宁辽中	大学　空军工程学院机场建筑	1969.11	1970.07	2004.03
四川省机场集团有限公司	杜修明	党委书记	双流机场党委书记、常务副总经理	1952.10	湖北鹤峰	大专　中央党校函授法律	1969.10	1971.04	2004.03
四川省长江集团有限公司	郭新荣	董事长 党组书记	董事长	1941.01	湖北大悟	大学　北京外贸学院国际金融	1963.09	1971.12	1996.04
四川省长江集团有限公司	段少波	总经理	省新光公司常务副总经理	1960.07	四川达州	大学　吉林工业大学拖拉机设计	1982.09	1985.06	2005.09

续表附-5

单 位	姓 名	责任职务	原任职务	出生年月	籍贯	文化程度	工作时间	入学时间	任职时间
四川省地方铁路局	罗兴武	局长 党委书记	省计委交通处处长	1948.09	四川邻水	大专 中央党校函授经济管理	1968.09	1975.02	1991.12
四川省紫坪铺开发有限责任公司	李 洪	总经理 党委书记	宝珠寺水电建设管理局局长	1963.05	河南新野	硕士 华北水利水电学院水工	1983.08	1987.10	2001.02 2002.07
四川省水电投资经营集团有限公司	朱家清	董事长 党委书记	省水利厅巡视员	1946.02	四川三台	大学 成都工学院水工建筑	1969.09	1976.07	2004.10
四川省水电投资经营集团有限公司	张忠孝	总经理	省地方电力局局长	1948.10	四川通江	大学 四川省委党校经济管理	1968.10	1979.07	2004.10
四川省国有资产投资管理有限责任公司	张宜刚	副总经理 党委副书记 纪委书记 董事	省委办公厅秘书	1963.12	四川三台	大学 西南农学院农学	1983.07	1987.06	2001.12 2002.07 2002.01
和兴证券经纪有限责任公司	王长庚	董事长 党委书记	省建信公司总经理	1960.07	湖北黄梅	博士 西南财经大学金融学	1977.07	1986.12	2001.05 2001.11
和兴证券经纪有限责任公司	刘晓亚	总经理	川信常务副总经理	1962.09	四川眉山	大学 西南财经大学政治	1984.07	1987.11	2001.05
四川省建设信托投资公司	王长庚	总经理	省财政厅外经处处长	1960.07	湖北黄梅	博士 西南财经大学金融学	1977.07	1986.12	1994.06
四川省国际信托投资公司	陈远义	董事长 党组书记 (法人代表)	省国际信托公司总经理	1952.06	湖南衡阳	大专 大连外国语学院日语	1969.03	1976.08	1997.12
四川省外贸集团有限责任公司	蒋光鉴	董事长	省五矿公司总经理	1945.12	重庆	大学 西安交通大学机械工程	1969.08	—	2001.07
四川省外贸集团有限责任公司	刘家东	党委书记	副总经理	1962.11	四川成都	大学 四川省委党校法律	1982.07	1992.11	2005.06
四川省外贸集团有限责任公司	刘思京	总经理	省医药保健品总公司总经理	1954.03	湖北仙桃	大专 中国地质大学英语	1975.09	1975.07	2005.06
四川省医药集团有限责任公司	崔国俊	董事长 党委书记	省医药保健品总公司总经理	1946.06	江苏扬州	大学 华东理工大学有机合成	1970.08	1975.05	2001.07
四川省医药集团有限责任公司	何怡铭	总经理	省药监局财务处处长	1954.06	四川成都	大专 四川省干部函授学院经济管理	1972.02	1991.08	2001.07
四川公路桥梁建设集团公司	孙 云	董事长总裁 党委书记	四川路桥工程总公司总经理	1961.12	四川巴中	硕士 长沙理工大学交通运输	1981.07	1985.12	2003.12 1998.12 2002.11
四川成渝高速公路股份有限公司	周黎明	董事长 党委书记	省交通厅公路局副局长	1963.10	浙江东阳	硕士 西南交通大学政治经济学	1984.07	1984.11	2002.06

续表附－5

单　位	姓　名	责任职务	原任职务	出生年月	籍贯	文化程度	工作时间	入学时间	任职时间
四川成渝高速公路股份有限公司	张志英	总经理	省交通厅财务处处长	1962.10	山西运城	大学　山西财经学院财会	1984.08	1995.07	2002.09
四川高速公路建设开发总公司	高　淳	董事长 党委书记	四川交通职业技术学院党委书记	1956.12	四川犍为	硕士　澳门科技大学工商管理	1978.06	1986.04	2004.12 2005.03
四川高速公路建设开发总公司	何　刚	总经理	省交通厅综合规划处处长	1962.11	重庆	硕士　长安大学交通运输规划与管理	1983.07	1994.01	2002.09
四川锦江宾馆	曹兰剑	总经理	副总经理	1962.09	江苏南京	大专　四川省委党校秘书	1980.01	1984.12	2001.06
四川锦江宾馆	蔡　健	党委书记	省旅游集团常务副总经理	1954.03	四川资中	大学　四川大学经济系政经	1974.08	1975.03	2001.06
四川省中国国际旅行社	王嘉云	总经理	省国旅总经理	1949.08	河南淮滨	大学　四川省委党校法律	1969.02	1970.04	2001.08
四川省中国国际旅行社	陈大章	党委书记	省旅游集团经营部经理	1960.10	四川成都	大专　四川大学工商管理系	1981.09	1984.06	2001.08
四川省建筑设计院	陈中义	院长	副院长	1959.12	四川资中	大学　重庆大学建筑城规学院建筑学	1977.07	1994.05	1999.01
四川省建筑设计院	陈开培	党委书记	副院长	1951.03	四川成都	大学　清华大学工民建	1969.01	1975.03	1996.01
四川省有色金属工业公司	王益民	临时党委副书记	省有色金属公司总经理助理、办公室主任	1962.01	四川苍溪	硕士　昆明理工大学机械制造	1983.08	1985.01	2005.08
成都市商业银行	毛志刚	董事长 党委书记	成都市工业投资经营公司董事长、总经理	1954.05	四川简阳	大专　四川广播电视大学电子	1972.01	1986.05	2004.08
成都市商业银行	王　晖	行长	建行成都分行第一支行行长	1967.10	四川荣县	硕士　西南财经大学工商管理	1990.07	1993.12	2005.03
四川九洲电器集团有限责任公司	张正贵	董事长 党委书记 总经理	总经理	1949.12	四川绵阳	大专　重庆经济管理干部学院工业企业管理	1968.03	1973.12	2000.06 2003.08
四川华丰企业集团有限公司	吴学锋	董事长 党委书记 总经理	副总经理	1963.02	山西临汾	大专　杭州电子工业学院计划统计	1981.07	1986.10	2003.07 2003.07 2000.07
四川双马投资集团有限公司	唐月明（女）	董事长 党委书记	董事长 总经理	1952.05	四川遂宁	大学　南京化工学院无机系	1969.01	1987.02	2000.09
四川双马投资集团有限公司	张进义	总经理	副总经理	1956.04	四川梓潼	大学　四川省委党校经济管理	1974.07	1976.07	2000.09

续表附-5

单　位	姓 名	责任职务	原任职务	出生年月	籍贯	文化程度	工作时间	入学时间	任职时间
自贡硬质合金有限责任公司	张　毅	董事长 党委书记	总经理	1956. 10	江苏金坛	大学　成都科技大学化学冶金	1974. 05	1981. 12	2001. 03
自贡硬质合金有限责任公司	彭绍雨	总经理	副总经理	1958. 05	四川开县	大学　中南矿冶学院粉末冶金	1982. 02	1991. 05	1999. 11
四川大西洋集团有限责任公司	余大全	党委书记 法人代表	董事长	1948. 11	四川威远	大学　重庆大学机械系	1968. 04	1969. 03	1995. 12
四川大西洋集团有限责任公司	李欣雨	总经理	副总经理	1964. 04	四川威远	大学　重庆大学机械系	1986. 07	2000. 03	2000. 07
泸州老窖集团有限责任公司	谢　明	集团董事局主席总裁	泸州市龙马潭区区委书记	1955. 10	四川仁寿	大专　四川电大机械工程	1972. 08	1988. 07	2004. 05

二、大　事　记

1989 年

5 月 5 日　省政府批复省财办请示，同意成立四川省国有资产管理局，由省财政厅归口管理，其编制暂按 25 人配备。

9 月 10 日　四川省国有资产管理局正式成立。

9 月 16 日　省政府印发《关于进一步完善全民所有制企业承包责任制的通知》，提出：厂长（经理）可根据需要组成企业承包领导班子，大中型企业原则上不搞招标承包。

11 月 23 日　五粮液、泸州老窖特曲、剑南春等川酒在全国第五届白酒评比中荣获“国家名酒”称号。

1990 年

1 月　省委、省政府决定对国有大中型企业进行重点扶持，鼓励企业通过参股、兼并、法人承包和法人租赁，加快组建资产、经营一体化企业集团。

3 月 17 日　省政府印发《四川省 1990 年城市经济体制改革工作要点》，提出：稳定、充实、调整、完善改革措施，保证改革工作的阶段衔接和顺利推进；继续深化企业经营机制改革；搞活大中型企业；推进企业兼并和产权转让，积极稳妥发展企业集团；促进宏观调控体系的建立；积极稳妥推进探索性改革试点，搞好改革的战略性储备。

3 月　省国资局与省财政厅、人民银行四川省分行制定《关于撤销、合并公司资产清算工作的实施细则》，对撤并公司的实物形态财产、货币形态财产、无形财产、债权、债务、资本金的清理，撤销公司的亏损处理、资产清偿，合并公司资产的转移等一系列具体问题作出规定。

5 月 11 日　省国资局印发《关于建立省级国有资产管理工作关系的通知》，要求：各部门、集团公司和重点企业的年度汇总财务会计决算报表，需抄送省国资局。各部门及直属全民所有制企业、事业和行政单位国有资产产权或管辖权转移，以及用国有资产参加中外合资经营、股份制经营，须报经省国资局审批。省级境外国有资产产权转让收入，由省国资局管理。

6 月 1 日　省国资局发布《四川省国有资产评估暂行规定》，明确规定：国有资产管理部门根据管理需要，对某些占用国有资产单位的资产，在无资产评估申报的情况下，有权决定评估立项。

6月11日 省国资局转发国家国资局、财政部、商业部《关于全民所有制小型商业企业租赁经营国有资产产权管理规定的通知》时，提出租赁期一般为3年，最长不超过5年，企业出租前必须对国有资产进行评估或验资，租赁经营者应按规定交纳一般不低于国有资产10%的抵押金，交同级国有资产管理部门统一管理。租赁费原则上按银行利率计算，由协商确定。

7月14日 省政府印发国务院〔1990〕38号文《关于加强个国省资产管理工作的通知》，全省开展学习、传达、宣传、贯彻活动。

7月18日 省国资局、省财政厅、对外经贸委联合向省政府提出：凡四川省驻国外和港澳地区的行政、事业、企业机构，统一由省国资局组织实施产权管理。

11月21日 省政府印发《关于当前组建资产经营一体化企业集团亟需解决的几个问题的通知》，要求在保障地方既得利益的前提下，突破传统的“三不变”体制（所有制、隶属关系和财务解缴渠道），加快资产经营一体化企业集团的组建。突破“三不变”体制，可以采取经济的或行政的办法。

11月24日 省国资局印发《转发〈关于加强承包经营责任制企业国有资产管理的试行办法〉的通知》，要求承包企业，无论是新承包还是延期滚动承包都必须在合同中增加国有资产保值、增值指标。

1990年 重点扶持与搞活国有大中型企业，推进企业兼并与产权转让，加快组建资产、经营一体化企业集团。至年底，全省已组建各类企业集团83户，成员企业达1500多户。当年新建和完善发展资产一体化企业10户。143户企业兼并了220户企业。

全民所有制大中型企业股份制试点，从1988年开始至1990年年底，经批准试行股份制的工商企业已达40户。

1991年

1月11日 省国资局印发《关于对省级单位国有资产的产权变动及使用情况进行审核的通知》，提出“建立国有资产报告制度”，要求所有省级预算内外的国营企业向省财政厅、省国资局报送国有资产使用情况、保值增值情况及产权变动情况的分析报告。

1月16日 省国资局、省财政厅在《关于加强企业产权转让中国有资产产权管理的通知》中，要求国有企业产权转让必须报国有资产管理部门会同财政等有关部门审查批准。并提出，“各地、市、州国有资产管理部门可逐步组织建立产权交易市场，加强管理，规范产权转让行为。”

2月9日 省国资局要求，财政部门在出具企业办理工商登记的资信证明时，应以国有资产产权登记表副本作为依据。

3月21—27日 国家国有资产管理局副局长谢秋涵带队的工作组一行四人，对四川省贯彻落实国务院《关于加强国有资产管理工作的通知》的情况进行检查和调研。工作组在川期间，听取省国资局、成都市国资局和乐山市国有资产管理办公室的工作汇报，调查一些市、县的国有资产管理工作开展情况，考察成都电视电器联合集团公司国有资产管理情况。

4月8日 省国资局要求省级各部门及市、地、州对国家企、事业单位和行政部门用国有资产开办但登记注册为集体所有制性质的企业和经营单位，由国家投资及投资的经营收益所形成的国有资产尽快组织清查，于 9 月底前完成。

5 月 奉节县率先建立企业国有资产保值增值基金，省国资局积极倡导与推广。

6 月 1 日 省委、省政府发出《关于进一步搞活国营大中型企业的决定》，要求进一步落实企业自主权，继续完善和发展企业承包经营责任制，大力促进组织结构调整，深化企业内部改革，完善企业内部管理机制，努力为国营大中型企业创造宽松的外部环境。

6 月 27 日 根据国家体改委、人民银行、国资局文件，省国资局与省体改委、人民银行省分行联合发出通知，要求对 1990 年 5 月 23 日前经各市地州政府或授权部门批准公开发行股票的股份制试点企业，进行清查并重新审批。

7 月 10 日 省国资局决定：从 1991 年第三季度起，实行国有资产评估工作报告制度。

10 月 9—10 日 中共四川省委在成都举行工作会议，传达中央工作会议精神，讨论研究四川省进一步搞好国营大中型企业和当前经济工作问题。会议强调，国营大中型企业转换经营机制，根本上是要加强企业适应市场的机制。要处理好几个关系：处理好政府直接管理与间接管理企业的关系，逐步转变政府经济管理职能，确立适应社会主义商品经济要求的宏观管理办法；处理好发挥城市中心功能同搞活国营大中型企业的关系，加强市场体系建设；处理好改善企业外部环境与企业内部改革的关系，转变企业经营机制；处理好搞活国营大中型企业和继续发展多种经济成分的关系，全面贯彻在公有制为主体的条件下，发展多种经济成分的方针。

10 月 18 日 省政府决定在全省国营商业企业推广重庆市在商业企业中实行的经营范围、商品价格、分配和用工“四放开”的改革经验。

10 月 21 日 省政府下发《关于进一步深化国营小型企业改革的决定》，要求国营小型企业的经营形式要灵活多样；进一步完善企业承包经营责任制；深化企业内部改革，加强企业内部管理；切实保障职工的主人翁地位，充分发挥职工代表大会的作用；充分调动经营者的积极性，努力提高经营者的素质；促进企业的优化组合，积极促成兼并；鼓励企业对外开放；切实转换政府管理经济的方式。规定：股份制试点企业的股份分为国家股、法人股、个人股、外资股。非生产经营用资产和不适用资产一般不参与折股，国家专营或有垄断收益的企业不得实行股份制。由多方出资组建的企业，原则上均应实行股份制。

11 月 30 日 省国资局与省财政厅、省生产委员会联合印发《国营企业按固定资产重置价值计提折旧的试点办法》，决定：对企业应计提折旧的固定资产，通过资产评估确定其重置价值，再以资产重置价值为计提折旧的基数提取折旧基金试点，逐步完善国营企业固定资产补偿制度，保证企业活力和发展后劲，也有利于国有资产保值增值。

12 月 3 日 四川省搞活企业领导小组工作会结束，省委、省政府决定在绵阳、德阳、自贡、攀枝花等市选择部分国营大中型企业，开展以转换企业经营机制，增强企业活力为目标的改革试点工作，连同成渝两市，全省共有 100 余户国营大中型企业开展这项改革试点工作。

1991 年 深化县属企业、国营小型企业改革和搞好股份制改革试点。宜宾县以改革企业产权制度为突破口，深化综合体制改革，采取改股份制、转为国有民营、承包、租赁、拍卖、兼并及破产等形式，一步到位转换企业经营机制，把企业推向市场。

国资管理部门进一步加强国有资产的统计分析，开展清理清查工作，积极参与完善企业承包制，推动闲置资产的调剂利用，加强对投资的监督检查；开展资产评估和产权登记，将产权管理机制引入企业，加强产权管理，促进产权转让；继续建立健全国有资产管理机构，培养管理人才，探索管理新体制，开展企业股份制试点，同时开展理论探索，普及宣传国有资产管理知识。

成都市、攀枝花市成立资产评估管理中心。全省审批 17 家资产评估机构，累计达 30 家合法的评估操作机构。

1992 年

2 月 21 日　省政府印发《关于加快国营大中型企业经营机制转换问题的通知》，要求：全面落实企业自主权；明确国家与企业的分配关系；推进劳动人事、工资分配、社会保险制度改革；放开企业的生产经营；强化企业自我约束机制；强化企业管理；加强企业领导班子建设；为搞好大中型企业创造良好的外部环境。

4 月 27 日　中国第一套年产 20 万吨合成氨国产化装置在四川化工总厂正式通过国家级验收，结束了中国大型合成氨依赖进口的历史。

6 月 13 日　四川省企业评价中心评出 1991 年年底四川 100 家最大规模和 100 家最佳效益工业企业。其中经营规模最大的前十名企业是：四川省电力管理局、攀枝花钢铁公司、重庆钢铁公司、四川石油管理局、国营长虹机器厂、长城特殊钢公司、成都无缝钢管厂、国营建设机床厂、国营嘉陵机器厂和国营长安机器制造厂。经营效益最佳的前十名企业是：成都卷烟厂、黔江卷烟厂、西昌卷烟厂、重庆牙膏厂、重庆汽车制造厂、重庆卷烟厂、什邡卷烟厂、宜宾五粮液酒厂、泸州老窖酒厂和磨房沟发电厂。

7 月　正式对全省地方全民所有制企业单位及中央在川企业单位进行国有资产产权登记，并在部分市（地）对占用国有资产的集体企业进行国有资产产权登记。

8 月 1 日　省国资局与省财政厅、建设银行省分行联合发出《通知》，要求凡占用、使用国有资产的企业和实行企业化管理的事业单位，都要建立健全固定资产管理责任制，严格资产登记、变动手续，保持账、卡、物相符。要定期进行资产清查清理，发生固定资产盘盈盘亏和需要报损报废，都应查明原因，分清责任。固定资产报损报废和核销，按资产隶属关系，由同级国有资产管理部门负责审批，抄送财政部门备案。

8 月 26 日　省国资局要求：凡占有、使用国有资产的省级商贸金融保险企业和实行企业化管理的事业单位（统称企业单位），都必须进行产权登记。其中，驻成都市（五区）的，由企业单位申报，经主管部门（或公司）审查签署意见后，由省国有资产管理局直接办理登记。

9 月 11—13 日　四川省股份制试点工作会议在德阳召开。会议指出，推行股份制既要积极又要慎重，不能一哄而起，要加强对试点工作的领导；在股票发行中必须严肃纪律，坚决制止企业向党政机关送售股票。会议强调，全省股份制试点工作必须坚决贯彻国家“坚决试，不求多，但求好，不能乱”的方针。

11 月 3 日　重庆市中级人民法院依法正式宣告国营重庆针织总厂从即日起破产。这是改革开放成立以来最大的一桩国营企业申请破产案。截至 1992 年 10 月 4 日债权申报期限届满，经审查，该厂共欠 57 个债权人申报的债务总额达 8250 万元，而现有资产和债权仅 4221 万元。

12 月 16 日　根据国务院统一部署，决定在全省开展自中华人民共和国成立以来的第五次清产核资工作，四川省人民政府清产核资办公室设于省国资局。

12月26日 成都倍特发展股份有限公司正式成立，是全国27个国家级高新技术开发区的第一个股份制企业。

1992年 省委、省政府确定在105户国营大中型企业中进行以劳动、人事、分配“三项制度”为主要内容的转换经营机制改革试点，至年底改革试点的企业达300户。

全省21个市、地、州均已建立国有资产专职管理机构，县级机构建设进展迅速，全省国有资产管理的组织体系建设初具规模。

国有资产管理机构积极推广和扩大股份制及企业集团试点，加强股份制试点企业的国有资产管理。

为改变政府部门以行政手段经营控制企业的状况，使所有权和经营权适当分离，省国资局成立中介经营机构四川资产经营公司。成都、乐山、德阳、绵阳及奉节、米易等市、县都建立不同形式的投资经营公司，逐步通过这类中介组织对企业实施产权管理。

年度国有资产汇总报表不再分预算内和预算外国营企业报表，而将预算内、预算外全民所有制企业报表合并为全民所有制企业汇总报表。

省内第一家县办产权交易中介机构米易县产权交易所成立。

是年底，全国自发的最早、最大、最“原始”的股票交易市场，在乐山市中心城区出现，日交易额达数亿元人民币。

1993年

2月2日 省国资局、省财政厅、省工商局联合发出通知，决定进行1992年度国有资产产权登记年度检查。本年起，开始实行产权登记年检制度。

2月18日 省政府印发《四川省全民所有制工业企业转换经营机制实施办法》30条，进一步强化企业自主权和经营管理者权限。以“三项制度”改革为突破口，使转换企业经营机制的改革向纵深发展。

2月24—26日 四川省体改工作会议在成都举行。会议提出：不能“小打小闹”“小改小革”，要有高起点，大胆突破，勇于创新，全面设计新体制框架；从四川的条件、起点和基础出发，解决四川问题；四川的改革开放应在重点地区、重点区域、重点环节上实现新的突破。在坚持公有制为主体的前提下，大力发展多种经济成分，积极稳妥地调整所有制结构；搞好国有企业的改制工作，从理顺产权关系入手转换企业经营机制，从根本上提高国有企业的经济效益，发挥其主导作用；加快各类市场的培育，建立和健全市场体系，转换政府职能，建立新型宏观调控机制和社会保障体系。

3月 天华（原四川天然气化工厂）将原国有企业转变为国有股份制企业，成为全国首批在建项目实施股份制试点的企业。

6月1日 国家国有资产管理局在成都召开中国东方电气集团国有资产授权经营工作会议，正式授权中国东方电气集团公司统一经营该集团，成为全国第一批实施国有资产授权经营试点的7家企业集团之一。

6月18日 省国资局强调“资产评估由国有资产管理部门负责管理和监督”，中外合资、合作企业及向外商出售、出租的中方资产，必须委托具有资产评估资格的机构对全部资产进行价值评估。

6月23—24日 中共四川省委书记谢世杰约请成都地区理论界、企业界人士座谈，商讨加快国有大中型改革步伐，发展四川经济的对策。出席座谈会的28家大中型企业的厂长、经理建议尽快采取措施，加快有关文件的实施步伐，使企业更加宽松地走向市场，参与竞争。专家学者主张，在大中型企业中继续进行投入产出总承包试点，对原有体制、机制进行改造，理顺企业产权关系，建立法人产权，给企业以资产的支配、使用、处置权，改变多头管理，给企业减轻压力，增加活力。谢世杰说，政府要转变职能，少干预，多服务；妥善解决企业所有权、经营权、支配权问题；加快企业改造，尽快上规模、上档次、上水平；开发适应市场需要的产品，增强竞争力、占有率，大力提高经济效益。

6月 泸州老窖酒厂独家发起并改组，建立四川省酿酒行业中第一家上市的公众公司——泸州老窖股份有限公司。1994年5月9日，“泸州老窖”股票在深圳证券交易所挂牌上市。

7月2日 省国资局、省计委、省体改委、省经委转发国家国资局、国家计委、国家体改委、国务院经贸办公室印发《国家试点企业集团国有资产授权经营的实施办法（试行）》的《通知》，规定，实行授权经营试点企业集团核心企业对集团紧密层企业占有的国有资产享有相应的经营管理权。集团核心企业必须定期向国有资产管理部门报送企业集团国有资产营运及管理情况，统一向国有资产管理部门负责集团紧密层企业占用国有资产的保值增值。

9月4日 省委、省政府办公厅转发《四川省国有控股的股份制试点企业人事管理暂行办法》，提出：股份制企业人事管理必须坚持党管干部和依法管理相结合，企业管理人员和专业技术人员不再使用“国家干部”称谓，不套用国家机关行政级别，对董事会、董事长和经理及高级管理职务的产生等作出规定，还提出可以设立监事会。

9月15日 省委、省政府发出《关于在二十户国有大中型企业探索建立企业新体制试验的通知》及《实施意见》。决定在成都、自贡、德阳、绵阳、乐山、内江选择成都轴承总厂、自贡鸿鹤化工总厂等20户国有大中型工业企业，以及四川五交化公司、内江百货集团公司两户商贸企业，开展以理顺产权关系、加快企业经营机制转换为核心的建立现代企业新体制试点。

11月26日 省国资局、省财政厅联合发出通知，规定：建立新体制试验企业出售车间、分厂产权以及国家股权必须报同级国有资产管理部门和财政部门批准，所得国有资产产权转让收入，留给试验企业用于技术改造和补充流动资金，作为负债核算。

12月23日 中共四川省委办公厅发出《关于认真贯彻〈国有企业党的建设工作座谈会纪要〉和〈胡锦涛同志同全国国有企业党的建设工作座谈会代表座谈时的讲话〉的通知》。要求加快企业深化改革的步伐，进一步完善发展企业内部领导体制；深入开展“四好”活动，下功夫抓好企业领导班子建设；从建立现代企业制度的要求出发，加强对不同企业党建工作的分类指导；提高企业党建工作的水平；建立和落实抓企业党的建设工作的责任制。

1993年 选择100户国有商业企业进行转换经营机制试点，选择20户国有大中型企业探索建立企业新体制试验。

为促进国有资产产权登记制度化、规范化，开始在全省范围进行对上一年度国有资产产权登记年度检查，对资产变动情况予以审定。

截止1993年年底，全省地方全民所有制单位国有资产存量总额为939.88亿元，占全国地方级国有资产存量总额的5.41%。经营性国有资产584.54亿元，占全省国有资产存量的62.19%。

1994年

2月 乐山市无线电厂经乐山市政府批准同意，对其部分产权拆细并公开向社会公众和企业法人转让。

3月23日 省政府下发《关于加强国有资产评估管理的通知》，强调政府国有资产管理部门对国有资产评估工作的管理、监督职责，对国有资产评估市场提出规范要求。

3月 由四川省77家资产评估机构（含重庆市）自愿发起成立了西南地区首家资产评估行业自律性组织四川省资产评估协会，邓学安担任首届会长。

4月12日 省国资局向全省22户新体制试验企业发出《通知》，要求建立试验企业国有资产统计报告制度。

4月15日 省国资局印发《关于切实做好对外招商出售国有企业资产评估工作的紧急通知》，要求“各地、各部门特别要重视对工业产权、名牌产品及企业商誉等无形资产的评估”。

6月15日 省国资局、省税务局、省国土局联合发布《九四年投资洽谈会国有资产转让有关政策》，对企业国有资产转让的审批及转让收入的使用作出规定。

7月2日 省国资局、省水电厅印发《关于加强地方电力系统国有资产管理的通知》，要求各地要采取有力措施，防止地方电力国有资产的流失、转移、平调、“代管”等现象发生，对那些已经转移、平调、“代管”的资产应进行彻底清理，恢复其管辖范围。凡我省水电系统管辖的资产产权发生变动、转移，必须到国有资产管理部门办理资产评估和产权登记手续。若企业整体资产发生变动、转移，必须逐级上报至省水利电力厅审核后，再转报省国有资产管理局批准并办理资产评估和产权登记等有关手续。

7月28日 省国资局印发《关于资产评估机构依法进行资产评估业务的通知》，规定：资产评估机构执业人员特别是法定代表人必须与政府行政机关和经济实体脱钩，并且只准在一个机构执业，否则不再保留资产评估机构资格。

8月22日 省经委、省体改委、省财政厅、省劳动厅、省国资局发出联合通知，决定实行国有资产授权经营制度，实行授权经营管理国有资产的试验企业对企业全部法人财产及其净资产承担保值增值的责任。试验企业经营者实行年薪制，其年薪收入，由董事会讨论决定。

11月4日 国务院决定选择1000家大中型企业，进行现代企业制度试点。四川省列入现代企业制度试点的企业有：四川物资集团公司、四川沱牌实业股份有限公司、成都红光实业股份有限公司、重庆钢铁（集团）公司。

1994年 扩大试点企业7088户。省国资局继续强化基础工作，初步掌握全省国有资产基本情况。积极参与股份制试点企业的规范化管理，探索企业集团授权经营的路子，审查批准华西建筑集团和川化化工集团国有资产授权经营方案，对川化集团进行公司化改造。

是年 努力培育国有资产中介经营机构和产权交易市场。不少市、地、州、县建立了资产经营机构，省国资局建立四川省产权交易所，乐山市建立产权交易中心。

1995 年

1 月 24 日 中共四川省委书记谢世杰，省委副书记、副省长蒲海清在绵阳召开四川长虹电子集团公司现场办公会。副省长李蒙、省长助理邹广严，省委办公厅、省政府办公厅、中共四川省委政策研究室、省经委、省体改委、省电子厅、省财政厅、省地税局、省经贸委、省国资局、四川商检局、省财办、成都海关、人行四川分行、工行四川分行、建行四川分行、农行四川分行、中行四川分行、省社科院以及中共绵阳市委、市政府、市级有关部门和四川长虹电子集团公司等单位负责人参加会议。四川长虹电子集团公司主要负责人汇报了长虹集团发展规划和请求政府帮助解决的问题。会议要求四川长虹电子集团加速产品结构调整，加快改组、完善、发展集团公司，省级有关部门和绵阳市应大力支持其发展。该集团公司发展所需资金，采取多渠道、纳入重点、积极支持的办法予以解决。资金的衔接、落实，由人民银行四川省分行牵头协调。

4 月 4 日 省国资局决定：从 1995 年起，建立股份制试点企业国有股股权定期报告制度。

4 月 12 日 巴拿马国际贸易博览会主席瑞卡多向五粮液酒厂代表颁发该次博览会评出的酒类唯一金奖。至此，五粮液已在国际博览会上获得 30 枚国际金奖。

4 月 25—26 日 省委、省政府在射洪县召开全省县属企业改革经验交流会。谢世杰在会上强调，要充分肯定全省县属企业产权制度改革的成绩，进一步解放思想，大胆探索，加快全省县属企业产权改革步伐，特别是注重在转换机制上下功夫。

5 月 5—6 日 省委、省政府在成都召开现代企业制度试点企业管理工作会议，会议认为，四川在进一步明晰企业产权，优化和盘活国有资产，确保国有资产的保值和增值，分离企业非生产性机构和人员取得一定进展，企业内部管理制度改革取得扎实成效。要求加强领导，坚定信心，大胆探索国有企业的改革。

5 月 24 日 省国资局转发国家国资局《关于整顿和严格审批资产评估机构的通知》，要求：停止办理资产评估机构的审批，对现有资产评估机构进行整顿。

5 月 30 日 省政府印发《关于对全省资产评估机构进行清理整顿的通知》，“省政府重申省国有资产管理局是全省国有资产评估的唯一职能部门”，并授权省国资局、省工商局和省法制局联合组成全省资产评估清理整顿领导小组，具体负责全省资产评估机构的清理整顿工作。各市、州也成立相应机构负责此项工作。

7 月 13 日 省政府发布《四川省企业国有资产有偿转让管理暂行办法》，这是全国第一个由省级政府发布的关于国有资产有偿转让的地方性行政规章。该《暂行办法》要求有偿转让国有资产，必须进行资产价值评估，国有资产产权交易，应进入产权交易市场，进行规范运作，有偿转让方不得转让资源性国有资产的所有权。

9 月 2 日 四川省企业改革试点领导小组举行会议，研究决定川化（集团）公司等 7 户企业作为省企业改革试点单位，并通过这 7 户企业的改革方案，标志着四川建立现代企业制度试点在过去 22 户试点的基础上迈入了向全省范围 80 户企业推开的新阶段。同日，省委、省政府举行新闻发布会。副省长李蒙宣布，列入现代企业制度试点的四川企业有：国家试点企业重钢（集团）公司、沱牌曲酒厂；省级试点企业川化（集团）公司、泸天化（集团）公司、四川公路机械厂、蜀都大厦股份有限公司、四川福斯特股份有限公司、四川锦华股份有限公司、自贡高压阀门股份有限公司。

10月1日 在全省范围内开始实行资产评估人员持证上岗制度。

10月11日 省国资局、省体改委、省财政厅联合印发《关于县属企业改革中国有资产产权转让若干问题的通知》，明确“除国家明文禁止转让的国有产权外，其余企业的国有资产均可进行有偿转让”，县属企业国有产权的出让主体是县（市、区）人民政府。国有产权转让，原则上应进入产权交易市场。

12月7日 四川长虹电器股份有限公司向市场推出中国首批具有国际先进水平的超大屏幕34英寸“红太阳”彩电。

1995年 四川省第五次清产核资工作全面完成。从1993年小范围试点开始，历时3年，通过资产清查、界定产权、重估资产等工作，基本摸清全省企业国有资产的家底。截止1995年3月31日，全省（不含重庆、万县、涪陵、黔江）清产核资企业10097户，资产总额2213.85亿元，负债总额1542.40亿元，资产负债率69.67%，所有者权益671.45亿元，资金损失净额74.71亿元，资金挂账86.83亿元，利润总额11.45亿元，销售利润率0.29%。

是年 清产核资统计与国有资产统计归口统一纳入国有资产年报，并正式纳入国家统计体系。

1996年

1月23日 省国资局强调：股份有限公司中国有股权变动，必须经国有资产管理部门审核批准，各地、各部门要立即停止越权审批。

1月 省国资局决定自1995年起全省正式编制企业国有产权变动统计分析报告，并形成制度。

2月26日 中共四川省委《关于加强企业集团党的工作的试行意见》规定，省政府及其授权部门批准组建、在省里实行计划单列的企业领导班子建设，由省委组织部负责。集团党委（党组）书记、董事长、总经理，由省委、省政府管理。

2月28日 四川省工业发展座谈会在成都召开。会议强调，抓好建立现代企业制度的80户企业试点，抓好成、渝两市优化资本结构试点，抓好德阳、自贡两市所有权与经营权分离试点；推行“放小”三延伸一结合（延伸到乡镇、集体、中型企业、企业改革与机构改革相结合），推行股份制规范运作，推行集团化公司；推行改组、改制、改造和加强学邯钢降成本管理。

3月 省国资局在机构改革时，撤销四川省资产评估管理中心，在局内增设资产评估管理处（正县级处）。

4月2日 省委、省政府印发《关于推进两个根本转变加快四川工业发展的意见》，要求：深化企业改革，扩大对外开放。以建立现代企业制度为目标，把国有企业的改革同改组、改造和加强管理结合起来，加大改革力度。国有大中型骨干企业要在5年内初步建立起现代企业制度，成为自主经营，自负盈亏、自我发展、自我约束的法人实体和市场竞争主体。

5月29日 省政府召集省体改委、省人行、省财政厅、省国资局的有关人员专题研究企业产权转让的有关问题，认为企业产权拆细转让是盘活企业存量资产，优化资源配置的一种可尝试模式。并要求有关部门抓紧制定《四川省产权交易管理办法》，确定主管部门，监督机构，使产权交易有章可循，有法可依。

6 月 3 日 省国资局印发《关于暂停企业产权拆细转让的通知》，要求在《四川省产权交易管理办法》出台前，“省、市各产权转让审查部门，各产权交易机构一律暂停产权转让的审批和发行工作”。

6 月 20 日 省国资局下发《关于加强全省产权交易管理工作的通知》，决定建立产权交易中介机构的设立审批和执业资格认定制度。凡拟设立并从事产权交易和产权经纪业务的机构，都必须经国有资产管理部门审查批准后，方能办理工商注册登记。

6 月 25—26 日 四川省县属企业改革工作会在金堂县召开。会议要求，县属企业改革必须坚持把改制、改组、改造有机结合起来，在建设好班子、开发好产品和提高管理水平等方面狠下功夫。

6 月 30 日 省政府下发《四川省人民政府办公厅关于加强全省产权交易工作管理的紧急通知》，明确省国资局和省体改委分别为全省产权交易工作的行政主管机构和社会监督管理机构；要求各地“停止产权拆细交易”，并着手对已进行的产权拆细交易进行清理，处理遗留善后问题。

7 月 国家国资局批准四川省产权交易所作为全国企业产权市场信息网的首批入网成员，于月初正式联网开通全国的企业产权信息。

同月，由省体改委牵头，国资、工商、经贸委等部门参加，开展对全省 1990 年年底以前向社会公开发行股票的股份制试点企业重新规范国有股权管理的工作。

8 月 16 日 四川省投资集团有限责任公司成立。该公司是以省政府为主要投资主体和出资人代表的国有独资大型企业。其主要职能是集中省里的资金，并多方筹集、引导资金对基础产业和支柱产业投资，并对投资项目行使国有资产经营管理权，确保其保值增值。

9 月 省国资局决定建立部分县属国有企业产权制度改革情况跟踪报告制度。

10 月 10 日 省国资局决定在全省开展行政事业单位非经营性资产转经营性资产的清理工作。

10 月 省国资局根据国家要求，开展企业国有资产季度监测试点。

12 月 1 日 省政府印发《四川省国有工业企业经营者管理暂行规定》，要求坚持党管干部，依法管理，管人与管事、管资产既紧密结合又合理制约的原则。对企业经营者的考核由其任用机关组织进行，主要考核企业的税利增长率、国有资产保值增值率和税利上缴情况。

1996 年 在自贡、内江、乐山、绵阳 4 市开展企业家队伍建设试点工作。

省国资局与省人事厅配合，组织全省首届注册评估师考试，277 人通过全国注册评估师考试，批准注册 255 人。

1997 年

3 月 24—26 日 四川省扩张型企业工作会议在绵阳召开。会议确定长虹、东电、泸天化、川化、蓝剑、新希望、五粮液、成都卷烟厂、成都人民商场等 37 个企业和企业集团公司列为 1997 年四川扩张型企业，集中力量培育和扶持，实现和提高规模经济效益，带动四川经济发展。

5 月 四川省国有资产投资管理有限责任公司正式挂牌。

乐山、德阳、遂宁、广元等市、地和部分县，先后组建国有资产经营公司，探索国有资产管理体制改革。

6 月 省政府下发《关于在试点城市积极推进国有企业兼并破产和职工再就业工作的通知》，要求加快国有企业兼并破产和职工再就业工作步伐。

7 月 4—6 日 四川省第四次县属企业改革工作会议在宜宾市召开。会议认为，四川的小型企业改革经过试点到全面开展，已经转入综合配套、攻坚破难的新阶段。全省几年来县属企业改革的经验主要是：坚持抓点带面推动全局；抓住小企业改革关键，坚持以产权制度改革为突破口，推进资产重组和机制转换，力求从根本上真正搞活国有小企业；坚持一切从实际出发，坚持因地制宜，一企一策，分类指导，对症下药，不搞一刀切，不搞一个模式，放手让各地探索，不同地区形成各具特色、优势突出的改革典型；少争论多实践，为改革的不断深化创造宽松的政策环境和社会环境。会议提出，下一步县属企业改革总的要求是：坚持省委、省政府提出的“三年内基本完成县属企业改制任务”的总体部署不动摇，继续以产权制度改革为核心，因地制宜地采取改组、联合、兼并、嫁接、股份合作制、租赁、承包经营、出售和破产等多种有效的形式，加快国有小企业改革、改组、改造的步伐。

8 月 4 日 四川省企业资产重组服务中心在成都成立。

8 月 28 日 省国资局对设立产权交易中介机构的有关问题作出规定。

10 月 8 日 省国资局下发《关于加强产权市场开展职工个人股转让管理的紧急通知》，要求在产权交易管理办法出台之前，乐山市产权交易中心不得再扩大上网企业规模、交易区域、范围和品种；其余地区不得开展此类交易活动。

10 月 29 日 省委、省政府印发《关于加强省属企业管理和监督的试行意见》，要求对省属企业实行分类指导管理。完善法人组织机构，落实国有资产经营管理责任。建立业绩和重大事项报告制度，落实主管部门的监督责任。加强企业财务管理、审计和监督，加强对省属企业的监督、管理。并提出，对经营确有困难的省属国有企业，应积极引导，通过资产重组的办法进行兼并、联合。

10 月 30 日 省国资局要求：市、县国资局与省政府确定的 37 户扩张型企业加强联系，政策上重点向扩张型企业倾斜，在其进行联合、兼并、收购、租赁等涉及国有资产时，国资管理部门应参加其实施方案的论证、审批工作。并将 37 户扩张型企业纳入全省企业国有资产季度监测重点范围。

11 月 25 日 省国资局印发《四川省国有资产管理局行政执法责任制实施方案》，推动全省国有资产管理部门依法行政。

1997 年 全省企业占用国有资产总量 672. 1 亿元，行政事业单位占用国有资产总量 523. 4 亿元。

全省各级国有资产管理部门配合有关部门积极抓好 80 户省试点企业和 136 户地区试点企业建立现代企业制度的工作，大力培育国有资产投资经营主体。通过国有资产授权经营，组建川化、长钢、剑南春、省商业、长江工程、万通燃气、大西洋等 26 户企业集团并进行授权经营试点，促进国有经济结构调整和提高国有资产营运效益。

把国有资产保值增值考核工作和企业领导班子的考核工作结合起来，进一步扩大考核面，省地两级考核面均达到 100%，县级考核面超过 80%。

对国有大中型企业领导班子普遍进行评议、考核，对全省 80 户试点企业进行了评议、整顿，选拔了一批优秀干部充实企业领导班子。

川高公司作为独立发起人成立成渝公司，在香港 H 股上市，筹资 14. 8 亿元，成为四川第一个海外上市的基建公司，开辟了长期的国际融资途径。

1998 年

1 月 16 日 成都孙源集团有限公司发行的拆细产权于 1996 年 3 月进行挂牌交易后，因不能兑现给予产权投资者年分红率 25%，如产权持有者不参与分红，则孙源集团 1998 年 1 月 26 日按 160% 回购拆细产权的承诺，部分孙源集团“产权拆细交易”投资者聚集在总府路 5 号省外文书店三楼省产权交易所，要求孙源集团兑现分红、回购承诺。由于孙源集团无力兑现，投资者情绪激动，上访省政府信访办。根据省政府信访办要求，省国资局局长邓学安到省产权交易所进行解释说服工作。

2 月 4 日 省委、省政府在成都召开工业工作汇报会。会议指出，搞好国有企业的关键在于改革，要建立健全法人治理结构，加快国有企业机制的转换，切实与市场经济接轨。

2 月 17—19 日 全省国有资产管理局企业科长座谈会于成都召开，交流各地企业国有资产管理及企业改革等情况。

3 月 13 日 上午，几百名孙源集团投资者涌向省国资局机关各楼层，砸打办公室房门，砸坏办公用品。情绪激动的投资者还辱骂工作人员，张贴、发放传单，并在局内和局大门墙上张贴传单，刷写标语，使局机关工作陷入瘫痪。各级公安干警及时赶到，在大力劝阻和疏导下，情况略有缓和。中午，成都市政府办公厅派人到省国资局，承诺积极联系司法部门，尽快立案。下午 2 时许，投资者陆续散去。

3 月 26—28 日 四川省学习推广绵阳市优化资本结构、加速“两个转变”现场会在绵阳召开。会议认为，绵阳始终抓住改革的重点，在国有企业资产、劳动力和经营者等方面实现了机制转换，坚持改革、发展和稳定三者结合。省委、省政府决定将“两个转变”试点扩大到成都、德阳、内江、南充、自贡、乐山、宜宾、眉山等地市。

5 月 11—12 日 全省扭亏工作会议在成都召开。会议强调：四川省 40 个国有企业亏损大户，当年务必取得突破与实效。对每户国有大中型亏损企业，都明确了三年扭亏目标和当年减亏目标。到期不能扭亏的厂长（经理）、党委书记要就地免职。会议指出，抓好国有大中型工业亏损企业的扭亏解困，必须实施综合治理，重点放在亏损 500 万元以上的亏损大户上，要用改革的办法促进其实现产权多元化和经营方式多样化，实现经营机制的转换。省政府决定，将向亏损大户派驻财务监督特派员，同时要加强国有大中型亏损企业的审计工作。

6 月 4 日 省委、省政府下发《关于做好我省国有企业下岗职工基本生活保障和再就业工作的通知》，要求在企业深化改革和调整优化结构过程中，妥善解决国有企业下岗职工的基本生活保障和再就业，要调控总量，有计划地实施下岗，规范下岗职工的管理，加强劳动力市场建设，强化再就业服务，切实抓好国有企业下岗职工基本生活保障和再就业资金筹集，完善社会保险，解除下岗职工后顾之忧。

6 月 25 日 省委、省政府印发《关于进一步深化国有企业改革的意见》，要求实施资产大重组，推进结构大调整，促进机制大转换，逐步实行国有企业经营管理者选聘市场化和任职职业化。并要求“企业在剥离非经营性资产的同时，逐步分离办社会的职能”。

7 月 9—10 日 四川国有企业资产重组国际研讨会暨招商洽谈会在成都举行，出台一系列优惠政策。洽谈会共签订资产重组、经贸合作协议 18 项，涉及 38 户国有企业的资产重组。

7 月 国务院发出《关于改革国有重点煤矿管理体制的通知》，11 个中央在川单位下放四川，接收煤矿职工 12 万余人，划转资产总额 49.3 亿元。

10 月 15 日 省国资局重申实行重大资产评估项目专家会审制度。

10 月 省国资局成立四川省资产评估行业清理整顿领导小组及清理整顿办公室。全省 21 个市、地、州也相应成立清理整顿领导小组及办公室，组织开展资产评估行业自查。

11 月 16 日 省国资局提出《贯彻〈中共四川省委、省人民政府关于进一步深化国有企业改革的意见〉的实施意见》，要求“省级国有大中型企业改组为股份有限公司和国有独资公司的，须报经省政府批准。涉及国有净资产、国有资本金核定以及国有产（股）权转让、国有产权登记等事项的，报省国有资产管理局批准”。鼓励国有企业职工购买企业产权。

1998 年 国资管理部门在全省范围开展产权交易市场的清理整顿工作。会同有关部门对产权市场及非证券市场进行清理整顿，对在省产权交易所交易的 12 户产权拆细交易企业逐户调查分析，帮助 10 户企业从省产权交易所摘牌，并通过回购、股份制改革等措施，妥善处理了历史遗留问题。

继续对国有资产管理体制改革进行探索尝试。成都市组建国有资产投资管理公司及托管公司，以推动资产优化重组。绵阳、凉山、广元等地进行了类似的探索。

围绕国有企业“三年改革与脱困”目标，加大兼并破产、资产重组力度。全省有 111 户列入国家计划的国有大中型企业实施了兼并破产、减员增效。

股份制改造进一步规范。1998 年年底，全省股份制企业经过规范完善达 400 多户，其中在沪深两市交易所上市企业 47 户，境外发行上市 4 户，累计改建和新建有限责任公司近 1.5 万户。

1999 年

1 月 8 日 省国资局就会计师事务所改制中产权界定与资产处置问题发出通知，要求改制事务所的产权界定、国有资产处置方案，由挂靠单位报同级国有资产管理部门审批，全省会计师（审计）事务所资产清查、财务审计的基准日统一为 1998 年 12 月 31 日。

3 月 29 日 部分大中型国有及国有控股企业领导干部廉洁自律工作座谈会在成都召开。会议强调，国有企业必须认真抓好领导干部廉洁自律工作，保证企业的健康发展。要建立有效的制度，用制度管人。要加强监督，要依靠召开职代会和考核企业领导干部工作等形式对企业领导干部进行监督。对好的企业干部要大力表彰奖励，对那些任意侵吞国有资产的败类，要严加查处。

3 月 30—31 日 四川省第五次小企业改革工作会议在成都召开。会议强调：要认真执行中央关于“抓大放小”和“高度重视发展小企业”的方针，实行一视同仁的扶持政策，大力促进多种所有制成份的小企业的发展。

3 月 财政部确定四川省 1999 年度季报监测企业 60 户。其中成都市 16 户，省属企业 13 户。

4 月 1 日 四川省工业工作会议在成都召开。会议提出，要大力推进以国有企业为重点的各项改革；要坚定不移地扩大开放，努力开拓国内外市场。要集中力量打好国有企业扭亏解困攻坚战。全力以赴抓 278 户国有企业的扭亏脱困工作，1999 年要实现三分之一企业消除亏损，减亏 7 亿元左右。要向国有亏损大企业派驻稽查特派员。会上，省政府重奖了优秀企业经营者，长虹集团董事长倪润峰、五粮液集团总裁王国春分获特等奖和一等奖。

4 月 13 日 省国资局与省财政厅发出《通知》，明确军队、武警部队所办企业脱钩中的资产划转、产权变动登记工作，由各级国有资产管理部门办理。

5 月—6 月 检查验收全省资产评估行业清理整顿工作。

6 月 22 日 省委、省政府发出《关于我省小企业进一步深化改革和加快发展的意见》，要求：要高度重视小企业的改革发展，明晰产权，转换机制，打好小企业改革攻坚战；调整结构，加快重组，鼓励和促进小企业的发展；配套改革，大力扶持，为小企业的改革发展创造良好条件；转变职能，搞好服务，加强对小企业工作的领导。

7 月 5—6 日 四川省小企业改革与发展会议在营山县召开。会议要求学习推广“思想解放观念新，改制转机力度大，综合配套程度高，改革发展结合紧，工作扎实效果好”的营山经验。

7 月 20 日 省政府批准组建四川省国有资产经营投资管理有限责任公司，是代表政府财政经营投资管理国有资产，实施资本营运的中介机构。公司注册资本为人民币 5 亿元，由省财政厅全额拨付，属国有独资企业。省政府委托省财政厅对公司进行有效管理，要求按现代企业制度实行规范的企业化管理，确保授权管理的国有资产的保值增值。

8 月 3 日 省国资局印发《股份有限公司国有股权转让管理操作规程》，规定上市公司国有股权转让，报省国资局审核后，报财政部审批。非上市公司国有股权转让，报省国资局审批。

8 月 20 日 资产评估机构脱钩改制动员会召开。

10 月 16 日 攀枝花钢铁（集团）公司兼并成都无缝钢管公司签字仪式在成都举行。

10 月 19 日 省国资局制定印发《改制企业国有资产处置管理操作规程》，要求：“改制企业的国有资产处理应符合建立现代企业制度的方向和国家调整产业结构的需要，坚持‘公平合理、实事求是’的原则，有利于资源的优化配置，有利于搞活企业。”

12 月 3 日 省国资局决定：选择绵阳市、德阳市、自贡市及省属部分国有或国有控股企业试行效绩评价工作。

12 月 31 日 全省资产评估机构脱钩改制基本完成，全省资产评估机构数量减少 30%。

1999 年 全省国有中大型企业通过实施转机建制、重组增资减债等一系列改革措施，注重结构调整和科学技术进步，实现扭亏解困目标。全省 278 户国有及国有控股大中型企业中，有 87 户消除亏损，亏损额比 1998 年下降 29.3%，减亏 7.4 亿元。40 个工业行业中，有 25 个行业实现了净盈利，占行业总数的 62.5%。全年工业企业盈亏相抵后净盈利 42.4 亿元。

企业的公司制改革进一步加快，地方国营的 555 户和中央在川的 77 户企业中，有 287 户完成改制，改制面达 44.8%。

1999 年 四川列入全国兼并破产计划的项目 15 个，涉及呆坏账 20.4 亿元，其中 12 个项目完成操作冲呆额度为 17 亿元。列入全国计划的 66 个结转达项目，涉及冲呆额度 9.17 亿元，实际完成核呆额度 7.2 亿元。通过国家政策支持，破产、兼并、收购，全省共盘活存量资产 90.24 亿元，占全省国有工业企业资产总额的 2.3%。

1999 年 全省股份制企业达 450 家，其中在上海、深圳两家交易所上市交易企业 55 家，境外发行上市 4 家，当年从证券市场筹集资金近 10 亿元。

2000 年

3 月 27 日 省委办公厅、省政府办公厅发布《关于加快建立和完善现代企业制度的实施意见》。要求加快公司制改革，规范公司法人治理结构，着力转换企业经营机制。2000 年内，四川省包括长虹、五粮液在内的 40 户国有及国有控股大中型骨干企业要初步建立现代企业制度。

5 月 18 日 省委、省政府印发《关于建立四川省省级国有资产管理监督营运体系的试行意见》，提出建立省级国有企业资产管理、监督、营运体系的原则及方案。同时印发《四川省国有独资和国有控股公司经营者年薪制试行办法》，对公司全部资产保值增值和资产运营效益承担经营责任制的董事长（党委书记）、总经理试行年薪制。

5 月 19 日 省委、省政府印发《四川省国有企业经营管理者期股激励试行办法》，规定：期股激励，坚持与企业效绩挂钩，即期利益与预期利益相结合，激励与约束相结合。

同日 省委、省政府办公厅印发《关于加快分离企业办社会职能工作的通知》，明确分离的主要范围是管理型、公益型、福利型的社会职能，企业自主选择分离方式和步骤，或移交、或走向市场，或内部改革等。实行移交分离的企业办社会机构，其经费支出，按谁所有谁负责、分级负担的原则，采取过渡办法核定基数，逐年递减，在一定时期内政府企业共同负担。

6 月 28 日 紫坪铺水利枢纽前期准备项目导流洞一号施工支洞正式动工。该工程是国家 2000 年力争开工的西部大开发十大项目之一。其开工标志着四川省 2000 年基础建设一号工程正式启动。

7 月 四川省国有资产管理局撤销，其关于企业国有资产管理的基本工作职责，划归省财政厅企业处负责。

9 月 19 日 中共四川省委企业工作委员会（简称省委企业工委）成立，负责全省国有重要骨干企业领导班子建设和领导人员管理工作，负责省政府派出的监事会主席及监事（省政府稽查特派员及特派员助理）的管理等项工作。同时，成立中共四川省委企业纪律检查工作委员会（简称省委企业纪工委）与监察厅派驻机构合署办公，接受省纪委、省监察厅和省委企业工委的双重领导。

11 月 2 日 省财政厅将资产评估机构及从业人员管理职能移交四川省资产评估协会，由其负责管理。

11 月 10 日 省财政厅发出《关于行政事业单位国有资产管理若干问题的通知》，对有关问题提出处理意见，并根据省政府机构改革方案，明确省政府机关事务管理局为省级行政机关国有资产管理部门。

12 月 28 日 省委企业工委在成都召开四川省国有重要骨干企业工作座谈会，是省委企业工委成立后召开的首次重要会议。会议主要是贯彻落实中共十五届五中全会、中央经济工作会议和中共四川省委七届八次全会精神，推进国有重要骨干企业的改革发展。36 户省国有重要骨干企业、12 户中央在川企业、省级各部门、成都、绵阳、自贡、宜宾、乐山、泸州等市的负责同志参加会议。省委、省政府主要领导到会并讲话，强调企业工委的职能主要有两条：一条是负责国有重要骨干企业领导班子的管理，选拔好企业领导干部，对省委负责；一条是确保国有资产的保值增值。

2000 年 列入省委企业工委管理的 36 户国有重要骨干企业资产总额 1294 亿元，销售收入 439 亿元，实现利润 29 亿元，上缴税金 30 亿元。

省国资局撤销，其职能划归省财政厅。

2001 年

1 月 19 日 中共四川省委常委会议明确省委企业工委主要抓好国有企业的改革、发展和领导班子建设，工业的日常运行工作由省政府负责抓。

1 月 30 日 省政府印发《通知》，决定成立四川国有资产管理委员会（简称省国资管委会），主任由省长张中伟担任，副主任由杨崇汇、冯崇泰、甘道明、邹广严、王金祥等省委、省政府的领导担任，其办事机构设于省财政厅。省政府国有企业监事会工作办公室（简称监事会工作办）同时作为其管理监事会事宜的机构，设于省委企业工委。

2 月 22 日 省委企业工委、省财政厅下发通知，决定从 2001 年起，在四川省国有重要骨干企业中推进效绩评价，效绩评价工作由省委企业工委和省财政厅共同组织实施。

2 月 省财政厅开始着手进行县级国有经济战略性调整的调查研究工作，了解全省 1995 年以来县属企业产权制度改革和县级国有资本营运情况。

3 月 26 日 四川省国有资产管理委员会第一次全委会议在省政府召开。会议由省长、省国资管委会主任张中伟主持，省国资管委会全体委员出席。会议提出，省国资管委会要以建立规范的、完善的法人治理结构为核心，大力推进国有重要骨干企业建立现代企业制度的进程，依法治企，加强监管，防止国有资产流失，确保国有资产保值增值。对国企的管理，要区别情况，分别处理，对省属国有重要骨干企业，要进一步注入新活力，改善管理体制，管好、管活，使之成为全省国民经济的中坚力量；对非重要骨干企业，原则上该下放的下放，该退出的退出，该破产的破产。省级行政、事业性国有资产，由省政府机关事务管理局、省财政厅管理，一定要盘活、管好，尽可能发挥这批资产的效率和作用。涉外企业的国有资产，原则上应该退出。

3 月 29 日 西部大开发的标志性工程紫坪铺水利枢纽工程正式开工。

4 月 9 日 省委企业工委在深圳举办首期“国有企业改革与发展研讨班”。21 家国有重要骨干企业的领导和部分中层干部共 33 人参加培训。

4 月 17 日 中共四川省委常委会议讨论通过省委企业工委、省委组织部《关于在全省国有重要骨干企业领导班子及成员中开展以“三讲”为主要内容的学习教育活动的实施意见》，强调要通过开展“三讲”教育，加强国有企业党的建设，提高国有企业领导班子及成员的整体素质。

4 月 19 日 四川省人民政府发布《四川省国有企业监事会暂行办法》，对监事会工作有关事项作出规定。明确规定四川省国有重要骨干企业监事会由省政府派出，对省政府负责，代表国有资产所有者，对企业的资产保值增值状况实施监督。

5 月 28 日至 6 月 2 日 省委、省政府在成都召开全省国有企业改革和发展工作会议。会议强调，要在国有企业的体制创新、机制创新、技术创新和管理创新上取得突破性进展，增强国有企业的市场竞争力，大力推进四川工业经济跨越式发展。

6 月 1 日 全省国有企业改革和发展工作会在宜宾召开第五次会议。会议要求，各地党委、政府要认真抓好工业改革与发展，帮助企业解决问题，克服困难。企业要有远大目标，不断进行技术创新，加大精细管理力度，在国内外市场竞争中勇争第一。国企改革要始终坚持发展是硬道理，坚持

“三个有利于”的标准，要先干不争论，先试后规范，先改再完善。

6月29日 省国资委印发《四川省省级国有资产授权经营暂行办法》，规定：国资委授权的国有资产经营公司、大型企业、企业集团和控股公司对授权规范内的国有资产（国有股权）行使出资者权利，并承担国有资产保值增值责任。

9月4日 省委、省政府印发《关于进一步深化国有企业收入分配制度改革的意见》，要求通过深化国有企业收入分配制度改革，形成有效的激励约束机制。坚持效率优先、兼顾公平，合理拉开收入分配差距；坚持按劳分配为主，多种分配方式并存。

9月6日 省政府印发《四川省国有企业退出规划》，决定将国有资本从一般竞争性领域有序退出，571户国有独资和国有控股企业列入2001—2005年国有资本退出规划。决定关闭破产项目342个，改制项目133个，转让重组项目96个。覆盖全省21个市州和14个行业，涉及总资产309.34亿元，总负债339.13亿元；涉及职工62.32万人，需要分流的职工总计为40.83万人。

9月10—21日 由省委企业工委组织的四川省国有重要骨干企业经营管理者赴美培训班在美国举办。四川川投长城特殊钢股份有限公司等19户企业24名有关负责人参加了培训。培训采取听专题讲座、参观考察、与政府官员及企业界座谈交流等形式。一些企业借此与美国企业开展交流合作。

9月27日 四川省医药集团有限责任公司挂牌成立。这是四川省改革医药流通体制，按照现代企业制度运作，适应市场竞争成立的大型医药集团。

10月24日 四川省国有重要骨干企业党委书记培训班在省委党校开班。该班是纳入中共四川省委地厅级领导干部培训计划的第一个企业书记班，25名省国有重要骨干企业的党委正副书记和中央在川企业的党委副书记参加了为期1月的集中学习。

11月20日 省委企业工委举办省属国有重要骨干企业纪检监察干部业务培训班。来自38户省国有重要骨干企业的纪委书记、专兼职纪检监察干部60人参加了为期5天的学习。

11月23日 中共四川省委常务委员会召开第147次会议，听取省委企业工委关于新组建省属企业集团公司情况及有关问题的报告。会议认为，省委企业工委将企业集团公司组建与建立现代企业制度紧密结合，注重国有资产保值增值，结合企业实际，区别对待，一户一策，为省级企业与主管部门脱钩后组建省属企业集团公司做了大量工作，基本实现平稳组建。

11月28日 全省国有企业“三讲”“三个代表”重要思想学习教育活动总结电视电话会在成都召开。会议总结2001年4月以来，全省32户国有重要骨干企业和420户国有大中型企业有计划有步骤地开展的“三讲”“三个代表”重要思想学习教育活动情况。

12月14日 省委企业工委、省劳动和社会保障厅、省经贸委、省经济体制改革办公室联合印发《四川省国有重要骨干企业经营者激励与约束试行办法》，明确企业经营者的激励与约束机制，以经营者当期经营业绩评价为核心，以效绩评价为重点。

12月25日 省长、省国资管委会主任张中伟主持召开第三次国资管委会会议，专题研究省国资办2002年工作思路和川投长钢集团公司产权制度改革有关问题。省委常委、省国资管委会副主任冯崇泰、甘道明，省长助理王怀臣，部分省国资管委会委员及部门领导出席会议。会议议定：在全省适当地扩大授权经营面。省国资办要重点抓好省级企业的授权经营工作。并提出，授权经营的核心是国有资产的保值增值，实施授权经营前及授权经营期结束后，都要严格审计和评估，以便确定任务目标和考核业绩。要围绕促进建立现代企业制度，推进国企改革，实现产权多元化。要盘活存量，扩大增量，有进有退，当前重点是破产、兼并。

2001 年 省委企业工委着力推进国有重要骨干企业产权主体多元化改革。重点抓华西集团、长江集团、成都工程机械集团三户企业产权多元化推进工作的同时，把企业产权多元化工作向面上拓展。对移交来的不同类型企业，采取发展壮大、整合提高、放开搞活、逐步退出等不同方式和途径推进企业战略性调整和改组。

2002 年

1 月 9 日 省委、省政府下发《关于加快国有重要骨干企业建立现代企业制度的意见》，提出：由省政府对省属国有重要骨干企业派出监事会，企业不再内设监事会。

1 月 15 日 省委企业工委召开国有重要骨干企业工作会议。省企业工委领导，中央在川企业和省国有重要骨干企业党政主要负责人，省政府外派监事会主席，省级有关部门负责人等参加会议。会议主要贯彻落实省委经济工作会议精神，总结部署工作。

1 月 16 日至 2 月 25 日 举办首届国有企业监事会主席和专职监事培训班。首批选任的 5 位监事会主席和 6 个监事会的专职监事、工作人员，以及成都、绵阳、自贡市委企业工委的人员共 30 人参加培训。

1 月 由省政府向省属国有重要骨干企业派出的首批 6 个监事会组建成立。

2 月 27 日 省委企业工委印发《新提拔国有重要骨干企业领导干部廉洁谈话制度》。要求通过廉洁谈话，使新提拔的企业领导干部进一步提高拒腐防变的自觉性，经受住改革开放和社会主义市场经济的考验。

3 月 21 日 省委企业工委在成都召开国有重要骨干企业党风廉政建设工作会。省委常委、省委企业工委书记冯崇泰到会并讲话。

3 月 26 日 省委企业工委印发《四川省国有重要骨干企业党风廉政责任制实施办法》（试行），规定党委书记、总经理（或行政主要负责人）、纪委、党政领导班子其他成员对党风廉政建设应负的责任。

4 月 10 日 省委企业工委印发《关于进一步做好培养选拔省国有重要骨干企业优秀年轻领导人员工作的意见》，要求进一步解放思想，更新用人观念，不拘一格选人才。要把组织考核和引入市场机制、公开向社会招聘结合起来，鼓励和支持年轻同志参与公开招聘和竞争上岗。

8 月 29 日 四川航空集团公司和四川航空股份有限公司同时成立。国内民航首家跨地区、跨行业、跨所有制、投资主体多元化航空股份公司诞生。

12 月 20 日 省政府印发《关于进一步加强国有企业改革中国有资产管理，防止国有资产流失的通知》，对国有企业改制中国有资本变动的审批权限、资产处置程序与方案、破产企业财产处置、企业国有产权转让收入的管理等作出规定。要求产权转让坚持“公平、公开、公正”的原则，采取竞价、拍卖等多种形式进行。制止明卖暗送、半卖半送、逃废银行债务、拖欠税款的错误做法，要妥善安置好职工。

2002 年 省国有重要骨干企业实现营销收入 514. 4 亿元，同比增加 76. 87 亿元，增长 17. 57%；实现利润 27. 4 亿元，同比增长 3. 6 亿元，增长 15. 11%；上缴税利 42 亿元，同比增长 4. 5%。

2003 年

3 月 10 日 四川路桥集团所属的四川路桥建设股份有限公司 1 亿 A 股获准发行，每股发行价为 6.87 元，募集资金 6.58 亿元，成为四川交通系统首家 A 股上市公司。3 月 25 日，在上海证券交易所挂牌交易。

4 月 1 日 省委企业工委在省委党校举办的首期国有重要骨干企业中青年管理人员培训班开班，来自省属国有重要骨干企业的 40 名中青年管理人员在省委党校接受为期 1 月的培训。

5 月 20 日 副省长蒋巨峰主持会议研究制订进一步加强国有资产管理，防止国有资产流失的政策和国有资产处置办法及程序等问题。要求切实摸清家底，严格国有资产处置程序，加强国有资产管理，做到责权统一，确保国有资产保值增值。

6 月 省委、省政府批准组建四川新华发行集团，并授权集团经营全省新华书店资产。中央确定四川新华发行集团为全国文化体制改革试点单位。

7 月 19—20 日 省委、省政府在泸州召开全省国有企业改革和发展现场会，总结两年来四川省国有企改革和发展工作。张中伟在会上强调要攻坚破难，突出重点、整体推进。

9 月 6 日 省委企业工委召开人才工作会议。省委常委、省委企业工委书记甘道明强调，要以十项措施为突破口，推进人才资源向人力资本转变。成都铁路局、五粮液集团等 7 户企业被省委、省政府表彰为“四川省人才开发先进单位”。

11 月 21 日 曾在全国首批获得“国家质量管理奖”的四川宜宾五粮液股份有限公司，再次获得“全国质量管理奖”，由此跻身为国内酒类行业唯一两度获得国家级质量管理奖的企业。

12 月 1 日 经过成都技术产权交易所主持的公开竞价，西昌锌业以每股 1.105 元竞价成功，成为省国资公司持有华西证券国有股权 1.8 亿股的最终受让方。

12 月 12 日 2003 年度中国最有价值品牌研究报告揭晓。四川五粮液和长虹进入前十位。

2003 年 四川省国有重要骨干企业累计实现营销收入 561.04 亿元，同比增长 15.85%；实现利润总额 31 亿元，同比增长 32.5%；资产保值增值率 106.6%，净资产收益率 3.56%。

是年 川化建成投产中国第一套国产化年产 1.2 万吨三聚氰胺装置。

2004 年

2 月 9 日 中共四川省委决定成立中共四川省国有资产监督管理委员会委员会，撤销中共四川省委企业工作委员会。成立中共四川省国有资产监督管理委员会纪律检查委员会，撤销中共四川省委企业纪律检查工作委员会。

2 月 13 日 省委、省政府公布《关于省政府国有资产监督管理委员会领导班子的任命决定》，标志着省国资委正式组建。省国资委代表省政府对省属国有企业行使出资人权利，管资产、管人、管事相结合。主要职能包括：原省委企业工委承担的管理省属国企负责人和领导企业党建工作的职能，原省经贸委承担的指导省属国企改革和管理的职能，省财政厅管理经营性国有资产的职能，省劳动和社会保障厅拟定国企经营者收入分配政策和审核省属企业工资总额的职能。省委常委、省国资委党委书记甘道明主持召开国资委党委第一次会议。会议讨论了国资委党委的工作职责，国资委在机构设置、职能定位上要注意解决的几个问题，以及当前要抓好的几项工作。

2 月 19 日 省委、省政府颁布《关于严肃国有产权转让工作纪律的规定》，明确各部门的监管职责，要求产权转让严格执行有关规定，从源头上预防和防治腐败行为。

3 月 26 日 中共四川省委书记张学忠就文化体制改革和文化产业发展到四川新华发行集团调研。他强调，要深入分析文化产业改革发展的内在规律，大力推进体制机制创新，一手抓公益性文化事业，一手抓经营性文化事业，最大限度地满足人民群众日益增长的物质文化需要，加快文化强省建设步伐。

4 月 2 日 国务院国资委在成都首次召开全国国资委系统办公室主任会议，国务院国资委办公厅领导，全国 29 个省、市、自治区、建设兵团国资监管机构办公室负责人参加。甘道明、杨志文出席会议。

5 月 11 日 省国资委与中共眉山市委、市政府在眉山市联合召开四川省重点企业眉山合作发展恳谈会。甘道明、杨志文、陈光志出席大会并讲话。18 户中央在川企业、19 户省属重要骨干企业、49 户地方企业的负责人出席会议。

5 月 17 日 国务院国资委主任李荣融到川调研并出席省市国资监督管理工作座谈会。李荣融听取了工作汇报，强调各级国资部门要实现管资产与管人管事三结合，全力做好国有资产监督管理工作。

7 月 14 日 省政府办公厅印发《四川省政府国有资产监督管理委员会主要职责内设机构和人员编制规定》。

7 月 14—17 日 首届泛珠江三角区域经贸合作洽谈会在广州举行，副省长杨志文率四川省代表团参加。省国资委副主任徐进一行携 7 个国企重组项目参加珠洽会。川商集团拟引进战略伙伴，承债式兼并或净资产收购重组；川投金桥公司拟以增资扩股形式切入，在资本、技术、市场上全面合作；省路航公司提出转让产权、打造混合所有制企业；四川锅炉厂拟改制重组；华西钢结构公司出售股权和引进资金、生产线；华西物流公司在仓储、物流配送、产品代理、产品展示等方面开展合作。

7 月 撤销原作为省政府议事协调机构的省国有资产管理委员会及其设在省财政厅的办公室。

8 月 18 日 四川省政府国有资产监督管理委员会在成都挂牌。中共四川省委书记、省人大常委会主任张学忠揭牌，省委副书记、省长张中伟讲话，省委常委、省国资委党委书记甘道明就国资委今后工作的思路和措施作安排，省国资委主任陈光志主持仪式。

9 月 省国资委纪委向各省属企业发布《关于加强国有企业改制和国有产权转让监督检查工作的意见》，明确规定严肃国有产权转让工作纪律的各项具体要求。

10 月 20—22 日 省国资委召开成立以来的首次专业会议全省企业财务快报工作会议。全省 32 户国有重要骨干企业财务负责人和财会人员近 70 余人参加会议。会议对建立全省重要骨干企业财务动态监测制度，完成快报工作任务做出具体部署，并进行相关业务培训。

11 月 11—15 日 国务院国资委、财政部、监察部、国家工商行政管理总局四部委联合检查组对四川省国有企业改制和企业国有产权转让进行检查，并给予充分肯定。在11月30日国务院新闻办召开的新闻发布会上，国务院国资委主任李荣融对四川省国企改制和产权转让作出肯定。

11月24—25日 省国资委在蒲江召开国有企业改革培训会。省国资委主任陈光志、副主任张明泉出席会议并讲话。全省21个市（州）经贸委有关工作负责人及26家国有企业与所属子公司的负责人共182人参加了会议。这是省国资委正式挂牌成立以来规模最大的一次培训，主要是贯彻中共十六大和十六届三、四中全会精神，进一步统一思想认识，规范国有企业改制，加快国有企业发展。

11月28日 省政府批复同意省国资委报告，决定在省国资委恢复设立四川省人民政府清产核资办公室，作为全省清产核资的工作机构。

12月17日 召开国有企业监事会主席座谈会，总结监事会近三年的工作经验与成绩。几年来，监事会以财务监督为核心，及时纠正违纪、违规行为，监督工作依法依规，得到各企业支持和配合。还将努力建立四川省国有资产监督体系和监督机制，进一步扩大监管的范围和延伸监管的深度；进一步加强制度建设，不断提高监督质量。

12月20日 省国资委下发《关于规范所出资企业改制工作的试行意见》，规定出资企业改制的重大事项，均须由省国资委审核后报省政府批准。

12月28日 省国资委印发《关于完善省属国有独资公司法人治理结构试点的暂行办法》，规定出资人对独立公司拥有的审核批准决定重大事项及决策失误问责追究的职权，还规定董事会、监事会、总经理的职权与经营管理体制。

2004年 29户省、市重点国有及国有控股企业资产总额为1544亿元，比2003年同期增长3.54%。其中省属企业资产总额为876亿元，比上年增长9.37%，增幅高出29户企业增幅的5.83个百分点。其中资产上100亿的企业4户：四川省投资集团公司、成都商业银行、宜宾五粮液集团公司、长虹电子集团公司。

省属企业全年实现利润10.59亿元，同比增长88.74%。实现销售收入581亿元，同比增长4.8%。

2005年

1月1日 《四川省国有企业负责人经营业绩考核暂行办法》正式实施。对未完成年度与任期业绩基本指标任务的负责人，要降低收入；对不胜任工作的负责人，将调整或免职。

1月10日 四川长虹集团公司和中国电信集团公司在京签署战略合作备忘录，双方在终端设备和渠道领域结成战略合作伙伴，业务涉及网络电视、可视电话及互联星空等多媒体增值服务。标志着中国3C（计算机、通信、消费类电子产品）融合从概念形成到产业推进，迈出实质性的一步。

1月18日 省国资委印发《四川省省属企业清产核资工作方案》和《四川省国有企业清产核资实施办法》。决定省属企业清产核资工作从2005年1月开始，清查时间点（基准日）为2004年12月31日。

1月 四川省国资委依法履行出资人职责，通过合法手段，使川商集团停止实施具有较大投融资风险的房地产项目，及时制止了川商集团利用虚假合同取得银行贷款的行为，确保了国有资产安全。

2月1日 省国资委在成都召开首次省属企业经济运行分析汇报会。省国资委领导、各处室负责人，18 户省属企业负责人、企业财务负责人 70 人出席会议。

2 月 5 日　在中共四川省委副书记甘道明主持下，省劳动和社会保障厅与省国资委就省属企业工资分配管理工作交接问题协商，达成一致意见。

2 月 24 日　省国资委召开四川省 59 家国有企业领导人员廉洁承诺工作座谈会。省委、省纪委及省政府领导甘道明、杨志文等出席并讲话，四川移动通信公司、长虹集团公司等 9 户企业领导人员和华西集团公司职工代表在会上发言。国企领导人的廉政承诺主要包括：不收送现金、有价证券、贵重物品；依法遵守企业决策程序和规章制度；个人不违规经商，不为亲友经商提供便利，不允许亲属在自己管理范围内的企业经商；依法规范企业改制，依法维护出资人、债权人、企业和职工的利益。

3 月 1 日　召开省属企业清产核资动员大会，化工控股、纺织集团等 31 户省属企业及部分省级部门参加会议。会议要求企业清产核资工作必须由省国资委按照“三公开”原则，采用公开招标形式，统一委托符合资质条件的社会中介机构进行专项财务审计和经济鉴证。

3 月 6 日　省国资委召开川投集团发展情况汇报会。省委副书记、省国资委党委书记甘道明主持会议并讲话，他要求川投集团深化改革加快发展，确保国有资产保值增值。

3 月 7 日　省国资委举行国有企业领导人员廉洁承诺活动启动仪式暨四川移动公司领导班子廉洁承诺电视电话会。此后，89 家企业公开作出廉洁承诺。

3 月 9 日　省国资委邀请在成都的各商业银行省分行、金融资产管理公司成都公司的领导和有关负责人，召开企业兼并破产和债转股工作座谈会，就积极推进企业兼并破产和债转股工作的有关问题进行协调。省国资委、省财政厅、省劳动和社会保障厅、省国防工办、省监狱局等单位领导参加会议。

3 月 12 日　省国资委会同有关部门联合召开四川省国有大中型企业主辅分离改制分流工作经验交流会。各市（州）国资委、经贸、劳动部门的负责人，中央在川企业、省属企业的代表参加会议。会议通过讲解有关政策法规和案例、交流工作经验，用以会代训的方式培训有关工作人员。

3 月 15 日　在四川省国有大中型企业主辅分离改制分流经验交流会上，国务院国资委分配局局长熊志军详细讲解企业改制中的政策法规和经验做法。

3 月 18 日　省劳动保障厅与省国资委就省属企业工资分配管理职能进行正式移交。

3 月 21 日　中共四川省委副书记、省长张中伟主持召开会议，专题研究国资监管工作和监事会工作，省纪委、省发展改革委、省财政厅、省政府国有企业监事会等有关单位负责人出席会议。省国资委党委常务副书记、省国资委主任陈光志就省国资监管工作作专题汇报。张中伟、甘道明、杨志文等省领导要求省国资委抓住有利时机，全力以赴做好国有资产监管的各项工作，抓好企业党的建设、领导班子建设，强化企业党风廉政建设和反腐败工作，实现管资产和管人、管事的紧密结合，确保国有资产保值增值。

3 月 29 日　四川省地方铁路局召开改制工作启动会议，其改制工作正式启动。

4 月 12—13 日　省国资委召开全省国有资产监督管理工作会议，分管国资监管工作的市（州）长，市州国资监管机构、省级有关部门、中央在川企业和国有重要骨干企业主要负责人参加会议。张中伟、甘道明、杨志文出席会议并讲话。张中伟分析了国有资产监管工作存在的困难和问题，并对国资监管工作、企业改革发展和国资管理体制改革提出要求。

4月14日 省国资委印发《关于进一步规范省属国有大中型企业主辅分离改制分流工作的通知》，提出：评估后的拟分离辅业的国有资产可等价转换为改制企业的股权，可由进入改制企业的职工通过用经济补偿金或现金购买方式持有。

5月15日 新华发行集团公司作为主要发起人，以主营业务资产和投资权益作为出资，与四川出版集团、辽宁出版集团有限公司、四川日报报业集团等新闻出版产业集团跨地域、跨行业资本联合，发起成立我国出版发行行业第一家按照上市公众公司标准组建的大型股份制出版发行企业——四川新华文轩连锁股份有限公司。

5月15日至6月15日 由省委办公厅、省政府办公厅、省纪委、省委政法委和省委省政府信访办牵头，省国资委、省总工会、省经委、省劳动和社会保障厅等24个省级有关部门为成员单位组成5个督查调研组，分赴全省21个市（州）对全省国有企业改制问题督查调研。通过改制，国有企业产权实现多元化，职工转变身份，企业转换机制，经济效益有明显提高，但因企业改制、破产或拖欠职工养老保险、医疗保险和企业领导干部违法乱纪造成国有资产流失等问题引发的群体来信来访仍屡有发生。

5月23日 由省国资委党委负责的“公开招聘川投总经理”领导小组召开新闻发布会，宣布面向全省公开招聘四川省投资集团有限责任公司总经理。这是成立省国资委后推进市场化配置经营管理者工作的第一次，也是全省第一次面向社会公开招聘国有大型企业正职总经理。

6月7日 省政府印发《四川省国有企业负责人经营业绩考核暂行办法》，于2005年1月1日开始实施。规定企业负责人的经营业绩考核实行考核结果与奖惩相挂钩的考核制度。标志着省国资委开始以出资人的身份对所监管企业负责人进行业绩考核。

6月8日 全省国有企业党的建设工作会议在成都召开。会议强调，要积极推进领导人员能力建设工程、党组织凝聚力工程、党员先锋工程和人才强企工程等国有企业党建工作“四大工程”，努力做到组织、工作、凝聚力和发展力“四覆盖”，为实现国有资产保值增值提供有力的政治和组织保证。

6月28日至7月8日 面向社会公开征集中介机构，建立会计审计评估中介机构库和法律中介机构备选库。其中，征集律师事务所25户，征集会计、审计、评估、管理咨询等中介机构60户。

6月 开始施行《资产评估机构审批管理办法》。规定由省级财政部门负责对本地区资产评估机构进行审批管理和监督，资产评估协会负责对资产评估行业进行自律性管理。

7月1日 省政府于6月26日发布的《四川省企业国有产权转让管理暂行办法》正式实施。进一步规范全省企业国有产权转让行为，要求企业国有资产转让，必须坚持公开、公平、公正的原则，实现充分的市场化定价，防止国有资产流失并不得侵害国家和其他各方的合法利益。转让方、受让方及其他机构人员严重违反本办法进行产权转让的，国有资产监督管理机构或批准机构可要求转让方终止产权转让行为并依纪依法追究有关责任人员的责任，必要时依法向人民法院提起诉讼。产权交易机构和中介机构在企业国有产权转让过程中违规执业的，由行业主管部门给予相应处罚；造成国有资产损失的，应追回所得，依法承担赔偿责任并不再委托其从事企业国有产权转让的相关业务；情节严重涉嫌犯罪的，依法移送司法机关追究刑事责任。

7月20日 省国资委印发《四川省省属企业负责人薪酬管理暂行办法》，规定：与省国资委签订《企业负责人经营业绩责任书》的企业负责人薪酬由基薪、绩效年薪、中长期激励3部分构成。

8月4日　省国资委举行2005年度首批企业负责人经营业绩责任书签字仪式。省国资委主任陈光志分别与川投集团等7户企业的主要负责人签订了2005年年度经营业绩考核责任书，并对业绩考核工作和企业负责人提出希望和要求。

9月12日　省国资委和省信息产业厅联合召开省属企业管理信息化工作座谈会。用友、金蝶、IBM、微软等7家系统集成商和咨询企业及华西集团、川投集团等6家省属企业参加座谈会。

9月15日　省政府召开全省上市公司股权分置改革会议，动员部署股权分置改革工作。全省63户上市公司中，有博瑞传播、四川长虹、峨眉山等8户国有控股上市公司被列入国家股权分置改革重点企业名单。

9月25日　省国资委在成都召开全省企业国有资产产权登记布置及产权转让培训会，省级有关部门、省属企业、各市（州）国资监管机构及所属企业共计232个单位的426名代表参加培训。国务院国资委产权局综合处、监管处负责人到会专题指导。

10月8日　四川省企业国有资产产权登记表证开始全部换发新表证，原企业国有资产产权登记表证于2005年12月31日起作废。

10月10日　省国资委在成都召开国有重要骨干企业“工业兴省、工业强省”座谈会，传达贯彻落实省委书记张学忠、省长张中伟在四川省党政暨经贸合作代表团赴辽宁、山东学习考察总结会上的重要讲话精神。四川东方电气（集团）公司、攀枝花钢铁集团公司、四川省投资集团有限公司等6家单位作发言。中央在川企业、省属国有重要骨干企业单位负责人参加会议。

10月下旬　省国资委召开市州企业财务监管暨国有资产统计工作会议。市州国资监管机构分管领导、相关科室负责人等参加会议。

10月28—30日　省国资委在四川石油管理局管道焊接中心和四川省电力公司培训中心分别举办四川省国有企业职工技能大赛，焊工决赛和制图员（CAD）决赛。省委副书记、省国资委党委书记甘道明在职工技能大赛闭幕式暨颁奖典礼时，要求大力推进“人才强企”战略，努力打造与国有企业发展相适应的高素质的技能人才队伍。

11月9日　省国资委纪委召开国有重要骨干企业纪检监察工作座谈会，会议强调：要结合完善国有资产管理体制和深化国有企业改革，形成对权力的合理构架和对权力运行的有效制衡。

11月15—18日　省国资委党委在蒲江举行全省国资系统组织人事业务培训会议。部分市州国资委分管领导及领导人员管理科负责人，中央在川企业和省属国有重要骨干企业的分管领导及人力资源部（组织部）部长，委机关各处室主要负责人共120多人参加会议。

11月22日　省国资委召开省属企业管理信息化试点工作会，华西集团、川投集团等6家管理信息化试点企业，用友、金蝶等18家系统集成商和咨询服务机构，企业管理信息化专家组及委内部分处室负责人参加会议。

12月6日　省国资委考核分配工作暨培训会议在成都召开，省国资委主任陈光志作了题为《提高认识、把握定位、加快推进经营业绩考核体系建设》的讲话。国务院国资委分配局局长熊志军作《国有企业收入分配与经营者薪酬制度改革》专题讲座。

12月16日　省国资委会同有关部门联合召开四川省国有大中型企业主辅分离改制分流工作经验交流会，各市（州）国资、经贸、劳动部门的负责同志，中央在川企业、省属企业的代表参加会议。

12月27日　省国资委印发《关于进一步推进省属企业改革的指导意见》，要求以建立现代企业制度为方向，抓住体制创新和结构调整两个关键，加快省属企业改革步伐。

2005 年　29 户重点国有企业国有资产保值增值率 106.3%；资产总额 1680 亿元，增幅为 7.1%；实现销售收入 682 亿元，同比增长 20.2%，有 5 户企业超过 50 亿元，3 户企业超过 100 亿元；实现利润 47.75 亿元，比 2004 年增加 52.1 亿元，利税总额超过 100 亿元，为 102.55 亿元，职工收入增长 7%。

全省销售收入上百亿的企业增至 13 户，其中当年进入销售收入上百亿企业行列 4 户。

泸州老窖股份有限公司全面完成股权分置改革，成为四川省第一家国有控股企业率先股改成功的先进和典型。

2005 年　省国资委纪委及各国有重要骨干企业共查办违纪违法案件 238 件，结案 235 件。给予党纪政纪处分 295 人，挽回国有资产损失 6190 多万元。

三、文献辑存

（一）重要文件

四川省企业国有资产有偿转让管理暂行办法

四川省人民政府令第 42 号

第一章 总 则

第一条 为优化国有资产配置，促进企业制度改革，防止国有资产流失，加强对企业国有资产有偿转让的管理和监督，实现国有资产在流通中保值增值，根据国家有关规定，制定本办法。

第二条 本办法适用于四川省省属及省属以下的企业（含实行企业化管理的事业单位，下同）国有资产的有偿转让行为。

第三条 本办法所称有偿转让企业国有资产，是指按照本办法规定，由政府或企业将国有资产通过市场等实现财产所有权或经营使用权转移的交易行为。

第四条 有偿转让企业国有资产，应当遵循等价有偿，公平竞争，提高国有资产运营效益，保证实现国家宏观经济调控的原则。

第五条 各级人民政府国有资产、财政行政主管部门负责企业国有资产有偿转让的管理，审计部门负责监督。

第二章 有偿转让

第六条 为吸引资金和优化资产结构，可以有偿转让企业或者车间、分厂。鼓励有偿转让下列企业国有资产：

（一）本企业不适用、不需用的各类资产；

（二）产品结构不合理的车间、分厂；

（三）经营不善、亏损严重的国有企业产权；

企业国有资产产权存在争议的，不得有偿转让。

第七条 有偿转让下列地方管理的企业国有资产，应经县级以上人民政府同意，报上级人民政府或地区行政公署批准；其中有中央投资的，须事先征得国务院有关行政主管部门的同意：

（一）有偿转让企业全部产权；

（二）有偿转让企业部分产权；

（三）有偿转让企业整体资产。

有偿转让省属企业上述国有资产，由省国有资产、财政行政主管部门审核，报省人民政府批准。有偿转让特大型、大型企业或者中央管理企业上述国有资产，按国家有关规定报国务院批准。

第八条 有偿转让一般性固定资产的单台（套）设备，由企业决定，报同级国有资产行政主管部门备案。

有偿转让关键、成套设备，重要建筑物及企业的部分车间、分厂，由同级国有资产、财政行政主管部门批准。

第九条 转让国有股权，应当遵守国家关于股份制试点企业国有股权转让和证券交易的有关规定。

第十条 企业国有资产可以采取协议、招标、拍卖或法律、法规允许的其他方式有偿转让。

第十一条 有偿转让企业国有资产的一般程序为：

（一）按本办法规定报经批准或备案后，进行资产清查清理；

（二）资产评估，产权界定；

（三）确定底价；

（四）签订成交合同；

（五）办理有关产权转移手续。

第十二条 国有资产产权交易，应进入产权交易市场，进行规范化运作。没有建立产权交易市场的县，由政府指定部门组织转让。

产权交易市场进行国有资产产权交易的资格，须经省国有资产行政主管部门按照有关规定审核认可后，依法办理工商登记。

第十三条 有偿转让国有资产，必须按照国务院《国有资产评估管理办法》及其《施行细则》的规定，进行资产价值评估。

第十四条 国有资产评估由企业自主选择具有国有资产评估资格的机构进行。禁止将需要有偿转让的国有资产人为分割，多头评估。

第十五条 进行资产评估时，应当重视对需要有偿转让的工业产权、名牌产品信誉和企业商誉等无形资产的评估。

第十六条 有偿转让企业国有资产，由国有资产、财政行政主管部门在确认评估价值的基础上，结合市场情况、企业的债权债务、土地使用方式、地理环境、富余人员安置和企业经营现状、预期效益等综合因素，确定有偿转让底价。

有偿转让企业国有资产的成交价，经国有资产、财政行政主管部门批准，允许按照市场经济规律在有偿转让底价的基础上浮动。

第三章 购 买

第十七条 凡自然人、法人或其他经济组织，可按照国家法律、法规和本办法的有关规定，购买企业国有资产；

本企业职工在同等条件下享有优先购买的权利。

第十八条 购买企业国有资产可以采取下列方式：

（一）出资；

（二）承担企业对等债务；

（三）融资租赁；

（四）国家允许的其他方式。

第十九条 购买土地等企业资源性国有资产，购买者只能按国家规定获得该资产的使用权、经营权，有偿转让方不得转让资源性国有资产的所有权。

国有企业用国有资产购买其他国有企业的产权，购得的资产仍属国家所有，购买者依法享有法人财产权。

第二十条 出资购买企业国有资产，购买者原则上应一次性付清价款。数额巨大，一次付清确有困难的，经同级国有资产、财政行政主管部门同意，签订分期付款合同。分期付款期限不得超过3年，第一次付款金额不得低于应付总额的50%，欠付部分应当参照中国人民银行同期同类贷款利率计算利息。不按约定数额、期限、方式等付款的，按照《中华人民共和国经济合同法》等有关法律、法规处理。

第四章 有偿转让收入的管理

第二十一条 县级以上人民政府或其授权部门调整投资方向等按照本办法规定有偿转让企业全部产权或部分产权，按照国家有关规定处理后的净收入，列入同级财政“国有企业出售产权收入”科目，足额缴入同级国家金库。收取有偿转让企业国有资产产权的净收入后，同级国有资产行政主管部门即相应核销或核减该企业的国家资本金。国家另有规定的，从其规定。

有偿转让国有资产产权收入收缴管理的具体办法，由省财政厅、省国有资产管理局、中国人民银行四川省分行根据国家有关规定制定。

第二十二条 列入预算的“国有企业出售产权收入”，作为生产性建设预算，主要用于重点建设、重大技术改造、技术进步项目和股份制试点企业国家股配股、扩股以及国有企业增加国家资本金。不得用于平衡经常性财政支出，弥补财政赤字。

第二十三条 各市、地、州有偿转让国有资产产权净收入的2%上缴省集中安排使用，保障省级经济宏观调控。

第二十四条 为迁移、转产、处理闲置设备，企业按照本办法规定整体或部分有偿转让国有资产的净收入，属于非产权转让收入，留企业支配使用，不核减国家资本金，按国家有关规定进行账务处理。

第二十五条 各级审计机关应当加强对国有资产有偿转让收入使用的监督。

第五章 罚 则

第二十六条 违反本办法规定，有偿转让企业国有资产的，所签订的转让合同无效，由国有资产行政主管部门对有偿转让方处以成交额10%的罚款；造成国有资产损失的，由国有资产行政主管部门责令赔偿相应损失。

第二十七条 违反本办法规定，不进行国有资产评估或在资产评估过程中弄虚作假等的，按照国务院《国有资产评估管理办法》及其《施行细则》的有关规定处理。

第二十八条 违反本办法规定，情节较轻的，由有权机关对责任人员给予行政处分；情节严重，构成犯罪的，依法追究刑事责任。

第二十九条 当事人对行政处罚决定不服的，可以依法申请行政复议或提起行政诉讼。

第六章 附 则

第三十条 本办法具体应用中的问题由省国有资产管理局、省财政厅负责解释。

第三十一条 本办法自发布之日起施行。

（说明：根据1997年12月19日四川省人民政府第84次常务会议通过的《四川省人民政府关于修改四川省企业国有资产有偿转让管理暂行办法的决定》，将第二十六条修改为："违反本办法规定，有偿转让企业国有资产的，所签订的转让合同无效，由国有资产行政主管部门对有偿转让方处以3万元人民币以下的罚款；造成国有资产损失的，由国有资产行政主管部门责令赔偿相应损失。" 1997年12月29日四川省人民政府令第103号发布修正文本，自发布之日起施行。2000年4月2日发布的川府发〔2000〕16号文将第二十三条予以废止。废止理由：不利于调动地方进行国有经济结构调整的积极性，不符合十五届四中全会确定的国家资产"国家所有，分级管理，授权经营，分工监督"的原则。）

1995年7月13日

中共四川省委 四川省人民政府
关于进一步深化国有企业改革的意见

川委发〔1998〕26号

各市、地、州、县委，各市、州、县人民政府，各地区行政公署，省级各部门：

四川国有企业改革经过多年实践，在建立现代企业制度试点、结构调整、抓大放小等方面取得了实质性进展，积累了不少成功的经验。党的十五大以来，中央提出要用三年左右的时间，使大多数国有大中型骨干企业初步建立起现代企业制度，使大多数国有大中型亏损企业走出困境。为此，我们必须按照中央的部署，围绕实现这两个目标，继续深化国有企业改革，促进我省经济良性发展。

一、实施资产大重组

1. 推进企业产权重组，实现企业投资主体多元化、社会化。所有企业都要按照建立现代企业制度方向进行改革、改组、改造和加强管理。大型企业要通过理顺母子公司关系，建立多元持股结构。中小型企业要积极进行多种形式的改制，进出新路，展现生机。

2. 加强改制企业的产权界定和资产评估工作。企业产权变动，必须委托有资格的评估机构进行资产评估，其评估结果作为产权转让底价的基本依据，转让价格最终按市场确定。严格规范产权交易，加强信息网络建设，促进产权市场交易。

3. 对转让企业各项资产的盘亏、报废、毁损以及潜亏损失等，经财政、国资等部门审核批准后，可冲减净资产。

对转让企业欠交的退休人员养老统筹、退休人员医疗费、提前退养人员安置费、非因公死亡遗属的生活困难补助费、伤残人员安置费以及离退休人员养老费的不足部分等，可在产权转让收益中划出部分，予以解决。

金融部门要积极支持企业的资产重组，努力盘活存量资产，凡企业产权转移中涉及银行债务的，须事先征求债权银行意见并征得主要债权银行的同意。

转让企业的土地使用权经评估后可以出让或折为国有股留在企业参与分红，也可由受让企业租赁使用。

转让企业的非经营性资产，应当逐步采取出售、分离、移交等方式实行剥离。企业在剥离非经营性资产的同时，逐步分离办社会的职能。

4. 鼓励企业职工积极参与购买企业产权。鼓励小企业经营者持大股。对占控股地位的出资人必须由同级经贸委汇同组织、人事、财政、国资及主要债权银行等有关部门进行资格审查。导致企业亏损的厂长经理不得控股和占大股。凡一次性付清购买费用的，经同级政府批准，可按出让价的一定比例优惠出售；一次不能付清购买费用的，可分期支付。

产权转让后，经同级政府批准，可继续享受已有的优惠政策。

5. 企业产权转让收益归产权所有者。国有独资企业整体转让收益，由同级政府统一掌握使用；经授权经营的集团公司所属子公司产权转让收益由集团公司掌握使用；企业转让部分实物资产的收益由企业掌握使用。

6. 要通过参股、控股、购并和授权经营等方式，促进资本向优势企业集中。采取配股、授权经营，将有效国有资产注入到国有控股企业中去，提高国有资产在支柱产业中的集中度，实现优势企业的低成本扩张。

7. 在非优化资本结构试点城市中被兼并企业的财政借款，可比照优化资本结构试点城市政策，实行免除利息，分年还本，也可转为兼并企业的国家资本金。破产企业中的地方财政借款，按比例清偿后，全部用于安置职工。

8. 对长期亏损、难以从整体上扭亏但又不具备破产条件的大中型企业，可从企业分离出不同的经营主体，进行资产重组。在立足盘活部分资产的前提下，按分离后各主体的有效资产合理分担原企业债权债务。分离后的新企业作为独立法人，可进一步采取多种形式，盘活存量资产。

9. 积极吸引和鼓励国外、省外优势企业和有实力的民营企业嫁接改造国有企业，进行资产重组。各级政府要结合当地实际，制定相关政策，办好嫁接企业，发挥示范效应。

10. 办好上市公司，提高上市公司素质，扩大融资渠道。上市公司必须切实转换机制，规范运作，积极运用配股等融资手段增强企业发展潜力。要积极推动资产重组，用好“壳”资源。对绩差上市公司进行资产置换，创造配股条件，改善融资功能。要努力创造条件，推荐更多的优势企业股票发行上市，增加直接融资渠道。

二、推进结构大调整

11. 坚定不移地加快工业化步伐，努力提高工业在国民经济中的比重。要采用新工艺、新技术、新设备，开发新产品，推进产业结构和产品结构升级，确保工业增加值增速在近三年内稳定在13%左右。同时要加快资源转化，培植新的工业经济增长点，使工业在国民经济中的比重由40%提高到50%。要坚持实行工业目标责任制，不断完善考核办法，稳定奖励政策。

12. 各级政府要大力培植财源，增大对工业的投入。通过补充增量资本，吸引社会资本，盘活存量资产，逐步建立国有企业资本金补充机制。

13. 调整工业所有制结构。要坚持公有制为主体、多种经济成分共同发展的方针，鼓励民营企业参股国有企业，或进行其他形式的联合，引导国有企业逐步从部分竞争性行业中转移出来，加强重要行业和关键领域，减少国有资产的分散度。

14. 实施企业组织结构的调整，支持优势企业扩张。鼓励扩张型企业、“小巨人”企业、重点民营企业跨地区、跨行业并购嫁接，造就一批能参与国际竞争、能抗御市场风浪的大集团、大企业。

15. 积极推进“大轻工”战略，合理调整轻重工业结构。继续推动名牌战略，支持企业的品牌扩张，培育一批用小产品占领大市场的“小巨人”企业，允许优势企业用无形资产入股其他企业。无形资产的折股比例由双方按法律规定协商确定。

16. 多渠道筹集资金，增加技术投入，加快技术进步和科技成果的产业化，增强市场竞争力。建立“四川省工业发展资金管理委员会”。各级政府要将国有产权转让收益、分红收益、企业上交地方的部分新增利税和部分投资方向调节税单列出来，建立工业发展资金，用于支持企业的技术进步。进一步扩大对外开放，大力加强外引内联，积极招商引资。

三、促进机制大转换

17. 企业进行公司制改组，必须严格按《公司法》建立股东会、董事会和监事会，并依法行使权力。按照《企业法》要求，充分发挥企业党组织的政治核心作用，坚持全心全意依靠工人阶级，充分发挥工会和职代会的作用。

18. 规范出资者所有权，保障企业法人财产权。实行资产所有者和经营管理者分离制度，资产所有者不直接干预企业的生产经营活动；经营管理者不得侵犯企业法人财产。对涉及企业产权转让、资产重组、财产处置等企业资产经营方面的重大决策，各级政府行使资产所有者职能的部门，应通过企业股东会和董事会参与决策。

19. 逐步实行经营管理者选聘市场化和任职职业化。打破地域和身份限制公开招聘企业经营管理者和高级管理人员。引入市场机制，通过严格的资格认证和考核认定，建立企业经营管理者人才库，储备一大批优秀的经营管理者人才，推荐给企业选聘。

20. 改革企业用工制度，实行职工竞争上岗、合同用工的新机制。国有企业今后不再招收固定职工和没有合同期限的合同制职工。允许企业根据国家有关政策和经营状况辞退、解聘职工。对现有富余职工可采取自谋职业、社会劳动力市场调剂、内部退养、托管中心托管等方式进行分流。

21. 积极进行经营管理者收入年薪制试点。经营管理者年薪由基薪和风险收入两部分组成，基薪标准参照企业规模等因素确定，不占职工工资总额；风险收入与实现利润、净资产增值、上缴税利等指标挂钩，由各地制定实施细则，报省级有关部门审批后执行。国有独资企业董事长、副董事长的年薪由同级政府决定；国有控股企业董事长、副董事长的年薪由同级政府提出建议，由董事会或股东代表大会决定；企业总经理、副总经理等高级经营管理人员年薪按聘用合同执行。

22. 企业按照“按劳取酬、工效挂钩、薪随岗动”的原则自主决定分配方式。企业要鼓励职工和其他社会自然人以技术发明、专利或其他有形和无形资产入股并参与收益分配，逐步形成按劳分配为主、多种分配形式并存、全方位调动职工为企业积极作贡献的分配体系。

23. 认真实施《四川省技术创新工程方案》，推动企业建立自主创新的技术进步机制。支持大中型企业的技术中心建设，构建技术创新体系，推动企业与大专院校、科研单位的产学研合作。鼓励从事产品开发为主的独立研究院所进入大型企业和企业集团，提高企业技术创新能力。发展具有自主知识产权的产品和技术，增加高新技术产品的比重。实施技术创新重大项目奖励政策。

四、完善社会保障制度

24. 建立和完善统一的社会保障制度。打破部门分割，建立统一的社会保障机制，各项社会保险实施统一管理，开展社会化的管理服务。全面推行养老、失业、医疗、工伤和生育保险；建立下岗职工基本生活保障、失业救济和城市居民最低生活保障等社会保障体系。

25. 拓宽再就业门路，建立再就业服务网络。政府建立再就业工作领导（协调）机构，企业建立再就业服务中心（工作站）各级劳动部门认真履行职责，加大再就业服务工作力度，形成统一领导、分级管理的再就业服务体系。

26. 建立再就业资金。再就业资金全部用于下岗职工的再就业。其资金来源为：财政预算中安排一部分，按规定向社会收取再就业资金，从上年收取的失业保险金中提取一部分以及其他来源的资金。

27. 下岗职工由再就业服务中心托管，期限不超过 3 年，并发给职工下岗证，持证者优先享受再就业服务和再就业优惠政策。托管期间，“中心”向托管的下岗职工发放基本生活费，并代缴养老、失业保险金。对无正当理由 2 至 3 次不接受安排再就业的下岗职工，“中心”解除托管关系，不再发放基本生活费和代缴各种保险费用，原企业依法解除其劳动关系，按规定进行失业登记，享受失业保险。

28. 鼓励下岗职工自谋职业。已解除劳动关系自谋职业的下岗职工，由“中心”将托管期内本人应领取的安置费一次性发给本人，不再领取失业救济金。自愿续缴各种社会保险费的，可与以前的缴费年限合并计算。

下岗职工兴办经营实体或从事第三产业，工商、城建、环保、公安等有关部门在 3 年内免收规费；税务部门在政策范围内给予优惠照顾。各类企业招用托管的下岗职工，“中心”按照规定将安置费拨给用人单位，达到职工总数 30% 以上的，可享受劳动就业服务企业的优惠政策。

29. 大力培育和完善劳动市场，发挥市场在配置劳动力资源中的基础性作用，实行在国家政策指导下，劳动者自主择业、市场调节就业和政府促进就业的就业方针，充分发挥职业介绍机构在促进再就业方面的积极作用。

30. 加强领导，认真抓好落实。国有企业改革是一项系统工程，涉及面广，任务十分艰巨，必须切实加强领导，扎扎实实地做好工作。全省国有企业的改革工作，由省委工业工作领导小组负责协调和指导。

各级党委、政府要抓住机遇，开拓进取，放手实干，带领各级干部和群众积极参与改革。要全心全意依靠工人阶级，正确处理好改革、发展、稳定的关系。

1998 年 6 月 25 日

中共四川省委办公厅　四川省人民政府办公厅关于加快建立和完善现代企业制度的实施意见

川委办〔2000〕23 号

各市、地、州委，各市、州人民政府，各地区行政公署，省级各部门：

我省自 1992 年以来进行了现代企业制度试点，并在面上逐步推开。但是改制面不大，1999 年全省国有及国有控股大中型企业改制面仅为 45%。不少改制企业存在国有资产所有者缺位，法人治理结构不完善，经营机制没有真正转换等问题。

建立现代企业制度，是国有企业改革的方向。中央提出：要用三年左右的时间，到本世纪末，使大多数国有大中型亏损企业摆脱困境，使大多数国有大中型骨干企业初步建立现代企业制度。按照党的十五届四中全会精神，结合我省实际，针对存在的问题，经省委、省政府同意，现提出加快建立和完善现代企业制度的实施意见。

一、建立现代企业制度的工作目标和基本要求

（一）建立现代企业制度的工作目标：今年内，全省 40 户国有企业及国有控股大中型骨干企业初步建立现代企业制度。

（二）根据“产权清晰、权责明确、政企分开、管理科学”的原则，国有及国有控股企业建立现代企业制度要达到以下基本要求：

——实现政企分开。今年内，党政机关与所管和所办企业全部脱钩，政府履行好社会管理职能，不干预企业日常活动，企业拥有法人财产权，以全部法人财产享有独立民事权利，承担民事责任，依法自主经营，照章纳税。

——健全国有资产经营管理体系，国有资产出资人到位。对于国家出资兴办和拥有股权的企业，政府通过出资人代表行使所有者职能。

——规范公司法人治理结构，健全决策、执行和监督体系，股东会、董事会、监事会和经理层各负其责、协调运转、有效制衡。

——进一步建立健全国有及国有控股企业经营者的考核评价、选拔任用和激励约束机制。

——转换企业经营机制，形成企业优胜劣汰，经营者能上能下、人员能进能出、收入能增能减、技术不断创新、国有资产保值增值等机制。

——建立和完善社会保障体系。

二、加快公司制改革

（三）大力加快公司制改革。目前，全省未改制的国有大中型企业还有 288 户，今年要重点抓好 202 户企业的改制工作，其他企业也要创造条件，尽快完成改制。

（四）已改制企业要严格按照现代企业制度的要求认真进行规范，针对存在的国有资产所有者缺位，企业法人治理结构不完善，没有真正转换企业经营机制等问题，逐户清理，按《公司法》要求进行规范。

（五）选择适合企业实际的改制形式。企业可以根据自己的实际，按《公司法》的要求改制为有限责任公司、股份有限公司和国有独资公司等形式。

——竞争性行业中的企业主要改制为股东结构多元化的有限责任公司或股份有限公司

——大型企业集团按母子公司体制进行改制。

——由国家授权投资的机构或者国家授权的部门单独出资的企业，经同级政府批准，可以改制为国有独资公司。

三、规范公司法人治理结构

（六）公司法人治理结构是公司制的核心，企业要按《公司法》要求进行改制，建立健全股东会、监事会和经理层，建立健全决策、执行、监督体系和工作制度。

（七）建立和规范股东会的组织机构和工作职责

——股东会由全体股东组成。

——股东会依法行使最高权力，切实落实对公司的资产受益、重大决策和选择管理者等权利，加强对公司运行的监管。

（八）建立健全董事会的组织机构和工作职责。

——董事会的董事由出资方委派或由股东会选举的董事组成。逐步建立外部董事制度，经理层人员进入董事会的人数不超过经理层人员的五分这一。董事长由董事会选举生产。董事长和总经理原则上分设。

董事会依法履行决策职责，维护出资人权益，对股东会负责，董事会对公司发展目标和重大经营活动作出决策，聘任经营者，并对经营者的业绩进行考核。当董事会的决议使企业遭受严重损失时，参与决议的董事要对公司负赔偿责任。

（九）建立健全监事会的组织机构和工作职责。

——监事会由出资方代表、职工代表和有关方面专家组成。监事会要设立专职的监事会主席。出资方要选派一位具有 5 年以上财务或审计工作经历的人员担任监事。

——监事会依法履行职责。监事会要负责监督检查公司财务状况，监督公司的重大经营活动，对公司经营管理状况作出评价。监事会要独立开展工作，对股东会负责，不受制于公司董事会和经理层。监事会认为必要时，可指定中介机构对公司财务进行审计，但不得干预公司的经营管理活动。

（十）组建好经理层，完善其工作职责。

——经理层由董事会聘任的经营管理人员组成。总经理由董事会聘任，副总经理由总经理提请董事会聘任。

——经理层依法履行执行职能。经理层要严格执行董事会的决议，对董事会负责。经理层既不能放弃对公司日常经营活动的管理权，也不能越权代替董事会决策。

（十一）公司党委负责人可依照法定程序进入董事会或监事会，董事长和党委书记可由一人担任。董事会、监事会、经理层及工会中的党员负责人可按党章及有关规定进入党委会。

（十二）进一步完善以职工代表大会为基本形式的企业民主管理制度，实行民主评议企业领导人和厂务公开。职工代表依法进入董事会、监事会，并认真履行职责。

四、着力转换企业经营机制

（十三）改革用工制度，形成职工能进能出的机制。建立企业和职工双向选择的用工制度，企业自主决定用工数量和用工条件、方式与时间。全面落实劳动合同制，企业与职工按照平等自愿、协商一致的原则签订劳动合同，依法确定劳动关系。劳动合同变更、终止、解除按有关法律法规的规定执行。企业生产经营遇到困难，可依法实施经济性裁员。实行全员竞争上岗和考核制度，引入竞争机制，促进人员合理流动。

（十四）改革人事制度，形成管理人员能上能下的机制。取消企业行政级别，企业管理人员不再套用国家行政机关的干部级别，彻底消除企业中“干部”和“工人”的身份界限。各级管理人员实行竞聘任期制，要将作风正派、业务熟悉、敢管善管、业绩突出的人员选聘到各级管理岗位上。建立和完善对各级管理人员的考评制度以及管理人员述职报告制度。根据管理绩效，适时调整管理人员，实现能上能下，竞争上岗的动态管理。

（十五）改革内部分配制度，形成工资收入能升能降的机制。根据经济效益状况和当地社会平均工资水平，企业在核定的年度工资总额内自主决定内部分配办法。按照效率优先、兼顾公司的原则，采取多种有效的分配形式。各级管理人员的收入应与其岗位责任、管理绩效直接挂钩，并实行易岗易薪。根据责任和贡献大小合理拉开职工分配差距，采用灵活多样的分配方式，充分调动科技人员、营销人员积极性。

五、提高认识，加强组织领导，确保建立和完善现代企业制度各项任务全面完成

（十六）各级党委、政府要进一步提高对建立和完善现代企业制度重要性的认识，增强紧迫感和责任感，紧紧围绕国企改革与脱困目标，解决好国有企业面临的突出困难和深层次问题，加快建立现代企业制度的步伐。

（十七）切实加强组织领导。建立和完善现代企业制度工作涉及面广，政策性强，各地党政一把手要亲自抓，分管领导具体抓，各级经贸委具体组织实施，各部门密切配合，及时对企业进行指导、监督、检查、及时研究解决工作中出现的重大问题，确保此项工作规范有序进行。要认真制定本地建立现代企业制度的规划，逐户提出时间要求和具体措施，确保目标任务的全面完成。

2000 年 3 月 27 日

关于建立四川省省级国有资产管理监督营运体系的试行意见

川委发〔2000〕22号

为建立健全国有资产出资人制度，强化国有资产监管和宏观调控，促进我省国有经济布局战略性调整和国有企业建立现代企业制度，根据党的十五大和十五届四中全会精神，按照国有资产“国家所有、分级管理、授权经营、分工监督”的原则，对建立省级国有资产管理、监督和营运体系提出如下试行意见。

一、建立省级国有资产管理、监督、营运体系的原则

（一）坚持政府的社会经济管理职能与国有资产所有者职能分开。

将国有资产所有者职能从省政府各有关部门剥离出来，统一集中于省政府国有资产管理委员会行使。政府的其他部门行使社会经济管理职能，进行宏观调控和行业管理，不再直接行使国有资产所有者职能。

（二）坚持国有资产所有者资产管理职能与国有资产经营者经营职能分开。

国有资产管理委员会统一行使国有资产所有者职能。组建省级国有资产经营公司或授权国有大型企业、企业集团和控股公司经营所持有的国有资产，行使出资者职能，进行资本经营，并承担保值增值责任。

（三）坚持政企分开。

政府主要通过行政、法律等手段对国有资产营运进行管理、监督和考核、维护国家所有者权益。国有资产经营公司和国有大型企业、企业集团、控股公司及生产经营企业作为独立企业法人，享有法人财产权，自主经营，自负盈亏，承担所持有或受委托经营管理的国有资产保值增值责任。

二、省级国有资产管理、监督、营运体系方案

（一）成立四川省国有资产管理委员会（以下简称“省国资委”），爱省政府委托，统一行使国有资产所有者职能。

1. 省国资委组建

省国资委主任由省长担任，副主任由省委、省政府的领导同志担任，成员由省委组织部、省委企业工委、省财政厅、省发展计划委、省经贸委、省监察厅、省人事厅等部门主要负责同志组成。

2. 省国资委主要职能。

（1）贯彻执行国家国有资产管理的法律、法规和政策，依法制定国有资产管理、经营的制度和办法。

（2）对国有资产管理、监督、营运的重大问题进行决策；决定国有资产经营公司、国有大型企业、企业集团和控股公司的设立、授权、变更；对国有资产经营公司、国有大型企业、企业集团和控股公司依法进行管理、监督。

（3）指导、监督地方国有资产管理工作。

（4）法律、法规和省政府规定的其他国有资产管理职能。

3. 成立四川省国有资产管理委员会办公室，作为省国资委的办事机构，设在省财政厅。

（二）组建省级国有资产经营公司、国有大型企业、企业集团和控股公司。

1. 组建条件。

（1）具有完备的公司章程和管理制度。

（2）具有固定场所、必要的专业人员和符合现代企业制度要求的组织机构。

（3）综合类、生产类公司（企业）注册资本一般不低于10亿元人民币；流通类公司（企业）注册资本一般不低于5亿元人民币。

（4）法律、法规和省政府规定的其他条件。

2. 组建原则。

（1）坚持有利于全省国有经济布局结构调整，有利于大型国有企业改组转制，有利于国有资产保值增值。

（2）坚持组建标准，从严掌握审批，成熟一个组建一个；其内设机构和人员数量要严格控制，建立完善的管理制度，形成精干高效的经营机制。

（3）坚持政企分开，党管干部的原则。省属国有资产经营公司、国有大型企业、企业集团、控股公司的董事会和整套班子由省委企业工委管理，与国有资产管理委员会管理的单位统一起来。

3. 国有资产经营公司、国有大型企业、企业集团和控股公司职责。

省级国有资产经营公司、国有大型企业、企业集团和控股公司是由国资委组建和授权的投资主体，是独立的企业法人，代表省政府对授权范围内的国有资产履行出资者的职责，通过投资、控股、参股等方式从事资本经营和产权运作，对国资委负责并接受其监督，对授权范围内的国有资产承担保值增值责任。

（1）对受权范围内的国有资产进行资本经营和产权运作。

（2）依法决定全资公司的设立、合并、分立、终止和抵押担保、增减资本；对全资公司的合资合作、产权重组、产权转让等重大事项进行审查并按规定报批；审批全资公司长远规划、经营、投资计划；任免、考核全资公司董事会和监事会成员；向全资公司派驻财务总监，对国有资产营运实施监管。

（3）向控股、参股企业委派产权代表，依法参与所投资企业的重大决策，维护国有资产权益。

（4）提出授权国有资产投资使用计划和收益分配建议，经省国资委批准后实施。

（5）承担授权范围内国有资产保值增值责任，完成省国资委确定的资产经营责任制；制定所投资的全资公司、控股公司国有资产保值增值指标，并进行考核和奖惩。

（6）法律、法规或省国资委规定的其他职能。

4. 组建省级国有资产经营公司、国有大型企业、企业集团和控股公司的主要方式。

（1）选择符合产业政策、规模大、效益好、在国民经济和社会发展中具有重要地位的集团公司，由省国资委进行国有资产授权经营。

（2）对过去省政府已授权经营的省级集团公司，通过清理整顿，符合条件的，保留规范，重新授权，行使出资者的职能；不符合条件的，由国有资产经营公司或其他授权企业管理，不再行使出资者的职能。

（3）新组建省级国有资产经营公司或控股公司，由省国资委将一批全资、控股和参股企业中的国有资产授权其持有和经营。

（三）明晰生产经营企业的产权关系。

国有全资公司、控股公司和参股的生产经营企业，是独立的企业法人，拥有法人财产权、并以全部法人财产依法自主经营、自负盈亏，享有民事权利，承担民事责任，与国有资产经营公司和授权经营国有资产的大型企业、企业集团、控股公司没有行政隶属关系，依产权关系接受其监管。

2000 年 5 月 18 日

中共四川省委办公厅　四川省人民政府办公厅
关于加快分离企业办社会职能工作的通知

川委办〔2000〕39 号

各市、地、州委，各市、州人民政府，各地区行政公署，省级各部门：

按照党的十五届四中全会《中共中央关于国有企业改革和发展若干重大问题的决定》提出的“分离企业办社会的职能，切实减轻国有企业的社会负担”的要求，经省委、省政府同意，结合我省实际，现就加快我省分离国有企业办社会职能工作的有关问题通知如下。

一、提高认识，把握原则

分离企业办社会的职能，是深化国有企业改革，建立现代企业制度的一项重要任务，也是切实减轻国有企业的社会负担，推动企业转换机制和进入市场，增强竞争能力，提高效益的重大措施。目前解决这一问题的条件和时机已基本成熟，加快分离企业办社会的职能势在必行。各地、各部门必须提高认识，下定决心，加大力度，加快步伐，攻坚破难，齐心协力抓好这项工作。

分离企业办社会职能应遵循的原则是：

（一）转变政府职能，强化政府的区域经济调节、社会管理和公共服务职能。

（二）统筹规划，分类指导，加强领导，属地负责，各方配合，多种方式，积极推进，确保稳定。

（三）政府指导协调下，以企业为主体，市场为导向，因企制宜，自主选择分离方式和步骤。

（四）维护国家、企业、职工和其他相关各方面的合法权益。

二、分离的主要范围和方式

（一）分离的主要范围是国有及国有控股的大中型企业所承担的社会职能，主要有：

管理型的社会职能：企业设立的公安机构等。

公益型的社会职能：企业自办的义务教育性质的中小学校、职工医院等。

福利型的社会职能：企业职工住房及管理机构、企业后勤报务单位等。

（二）区别不同情况，采取多种方式分离企业办社会职能。

1. 移交分离。

企业设立的公安机构，凡符合公安部《关于企业事业单位公安机构体制改革实施办法》（公通字〔1995〕5 号）要求，核准列入地方公安机关序列的，应改变隶属关系，整体移交当地政府。

企业自办的职工医院，能够纳入当地卫生事业发展规划的，原则上可整体移交当地政府，实行行业分类管理。

企业自办的义务教育性质的中小学，凡能够纳入当地义务教育发展规划的，应整体移交当地政府，实行属地化管理。

2. 走向市场。

不能移交政府的部分公益型社会职能和福利型社会职能应面向社会和市场，通过多种方式或途径分离，明晰产权，成为独立的社会事业法人机构或独立的企业法人实体。一是合并，既可以将不同单位的相同办社会机构合并，也可与地方社会性服务机构合并。二是改制分离，有独立生存能力的企业办社会机构，可采用多种方式改制为独立的法人企业，面向社会服务。三是转向，面向社会，逐步转向社会服务事业需要的其他机构，开拓新的社会服务市场。

3. 内部改革。

对企业设立的公安机构，凡未列入公安机关序列的应予撤消。企业可恢复保卫处（科），承担其内部的治安保卫工作。

对社会和企业都不需要，难以独立生存的机构，可以实行关闭或停办。企业自身经营所需要保留的职工培训学校、职工食堂、浴室、倒班宿舍、以防治职业病为主的卫生机构和医务室等，应实行内部分离，独立核算，有偿服务。

4. 房产剥离。

对于企业职工住房，应加快住房制度改革步伐，实行物业化管理。

5. 过渡分离。

远离城市的独立工矿区要努力创造条件，结合地方小城镇建设与社会服务事业的发展，逐步实现企业办社会职能的分离。

三、工作目标和要求

我省分离企业办社会职能的工作目标是：分类指导，3 年内在全省基本完成分离国有及国有控股大中型企业办社会职能的工作。

——列入 2000 年内初步建立现代企业制度名单的地方国有大中型骨干企业和已上市的地方国有控股企业要在今年内完成。对拟上市企业，在上市前要完成分离企业办社会职能。

——成都、绵阳、德阳、宜宾 4 城市今年完成总任务的 50% 以上，2001 年内基本完成。

——其他市地州今年完成任务的 20% 以上，2001 年完成 50%，2002 年完成 80%，在 2003 年内基本完成。

各级党委、政府要按照上述目标任务的要求，加快政府职能转变的步伐，采取切实可行的措施，为减轻企业办社会负担创造必要的条件；要把分离企业办社会职能与建立现代企业制度、促进企业“三改一加强”、健全市场体系、完善社会保障制度和改革住房制度等结合起来，搞好综合配套；要尽快明确能够纳入地方社会事业发展规划，实行移交分离的方案，并组织实施；对采用其他多种方式分离的，要加强组织、指导和协调。要搞好统筹规划，充分利用企业办社会的已有基础，一视同仁，用活存量，发挥潜力，通过分离企业办社会职能，推动地方社会化服务和第三产业的发展。不得为企业办社会机构进入社会和市场设置障碍，盲目铺新摊子，造成公共服务资源的闲置和流失。分离过程中原有职能要搞好衔接落实，维护职工权益，对在校就读的中小学生要妥善安置，保证其学业不中断。带有行业性特点的服务工作可继续开展。国有大中型企业进行公司制改革时，应一并完成分离企业办社会职能的工作，企业办社会的所有机构、资产、人员不得进入公司。国有中小型企业在放开搞活过程中，必须将企业办社会职能的问题纳入改革方案一并解决，不留尾巴。今后已改制企业、新办企业和新建项目一律不再新增或承担管理型和公益型的社会职能，严格控制福利型的社会职能。

四、政策措施

（一）实行移交分离的企业办社会机构，其经费支出，按照谁所有谁负责，分级负担的原则，采取过渡办法，核定基数，逐年递减，在一定时期内由政府和企业共同负担。过渡时间一般为 3 年，最长不超过 5 年。

（二）对已完成移交分离的机构，当地政府可根据社会事业发展的需要，进行布局调整或与当地同类机构合并，富余人员可实行下岗分流。

（三）移交分离的企业办社会机构的资产应整体无偿划拨，在进行审计、落实债权债务的基础上，按《关于国有资产办理无偿划转手续的规定》（财管字〔1999〕301 号）办理有关手续，并相应办理土地变更、房产过户、产权变动等各项手续。

采用其他方式分离的企业办社会机构，经批准改为独立事业法人或企业法人的，要按国有资产管理规定，进行资产评估，明确资产和债务关系，办理产权变动登记等手续，防止国有资产流失。

（四）政府接收的中小学、医院等企业办社会机构，以移交前一年末的在职专业技术人员和工作人员为基数或按国家和省规定的人员编制标准，由当地编制主管部门按有关规定重新核定人员编制，进行移交。富余人员由交接双方共同协调，妥善解决。企业不得借移交将不合格的专业人员和工作人员安排进移交的机构。

（五）在分离办社会职能的过程中，要按照有利于改革、发展和稳定的原则，妥善安置被分离单位的人员。对下岗职工，要按照《中共中央国务院关于切实做好国有企业下岗职工基本生活保障和再就业工作的通知》（中发〔1998〕10 号）规定保障其基本生活。

（六）工资分配按国家政策和规定执行。实行工效挂钩等调控办法的企业实施分离后，按照政府劳动保障部门、财政部门核定的工资水平和实际划出人员数，相应核调企业的工资总额基数及其相对应的经济效益基数。分离后新成立的企业，根据其产权关系，对其工资总量实行分类管理。分离移交到政府部门或纳入地方事业发展的，按政府部门或事业单位的工资管理办法管理。

（七）企业办社会机构分离后，要按照国家有关规定参加养老、医疗、失业、工伤、生育等各项社会保险，分离后的单位要为职工继续缴纳各项保险费，社会保险经办机构按规定支付社会保险待遇。分离前欠交的社会保险费由原企业补交。

（八）对于分离出的各类企业办社会机构，各级政府要从各个方面给予关心帮助，并落实工商、税费等优惠政策予以扶持。原有企业的分离启动阶段也应提供必要的条件予以支持。

（九）中央在川企业可以根据本通知精神与当地政府协商分离企业办社会职能。

五、明确任务，加强领导

分离企业办社会职能是一场改革攻坚战，难度大，涉及部门多，牵涉面广，政策性强，必须在省委、省政府统一领导下，市地州党委和政府负责，部门配合，狠抓落实。各级党委、政府要按照省里的目标要求，加强领导，明确任务，组织力量，尽快制定实施方案，切实搞好本地区分离企业办社会职能的工作，保证按照完成。要加强思想政治工作，及时解决分离工作的各种实际问题，确保社会稳定。省级有关部门要根据本通知要求制定相应的工作规则、实施意见和配套措施，并加强指导、协调和督促检查。

2000 年 5 月 19 日

四川省国有企业监事会暂行办法

川府发〔2001〕15 号

第一章　总　则

第一条　为了健全国有企业监督机制，加强对国有企业的监督，根据《国务院〈国有企业监事会暂行条例〉》，结合我省实际，制定本办法。

第二条　四川省国有重要骨干企业监事会（以下简称监事会），由省政府派出，对省政府负责，代表国有资产所有者，对国有重要骨干企业（以下简称企业）的资产保值增值状况实施监督。

第三条　按照“国家所有、分级管理、授权经营、分工监督”的原则，省政府派出监事会的企业名单，由四川省国有企业监事会管理机构（以下简称监事会管理机构）提出建议，报省政府决定。

第四条　监事会管理机构负责监事会的日常管理工作，协调监事会与省政府有关部门和地方的关系，承办省政府交办的事项。

第二章　监事会的工作职责与内容

第五条　监事会以财务监督为核心，根据有关法律、行政法规和财政部有关规定。对企业的财务活动及企业负责人的经营管理行为进行监督，确保国有资产及其权益不受侵犯。

第六条　监事会与企业是监督与被监督的关系，监事会不参与不干预企业的经营决策和经营管理活动。

第七条　监事会履行下列监督职责：

（一）监督、检查企业贯彻执行有关法律、行政法规和规章制度的情况；

（二）检查企业财务的真实性、合法性。查阅企业的财务会计资料以及与企业经营管理活动有关的其他资料。

（三）检查企业的经营效益、利润分配、国有资产保值增值、资产营运等情况；

（四）检查企业负责人的经营行为，并对其经营管理业绩进行评价，提出奖惩、任免建议。

第八条　监事会一般每年对企业定期检查1至2次，并可根据实际需要不定期地对企业进行专项检查。

第九条　监事会每次对企业进行检查结束后，应当及时作出《检查报告》。《检查报告》的主要内容包括：

（一）监事会开展检查工作的基本情况；

（二）企业财务以及经营管理情况评价；

（三）企业负责人的经营管理业绩评价以及奖惩、任免建议；

（四）企业存在问题及处理建议；

（五）省政府要求报告的或监事会认为需要报告的其他事项。

第十条　监事会不得向企业透露前款所列《检查报告》内容。

第十一条　《检查报告》经监事会成员讨论，由监事会主席签署，经监事会管理机构审核后报省政府。《检查报告》经省政府批复后，抄送省经贸委、计委、财政厅等有关部门。监事对《检查报告》有原则性不同意见的，应当在检查报告中说明。

第十二条　监事会监督检查中发现企业经营行为有可能危及国有资产安全，造成国有资产流失，或者侵害国有资产所有者权益以及监事会认为应当立即报告的其他情况，应当及时向监事会管理机构提出专项报告。特殊情况，也可以直接向省政府报告。

第三章　监事会的组成

第十三条　监事会由主席一人、监事若干人组成。监事会成员不少于三人。监事会工作的责任人是监事会主席。

第十四条　监事分为专职监事和兼职监事；从有关部门、单位选拔任命的监事，为专职监事；从政府有关部门、企事业单位聘请（聘任）的和由企业职工代表担任的监事，为兼职监事。

第十五条　监事会主席由副厅级及以上国家机关工作人员担任。监事会主席应具备以下基本条件：

（一）认真贯彻执行党的路线方针政策，遵守国家法律法规，有较高的政策水平。

（二）坚持原则，廉洁自持，公道正派，忠实履行监督职责，自觉维护国家利益。

（三）具备大专以上学历，了解企业特点，熟悉经济工作，具有本岗位所必需的业务知识。

（四）年龄原则上不超过55岁，身体健康，能坚持正常工作。

第十六条　监事会主席履行下列职责：

（一）召集，主持监事会会议；

（二）负责监事会的日常工作；

（三）审定签署监事会的《检查报告》和其他重要文件；

（四）应当由监事会主席履行的其他职责。

第十七条 专职监事由国家机关处、科级工作人员担任。

专职监事应具备以下基本条件：

（一）熟悉并能够贯彻执行国家有关法律、行政法规和规章制度；

（二）具备大专以上学历，具有财务、会计、审计或者宏观经济等方面的专业知识，比较熟悉企业经营管理工作；

（三）坚持原则，廉洁自持，忠于职守；

（四）具有较强的综合分析、判断和文字撰写能力，并具备独立工作能力。

第十八条 兼职监事的产生：

（一）从党政机关选派的工作人员、从企事业单位聘请（聘任）的学者或专业技术人员为兼职监事，由监事会管理机构按照有关规定办理。

（二）企业职工代表担任兼职监事，原则上参照专职监事的任职条件和要求，由企业职工代表大会民主选举产生，报监事会管理机构批准。企业负责人不得担任监事会中的企业职工代表。

第十九条 因工作需要，经监事会管理机构同意，监事会可以聘请（聘任）必要的工作人员。

第四章　监事会的工作方式

第二十条 监事会应制定年度工作计划，经监事会管理机构批准后执行。

第二十一条 监事会开展监督检查，可以采取下列方式：

（一）听取企业负责人有关财务、资产状况和经营管理情况的汇报，在企业召开与监督检查事项有关的会议；

（二）查阅企业的财务报告、会计凭证、会计账簿等财务会计资料以及与企业经营管理活动有关的其他资料；

（三）检查企业的财务、资产状况，向职工了解情况，听取意见，必要时要求企业负责人作出说明；

（四）向财政、工商、税务、审计、海关等有关部门和银行调查了解企业的财务状况和经营管理情况。

第二十二条 监事会主席根据监督检查的需要，可以列席或委派监事会其他成员列席企业有关的会议。

第二十三条 监事会根据对企业监督检查的情况，可以建议省政府责成审计机关依法对企业进行审计。

第二十四条 监事会在监督检查中，发现有重大违纪违法线索的，应建议有关部门进行查处。

第二十五条 监事会只向监事会管理机构汇报检查结论，不能直接向所监督企业发表结论性意见。

第二十六条　企业应当定期、如实向监事会报送财务会计报告，并及时报告重大经营管理活动情况，不得拒绝、隐匿、伪报。

第二十七条　企业有下列行为之一的，对直接负责的主管人员和其他直接责任人员，依法给予纪律处分，直到撤销职务；构建犯罪的，依法追究刑事责任：

（一）拒绝、阻碍监事会依法履行职责的；

（二）拒绝、无故拖延向监事会提供财务状况和经营管理情况等有关资料的；

（三）隐匿、篡改、伪报重要情况和有关资料的：

（四）有阻碍监事会监督检查的其他行为的。

第五章　监事会成员的管理

第二十八条　监事会主席人选，由监事会管理机构提名，按规定程序确定，省政府任命。专职监事由监事管理机构任命。

第二十九条　监事成员每届任期 3 年，其中监事会主席和专职监事不得在同一企业连任。

第三十条　因工作需要，经监事会管理机构同意，监事会成员可以担任一至三家企业监事会的相应职务。

第三十一条　监事会成员实行回避原则，不得在其曾经管辖的行业、曾经工作过的企业或者其近亲属担任高级管理职务的企业的监事会中任职。

第三十二条　监事成员不得接受企业的任何馈赠，不得参加由企业安排、组织或者支付费用的宴请、娱乐、旅游、出访等活动，不得在企业为自己、亲友或者其他人谋取私利。

第三十三条　监事会成员不得接受企业的任何报酬，不得在企业报销任何费用。

第三十四条　监事会成员必须对《检查报告》内容严格保密，并不得泄露企业的商业秘密。

第三十五条　监事会成员的监督检查工作中成绩突出，为维护国家利益做出重要贡献的，按有关规定予以表彰、奖励。

第三十六条　监事会成员有下列行为之一的，依法给予行政处分或纪律处分，直到撤销监事职务；构成犯罪的，依法追究刑事责任。

（一）对企业的重大违法违纪问题隐匿不报或者严重失职的；

（二）与企业串通编制虚假检查报告的；

（三）违反本办法第三十二条、第三十三条、第三十四条所列行业的。

第三十七条　企业发现监事会成员有违反本办法第三十二条、第三十三条、第三十四条所列条款行为时，有权向监事会管理机构报告，也可直接向省政府报告。

第六章　附　则

第三十八条　省政府有关部门和各级地方人民政府有关部门应当支持、配合监事会的工作，向监事会提供有关情况和资料。

第三十九条　监事会管理机构要加强与省经贸委、财政厅等有关部门的联系，相互通报有关情况。

第四十条 监事会开展监督检查工作所需费用，由省财政拨付，由监事会管理机构统一列支。

第四十一条 对已经派入监事会的国有企业，不再委派财务总监以及其他的监督机构、人员。

第四十二条 本办法自发布之日起施行。

2001年4月19日

四川省省级国有资产授权经营暂行办法

川国资委〔2001〕4号

第一章 总 则

第一条 为促进国有经济结构战略性调整和国有企业建立现代企业制度，建立和完善国有资产管理、监督和营运体系，规范国有资产授权经营管理，根据国家和省的有关规定，制定本办法。

第二条 国有资产授权经营是指由国有资产授权主体授权国有资产经营公司、大型企业、企业集团和控股公司，对授权范围内的国有资产（国有股权）行使出资者权利，并承担国有资产保值增值责任。

第三条 本办法所称授权主体为四川省国有资产管理委员会（以下简称省国资委）。省国资委的常设办事机构为四川省国有资产管理办公室（以下简称省国资办）、四川省国有企业监事会工作办公室（以下简称省监事办）。

第四条 国有资产授权经营要坚持国家所有、分级管理、分工监督、产权清晰、权责明确、政企分开、管理科学的原则。

第五条 企业实施国有资产授权经营应具备以下条件：

（一）完备的公司章程和管理制度；

（二）固定场所、必要的专业人员和符合现代企业制度要求的组织机构；

（三）符合产业政策，在我省国民经济和社会发展中具有重要地位；健全的法人治理结构，领导班子得力，遵纪守法，严格执行财税政策，良好的经营业绩和公众形象；

（四）综合类、生产类公司（企业）注册资本一般不低于10亿元人民币；流通类公司（企业）注册资本一般不低于5亿元人民币；

（五）法律法规和省政府规定的其他条件。

第六条 授权经营企业根据企业发展、产业结构调整等需要，向省国资委提出国有资产授权经营申请报告。申请报告应包括以下内容：

（一）企业的基本情况，如产权关系、隶属关系、财务关系、主要财务指标等；

（二）授权经营的必要性；

（三）授权经营方式；

（四）授权经营范围；

（五）授权经营的可行性分析；

（六）其他应报告的内容等。

第七条 省国资办会同省监事办、省经贸委、省财政厅，对企业的申请报告进行审查。省国资办将审查意见及企业申请报告一并报省国资委，由省国资委审批。

第八条 省国资委批准企业的授权经营申请报告后，由国资办会同省财政厅对企业进行清产核资、界定产权，核定国有资产占用量，核定国家资本金。

第九条 省国资办会同省监事办、省经贸委、省财政厅，指导授权经营企业制定《国有资产授权经营实施方案》和《公司章程》。

国有资产授权经营实施方案应包括以下内容：

（一）被授权企业基本情况；

（二）拟授权企业基本情况；

（三）授权的必要性及预期应达到的目标；

（四）内部结构调整和资源合理配置的具体措施；

（五）企业内部的资产管理、财务管理和投资收益管理办法；

（六）其他有关事项。

《国有资产授权经营实施方案》经省国资办会同省监事办、省经贸委、省财政厅审核并提出审核意见后，由省国资办将审核意见，连同《国有资产授权经营实施方案》一并报省国资委审定。

第十条 省国资办会同省监事办、省财政厅根据省国资委的批复，与授权经营企业共同拟定《国有资产授权经营责任书》，并明确以下内容：

（一）国有资产授权经营的内容；

（二）国有资产经营形式；

（三）国有资产授权经营范围；

（四）国有资产授权经营数额；

（五）国有资产经营者取得报酬的方式；

（六）国有资产经营目标及分年度经营指标；

（七）授权方及被授权方的权利义务；

（八）奖惩办法及违约责任。

省国资委与授权经营企业签订《国有资产授权经营责任书》，授权经营期限为5年。

第十一条 授权经营企业到省财政厅办理产权登记，并按规定办理工商注册登记。

第二章 授权主体的权利和义务

第十二条 负责审批企业国有资产授权经营实施方案，审批授权经营企业的长远规划、经营计划，决定授权经营企业的设立、合并、分立、终止和增减资本、抵押担保等重大事宜。

第十三条 依法组建授权经营企业董事会、监事会、并按法定程序行使出资人权利。

第十四条 制定业绩考核办法，确定授权经营企业的资产经营目标，检查、监督和考核企业授权范围内国有资产的经营业绩，决定奖惩方案。对于经营不善，未达到授权方案预期目标，造成国有资产损失的，可责令其改进，直至终止授权。

第十五条 审批授权经营企业收益分配方案和投资计划，根据需要调度授权经营企业的国有资产收益。

第十六条 授权主体应尊重授权经营企业法人财产权，不干预企业依法享有的经营自主权。

第三章 授权经营企业的权利和义务

省级国有资产经营公司、大型企业、企业集团和控股公司是由省国资委组建和授权的投资主体，是独立的企业法人，代表省政府对授权范围内的国有资产履行出资者的职责，通过投资、控股、参股等方式从事资本经营和产权运作，对省国资委负责并接受其监督，对授权范围内的国有资产承担保值增值责任。享有以下权利和义务：

第十七条 对授权范围内的国有资产进行资本经营和产权运作。

第十八条 依法决定全资公司的设立、合并、分立、终止和抵押担保、增减资本；对全资公司的合资合作、产权重组、产权转让等重大事项进行审查并按规定报批；审批全资公司长远规划、经营计划、投资计划；任免、考核全资公司董事会和监事会成员；向全资公司派驻财务总监，对国有资产营运实施监管。

第十九条 向控股、参股企业委派产权代表，依法参与所投资企业重大决策，维护国有资产权益。

第二十条 提出授权国有资产投资使用计划和收益分配建议，经省国资委批准后实施。

第二十一条 承担授权范围内国有资产保值增值责任，完成省国资委确定的资产经营目标；制定所投资的全资公司、控股公司国有资产保值增值指标，并进行考核和奖惩。

第二十二条 法律、法规或省国资委规定的其他职能。

第二十三条 授权经营企业对子公司承担以下义务：

（一）以其对子公司的出资额为限承担有限责任；

（二）尊重子公司的法人财产权和经营自主权；

（三）为子公司提供必要的外部环境，并进行指导和帮助；

（四）在子公司出现经营困难时，负责妥善处理职工安置、社会稳定等重大事项。

第二十四条 授权经营企业对授权主体应履行以下义务：

（一）执行国有资产管理的法律法规，接受省国资委的管理和监督，接受政府授权的监督机构及派出的监事会的监督；

（二）承担授权范围内国有资产保值增值责任，完成省国资委确定的资产经营目标；

（三）上缴应交的产权收益；

（四）定期报送财务会计报表及国有资产经营情况，产权变动、合资合作等重大事项应报省国资办办理有关审批手续。

第四章 附 则

第二十五条 本办法发布前已授权经营的企业，应进行清理整顿，符合条件的，予以保留规范，并重新授权。

第二十六条 本办法由省国资委负责任释。

第二十七条 本办法自发布之日起执行。

2001 年 6 月 29 日

四川省人民政府关于进一步加强国有企业改革中国有资产管理防止国有资产流失的通知

川府发〔2002〕20 号

各市、州人民政府，省级各部门：

近年来，我省国有企业以产权多元化为突破口的改革进展顺利，对促进我省国有经济布局战略性调整，实现经济的跨越式发展起到了积极作用。但是，国有企业改革仍面临不少问题和困难，尤其是在国有企业改革过程中，有的地方没有严格按照国家和省的有关政策规范操作，形成了新的不稳定因素。为加快我省国有企业改革的步伐，加强国有企业改革中的国有资产管理，防止国有资产流失，现就有关问题重申如下。

一、认真贯彻执行国家法律、法规和政策，确保改革的顺利推进

近年来，国家和省委、省政府先后出台了一系列改革政策措施，政府各部门也出台了相关配套政策，国有企业在改革中要认真执行。

（一）国有企业改制中国有资本变动的审批权限。

国有企业改制中涉及国有资本变动的，按以下权限报经批准：

1. 母公司国有资本变动的，地方管理企业报请市、州以上（含市、州）人民政府批准。

2. 子公司国有资本变动，属于集团内部结构调整的，由母公司审批；涉及集团外部的，由母公司报财政部门审批。

3. 子公司以下企业国有资本变动的，由母公司审批。

4. 股份有限公司国有股设置方案和上市公司国有股减持的，按照国务院和财政部的有关规定执行。

（二）国有企业改制中资产处置程序。

1. 企业改制应符合建立现代企业制度的方向和国家调整产业结构的需要，有利于资源的优化配置，有利于搞活企业。改制企业要认真执行国家有关的法律、法规和政策，规范操作，增加企业改制的透明度。坚持“公平、公开、公正”的原则，采取竞价、拍卖等多种形式进行。制止明卖暗送、半卖半送、逃废银行债务、拖欠税款的错误做法，并妥善安置好职工。

2. 企业改制，应当由国有资本持有单位负责组织实施。资产权属不清的，应当进行产权界定。改制企业应对各项资产以及债权债务进行全面清查，编制清查日资产负债表和财产清册。对清理核实的各项债权债务，应当确定债权债务承继关系，并与债务人或债权人订立债务保全协议。

3. 改制企业应委托有资格的中介机构进行财务审计。清查出来的资产损失，按照财政部有关企业资产损失管理的规定进行处理。上述工作完成后，应按规定进行资产评估，并到财政部门进行资产评估备案（或核准）。

4. 改制企业国有资产处置价格应以资产评估结果作为作价参考依据。实际交易价值与评估结果相差10%以上的，改制企业应就其差异原因向财政部门作出书面说明。

5. 改制企业国有资产处置方案，经职代会或出资者同意后报财政部门审批。

6. 改制企业国有资产处置方案批准后，即同时在财政部门办理产权变更登记手续，并于30日内办理工商变更登记。

7. 改制企业国有资产处置程序应按厂务公开制度接受职工群众的监督。

（三）国有企业破产。

1. 国有企业破产，应当按照《破产法》和《最高人民法院关于审理企业破产案件若干问题的规定》（法释（2002）23号）进行。其中，属于国家计划控制的破产企业，应当在纳入《企业兼并破产和职工再就业工作计划》的同时，报全国企业兼并破产和职工再就业工作领导小组审批。

2. 破产企业的财产处置。破产企业财产经资产评估机构评估后由法院公开进行拍卖，处置所得按照《破产法》及法释〔2002〕23号的规定进行清偿。

（四）企业国有产权转让收入的管理。

国有企业在改制、转让中的国有资产收益，应当按照《财政部、国家国有资产管理局、中国人民银行关于颁发〈国有资产收益收缴管理办法〉的通知》〔94〕财工字第295号）等规定进行处理。省级国有及国有控股企业的产权转让收入，按照《省委企业工委、省财政厅、省经贸委、省体改办关于推进省级国有企业产权多元化的若干意见》（川委企〔2001〕149号）执行。

（五）国有企业改制中的其他规定。

1. 改制企业不得以任何形式将国有资产无偿或低价转让给经营者及职工个人。改制企业账面原有的应付福利费、职工教育经费余额，仍作为流动负债管理，不得转作职工个人投资。因医疗费超支产生的职工福利费不足部分，可以依次从公益金、盈余公积金、资本公积金和资本金弥补；改制企业账面原有的应付工资余额中欠发职工工资部分，在符合国家政策、职工自愿的条件下，依法扣除个人所得税后可转为个人投资。不属于欠发职工工资的应付工资余额，作为工资基金使用，不得转为个人投资。

2. 企业实行公司制改建，母体企业或者存续企业必须与公司制企业实行人、财、物和经营业务分开，防止国有资产流失。子公司实行公司制改建时，对没有纳入改建范围的国有资本，应当划转给母公司其他全资子公司持有。

二、加大企业改制中违法、违规行为的监督和处罚力度，防止国有资产流失

（一）根据《财政部关于印发〈企业国有资本与财务管理暂行办法〉的通知》（财企〔2001〕325 号）第四十条的规定：企业凡有以下行为之一的，主管财政机关根据《中华人民共和国行政处罚法》的规定，可以责令限期纠正、追回损失或者没收非法所得、通报批评：

1. 企业不按规定进行资产评估，或者在评估中故意压低资产评估价值的；

2. 企业违反规定，将财产低价出售或无偿处置给其他单位或个人的；

3. 企业违反规定，将资产低价折股或者无偿量化给个人的；

4. 企业取得资产不按规定办理资产转移手续造成资产损失的；

5. 企业违反规定对外提供担保或抵押、对外投资、赊账经营、大宗商品物资采购及固定资产修建等，给企业造成损失的；

6. 企业未经批准擅自实行产权激励制度，或者违反国家有关规定发放薪酬，侵蚀国有资本权益的；

7. 国有股持股单位、中方出资者或合作者及其委派的股权代表与他人串通，对损害国有资本权益的行为不反对、不制止的；

8. 企业违反规定，隐瞒、截留国有资本收益超过 180 天的。

对企业违法、违规行为进行财政处罚时，对负有直接责任的主管人员和其他人员，纪检、监察、人事管理部门给予纪律和行政处分。构成犯罪的，移交司法机关依法追究刑事责任。

（二）在审计、资产评估过程中，中介机构及执业的注册会计师、注册资产评估师发生违法、违规行为，应按照《注册会计师法》和《国有资产评估违法行为处罚办法》（财政部令第 15 号）的相关规定进行处罚。

（三）财政部门及其他部门的有关工作人员，在国有资本与财务管理中滥用职权、玩忽职守、徇私舞弊或者泄露国家机密、商业秘密，给予纪律和行政处分。构成犯罪的，称交司法机关依法追究刑事责任。

三、切实加强对国有企业改革工作的领导

各市州政府、省级各部门要认真学习，深入贯彻党的十六大精神，积极探索有效的国有资产管理、监督、经营体制和方式，严格执行国有资产管理的法律法规，按照省委、省政府的部署和要求，坚定不移地推进国有企业改革，以高度的政治责任心认真做好国有企业改革中的各项工作。各级经贸委、财政、审计、劳动保障、体改等部门要加强对企业改革工作的指导和服务，加强对改制企业清产核资、产权界定、资产处置、职工安置工作的监督。严格按照国家政策和标准妥善安置职工，确保社会稳定。坚持“公平、公开、公正”的原则，增加透明度，防止私下交易和暗箱操作。强化对财务审计、资产评估等中介机构的管理，促进中介机构严守职业道德，独立、客观、公正执业。各级监察机关要加强对国有企业改制中违规、违法行为的监督，一经发现，严肃查处。已成立政府监事会的地方，要充分发挥政府监事会的作用，对企业改制全过程进行重点监控，以确保国有资产所有者权益不受侵犯。

2002 年 12 月 25 日

四川省政府国有资产监督管理委员会关于规范所出资企业改制工作的试行意见

川国资委〔2004〕173号

有关省属企业：

为贯彻落实《企业国有资产监督管理暂行条例》（国务院令第378号）和《国务院办公厅转发国务院国有资产监督管理委员会关于规范国有企业改制工作意见的通知》（国办发〔2003〕96号）等法律法规的规定，进一步规范四川省政府国有资产监督管理委员会（以下简称省国资委）履行出资人职责企业（以下简称出资企业）及其子企业（以下简称子企业）的改制工作，现提出如下试行意见：

一、改制事项的决定或审批权限

第一条 国有企业改制是指国有企业（包括国有独资企业、国有独资公司、国有控股公司和国有参股公司）通过重组、联合、兼并、租赁、承包经营、合资、转让国有产权和股份制、股份合作制等多种形式进行的改革，也包括转让国有控股、参股企业国有股权或通过增资扩股来提高非国有股的比例等。

第二条 省国资委决定或批准以下事项

（一）审核批准出资企业及其子企业的改制立项申请。

（二）审核批准出资企业及其子企业的改制方案。其中出资企业改制为省级国有股不绝对控股的企业，改制方案由省国资委审核后报省政府批准。

（三）审核批准出资企业中国有独资企业章程及章程的修订方案。

（四）决定出资企业中的国有独资企业、国有独资公司的合并、分立、解散、增减资本等改制重大事项。其中重要的国有独资企业承包、国有独资公司的上述重大事项，由省国资委审核后，报省政府批准。

（五）出资企业中的国有控股、国有参股公司的合并、分立、解散、增减资本等改制重大事项，由省国资委做出决定后，再由省国资委派出的股东代表、董事按照省国资委的决定发表意见、行使表决权。

第三条 按照国家有关法律法规的规定，企业改制涉及财政、劳动保障等各项的，需报经同级人民政府有关部门审批或提出意见；涉及政府社会公共管理部门审批事项的，经政府有关部门审批。

第四条 出资企业的子企业层次以下（不含子企业）企业的方案及重大事项，由出资企业审批，报省国资委备案。其中重要企业的改制，省国资委认为有必要的，应报省国资委审批。

二、改制立项申请的报批

第五条 出资企业改制，由出资企业提出立项申请，报省国资委审批。出资企业的子企业改制，由子企业提出立项申请，经出资企业审核后，报省国资委审批。

第六条 改制立项申请应报送以下材料：

（一）改制立项的书面申请；

（二）改制方案的可行性研究报告；

（三）改制企业营业执照、组织机构代码证、公司章程、国有产权登记证复印件；

（四）经省国资委审核批复的上年度财务决算报表；

（五）需提供的其他资料。

第七条 省国资委接到改制企业提交的书面申请材料，严格审核后，做出书面批复。

三、改制方案的制订和报批

第八条 改制立项申请获得批准后，应制订改制方案。出资企业的改制方案由省国资委制订或由其委托中介机构或改制企业制订。出资企业的子企业改制方案由出资企业制订，或由其委托中介机构制订。

第九条 改制方案一般应包括以下内容：

（一）改制企业基本情况；

（二）资产处置预案；

（三）债务处置预案；

（四）改制企业重组预案；

（五）职工安置预案；

（六）改制企业发展规划；

（七）改制的实施方案。

第十条 改制方案应包括以下附件：

（一）改制方案可行性研究报告；

（二）经省国资委确认批准的清产核资报告、审计报告和资产评估报告；

（三）参与改制的其他投资方基本情况及资信证明文件；

（四）政府有关部门的批准文件；

（五）律师事务所出具的关于改制方案的法律意见书；

（六）与改制相关的协议书草案；

（七）公司章程草案；

（八）职工代表大会（或职工大会）审议职工安置方案的决议；

（九）改制方案中涉及金融债务重组的，需提交债权金融机构的书面意见。

第十一条 改制方案的报批。改制方案制订后，由出资企业按本试行意见规定的审批权限进行报批。

第十二条 改制方案的实施。改制方案获得批准后，应尽快组织实施。出资企业的改制由省国资委委托出资企业按批准的改制方案组织实施，对其中需要省国资委决定或批准的事项，必须经省国资委决定或批准后方可实施。出资企业的子企业改制，由出资企业组织实施，并将实施情况向省国资委报告。

四、企业改制重大事项的决定或报批

第十三条 国有独资公司章程的报批。国有独资公司章程草案制订后报省国资委审批。国有独资企业章程的报批，应报送以下材料：

（一）书面申请；

（二）章程草案；

（三）批准设立的文件；

（四）需要政府有关部门批准的相关文件；

（五）其他需要报送的材料。

省国资委收到报送材料并严格审核后，做出书面批复。

第十四条 国有独资公司修订章程的报批。国有独资公司需要修订章程的，应将修订后的章程报省国资委审批。章程修订的报批，应报送以下材料：

（一）书面申请；

（二）公司原章程；

（三）修订后的公司章程草案；

（四）公司的营业执照及组织机构代码证书复印件；

（五）其他需要报送的材料。

省国资委收到材料并严格审核后，做出书面批复。

第十五条 国有独资企业、国有独资公司拟进行分立、合并、解散、增减资本等改制重大事项时，应向省国资委报送下列材料：

（一）书面申请；

（二）经省国资委审核批复的上年度财务决算报表；

（三）重大事项的可行性研究报告；

（四）重大事项的实施方案；

（五）其他需要报送的材料。

省国资委收到材料并严格审核后，做出书面批复或向省政府报送建议审批意见。

第十六条 国有控股公司、国有参股公司的股东会、董事会拟决定分立、合并、解散、增减资本等改制重大事项时，省国资委派出的股东代表、董事应向省国资委书面报告以下情况：

（一）重大事项的可行性研究报告；

（二）重大事项的实施方案；

（三）对重大事项的建议意见；

（四）其他需要报送的情况。

省国资委在接到情况报告并全面了解核实情况后，做出书面决定。股东代表、董事应当按照省国资委的决定发表意见、行使表决权。

五、职工安置

第十七条 出资企业及其子企业改制必须按照国家和省有关规定制定职工安置方案，处理好与职工的劳动关系。其中符合规定的应支付一次性经济补偿金。

第十八条 改制企业支付职工的一次性经济补偿金，应按劳动部《违反和解除劳动合同的经济补偿办法》（劳部发〔1994〕481号）、国家经贸委《关于国有大中型企业主辅分离辅业改制分流安置富余人员的实施办法》（国经贸企改〔2002〕859号）、劳动和社会保障部《关于印发国有大中型企业主辅分离辅业改制分流安置富余人员的劳动关系处理办法的通知》（劳社部发〔2003〕21号）等文件的规定执行。企业在改制前不得擅自提高工资发放水平，故意提高经济补偿金支付标准。

第十九条 离退休人员的管理办法按现行政策执行。

第二十条 制订职工安置方案的内容和程序：

（一）职工安置方案主要包括以下内容：企业职工基本情况，企业改制时与职工劳动关系处理的具体措施，职工分流及实现再就业的措施，应支付经济补偿金的金额及测算依据，社会保险关系接续情况，拖欠职工工资、医药费和欠缴社会保险费情况及处理意见，所需资金来源，方案实施效果的评估及其他需要说明的问题等。

（二）职工安置方案必须经过职工代表大会或职工大会审议通过，并报同级人民政府有关部门审批或提出意见。经过批准的职工安置方案，以及职工个人的年龄、工龄、企业工作年限、月平均工资、应支付经济补偿金的测算金额等基本情况，应按有关规定公示后实施。

第二十一条 改制企业应在新公司工商登记后30日内与续聘职工重新签订劳动合同，按规定为其接续养老、失业、医疗等各项社会保险关系。

六、制订改制方案的中介机构

第二十二条 省国资委确定从事改制方案制订的中介机构，并向出资企业通报。需委托中介机构制订改制方案时，由省国资委或出资企业以招投标方式从确定的中介机构中选择。

第二十三条 从事改制方案制订的中介机构应具备下列条件：

（一）设立必须符合国家相关法律、法规规定；

（二）具有独立法人资格，有可独立支配的财产；

（三）具有从事中介业务的资质；

（四）有从事改制方案制订的专业人才；

（五）省国资委规定的其他条件。

第二十四条 省国资委对从事改制方案制订的中介机构实行资格认证。

第二十五条 中介机构申请制订改制方案的资格认证应向省国资委提交书面申请，同时提供以下材料：

（一）中介机构基本情况；

（二）中介机构营业执照复印件以及公司章程；

（三）有关资质证书复印件；

（四）从事改制方案制订业务的自律承诺书；

（五）省国资委要求提供的其他材料。

第二十六条 从事改制方案制订的中介机构要深入了解改制企业的详细情况，认真研究国家的有关法律法规和政策，根据省国资委的要求，科学制订改制方案，不得弄虚作假。

七、其他事项

第二十七条 省国资委出资企业及其子企业以外的其他省属国有企业改制，以及出资企业及其子企业的破产，参照本试行意见执行。

第二十八条 本试行意见未涉及事项，按国家和省有关规定执行。

第二十九条 本试行意见自下发之日起执行。

2004 年 12 月 20 日

关于完善省属国有独资公司法人治理结构试点的暂行办法

川国资委〔2004〕185 号

第一章 总 则

第一条 为深入贯彻党的十六大精神，加快推进我省省属国有独资公司（以下简称独资公司）现代企业制度建设，根据《中华人民共和国公司法》（以下简称《公司法》）、《企业国有资产监督管理暂行条例》（以下简称《条例》）及《国务院国有资产监督管理委员会关于国有独资公司董事会建设的指导意见（试行）》等法律法规和规定，制定本试点暂行办法。

第二条 本暂行办法所称独资公司是指四川省政府国有资产监督管理委员会（以下简称省国资委）履行出资人职责，单独出资设立的有限责任公司。

第三条 独资公司要按照《公司法》的规定以董事会建设为重点，建立健全董事会、监事会、经理层，并完善其运行机制，在省国资委监管下，做到各负其责、协调运转、有效制衡，形成科学高效的决策、执行、监督体系。

第二章 出资人

第四条 省国资委是独资公司的出资人。

第五条 出资人对独资公司董事会和董事行使下列职权：

（一）批准独资公司章程和章程修订方案；

（二）批准董事会提交的增加或减少注册资本和发行公司债券方案以及公司合并、分立、变更公司形式、解散和清算方案；

（三）审核董事会提交的公司财务预算、决算和利润分配方案；

（四）批准董事会提交的公司经营方针、重大投资计划、担保额较大的对外担保以及子企业的有关重大事项；

（五）批准董事会提交的公司重组、股份制改造方案；

（六）向董事会下达年度经营业绩考核指标和资产经营责任制目标，并进行考核、评价；

（七）任免公司董事长、副董事长、董事，同时决定其薪酬与奖惩；向董事会提出总经理、副总经理、总会计师、总工程师、总经济师人选的意见；

（八）对董事会重大投融资决策的实施效果进行跟踪监督，并对决策失误责任进行追究；

（九）法律法规规定的其他职权。

第三章 董事会

第六条 董事会行使下列职权：

（一）根据省国资委的意见，按程序聘任或解聘公司总经理。根据省国资委的意见，由总经理提名，聘任或解聘公司副总经理、总会计师、总工程师、总经济师；

（二）决定公司的经营计划、投资方案；

（三）审议公司的年度财务预算、决算方案；

（四）审议公司的利润分配方案和弥补亏损方案；

（五）审议公司增加或减少注册资本的方案以及发行公司债券的方案；

（六）审议公司合并、分立、解散和变更公司形式的方案；

（七）决定公司内部管理机构的设置，决定公司分支机构的设立或撤销；

（八）制订公司章程草案和公司章程的修订方案；

（九）制定公司的基本管理制度；

（十）除依照有关规定须由省国资委批准外，决定公司内部业务重组和改革事项，决定或参与决定公司所投资的全资、控股、参股企业的有关事项；

（十一）省国资委授予的其他职权。

第七条 董事会履行下列义务：

（一）执行省国资委的决定，对省国资委负责，最大限度地追求所有者的投资回报，确保国有资产保值增值；

（二）向省国资委提交年度经营业绩考核指标和资产经营责任制目标完成情况的报告；

（三）向省国资委报告董事会的重大投融资决策；

（四）向省国资委报告真实、准确、全面的财务和运营情况；

（五）维护公司职工、债权人和用户的合法权益；

（六）确保国家有关法律法规和省国资委规定在公司的贯彻执行。

第八条 独资公司设立董事会，董事会成员三至九人，其中职工代表一人，外部董事不少于一人。

第九条 外部董事应由非本公司员工的外部人员担任，必须是公司主营业务投资、企业经营管理、财务会计、金融、法律、人力资源管理等某一方面的专家或具有实践经验的人士。外部董事不在独资公司担任除董事和董事会专门委员会有关职务外的其他事务，不负责执行层的事务。

第十条 董事会每届任期为三年。董事任期届满经省国资委批准可以连任，其中，外部董事在同一独资公司的任期不得超过两届。

第十一条 董事通过出席董事会会议，参加董事会有关活动行使权利。

第十二条 董事履行下列义务：

（一）讲求诚信，严格遵守法律、法规和公司章程的规定，依法保守公司商业秘密；

（二）忠实履行职责，最大限度维护所有者的利益，追求国有资产的保值增值；

（三）勤勉工作，投入足够的时间和精力行使职权；

（四）关注董事会的事务，了解和掌握足够的信息，深入细致地研究和分析，独立、谨慎地表决；

（五）努力提高履行职责所需的技能。

第十三条 建立董事决策责任追究制度。董事对行使职权的结果负责，对失职、失察、重大决策失误等过失承担责任，由省国资委依法予以追究。

第十四条 董事会根据需要可下设战略委员会、提名委员会、薪酬与考核委员会等专门委员会，为董事会或省国资委的决策提供建议意见。

第十五条 董事会设董事长一人，可视需要设副董事长一至三人。董事长为公司法定代表人。

第十六条 董事长行使以下职权：

（一）召集和主持董事会会议；

（二）检查董事会决议的实施情况；

（三）组织制订董事会运作的各项制度，协调董事会的运作；

（四）签署董事会文件和法律法规规定的其他文件；

（五）在重大决策、参加对外活动等方面对外代表公司；

（六）在发生特大自然灾害等不可抗力的紧急情况下，对公司事务行使符合法律规定和公司利益的特别处置权，并在事后向公司董事会和出资人报告；

（七）《公司法》等法律法规赋予的其他职权；

（八）董事会授予的其他职权，但应由董事会集体决策的重大事项不得授权董事长决定。

第十七条 董事长履行下列义务：

（一）作为公司国有资产保值增值的第一责任人，对公司生产经营结果负责；

（二）正确行使职权，整合公司内部资源，确保完成省国资委下达的经营目标任务。

（三）正确处理好与总经理的权责关系，促进公司法人治理结构协调运转。

第十八条 公司党委（党组）主要负责人应当依法进入董事会；非外部董事中的党员可依照《中国共产党党章》有关规定进入党委（党组）；党委（党组）书记和董事长可由一人担任。

第十九条 董事长一般不兼任总经理。

第二十条 董事会会议分为定期董事会会议和临时董事会会议。公司章程应对定期董事会会议的召开时间作出具体规定。有下列情况之一时，可以召开临时董事会会议：

（一）三分之一以上董事提议时；

（二）监事会提议时；

（三）董事长认为有必要时；

（四）省国资委认为有必要时。

第二十一条 董事会会议应在会议召开10日以前书面通知全体董事、监事及其他列席人员。对董事会会议审议的重大决策事项，必须事先向董事提供充分的材料，以确保董事有足够的时间阅研材料。

第二十二条 董事会会议应由二分之一以上的董事出席方可举行。除公司章程规定必须由全体董事三分之二以上表决同意方可通过的决议外，其余决议可由全体董事表决，过半数同意即为有效。

第二十三条 董事会会议表决，各董事会成员均为一票。各董事应按自己的判断独立投票。董事投票应采取签名投票方式。

第二十四条 董事会会议应对所议事项形成详细的会议记录。出席会议的董事和列席会议的董事会秘书应在会议记录上签名。会议记录应妥善保存于公司。

第二十五条 董事会的服务机构和人员。

（一）设立董事会办公室作为董事会常设工作机构，负责筹备董事会会议，办理董事会日常事务，与董事沟通信息，为董事工作提供服务等。

（二）董事会秘书由董事长提名，董事会决定聘任或解聘。董事会秘书负责董事会办公室的工作，并列席董事会，负责作董事会会议记录。

第四章 监事会

第二十六条 监事会按照《四川省国有企业监事会暂行办法》的有关规定，由省政府派出，按规定行使职权，履行义务。

第五章 总经理

第二十七条 独资公司设总经理一人，设副总经理三至五人。在公司执行性事务中实行总经理负责制。

第二十八条 总经理对董事会负责，行使下列职权：

（一）主持公司的生产经营管理工作；

（二）组织实施年度经营计划和投资方案；

（三）拟订公司内部管理机构设置方案；

（四）拟订公司的基本管理制度；

（五）制定公司的具体规章；

（六）根据省国资委建议，提请聘任或解聘公司副总经理、财务负责人；

（七）聘任或者解聘除应由董事会聘任或解聘以外的管理人员；

（八）公司章程和董事会授予的其他职权。

第二十九条 总经理负责执行董事会决议，向董事会报告工作，对董事会负责，由董事会聘任或解聘、评价、考核、奖惩。总经理列席董事会会议。

第三十条 总经理应当根据董事会或者监事会的要求，向董事会或者监事会报告公司重大合同的签订、执行情况、资金运用和盈亏情况。

第三十一条 总经理应制订总经理工作细则，报董事会批准后实施。总经理工作细则包括下列内容：

（一）总经理会议召开的条件、程序和参加的人员；

（二）总经理、副总经理及其他高级管理人员各自具体的职责及分工；

（三）公司资金、资产运用，签订重大合同的权限，以及向董事会、监事会的报告制度；

（四）董事会认为有必要的其他事项。

第六章 附 则

第三十二条 首先从独资公司中选择国有经济应予控制、投融资等重大决策事项较多、经营状况较好的企业进行试点，待试点工作取得成效后，再逐步扩大到全部独资公司。

第三十三条 完善独资公司法人治理结构的试点工作方案另行制定。

第三十四条 省国资委履行出资人职责的独资公司以外的其他省属国有独资公司及省以下国有独资公司完善法人治理结构工作，可参照本试点暂行办法执行。

第三十五条 本暂行办法由省国资委负责解释。

2004 年 12 月 28 日

四川省国有企业重大法律纠纷案件管理暂行办法

川国资法规〔2005〕153 号

第一章 总 则

第一条 为加强对企业国有资产的监督管理，维护出资人和所出资企业的合法权益，保障国有资产安全，防止国有资产流失，促进企业建立健全法律顾问制度和法律风险防范机制，规范企业重大法律纠纷案件的管理，根据《企业国有资产监督管理暂行条例》、《国有企业法律顾问管理办法》和《中央企业重大法律纠纷案件管理暂行办法》的有关规定，制定本办法。

第二条 本办法所称所出资企业，是指由四川省政府国有资产监督管理委员会（以下简称省国资委）依法履行出资人职责的国有及国有控股企业（以下称企业）。

第三条 本办法所称重大法律纠纷案件，是指具有下列情形之一的诉讼、仲裁或者可能引起诉讼、仲裁的案件：

（一）涉案标的额超过 200 万元的。

（二）企业及子企业发生的涉及出资人重大权益的。

（三）对企业改革发展可能产生重大影响的。

（四）具有重大社会影响的。

（五）可能引发群体性诉讼或者系列诉讼的。

（六）具有国际影响的涉外民商事纠纷。

第四条　省国资委负责指导企业重大法律纠纷案件的处理、备案和协调工作。

第五条　企业应当依法独立处理法律纠纷案件，加强对重大法律纠纷案件的管理，建立健全有关规章制度和有效防范法律风险的机制。

第六条　省国有企业之间发生法律纠纷案件，鼓励双方充分协商，妥善解决。

第七条　企业法律顾问应当依法履行职责，对企业经营管理相关的法律风险提出防范意见，避免或者减少重大法律纠纷案件的发生。企业负责人应当重视企业法律顾问提出的有关防范法律风险的意见，及时采取措施防范和消除法律风险。

第二章　处　理

第八条　企业重大法律纠纷案件的处理，应当由企业法定代表统一负责，企业总法律顾问和分管有关业务的企业负责人分工组织，企业法律事务机构具体实施，有关业务机构予以配合。未实行企业总法律顾问制度的企业，由企业法律事务机构在企业分管负责人的统一组织下，具体协调处理重大法律纠纷案件。

第九条　企业发生重大法律纠纷案件聘请律师事务所等中介机构（以下简称法律中介机构）进行代理的，应当严格按照《四川省政府国有资产监督委员会中介机构聘用管理办法（试行）》的规定进行。

第十条　企业法律事务机构具体负责选聘法律中介机构，并对其信用、业绩进行评价。中介机构的聘用结果于聘用结束后 5 日内报省国资委。

企业法律事务机构有义务配合省国资委对选聘的法律中介机构的工作进行监督和评价。

第三章　备　案

第十一条　省国资委对企业重大法律纠纷案件实行备案管理制度。

第十二条　企业发生重大法律纠纷案件，应当在 5 个工作日内报省国资委备案。涉及诉讼或者仲裁的，应当自立案之日起 1 个月内报省国资委备案。企业子企业发生重大法律纠纷案件应当在 3 个工作日内报企业备案，并由企业在 5 个工作日内报省国资委备案。

第十三条　企业报省国资委备案的文件应当由企业法定代表人或者主要负责人签发。

第十四条　企业报省国资委备案的文件应当包括以下内容：

（一）基本案情，包括案由、各方当事人情况、涉案金额、主要事实陈述、争议焦点等；

（二）处理措施和效果；

（三）案件结果分析预测；

（四）企业法律事务机构出具的法律意见书；

报省国资委备案的重大法律纠纷案件处理结案后，企业应当在10个工作日内想省国资委报告有关情况。

第十五条 企业应当定期对本系统内发生的重大法律纠纷案件的情况进行统计，并对其发案原因、发案趋势、处理结果进行综合分析和评估，完善防范措施。

第四章 协 调

第十六条 企业发生重大法律纠纷案件应当由企业自主处理。省国资委对下列情形之一的重大法律纠纷案件可以予以协调：

（一）法律未规定或者规定不明确的；

（二）有关政策未规定或者规定不明确的；

（三）受到不正当干预，严重影响企业和出资人合法权益的；

（四）深国资委认为需要协调的其他情形。

第十七条 省国资委协调企业重大法律纠纷案件应当坚持以下原则：

（一）依法履行出资人代表职责；

（二）依法维护出资人和企业合法权益，保障国有资产安全；

（三）保守企业商业秘密；

（四）依法办事，公平、公正。

第十八条 企业报送深国资委协调重大法律纠纷案件，事前应当经过企业主要负责人亲自组织协调。

第十九条 企业报请省国资委协调重大法律纠纷案件的文件，除包括本办法第十四条规定的内容外，还应当包括以下内容：

（一）案件发生后企业的处理、备案情况；；

（二）案件对企业的影响分析；

（三）案件代理人的工作情况；

（四）案件涉及的主要证据和法律文书；

（五）需要省国资委协调处理的重点问题。

第二十条 企业子公司发生的重大法律纠纷案件需要协调的，应当由企业负责协调；协调有困难且符合本办法第十六条规定的，由企业报请省国资委协调。

第五章 奖 惩

第二十一条 省国资委和企业应当加强对重大法律纠纷案件处理、备案情况的监督和检查。

第二十二条 企业应当对作出重大贡献的企业法律事务机构及企业法律顾问、有关业务机构及工作人员给予表彰和奖励。

第二十三条 企业未按照规定建立健全法律风险防范机制和企业法律顾问制度，对重大法律纠纷案件处理不当或者未按照本办法备案的，由省国资委予以通报批评；情节严重或者造成企业国有资产重大损失的，由省国资委、企业按照人事管理的分工和权限，对直接负责的主管人员和其他直接责任人员依法给予纪律处分，同时追究其相关法律责任。有犯罪嫌疑的，按司法程序依法处理。

第二十四条 企业法律顾问和有关工作人员在处理重大法律纠纷案件中玩忽职守、滥用职权、谋取私利，或给企业造成重大损失的，应当依法追究其相关法律责任。有犯罪嫌疑的，按司法程序依法处理。

第二十五条 企业聘用的法律中介机构在代理案件过程中，因不尽责或存在过错行为给企业造成较大损失的，依法承担赔偿责任并解除聘用合同。有犯罪嫌疑的，按司法程序依法处理。

第二十六条 省国资委有关工作人员违反本办法第十七条规定的，依照有关规定给予处分；情节严重或者造成企业国有资产重大损失的，依法追究其相关法律责任。有犯罪嫌疑的，按司法程序依法处理。第六章附则

第二十七条 市（州）国有资产监督管理机构可以参照本办法，并根据本地实际情况制定具体规定。

第二十八条 本办法由四川省政府国有资产监督管理委员会负责解释。

第二十九条 本办法自 2005 年 8 月 1 日起实行。

2005 年 7 月 20 日

（二）调研报告

适应社会主义市场经济的国有资产管理体制研究

四川省国有资产管理课题组

我国国民经济以公有制为主体，以国有经济为主导和骨干。国有经济是国民经济的支柱，是社会主义现代化建设的骨干力量，是国家财政收入的主要来源，在经济和社会发展中占有重要地位。搞好国有经济，盘活国有资产，对增强国家的经济实力，提高人民生活水平，发挥社会主义优越性，具有十分重要的意义，是一件关系全局的大事情。由于各种主客观因素的综合影响，国有资产的管理工作还比较薄弱，国有资产的立法工作相当滞后，特别是国有资产管理体制还不健全、不完善，国有资产多头管理，负责不明，低效运营的状况还没有改变，导致国有资产权益流失严重，国有资产保值、增值要求没有保障，制约了社会主义市场经济体制的建立和运作，研究并实施适应社会主义市场经济的国有资产管理体制非常重要和紧迫。为此，根据省委的部署和安排，我局近期开展了“适应社会主义市场经济的国有资产管理体制研究”。

本项研究的若干前提假定：

（1）立足四川的实际，有较强的现实针对性，但所揭示出的形态特征和有关的初步判断放大到全国还是基本适用的。

（2）主要以经营性国有资产的管理为研究对象，而没有涉及非经营性国有资产管理，特别是没有涉及行政事业单位占用国有资产的管理问题。行政事业单位占用的国有资产，由于其功能及形态的特殊性，在管理上需要专题研究。

（3）本项研究尽可能联系实际，但仍旧属于理论实证研究。特别是第二、三部分，尤其有待实践的验证和检验。因此，本项研究更多具有科学假说的性质，权且作为一个理论模型罢了。

第一部分　现状与问题

一、全省地方经营性国有资产运营状况分析

（一）全省经营性国有资产总量，结构及其效益现状。据对全省国有资产有关情况的不完全统计，截止 1992 年，全省地方国有企业 12649 户，共占用经营性国有资产存量总额为 520.14 亿元，其中，从资金形态上看，固定基金 360.70 亿元，占国有企业经营性国有资产存量的 69.4%，流动基金 72.42 亿元，占 13.9%，专项基金 87.02 亿元，占 16.7%；从部门资金构成看，工业部门国有资产为 318.07 亿元，占 61.2%，建筑部门 11.50 亿元，占 2.2%；铁路、交通、邮电等部门 21.82 亿元，占 4.2%，商业、粮食、外贸、旅游等部门 114.52 亿元，占 22%，农业、林业、水利部门 26.63 亿元，占 5.1%，城市公用部门 16.32 亿元，占 3.1%。

1992 年，全省地方国有企业完成工业产值 545.31 亿元，实现销售收入 1421.42 亿元，实现利润 2.98 亿元，资金利润率为 0.27%。

（二）全省经营性国有资产运营的基本特征。根据对全省地方国有企业资产运营状况的统计调查分析可以看出，全省国有资产的运营呈现出几个值得注意的特征：

1. 国有企业效益低下，亏损面大的问题，仍然没有改观。尽管 1992 年政府为启动经济，向国有企业注入了大量资金，但当期全省地方国有企业仅实现利润 2.98 亿元，资金利润率仅为 0.27%。对比同是经济周期高峰阶段的 1989 年，1992 年全省地方国有企业实现利润和资金利润率分别下降 35.05 亿元和 5.8 个百分点。考察 1989 年到 1992 年国有企业亏损情况，可以看出，国有企业的亏损面有继续扩大的趋势。即使在经济增长期的 1992 年，全省地方国有企业亏损面仍维持一个相当高的比例。1989 年，全省地方国有企业亏损户数为 1447 户，亏损面为 14.1%，而到了 1992 年，全省地方国有企业亏损户数就已达到 4463 户，亏损面 35.3%，1989 年相比亏损户数增长 208.43%，亏损面增长 21.2 百分点。

2. 国有企业闲置资产数额继续增加。在经济高速增长的背景下，1992 年全省地方国有企业未使用和不需用的固定资产反而继续增长，总额达 12.3 亿元，比 1991 年增加了 0.2 亿元，增长 1.7%。对比经济周期高峰阶段的 1989 年，闲置资产数额增长了近 2 亿元，出现了与已往经济高速增长年份不相适应的情形。可以肯定，随着国有企业清产核资工作的展开，将有大量的闲置资产被清理出来。资产闲置的主要原因是盲目建设和产业结构老化造成的，同时，也与目前闲置资产以及产权的调剂或转让渠道不畅，工作进展缓慢有关。

3. 国有资产及其权益流失现象十分严重。国有资产流失主要有三种情况：一是未进行资产评估就进行产权变动而发生的国有资产流失。根据我们所作的典型调查，1992 年全省因资产出卖、合资、兼并等情况应进行资产评估的项目 805 项，账面资产净值 155. 2 亿元；实际只评估项目 372 项。全省共有 400 多个项目，近 4 亿元的资产未经评估。据统计仅因此全省就有 2 亿多元国有资产流失。如果加上不正当行政干预和评估机构漏评、少评和压价评估等原因，全省损失的数字就更大。二是国有资产管理不善以及企业职工工资福利增长超过生产增长造成企业生产成本增加，工资侵蚀利润，导致国有资产权益的流失。三是股份制企业未向国家股配股，加上国家也无钱交纳配股款项等原因，造成的流失。

二、国有资产运营的宏观环境分析

（一）国有企业财政性负担沉重。财政性负担主要包括两个部分：一是企业向国家财政上缴的税收。1992 年全省地方国有企业创造的国内生产总值仅占全省总和的 20% 左右，向财政上缴税利却占到全省全部财政收入的一半以上。以国有企业上缴税利中的流转税为例，据统计，单是流转税一项，1992 年全省国有企业创造的纯收入中，有 80% 首先通过流转税上缴财政。此外，国有企业过低的折旧率使本应当用于补偿设备磨损的资金转化为税收和利润上缴国库。二是由于财政的职能缺位造成的本应由政府出面承担并履行的职责，实际上由企业来负担，如企业办社会、社会保障等。我省多数国有大中型企业都拥有食堂、浴室、职工住房、医院或医务室、商店和学校等社会福利设施。另外，在职工待业保险，养老保险、医疗保险等社会保障制度没有建立起来之前，企业实际上还得负担本应由社会负担的企业富余人员，不合格人员的生活。国有企业财政性负担沉重，造成企业自有资金短缺，企业缺乏自我积累、自我发展的经济基础。这是导致国有企业技术装备陈旧、新产品开发困难，债务负担沉重和潜在亏损的根本原因。

（二）非财政性负担改变不大。企业反映，方方面面都向企业伸手，乱摊派名目太多，难以拒绝，又承受不了。现在，来自各个方面的各种赞助要求不断，企业搞技术改造，要上缴有关部门各种手续费。尽管《转机条例》赋予国有企业“拒绝摊派权”，但是，由于摊派大多来自一些对企业有利害关系的部门，企业一旦拒绝就会招致麻烦或遭受损失，因而被迫放弃“拒绝权”。连续不断的摊派已经严重影响到企业的正常生产经营活动。

（三）政府机构职能转变与精简进展缓慢。《全民所有制工业企业转换经营机制条例》赋予国有企业 14 项经营自主权的有关规定颁布已经一年多了，从落实的情况看，并不很理想，其中一个主要原因就是政府机构的职能转变和精简进展缓慢。

（四）竞争环境不平等。同样的市场背景下，国有企业和非国有企业不是处于同一条起跑线上。这集中表现在税收、社会负担及僵硬的政府宏观管理体制上。以工业企业为例，目前国有工业企业流转税占销售收入的比重始终在 10% 以上，而非国有工业企业却在 5% 以下。国有企业沉重经济负担和运营上的行政性干预，导致国有企业活力不强。

三、国有资产的管理机制分析

目前，国有企业的产权管理格局仍然是政企不分，政资不分，这种国有企业产权的管理机制是与传统的计划经济体制相适应的，是一种低效率的管理方式。现行的国有产权管理机制有以下几个特征：

（一）产权的部门多头管理。现行国有企业产权管理体制条件下，政府部门实际上执行所有者职能，不能不直接经营企业。政府部门直接干预企业的经济活动，导致在投资、收益、资产处置等问题上的政出多门，破坏了国有资产管理的统一性。

（二）财产约束不能进入企业。现行国有企业产权职责由各级政府及其部门分别行使，而政府的职责行使只能在企业的外部，不可能成为企业的一个组成部分，导致所有者不能在企业内部形成内部约束，从而不可能在企业内部形成所有者、经营者、劳动者之间相互制衡的机制。

（三）企业的盈亏责任不明。目前，国有企业名义上是法人，但并不具备能够独立承担民事责任的财产地位，即国有企业不能以国家授予其经营管理的财产弥补亏损，偿还债务。与此相适应，一旦国有企业发生亏损，只有通过挂账、财政补贴等办法处理，国家实际上对企业仍承担了无限连带责任。这就使国有企业难以成为独立的法人实体，参与市场竞争。

（四）国有资产管理体制，溶进了产品经济和计划经济的形式与内容，具有政企合一、两权不分、社会目标和经济目标混淆，行政管理和产权管理交叉运作，而且多头行使国有资产管理权职能等弊端，严重影响了国有资产运营效益的提高，妨碍了国有经济主体地位、主导功能的正常发挥，制约了社会主义市场经济体制的建立。因此，改革国有企业资产管理体制，完善国有资产管理体系，健全国有资产管理形式，更新国有资产管理方法，非常重要和紧迫。

第二部分　设想与建议

四、现行国有资产管理模式分析

随着经济体制改革的不断深入，如何建立适应社会主义市场经济的国有资产管理体制模式，成为国有资产管理体制改革的首要任务。

八十年代末九十年代初，在经济管理体制改革不断深化的热潮中，国有资产管理体制改革也进入了一个新时期。随着国家国有资产管理局“三定”方案的下发，全国除台湾省以外，各省、直辖市、自治区和计划单列市政府都逐步建立了国有资产管理职能机构，有的省初步形成了省、市（地）、县三级政府国有资产管理职能机构体系。这些机构的建立，没有要求对口统一设置，也没有一个统一模式，是各地根据不同的需要和不同的认识成立的，归纳起来主要有以下几种模式：1. 深圳模式；2. 四川模式；3. 上海模式；4. 其他模式。通过分析这几种模式的长与短，利与弊，对于设计和建立新型国有资产管理模式很有必要。

深圳模式：深圳市于1987年在全国率先成立了深圳市投资管理公司，是市政府直接领导的管理国有资产的职能机构。深圳市政府赋予它以下几项职能：1. 国有资产代表的管理权；2. 资产收益权；3. 投资权；4. 指导和审批企业体制改革的方案；5. 监督权；6. 评价权等等。

四川模式：四川省国有资产管理局是1989年由四川省人民政府批准的，由省财政厅代管的专门从事国有资产管理的专职机构。省政府川府函（1989）161号《关于成立四川省国有资产管理局的批复》中对省国资局的主要职责作了明确规定，大致内容：1. 贯彻执行和制订有关方针、政策、法规、制度；2. 产权登记；3. 参予投资分配和再分配；4. 对国有资产运行情况进行监督、检查，维护国有资产保值、增值；5. 会同有关部门对省级国营企业进行发包、租赁；6. 国有资产产权变动和资产评估管理；7. 组织闲置资产处理；8. 管理境外国有资产；9. 指导市、地、州国有资产管理工作等等。

上海模式：1993 年 7 月 16 日上海成立了上海市国有资产管理委员会，上海市委书记（吴邦国）和上海市长（黄菊）分别任正副主任。上海国有资产的管理和运转业务分为三个层次，以达到最终实现国有资产的保值和增值。

其他模式：除以上三种以外均属这类。其共同特点是机构无独立性，大多是在财政厅（局）内部建立国有资产管理办公室（或处），有的是与财政两块牌子一套人马；职责不明确，国有资产管理工作的开展比较缓慢。

以上的几种模式各有利弊，如，深圳投资管理公司集管理与经营于一身，独立性较强，开展工作比较容易，但是容易形成新的“政企”不分。四川模式是纯行政性的管理机构，产权管理职责不明确，开展工作的阻力较大，加之没有有效的经济手段，所以，职责落实不到实处。上海模式起步比较高，过于理想化，形式与内容的统一还需要一段时间。

不管是传统的国有资产管理模式，还是近几年经过不断改革而产生的模式，仍然存在改革不彻底，不适应当前社会主义市场经济发展要求的问题。所以，根本问题是对传统的经济管理体制进行彻底的改革，特别是要对政府原有的“三权合一”，即资产所有权、社会行政管理权、宏观经济调控权三种职能进行分解和剥离。即要将资产所有权职能从政府职能中分离出来。我们过去管理的最大特点是把政府的多重职能混为一谈，搅在一起。传统体制的根本弊端也在于此。所以，建立适应社会主义市场经济的国有资产管理体制的目标模式，首先要从根本上解决政府资产所有权职能独立的问题。这是建立适应社会主义市场经济的国有资产管理目标模式宏观要求。

五、建立适应社会主义市场经济的国有资产管理的目标模式

根据发展社会主义市场经济的要求，设立一个完整的国有资产管理和经营体系是必要的。具体内容：第一，在有所有权职能从现行政府管理职能中独立出来的基础上，成立国有资产管理专职机构，将国有资产所有权职能集中于中央，实现所有权集中化、一元化管理；第二，在各省、自治区、直辖市和各地、州、市、县成立直属中央国有资产管理专职机构的国有资产管理机构，在中央国有资产管理专职机构的指导下从事国有资产的管理工作；第三，各省市自治区以及各地、州、市、县国有资产管理机构通过成立不同形式的“中介机构”来实现直接从事国有资产生产和营运的企业单位的管理；第四，随着这种管理模式的运转，企业的资产构成会从单一的国有资产成份变为国有资产、集体资产、个体资产以及外资资产等多元构成，企业与国有资产所有者的关系只是投资收益分配关系。这种模式的可行性在于：

（一）实现了资产所有权与经营权分离。管理资产所有权的政府部门从宏观上进行管理，通过制定相应的政策、法规、制度来对它的下级管理机构进行调控管理。直接从事国有资产运营的企业直接与“中介机构”发生联系，这种联系是通过资产的投资收益分配来实现，是一种经济联系。这样彻底解决了“政企”不分的问题，也给不同地区，不同企业一个公平竞争的机会。

（二）减少因“政资”不分而存在的影响国有资产管理机构正常运转的因素。“政资”分开是将代表国家行使社会管理者职能的政府部门和代表国家行使国有资产所有者职能的政府部门从组织机构上分开，并将政府的国有资产管理职能同政府的宏观经济管理职能适当分离。多年来，由于“政资”不分，国有资产分别由一个或几个甚至多个部门掌管“支配”，产权职能被分割肢解形成了多个产权主体和所有者代表，造成国有资产大量流失、资产配置不合理，降低了国有资产营运效益。新

型国有资产管理体制模式，则较好地解决了“政资”不分的问题。

（三）有利于精减机构，减少政府行政支出。这种集中的一元化领导的国有资产管理体制模式各机构之间的交叉职能减少，重复设置的机构减少，不仅有利于提高工作效率，而且有利于精减机构，减少政府行政支出。

六、按社会主义市场经济体制建设的要求，构建国有资产管理新体制

（一）在国家的社会管理职能和所有权管理职能分开的基础上，强化所有权的专职管理，逐步建立从中央到地方的产权管理体系，分别代表中央和地方各级政府行使国有资产所有者职能。通过改革，形成整体上集中统一的、结构上分级分权的国有资产管理体系，打破全国同吃国有资产一口大锅饭的状况，形成不同级次资产之间责权利相对独立的竞争性关系。同时，每级资产管理部门，应统一集中地行使国有资产的所有权，具体地体现为国有资产所有者的代表权、国有资产管理监督权、国家投资和收益权以及资产处置权。在改革进一步深化的基础上，“四权”逐步集中到国有资产管理部门以后，政府的一般行政部门应转向面对全社会所有不同性质的企业，实施以间接为主的经济综合管理或行业管理。

（二）按照所有权与经营权分离原则，以多种方式授权或委托经营国有资产。要逐步建立中介性的国有资产受托经营机构，按经济原则独立地经营资产，力求资产最大程度地增殖。各级国有资产管理部门，可将本级所属资产委托给若干竞争性的资产经营机构，负责资产经营。这些机构，可以是投资管理公司，可以是控股公司，可以是大的企业集团，也可以是不再担负政府行政职能的行业性公司。他们主要任务是管理好资产管理部门授权委托经营的资产，对下属企业实行产权管理、委托产权代表，聘任经营者，对企业的税后利润即资产收益进行合理分配，并根据企业经营效益好坏，对下属企业的资产进行处置和重组以保证资产收益最大化。考核这些公司的主要指标，应该是资本利润率和国有净资产增殖率，并以此决定公司的前途。

（三）逐步建立高效的产权市场，使国有资产适应市场经济发展和市场变化趋势，经常进行资产的重新配置和优化组合，促进产业结构调整。鉴于目前国有资产的部门所有、地区封锁严重，要组建跨地区、跨行业的企业集团，实现企业兼并、租赁、转让，促进资产的合理流动。要通过改革，引入对国有资产实行价值管理为主的新机制，对落后企业采取兼并、出租、拍卖等管理重组措施，并鼓励企业集团的发展；对符合国家产业政策，市场潜力大，急需扩大规模的企业，可试行股份制办法，吸收多方甚至外商的投资，组建股份有限公司，并允许其中少量大型的股份公司向社会公开发行及上市股票。

（四）要对众多的国营企业逐步实行公司化改造，广泛发展国有资产的交叉持股经营。逐步建立以有限责任公司为主要形式的企业法人资产制度，使企业真正成为自主经营、自负盈亏，既有自我约束机制，又有自我发展能力的商品生产者和经营者。国有资产产权的不同经营主体之间可以合股投资，相互转让产品，允许中央和地方在同一企业内部交叉持股。关系国家经济命脉的重要企业，主要由中央投资或控股，其他企业地方可以控股。

（五）理顺国有资产的收益和再投入问题

1. 实行税利分流，确立国有资产管理部门的收益权。在社会主义市场经济条件下，一方面国家作为政权机关这个社会管理者，为了实现其政治职能，以政权为依托，有权向企业这个创造社会财富的经济实体取得一般税收；另一方面，国家作为国有资产所有者，为了实现其经济职能，以所有

权为依托，有权参与企业税后利润分配，取得资产收益。因此，“税利并存”构成了国家与企业收入分配关系的基本格局。过去我们忽视了二者不同的内在规律性，导致工作中使国家与企业之间的收入分配关系含混不清。进一步理顺税利分配关系，在于走“税利分流”道路，即通过对现行税制加以完善，向企业普遍征收统一税，然后实行灵活的税后利润分配，充分搞活国有企业，从而实现税利并存的基本分配格局。随着税利分流的实行，必须要求将利润收益分配权交给国有资产所有者代表即国有资产管理部门行使，从而确立国有资产管理机构的收益权。这样，税收由财税部门管理，并列入经常性预算，国有企业的税后利润由国有资产管理部门收取和管理，主要用于建设性预算。

2. 完善投资体制，落实国有资产管理机构的投资权。现行投资体制极不完善，特别是“拨改贷”越来越显出其弊端，必然导致投资规模失控，投资方向失控、投资效益低下，并且使企业背上沉重的还贷包袱。国有经济的发展壮大，必须由国家直接投资，可以由国有资产管理部门下设专门的“国有资产投资公司”，也可改造现有企业为投资公司，根据需要实行独家投资、合伙投资、入股投资等多种形式，使投资主体和客体有投资自主权，强化自我约束能力，减少投资的主观盲目性。

（六）改革企业领导制度，建立健全国有资产管理的日常运行机制。要健全企业法人机构，真正实行法人机构领导下的厂长（经理）负责制，同时，废除企业领导行政级别终身制。企业转换经营机制，政府转变职能后，国家对企业的管理，应变行政手段管理为主为以经济手段管理为主，主要以产权关系为纽带管理国民经济。为此，各级国有资产管理部门下设的的国有资产经营公司要以国有资产所有者代表身份，派员参加企业的董事会或企业管理委员会。为了经营管理好国有资产，国有资产经营公司必须拥有一批素质高的队伍。今后，在政府机构改革中，现行的行政性企业主管部门和一些职能交叉重复的机构应逐步精减和撤并，其中的优秀人员可以选调到国有资产经营公司中工作。

七、政府宏观管理体制改革是国有资产管理体制改革的根本保证

（一）实现政府行政管理权与资产管理权的分离。社会主义国家对资产的管理包括两个方面：一是凭借政权的权力，以社会管理者身份实施的行政管理；一是凭借拥有产权的权力，以资产所有者身份实施产权管理。上述两种权力性质截然不同，管理方式和途径也大相径庭。国有资产及其管理有自身的规律性和独立性，与行政运行系统没有有直接联系。因此，国有资产的产权管理和国有经济的行政管理必须严格分离，避免长期以来我国经济运行中的政资不分造成的种种矛盾和后果。国有资产管理部门作为资产所有者的专职代表，拥有对国有资产的占有、使用、收益和处分的权利，国有资产管理部门的根本任务在于运用国有资产所有权的职能，实现其增殖。政府的其他部门应独立于国有资产所有权职能之外，运用国家赋予的各项行政职能，完成各项事业和行政计划，监督企业执行国家法律法规，以税收的形式从企业取得部分纯收入。

（二）实行政企分开，所有权与经营权分离。经营权是所有权的派生权，但在市场经济条件下，两者又能相对分离。在现阶段，由于政企职责不分，一方面企业所有者代表多元化使企业无所适从。另一方面，企业作为政府各职能部门的附属物，完全处于一种被动、服从的经营过程，因而不承担任何经营风险和责任。因此，政企分开是资产管理权与行政管理权分开的必然结果和重要保证。在对国有企业实施管理时，只有遵循政企分开原则，尊重和保证企业作为商品生产者和经营者的组织性质，国有企业才能真正转换经营机制，成为独立的商品生产者主体。

（三）实行国有资产所有权专职管理，形成产权的独立运作。国有资产即全民财产，它的终极所

有权属于全体人民，只能由代表全国各族人民利益的中央人民政府作为国有资产所有权的主体并统一行使所有权。各级地方政府与中央政府不同，它们不具有国有资产的所有权，只是受中央政府的委托，对其所辖的国有企、事业和行政单位占有的国有资产进行组织管理。国有资产整体性和统一性必然要求对国有资产实施统一的产权管理。即国有资产只能有一个产权主体，对其管理采取统一领导、统一政策、分级管理。国有资产所有权专职管理是靠建立一个体系和一套机制来进行的。国有资产的专职管理至少包括三个层次：第一层次是政府内设立国有资产管理机构，其职责（是制定）国有资产所有权管理法规、制度、办法，具体组织实施并进行监督检查。各级政府所有权专职管理机构向同级政府负责，业务上实行统一政策，统一法规，接受上级国有资产管理部门领导。第二层次是从事国有资产产权经营和管理的中介机构。第三层次是基层企业中的产权代表机构。按照以上三个层次设立的国有资产所有权专职管理体系，其特征是以产权关系为纽带，并通过法律、法规自上而下地形成经营效益负责制和各层次之间的权、责、利。这种体系的建立，在现行国有资产管理多元化的局面下是不可能的。这种体系有利于使企业摆脱行政附属地位，面向市场以资本金增值和利润最大化为目标，从而真正实现经营自主。

（四）要创造一个产权运营的公平竞争环境，做好一系列配套改革。通过深化整体改革、健全宏观调控体系，实施对国有经济公平的间接调控和引导，消除国有经济同非国有经济在市场竞争环境和各种社会义务等等方面的差别，切实减轻国有经济的财政性和非财政性负担，推动国有企业走向市场，参与市场竞争，不断提高其适应能力和发展能力，从而真正把国有企业搞活。

如同整个经济体制需要协调配套一样，国有资产宏观管理体系的改革也要同其他方面的改革结合起来协调进行。特别要注意同政府机构、计划体制、财政体制、金融体制的改革协调进行。例如没有政府机构的改革，没有把国有资产所有权真正从政府的行政管理权中分离和独立出来，没有对宏观调控部门和行业主管部门进行规范，转变其职能和管理方式，那么国有资产管理改革只是纸上谈兵。再如，没有财政体制方面“税利分流”，国有资产宏观管理权就很难实现同国家行政权力分离；没有金融市场的发育，有关国家资产宏观管理的一些经济政策和法规就难以正常发挥作用；没有计划体制向市场经济体制和指导性过渡，国有资产的宏观管理也就很难实现体现产业政策的要求。因此，必须加快下列改革：

1. 进行政府机构改革和职能调整，将完全的资产所有权及责任集中由国有资产新体系中的国有资产所有者代表独立行使和承担。

2. 加快税利分流、复式预算和投资主体一元化改革，真正体现国有资产产权管理。

3. 加快人事制度改革。尽快实现企业的干部，包括厂长、经理由产权主体按照法定程序委派。

4. 健全保障制度、培育市场和完善宏观调控体系，提供企业公平的竞争环境，使国有资产运营真正纳入整个国有经济持续、稳定、协调发展的轨道。

第三部分　模型与影响

八、四川省国有资产管理新体制横截面图

根据社会主义市场经济体制对于国有资产管理的要求，适应当前整体经济体制改革正由计划经济逐步向市场经济过渡这一宏观环境，既能适应和推动社会主义市场经济体制的逐步建立，又能够

切实改变目前国有资产管理不适应市场经济建设需要的状况。我们认为目前比较可行的过渡性国有资产管理体制图式如下：

（一）第一层次，建立四川省国有资产管理专职机构。在政府机构中，建立四川省国有资产管理局，行使国有资产行政管理职能，具有国有资产所有者代表身份，具体行使国有资产的各项产权管理职能。如果维持现有机构级别，为有利对外开展工作，建议将局内各职能处室按一级厅局的处室规格（正处级）设置。

（二）第二层次，建立精简、高效的工作机构。专职机构内部设置若干办事机构，具体归口负责日常的国有资产管理操作事务。专职机构内部办事机构可以是“处”，也可以设“部”。作为行政机构，设置“处”级机构比较合适。作为产权管理机构，设置“部”级机构比较合适。

专职机构内部机构的设置，不再按行业系列设置，改按国有资产营运的环节和再生产规律设置，初步考虑可设置下列主要处（部）和中心等办事机构：

1. 办公室；2. 产权登记管理处；3. 产权代表管理处；4. 资产经营管理处；5. 资产收益管理处；6. 投资管理处；7. 资产处置管理处；8. 涉外资产管理处；9. 资源资产管理处；10. 非经营性资产管理处；11. 人事教育处；12. 综合处；13. 四川省资产评估管理中心；14. 四川省产权登记事务所；15. 四川省资产评估事务所；16. 四川省资产增值促进中心，等等。

（三）第三层次，建立国有资产中介经营管理机构。在省级有关部门，逐步将其所拥有的国有资产经营管理职能剥离开来，实现其行政管理职能与国有资产经营管理职能的分解。对政府有关所拥有的国有资产经营管理职能，在组织机构形式上，可以选择如下两种形式：

1. 作为政府部门内部的职能机构，由行政法律和公务员制度规范的，可以作为省国有资产管理专职机构的派出机构和办事机构，负责相关行业国有资产的经营管理工作，并接受省国有资产管理专职机构的指令和监督考核。

2. 作为市场经济组织的实体企业，追求盈利的最大化，负责中观（行业性的）层次（领域）国有资产的经营管理，实现其整体资产的效益最大化，经过省国有资产管理专职机构的委托或授权可以行使相应的经营管理职能。

在此基础上，以四川资产经营公司为依托，组建四川省国有资产经营总公司，在省国有资产管理专职机构的领导下，总揽国有资产的经营管理事务，逐步实现国有资产经营和配置的良性循环。

按此图式，各市、地、州、县归口统一组建相应的国有资产管理机构。可以预料，我省国有资产管理新体制将日趋健全和完善，我省国有资产管理工作必将跃上一个新台阶。我们相信，国有资产管理新体制的组织实施，对于推进整体改革的不断深化，重塑四川省开拓创新、锐意改革的新形象，促进全省国民经济持续、稳定、协调、高效发展具有重要意义。

（课题组总负责人：邓学安；课题组负责人：孟天林、刘守森、张谷；课题设计、主持和统稿：任治俊；执笔人：任治俊、林声、向小静、万选荣、李翔；版式印务：刘雪佳、黄俊、曾虹伟。局内各部门负责人和有关同志参加了课题组的座谈讨论。）

1993 年 10 月

关于国企改革的四个问题

柳斌杰

国有企业改革是我国经济体制改革的一个关键问题，能否搞活国有企业，对于建立社会主义市场经济体制和巩固社会主义制度，都具有直接的重要意义。正因为如此，我国的国有企业改革，全国关心，举世关注。党的十五大指出："深化国有企业改革，是全党重要而艰巨的任务。要坚定信心，勇于探索，大胆实践，力争到本世纪末大多数国有大中型骨干企业初步建立现代企业制度，经营状况明显改善，开创国有企业改革和发展的新局面。"为了完成党中央提出的这个重要而艰巨的任务，我们应该负责地对我国国企改革的难点和解决难点的对策作一些研究。

一、国企改革的历程和问题

国有企业是我国国民经济的支柱，在建立社会主义基本制度和推进社会主义现代化建设事业中发挥了不可替代的作用。但是，由于"十年动乱"的破坏和旧的经营机制的影响，使我国国有企业本应具有的活力没有发挥出来，在重重困难之中艰难地运行。所以，我国改革开放时代一开始，党和国家就把在改革中搞活国营企业作为城市经济体制改革的中心环节，进行了20年的探索，取得了一定的成果。

我国国有企业的改革是从放权让利开始的。党的十一届三中全会后首先是调整条块关系，使地方有了一定的管理权；给企业有限度地让利——计划外销售权和资金分配权，到党的十二大时，我国国有企业情况虽有好转，但管理混乱、无人负责、效益低下的问题并没有根本改变。当时分析原因是企业组织结构不合理，经营管理落后，"大锅饭""铁饭碗"那一套旧框框没有触动。于是，提出了积极稳妥推进企业体制改革的问题。这个阶段的改革，主要是处理国家与企业、企业与职工的利益关系，是以解决国有企业责、权、利问题为目标，建立经营责任制为特征的。首先是推行了利改税，使企业利、税分离，国有企业也要保证国家税收，加强经济责任。接着颁布了《国务院关于进一步扩大国营工业企业自主权的暂行规定》，从经营、销售、价格、采购、资金使用、资产处置、机构设置、人事管理、工资奖金分配等十个方面扩大了企业应有的自主权。1986年中共中央发布了改革企业领导体制的三个条例，明确了企业的领导责任和各自的工作重点，推动了领导体制改革，理顺了企业内部行政、党委、工会之间的关系，强化了厂长负责制。与此同时，在投资体制上也实行"拨改贷"，把国家的无偿投资变为贷款，强化了企业的经济责任。由于这些改革仍未带来很大活力，于是就开始了转换经营机制的改革。

从1987年开始，国有大中型企业普遍推行了经营承包责任制，同时实行了股份制试点和国有小企业的包、租、转、卖的改革试点，探索经营机制上的改革途径。1992年《全民所有制工业企业转换经营机制条例》出台以及《公司法》的颁布，国家该放开的应该说全都放开了。实践证明这些改革举措的作用是有限的，没有能够从根本上解决国有企业的问题，因为积弊太多，不从根本上改革难以见效。

党的十四大确立了建立社会主义市场经济体制的改革目标，相应地提出了建立现代企业制度的要求，这为国企的改革指明了新的改革方向。为此，我国展开了产权制度改革的探索，进行了现代企业制度和优化资本结构的试点，实施了“抓大放小”，改革与改组、改造相结合；组建大型企业集团、兼并破产等一系列战略性的措施。最近三年来，我国国企改革进入攻坚阶段，按照鼓励兼并、规范破产、减人增效、下岗分流和实施再就业工程等一整套方针和债转股等新的三大政策，进行实质性的改革。有些初见成效，有些还在试行中。

从我国国企改革的上述历程来看，从放权让利到经营责任制，从转换机制到建立现代企业制度，我们已经做了很多的努力，但直到今天我们仍没有取得令人满意的效果，国企改革的任务还相当艰巨，问题也相当突出。从直观上看，国有企业还没有完全摆脱计划经济的影响，对市场经济的运行反应迟缓，企业亏损严重，国企的赢利能力和对社会的贡献率继续降低；产品竞争力差，不适应国际国内加速市场化的要求；国企缺乏活力，与其他成份的企业相比，劳动生产率、资本利润率、资金效益等经济指标都偏低；逃废债务、“改名换姓”的改革占很大比例，甚至一些上市公司也仍然保留了老国企的弊端；管理混乱，国有资产流失严重，成百上千的暗道浊流在侵蚀用人民血汗建设起来的国有企业。

付出如此巨大的代价，却没有彻底解决国企问题，到底原因何在？我认为致命的弱点是没有一个明确的出发点和目标。集中反映在三个问题上：①为发展还是为解困？企业、政府都不明确。也许有人说，解困和发展是一致的。其实不然，以发展为目标，我们就可以把人力、财力、物力调动到发展领域里去，就能形成新的先进的生产力、新的经济增长点；以解困为目标就是把人力、物力、财力完全用到了维持困难企业的生存上，形成的是更大的包袱，保护的是落后的生产力。②是壮大还是削弱？理论上说：我们讲的是多种经济成份共同发展，国有企业当然没有说不发展。实际上没有多少人想去壮大国有企业，因为各地都说要调整所有制结构，实行“民进国退”“退出竞争领域”，大力降低国有企业的比重；几乎所有地区都有放胆发展民营私营经济的战略，却没有一个地方有“放胆发展国有企业”的战略，就证明没有壮大的准备或趋势。③是搞活还是搞死？听起来这话比较刺激，实际上始终存在着要不要国有企业的问题。理论界有人说国有企业天生是低能儿，不具备竞争能力，国有企业改革的成功就是“没有国有企业”。实践上，有的地方以没有国有企业为荣，有的地方介绍经济改革成就时明确说：“我们再没有一个国有企业。”对此，一些领导同志也心中无数，存有疑虑。这些问题影响了国企改革的设计方向，也动摇了干部群众搞好国企的信心和决心，导致原则话讲得很有力，实际改革中落实不到位。

二、国企改革的关键

由于国企改革久攻不下，大家都在思考这个攻坚战怎么打，因而就有许多不同的观点和看法。

有人从战略上看，认为国企改革的关键是所有制问题。这里又有两种根本不同的认识：

（一）认为国有企业只能走向腐朽和低效率，国有企业好象“天生就搞不好”，只有私有化了才能搞好。这种观点不是别有用心，也是思想上的严重错误。原因有三：一是从理论上看，资本一旦克服了私人占有制，就能克服资本单纯追求剩余价值的本性，国有企业是全民资本，更有利于社会化大生产和市场竞争，具有特别的优势。二是从国际上看，绝大多数的国家都有政府投资兴办的独资或控股的国有企业，有的比重相当高，即使近30年改革后，也还有“国有民营”而并非私有化，其中许多经营得很好。三是从我国许多大型国企的实践看，无论什么组织形式，只要懂管理、会经营、能创新、敢竞争、都能创造出新的产品、好的业绩。市场只认产品，并不计较产品后面的资本是什么成份。由此可见，所有制——企业的资本来自何方并不决定企业的兴衰、成败。

（二）认为独资国企不可能建立现代企业制度，只有吸收外资、民资才能实现快速扩张，组成混合所有制，国有企业才能活起来。国有企业的领导尤其看中这一点，一股风起来了搞所谓的“资产经营”，其中有些企业不思产品经营，一门心思搞所谓引进、合资、并购，实际是越权倒卖国有资产，化公为私。

有人从战役上看，认为国企改革的关键是国企的结构调整。于是就把重点放在了收缩战线、关停并转、抓大放小、改组改造。这个看法本来是有一定道理。但是实践上又出了问题，什么是结构合理、什么战线该收缩、什么样的企业关停并转？谁也回答不出来。因为结构合理与否是个相对概念，是个适应市场的问题。都搞 ICT 产业、都搞基因工程、都搞网络技术、都去发展旅游产业，就是先进、合理吗？我看大有问题。目前美国经济衰退恰恰是有些人认为最先进的那部分“新经济”过度膨胀，实行缩水，而美国的传统产业稳定发展。按照中国的生产力发展水平和市场消费层次，许多传统产业尚有很大市场和发展空间，更不能盲目与美国比。哪些该退，哪些该进，应该由市场决定。计划经济的思路和政府强制的办法调不出合理的结构来，只能使国有企业远离市场、更加被动。

有人从战术上看，认为国有企业不活关键是负重爬行。只要解决了负债过高、负担过重、人员过多、资金过紧这四个问题，国有企业就能摆脱困境、充满发展活力。这给所有国有企业制造了一个堂而皇之的借口，政府也接受了这种说法。于是各级政府就集中力量解决“四过”。结果呢？其成效大大小于政府的资金投入和政策投入。停息挂账、减债冲呆、贷改投、债转股诱使企业天天找政府，经贸委的门前公关队伍排成了长蛇阵，假亏损假破产比比皆是，逃废债务、赖账不还，成了企业和当地政府的“政绩”。剥离非生产系统，企业没有积极性，企业不愿放弃这些国有资产和既得利益。下岗再就业，既没有解决企业增效的问题，又给政府增加了负担，因为下岗再就业激化了职工内部矛盾，需要支付的成本都转移到了政府。大量注入的贷款不是变成消费资金就是变成了积压产品，连上市筹集的资金和资产变现的资金都很少投入到发展中去、开发中去，投入产出越来越不成比例。反思实践的结果，这几招也不能从根本上解决问题，继续下去又是一个恶性循环，后患无穷。

20 年的实践启示我们，国企改革的关键在下述五个方面：

（一）统一改革目标。没有统一目标，就难以解决职工、企业和政府的信心问题。这个统一的目标就是以发展为主题，着眼企业增强活力、壮大实力、提高竞争力、加强国有资本和国有企业的控制力。一切改革措施不能以解困为取向（困难企业的生死、淘汰、进退不应包在政府手里，而应由企业的职工和市场去决定），都要把着眼点放在发展生产力上。微观改革重在增强国企活力，整体改革重在壮大国有经济的实力、提高我国产品在国际市场上的竞争力。为了巩固社会主义的经济基础，在宏观上必须加强国有资本的控制力，加强国有经济的控制力。

（二）矫正角色错位。在许多人的眼里，国有企业仍然是国家组织的一部分。国有企业不是作为市场竞争的主体、经济扩张的主体而同其他企业一样，独立于社会，而是继续作为政府的附属物，角色完全错了位。企业不赚钱、事业不干事、政府忙着办企业，就是角色错位的后果。由于角色不明，企业不是追求经营利润最大化，而是把企业升级、干部升格、无限度地增加个人收入作为目标，千方百计套取国家投入、政府资金、优惠政策和其他好处。企业失去了企业的功能。这种角色错位不矫正，一切改革都失去了意义，市场机制就不会在企业起作用。

（三）明确各方责任。政府、企业、领导班子和职工是企业最直接的利益关系者，各自应负各自的责任。但是现在不明确，国企处于无人真正负责的状况。政府作为出资人却承担了无限的责任，从债务到人员都要包起来。企业作为资产法人实体，却可以不负任何法律责任，盈了自己分，亏了找政府。企业领导班子升迁只受制与党委的关系，并不在经营的好坏，所以出现了一边是四好党委班子优秀企业家，一边在进行疯狂经济犯罪的现象。职工面对减员下岗的威胁，都是提心吊胆的工作，哪里还能找到当家作主的感觉。

（四）严格监督管理。随着两权分离、放权让利的实行，政府对企业的管理放松；会计制度改革使企业财务失去了应有的监督，企业可以编报四本账：应税账（备查的）、亏损账（要钱的）、账外账（分钱的）、会计账（收藏的），多种账本应付不同对象；开办寄生小企业作为“利益”据点，开通了化公为私的渠道，有些主体企业的利润就转移到数以百计的“肿瘤”体上去；以投资为名转移国家资产，为自己、为子女、为亲信另办企业、搞“绿卡”、购别墅、买汽车，群众认为这是“在抢共产党的最后一顿美餐”，职工极为不满。而企业产品、质量、技术改造、市场前景却提不上管理日程。社会上议论说：“外国企业家跳楼，中国企业家跳舞”，我们的企业越亏损，企业领导越轻松、越有好处。

（五）提高经济水平。市场经济条件下，企业是以经营为生命线，没有经营就不能实现企业价值，也就不能完成资本增值过程。而国企的领导干部仍沿用党政干部的标准考核，多数对经营不精通。一不懂资本经营，守着几十亿上百亿的资本没钱用，无力盘活资产。二不善市场经营，不能以市场需求调整生产，提高技术含量和附加值，导致产品积压、竞争力差、效益低。近些年来，许多年近退休的党政干部下到企业当领导，加剧了企业行政化趋势，只会找市长，不会找市场。经营水平不提高，企业难以走上市场竞争的道路。

当然，这些问题是改革中的问题，是双轨运行中的问题，是体制转换中的问题。我们相信，通过经济体制改革的深化和社会主义市场经济体制的完善，必将能得到彻底的解决。

三、国企改革的难点

按照江泽民同志最近强调的建立有中国特色的现代企业制度的要求，目前的国企改革应当坚定信心、抓住关键，不失时机地突破几个难点。

第一，政企分开。这个问题说了20年，改的结果是政企更加不分，而且成了党委管经济、政府管企业、企业办社会，越来越不分，越来越不顺。这表现在四方面：一是政府职能没有转变，习惯于把自己分管的国有企业当作自己的“领地”，分而治之，谋取利益。二是各级党政部门办企业，一些本具有行业管理任务的非经济部门，这几年也办了形形色色的公司，划得了相当多国有资产、挪用了不少财政资金以营部门私利，解决职工的福利。三是政府部门的许多负责人公开在企业兼职，把企业变成部门的“小金库”（转移巨额资金）、“蓄水池”（安置亲朋好友等人员）和个人消费“据点”（报销不合理支出的费用）。四是企业不愿离开政府，因为从政府能得到巨额投资、源源不断的资金、支配财产的权利和免税优惠政策，并没有什么法定责任、硬性投资回报指标，也无人追究经营不善的后果，只要用本应属于国家的钱为其上司办点“实事”，其升官发财之路就能畅通。这样的“企业家”当然不能离开政府，因为政府负无限责任，个人得无限好处。

第二，走向市场。在市场经济体制下，企业是市场经营的主体，是资本、土地、劳动力、技术的使用者和购买者，同时应该是各种产品的生产者和经营者，是生产要素和消费品的市场竞争主体。

而国有企业现在不是这样的主体，资本无偿占用，土地无偿划拨，劳动力低价分配，技术不愿使用，产品当然也就难有竞争力。流动资金找政府，只会向政府写报告，不会到市场找出路。特别是拿出“影响稳定”的牌子，政府就只好就范。如果不下决心改变这种现状，不把国有企业推向市场，用市场规则管企业，使之成为自主经营、自负盈亏的经营主体，国有企业整体上难以搞活。

第三，竞争机制。市场经济的基本特征是公平竞争，优胜劣汰，而我国国有企业内外都没有这种竞争机制，一切运行都带有党政机关四平八稳的特征，靠政府支持活着。经营者不能竞争，由上面委派；劳动岗位不能竞争，因为能进不能出；资金不能竞争，由政府强行贷款，因而资金不一定流向效益好的企业；产品不用竞争，好坏并不决定企业命运；企业生存不用竞争，因为有后台、有级别，没有风险，企业垮了官照做、钱照拿。这种没有压力、没有竞争的企业哪有动力去开拓去发展，这是国企缺乏活力的根源。

第四，资产连心。这是利益和效益关联的一个根本问题。农村实行家庭连产承包责任制，就是解决了土地集体所有权不变条件下，达到连产连心问题，农民的积极性上来了，解放了农村生产力，改变了农村面貌。那么国有企业能否达到所有权不变的“连产连心”？就是谁去关心它？全民所有应该是人人关心，而实际上由于利益泛化带来人人都不“连心”。国有资产管理部门与企业没有直接利益关系，没有举报就很少过问；政府部门把资产交给企业后，委托几个人去管理和经营，监管不得力，好坏就取决于被委托人的道德良心了；被委托者认为只与上级有关，因为厂长经理的命运并不由企业好坏来决定；职工也感到不是主人翁，因为他的收益、岗位、进出都听命于企业领导，雇佣的色彩很浓。企业的领导和职工都没有“资产连心”的感觉，难道还能对企业高度负责？经济活动应以利益为杠杆，靠觉悟不能持久。现在只有党和政府在真正关心国企，改革也好，扭亏也好，扩张也好、解困也好，都是政府在操作，因为人民委托给政府，政府只好承担全部后果。企业的职工不关心企业这种局面不改变，国有经济恐怕难以巩固和发展。

第五，领导体制。“老三会”与“新三会”的问题没有解决，主管部门与职能部门都在插手，地方与企业争利益，搞得国企内外、上下都不顺，忙于多头应付。有了责任互相推，得到利益大家争，有的企业连政府的奖金都发不下去。总经理拿了奖，董事长、党委书记、监事会主席、工会主席怎么办？到底谁领导企业实际上不明确。现代企业制度中的法人治理结构本来是清楚的，董事会是决策层，董事会决定和聘任经理班子。但在国企实际行不通，因为董事长和总经理、副总经理都由上级在一张纸上任命，总经理不对董事会负责，甚至到处告董事长，不准董事会监事会过问企业的财务和人事问题，《公司法》在国企都被“权”和上级文件代替了。现在又实行分级管理国有企业，组建了企业工委，党内有组织部、企业工委，政府财政部、国资局、人事部，还有一个一个政府授权的投资管理公司，都按各自分工管理企业，都行使权力却“龙多不治水”，不负责企业的经营后果，没有统一的监管主体，工作根本不到位。

四、国企改革的对策

国企改革的上述难点，要切实突破，就必须加大改革力度，下真功夫，果断解决关键问题，而不能“绕着走”或继续再搞那些“主人——法人”“中心——核心”“党管——法管”一类的文字游戏。若再反复十年，国有资产老本大概就全吃空了。唯一出路就是以建立现代企业制度为目标，打好国企改革总体战，组织政府部门、企业、社会各界、企业家、广大职工齐心努力、共谋对策、协同攻坚。

第一，企业与政府脱钩，建立新的权益机制。限期使国有企业同政府彻底脱钩，建立国有资本、法人资产管理制度，公司治理结构要完备，企业经营责任制要到位。理顺国有资产层层所有、部门所有，实际无人所有的混乱体制，把经营权还给企业，让企业成为独立经营、自负盈亏的主体（不再依附政府），依法经营，公平竞争，真正承担经营责任和后果。国有企业的所有权、管理权、经营权分别交由国家、国资投资管理机构和企业。人大（或者委托政府）成立国有投资、监管机构，代表全民行使投资权（股东）和资本收益权，向国企（全民股）委派股东代表依法组成董事会、监事会。董事会负责公开在竞争中聘任经营者，监督收益，处置产权和投资决策。政府象对非国有企业一样对国企行使监督权，依法管理，依法征税，制定并执行产业发展政策、就业政策和投资、经营、市场竞争的统一规则，对各种所有制企业一视同仁地做好管理，当好裁判，政府不再上场帮助国有企业“踢球”，使所有投资者兴办的企业都感到是在公正合理的市场中竞赛，树立人民政府公正执法的形象。把政府与企业的隶属关系变为资产纽带关系，企业不再隶属于任何政府部门，独立承担经营责任。企业经营者不得作为党政干部选派，一律由董事会或股东大会挑选，他们要依照委托合同保证投资者（股东）利益，依照法律完成政府的税收和归还银行贷款、兑现股民收益等经营任务，按合同规定取得报酬，接受应有的奖罚。

第二，建立适应市场的统一法度。在突破上述改革之后，国有企业就失去了依靠，放下架子，走向市场。这时建立统一市场和与其相一致的统一法制体系就极为重要，因为我国经济法规是以不同所有制为对象建立起来的。为国有企业立的法最完备，后来也对乡镇企业、个体私营企业和外商投资企业立了许多法。这些法各自都有自己的适应范围和执法标准，不能做到对企业一视同仁，也不利于建立统一规范的市场。目前各类企业的不平等，各种市场的分割状态，经济活动出现的某些竞争无序，行为失范的混乱现象根源出于此。国有企业总是把希望寄托在政策优惠和政府偏袒上，缺乏非国有企业那种直面市场，依靠内在力量竞争的精神状态。因此，必须以统一的法度保证统一的市场，使所有企业都在同一规则的市场中平等竞争，那才能显示企业的真正实力，激发国有企业的活力，展现企业家的才能。

第三，组建独立的企业家队伍，推行企业家职业化、市场化。企业是以人的活动为内容的，企业家的组织、领导、经营作用是不可估量的。我国现在尚无职业的企业家队伍，国有企业经营者大多出身于党政干部，很多企业领导的目标是“当官”，而不是做“经营大师”，近年来又有不少离退休和年龄较大的党政干部安排到企业任职，不懂经营，不思进取，这是我国企业经营管理水平低的症结。我国人事工资制度改革中已经确立了国家公务员、企业、事业和军人四个不同系列的人事格局，应该说现在有条件组建我国的职业企业家队伍。我们应该打破行业、所有制界限，依照一定的规则和条件，在自愿的基础上公开选拔企业经营管理人才，组成不同层次的专职企业家队伍，在全社会公开竞争聘任。对于职业企业家，要与行政级别脱钩，其资质等级交由企业家评价中心和人才中介组织评定，可以让他有资产，在企业有股份，按劳按资取得高收入。业绩突出的高级管理人才可以合法有偿享有别墅、汽车等优越生活条件。一旦经营失策造成损失，同样以全部财产承担经济责任，并且永远不再会有这样的职位和待遇，把经营成果同企业家的利益连在一起。企业的监督、职工的监督、政策的监督、社会的监督应当是公开而公正的。废除现在不透明的委派制度，形成公开竞争的用人机制，选贤任能，使大批经营人才脱颖而出，担当搞活国企重任。

第四，补偿全民所有制职工的工龄收益，保护职工积极性，真正改革用工制度。企业竞争说到底是人才的竞争，办好企业必须依靠好的职工队伍。现在企业想用的人进不来，想辞的人出不去，一厂多制又造成职工队伍内部矛盾，合同制中一部分是假合同（只有民工是真合同），难以形成真正的劳务市场，这是目前的普遍问题。原因是旧体制下使用的全民职工以福利补充的那部分保障性收益没有到手，他们不愿意与企业中断关系。他们为国家做出了贡献，国家理应适当补偿，与新职工一样对待确实不公平。为此，企业应以房产、股份、债券、现金等方式解决全民所有制企业老职工的工龄“补差”，使其住房、失业、养老等方面得到与企业工龄相应的补偿，允许他们在企业自愿参股。做了这些补偿后既可以调动职工支持改革的积极性，又可以彻底转变劳动机制。新老职工都能一视同仁地推向劳务市场，实行新的用人机制，让所有劳动者都进入劳务市场，用人凭合同，上岗靠竞争，保障有保险，纠纷依法断。用人制度改革是营造国企内部新机制的中心环节，必须造成双向选择、能进能出，企业和职工都不背包袱的新局面。

第五，确立以效益为中心的企业评价体系，把企业目标调整到追求利润最大化。现在使用的企业评价系统已经过时，企业套用行政级别，以人员多少定等级，造成企业不讲效益，乱铺摊子，乱占资源，盲目攀比，搞大而全。废除现行企业考核办法，按国际通行办法确立以效益为中心的考核指标体系：（1）以行业平均资本利润率、净资产利润率、资金利润率为参照，评价企业的赢利水平；（2）以行业劳动生产率评价职工素质和劳动效果，决定其工资收入水平；（3）以总资产和年销售额衡量规模，以市场占有率和技术创新能力来评价企业的开发能力；（4）以企业还贷款和投资率来评价企业扩张发展能力；（5）以国有资产的保值率、增值率和回报率来评价董事会的决策能力。并且，把这些考核指标硬化，同决策者经营者收入、任用挂起钩来，使企业不去单纯追求大而全，而只注重效益。现在的某些百分比，没有价值也很虚假，只能鼓励企业编造假账欺骗国家。投资、税收、金融、外贸、劳动、工资、福利等制度的改革，也必须以支持企业向效益为中心的新机制转变为前提，从根本上改变我国国有企业效益低下的老问题。

第六，总体设计、协同作战，搞好配套改革。国有企业改革是一场总体攻坚战，只靠一个方面的努力是不行的，只有某个方面的突破也是不行的，只靠政府或只在企业内部改革也是不可能完成的，必须对外部相关的各方面进行配套改革，才能继续深化。政府职能不转换，政企分开难做到；管理体制不确定，“两权”分离难实行；社会保障制度未健全，企业难以实行真正分流和减人增效；由于社区服务不到位，学校、医院、后勤系统的剥离落不实；由于投资、财税、金融改革滞后，企业的自主投资、融资、经营、发展都成为空话；由于对外投资的限制，企业还不能直接参与国际竞争。诸如此类的问题，都需要总体设计，分步推进，协同作战，在配套上给国企改革以有力支持。从这个意义上讲，国企改革的成功有赖于整个社会主义市场经济体制的加速建立。

解放思想，实事求是，大胆探索，走自己的路，是我国经济体制改革成功的保证。在国企改革上我们也不能照搬别人的模式，也不指望“一招就灵”“一包就灵”或“一股就灵”。必须从实际出发，深化改革，抓住关键，突破难点，建立起中国特色的国有企业管理和运营的新体制。笔者深信，为我国建立社会主义制度立下汗马功劳的国有企业，一定能在改革中焕发活力，重振雄风，成为我国社会主义市场经济的主导力量。

（原载《报告选·论文专辑》2001 年第 11 期，作者任中共四川省委常委、宣传部部长。）

全省国有企业改制问题督查调研的情况报告

省委、省政府、省联席会议：

为认真贯彻落实新颁布的《信访条例》和省委、省政府关于进一步加强和改进信访工作的要求，按照省委办公厅和省政府办公厅的统一部署，5 月 15 日至 6 月 15 日，由省委办公厅、省政府办公厅、省纪委、省委政法委和省委省政府信访办牵头，省国资委、省总工会、省经委、省劳动和社会保障厅等 24 个省级有关部门为成员单位组成 5 个督查调研组，分赴全省 21 个市（州）对贯彻落实《信访条例》和处理信访突出问题工作进行了专题调研督查。督查调研组听取了各市（州）的工作情况汇报、召开了各种形式的座谈会，并深入基层乡镇、街道和企业进行了实地考察。按照督查调研的有关要求，现将国有企业改制问题督查调研的有关情况报告如下：

一、国有企业改制工作中存在问题及原因分析

从督查调研的情况看，尽管各市国企改制工作进展不平衡，但国有大中型企业、中小型企业通过多种形式普遍进行了改制，目前国有中小型企业改制面已达 98%，国有大中型企业改制面达 85%。通过改制，产权实现了多元化，职工转变了身份，企业转换了机制，经济效益有了明显提高。但企业在改制过程中，还存在不少矛盾和问题，有些还相当突出。特别是因企业改制、破产或拖欠职工养老保险、医疗保险和企业领导干部违法乱纪造成国有资产流失等问题引发的群体来信来访仍屡有发生。总体上呈现以下特点：一是群众信访总量居高不下，上升幅度大；二是集体访增长幅度大，涉及群体利益的矛盾仍很突出；三是集体访的人群主要是退休人员居多，重复访、越级访比较多；四是从上访的成因分析，仍然是历史问题、政策问题、企业改制中不严格执行政策程序引发的集体访。

（一）群众来信来访反映的主要问题。群众对国企改制十分关注，反映了不少问题，归纳起来主要是以下几个方面的问题。

1. 改制前后企业拖欠职工的养老、医疗、失业保险等问题。
2. 职工反映企业改制暗箱操作，造成国有资产流失等问题。
3. 职工认为转换国企身份补偿金过底或补偿标准不统一的问题。
4. 破产或改制企业大龄职工保护政策与企业无力执行的矛盾问题。
5. 反映企业改制程序不规范，主要是企业方案未经过职代会通过，政策执行力度不够等问题。
6. 退休人员要求继续享受养老金统筹外企业补贴部分的问题。
7. 改制成本严重不足，制约企业改制进度问题。
8. 企业负责人工作作风问题。

（二）企业改制问题引发群众上访的主要原因。

第一、不准确的资产评估和资产评估内容的不够准确，造成国有资产流失。有些地区或企业，对于资产评估较为随意，往往只是由有关财务部门进行审核后出具相关证明即可；有些地区没有明确规定资产评估必须由具有独立法人资格和资产评估资格的中介机构作出，或者对评估机构的要求不够高；有些地区虽然对资产评估机构的资质有规定，但往往多方面干涉评估机构的评估工作，使

评估机构作出有利于某一方的评估结果。同时，一些应该纳入评估范围的资产没有被评估，主要是指企业的无形资产，包括专利权、商标权、特许经营权、生产许可证、资质证书、厂商名称和商号、商誉、营销网络等。无形资产的价值由于难以评估，尤其是一些中小企业的无形资产并不大，因而被有意无意地忽略了。资产评估过程中的低估或漏估导致国有资产的流失，引起职工不满而上访。

第二、有失公正的利益分配。有些地方将“量化”或优惠受让国有资产作为对职工的补偿。但无论是“量化”还是优惠转让，都严格按照职工在企业中的职位高低进行分配，而且实行经营者持大股甚至控股，这样就在经营者和普通职工之间产生了差距，从十几倍到几百倍不等。国企经营者和普通职工一样都是传统体制的行政安排，计划体制资源配置的结构很大程度上影响着国企的盈利能力，国企经营者的贡献与企业的经营状况并不完全一一对应。因而，就像负债企业的经营者不可能对债务持大股一样，盈利企业的经营者也不应该对盈余持大股。企业改制中另一个有失公正的方面是不同企业职工在获得经济补偿方面的差距。无论是不同地区之间，还是同一地区的不同企业之间，这种差距都十分明显，有的还相当大。改制企业职工补偿标准的高低由企业的资产状况来决定，企业职工不可能完全接受。

第三、劳动关系改革的不彻底。虽然各地在职工劳动关系改革上的提法和具体做法有差别，但实质上是一样的，即通过给职工一定的经济补偿以换取对职工原有劳动合同的解除，从而实现职工由“企业人”向“市场人”的转变。应该说，这种方式为彻底理顺职工的劳动关系提供了可能。但由于大部分地区要求职工持股，并且职工的经济补偿金直接转为改制后企业的股份，而且有不少企业在改制后仍然有一部分国有股，造成职工的劳动关系改革变得不彻底。因为职工持股并不是职工自主选择的结果，而是有很强的政府和企业安排的成份，这意味着政府或企业应该为这种安排负责，职工也有这样的意识，特别是部分国有股的存在也强化了职工的这种意识，如果以后由于企业经营出现问题而导致职工的大规模下岗失业，职工仍然会向政府提要求，而政府却不得不管。

第四、职工利益保护不充分。一是对职工的经济补偿太少。对于买断工龄需要补偿的职工，有的给予一年工龄一个月基本工资的补偿；有的就只是一个绝对数，从人均数千元到人均数万元不等；有的还实行最高标准的封顶，比如最多不得超过 2 万元等等。但无论哪一种都很难说体现了对国企职工几十年“贡献”的补偿。二是违背职工自愿入股原则。虽然买断工龄的职工获得的经济补偿金十分有限，但大多还拿不到现金，而是被直接转为企业股份；或者职工获得的补偿就是优惠购股，不入股就相当于放弃补偿，也只得入股。三是职工入股的数量上没有足够的选择自由。对于好的企业，职工愿意多入股，但经营者往往设法使职工少入股；而对于差的企业，职工希望少入股，而经营者往往设法使职工多入股，其实都是对职工利益的损害。四是职工股不能自由交易，不得随意退出也构成了对职工利益的损害。

第五、社会保障水平低。企业改制后下岗失业职工的社会保障是个大问题。通过多年不懈的努力，目前大多数地区都建立起了“三条保障线”，即以企业为基础的下岗职工基本生活费保障，包括养老、医疗与失业保险在内的社会保障，以及完全由财政支持的城市居民最低生活保障。但存在的问题是：第一，对大多数下岗失业职工来说，基本养老保险和基本医疗保险费用的缴纳就是一个沉重的负担；第二，这“三条保障线”的保障水平逐年下降，总体水平偏低，难以保障下岗失业职工的正常生活。第三，即使是这样低的保障水平，对有些地区而言，也难以做到按时足额发放，而且“三条保障线”覆盖的面也不够广泛。

二、各地采取的具体措施

国有企业改制改革是一项复杂的系统工程，涉及方方面面利益关系的调整，特别是关系到广大职工的切身利益，工作中会面临各种困难和矛盾。各地、各企业为确保改革重组规范有序地向前推进，始终把维护稳定放在突出位置，自觉把立党为公、执政为民的要求贯彻到企业改革重组中，全方位研究落实稳定措施，在稳定中推进改革，在改革中保持稳定，促进发展。

（一）加强领导，从组织上保证稳定。各市成立了国有企业改革领导小组，负责协调处理企业改革重组中的重大问题。市国资委也成立了国有企业改制问题工作小组，同时还成立了处理群体性事件工作小组，建立了领导班子定期研究、特殊情况及时处理工作制度和专人值班制度等。实施改革重组的企业也都成立了由主要负责同志挂帅的改革领导小组及具体工作班子。改革重组领导体系和工作网络的建立，为企业改革重组的顺利推进和保持稳定，提供了组织保证。

（二）宣传发动，从思想上促进稳定。有关问题和企业多次召开改制改革动员会、座谈会，在改革和稳定问题上反复统一思想、深化认识。有些还邀请有关专家向企业讲解改革政策，解读有关文件。改制企业坚持把宣传教育贯穿于企业改制的全过程，通过召开会议、编写改制宣传提纲、印发改制工作简报、开辟宣传橱窗等多种形式，有针对性地开展宣传发动工作，引导广大职工自觉参与改制、理解支持改制、积极配合改制，为改革重组的平衡推进奠定了较好的思想基础。

（三）突出重点，从工作上确保稳定。针对企业改革重组情况复杂、不稳定因素较多等问题，各地有关部门和改制企业在工作中注重把握重点，抓住主要矛盾及时进行疏通化解，收到了较好效果。自贡市国资委高度重视并始终把保持稳定贯穿于企业改制工作的全过程。在工作部署上，按照动员布置、调查摸底、组织实施、检查验收等步骤，有计划地展开；在工作思路上，强调稳定是做好工作的前提，坚持“先易后难、积极稳妥、成熟一家办理一家”，避免了不稳定事件的发生。

（四）阳光操作，从程序上落实稳定。加大改制程序的规范力度，从改制方案的制订和批准、清产核资、财务审计、资产评估、土地资产处置、职工分流安置，以及产权转让管理等关键环节入手，对国有企业改制进行规范。明确要求企业国有产权转让，必须进入经认定的产权交易机构，公开征集受让方，采用拍卖、招投标等方式进行，确保公开透明。要求改制方案需提交企业职工代表大会或职工大会审议，其中职工安置方案必须审议通过，企业财务审计、资产评估结果和职工安置情况公示。

（五）筹措资金，从物质上支持稳定。改制企业通过资产变现、土地补偿、财政补贴、引进外来投资者等多种渠道，千方百计筹集资金，为改革的平稳推进提供物质保证。对部分经营困难、资不抵债，实施改制存在资金缺口的企业，有些市还在国有资产收益中安排了部分资金，为企业改制工作的顺利推进创造了条件。

（六）明确责任，从信访上维护稳定。各地信访部门和国资委高度重视改制企业职工的来信来访工作，工作上互相配合支持，各司其职，各负其责。对反映问题认真对待，积极调查，及时答复、解释、努力做到件件有着落，事事有回音。信访工作的加强，有效地化解了矛盾，促进了企业改制工作的稳步推进。

（其他部分略）

省国有企业改制问题工作专项小组（省国资委公章代）

二〇〇五年七月十三日

编后记

2005年12月23日，中共四川省委办公厅、四川省人民政府办公厅下发《关于全面开展四川省第二轮修志工作的通知》（川委厅〔2005〕47号），决定全面开展四川省第二轮修志工作。2006年2月10日，中共四川省委办公厅、四川省人民政府办公厅下发《关于印发〈四川省志（1986—2000）〉编纂方案的通知》（川委厅〔2006〕4号），《四川省志·国有资产管理志（1986—2000）》（简称《国资志》）的编纂任务由四川省政府国有资产监督管理委员会承担。2007年3月9日，中共四川省委办公厅、四川省人民政府办公厅印发《关于调整续修〈四川省志〉断限的通知》（川委办发电〔2007〕21号），《四川省志》断限调整为1986—2005年。

省国资委对此任务高度重视，为抓好编纂工作，2007年5月聘请《四川省志》原副总编马国栋，承担《国资志》的编写，正式启动《国资志》的编纂工作。

整个编纂工作经历以下阶段。

收集资料和制订篇目阶段。

2007年6月，开始从省财政厅档案室收集1989年省国资局成立至2003年有关企业国有资产管理的资料。至2008年11月，通过查阅、复制共收集资料1.1万余页，600余万字，并进行分类、分年、归卷、编目。2011年7月，省国资委档案室资料整理基本完成后，又从省国资委档案室收集中共四川省委企业工委管理时期和省国资委管理时期2000年至2006年的资料2200余页130余万字。同时，继续从省财政厅档案室、省市图书馆、省方志馆补充收集了50余万字资料。省属重要骨干企业、市州国资委等50多个单位，提供了约30万字的资料。

2007年，在收集资料基本纲目的基础上，拟订了编纂篇目。经过8次修改后，2008年8月，经省国资委主任办公会审查并提出修改意见。再度修改后，报四川省地方志编纂委员会审核批复同意后成为正式编纂篇目。

志稿编纂、审查及修改完善阶段。

2009年，开始志稿编写。至2012年，全书主体部分初稿基本完成。2013年、2014年，除完成概述、大事记、附录及编纂说明等卷首、卷尾部分撰稿与选编外，主要是对志稿进行总纂合成与调整修改。2012年、2014年，先后两次将志稿分别送交提供资料的省重要骨干企业、市（州）国资委与省国资委领导及委机关各处室征求意见。2015年，继续对志稿进行校核修改，并对版式调整后，交付编辑，排印成书。同时将志稿送请原省国资局老同志审读，他们在充分肯定后提出了数十条修改意见。省国资委、四川省地方志编纂委员会（2015年7月更名为四川省地方志工作办公室）省志工作处，先后组织了初审、复审。对志稿再次修改并印制成书，上报省志编委，请求终审。

终审及出版阶段。

2016年8月22日，省政府《四川省志》审核委员会召开第29次会议，对《四川省志·国有资产管理志（1986—2005）》终审稿进行终审验收。《四川省志》审核委员会认为：

《国资志》以国有资产规模及分布情况为基础，以保值增值为主线，以监督管理为核心，以国有骨干企业与市州国有资产管理为两翼，按照“大国资”理念，全面反映全省企业国有资产及监督管理情况。该志从省委、省政府主导国资监管与国企改革工作的高度，展示四川省企业国有资产监督管理工作的全景，全面、系统、详实地反映了断限内四川省经营性国有企业及国有资产监督管理的全貌，脉络清晰，史料价值珍贵。

《国资志》文字、文体、文风符合志体要求、行文严谨、流畅，符合中指组《地方志书质量规定》和《四川省志》质量要求的有关规定。

《四川省志》审核委员会认为：《国资志》终审稿政治观点正确，体例完备，资料翔实，内容丰富，通过终审。

《国资志》通过终审后，又经核实资料，删削调整，增补内容，规范表述，撤换图片等，几度修改后交方志出版社进行出版审查。2017年7月至11月，方志出版社对《国资志》稿进行了初审、复审、终审。方志出版社审读意见认为：《国资志》框架合理，编写方式规范，“资料丰富，文风朴实，脉络清晰，信息量大，具有较强的实用性和可读性”，“具有很强的地方特色和时代特色”，“具有重要的史料价值”，“具有较高出版价值”。2017年11月中旬至2018年1月，本志编写人员根据方志出版社审读意见，再次通读志稿，自查问题，对全稿做了修改。

《国资志》编纂工作历经十载，编纂体会简单总结如下：

一、要编好志书，首先要确定达到的目标，即编成一部什么样的志书。经反复研究确定，我们认为：《国资志》应编成一部观点正确，结构合理，内容系统，资料性、实用性较强的志书，既能满足各级领导和群众了解全省企业国有资产监督管理基本情况的需要，也能为研究企业国有资产监督管理工作的学术界提供一些有用的资料。

二、要解决好如何处理编纂工作中的具体问题，即解决好如何编的问题。《国资志》在遵循一般志书编纂原则和《四川省志》编纂规范的同时，从实际出发、从事实出发、从效果出发，处理具体问题，努力做到特殊性与一般性的较好结合。国有资产管理机构的设立、撤并、存废及有关政策法规，对企业国有资产的监督管理，关系极大。因此，比较一般志书，该志对管理机构及政策法规的有关情况，作了更为充分的记述。

三、坚持辩证唯物主义与历史唯物主义的立场、观点与方法，实事求是，尊重历史。客观反映各个时期企业国有资产监督管理的实际情况，既反映成绩与经验，也反映问题与不足，让志书能发挥存史、资治，服务现实的重要作用。

四、着眼全局，以“大国资”观念指导编纂工作。不为省级国有资产管理部门职权所局限，努力反映全省经营性国有资产监督管理的基本情况。该志力求内容全面，资料详实，文表结合，宏微兼顾。重要专题资料，如成都市红庙子街自发的非上市股权交易市场、营山县国有企业改革等都以“附”的形式置于相关篇章。这样形成一般与典型、宏观与微观相结合的格局，反映更为深入。

五、突出重点，反映特色。全志重点为反映企业国有资产监督管理的第一、二篇与第三篇国企改革改制，其次为第四篇国有重要骨干企业，志稿均予较为详实的反映。1995年全国第一个由省级政府发布的国有资产转让的地方规章《四川省企业国有资产有偿转让暂行办法》、四川上市公司股权分置改革及乐山市的产权制度改革等具有四川特色的内容，均注意反映。

六、注意多角度立体反映实际情况。如反映企业国有资产分布，就从地域（隶属关系）、行业、企业组织形成（公司制、非公司制）、产业结构、产业特征、资产规模与效益等等角度全面反映。

七、写好概述、大事记。概述与大事记在志书中地位重要，阅读利用率高，必须下功夫写好。但《国资志》的概述，却极难着笔。《国资志》的篇目、内容，只是编写者根据自己的理解将零散的有关事项组合在一起，缺乏成熟的传统行业那种内在逻辑性与体系性。经反复考虑，《国资志》概述采用抓大弃小的写法，只反映企业国有资产规模的变化，国有资产监督管理及国有企业改革三方面内容。力求高屋建瓴，展示概貌，揭示特点，总结好经验教训。概述以全志为基础，但又跳出全志，高于全志各篇章，绝非全志内容的浓缩与重复。

《国资志》大事记摒弃标题式、提纲式的写法，致力于提炼有关事项要点，每年末还将全年重要综合性数据及不便纳入具体月、日记述的重要事项集中记述。较一般志书大事记条目，内容更充实，信息量更大。

八、坚持两个结合。一是坚持志稿编写与资料查补相结合；二是坚持编写人员自查自改与征求意见及送审相结合。“两个结合”，对志稿质量的提高与加快工作进度，发挥了重要作用。

应该说，《国资志》大体上实现了当初确定的目标任务。也还存在一些问题：一是由于机构变动及统计指标调整等，数据统计范围、统计指标设置各个时期都不相同，而且有些年份数据缺失，数据来源不一，使得数据的体系性不强，一些相关指标数据不尽一致。实际上，相关数据也不可能绝对精确，只能尽可能接近实际情况。二是各市州篇幅与内容多寡极不平衡。主要是一些市州国有企业很少，新建市国资机构成立不久，资料缺乏。

当然，囿于资料缺乏和其他方面的局限，编纂中还有一些难以弥补的遗憾。

《国资志》编纂，从制订编纂方案、编纂篇目，到收集资料、志稿编写，以及志稿送审前后的反复修改等项具体工作，均由马国栋完成。国有重要骨干企业、市（州）国有资产管理两篇，是在各有关企业、市（州）国资委报送的资料稿基础上，分别情况补充资料，删削内容，调整改写而成。原省政府监事会办公室主任徐广胜，为监事会监督一章的编写提供了部分资料。

《国资志》编纂工作得到省国资委的大力支持和帮助，省国资委负责人中，先后分管《国资志》编纂工作的有徐进、梁志仓、秦明、王亚光、吴晓曦、宣迅，省国资委办公室负责协调工作的有李文法、焦利军、杨宇轩、王毅、张永海。先后任省国资委办公室主任的秦明、魏红霞、李文东、张敏及办公室副主任谭晓政、杨长君、王毅等都为编纂工作提供了方便。

《国资志》的编纂工作，自始至终得到四川省地方志工作办公室的关心、支持，特别是得到《四川省志》副总编、《国资志》责任总编张兆法的具体指导。省属重要骨干企业、市（州）国资委提供了相关基础资料，省财政厅档案室、省国资委档案室为查阅资料大开方便之门，省档案馆、省方志馆、省市图书馆及《四川工人日报》等单位也为《国资志》的编纂工作提供了帮助。2015 年 7 月，原省国资局局长邓学安组织原省国资局韩捷、林声、邵兵、屈贵蒙、万选容、郑显春、易德鹤等老同志认真审读志稿，并提出了宝贵意见。

在此，谨向关心、支持《国资志》编纂工作的各有关单位及各界人士表示衷心感谢并祈广大读者不吝批评指正！

《四川省志·国有资产管理志》编纂委员会办公室

二〇一八年九月